Fondements et étapes du processus de recherche

Marie-Fabienne Fortin

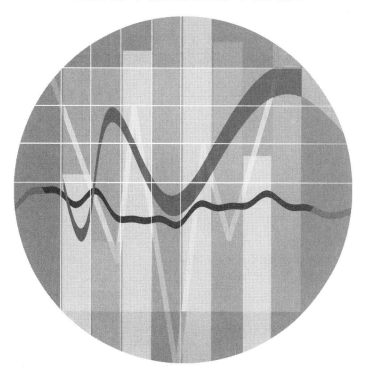

Avec la collaboration de
José Côté et Françoise Filion

**Chenelière
Éducation**

Fondements et étapes du processus de recherche

Marie-Fabienne Fortin

© 2006 Les Éditions de la Chenelière inc.

Édition : Michel Poulin
Coordination : Lucie Turcotte
Révision linguistique : Yvan Dupuis
Correction d'épreuves : Louise Carrier
Conception graphique et infographique : Yvon St-Germain
Conception de la couverture : Michel Bérard

**Catalogage avant publication
de Bibliothèque et Archives Canada**

Fortin, Fabienne

   Fondements et étapes du processus de recherche

   Comprend des réf. bibliogr.
   Pour les étudiants du niveau collégial.

   ISBN 2-7650-0865-5

   1. Recherche - Méthodologie. 2. Recherche. 3. Statistique descriptive. 4. Recherche - Méthodologie - Problèmes et exercices. I. Côté, José, 1963- . II. Filion, Françoise, 1959- . III. Titre.

Q180.A1F582 2005   001.4'2   C2005-941174-0

**Chenelière
Éducation**

7001, boul. Saint-Laurent
Montréal (Québec)
Canada H2S 3E3
Téléphone : (514) 273-1066
Télécopieur : (514) 276-0324
info@cheneliere-education.ca

ISBN 2-7650-0865-5

Dépôt légal : 1er trimestre 2006
Bibliothèque nationale du Québec
Bibliothèque nationale du Canada

Imprimé au Canada

2 3 4 5 6 ITG 10 09 08 07 06

Nous reconnaissons l'aide financière du gouvernement du Canada par l'entremise du Programme d'aide au développement de l'industrie de l'édition (PADIÉ) pour nos activités d'édition.

Chenelière Éducation remercie le gouvernement du Québec de l'aide financière qu'il lui a accordée pour l'édition de cet ouvrage par l'intermédiaire du Programme de crédit d'impôt pour l'édition de livres (SODEC).

Dans cet ouvrage, le masculin est utilisé comme représentant des deux sexes, sans discrimination à l'égard des hommes et des femmes et dans le seul but d'alléger le texte.

L'Éditeur a fait tout ce qui était en son pouvoir pour retrouver les copyrights. On peut lui signaler tout renseignement menant à la correction d'erreurs ou d'omissions.

DANGER

LE
PHOTOCOPILLAGE
TUE LE LIVRE

Table des matières

PARTIE II

Phase conceptuelle : documentation du sujet d'étude

CHAPITRE 4
Le choix du sujet d'étude et la question préliminaire

CHAPITRE 5
La recension des écrits

CHAPITRE 6
L'élaboration du cadre de référence

PARTIE **III**

Phase méthodologique

Préface

C'est un plaisir pour moi de préfacer cet ouvrage de grande utilité pour l'initiation à la recherche au premier cycle universitaire. La recherche est nécessaire non seulement aux chercheurs de toute discipline désireux de faire avancer les connaissances, mais également aux professionnels qui évaluent les données probantes de la recherche en vue de les appliquer dans la clinique. L'enseignement au baccalauréat de la recherche infirmière est sans contredit une occasion privilégiée pour susciter l'intérêt et favoriser la compréhension des rudiments de la matière. La nouvelle génération d'étudiantes en sciences infirmières représente l'avenir de la profession si l'on considère le rôle qu'elles sont appelées à jouer comme leaders et partenaires dans un système de santé de plus en plus complexe. Stimuler l'intérêt des futures professionnelles qui sont venues dans un programme pour apprendre une profession et non pour devenir chercheuses représente un défi. Bon nombre d'étudiantes qui s'inscrivent au programme de baccalauréat ne savent pas que l'apprentissage de la recherche fait partie intégrante du programme d'études.

Pour relever ce défi et éveiller l'intérêt pour la recherche au baccalauréat, l'auteure et ses collaboratrices ont mis divers moyens en œuvre. Elles proposent l'étude des fondements et étapes du processus de recherche dans un contexte qui valorise l'importance de la rigueur et de l'excellence. La prise en compte des suggestions formulées par des collègues et des étudiantes familiarisées avec les ouvrages de l'auteure vient accroître la portée de ce livre. De plus, des extraits d'études provenant d'articles de recherche et de mémoires de maîtrise ont été incorporés au texte dans un souci d'actualisation. Les exercices présentés à la fin de chaque chapitre relient étroitement les notions théoriques aux réalités de la recherche et de la pratique. Les liens proposés avec différents sites Internet facilitent l'accès des étudiantes aux écrits publiés. Enfin, du fait de son caractère multidisciplinaire, l'ouvrage favorise l'application du processus de recherche dans une variété de disciplines.

Avec cette nouvelle génération de professionnelles initiées à la recherche, la voie s'ouvre à plus de progrès dans le développement et le transfert des connaissances vers la pratique. La mise sur pied d'un programme conjoint interuniversitaire en sciences infirmières (GRISIM) entre l'Université de Montréal et l'Université McGill vise à promouvoir l'élaboration et l'évaluation d'interventions infirmières auprès de populations particulières. Ce programme se veut un tremplin pour favoriser la recherche dans les milieux cliniques et permettre aux infirmières de prendre une part active dans la planification et la mise en œuvre des projets de recherche ainsi que dans l'utilisation des résultats qui en découlent. Le présent ouvrage contribuera à donner aux étudiantes en sciences infirmières et aux étudiants de nombreuses autres disciplines les éléments de base d'une méthode intellectuelle.

C. Celeste Johnston, inf. D. Éd.
Professeure titulaire de la chaire James McGill et directrice du GRISIM
École de sciences infirmières de l'Université McGill
Montréal, 29 juin 2005

Avant-propos

Le présent ouvrage se situe dans le prolongement d'*Introduction à la recherche*, écrit en collaboration[1] et publié en 1988, et de *Processus de la recherche : de la conceptualisation à la réalisation*[2], paru en 1996. Il vise à clarifier et à redéfinir le contenu essentiel de la démarche pédagogique pour mieux l'orienter vers l'apprentissage de la recherche au baccalauréat. Les fondements philosophiques ainsi que les notions théoriques et méthodologiques qui sous-tendent le processus de recherche y sont mis en évidence. Il a pour but de familiariser l'étudiant de premier cycle universitaire avec la recherche scientifique et de lui montrer l'importance que celle-ci revêt pour le développement des connaissances et la compréhension des phénomènes dont l'étude relève de sa discipline. Il s'agit de rendre progressivement l'étudiant capable d'examiner de façon critique les publications de recherche et de déterminer si les résultats de recherche peuvent trouver des applications dans la spécialité qui est la sienne. L'apprentissage de la recherche fait maintenant partie intégrante des programmes de baccalauréat. Répondant à des visées pédagogiques et prenant en compte la multidisciplinarité, l'ouvrage emprunte de nombreux exemples aux publications consacrées aux sciences infirmières et à des disciplines connexes.

L'ouvrage se divise en cinq parties et comprend 22 chapitres construits autour d'une phase d'introduction à la recherche et de quatre phases directement liées au processus de recherche (conceptuelle, méthodologique, empirique et d'interprétation). L'ordre des chapitres correspond à l'enchaînement des différentes étapes de réalisation de la recherche. Ainsi, on traite en premier lieu du choix du sujet d'étude et on considère pour terminer la diffusion des résultats et le transfert des connaissances.

La première partie (phase d'introduction) comprend trois chapitres. Elle donne une vue d'ensemble de la recherche, en explique les fondements et décrit les différentes méthodes. Le chapitre 1 définit la recherche et ses fonctions, examine les éléments qui la sous-tendent, établit des liens avec diverses disciplines et explore les fondements philosophiques ainsi que les différents aspects théoriques et méthodologiques de la recherche. Le chapitre 2 présente le paradigme et les stratégies mis en œuvre dans la recherche quantitative et la recherche qualitative. Il décrit les principaux types de recherche liés à ces approches. Le chapitre 3 familiarise le lecteur avec les étapes du processus de recherche et les principaux concepts utilisés dans cet ouvrage.

La deuxième partie (phase conceptuelle) porte sur les activités menant à la formulation du problème et à l'énoncé du but, des questions et des hypothèses. Elle comprend cinq étapes, chacune faisant l'objet d'un chapitre distinct. Le chapitre 4 traite du choix

---

1. M.-F. Fortin, M.-E. Taggart et S. Kérouac, *Introduction à la recherche,* Montréal, Décarie Éditeur.

2. M.-F. Fortin, *Le processus de la recherche : de la conceptualisation à la réalisation,* Montréal, Décarie Éditeur.

du sujet d'étude et de la question préliminaire destinée à amorcer le processus de recherche. On y décrit les différents types de questions correspondant aux niveaux de recherche et l'exposé s'accompagne d'exemples tirés d'ouvrages récents. Le chapitre 5 discute de la recension des écrits, du rôle qu'elle remplit dans la recherche et des principaux outils servant à repérer l'information utile pour établir l'état des connaissances dans un domaine précis. Le chapitre 6 fait ressortir l'importance du cadre de référence et établit une distinction entre le cadre conceptuel et le cadre théorique d'après les niveaux de connaissances. Le chapitre 7 propose une démarche de formulation du problème de recherche. On y décrit la façon d'agencer les divers éléments constitutifs du problème de recherche. Pour faire comprendre la démarche, un exemple tiré d'une étude est présenté pour chacun des éléments du problème. Le chapitre 8 définit le but, les questions de recherche, les hypothèses et les variables. Un exemple est fourni pour chacun de ces termes. Enfin, le chapitre 9 propose une réflexion sur le code d'éthique canadien intitulé *Énoncé de politique des trois Conseils*.

La troisième partie (phase méthodologique) porte sur l'ensemble des activités menant à la réalisation de la recherche. Elle comprend sept étapes correspondant aux chapitres 10 à 16. Le chapitre 10 introduit au devis de recherche et dégage les caractéristiques des différents types de devis. Le chapitre 11 présente les devis de recherche non expérimentaux, c'est-à-dire les différents devis descriptifs et les devis corrélationnels. Le chapitre 12 explique les différences entre les recherches expérimentales et les recherches quasi expérimentales. Des extraits commentés d'études publiées ou de mémoires sont présentés comme exemples. Le chapitre 13 est consacré à la description de la méthodologie qualitative et des principaux types d'études qui l'emploient. De nombreux exemples illustrent la façon d'envisager l'utilisation des diverses méthodes qualitatives. Le chapitre 14 présente les méthodes d'échantillonnage probabilistes et non probabilistes ainsi que les différentes techniques mises en œuvre pour recruter les participants. Le chapitre 15 décrit les principes qui sous-tendent la mesure en recherche. Le chapitre 16 passe en revue les principales méthodes de collecte des données utilisées auprès des participants.

La quatrième partie (phase empirique) traite de la collecte des données sur le terrain et de leur analyse statistique. Elle comporte deux chapitres : le chapitre 17 concerne l'analyse descriptive des données et le chapitre 18, l'analyse inférentielle des données.

La cinquième partie (phase d'interprétation et de diffusion des résultats) porte sur la dernière phase du processus de recherche. Le chapitre 19 explique la manière de présenter, d'analyser et d'interpréter les résultats. Le chapitre 20 décrit les différents moyens utilisés pour diffuser les résultats. Le chapitre 21 définit les concepts de transfert des connaissances, de courtage et d'utilisation de la recherche fondée sur des données probantes. Enfin, le chapitre 22 distingue les différents niveaux de critique et présente un exemple d'examen critique d'un article de recherche.

Au fil des ans, les données utiles fournies par des collègues et des étudiants se sont accumulées et elles nous ont permis d'apporter plus de convivialité dans la manière de présenter le contenu. L'ouvrage contient de nombreux extraits d'articles de recherche et de mémoires de maîtrise ainsi que des graphiques qui ont pour but de faciliter la compréhension de certaines notions discutées dans le texte.

Des encadrés mettent en relief un fait particulier ou rappellent une définition. Les renvois à des sites Internet traitant de thèmes étudiés dans l'ouvrage ont pour but de fournir à l'étudiant des sources d'information additionnelles. Une section à la fin de chaque chapitre est dédiée à l'examen critique des étapes du processus de recherche. Une liste de mots clés est placée à la fin de chaque chapitre. Enfin, les apprentissages théoriques sont présentés de pair avec les apprentissages pratiques, ce qui facilite l'assimilation du contenu et permet le contrôle de l'enseignement du fait de la présence d'exercices. Le corrigé de ces derniers se trouve à la fin du livre.

Le présent ouvrage a pour but premier d'aider à l'enseignement de la recherche dans un certain nombre de disciplines. Il peut également servir de guide dans les cours universitaires portant sur la conduite de la recherche ou être consulté au besoin par les étudiants des cycles supérieurs et les chercheurs.

Marie-Fabienne Fortin, Ph. D.
Montréal, juin 2005

Remerciements

Cet ouvrage est le fruit d'un long travail auquel plusieurs personnes ont été associées. Tout d'abord, je remercie vivement mes deux collaboratrices, José Côté et Françoise Filion, qui ont consacré temps et énergie à ce projet. Je voudrais également exprimer ma reconnaissance à mes collègues d'université dont les noms figurent ci-dessous pour leur irréprochable travail de révision, pour leurs commentaires judicieux et leurs suggestions. Mes remerciements s'adressent aussi aux professeurs des diverses universités du Québec et d'ailleurs qui m'ont transmis d'utiles renseignements dont j'ai tenu compte. Enfin, j'aimerais remercier le personnel de Chenelière Éducation pour son excellent travail d'édition. Merci à l'éditeur Michel Poulin pour son professionnalisme et son suivi attentif. J'exprime également ma gratitude à Madame Lucie Turcotte, responsable de projet, et à Monsieur Yvan Dupuis pour son travail de révision linguistique.

Marie-Fabienne Fortin, Ph. D.

COLLABORATRICES

JOSÉ CÔTÉ est professeure agrégée à la Faculté des sciences infirmière de l'Université de Montréal et chercheuse au Centre hospitalier de l'Université de Montréal (CHUM). Titulaire d'un doctorat en sciences infirmières de l'Université McGill (1999), elle est chercheuse-boursière clinicienne du Fonds de recherche en santé du Québec (FRSQ).

FRANÇOISE FILION est titulaire d'une maîtrise en sciences infirmières de l'Université de Montréal (1986) et elle a suivi des études de doctorat à l'Université McGill (1995-1996). Elle est coordonnatrice de recherche pour divers projets patronnés par l'Université McGill. Elle est en outre chargée de cours à l'Université de Montréal.

RÉVISEURES

SYLVIE COSSETTE, inf. Ph. D.
Professeure agrégée
Université de Montréal
Chercheuse attachée au Centre de recherche
de l'Institut de cardiologie

FRANCINE DUCHARME, inf. Ph. D.
Professeure titulaire
Université de Montréal et Institut de gériatrie
Titulaire de la chaire Desjardins en soins infirmiers

JOHANNE GAGNON, inf. Ph. D.
Professeure agrégée
Université Laval

FRANCINE GRATTON, inf. Ph. D.
Professeure titulaire
Université de Montréal

CÉCILE MICHAUD, inf. Ph. D.
Professeure adjointe
Université de Sherbrooke

MARY REIDY, inf. Ph. D.
Professeure titulaire
Université de Montréal

JOCELYNE SAINT-ARNAUD, Ph. D.
Professeure titulaire
Université de Montréal

PARTIE

I

Phase d'introduction

Introduction et fondements de la recherche

Objectifs d'apprentissage

À la fin de ce chapitre, vous devriez être en mesure :

1) de définir ce qu'est la recherche scientifique ;

2) d'apprécier l'importance de la recherche pour les différentes disciplines ;

3) de discuter des éléments qui sous-tendent la recherche scientifique ;

4) d'établir des liens entre la recherche, la théorie, la pratique et les autres éléments de la connaissance ;

5) de comprendre les fondements philosophiques de la recherche et de décrire les méthodes d'investigation qui lui sont propres.

Vue d'ensemble

Ce chapitre d'introduction fournit une vue d'ensemble des fondements scientifiques de la recherche et des liens qui existent entre cette dernière et d'autres éléments du domaine de la connaissance tels que la philosophie, les sciences, les opérations de la pensée, la théorie et la pratique. Nous présentons, dans ce chapitre, quelques définitions de la recherche et dressons un parallèle entre cette dernière et d'autres sources d'acquisition des connaissances. Nous précisons les fonctions et les niveaux de la recherche, établissons une classification à cet égard et déterminons les perspectives qui en découlent pour les différentes disciplines. Enfin, nous tentons de définir les fondements philosophiques de la recherche, ses paradigmes et les méthodologies quantitative et qualitative.

L a recherche scientifique est une méthode d'acquisition des connaissances permettant de trouver des réponses à des questions précises. Elle consiste à décrire, à expliquer, à prédire et à vérifier des faits, des événements ou des phénomènes. La recherche est étroitement liée à d'autres activités d'ordre intellectuel : elle s'inscrit dans un ensemble d'éléments (philosophie, connaissance, opérations de la pensée, science, théorie, pratique) qui sous-tendent sa démarche et permettent d'établir des liens entre la conceptualisation, les méthodes servant à conduire la recherche et ses applications dans le monde empirique. Dans la mesure où elles veulent assurer leur développement, les disciplines voient dans la recherche un moyen privilégié d'acquisition des connaissances. Les fondements philosophiques de la recherche dictent le recours à une méthodologie particulière.

1.1   Qu'est-ce que la recherche scientifique ?

La recherche scientifique constitue la méthode par excellence permettant d'acquérir de nouvelles connaissances. Les définitions fournies dans les nombreux ouvrages traitant du sujet diffèrent souvent entre elles, mais on s'accorde pour définir la recherche comme une démarche ou un processus rationnel visant l'acquisition de connaissances. La démarche consiste à examiner des phénomènes en vue d'obtenir des réponses à des questions déterminées que l'on souhaite approfondir. La recherche scientifique se distingue des autres types d'acquisition des connaissances par son caractère systématique et rigoureux.

De manière plus précise, la recherche est définie par Kerlinger (1973) comme une méthode empirique, systématique et contrôlée servant à vérifier des hypothèses concernant des relations présumées entre des phénomènes naturels. La recherche suppose dans ce cas la prédiction et le contrôle des phénomènes qui font l'objet de l'expérimentation ainsi que la vérification des hypothèses. Pour Kerlinger, la recherche semble reposer essentiellement sur la vérification d'hypothèses. Cette définition pose certains problèmes pour les disciplines qui ont une fonction clinique ou sociale et dans lesquelles la description des phénomènes constitue un aspect important du développement des connaissances. D'autres définitions correspondent

> La recherche scientifique est une démarche systématique reposant sur la collecte de données observables et vérifiables tirées du monde empirique, c'est-à-dire du monde qui est accessible à nos sens, en vue de décrire, d'expliquer, de prédire ou de contrôler des phénomènes.

mieux aux diverses approches en matière de recherche, telles celles qui sont présentées dans les deux paragraphes suivants.

Seaman (1987) définit la recherche scientifique comme un processus systématique de collecte de données observables et vérifiables dans le monde empirique, c'est-à-dire dans le monde qui est accessible à nos sens, en vue de décrire, d'expliquer, de prédire ou de contrôler des phénomènes. Cette définition a l'avantage de présenter divers niveaux ou fonctions de recherche ayant rapport aux connaissances dont on dispose sur un sujet donné. La *description* détermine la nature et les caractéristiques des phénomènes et parfois suggère certains types de relations possibles entre les phénomènes ; à un niveau plus élevé, l'*explication* rend compte des relations entre phénomènes et met en lumière leur raison d'être ; quant à la *prédiction* et au *contrôle,* ils servent à évaluer la probabilité qu'un résultat déterminé se produise dans une situation donnée à la suite de l'introduction d'un élément extérieur. C'est cette dernière définition de la recherche que nous avons retenue dans le présent ouvrage qui décrit les fondements et les étapes du processus de recherche. Cette définition a le mérite d'admettre diverses manières d'appréhender les phénomènes, c'est-à-dire qu'elle permet soit de les décrire, soit de les expliquer, ou encore de les prédire et de les contrôler. Elle suppose que le chercheur planifie sa recherche en fonction des connaissances qui existent sur le sujet ou sur le phénomène.

Certaines définitions de la recherche sont plus générales et s'appliquent à différentes approches. Ainsi, Burns et Grove (2001) définissent la recherche comme une démarche systématique visant à valider des connaissances déjà acquises et à en produire de nouvelles qui, de façon directe ou indirecte, influeront sur la pratique. Une telle définition insiste sur la finalité de la recherche. De plus, elle englobe non seulement les recherches strictement objectives, mais aussi celles qui s'appuient sur des méthodes subjectives tout en étant rigoureuses et systématiques. La rigueur, indissociable de la recherche scientifique, permet de s'assurer que la représentation qui est donnée de la réalité est fidèle aux faits ou aux phénomènes. La méthode fournit à la recherche son caractère systématique ; elle se définit comme un ensemble de démarches rationnelles tendant à un but déterminé.

Toutes les définitions de la recherche que nous avons mentionnées impliquent que l'acquisition de nouvelles connaissances est subordonnée à l'établissement ou à la vérification de théories. Selon l'orientation que le chercheur désire imprimer à son étude, il choisira la définition qui, parmi toutes les définitions possibles, correspond le mieux aux buts qu'il poursuit, ainsi que la méthode la plus appropriée pour lui permettre de répondre aux questions qu'il étudie. La recherche est nécessaire à toute discipline pour produire des connaissances qui, directement ou indirectement, auront des incidences sur la pratique.

1.2   Les fonctions et les niveaux de la recherche

Les connaissances acquises au cours de la recherche sont tributaires de différentes méthodologies qui permettent de décrire, d'expliquer, de prédire ou de contrôler des phénomènes. Les fonctions essentielles de la recherche que sont la description, l'explication, la prédiction et le contrôle correspondent, selon Grawitz (1996), à des niveaux ou types de connaissances qui existent par rapport à un sujet d'étude. L'auteure évoque les notions de profondeur et de différences pour décrire les niveaux de recherche. Le niveau réfère ici à une hiérarchie dans la façon d'acquérir et de transmettre la connaissance, car il varie suivant la nature des connaissances dont on dispose sur un phénomène donné. La notion de hiérarchie est relative à l'étendue des connaissances qui peuvent exister sur un sujet d'étude ou un phénomène.

La description est la fonction la plus élémentaire. Elle consiste à représenter dans son ensemble un phénomène ou ses déterminants. L'explication est possible quand les relations entre le phénomène et un ou plusieurs déterminants se fondent sur une base théorique empiriquement vérifiable. La prédiction et le contrôle vont plus loin, car des relations précises y sont prédites sur les différences entre les groupes à la suite d'événements provoqués dans la situation de recherche. Ainsi, les différentes fonctions de la recherche correspondent chacune à un niveau qui commande un type déterminé d'étude.

La description

La *description*, conçue comme un niveau de recherche à l'instar de l'explication et de la prédiction, consiste à déterminer la nature et les caractéristiques de concepts, de populations, de phénomènes et parfois à considérer l'existence de relations entre les concepts. À l'occasion d'une recherche descriptive, le chercheur observe, découvre, caractérise et souvent classifie de nouvelles informations en vue de dresser un portrait clair et précis de la situation qu'il étudie. Certaines recherches descriptives ont pour but de définir avec précision un concept, les caractéristiques d'une population, d'autres visent à produire des statistiques sur des éléments ayant rapport avec des populations. La description peut également procéder de l'observation d'un phénomène dans son milieu naturel et elle utilise à cette fin une méthodologie qualitative.

La fonction descriptive de la recherche répond à des questions simples telles que: Qu'est-ce que c'est? Quelles sont les caractéristiques…? Par exemple, un chercheur dans le domaine de la santé peut s'interroger sur les motivations des couples à suivre ou ne pas suivre des cours prénatals. Dans une recherche de ce type, la question pourrait s'énoncer comme suit: «Quelles sont les caractéristiques des couples qui participent à des cours prénatals?»

La description, envisagée comme un niveau de recherche ou de connaissance, constitue la base sur laquelle viendront s'ajouter l'explication et la prédiction.

> La description consiste à déterminer la nature et les caractéristiques de concepts, de populations ou de phénomènes.

L'explication

Pour être en mesure d'expliquer un événement, une situation ou un phénomène, il faut l'avoir décrit au préalable. L'*explication* va donc plus loin que la simple description en ce qu'elle établit des relations entre les concepts, les phénomènes et en détermine la raison d'être. Elle comporte deux niveaux d'opérations selon le degré d'avancement des connaissances, à savoir l'*exploration* des relations et la *vérification* des relations.

Si l'on explore des relations entre des concepts, comme dans les questions suivantes : « Quels sont les facteurs associés au degré de stress des patients en attente d'une chirurgie cardiaque ? » ou : « Quelles sont les relations entre… ? », on obtiendra comme réponse à la question de recherche une explication partielle des relations possibles entre ces concepts. Pour déterminer l'existence de relations entre des concepts, on procédera à une étude dite descriptive corrélationnelle, puisqu'on part de la description des concepts, obtenue au premier niveau, pour explorer des relations.

En revanche, s'il s'agit plutôt de vérifier des relations qui existent déjà entre des concepts pour en connaître la nature, c'est-à-dire pour dégager le sens de la relation, comme dans la question suivante : « Quelle est l'influence du stress sur le rétablissement des personnes après une chirurgie cardiaque ? », on mènera une étude dite corrélationnelle pour expliquer les relations existant entre ces concepts. À ce niveau d'examen des relations, les explications doivent porter sur la nature des relations présumées entre les concepts. L'explication englobe la prédiction et a lieu après que les relations entre les concepts ont été mises en évidence au stade de l'exploration des relations. L'explication d'une relation ou d'un phénomène s'appuie sur la théorie, celle-ci étant un ensemble de propositions visant à expliquer un phénomène. Si l'on est en mesure d'expliquer un phénomène soit clinique, soit social, cela signifie qu'on peut le décrire, en prédire les conséquences et intervenir afin de modifier la situation (Gall, Borg et Gall, 1996).

> L'explication détermine la raison d'être des relations entre des concepts.

La prédiction et le contrôle

À un stade plus avancé de la recherche se situe la *prédiction* de relations causales entre des concepts (ou variables) ou des différences entre les groupes. La prédiction et le contrôle supposent la plupart du temps une expérimentation, laquelle a pour but d'évaluer la probabilité qu'un résultat déterminé se produise dans une situation de recherche habituellement provoquée. Ils ont rapport à la possibilité de prédire qu'un événement surviendra, comme effet ou résultat Y découlant des données recueillies antérieurement à un moment X. La possibilité de prédire repose sur le principe de la causalité qui implique que les phénomènes aient des causes et que les causes produisent des effets. Par exemple, la question suivante sert à prévoir le résultat d'une intervention : « Quel est le degré d'efficacité d'une intervention de soutien sur l'état de santé d'aidants naturels qui ont la charge de personnes atteintes de déficits cognitifs ? »

> La prédiction et le contrôle sont surtout liés à l'expérimentation, qui a pour but d'évaluer la probabilité qu'un résultat déterminé se produise dans une situation provoquée.

Le *contrôle* consiste à faire varier les conditions dans une situation de recherche en vue de produire un résultat déterminé. Les questions posées appellent des réponses qui fournissent des indications précises sur les relations de cause à effet. Ainsi que nous l'avons déjà mentionné, les fonctions de la recherche que sont la description, l'explication, la prédiction et le contrôle correspondent à des niveaux dans l'acquisition de connaissances et font appel à divers types d'études, comme nous le verrons plus loin dans cet ouvrage.

1.3 Les éléments qui sous-tendent la recherche

La recherche menée dans les diverses disciplines implique un ensemble d'éléments qui sous-tendent sa démarche et qui assurent la liaison entre la conceptualisation, les méthodes sur lesquelles s'appuie la recherche et l'application de mesures concrètes dans la pratique. La recherche n'est donc pas séparée des autres activités intellectuelles : elle prend en compte des éléments qui contribuent à la rendre applicable au monde empirique (Burns et Grove, 2001 ; Fortin, Taggart et Kérouac, 1988 ; Fortin, 1996). Ainsi, la recherche est en rapport avec la philosophie, la connaissance, les opérations de la pensée, la science, la théorie et la pratique. La figure 1.1 présente les principaux éléments de la recherche et indique leurs relations réciproques.

La philosophie

La philosophie fournit une explication globale du monde qui s'exprime à travers les croyances et les valeurs relatives à la nature de l'être humain et à sa réalité (Kim, 1989 ; Seaver et Cartwright, 1977). La philosophie constitue l'élément le plus abstrait du modèle présenté, mais elle suppose un contact avec l'élément le plus concret, qui est la pratique. La philosophie renvoie aux valeurs et aux croyances véhiculées par les membres d'une discipline. Les différentes façons de concevoir la réalité résultent de la manière dont les individus envisagent les concepts clés d'une discipline et les organisent en un tout cohérent. La recherche d'une explication du monde empirique relève de la philosophie. Le philosophe utilise l'intuition, le raisonnement,

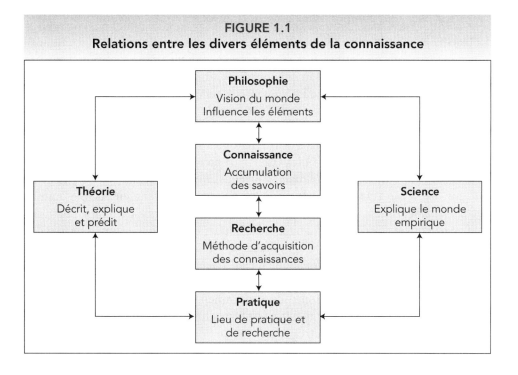

FIGURE 1.1
Relations entre les divers éléments de la connaissance

l'introspection pour déterminer la finalité de la vie humaine, la nature de l'être, la réalité et les limites de la connaissance (Silva, 1977).

Dans toute discipline, le processus du raisonnement est enraciné dans la philosophie, les théories et les généralisations empiriques qui le définissent (Smith et Liehr, 2003). La philosophie fait appel aux postulats, aux croyances et aux perspectives qui orientent la recherche et la pratique à l'intérieur d'une discipline. Sur le plan théorique, nous retrouvons les concepts, les modèles et les théories propres à chaque discipline, lesquels influent sur la façon de concevoir la recherche et la pratique.

> La philosophie fait appel aux postulats, aux croyances et aux perspectives qui orientent la recherche et la pratique.

La connaissance

La connaissance est une notion qui implique diversité et multiplicité et donne lieu à des différences et à des similitudes dans les divers types de savoirs (Laville et Dionne, 1996). La recherche scientifique, qui nous fait connaître certains faits, est une démarche méthodique d'acquisition des connaissances, dont découle ce que l'on appelle la connaissance scientifique. D'autres connaissances provenant de différentes sources contribuent à des degrés divers à accroître le savoir théorique et empirique. Ainsi, les connaissances transmises d'une culture à une autre ou d'une discipline à une autre peuvent être fondées ou non sur des bases empiriques.

Les sources d'acquisition des connaissances

Dans la plupart des disciplines, la connaissance a été acquise au cours de l'histoire par des sources telles que la tradition, l'autorité, l'expérience personnelle et les tâtonnements. L'intuition et le raisonnement logique sont aussi considérés comme des sources d'acquisition de connaissances ; comme elles constituent des opérations de la pensée, elles sont abordées dans la section suivante.

La tradition.   Les traditions sont des pratiques basées sur la coutume et sont transmises par la parole ou par l'écrit. Les connaissances issues de la tradition n'ont pas besoin d'être acquises de nouveau à chaque génération et elles représentent souvent d'irremplaçables formes de savoir. Ces connaissances demeurent dans bon nombre de cas aussi vraies aujourd'hui qu'elles l'étaient dans le passé (Laville et Dionne, 1996). Ainsi, l'acupuncture est pratiquée depuis plus de 2 000 ans en Chine et elle est toujours d'actualité (Batavia, 2001). Bien que les traditions aient souvent une grande valeur, il peut arriver qu'elles fassent obstacle au progrès de la connaissance quand elles s'appuient sur des rituels et qu'elles n'ont pas fait l'objet d'un examen critique. Le savoir transmis par la tradition ne repose souvent sur aucune donnée valable. Ayant régné sans partage pendant une longue période de temps, les traditions peuvent être difficiles à changer, surtout quand elles sont entretenues par des personnes qui détiennent l'autorité (Burns et Grove, 2001). Par exemple, la pratique de la saignée remonte à l'époque de la Grèce antique, où l'on croyait que le fait de tirer d'une veine une certaine quantité de sang rétablissait les humeurs. Fait étonnant, cette pratique a eu cours jusqu'au milieu du XIXe siècle (Batavia, 2001). Aussi cette source de connaissances qu'est la tradition doit-elle être examinée de façon critique à la lumière d'autres sources et de données fournies par la science.

L'autorité.   L'autorité est une autre source d'acquisition des connaissances, elle est en quelque sorte le canal de transmission de la tradition. Par exemple, les religions appliquent depuis des siècles des règles qui régissent certains aspects de la conduite humaine et elles les transmettent par voie d'autorité à leurs fidèles. Toutefois, comme le font remarquer Laville et Dionne (1996), ces savoirs imposés n'ont de valeur que si les personnes les acceptent et que si ceux qui les transmettent sont considérés comme des autorités. Demander conseil à une autorité peut être une bonne idée si on a toute raison de croire dans son mérite. Par exemple, un étudiant qui est à rédiger sa thèse de doctorat peut demander l'opinion d'un membre de son comité qu'il considère comme un expert dans le domaine. L'autorité et la tradition présentent des avantages, mais elles ne sont pas des sources infaillibles, surtout si le crédit accordé à une personne n'a fait l'objet d'aucune vérification.

Les essais et erreurs.   Les essais et erreurs peuvent être considérés comme une façon d'apprendre quand on ne dispose d'aucune source de connaissance. La connaissance qui en résulte est empirique et par conséquent elle se transmet difficilement à d'autres. L'apprentissage par essais et erreurs n'est ni systématique ni infaillible. Le fait de multiplier les opérations en vue d'arriver à la bonne réponse ou de déterminer le type d'action qu'il convient d'exécuter ne constitue pas en soi un moyen efficace d'acquérir des connaissances. De plus, cette stratégie d'apprentissage peut se révéler coûteuse et même risquée dans les cas où il est nécessaire d'intervenir rapidement.

L'expérience personnelle.   L'expérience personnelle peut constituer une source appréciable de connaissances dans l'exercice d'une profession, en particulier dans des situations où il faut intervenir auprès d'autres personnes. Une longue pratique clinique permet de reconnaître chez certains individus des tendances ou des modes de réponses qui laissent présager des réactions déterminées et suggèrent des façons d'intervenir. Toutefois, pour que les connaissances empiriques puissent être transmissibles, il est nécessaire de vérifier la validité de son mode d'action en recourant par exemple à la recherche.

Parmi tous les modes d'acquisition de connaissances que nous venons de décrire, la recherche scientifique apparaît comme la plus rigoureuse et la plus acceptable du fait qu'elle repose sur une démarche rationnelle. Celle-ci fait appel à la fois à l'induction et à la déduction ainsi qu'à d'autres éléments pour créer un mode d'acquisition des connaissances qui, bien que faillible, est généralement plus valable que la tradition, l'autorité, les essais et erreurs, l'expérience ou le raisonnement logique. La recherche se distingue aussi des autres modes d'acquisition des connaissances par son caractère empirique, c'est-à-dire qu'elle s'appuie sur l'observation des phénomènes, ceux-ci étant mis à l'épreuve pour en apprécier la réalité.

Les opérations de la pensée

Les opérations de la pensée constituent avec les autres éléments de la connaissance le pivot de la recherche scientifique. Les deux formes de pensée sollicitées dans la recherche sont la pensée concrète et la pensée abstraite. De par sa nature, la pensée concrète porte sur les choses perceptibles par les sens ou les événements observables. Elle concerne les événements immédiats. Dans le processus de recherche, la pensée concrète joue un rôle essentiel dans la planification et la mise en œuvre des différentes étapes de collecte et d'analyse des données. La pensée abstraite est sollicitée dans tout ce qui a rapport à la formulation d'une idée, mais qui n'entraîne pas une application directe à un cas particulier. Cette forme de pensée est indépendante et n'est pas limitée dans le temps. Dans le contexte du processus de recherche, la pensée abstraite est essentielle au développement de la théorie et de la recherche. Elle est mise à contribution dans la définition des problèmes de recherche, l'établissement des devis et l'interprétation des résultats. Selon Burns et Grove (2001), la recherche exige des aptitudes pour la pensée abstraite aussi bien que pour la pensée concrète.

Chaque élément de la connaissance dans une discipline donnée fait appel à des opérations de la pensée. Procédant de la pensée abstraite, les théories sont vérifiées par la recherche et intégrées dans un champ de connaissances scientifiques. La pensée abstraite préside à l'élaboration des théories. S'inscrivant dans un cadre philosophique, la pensée abstraite permet à la science et à la théorie de s'unir pour former un ensemble de connaissances susceptibles d'applications pratiques. L'intuition et le raisonnement sont aussi des opérations de la pensée.

L'intuition. Il s'agit d'une connaissance immédiate qui, à la différence de la réflexion, de l'analyse et du raisonnement, permet d'acquérir une certitude sans le recours au raisonnement. Elle est le fait de l'intelligence qui saisit d'emblée la diversité et la complexité du réel et l'organise en un tout cohérent. Ce que nous appelons le sens commun est une forme d'intuition en ce qu'il est une connaissance directe (McBurney, 1998). Le sens commun comporte des limites puisqu'il varie selon le temps et les circonstances et qu'il est pragmatique plutôt que théorique. Il arrive d'ailleurs que la recherche contredise la connaissance provenant du sens commun. L'intuition est généralement considérée comme non scientifique du fait qu'elle ne peut être expliquée, mais elle peut néanmoins être utile dans certains cas. Il est parfois possible d'étudier un phénomène sans avoir à l'expliquer.

> L'intuition est une forme de connaissance immédiate qui permet d'acquérir une certitude sans le recours au raisonnement.

Le raisonnement. Raisonner, c'est développer et organiser ses idées en vue d'arriver à des conclusions ; c'est partir de ce que l'on connaît pour aboutir à d'autres découvertes. C'est par le raisonnement que les individus arrivent à donner une signification à leurs pensées et à leurs expériences (Burns et Grove, 2001). Le raisonnement procède par analyse en examinant chacun des éléments d'un ensemble, le but étant de proposer une explication des phénomènes. Le raisonnement est utilisé dans l'élaboration de théories et le développement de la recherche. Le raisonnement logique est aussi une méthode d'acquisition des connaissances qui met à contribution à la fois l'expérience, les facultés intellectuelles et les processus de la pensée (Polit et Beck, 2004).

Les deux principaux modes de raisonnement logique sont le raisonnement inductif et le raisonnement déductif. Le *raisonnement inductif* conduit à passer d'observations et de faits singuliers à des propositions générales, comme dans les énoncés suivants :

L'asthme est un trouble physiologique qui provoque du stress.

L'hypertension est un trouble physiologique qui provoque du stress.

La douleur chronique est un trouble physiologique qui provoque du stress.

Donc, tous les troubles physiologiques provoquent du stress (généralisation).

Dans ce dernier raisonnement inductif, on part des énoncés particuliers sur les troubles physiologiques qui provoquent du stress pour aboutir à la proposition générale que tous les troubles physiologiques engendrent du stress. La recherche doit déterminer si la proposition générale suivant laquelle tous les troubles physiologiques engendrent du stress est valable dans tous les cas.

> Le *raisonnement inductif* consiste à aller du particulier au général.

Au contraire, le *raisonnement déductif* consiste à appliquer des principes généraux et des postulats à des situations particulières. Le raisonnement déductif intervient dans l'élaboration des hypothèses qui seront vérifiées par la recherche.

Tous les êtres humains font l'expérience du deuil.

Tous les adolescents sont des êtres humains.

Tous les adolescents font l'expérience du deuil (spécification).

Dans cet exemple, le raisonnement déductif part des deux énoncés généraux (prémisses) sur les êtres humains qui font l'expérience du deuil, pour arriver à la conclusion que tous les adolescents font l'expérience du deuil. Les prémisses doivent être vraies pour que la conclusion le soit aussi (Burns et Grove, 2001).

> Le *raisonnement déductif* consiste à aller du général au particulier.

Ces deux modes de raisonnement sont essentiels pour comprendre et classer les phénomènes et ils contribuent à l'acquisition des connaissances. Cependant, ni l'un ni l'autre des modes n'est infaillible et ne peut être utilisé seul comme source de connaissance scientifique.

La science

La recherche est un outil de la science (Batey, 1992) et les théories sont le langage de la science. La science est un ensemble de connaissances fondées sur des observations systématiques et rigoureuses. Elle implique l'emploi conjugué, méthodique, de la pensée rationnelle et de l'observation empirique (Graziano et Raulin, 2000). La science est constituée à la fois par les résultats de la recherche et par un certain nombre de théories vérifiées. La science peut être à la fois un résultat, disons une découverte, et un processus au cours duquel différentes conceptions sont examinées. La science se définit comme un corps de connaissances théoriques où se trouvent définies les relations entre les faits, les principes, les lois et les théories ; elle comporte la possibilité de mettre en place une méthode d'investigation apte à vérifier la théorie. Le scientifique observe, conçoit des définitions opérationnelles, vérifie des hypothèses et conduit des recherches en vue de déterminer la régularité des phénomènes de manière à arriver à un degré suffisant de certitude pour pouvoir énoncer des lois (LoBiondo-Wood et Haber, 2002).

> La science est un corps de connaissances théoriques où se trouvent définies les relations entre les faits, les principes, les lois et les théories.

C'est grâce au développement des connaissances issues de la recherche que la science progresse constamment. La science est en quelque sorte un réservoir de connaissances provenant d'observations et de vérifications. Les philosophes et les scientifiques ont comme but commun d'étendre les connaissances. Cependant, ils diffèrent par leur manière d'appréhender la réalité. Ainsi, dans le domaine de la recherche, les questions posées ne sont pas les mêmes. La philosophie vise à répondre à des questions d'ordre métaphysique telles que : « Qu'est-ce que la connaissance ? » S'intéressant aux relations de causalité, la science traite de questions empiriques : « Quels sont les rapports entre X et Y ? »

La théorie

Une théorie est un ensemble cohérent de concepts, de propositions et de définitions qui vise à décrire, à expliquer ou à prédire des phénomènes. Constituée d'un ensemble de concepts solidaires les uns des autres, la théorie présente une vision d'un phénomène. Ainsi, l'explication moderne de la réaction à la douleur fait l'objet d'une théorie. Celle-ci est constituée de plusieurs concepts généraux liés entre eux par un ensemble de propositions qui expliquent le phénomène de la douleur. Chaque théorie s'applique ainsi à un phénomène concret, elle le définit et l'explique.

Les théories représentent une façon d'organiser, d'intégrer ou d'isoler des concepts abstraits se rapportant à la manière dont les phénomènes se lient les uns aux autres (Polit, Beck et Hungler, 2001). Elles correspondent à un mode systématique d'observation qui vise à unifier en un tout cohérent les faits observés, lesquels, s'ils étaient considérés séparément, n'auraient que peu de signification. Les théories peuvent avoir comme point de départ une idée, et la recherche a pour fonction de les vérifier. Elles peuvent aussi se fonder sur les résultats de la recherche et les opérations de la pensée ; dans ce cas, elles fournissent une vue cohérente des phénomènes. Les théories permettent d'expliquer les résultats de recherche et de démontrer leur utilité dans la pratique. Les théories peuvent être descriptives, explicatives ou prédictives et elles sont subordonnées à la recherche du fait que celle-ci sert à les vérifier. Elles orientent la recherche et permettent la formulation d'hypothèses ; en retour, la recherche permet de développer la théorie et de la vérifier.

La pratique professionnelle

La pratique professionnelle appartient au monde empirique. La relation de dépendance entre la recherche, la théorie et la pratique s'explique par le fait que la recherche réunit la discipline comme champ de connaissances, la théorie comme champ d'organisation des connaissances et la pratique professionnelle comme champ d'intervention et de recherche. La recherche intervient pour vérifier la théorie ou la développer, et cette union de la théorie et de la recherche fournit une base à la pratique professionnelle. Les activités cliniques qui conduisent à la définition de problèmes de recherche dans une discipline donnée ont souvent leur origine dans les lieux de pratique. C'est pourquoi l'apprentissage de la recherche doit être lié à la pratique professionnelle puisque de là proviennent les problèmes cliniques, psychosociaux ou éducatifs qui seront par la suite examinés au cours de la recherche et rattachés à la théorie.

Une théorie est un ensemble cohérent de concepts, de propositions et de définitions qui vise à décrire, à expliquer ou à prédire des phénomènes.

La recherche réunit la discipline comme champ de connaissances, la théorie comme champ d'organisation des connaissances et la pratique professionnelle comme champ d'intervention.

En conclusion

Rappelons que la recherche est la méthode par excellence permettant d'acquérir des connaissances et, de ce fait, elle dépend de la théorie puisque celle-ci donne une signification aux concepts utilisés dans une situation donnée. La recherche permet d'élaborer des théories ou de les vérifier. La recherche qui vise à l'élaboration de la théorie consiste à reconnaître la présence d'un phénomène, à décrire ses caractéristiques et à préciser les relations qui existent entre elles. La recherche qui a pour but de vérifier la théorie tend à démontrer, à l'aide d'hypothèses tirées de la théorie, que cette dernière possède une évidence empirique (Stevens, 1984 ; Fawcett et Downs, 1992). La relation qui existe entre la recherche et la théorie est telle que l'élaboration de cette dernière repose sur la recherche et que celle-ci, de son côté, repose sur la théorie. L'étroite dépendance entre la recherche et la théorie se retrouve aussi sur le plan de la méthode, car les types de recherches qui servent à vérifier les théories peuvent être soit descriptifs, soit explicatifs ou prédictifs. Ainsi, les études descriptives ont pour rôle de définir les caractéristiques des phénomènes, les études corrélationnelles déterminent les relations entre ces caractéristiques, alors que les études expérimentales servent à prédire et à contrôler des phénomènes.

1.4 Recherche et perspectives disciplinaires

La recherche, comme mode d'acquisition des connaissances, est utilisée dans la plupart des disciplines, mais elle est conduite différemment d'une discipline à l'autre, et son orientation varie selon la philosophie qui la sous-tend et son champ d'application. Quelle que soit la discipline concernée, la recherche scientifique demeure toujours une démarche rigoureuse d'acquisition des connaissances. Les diverses disciplines qui font appel à la recherche cherchent à obtenir des réponses à des questions déterminées au moyen de l'observation de certains faits relevant de leur domaine, l'objectif étant la compréhension des phénomènes étudiés. Parmi les problèmes propres à une discipline, le chercheur peut distinguer ceux qui peuvent faire l'objet d'une recherche et déterminer s'il est nécessaire d'en décrire les caractéristiques, de comprendre et d'expliquer leur nature ou encore de prédire des comportements désirables, que ce soit dans les domaines des sciences humaines, sociales ou de la santé.

> L'apprentissage de la recherche doit être lié à la pratique de manière que le professionnel, au terme de ses études, puisse se servir de ses connaissances pour définir des problèmes particuliers à étudier.

Il faut reconnaître cependant qu'il existe souvent un fossé entre le monde de la recherche et celui de la pratique professionnelle. C'est pourquoi l'apprentissage de la recherche doit être lié à la pratique de manière que le professionnel, au terme de ses études, puisse se servir de ses connaissances pour définir des problèmes particuliers et ajuster son action en conséquence. Le marché du travail peut constituer, pour les professionnels de la santé, une excellente occasion de mettre à profit leurs connaissances et de les partager avec leurs collègues de travail. Ainsi, des infirmières travaillant dans des centres hospitaliers universitaires discutent régulièrement ensemble d'articles scientifiques ayant rapport avec leur pratique (Marcil et Goulet, 2002). Ces activités peuvent contribuer à accroître les connaissances dans une discipline donnée et à améliorer la pratique professionnelle. Pour pouvoir continuer de se développer, une discipline scientifique doit accorder une place importante à la recherche. C'est par la recherche que se constitue un champ de connaissances spécifiques dans une discipline, que s'élabore ou se vérifie la théorie.

Le but visé par toute profession est d'améliorer la pratique de ses membres de manière à fournir des services de qualité à la société. Les membres d'une profession donnée reconnaissent qu'ils ont la responsabilité personnelle de travailler à l'accroissement de leurs connaissances. La recherche et la réflexion sont essentielles pour développer les connaissances scientifiques et favoriser ainsi un progrès continu.

L'intérêt qui se manifeste dans une discipline à l'égard de l'activité de recherche dépend grandement de la formation que les individus ont reçue. C'est ce que Hart (1991) appelle la « socialisation professionnelle ». Celle-ci reflète l'attitude envers la recherche adoptée par les membres d'une même profession. Cette attitude varie suivant que l'on est plus ou moins capable de reconnaître les bénéfices qui résultent de l'application des résultats de recherche dans la pratique ainsi que le besoin d'examiner certains problèmes liés à sa discipline.

1.5   Recherche fondamentale et recherche appliquée

Les travaux théoriques ou philosophiques réalisés dans diverses disciplines dans le but de faire progresser la connaissance font partie de la recherche fondamentale.

La recherche fondamentale et la recherche appliquée diffèrent l'une de l'autre par la manière dont elles envisagent l'acquisition et l'utilisation des connaissances.

La *recherche fondamentale* est une démarche scientifique qui vise la découverte et l'avancement des connaissances et qui ne s'occupe pas de trouver des applications pratiques immédiates. Certaines études fondamentales s'effectuent dans des environnements hautement contrôlés tels que les laboratoires. Un environnement simulé peut aussi être considéré comme relevant de la recherche de laboratoire (par exemple, une étude sur le sommeil). Les travaux théoriques ou philosophiques réalisés par des chercheurs de diverses disciplines et ayant pour but de faire progresser la connaissance font également partie de la recherche fondamentale. L'application des résultats de la recherche est tributaire du développement des connaissances. La recherche fondamentale ou théorique et la recherche appliquée sont ordonnées l'une à l'autre dans le développement et l'acquisition de nouvelles connaissances.

La recherche appliquée a pour rôle de trouver des solutions immédiates et de provoquer des changements dans des situations déterminées.

La *recherche appliquée* est une démarche scientifique qui vise à trouver des applications aux connaissances théoriques. Elle a pour objet l'étude de problèmes pratiques. La recherche appliquée a pour rôle de trouver des solutions immédiates et de provoquer des changements dans des situations déterminées. Elle permet de vérifier des propositions théoriques et de s'assurer de leur utilité dans la pratique (Burns et Grove, 2001). Elle sert aussi à déterminer les effets des interventions dans la pratique. La recherche réalisée dans les domaines psychosociaux, de la santé et de l'éducation est la plupart du temps de la recherche appliquée. Dans certains cas, la recherche appliquée s'inscrit dans le prolongement de la recherche fondamentale (Grawitz, 1996). Elle est menée sur le terrain, en milieu naturel.

1.6   Fondements philosophiques et méthodologies de recherche

La recherche quantitative et la recherche qualitative s'appuient sur des fondements philosophiques et sur des méthodes éprouvées pour étudier des phénomènes.

Un *fondement philosophique* peut se définir comme l'orientation prise par un individu relativement à la manière d'acquérir des connaissances ou de concevoir la recherche (DePoy et Gitlin, 1998). À cet égard, deux écoles de pensée prédominent : la philosophie d'orientation positiviste et la philosophie se rattachant au courant naturaliste, qui diffèrent l'une de l'autre par leurs paradigmes de recherche. Un paradigme peut être défini comme un ensemble de croyances et de valeurs partagées par un groupe ou une école de pensée. C'est aussi une vision du monde qui imprime une direction particulière à la recherche. La notion de paradigme a été introduite par Kuhn (1970) dans *La structure de la révolution scientifique*, ouvrage dans lequel il reconsidère la manière de concevoir le développement de la science. Pour Kuhn, le paradigme est en quelque sorte un modèle (*pattern*) qui peut servir à guider la recherche scientifique. Nous véhiculons de façon plus ou moins consciente des conceptions philosophiques et nous construisons en nous fondant sur elles des modèles de la réalité qui sont conformes aux conventions sociales et qui ont pour but de rendre compte de la dynamique de changement (Gauthier, 2000). Les paradigmes qui contribuent le plus à la construction des savoirs scientifiques sont la méthodologie de recherche quantitative et la méthodologie de recherche qualitative.

> Un fondement philosophique influence le chercheur dans la manière d'acquérir des connaissances ou de concevoir la recherche.

Un fondement philosophique est ce qui sert de base aux décisions en matière de méthodologie. Cela signifie que les méthodologies de recherche doivent adopter différents postulats relativement au comportement humain et à la façon d'envisager la connaissance des phénomènes. En choisissant une méthodologie particulière de recherche, le chercheur adopte une vision du monde et un fondement philosophique. Ces deux manières de concevoir la réalité témoignent des différences fondamentales d'orientation qui existent entre les écoles de pensée positiviste et naturaliste. Le courant positiviste affirme qu'il existe une réalité objective qui peut être découverte en suivant une méthode rigoureuse. Dès lors, les phénomènes humains apparaissent prévisibles et contrôlables. Le raisonnement déductif à la base du positivisme permet de prédire et de contrôler les phénomènes. Pour le naturalisme, la réalité est différente pour chaque personne et change avec le temps. Elle se découvre au cours d'une démarche dynamique qui consiste à interagir avec l'environnement. La connaissance qui en découle est relative ou contextuelle. Les phénomènes humains sont uniques et non prévisibles.

> En choisissant une méthodologie particulière de recherche, le chercheur adopte une vision du monde et un fondement philosophique.

En vertu des fondements philosophiques sur lesquels repose le courant naturaliste, les faits et les principes sont enracinés dans des contextes historiques et culturels. Plusieurs perspectives philosophiques humanistes et holistiques utilisent le raisonnement inductif pour étudier les phénomènes. Le chercheur qui adhère à une philosophie qui met l'interaction au premier plan utilisera une méthodologie naturaliste. C'est le cas de l'ethnographe, qui met l'accent sur les significations et les comportements des individus dans un environnement culturel et social. D'autres chercheurs auront un point de vue phénoménologique et considéreront l'expérience personnelle des individus. Contrairement au courant naturaliste, qui amalgame plusieurs doctrines philosophiques, le positivisme s'inscrit dans un courant de pensée qui valorise la recherche expérimentale. Perpétuant une tradition qui donne la première place aux sciences physiques, le positivisme se soucie avant tout des résultats.

La *méthodologie de la recherche* suppose à la fois une démarche rationnelle et un ensemble de techniques ou de moyens permettant de réaliser la recherche. Les méthodologies quantitative et qualitative peuvent s'accorder avec les différents fondements philosophiques qui sous-tendent une recherche. Certaines recherches requerront une description et une explication des phénomènes et feront appel à des techniques comme l'entrevue non dirigée qui s'accordent avec l'orientation choisie ; d'autres recherches impliqueront une explication des relations entre des phénomènes ou encore la prédiction ou le contrôle des phénomènes et emploieront des méthodes de collecte des données qui sont en rapport avec leur orientation.

La méthodologie quantitative ou objectiviste s'intéresse aux causes objectives des phénomènes et fait abstraction de la situation propre à chaque individu ; elle fait appel à la déduction, aux règles de la logique et à la mesure. Elle est fondée sur l'observation de faits, d'événements et de phénomènes objectifs et elle comporte un processus systématique de collecte de données observables et mesurables. Le chercheur suit une démarche rationnelle qui l'amène à traverser une série d'étapes allant de la définition du problème de recherche à la mesure des concepts et à l'obtention des résultats. L'objectivité, la prédiction, le contrôle et la généralisation sont des caractéristiques distinctives de la méthodologie quantitative.

La méthodologie qualitative ou subjectiviste sert à comprendre le sens de la réalité sociale dans laquelle s'inscrit l'action ; elle fait usage du raisonnement inductif et a pour but d'arriver à une compréhension élargie des phénomènes. Le chercheur observe, décrit, interprète et apprécie le milieu et le phénomène tels qu'ils se présentent, mais il ne mesure ni ne contrôle. Cette méthodologie met l'accent sur le caractère unique de l'action et des phénomènes sociaux (Gauthier, 2000). Le but de cette méthode d'investigation est descriptif. La compréhension mutuelle du chercheur et des participants est essentielle dans le processus de recherche s'appuyant sur une méthodologie qualitative. Cette dernière vise à comprendre le phénomène tel qu'il est vécu et rapporté par les participants. Les deux méthodologies envisagent différemment la réalité, mais toutes deux supposent une démarche rigoureuse.

Résumé

La recherche se définit comme une démarche rationnelle visant l'acquisition de connaissances. Elle peut être considérée sous divers points de vue, mais il est possible de la définir comme un processus systématique de collecte de données empiriques ayant pour but de décrire, d'expliquer et de prédire des phénomènes. La rigueur et la systématisation doivent être présentes dans toute recherche.

La recherche est étroitement liée à d'autres activités d'ordre intellectuel. Ainsi, elle est en relation avec la philosophie, la connaissance, les opérations de la pensée, la science, la théorie et la pratique. De la philosophie relèvent les postulats, les croyances et les perspectives disciplinaires qui sont mis en évidence dans la recherche et la pratique. La connaissance émane de différentes sources, comme la tradition, l'autorité, les essais et erreurs, le raisonnement logique. La science est un corps de connaissances constitué de résultats de recherche et de théories vérifiées. La science et la théorie sont liées entre elles par les opérations de la pensée. Ces dernières déterminent chaque élément de la recherche scientifique. La pensée concrète est orientée vers les choses tangibles alors que la pensée abstraite est orientée vers le développement d'idées ne comportant pas d'application pratique. La recherche dépend de la théorie en ce que celle-ci donne une signification aux concepts utilisés dans une situation de recherche. La théorie provient de la pratique et, une fois vérifiée au cours de la recherche, elle retourne à la pratique. La recherche traite souvent de problèmes cliniques rencontrés dans la pratique.

Les trois grandes fonctions de la recherche sont la description, l'explication et la prédiction et elles correspondent chacune à un niveau dans le processus d'acquisition des connaissances. La recherche est présente dans la plupart des disciplines, mais ses applications diffèrent d'une discipline à l'autre, selon les conceptions philosophiques que le chercheur adopte et selon l'objet de la discipline. Il est incontestable que la recherche est essentielle à l'avancement de la science et au développement des différentes professions. La recherche fondamentale et la recherche appliquée constituent les deux formes qu'est susceptible de prendre la recherche scientifique. La première vise la mise en place de théories et de principes en dehors de toute application pratique. La seconde a pour objets essentiels la résolution immédiate de problèmes concrets et la modification de situations déterminées.

Les fondements philosophiques dépendent de la manière de concevoir la réalité, la science et la nature humaine. Deux écoles de pensée jouent un rôle de premier plan en ce qui a trait au développement des connaissances : la philosophie d'orientation positiviste et la philosophie se rattachant au courant naturaliste. Chacune de ces philosophies a son propre paradigme de recherche. Ces deux paradigmes sont les méthodologies quantitative et qualitative.

Mots clés

Autorité	Prédiction et contrôle	Recherche qualitative
Connaissance	Raisonnement	Recherche quantitative
Description	Raisonnement déductif	Recherche scientifique
Explication	Raisonnement inductif	Science
Fondement philosophique	Recherche appliquée	Théorie
Paradigme	Recherche fondamentale	Traditions

Exercices de révision

La recherche scientifique est une démarche particulière visant l'acquisition des connaissances. Les exercices suggérés dans ce chapitre ont pour but de vous aider à mieux comprendre la nature de la recherche et les rapports qui existent entre celle-ci et d'autres éléments de la connaissance.

1. Qu'est-ce qui différencie la recherche scientifique des autres modes d'acquisition des connaissances ?

2. Rapportez chacun des éléments de la connaissance (a) à (h) à sa définition.

a. science

b. intuition

c. raisonnement inductif

d. recherche

e. pensée concrète

f. philosophie

g. raisonnement déductif

h. pensée abstraite.

Définitions

1. Processus systématique de collecte de données empiriques ayant pour but de décrire, d'expliquer et de prédire des phénomènes.

2. Type de raisonnement qui a comme point de départ l'observation de choses particulières et qui mène à la formulation d'une vérité générale.

3. Organisation rationnelle des résultats de la recherche et des théories vérifiées à l'intérieur d'un champ de connaissances déterminé.

4. Connaissance d'une chose sans le recours au raisonnement logique.

5. Pensée orientée vers les choses perceptibles par les sens ou les faits observables.

6. Type de raisonnement par lequel on passe d'une proposition générale à une hypothèse sur un cas particulier.

7. Pensée orientée vers le développement d'une idée sans égard à une application directe à un cas particulier.

8. Énoncé de croyances et de valeurs à propos de la nature de l'être humain et de sa réalité.

3. Dans le texte suivant, trouvez les éléments qui se rattachent à la pratique, à la théorie et à la recherche.

L'épuisement professionnel constitue une réalité qui touche un grand nombre de personnes, particulièrement dans le domaine des services sociaux et de la santé. Il ressort des études sur le sujet que l'épuisement professionnel est l'aboutissement d'un processus plus ou moins long qui rend souvent la personne de plus en plus incapable d'accomplir ses tâches habituelles. C'est un problème des plus actuels auquel plusieurs chercheurs s'intéressent. Cette condition insidieuse affecte un pourcentage appréciable de la population.

Des travaux récents font état d'un certain nombre de facteurs — la personnalité, par exemple — qui contribuent à provoquer l'épuisement. Notre propos dans la présente étude est tout autre : nous cherchons à connaître l'environnement de travail de ces personnes. Cette étude a pour but d'explorer les relations entre les perceptions que les individus ont de leur cadre de travail et l'épuisement professionnel.

----

a. *La pratique :* À quels faits de la pratique professionnelle ce texte fait-il référence ?

b. *La théorie :* Quels concepts veut-on explorer ?

c. *La recherche :* À quel niveau de la recherche cette étude correspond-elle ?

4. La science et la philosophie sont solidaires l'une de l'autre mais diffèrent à plusieurs égards. Expliquez.

5. Quels sont les deux courants de pensée qui jouent un rôle prédominant dans le développement des connaissances ?

6. À quelles méthodes d'investigation correspondent ces deux courants philosophiques ?

7. Rapportez les énoncés suivants au courant « positiviste » (*p*) ou au courant « naturaliste » (*n*), selon que vous jugerez qu'ils caractérisent l'un ou l'autre. Pour répondre, placez après l'énoncé la lettre *p* ou *n*.

1. Les chercheurs visent à obtenir la connaissance objective qui est propre aux sciences physiques et psychosociales.

2. La recherche qui étudie la personne dans son entier doit prendre en compte à la fois la dimension historique de l'action humaine et les aspects subjectifs de l'expérience.

3. Aucune réalité objective ne peut être mesurée.

4. Si les chercheurs veulent réellement comprendre le monde, ils doivent s'intéresser à la réalité telle qu'elle est perçue par les individus.

5. L'établissement d'un plan de recherche rationnel permet de rendre la recherche objective.

6. La société est en constante évolution. Par conséquent, les chercheurs ne peuvent employer des catégories rigides pour la décrire ou l'expliquer.

7. Le chercheur s'attache à généraliser les résultats de ses recherches.

8. La connaissance acquise par la recherche est essentielle à l'établissement d'une base scientifique pour la description, l'explication, la prédiction et le contrôle. Donnez une brève définition des mots ou des groupes de mots suivants :

a. description

b. explication

c. prédiction et contrôle

Les réponses sont données à la fin du livre.

Références bibliographiques

Batavia, M. (2001). *Clinical Research for Health Professionals: A User Friendly Guide,* Boston, Butterworth Heinemann.

Batey, M.V. (1992). « Conceptualizing the research process », dans L.H. Nicoll (dir.), *Perspectives in Nursing Theory,* 2ᵉ éd., Philadelphie, J.B. Lippincott.

Burns, N. et Grove, S.K. (2001). *The Practice of Nursing Research: Conduct, Critique, and Utilization,* 4ᵉ éd., Philadelphie, W.B. Saunders.

DePoy, E. et Gitlin, L.N. (1998). *Introduction to Research: Understanding and Applying Multiple Strategies,* 2ᵉ éd., St. Louis, Mosby.

Fawcett, J. et Downs, F.S. (1992). *The Relationship of Theory and Research,* 2ᵉ éd., Norwalk (Conn.), Appleton Century Crofts.

Fortin, M.-F., Taggart, M.-E. et Kérouac, S. (1988). *Introduction à la recherche,* Montréal, Décarie Éditeur.

Fortin, M.F. (1996). *Le processus de la recherche: de la conception à la réalisation,* Montréal, Décarie Éditeur.

Gall, M.D., Borg, W.R. et Gall, J.P. (1996). *Educational Research: An Introduction,* 6ᵉ éd., White Plains (N.Y.), Longman.

Gauthier, B. (2000). *Recherche sociale: de la problématique à la collecte des données,* 3ᵉ éd., Québec, Presses de l'Université du Québec.

Grawitz, M. (1996). *Méthodes des sciences sociales,* 10ᵉ éd., Paris, Dalloz.

Graziano, A.M. et Raulin, M.L. (2000). *Research Methods: A Process of Inquiry,* 4ᵉ éd., Toronto, Allyn and Bacon.

Hart, A.W. (1991). « Leader succession and socialization », *Review of Educational Research, 61,* p. 451 à 474.

Kerlinger, F.N. (1973). *Foundations of Behavioral Research,* New York, Holt, Rinehart and Winston.

Kim, H.S. (1989). « Theoretical thinking in nursing: Problems and prospects », *Advances in Nursing, 24,* p. 106 à 122.

Kuhn, T.S. (1970). *The Structure of Scientific Revolution,* 2ᵉ éd., Chicago, University Press.

Laville, C. et Dionne, J. (1996). *La construction des savoirs,* Montréal, Chenelière/McGraw-Hill.

LoBiondo-Wood, G. et Haber, J. (2002). *Nursing Research: Methods, Critical Appraisal, and Utilization,* 5ᵉ éd., Toronto, C.V. Mosby.

McBurney, D.H. (1998). *Research Methods,* 4ᵉ éd., Pacific Grove (Calif.), Brooks/Cole Publishing.

Marcil, I. et Goulet, C. (2002). « Le journal club: de la recherche à la pratique », *L'infirmière du Québec,* mai-juin, p. 46-51.

Polit, D.F. et Beck, C.T. (2004). *Nursing Research: Principles and Methods,* 7ᵉ éd., Philadelphie, Lippincott, Williams & Wilkins.

Polit, D.F., Beck, C.T. et Hungler, B.P. (2001). *Essentials of Nursing Research: Methods, Appraisal and Utilization,* 5ᵉ éd., Philadelphie, J.B. Lippincott.

Seaman, C.H.C. (1987). *Research Methods: Principles, Practice and Theory for Nursing,* 3ᵉ éd., Norwalk, Appleton and Lange.

Seaver, J.W. et Cartwright, C.A. (1977). « A pluralistic foundation for training early childhood professionals », *Curriculum Inquiry, 7,* p. 305 à 329.

Silva, M.C. (1977). « Philosophy, science, theory: Interrelationships and implications for nursing research », *Image: Journal of Nursing Scholarship, 9*(3), p. 59 à 63.

Smith, M.J. et Liehr, P.R. (dir.) (2003). *Middle Range Theory for Nursing,* New York, Springer Publishing.

Stevens, B.J. (1984). *Nursing Theory: Analysis, Application and Evaluation,* 2ᵉ éd., Boston, Little, Brother.

Les approches quantitative et qualitative

Objectifs d'apprentissage

À la fin de ce chapitre, vous devriez être en mesure :

1) de dégager les principales caractéristiques des deux grandes méthodes de recherche ;

2) de discuter les stratégies propres à chacune des méthodes ;

3) de distinguer les buts des recherches quantitative et qualitative ;

4) de connaître les éléments à considérer dans le choix d'une méthode de recherche.

Vue d'ensemble

Nous avons conclu le chapitre précédent en introduisant les fondements philosophiques de la recherche et les méthodologies quantitative et qualitative qui correspondent aux différents fondements qui sous-tendent les préoccupations et les orientations d'une recherche. Nous avons indiqué que ces fondements découlent de paradigmes de recherche différents. Nous tentons de mettre en évidence, dans ce chapitre, certaines différences fondamentales entre les deux méthodes de recherche quantitative et qualitative, particulièrement en ce qui a trait aux paradigmes et aux stratégies utilisées pour atteindre le but final. Bien que cet ouvrage se rapporte principalement à la recherche quantitative, nous dressons dans le présent chapitre un parallèle entre les approches quantitative et qualitative. Nous réservons pour le chapitre 13 la description des méthodologies de recherche qualitative.

Nous présentons dans ce chapitre un aperçu de la recherche quantitative et de la recherche qualitative. Le but est de rechercher ce qui distingue les deux méthodologies dans la manière d'aborder les phénomènes et de concevoir la réalité. Comme nous l'avons indiqué dans le chapitre précédent, la recherche quantitative se rattache au paradigme positiviste, qui conçoit la réalité comme unique et statique et suivant lequel les faits objectifs existent indépendamment du chercheur et peuvent être isolés. La recherche qualitative, quant à elle, dépend du paradigme naturaliste, selon lequel la réalité est multiple et se découvre progressivement au cours d'une démarche dynamique qui consiste à interagir avec les individus dans l'environnement et dont résulte une connaissance relative ou contextuelle. L'expression « paradigme interprétatif » a d'abord été utilisée par Erickson (1986), puis a été reprise par Lessard-Hébert, Goyette et Boutin (1995). Elle désigne l'ensemble des méthodes qualitatives, lequel comprend notamment la phénoménologie, l'ethnographie, la théorisation ancrée, l'interactionnisme symbolique et le constructivisme.

2.1 À propos des méthodes de recherche

La recherche quantitative et la recherche qualitative font appel à des méthodes distinctes permettant de conduire une recherche. Nous faisons référence aux deux courants ou écoles de pensée qui prévalent dans le développement des connaissances, le courant positiviste et le courant naturaliste, qui comportent des paradigmes différents. Dans la conduite de la recherche, les fondements philosophiques diffèrent selon les perceptions individuelles de la réalité, de la science et de la nature humaine. Ces différentes conceptions philosophiques de la connaissance impliquent diverses façons de développer la connaissance, et donc différentes méthodes de recherche.

Une méthode de recherche comporte deux éléments : le paradigme du chercheur et la stratégie utilisée pour atteindre le but fixé (Norwood, 2000). Cette conception s'apparente à celle de LoBiondo-Wood et Haber (2002), qui considèrent que les composantes d'une méthode de recherche incluent les croyances, les questions et

Une méthode de recherche comporte deux éléments : le paradigme du chercheur et la stratégie utilisée pour atteindre le but fixé.

les activités de recherche. Le paradigme du chercheur réfère à sa vision du monde, à ses croyances, qui déterminent la perspective selon laquelle il pose une question de recherche et étudie un phénomène. Quant à la stratégie, elle fait référence à la méthodologie ou aux procédés utilisés par le chercheur pour étudier le phénomène qui suscite son intérêt. Ainsi, aux différentes méthodes de recherche correspondent différentes structures utilisées pour conceptualiser et comprendre un phénomène.

La méthode de recherche quantitative est sans doute la plus connue des deux méthodes. Elle se caractérise par la mesure de variables et l'obtention de résultats numériques susceptibles d'être généralisés à d'autres populations ou contextes. Elle fait appel à des explications, à des prédictions et à l'établissement de relations de cause à effet. Selon cette méthode, les phénomènes humains sont prévisibles et contrôlables (Burns et Grove, 2001). À l'opposé, la méthode de recherche qualitative consiste dans la description de modes ou de tendances et vise à fournir une description et une compréhension élargie d'un phénomène (Parse, 1996). Selon le paradigme qualitatif, les phénomènes sont uniques et non prévisibles et les efforts sont orientés vers la compréhension totale du phénomène étudié.

> La méthode quantitative, qui met l'accent sur l'explication et la prédiction, repose sur la mesure des phénomènes et l'analyse de données numériques.

De façon générale on peut dire que la méthode quantitative vise surtout à expliquer et à prédire un phénomène par la mesure de variables et l'analyse de données numériques. Par contre, la recherche qualitative a pour but la compréhension élargie des phénomènes.

Tout comme pour les recherches quantitatives, on trouve différentes définitions dans les ouvrages consacrés à la recherche qualitative. Pour Paillé (1996), la recherche qualitative désigne toute recherche en sciences humaines et sociales ayant pour objet de comprendre les phénomènes tels qu'ils se présentent dans le milieu naturel; qui considère le sujet d'étude sous un large point de vue; qui recueille des données ne requérant aucune quantification, telles que celles qui proviennent de l'entrevue, de l'observation et de la collecte de documents; qui a égard à la nature qualitative des choses plus qu'à leur aspect mesurable; et qui conduit à l'exposé d'un récit ou à la formulation d'une théorie.

> Dans la méthode qualitative, l'accent est mis sur la compréhension élargie des phénomènes.

Denzin et Lincoln (1994, p. 1-17) donnent une autre définition de la recherche qualitative, que nous traduisons librement: la recherche qualitative fait intervenir une pluralité de méthodes, ce qui suppose une approche interprétative, naturaliste du sujet d'étude. Leur définition implique que la recherche qualitative étudie les choses dans le milieu naturel et interprète les phénomènes en se fondant sur les significations que les participants donnent à ces derniers. Enfin, des auteurs spécialisés en sciences infirmières définissent la recherche qualitative comme un ensemble d'activités à la fois subjectives et systématiques visant à décrire des expériences de vie ainsi que les significations qui leur sont données par les participants (Silva et Rothbart, 1984; Munhall, 1989). Bien que différentes à plusieurs points de vue, les définitions que nous avons rapportées comportent toutes le même paradigme.

Tandis que la recherche quantitative, dans le traitement du sujet d'étude comme dans la poursuite de résultats, tente d'aboutir à des généralisations, la recherche qualitative examine un phénomène d'un point de vue naturaliste ou constructiviste en vue de comprendre la réalité vécue par les individus. La compréhension des phénomènes sociaux tels qu'ils se produisent dans le milieu naturel est une des principales caractéristiques de la recherche qualitative (Deslauriers et Kérisit, 1997). Nous comparons ci-dessous les deux méthodes de recherche du point de vue de leurs paradigmes et de leurs stratégies. Nous inspirant de LoBiondo-Wood et Haber (2002), nous résumons à la figure 2.1 les démarches qui mènent à la recherche quantitative ou à la recherche qualitative.

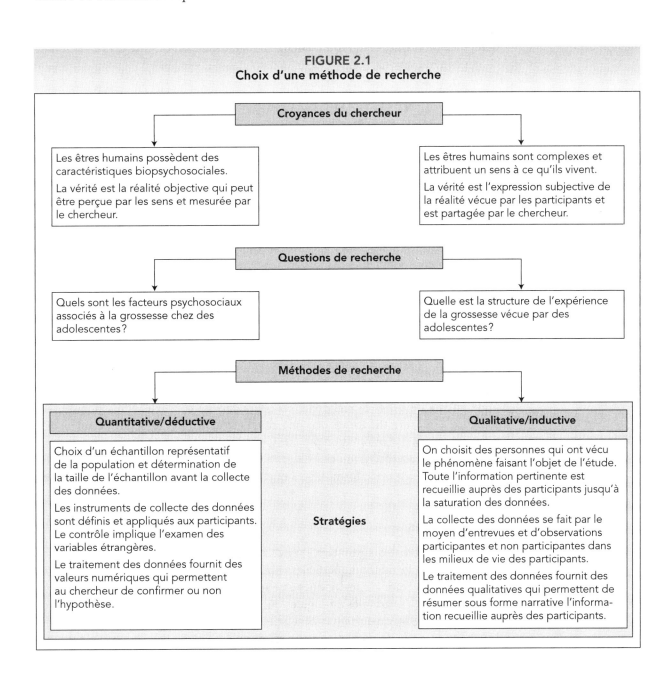

FIGURE 2.1
Choix d'une méthode de recherche

Croyances du chercheur

Les êtres humains possèdent des caractéristiques biopsychosociales.

La vérité est la réalité objective qui peut être perçue par les sens et mesurée par le chercheur.

Les êtres humains sont complexes et attribuent un sens à ce qu'ils vivent.

La vérité est l'expression subjective de la réalité vécue par les participants et est partagée par le chercheur.

Questions de recherche

Quels sont les facteurs psychosociaux associés à la grossesse chez des adolescentes?

Quelle est la structure de l'expérience de la grossesse vécue par des adolescentes?

Méthodes de recherche

Quantitative/déductive

Qualitative/inductive

Stratégies

Choix d'un échantillon représentatif de la population et détermination de la taille de l'échantillon avant la collecte des données.

Les instruments de collecte des données sont définis et appliqués aux participants. Le contrôle implique l'examen des variables étrangères.

Le traitement des données fournit des valeurs numériques qui permettent au chercheur de confirmer ou non l'hypothèse.

On choisit des personnes qui ont vécu le phénomène faisant l'objet de l'étude. Toute l'information pertinente est recueillie auprès des participants jusqu'à la saturation des données.

La collecte des données se fait par le moyen d'entrevues et d'observations participantes et non participantes dans les milieux de vie des participants.

Le traitement des données fournit des données qualitatives qui permettent de résumer sous forme narrative l'information recueillie auprès des participants.

2.2 La méthode de recherche quantitative

Le paradigme

La recherche quantitative repose sur le paradigme positiviste. Ce paradigme a son origine dans les sciences physiques ; il implique que la vérité est absolue et que les faits et les principes existent indépendamment des contextes historique et social. Si une chose existe, elle peut être mesurée. Selon les chercheurs en recherche quantitative, pour comprendre pleinement un phénomène, il vaut mieux le décomposer en ses éléments constituants et dégager les rapports entre ceux-ci que de le considérer dans sa totalité (Norwood, 2000). Le paradigme est orienté vers les résultats et leur généralisation.

La recherche quantitative s'appuie sur la *croyance* que les êtres humains sont composés de parties qui peuvent être mesurées. Ainsi, les caractéristiques physiologiques, psychologiques et sociales peuvent être mesurées et contrôlées en faisant abstraction de la situation dans laquelle se trouvent les participants.

Les *questions* de recherche qui supposent un examen et une vérification des relations entre des concepts ou une vérification des différences entre les groupes relèvent de la recherche quantitative. Le *but* de la recherche quantitative est d'établir des faits, de mettre en évidence des relations entre des variables au moyen de la vérification d'hypothèses, de prédire des relations de cause à effet ou de vérifier des théories ou des propositions théoriques. En outre, la recherche quantitative vise la généralisation à des populations cibles des résultats obtenus avec des échantillons. En recherche quantitative, il s'agit généralement d'obtenir des résultats susceptibles d'être exploités sur le plan pratique et d'apporter des améliorations dans des situations déterminées. C'est le cas, par exemple, des études ayant pour objet de vérifier l'efficacité d'interventions de soin auprès de patients atteints de problèmes de santé.

La conceptualisation du sujet d'étude dans une recherche quantitative s'amorce avec la formulation d'une question claire et implique une suite plutôt linéaire d'étapes bien définies. Les écrits théoriques et empiriques sont recensés de façon systématique en vue de situer la recherche en cours dans le contexte des connaissances actuelles. Un cadre théorique ou conceptuel est défini dès le début de manière à donner à l'étude une orientation précise. Ce cadre de référence est respecté constamment jusqu'à l'interprétation des résultats, lesquels sont discutés dans ce contexte. Enfin, il est essentiel de formuler les questions de recherche ou les hypothèses de façon claire.

Les stratégies

Dans une recherche quantitative, le chercheur définit les variables de façon opérationnelle, recueille méthodiquement des données vérifiables auprès des participants et les analyse à l'aide de techniques statistiques. Il s'efforce d'éliminer autant que possible toutes les variables étrangères qui risquent d'affecter les résultats de sa recherche. Les études quantitatives nécessitent des devis structurés et parfois contrôlés. Le choix du devis de recherche varie selon qu'il s'agit de décrire un phénomène,

La vérité est absolue et consiste en une seule réalité.

Les faits existent indépendamment des contextes.

Ce qui existe peut être mesuré.

L'étude des parties et de leurs relations mutuelles est plus importante que celle du tout.

Le paradigme est orienté vers les résultats et leur généralisation.

Les études quantitatives nécessitent des devis structurés et leur réalisation suit un plan préalablement établi.

d'examiner des associations entre des variables ou des différences entre des groupes, ou d'évaluer les effets d'une intervention. Les sujets sur lesquels porte l'étude sont sélectionnés en fonction de critères précis. Le chercheur détermine à l'avance le nombre de personnes que comprendra l'échantillon. Celui-ci doit être représentatif de la population cible. Pour fixer la taille de l'échantillon, on a recours à des règles méthodologiques et à des procédés statistiques. Le contrôle des variables étrangères revêt une grande importance en recherche quantitative, et en particulier dans les études expérimentales, car il est nécessaire que les résultats soient le plus objectifs possible. Les hypothèses s'appuient sur des théories vérifiées empiriquement. La confirmation des hypothèses renforce les propositions théoriques qui ont guidé la recherche. Les résultats sont présentés sous forme de données numériques insérées dans des tableaux et des figures et leur interprétation est fonction du cadre théorique ou conceptuel qui a été défini.

Les deux méthodes de recherche diffèrent également par la terminologie employée et les modes de raisonnement, lesquels varient selon l'orientation philosophique qu'épouse chacune des approches.

2.3   La méthode de recherche qualitative

Le paradigme

Les recherches qualitatives font partie du paradigme naturaliste (ou interprétatif). Celui-ci est associé à une conception holistique de l'étude des êtres humains, conception assortie d'un certain nombre de croyances qui orientent toute la démarche. Ce paradigme renferme la croyance qu'il existe plusieurs réalités. Chaque réalité est basée sur les perceptions des individus et change avec le temps. La connaissance de cette réalité n'a de sens que pour une situation donnée ou un contexte particulier (Munhall et Boyd, 1993). Toutes les recherches qualitatives tendent à faire ressortir le sens ou la signification que le phénomène étudié revêt pour les individus. Les phénomènes sont uniques et non prévisibles, et la pensée est orientée vers la compréhension totale du phénomène à l'étude. Le chercheur choisit un phénomène, l'étudie en profondeur, dans son ensemble, rassemble et lie plusieurs idées entre elles, afin de construire une nouvelle réalité qui a du sens pour les individus qui vivent le phénomène concerné. Selon ce paradigme, la base du savoir est la signification, la découverte, le caractère unique de la démarche (Patton, 1990).

> Les faits et les principes sont déterminés par les contextes historiques et culturels; il existe plusieurs réalités.
>
> Le processus est la base de la démarche.
>
> La compréhension du comportement humain est primordiale.
>
> La découverte est un élément essentiel de la démarche.

Les *croyances* attachées à la recherche qualitative prennent en compte la globalité des êtres humains, notamment leur expérience de vie et le contexte dans lequel se situent les relations avec l'environnement. De ce point de vue, l'expérience d'une personne (souffrance, espoir) diffère de l'expérience d'une autre personne et peut être connue par la description subjective que l'individu en fait (LoBiondo-Wood et Haber, 2002).

Les *questions* de recherche qui nécessitent une exploration ou une description du vécu ou de l'expérience humaine relèvent de la recherche qualitative. Le *but* des recherches qualitatives est de découvrir, d'explorer, de décrire des phénomènes et d'en comprendre l'essence. Plus précisément, le but est de considérer les différents aspects du phénomène du point de vue des participants de manière à pouvoir ensuite interpréter ce dernier en son entier (Parse, 1996).

La *conceptualisation* du thème ou sujet d'étude dans la recherche qualitative débute souvent par l'exploration d'un sujet peu connu ou peu étudié du point de vue de la signification, de la compréhension ou de l'interprétation. Dans l'exploration du sujet, il est possible de partir d'une question générale de recherche, laquelle se précisera à mesure que la recherche avancera. Les questions posées se rapportent souvent au fonctionnement des systèmes sociaux, aux perceptions des individus et à la manière dont ceux-ci interprètent leur propre comportement ou celui des autres. Le chercheur vise à comprendre le point de vue des participants. L'étude progresse selon un mouvement circulaire. Le chercheur examine et interprète les données au fur et à mesure qu'il les recueille, puis il décide de la marche à suivre en se basant sur ses découvertes. Il vise une compréhension globale et élargie du phénomène à l'étude. Le but est descriptif ou interprétatif lorsqu'il s'agit de rendre compte des préoccupations journalières des participants (Deslauriers et Kérisit, 1997). La philosophie qui est véhiculée dans le cadre de référence en recherche qualitative n'est pas utilisée de la même façon qu'en recherche quantitative puisque le but est non pas de vérifier une théorie, mais plutôt d'en élaborer une (Burns et Grove, 2001). L'expression « toile de fond » est souvent utilisée pour désigner le contexte de l'étude qui vise à construire une conceptualisation ou une recherche de sens ou de signification.

Dans la recherche qualitative, un ensemble de notions philosophiques tient lieu de schème fondamental et fournit la perspective que le chercheur adoptera dans son étude. Cette perspective se manifeste dans le type de questions qui sont posées, les observations qui sont faites et l'interprétation des données (Burns et Grove, 2003). Les propositions découlent non pas d'une théorie comme en recherche quantitative, mais plutôt d'une connaissance intuitive du milieu étudié (Poupart, Deslauriers, Groulx, Laperrière, Mayer et Pires, 1997). La recension des écrits se fait généralement au fur et à mesure que progresse la recherche. Toutefois, il n'existe pas à proprement parler de consensus à l'heure actuelle parmi les chercheurs en recherche qualitative sur le moment où il convient le plus d'inclure une recension des écrits.

La formulation de la recherche se fait à partir d'un concept ou d'un phénomène susceptible d'être décrit et compris selon la signification qu'il revêt pour les participants (McMillan et Schumacher, 1989). Le chercheur interprète les données et décrit en détail les événements rapportés par les participants ayant vécu telle situation ou fait telle expérience. Le problème est reformulé ou modifié au fur et à mesure que sont enregistrées de nouvelles données. Ainsi, le phénomène étudié n'est souvent pleinement compris qu'à la fin de la recherche.

Les stratégies

La façon de procéder peut être modifiée au cours d'une recherche qualitative, tandis que la recherche quantitative suppose l'établissement préalable d'un devis de recherche. L'échantillonnage, la collecte des données, l'analyse et l'interprétation sont répétés plusieurs fois. Le chercheur entre en contact avec des personnes qui ont vécu le phénomène étudié ou il examine des documents écrits ou audio-visuels. Les discussions et les observations sont peu structurées, ce qui permet aux participants d'exprimer librement leurs croyances et leurs sentiments et de décrire de façon spontanée leurs comportements. Tous les aspects humains sont pris en compte dans l'examen de la signification de l'expérience vécue par les participants. On fait appel à la fois à l'analyse et à l'interprétation pour aider les participants à formuler des questions. Le chercheur découvre progressivement des thèmes et des catégories qui lui permettent de décrire le phénomène.

> Dans une recherche qualitative, on peut modifier la façon de procéder et répéter plusieurs fois l'échantillonnage, la collecte des données, l'analyse et l'interprétation.

Contrairement à la recherche quantitative, le nombre de participants n'est pas décidé à l'avance dans la recherche qualitative ; il dépend des données recueillies. Ici intervient la notion d'échantillonnage théorique. On s'appuie souvent sur le principe de saturation pour déterminer le nombre de participants : la saturation survient quand les thèmes et les catégories deviennent répétitifs et que la collecte des données n'apporte plus de nouvelles informations. Le chercheur ou son représentant prend part à la collecte des données sur le terrain et les outils de collecte dont il dispose sont l'entrevue, l'observation, les documents imprimés et les notes de terrain (Deslauriers et Kérisit, 1997). Le chercheur doit s'assurer que les données ou les résultats de la recherche reflètent les expériences et les points de vue des participants et non pas les siens. Les notions de crédibilité, d'authenticité et de transférabilité des données sont mises au premier plan. Pour vérifier la validité de ses interprétations, le chercheur présente des interprétations préliminaires aux participants et leur demande si elles leur paraissent s'accorder avec leurs expériences (Polit et Beck, 2004).

La rédaction du rapport de recherche qualitative constitue la dernière étape de la recherche. Les auteurs d'une recherche qualitative doivent comprendre à fond les données de manière à pouvoir les ordonner convenablement et leur donner une signification précise. En plus d'une description du sujet à l'étude, les rapports de recherche qualitative contiennent des extraits d'entrevues ou de conversations. Ces extraits servent à appuyer les interprétations ou les thèses du chercheur.

2.4   Un aperçu des types de recherches quantitatives et qualitatives

Souvent, les méthodes de recherche quantitative et de recherche qualitative sont complémentaires, car il arrive que les types de connaissances qu'elles permettent d'acquérir se complètent. Le problème de recherche et les questions auxquelles il donne lieu déterminent l'approche à utiliser pour obtenir des réponses aux questions ou pour confirmer les hypothèses formulées. Chaque méthode de recherche comporte un certain nombre de types de recherche, et le choix du type est fonction de l'objet de la recherche et du but poursuivi.

Comme nous examinerons en détail la méthode quantitative plus loin dans cet ouvrage, nous nous contenterons de donner ici une description succincte des principales recherches quantitatives, à savoir la recherche descriptive, la recherche corrélationnelle et la recherche expérimentale. En ce qui concerne les recherches qualitatives, nous ne retiendrons que la recherche phénoménologique, l'ethnographie et la théorisation ancrée, qui constituent les méthodes les plus courantes; ces dernières seront traitées plus en détail au chapitre 13.

Les types de recherches quantitatives

La recherche descriptive

La recherche descriptive vise à découvrir de nouvelles connaissances, à décrire des phénomènes existants, à déterminer la fréquence d'apparition d'un phénomène dans une population donnée ou à catégoriser l'information. Ce type d'étude est utilisé quand il existe peu ou pas de connaissances sur un sujet donné. Pour recueillir des données auprès des participants à une étude descriptive, on a recours à l'observation, à l'entrevue ou à un questionnaire. L'étude descriptive a pour but principal de définir les caractéristiques d'une population ou d'un phénomène.

La recherche corrélationnelle

La recherche corrélationnelle s'appuie sur les résultats d'études descriptives et vise à établir des relations entre des concepts ou variables. Selon les connaissances dont on dispose sur le sujet d'étude, on cherchera d'abord à découvrir quels sont les concepts en jeu et à déterminer s'il y a des relations entre eux. Par la suite, on vérifie à l'aide d'hypothèses les relations existant entre un certain nombre de variables précises, puis on explique en quoi ces variables sont liées entre elles. On s'attache à expliquer la nature de ces relations.

La recherche expérimentale

La recherche expérimentale en général vise à vérifier et à expliquer des relations de cause à effet entre des variables. Les études expérimentales se situent à un niveau de recherche plus élevé sur le plan des connaissances que les recherches descriptives et corrélationnelles. En fait, elles s'appuient sur les connaissances acquises dans des études antérieures pour examiner des hypothèses causales. Une étude expérimentale présente les trois caractéristiques suivantes: l'intervention ou le traitement dans la situation de recherche, l'établissement d'un groupe de contrôle et la répartition aléatoire des participants dans les groupes expérimental et de contrôle. Si l'une ou l'autre de ces caractéristiques est absente, l'étude est considérée comme quasi expérimentale ou préexpérimentale. Dans des situations cliniques de recherche, il est souvent difficile d'obtenir soit un groupe de contrôle, soit une répartition aléatoire. Quand il est impossible de réunir toutes les conditions, le chercheur n'a parfois d'autre choix que de mener une étude quasi expérimentale ou préexpérimentale.

Les types de recherches qualitatives

La phénoménologie, l'ethnographie, la théorisation ancrée, la recherche historique, l'interactionnisme symbolique et le constructivisme constituent les principaux types de recherche qualitative. Les recherches qualitatives visent toutes le même but, à

TABLEAU 2.1
Comparaison de trois méthodes de recherche qualitative

Méthode	Objet	Fondement	Question générale
Phénoménologie	La signification de l'expérience vécue	Philosophie	Quelle est, sous le rapport de l'autonomie, l'expérience vécue par la personne âgée qui habite seule ?
Ethnographie	La description et l'analyse d'un groupe culturel	Anthropologie	En quoi les adolescentes appartenant à des cultures différentes se distinguent-elles les unes des autres en ce qui concerne la manière de voir la santé ?
Théorisation ancrée	Élaborer une théorie des processus sociaux	Interaction symbolique	Comment la famille s'y prend-elle pour surmonter les difficultés occasionnées par les complications d'une transplantation du foie chez un de ses membres ?

savoir rendre compte de l'expérience humaine dans un milieu naturel. Elles peuvent toutefois différer entre elles (Lipson, 1991 ; Morse, 1991) sur les plans du style d'écriture, de l'orientation philosophique, de la précision du but, des méthodes de collecte et d'analyse des données. La recherche qualitative a pour objet l'examen des significations et la recherche de sens. Nous donnons dans les paragraphes suivants un bref aperçu de la phénoménologie, de l'ethnographie et de la théorisation ancrée, lesquelles constituent les trois types de méthodes les plus souvent mentionnés dans la documentation existante (Lipson, 1991). Le tableau 2.1 compare ces trois méthodes du point de vue de leur objet, de leurs fondements respectifs et de certaines questions auxquelles elles peuvent permettre de répondre.

La phénoménologie

La phénoménologie est une démarche inductive qui a pour objet l'étude d'expériences déterminées telles qu'elles sont vécues et décrites par des personnes. Elle vise à comprendre un phénomène, à en saisir l'essence du point de vue des personnes qui en font ou en ont fait l'expérience (deuil, souffrance, etc.). La phénoménologie a été fondée par Husserl (1859-1938) et a été surtout utilisée par les philosophes existentialistes (Maurice Merleau-Ponty, 1908-1961 ; Gabriel Marcel, 1889-1973). La phénoménologie est à la fois une doctrine philosophique et une méthode de recherche. Du point de vue philosophique, la personne forme un tout avec son environnement, elle a un monde et une réalité qui lui sont propres. Elle ne peut donc être comprise qu'en situation contextuelle. Le but est de décrire l'expérience telle qu'elle est vécue et rapportée par des personnes touchées par un phénomène précis. Les données sont habituellement recueillies à l'aide d'entrevues ou d'observations non structurées. Ces entrevues sont enregistrées et transcrites intégralement par écrit.

La phénoménologie étudie la signification d'expériences particulières telles qu'elles sont vécues par des personnes.

L'ethnographie

La recherche ethnographique est une démarche systématique visant à observer, à décrire et à analyser sur le terrain le genre de vie d'une culture ou d'une sous-culture. L'ethnographie se rattache à l'anthropologie. Elle a pour but de comprendre un groupe humain, ses croyances, sa façon de vivre et de s'adapter au changement. Elle permet de définir les normes et les idéaux d'un groupe donné. Les données sont recueillies à l'aide d'observations, de l'observation participante et d'entrevues. L'analyse permet d'attribuer aux données collectées une signification déterminée. Le groupe a à se prononcer sur la validité de l'interprétation qui est donnée de ses mœurs et coutumes.

La théorisation ancrée

La théorisation ancrée est aussi une démarche inductive qui vise à décrire des problèmes présents dans des contextes sociaux définis ainsi que la manière dont les personnes y font face. Elle est une création des sciences sociales et relève surtout de l'interactionnisme symbolique, une théorie professée par l'anthropologue Margaret Mead. Les défenseurs les plus connus de la théorisation ancrée sont Glaser et Strauss (1967). D'un point de vue philosophique, la personne peut être considérée comme une réalité multiple et complexe qui vit dans un monde social formé d'objets concrets et abstraits. C'est la signification attribuée à ces derniers qui fait que les personnes diffèrent entre elles et ont une réalité propre. Le but est d'aboutir à une théorie explicative des phénomènes sociaux. Les données sont recueillies à l'aide d'une combinaison d'entrevues, d'observations participantes et non participantes et d'enregistrements. Les données sont transcrites intégralement par écrit, codées et classées.

2.5   Le choix d'une méthode

Par les questions qu'elle soulève, la recherche qualitative introduit une nouvelle dimension, celle qui consiste à chercher à comprendre la signification des descriptions que les personnes font de leur expérience. Alors que la recherche quantitative examine des concepts précis et leurs relations mutuelles en vue d'une éventuelle vérification de la théorie et de la généralisation des résultats, la recherche qualitative explore des phénomènes et vise leur compréhension élargie en vue de l'élaboration de théories. Le choix de la méthode dépend de l'orientation que le chercheur veut donner à son travail, de ses croyances et surtout de la nature de la question posée. Si la question à examiner implique, par exemple, l'évaluation des effets d'une intervention éducative sur l'acquisition de la capacité d'adaptation par des individus séropositifs, le chercheur aura recours à une étude quantitative qui lui permettra d'évaluer l'efficacité de cette intervention et de vérifier la proposition théorique sur laquelle elle repose. Par contre, si la question à traiter touche la compréhension d'un phénomène vécu par une personne ou un groupe de personnes, une étude qualitative excluant toute mesure objective de l'expérience humaine est ce qui est le plus indiqué.

La recherche ethnographique cherche à comprendre les modes de vie de populations appartenant à des cultures différentes.

La théorisation ancrée vise à décrire des problèmes présents dans des contextes sociaux particuliers et la manière dont les personnes y font face.

Le choix d'une méthode dépend de l'orientation du chercheur, de ses croyances, de sa préférence et surtout de la nature de la question posée.

Éléments à considérer

Plusieurs sujets d'étude peuvent faire l'objet à la fois d'une recherche quantitative et d'une recherche qualitative. La nature de la question à étudier dicte la méthode à employer, mais il faut considérer aussi l'orientation du chercheur ou sa préférence personnelle pour une méthode en particulier. Comme l'indiquent Laville et Dionne (1996, p. 39) :

> À partir du moment où la recherche est centrée sur un problème spécifique, c'est en vertu de ce problème spécifique que le chercheur choisira la démarche la plus apte, à ses yeux, pour aller vers la compréhension visée. Ce pourra être une démarche quantitative, qualitative ou un mélange des deux.

L'énoncé de la question

Supposons que le sujet d'étude soit l'avortement thérapeutique chez l'adolescente, nous nous poserons alors des questions relevant d'une méthode quantitative :

1. Quelle est l'incidence de l'avortement thérapeutique chez les adolescentes qui se présentent dans une clinique d'avortement ?

2. Quels sont les facteurs psychosociaux associés au recours à l'avortement thérapeutique chez les adolescentes qui se présentent dans une clinique d'avortement ?

Ces deux questions montrent clairement que le chercheur veut connaître, d'une part, l'incidence de l'avortement thérapeutique et, d'autre part, les relations entre les facteurs psychosociaux et le recours à l'avortement. Ici il est clair que c'est une méthode quantitative qui doit être employée puisqu'il s'agit de déterminer un taux d'incidence et d'établir des relations entre les variables. Seule une méthode quantitative permet de répondre à ces questions.

Sur le même sujet, l'avortement thérapeutique chez l'adolescente, il est possible aussi de se poser un autre type de questions :

1. Quelle est l'expérience vécue par un groupe d'adolescentes qui ont eu recours à l'avortement thérapeutique ?

2. Que signifie la santé pour un groupe d'adolescentes qui ont subi un avortement thérapeutique ?

Il est aisé de voir que ces deux questions appellent une recherche qualitative, car il s'agit d'explorer et de comprendre le phénomène tel qu'il est vécu et décrit par des adolescentes.

Par ailleurs, disons qu'à première vue certaines questions posées peuvent faire l'objet de l'un ou l'autre type de recherche. C'est le cas avec la question suivante : «Quelles sont les raisons invoquées par les adolescentes pour ne pas utiliser de moyens contraceptifs ?» Pour répondre à cette question, on peut mener une recherche quantitative sous la forme d'une enquête auprès d'un vaste échantillon d'adolescentes en vue de connaître leurs raisons de ne pas utiliser de moyens contraceptifs comme mode de prévention d'une grossesse non désirée, ou bien entreprendre une recherche qualitative qui consisterait à interroger un petit nombre d'adolescentes (cinq ou six) afin de connaître leurs raisons personnelles de ne pas utiliser de moyens de contraception.

L'orientation personnelle

Le choix de la méthode varie selon l'orientation ou la préférence personnelle du chercheur. Il importe, selon Norwood (2000), de considérer la préférence personnelle du chercheur, car la valeur des résultats obtenus dépend en grande partie de la capacité du chercheur à accomplir toutes les tâches que comporte une méthode en particulier.

Autres éléments à considérer

Du fait de leur nature, certaines activités humaines imposent une méthode en particulier. Considérons la question suivante, tirée de Gillis et Jackson (2002) : « Que vit le patient en phase terminale qui est placé à l'unité de soins palliatifs ? » Comme il s'agit de comprendre l'expérience vécue par ce patient, il conviendrait peu de mener une recherche quantitative.

Étant donné que les méthodes de recherche quantitative et qualitative servent toutes deux à trouver des réponses à des questions relatives à des situations ou à des phénomènes, on est conduit à se demander sur quoi il faut se fonder pour choisir une méthode plutôt qu'une autre. Les méthodes de recherche peuvent-elles être complémentaires ? Débouchent-elles sur des résultats opposés (Gall, Borg et Gall, 1996) ? Les deux méthodes ont des buts différents : dans un cas, dégager des idées et des théories, et dans l'autre vérifier des propositions théoriques. Certains chercheurs considèrent que la recherche qualitative favorise la découverte et que la recherche quantitative convient pour confirmer des hypothèses (Biddle et Anderson, 1986). Ces notions de recherche qualitative seront étudiées plus en détail au chapitre 13, situé dans la partie de l'ouvrage consacrée à la phase méthodologique.

2.6 Guide de lecture critique relatif à la conduite de la recherche qualitative

Nous présentons dans l'encadré 2.1 un certain nombre de questions destinées à faciliter la compréhension des principales recherches qualitatives discutées dans ce chapitre. Ces questions portent principalement sur la nature du phénomène, la manière de conduire l'étude et la détermination des stratégies à mettre en œuvre pour recueillir, analyser et interpréter les données.

ENCADRÉ 2.1
Questions permettant de porter un regard critique sur la conduite des recherches qualitatives

- Le phénomène concerne-t-il une expérience humaine vécue dans un milieu naturel ?
- La question indique-t-elle un processus à étudier ?
- L'énoncé de la question correspond-il à une des trois recherches décrites dans ce chapitre ?
- L'échantillon choisi s'accorde-t-il avec le phénomène à étudier ?
- La méthode de collecte des données est-elle précisée ?
- Le chercheur donne-t-il une image claire de la réalité des participants ?
- L'interprétation faite par le chercheur concorde-t-elle avec la signification donnée par les participants ?

Résumé

La recherche quantitative et la recherche qualitative sont deux méthodes distinctes de recherche. Jusqu'à présent, nous avons présenté un type de cheminement, une façon d'aborder la réalité et de concevoir l'objet de l'étude au moyen de la recherche quantitative. Celle-ci relève du paradigme positiviste, pour lequel la réalité est unique et statique. La recherche qualitative, quant à elle, se rattache au paradigme naturaliste ou interprétatif, suivant lequel la réalité est multiple et apparaît progressivement à travers une démarche dynamique qui consiste à communiquer avec les individus dans un milieu donné. Une méthode de recherche comporte deux éléments essentiels : le paradigme du chercheur, qui représente sa manière de voir le monde, ses croyances, et la stratégie qui inclut la méthodologie utilisée pour étudier le phénomène.

La recherche quantitative repose sur le paradigme positiviste qui a son origine dans les sciences physiques. Suivant ce paradigme, la vérité est absolue, et les faits et les principes existent indépendamment des contextes historique et social. La recherche quantitative se fonde sur la croyance que les êtres humains sont formés de parties qui peuvent être mesurées. Les questions de recherche réfèrent à l'exploration ou à la détermination de relations entre des concepts, le but étant d'établir des faits, de dégager des relations. Les écrits sont recensés de façon systématique de manière à pouvoir situer la recherche en cours par rapport à celles qui ont déjà été réalisées. Un cadre de référence devant servir à orienter l'étude est fixé dès le début. La recherche quantitative suppose une mesure des variables à l'intérieur d'un devis bien structuré.

La recherche qualitative est issue du paradigme naturaliste basé sur une façon holiste de concevoir les êtres humains et comportant un certain nombre de croyances. Chaque réalité découle des perceptions individuelles et varie avec le temps. La connaissance de cette réalité n'a de sens que dans une situation donnée. Les croyances sur lesquelles repose la recherche qualitative prennent en compte la globalité des êtres humains, y compris leur expérience de vie et les milieux naturels. Les questions de recherche sont exploratoires et s'intéressent au vécu, le but étant de découvrir, d'explorer, de décrire et de comprendre des phénomènes. La question de recherche est générale et se précise au fur et à mesure que la recherche progresse. Le chercheur en recherche qualitative vise une compréhension globale et élargie d'un phénomène. Il n'y a pas de devis prédéterminé comme en recherche quantitative et les stratégies utilisées sont susceptibles de varier au cours de l'étude.

Il existe plusieurs méthodes de recherche qualitative, mais les plus largement utilisées sont la phénoménologie, l'ethnographie et la théorisation ancrée. La phénoménologie étudie la signification d'expériences particulières telles qu'elles sont vécues et décrites par des personnes dans une situation donnée. La recherche ethnographique cherche à comprendre les modes de vie de populations appartenant à des cultures différentes. Quant à la théorisation ancrée, elle vise à décrire des problèmes présents dans des contextes sociaux particuliers et la manière dont les personnes y font face.

Dans le choix d'une méthode de recherche, un certain nombre d'éléments doivent être pris en considération, notamment la nature de la question de recherche, l'orientation personnelle du chercheur ainsi que ses préférences. Étant donné que les méthodes de recherche quantitative et qualitative ont pour but de trouver des réponses à des questions concernant des phénomènes ou des situations, il faut rechercher quelle est la meilleure manière d'obtenir ces réponses.

Mots clés

Contexte historique	Méthode quantitative	Recherche descriptive
Croyances	Paradigme	Recherche expérimentale
Ethnographie	Phénomène	Théorisation ancrée
Expérience	Phénoménologie	
Méthode qualitative	Recherche corrélationnelle	

Exercices de révision

La terminologie ainsi que les méthodes de raisonnement diffèrent selon que l'on a affaire à la recherche quantitative ou à la recherche qualitative. La recherche qualitative a pour but d'établir la signification de l'expérience humaine. Les méthodes de recherche qualitative les plus courantes sont la phénoménologie, l'ethnographie et la théorisation ancrée. Les exercices suivants couvrent différents aspects de la recherche quantitative et de la recherche qualitative.

1. En quoi la recherche qualitative et la recherche quantitative diffèrent-elles entre elles ?

2. Faites correspondre les termes et les énoncés suivants avec la méthode de recherche qui convient :

   Méthodes :   a. Méthode quantitative

   b. Méthode qualitative

   1. Produit ce qu'on appelle une science exacte
   2. Une approche philosophique de la recherche
   3. La vérité est absolue
   4. Le holisme
   5. Le réductionnisme
   6. Le chercheur garde l'objectivité
   7. La vérité est dynamique
   8. Le contrôle est un élément important
   9. La subjectivité est essentielle
   10. L'aspect itératif

3. Considérez la situation suivante et indiquez la méthode de recherche qualitative qui est la plus appropriée. Justifiez votre choix.

Situation

De plus en plus de femmes sont infectées par le VIH. Le but de l'étude est de comprendre leur expérience.

4. Considérez la situation suivante et indiquez la méthode de recherche qualitative qui est la plus appropriée. Justifiez votre choix.

Situation

Le sida affecte de nombreux adultes, et leur expérience est appelée à varier avec la progression de la maladie. L'environnement social et culturel a une influence sur la manière dont les personnes s'adaptent à la fois à la maladie et au traitement. L'étude a pour but de décrire comment les sidéens qui reçoivent un soutien social vivent leur condition.

5. Considérez la situation suivante et indiquez la méthode de recherche qualitative qui est la plus appropriée. Justifiez votre choix.

Situation

Le sida est assez courant dans certaines régions urbaines et rare dans d'autres. Le but de l'étude consiste à comprendre les modes de vie des personnes vivant avec le sida dans les régions où celui-ci est fréquent et dans les régions où il est plutôt rare.

6. Énumérez les principales caractéristiques qui distinguent les paradigmes positiviste et naturaliste.

Références bibliographiques

Biddle, B.J. et Anderson, D.S. (1986). «Theory, methods, knowledge, and research on teaching», dans M.C. Wittrock (dir.), *Handbook of Research on Teaching,* 3ᵉ éd., New York, Macmillan, p. 1-117.

Burns, N. et Grove, S.K. (2001). *The Practice of Nursing Research : Conduct, Critique, and Utilization,* 4ᵉ éd., Toronto, W.B. Saunders.

Burns, N. et Grove, S.K. (2003). *Understanding Nursing Research,* 3ᵉ éd., Toronto, W.B. Saunders.

Denzin, N.K. et Lincoln, Y.S. (1994). «Introduction : Entering the field of qualitative research», dans N.K. Denzin et Y.S. Lincoln (dir.), *Handbook of Qualitative Research,* Thousand Oaks (Calif.), Sage, p. 1-17.

Deslauriers, J.-P. et Kérisit, M. (1997). «Le devis de recherche qualitative», dans J. Poupart, J.-P. Deslauriers, L.-H. Groulx, A. Laperrière, R. Mayer et A.P. Pires (dir.), *La recherche qualitative : enjeux épistémologiques et méthodologiques,* Boucherville, Gaëtan Morin Éditeur, p. 85-111.

Erickson, F. (1986). «Qualitative methods in research on teaching», dans M.C. Wittrock (dir.), *Handbook of Research on Teaching*, 3ᵉ éd., New York, Macmillan.

Gall, M.G., Borg, W.R. et Gall, J.P. (1996). *Educational Research: An Introduction*, 6ᵉ éd., White Plains (N.Y.), Longman.

Gillis, A. et Jackson, W. (2002). *Research for Nurses: Methods and Interpretation*, Philadelphie, F.A. Davis.

Glaser, B.G. et Strauss, A.C. (1967). *The Discovery of Grounded Theory: Strategies for Qualitative Research*, New York, Aldine.

Laville, C. et Dionne, J. (1996). *La construction des savoirs*, Montréal, Chenelière/McGraw-Hill.

Lessard-Hébert, M., Goyette, G. et Boutin, G. (1995). *La recherche qualitative: fondements et pratiques*, 2ᵉ éd., Montréal, Éditions Nouvelles.

Lipson, J. (1991). «The use of self in ethnographic research», dans J. Morse (dir.), *Qualitative Nursing Research: A Contemporary Dialogue*, Newbury Park (Calif.), Sage.

LoBiondo-Wood, G. et Haber, J. (2002). *Methods, Critical Appraisal, and Utilization*, 5ᵉ éd., St. Louis, Mosby.

McMillan, J.H. et Schumacher, S. (1989). *Research in Education: A Conceptual Introduction*, Glenview (Ill.), Scott, Foresman.

Morse, J. (dir.) (1991). *Qualitative Nursing Research: A Contemporary Dialogue*, Newbury Park (Calif.), Sage.

Munhall, P.L. (1989). «Philosophical ponderings on qualitative research methods in nursing», *Nursing Science Quarterly, 2*(1), p. 20-28.

Munhall, P.L. et Boyd, C. (1993). *Nursing Research: A Qualitative Perspective*, New York, National League for Nursing Press, Pub. No. 19-2525.

Norwood, S.L. (2000). *Research Strategies for Advanced Practice Nurses*, Upper Saddle River (N.J.), Prentice-Hall Health.

Paillé, P. (1996). «Recherche qualitative», dans A. Mitchiellie (dir.), *Dictionnaire des méthodes qualitatives en sciences humaines et sociales*, Paris, Armand Colin.

Parse, R. (1996). «Building knowledge through qualitative research: The road less traveled», *Nursing Science Quarterly, 9*(1), p. 10-16.

Patton, M. (1990). *Qualitative Evaluation and Research Methods*, 2ᵉ éd., Newbury Park (Calif.), Sage.

Polit, D.F. et Beck, C.T. (2004). *Nursing Research: Principles and Methods*, 7ᵉ éd., Philadelphie, Lippincott, Williams & Wilkins.

Poupart, J., Deslauriers, J.-P., Groulx, L.-H., Laperrière, A., Mayer, R. et Pires, A.P. (1997). *Enjeux épistémologiques et méthodologiques*, Boucherville, Gaëtan Morin Éditeur.

Silva, M.C. et Rothbart, D. (1984). «An analysis of changing trends in philosophies of science on nursing theory development and testing», *Advances in Nursing Science, 6*(2), p. 1-13.

Un aperçu des étapes du processus de recherche

Objectifs d'apprentissage

À la fin de ce chapitre, vous devriez être en mesure :

1) de définir les principaux termes utilisés en recherche ;

2) de décrire chacune des phases de la recherche ;

3) de discuter de ces étapes ;

4) de faire la distinction entre le processus de recherche quantitatif et le processus de recherche qualitatif.

Vue d'ensemble

Nous avons décrit au chapitre précédent les principales caractéristiques des méthodes de recherche quantitative et qualitative. Dans ce chapitre, nous présentons les étapes de la recherche quantitative telles qu'elles se présentent au chercheur au cours de sa recherche. Dans la recherche qualitative, les étapes sont circulaires plutôt que linéaires et empruntent simultanément aux phases méthodologique et empirique les activités qui lui permettent de reformuler la conceptualisation de la recherche. La recherche quantitative se fait généralement d'une façon ordonnée, elle comporte une série d'étapes que nous décrirons progressivement dans le présent chapitre.

Il importe avant tout que le débutant soit capable de concevoir le problème de recherche (phase conceptuelle), d'élaborer un plan qui justifie les techniques et les moyens utilisés pour obtenir l'information désirée (phase méthodologique), de recueillir de façon systématique des données auprès des participants, de les analyser (phase empirique), d'interpréter les résultats et de les diffuser (phase interprétative). Ainsi, le processus de recherche comporte quatre phases : conceptuelle, méthodologique, empirique et interprétative. Chacune de ces phases comprend un nombre défini d'étapes (figure 3.1, p. 40) allant de la formulation de la question de recherche jusqu'à l'atteinte d'un résultat. Avant de décrire les différentes étapes de la recherche, nous donnons au tableau 3.1 la définition d'un certain nombre de termes qui sont couramment employés en recherche et que nous étudierons plus en détail dans les chapitres ultérieurs.

3.1   Le langage scientifique dans le processus de recherche

La recherche comporte son propre langage et utilise un vocabulaire sur le sens duquel il y a généralement consensus dans la communauté scientifique. Les termes observation, concept, théorie, définition opérationnelle, variable, hypothèse et modèle sont d'usage courant en recherche, comme nous le verrons dans les chapitres suivants. Ces termes ont un emploi précis dans le processus de recherche. L'utilisateur de la recherche doit en connaître le sens s'il veut pouvoir comprendre les écrits scientifiques. Pour mener à bien un travail intellectuel, il faut s'exercer à penser, à observer, à lire en faisant montre d'esprit critique et employer des termes scientifiques dans les textes.

3.2   Les phases du processus de recherche

Il existe plusieurs façons de concevoir le processus de recherche. Nous décrivons une démarche qui comporte quatre phases (conceptuelle, méthodologique, empirique et d'interprétation/diffusion), chacune d'entre elles comprenant un certain nombre d'étapes. Les étapes en question sont plutôt linéaires, à l'exception de la phase conceptuelle, qui exige un retour en arrière pour cerner avec plus de précision le sujet de l'étude. Ainsi, la première étape consiste à choisir un sujet, et c'est au cours des deuxième et troisième étapes que ce dernier est examiné au moyen des travaux de recherche antérieurs, redéfini, puis inscrit dans un cadre conceptuel ou théorique de manière à situer l'étude par rapport à celles qui ont déjà été publiées. Enfin, dans les quatrième et cinquième étapes de la phase conceptuelle, le problème est formulé sur la base des éléments d'information qui ont été recueillis.

TABLEAU 3.1
Définitions

Concept

Le concept résume et catégorise les observations empiriques. Il sert à lier la pensée abstraite et l'expérience sensorielle. Les concepts sont à la base de la recherche, car, unis entre eux par des liens logiques, ils servent à former des propositions.

Construit

S'apparente à la notion de concept. Il est élaboré par le chercheur dans un but scientifique précis (Kerlinger, 1973). Le construit doit répondre à une réalité empirique. Par exemple, le construit du «soutien social» correspond aux divers échanges entre une personne et son entourage.

Définition conceptuelle

Une définition conceptuelle est la définition d'un concept qui est tiré d'un énoncé théorique.

Définition opérationnelle des variables

Une définition opérationnelle d'une variable spécifie les opérations à faire pour recueillir et mesurer l'information. Elle précise comment les observations seront effectuées et mesurées. Certaines variables sont faciles à définir (par exemple, le poids et la taille). D'autres par contre sont difficiles à mesurer parce que de nature plus abstraite (estime de soi, solitude, etc.).

Donnée

En recherche, une donnée est un élément d'information. Le chercheur définit les variables de façon opérationnelle et collecte les données pertinentes auprès des participants.

Hypothèse

L'hypothèse peut se définir comme un résultat anticipé des relations entre des variables. L'hypothèse établit un lien d'association ou de causalité entre des variables et fait l'objet d'une vérification empirique.

Modèle

De façon générale, le modèle consiste en un ensemble organisé d'idées ou de concepts relatifs à un phénomène particulier. Il est souvent utilisé comme schéma simplifié et symbolique dans l'élaboration d'un cadre de raisonnement servant à décrire ou à expliquer une réalité (Grawitz, 1996).

Observation

L'observation est un élément essentiel de la connaissance et est au cœur du processus de recherche. Observer, c'est examiner avec attention des événements ou des situations, c'est rechercher leurs causes et avancer des explications concernant la réalité qui nous entoure. L'observation est étroitement liée à la théorie en ce que les éléments qu'elle fournit servent de base aux propositions (Seaman, 1987). On peut partir d'une théorie pour aller vers l'observation et inversement. L'observation est au cœur de la recherche scientifique et elle est donc présente d'une manière ou d'une autre à chacune de ses étapes.

Postulat

Énoncé que l'on admet comme vrai, bien que non démontré scientifiquement (Silva, 1981). C'est une proposition qui a une valeur universelle (par exemple : «L'homme est un être raisonnable»).

Proposition

Énoncé qui met en relation des concepts. Les propositions découlent des théories ou sont des généralisations basées sur des énoncés formulés dans des écrits.

➤

Relation Une relation est un lien unissant des concepts. On dira, par exemple, qu'il existe une relation entre le stress et les stratégies de *coping*.	qui sont prêtés à des personnes ou à des événements faisant l'objet d'une recherche et auxquels une valeur numérique est attribuée. Les variables sont reliées aux concepts théoriques au moyen de définitions opérationnelles servant à mesurer des concepts. Les variables peuvent être classées de différentes façons selon les rôles qu'elles remplissent dans une recherche. On distingue les variables indépendante, dépendante, attribut et étrangère.
Résultat Les données brutes, une fois analysées et interprétées, deviennent des résultats de recherche.	Une *variable indépendante* est une variable que le chercheur introduit (traitement, intervention) dans une étude en vue de mesurer l'effet qu'elle produit sur la variable dépendante. La *variable dépendante* subit l'effet de la variable indépendante et produit un résultat.
Théorie Une théorie est une explication scientifique des relations qui unissent des faits, des concepts et des propositions. La théorie se construit à partir de faits observables et de résultats de recherche concernant un phénomène. Le chercheur déduit des hypothèses des théories et prédit l'action des variables en se fondant sur des propositions théoriques.	Une *variable attribut* est une caractéristique propre du participant à une recherche. Elle correspond à une donnée socio-démographique (âge, genre, état civil, instruction, revenu, etc.).
Variable Une variable est un concept auquel on peut attribuer une mesure. Elle correspond à une qualité ou à un caractère	La *variable étrangère* est une variable parasite à l'intérieur d'une recherche, qui est susceptible d'influer négativement sur les résultats.

Nous décrirons brièvement les quatre phases du processus de recherche ainsi que les étapes que comporte chacune d'entre elles. Ces étapes seront progressivement examinées en détail dans les chapitres ultérieurs.

La phase conceptuelle : la documentation du sujet d'étude

La phase conceptuelle est la phase qui consiste à définir les éléments d'un problème. Au cours de cette phase, le chercheur élabore des concepts, formule des idées et recueille de la documentation sur un sujet précis en vue d'arriver à une conception claire du problème. Le processus débute par le choix d'un sujet d'étude et d'une question appropriée à partir de laquelle la recherche s'orientera. Définir le sujet est souvent ce qui est le plus difficile dans le processus de recherche. Pour arriver à définir clairement la question de recherche, il est parfois nécessaire de lire des ouvrages et des articles pour connaître l'état de la question et se renseigner sur les principales théories ou les principaux modèles qui ont cours dans le domaine. L'examen de la documentation existante permet de mieux cerner la question qui devra orienter la recension systématique des écrits et servir à la formulation du problème de recherche. La phase conceptuelle revêt une grande importance, car elle donne à la recherche une orientation et un but.

Au cours de la phase conceptuelle, le chercheur élabore les concepts, formule des idées et recueille de l'information sur un sujet précis.

Les étapes de la phase conceptuelle

Les quatre phases du processus de recherche comportent chacune un certain nombre d'étapes, comme le montre la figure 3.1. La phase conceptuelle comprend cinq

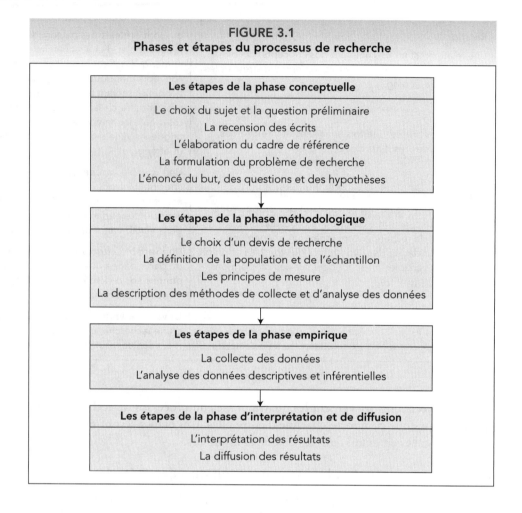

FIGURE 3.1
Phases et étapes du processus de recherche

Les étapes de la phase conceptuelle

Le choix du sujet et la question préliminaire
La recension des écrits
L'élaboration du cadre de référence
La formulation du problème de recherche
L'énoncé du but, des questions et des hypothèses

Les étapes de la phase méthodologique

Le choix d'un devis de recherche
La définition de la population et de l'échantillon
Les principes de mesure
La description des méthodes de collecte et d'analyse des données

Les étapes de la phase empirique

La collecte des données
L'analyse des données descriptives et inférentielles

Les étapes de la phase d'interprétation et de diffusion

L'interprétation des résultats
La diffusion des résultats

étapes : 1) le choix du sujet ; 2) la recension des écrits ; 3) l'élaboration du cadre de référence ; 4) la formulation du problème ; et 5) l'énoncé du but, des questions et des hypothèses.

Première étape : le choix du sujet et la question préliminaire

La recherche commence par le choix du sujet. Le chercheur doit choisir un sujet relatif à un problème général qui nécessite une investigation systématique. Le sujet peut se rapporter à des préoccupations humaines, cliniques, sociales ou théoriques ; il correspond à des comportements, des observations, des concepts ou des théories. Pour délimiter son sujet, le chercheur procède à une recension initiale des écrits qui lui permet de connaître ce qui a été écrit sur le sujet et de modifier en conséquence l'orientation de sa recherche.

Quand le chercheur choisit son sujet d'étude, il le fait en fonction d'une population déterminée de façon que la question qui fait l'objet de la recherche puisse être traitée de façon empirique. Au cours de cette démarche, on s'interroge sur la pertinence de la question par rapport à l'objet de la discipline concernée, sur la portée qu'elle est susceptible d'avoir sur le plan théorique ou pratique et sur ses implications éthiques. Une fois qu'on a circonscrit le sujet (par exemple, les facteurs associés au rétablissement à la suite d'un accident vasculaire cérébral), on précise ce qu'il s'agit de connaître à son propos. Pour fixer l'orientation et le but de l'étude, le chercheur recense les écrits traitant du sujet.

Deuxième étape : la recension des écrits

La deuxième étape consiste à faire l'inventaire des ouvrages ou des articles qui portent sur le sujet. On peut d'abord faire une revue initiale des écrits et procéder ensuite à une recension plus exhaustive. La recension initiale est un premier exercice de lecture qui consiste à rechercher en bibliothèque les documents pertinents dans les banques informatisées et les ouvrages de référence. L'information recueillie est pertinente si elle a directement rapport avec le sujet de recherche. Cette première recension devrait aider à délimiter avec plus de précision la question de recherche.

La recension des écrits est essentielle pour connaître l'état actuel des connaissances sur le sujet. Le chercheur peut alors énoncer sa question de recherche en tenant compte de ce qui a déjà été fait. Par une recension méthodique des écrits théoriques et empiriques, le chercheur peut déterminer avec précision le niveau actuel des connaissances sur le sujet qu'il a l'intention de traiter. Une fois qu'il a une idée précise de l'état de la question, le chercheur fait une synthèse critique de toute l'information recueillie qu'il compte utiliser dans sa recherche. La recension des écrits permet aussi de déterminer les concepts ou la théorie qui serviront à élaborer le cadre de référence. La recension des écrits est examinée en détail dans le chapitre 5.

Troisième étape : l'élaboration du cadre de référence

Au cours de la troisième étape, le chercheur détermine le cadre de référence, c'est-à-dire les bases théoriques ou conceptuelles sur lesquelles reposera sa recherche. Le cadre de référence est une structure qui soutient les divers éléments d'une étude. Les principaux termes ayant rapport au cadre de référence sont les concepts, les énoncés de relations, les modèles conceptuels et les théories. Le cadre de référence est constitué d'un ensemble de théories ou de concepts solidaires les uns des autres et regroupés du fait de leur pertinence par rapport au sujet de recherche. Il définit la perspective sous laquelle le problème sera examiné et insère l'étude dans un contexte qui lui donnera un sens précis.

Le cadre de référence peut être conceptuel ou théorique selon la nature du ou des concepts qui ont été dégagés. Il est conceptuel s'il provient de la combinaison de concepts ayant rapport avec la synthèse des écrits pertinents ou avec des observations cliniques ; il est théorique s'il provient d'une ou de plusieurs théories spécifiques ou encore de propositions qui expliquent les relations entre les concepts. Le cadre de référence, qu'il soit conceptuel ou théorique, place le problème dans une perspective définie, oriente l'énoncé des questions de recherche ou des hypothèses et sert de base à l'analyse des données et à l'interprétation des résultats. Il donne en quelque sorte une direction à la recherche et permet au chercheur de relier, au terme de son étude, les résultats obtenus aux acquis de la discipline où il est engagé. Il est pour ainsi dire impossible d'interpréter les résultats d'une étude qui n'est pas liée à un contexte théorique ou conceptuel. Les éléments nécessaires à l'élaboration du cadre de référence sont décrits au chapitre 6.

Quatrième étape : la formulation du problème de recherche

Formuler un problème de recherche, c'est faire la synthèse de l'ensemble des éléments d'information recueillis sur le sujet. C'est développer une idée en se basant sur une progression logique de faits, d'observations et de raisonnements relatifs à l'étude que l'on désire entreprendre. De façon méthodique, le chercheur énonce le sujet de sa recherche qu'il situe dans un contexte particulier, résume les données factuelles, les écrits empiriques et théoriques sur le sujet, justifie son choix d'un cadre théorique ou conceptuel qui intègre l'ensemble des éléments et, enfin, décrit la manière dont il procédera pour trouver une réponse à la question de recherche. La formulation du problème constitue une des étapes clés du processus de recherche et se situe au cœur de la phase conceptuelle. Elle est décrite en détail dans le chapitre 7.

Cinquième étape : l'énoncé du but, des questions, des hypothèses et des variables

Une fois le problème formulé, il s'agit de définir clairement le but de la recherche et de déterminer ce qu'on se propose de faire pour réaliser l'étude. Bien que le but, les questions de recherche et les hypothèses s'énoncent différemment, ils conduisent nécessairement à une explication de la raison d'être de l'étude. Le but vient en premier, car il appartient à un ordre plus général : c'est de lui que découlent les questions qui seront posées ainsi que les hypothèses.

Le but.   Le problème ayant été formulé, le chercheur doit préciser la direction qu'il entend donner à la recherche. En définissant le but, on est conduit à préciser les concepts qui seront étudiés, la population cible et l'information que l'on désire obtenir. En le formulant, on prend en compte le niveau des connaissances dont on dispose sur la question selon que la recherche vise à : 1) décrire un concept, un phénomène ou les caractéristiques d'une population ; 2) étudier des relations d'association entre des concepts ; ou 3) vérifier des relations de causalité entre les concepts. Selon les connaissances dont on dispose sur le sujet, l'étude aura pour but soit de décrire, soit d'expliquer, ou encore de prédire des relations ou de dégager des différences entre les groupes. Les questions de recherche ou les hypothèses que l'on formulera seront fonction des niveaux de recherche établis.

Les questions de recherche.   Une question de recherche est une interrogation précise, écrite au présent et qui inclut le ou les concepts à l'étude. Elle indique clairement la direction qu'on entend prendre soit pour décrire des concepts ou des phénomènes, comme dans les études descriptives, soit pour explorer des relations entre des concepts, comme dans les études descriptives corrélationnelles.

Les hypothèses.   L'hypothèse est une prédiction sur une relation existant entre des variables qui se vérifie empiriquement. Elle est émise après que le cadre théorique a été fixé et suppose que les connaissances du chercheur sur le sujet sont plus étendues qu'elles ne l'étaient au moment de formuler la question de recherche. Comme la question de recherche, l'hypothèse se rapporte à la population cible. Elle sert à prédire et à expliquer des phénomènes dans les études corrélationnelles et expérimentales.

Les variables.   Les variables forment la substance des questions de recherche et des hypothèses. Elles doivent être définies en même temps que le cadre théorique ou conceptuel. Les variables doivent être définies non seulement de façon conceptuelle, mais aussi de façon opérationnelle en vue d'en permettre la mesure. Quand ils sont utilisés dans une étude, les concepts prennent le nom de variables, et des valeurs numériques leur sont attribuées.

La phase méthodologique : la planification de la recherche

La phase méthodologique consiste à définir les moyens de réaliser la recherche. C'est au cours de la phase méthodologique que le chercheur détermine sa manière de procéder pour obtenir les réponses aux questions de recherche ou vérifier les hypothèses. La nature du devis varie suivant que le but de l'étude consiste à décrire un phénomène ou à explorer ou vérifier des associations entre des variables ou des différences entre des groupes. Après avoir établi la manière de procéder, le chercheur définit la population à l'étude, détermine la taille de l'échantillon et précise les méthodes de collecte des données. Il s'assure de la fidélité et de la validité des méthodes de collecte des données, de manière à obtenir des résultats fiables. En outre, il arrête un plan d'analyse statistique des données. Les décisions prises à la phase méthodologique déterminent le déroulement de l'étude.

> Au cours de la phase méthodologique, le chercheur détermine dans un devis la manière de procéder pour réaliser la recherche.

Les étapes de la phase méthodologique

La phase méthodologique comprend quatre étapes (étapes 6 à 9 inclusivement) : 6) le choix du devis de recherche ; 7) la définition de la population et de l'échantillon ; 8) la mise en place de méthodes ou d'échelles de mesure ou de traitement des variables ; et 9) le choix des méthodes de collecte et d'analyse des données.

Sixième étape : le choix du devis de recherche

Le devis est un plan logique tracé par le chercheur en vue d'établir une manière de procéder susceptible de mener à la réalisation des objectifs, qui sont de trouver des réponses aux questions de recherche ou de vérifier des hypothèses. Le devis varie suivant le but, les questions de recherche ou les hypothèses, et son établissement a lieu en même temps que le choix de la méthode devant servir à conduire la recherche. Les devis sont soit expérimentaux, soit non expérimentaux. Les devis expérimentaux se divisent en devis expérimentaux vrais et en devis quasi-expérimentaux. Les devis non expérimentaux réfèrent à l'ensemble des études descriptives et corrélationnelles. Certaines notions ayant rapport au contrôle sont liées au devis, notamment au devis expérimental ; citons le biais, la manipulation, la causalité, la probabilité, le contrôle, la validité interne et la validité externe. Ces termes sont définis au chapitre 10, où se trouve également précisé le rôle qu'ils jouent dans le processus de recherche. Le devis indique quel type d'étude sera utilisé et comment les éléments du devis seront mis en œuvre. Les principaux éléments du devis sont les comparaisons, l'intervention (ou traitement), le milieu d'étude, le contrôle des variables étrangères, la communication avec les participants, les instruments de collecte et d'analyse des données.

Comme nous le verrons plus loin, les devis diffèrent les uns des autres. Par exemple, les études descriptives et corrélationnelles sont conduites dans les milieux naturels, tels qu'ils se présentent, sans intervention de la part du chercheur, alors que, dans les études expérimentales, la situation se trouve modifiée par l'introduction d'une forme quelconque d'intervention et d'un contrôle systématique.

Septième étape : la définition de la population et de l'échantillon

La question à l'étude ayant été documentée et associée à un devis, le chercheur est maintenant en mesure de définir la population auprès de laquelle il désire obtenir de l'information. À cette fin, il dresse une liste des critères de sélection. La population consiste en un ensemble d'individus ou d'objets qui possèdent des caractéristiques semblables, lesquelles sont définies par des critères d'inclusion en vue d'une étude donnée (Kerlinger et Lee, 1999). Comme il est rarement possible d'étudier une population en entier, le chercheur constitue un échantillon qui est, autant que possible, représentatif de la population et en détermine la taille. La représentativité est une qualité essentielle de l'échantillon et il est possible, dans certaines études, d'évaluer l'erreur d'échantillonnage en comparant les moyennes de l'échantillon avec les moyennes de la population. Pour réduire l'erreur d'échantillonnage, on peut soit choisir de façon aléatoire un nombre suffisant de sujets (méthode probabiliste), soit s'appuyer, s'il est impossible de constituer un échantillon probabiliste, sur des caractéristiques connues de la population (méthode non probabiliste). L'échantillon est la fraction de la population qui fera l'objet de l'étude. Il correspond en plus petit à la population cible. Plusieurs éléments sont à prendre en compte dans la détermination de la taille de l'échantillon : le but de l'étude, le nombre de variables, le type d'étude, le seuil de signification, l'effet attendu, etc.

Il y a lieu de distinguer entre la population cible et la population accessible. La population cible réfère à la population que le chercheur veut étudier et à propos de laquelle il désire faire des généralisations. La population accessible, c'est la fraction de la population cible qui est à la portée du chercheur ; elle peut être limitée à une région, une province, une ville, un établissement, etc. Dans la constitution de l'échantillon, il importe de respecter les droits des individus et d'obtenir de ces derniers les autorisations requises avant d'entreprendre l'étude sur le terrain. Toute recherche exige une participation volontaire des personnes. Nous parlerons au chapitre 9, consacré à l'éthique, de la formule de consentement qui est présentée aux participants et qui donne des détails sur les conditions de leur participation ainsi que sur la nature du projet.

Huitième étape : la description des principes qui sous-tendent la mesure

Cette étape consiste à déterminer la manière dont les concepts abstraits, souvent multidimensionnels, seront mesurés. Pour mesurer les concepts auprès d'un échantillon de personnes, il faut au préalable les opérationnaliser, c'est-à-dire préciser les opérations nécessaires pour obtenir une mesure. On convertit les concepts en des indicateurs observables, lesquels sont des expressions quantifiables et mesurables des concepts et sont souvent constitués par des instruments de mesure. Les définitions des concepts faisant partie du cadre de référence servent de guide aux définitions opérationnelles. La description des caractéristiques des instruments de mesure doit tenir compte des aspects liés à la fidélité et à la validité.

Mesurer est un processus soumis à des règles précises qui sert à associer des nombres à des objets ou à des situations, de manière à représenter une quantité propre à chacun (Kaplan, 1964, p. 177). La quantité évaluée peut être exprimée par une valeur numérique ou une valeur catégorielle. Quatre échelles de mesure peuvent être employées pour évaluer des variables : l'échelle nominale, l'échelle ordinale, l'échelle à intervalles et l'échelle à proportions. Les échelles nominale et ordinale représentent des valeurs discrètes tandis que les échelles à intervalles ou à proportions représentent des valeurs continues. Pour mesurer des variables, il est essentiel de disposer d'échelles de mesure fiables. La fidélité désigne la qualité d'un instrument de mesure qui donne constamment la même indication lorsqu'il évalue un concept ou un phénomène. La validité a rapport au fait qu'un instrument mesure bien ce qu'il est censé mesurer.

Neuvième étape : la description des méthodes de collecte et d'analyse des données

Comme la recherche porte sur une variété de phénomènes, elle nécessite l'emploi de diverses méthodes de collecte des données. Le choix des méthodes de collecte des données dépend des variables étudiées et de leur opérationnalisation. Parmi les principaux instruments de mesure en usage, mentionnons l'observation, l'entrevue, le questionnaire et l'échelle de mesure. Le chercheur prévoit, autant que faire se peut, les problèmes que pourrait susciter le processus de collecte des données. À cette étape, le chercheur détermine également les analyses statistiques qui serviront à traiter les données.

La phase empirique : la collecte des données et l'analyse

La phase empirique correspond à la collecte des données sur le terrain, à leur organisation et à leur analyse statistique. Le plan élaboré à la phase précédente est mis en application. Les techniques d'analyse varient selon la nature des données. Une fois les résultats de recherche présentés, les étapes suivantes consistent à les interpréter en se rapportant au cadre théorique ou conceptuel et à les communiquer. Le cycle de la recherche se trouve ainsi complété. Si les différentes étapes ont été correctement franchies, on aura obtenu une réponse à la question posée ou du moins on sera près d'en trouver une.

Si des questionnaires ont été utilisés, il convient de vérifier s'ils ont été remplis correctement. Des décisions devront être prises concernant les données manquantes. Si des données ont été recueillies sous forme d'enregistrements audio, elles devront être transcrites. L'aide d'un statisticien peut être utile dans l'établissement du plan d'analyse.

Les étapes de la phase empirique

La phase empirique est celle de la réalisation de la recherche ; elle comporte deux opérations (étapes 10 et 11) : la collecte des données et leur analyse.

Dixième étape : la collecte des données sur le terrain

Au cours de la phase empirique, le chercheur met en application le plan élaboré à la phase précédente.

Les données sont les éléments d'information recueillis auprès des participants. C'est une étape qui peut nécessiter beaucoup de temps selon l'importance de l'étude et les problèmes potentiels sur le terrain. Il existe diverses méthodes de collecte des données. Le choix de la méthode dépend des questions de recherche ou des hypothèses, du devis et des connaissances dont on dispose sur le sujet étudié. La plupart des recherches utilisent plus d'une méthode de collecte des données. On précise à cette étape la manière dont on collectera les données ainsi que les démarches à faire en vue de l'obtention des autorisations requises pour réaliser l'étude sur le terrain. En outre, on s'assure que les personnes désignées pour recueillir les données sont suffisamment formées et qu'elles s'attacheront à protéger la confidentialité de celles-ci.

Onzième étape : l'analyse des données

Une fois les données recueillies, il faut les organiser en vue de l'analyse. On fait appel à des techniques statistiques descriptives pour décrire l'échantillon ainsi que les différentes variables. Dans le cas de données qualitatives, l'analyse consiste à résumer les données sous forme de récit. Selon la nature de l'étude, des analyses descriptives et inférentielles pourront être utilisées. Employées dans les études descriptives et descriptives corrélationnelles, les statistiques descriptives servent à résumer les données par le moyen de mesures de tendance centrale et de dispersion. Réservées aux études corrélationnelles et expérimentales, les statistiques inférentielles ont pour but de déterminer la valeur des paramètres d'une population et de vérifier des hypothèses. Quel que soit le mode de traitement des données, un plan d'analyse doit être dressé au préalable.

La phase d'interprétation et de diffusion

Dans la phase d'interprétation, on s'attache à expliquer les résultats en s'appuyant sur les travaux antérieurs et sur la théorie. L'interprétation tente de faire ressortir la signification des résultats. La phase prend fin avec la communication des résultats dans des conférences scientifiques, des articles, des rapports de recherche ou, simplement, par des affiches.

Les étapes de la phase d'interprétation et de diffusion

On distingue deux étapes (étapes 12 et 13) : la présentation, l'analyse et l'interprétation des résultats, et la diffusion des résultats.

Douzième étape : l'interprétation des résultats

Une fois qu'il les a analysées, le chercheur présente les données sous forme de tableaux et de figures accompagnés d'un résumé. L'interprétation fait ressortir la signification des résultats par rapport au cadre théorique ou conceptuel. Les résultats sont interprétés à partir des questions de recherche ou des hypothèses. On indique si les résultats confirment ou non les hypothèses qui ont été émises. Si les résultats corroborent les hypothèses de recherche, le cadre théorique s'en trouve renforcé. Dans le cas contraire, le cadre théorique est évidemment affecté. Les résultats sont comparés avec ceux d'études antérieures ayant utilisé des variables analogues. Il convient parfois d'indiquer les effets que les résultats sont susceptibles d'amener dans la pratique et aussi de formuler des recommandations pour des recherches futures.

Treizième étape : la diffusion des résultats

La diffusion des résultats de recherche est une tâche dont les chercheurs doivent s'acquitter au terme de leur étude. Quelle que soit leur signification, les résultats sont de peu d'utilité pour la discipline et la communauté scientifique s'ils ne sont pas communiqués à d'autres chercheurs ou à d'éventuels utilisateurs. Les résultats peuvent être communiqués de différentes façons. Si on veut atteindre un large auditoire, les publications scientifiques sont particulièrement indiquées. Les chercheurs sont parfois appelés à présenter leurs résultats de recherche en personne dans des colloques ou des conférences scientifiques nationales et internationales. L'affiche constitue un autre moyen de présenter les résultats de recherche lors de colloques ou de congrès. Il est possible de préparer des affiches attrayantes qui résument les points essentiels d'une recherche, tels que l'énoncé du problème, les questions de recherche ou les hypothèses. L'affiche permet de renseigner les congressistes sur un grand nombre de résultats de recherche.

> Au cours de la phase d'interprétation et de diffusion, le chercheur fait ressortir la signification des résultats, qu'il communique à d'autres.

Les étapes que nous venons de décrire font idéalement partie du processus de recherche. Mais il arrive souvent que la démarche ne soit pas tout à fait linéaire. Ainsi, à l'étape de la formulation du problème, il faut en même temps recenser les écrits et préciser le sujet de la recherche. Les étapes comprises dans la phase méthodologique précèdent celles de la phase de collecte et d'analyse des données et de la phase d'interprétation des résultats, qui peuvent durer plus ou moins longtemps selon la nature des problèmes rencontrés.

Résumé

Le chapitre fait ressortir la nécessité de faire usage du langage scientifique dans le domaine de la recherche et donne la définition de certains termes couramment utilisés. L'observation, élément central du processus de recherche, est étroitement liée à la théorie, laquelle explique les relations entre les faits observés. Les concepts sont des images mentales formées à partir de la réalité. Le construit est une variante du concept. Le modèle est la représentation d'un ensemble d'idées ou de concepts relatifs à un phénomène particulier. Les propositions découlent de la théorie et mettent des concepts en relation entre eux. Les postulats sont des vérités admises comme universelles. Les variables sont des concepts qui sont mis en application dans une recherche et qui peuvent prendre différentes valeurs. On reconnaît les variables indépendantes et dépendantes, les variables attributs et les variables étrangères. La variable indépendante est celle dont on mesure l'effet sur la variable dépendante. Les variables attributs sont les caractéristiques des sujets qui servent à décrire l'échantillon. Les variables étrangères sont celles de l'environnement physique et social. Les variables sont définies de façon conceptuelle et, pour être mesurées, elles doivent être définies de façon opérationnelle. L'hypothèse suppose l'existence de relations entre des variables.

Les phases conceptuelle, méthodologique, empirique et d'interprétation/diffusion de la recherche sont décrites en même temps que les étapes particulières qui leur correspondent. Nous avons montré que, dans la phase conceptuelle, le sujet d'étude constitue le point de départ de la recherche et qu'on doit le documenter afin de connaître l'état actuel des connaissances. La formulation du problème s'appuie sur l'ensemble des informations recueillies et constitue une des étapes clés du processus de recherche. L'énoncé du but et des questions de recherche débouche sur la phase méthodologique, au cours de laquelle sont définis les types de devis ainsi que les méthodes d'échantillonnage, de mesure, de collecte et d'analyse des données. La phase empirique consiste dans la collecte et l'analyse des données. Enfin, la phase d'interprétation et de diffusion a rapport à l'interprétation des résultats et à leur communication dans des publications ou des congrès scientifiques.

Mots clés

But	Échantillon	Phase interprétative
Cadre de référence	Hypothèse	Phase méthodologique
Collecte des données	Langage scientifique	Population
Concept	Phase conceptuelle	Question de recherche
Devis de recherche	Phase empirique	Recension des écrits

Exercices de révision

La recherche scientifique se définit comme un processus, une démarche comportant diverses étapes qui vont de la conceptualisation d'un problème de recherche à la communication des résultats. Les exercices présentés ci-dessous visent à familiariser les étudiants avec les principaux termes employés en recherche et avec les diverses étapes que comporte celle-ci.

1. Définissez les termes suivants (ils ont été discutés dans le chapitre et sont définis dans le glossaire) :

observation	concept
variable	théorie
définition opérationnelle	modèle
proposition	variable indépendante
variable dépendante	variable attribut

2. Quelles sont les étapes du processus de recherche correspondant à la phase conceptuelle et quels sont leurs buts ?

3. Quelles sont les étapes du processus de recherche correspondant à la phase méthodologique et quels sont leurs buts ?

4. Quelles sont les étapes du processus de recherche correspondant à la phase empirique et quels sont leurs buts ?

5. Indiquez pour chacune des phrases suivantes numérotées de 1 à 11 l'étape du processus de recherche qui lui correspond. Pour répondre, inscrivez le chiffre et le nom de l'étape. [Les citations sont extraites de Duc Tuan Pham (1994).]

   1. Le diabète de type II est une maladie chronique importante qui affecte particulièrement les adultes de plus de 40 ans et représente la principale cause de gangrène et d'amputation.

   2. Les exigences auxquelles les personnes atteintes de cette maladie doivent faire face sont nombreuses, entre autres elles doivent continuer le

traitement de leur diabète de façon assidue pour éviter tous les risques de complications.

3. Bien que la relation entre le contrôle du diabète et la prévention des complications ne soit pas élucidée, plusieurs auteurs [...] soutiennent qu'une normalisation continue de la glycémie peut prévenir ou retarder l'apparition de complications.

4. Nous nous sommes inspirés du modèle des croyances en matière de santé [...] pour guider cette recherche.

5. Les variables retenues du modèle sont : la perception de la susceptibilité à la maladie, de la gravité, des bénéfices du traitement et des obstacles, du soutien social, de la motivation et des données socio-démographiques.

6. Le but de l'étude visait à décrire les relations entre les variables du modèle et l'assiduité au traitement et à explorer leur influence sur l'assiduité au traitement auprès de patients atteints de diabète de type II ayant subi une amputation.

7. L'étude s'est déroulée dans cinq centres de réadaptation de la région de Montréal auprès de 76 participants atteints de diabète de type II.

8. Les variables du modèle ont été mesurées à l'aide de l'échelle des croyances de la santé.

9. Les principaux résultats ont permis d'observer une relation positive et significative entre la perception de soutien social et l'assiduité à certains aspects du traitement.

10. Les analyses de régression multiple ont démontré que la perception du soutien social influence de façon significative l'assiduité à la prise d'aliments sans sucres et l'assiduité à la pratique d'exercices physiques.

11. Nous croyons que les professionnels de la santé doivent prendre en compte l'importance du soutien social dans les soins à fournir aux personnes atteintes.

Références bibliographiques

Duc Tuan Pham (1994). *Assiduité au traitement de personnes atteintes de diabète de type II ayant subi une amputation*, mémoire de maîtrise, Montréal, Université de Montréal.

Grawitz, M. (1996). *Méthodes des sciences sociales*, 10e éd., Paris, Dalloz.

Kaplan, A. (1964). *The Conduct of Inquiry : Methodology for Behavioral Science*, New York, Chandler.

Kerlinger, F.N. (1973). *Foundations of Behavioral Research*, 2e éd., New York, Holt, Rinehart and Winston.

Kerlinger, F.N. et Lee, H.B. (1999). *Foundations of Behavioural Research*, New York, Harcourt Brace.

Seaman, C.H.C. (1987). *Research Methods : Principles, Practice and Theory for Nursing*, 3e éd., Norwalk (Conn.), Appleton and Lange.

Silva, M.C. (1981). « Selection of a theoretical framework », dans S.D. Krampitz et N. Pavlovich (dir.), *Readings for Nursing Research*, St. Louis, C.V. Mosby, p. 17-28.

Phase conceptuelle : documentation du sujet d'étude

L a phase conceptuelle consiste en l'ensemble des activités menant à la formulation du problème de recherche et à l'énoncé du but, des questions ou des hypothèses. Elle se rapporte à une démarche, à une façon ordonnée de formuler des idées et de documenter celles qui concernent un sujet précis en vue d'arriver à une conception claire et précise du problème considéré. Cette phase comprend un certain nombre d'étapes qui aboutissent à la formulation du problème et qui servent de base à la réalisation de la recherche. Ces étapes sont décrites dans les chapitres 4 à 8. À la suite de ces derniers est placé un chapitre consacré aux principes éthiques en recherche.

Étapes de la phase conceptuelle

Le choix du sujet d'étude et la question préliminaire

Objectifs d'apprentissage

À la fin de ce chapitre, vous devriez être en mesure :

1) de définir un problème de recherche ;

2) de choisir un sujet d'étude ;

3) de préciser la population qui sera étudiée ;

4) de définir les concepts ;

5) de nommer les éléments à prendre en compte dans l'énoncé de la question ;

6) de décrire les niveaux de recherche et les types de questions ;

7) d'énoncer une question préliminaire qui a rapport avec le sujet d'étude.

Vue d'ensemble

Les étapes préalables à la formulation d'un problème de recherche spécifique sont le choix du sujet d'étude, la recension des écrits et l'élaboration d'un cadre théorique ou conceptuel. Le présent chapitre traite de la première étape, celle qui concerne le choix du sujet et de l'énoncé de la question qui précisera la façon dont le problème sera traité. Cette étape préliminaire est importante en ce qu'elle a pour but de déterminer le sujet de l'étude. Un sujet s'impose rarement d'emblée ; il est nécessaire de faire appel à la réflexion, aux connaissances que l'on a accumulées, de tirer parti de son expérience et de faire preuve de créativité. À mesure que le sujet apparaît clairement à l'esprit, les concepts à étudier auprès d'une population se précisent.

L e point de départ de la recherche est une situation qui suscite des interrogations, un malaise ou une irritation et appelle une explication ou du moins une meilleure compréhension. Le sujet d'étude correspond à l'aspect du problème de recherche qu'il s'agit d'élucider. Pour être en mesure de formuler celui-ci, il faut donc choisir un sujet qui se rapporte à la situation problématique, le documenter de façon rigoureuse et élaborer une question qui fournit l'orientation nécessaire à la recherche. La question est cernée graduellement et jusqu'à ce qu'elle devienne suffisamment précise pour que l'on sache quelle direction imprimer à la recherche.

4.1   L'exploration du problème de recherche

Au sujet sur lequel porte la recherche on associe d'abord une question générale, puis une question précise, liée étroitement au problème de recherche. Un problème de recherche est une situation qui nécessite une élucidation ou une modification (Diers, 1979). Comme le montre la figure 4.1, une situation peut être considérée comme problématique lorsqu'il y a écart entre une situation jugée insatisfaisante et une situation désirable (Mace et Pétry, 2000), et qu'il apparaît nécessaire de combler

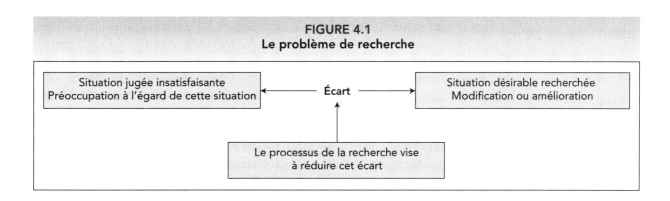

FIGURE 4.1
Le problème de recherche

l'écart. Ainsi, on peut s'inquiéter du taux élevé de suicide chez les jeunes et vouloir l'expliquer afin de pouvoir trouver éventuellement une solution. Le processus de la recherche a pour but de corriger l'écart observé ; il met à profit les connaissances dont on dispose pour éclaircir la situation qui fait problème et y remédier.

Comment trouve-t-on un sujet ou un problème de recherche ? D'abord, il faut au préalable bien connaître le champ d'étude sur lequel viendra se greffer une question de recherche. S'il veut être capable de cerner un problème précis, de le décrire ou de l'expliquer, le jeune chercheur doit déjà posséder un ensemble de connaissances ou d'expériences. De plus, l'exploitation des connaissances théoriques et empiriques acquises dans les travaux de recherche antérieurs requiert du chercheur qu'il ait de la curiosité intellectuelle, qu'il s'intéresse grandement à la recherche d'informations se rapportant à des situations de recherche et qu'il sache reconnaître les concepts.

4.2   Le sujet d'étude

Un sujet d'étude est un élément particulier d'un domaine de connaissances qui intéresse le chercheur et le pousse à faire une recherche en vue d'accroître ses connaissances. Le sujet d'étude se rapporte habituellement à une population déterminée et renferme au moins un concept. Au sujet d'étude est associée une question pivot qui vient préciser l'angle sous lequel il sera considéré. Par exemple : « Quelles sont les caractéristiques de la population ? » « Quelles sont les relations entre telles et telles variables ? »

Le choix du sujet d'étude

Le sujet d'étude est l'élément d'un problème que l'on se propose d'examiner. Il peut provenir de diverses sources et concerner des attitudes, des comportements, des croyances, des incidences, des problèmes cliniques, des observations, des concepts, etc.

Le choix du sujet d'étude est une des étapes les plus importantes du processus de recherche parce qu'il influe sur le déroulement des étapes ultérieures. De façon générale, le chercheur choisit un sujet d'étude qui est en rapport avec sa discipline ou sa profession. Ce dernier est souvent lié à des préoccupations cliniques, professionnelles, communautaires, psychologiques ou sociales. Parfois, les questions ou les problèmes sont découverts à l'occasion de simples observations ou sont suggérés par la lecture de travaux de recherche. En raison des exigences de sa profession, un chercheur peut s'intéresser à des sujets d'actualité. Ainsi, une diplômée en sciences infirmières peut concentrer son attention sur le sujet d'étude que constituent la santé et la sexualité durant l'adolescence. Elle peut décider d'examiner un problème particulier, comme celui des grossesses non désirées ou les conséquences de l'avortement thérapeutique chez les adolescentes. Un étudiant en criminologie peut s'attacher à l'étude des politiques en matière de sanctions pénales et délimiter un sujet d'étude, comme celui des récidives des jeunes délinquants qui ont commis des vols qualifiés. Un chercheur du domaine psychosocial peut éprouver de l'intérêt pour la promotion de la santé chez les travailleurs communautaires, pour la toxicomanie chez les jeunes délinquants, ou un spécialiste en éducation peut vouloir expliquer le faible taux de réussite scolaire ou le décrochage. Ce sont là des exemples de sujets d'étude ayant rapport à des préoccupations disciplinaires ou à des questions sociales.

Les sources

Comme nous l'avons mentionné, les sujets d'étude proviennent de diverses sources : les milieux cliniques, les observations, les travaux publiés, les enjeux sociaux, les conférences portant sur des résultats de recherche, les théories et les modèles conceptuels ou les priorités fixées par des groupes scientifiques et professionnels.

Les milieux cliniques.   Le sujet d'étude peut être inspiré par des situations problématiques ou des anomalies observées dans le milieu de travail. Il peut aussi provenir d'observations cliniques particulières qui conduiront souvent à reconnaître l'existence de situations plus générales. L'exploration empirique peut accroître les connaissances que l'on a sur ces questions à caractère clinique, et par la suite ces acquis peuvent être utilisés dans la pratique.

Les travaux publiés.   Les travaux et les publications de recherche sont des sources de sujets d'étude puisque les problèmes dont ils traitent peuvent être examinés sous un autre point de vue ou approfondis. Il peut être utile, par exemple, de refaire une étude dans un milieu différent et auprès d'autres populations. Dans sa recension des travaux qui ont été publiés, le chercheur peut découvrir que les résultats divergent d'une étude à l'autre et que le problème dont il s'agit conserve toute son actualité. À la fin de leurs textes, les chercheurs font souvent des recommandations concernant de futures recherches, engageant ainsi d'autres chercheurs à poursuivre les études sur le sujet en question. De même, les conférences scientifiques et les présentations sur affiches peuvent inspirer des idées de recherche.

Les enjeux sociaux.   Les enjeux sociaux tels la violence familiale, le taux des tentatives de suicide, le décrochage scolaire, le placement des personnes âgées en institution, etc., peuvent constituer des sujets d'étude.

Les propositions théoriques.   Les propositions théoriques existantes ou certains aspects de celles-ci peuvent servir de sujet d'étude. En général, il s'agit de vérifier non pas la théorie dans son ensemble, mais seulement une partie de cette dernière. Habituellement, la vérification se limite à une proposition qui établit une relation entre des concepts. Considérons par exemple la théorie de l'efficacité perçue (Bandura, 1986), qui explique la relation entre les connaissances et l'action et selon laquelle l'idée qu'a un individu de sa capacité à exécuter une action détermine sa manière de penser, sa volonté et son comportement. Cet énoncé théorique peut être appliqué à une situation concrète, entre autres auprès d'individus en réadaptation physique ou auprès d'élèves désirant atteindre un certain objectif d'apprentissage. Parfois, le chercheur combine des idées provenant de différentes théories et de différents résultats de recherche pour constituer un modèle dont la vérification devra faire l'objet d'une recherche. Par exemple, Lévesque, Ricard, Ducharme, Duquette et Bonin (1998) ont mis en place un modèle théorique formé de propositions tirées du modèle d'adaptation de Roy (Roy et Andrews, 1991) et de résultats de cinq études ayant appliqué le modèle de Roy. Le but de leur étude était de mettre au point des modes d'intervention destinés à des populations à risque sur le plan de la santé mentale. L'examen de concepts appartenant à des théories précises (efficacité perçue, stress et *coping*) peut également constituer un sujet d'étude. Ainsi, les théories,

> Les milieux cliniques, les travaux publiés, les enjeux sociaux, les concepts, les théories sont des sources de sujets d'étude.

les concepts et les modèles théoriques peuvent servir de base à l'énoncé d'une question de recherche.

Les priorités.   Les associations professionnelles, les organismes subventionnaires et même certains établissements de santé déterminent des priorités en ce qui concerne les domaines où il conviendrait de pousser la recherche. On peut se fonder sur ces priorités pour définir un sujet de recherche.

4.3   La population cible

> La population est un groupe de personnes ou d'objets ayant des caractéristiques communes.

Dans l'examen du sujet, il est nécessaire de définir la population auprès de laquelle l'information sera recueillie. La population étudiée, appelée population cible, est un groupe de personnes ou d'éléments qui ont des caractéristiques communes. Comme il est rarement possible d'étudier la totalité de la population cible, on utilise la population qui est accessible, c'est-à-dire celle qui est limitée à un lieu, une région, une ville, une école, un centre hospitalier. La définition de la population cible permet de cerner avec précision le sujet d'étude et ainsi obtenir des données auprès de personnes ou de groupes homogènes. Par exemple, si on veut étudier le taux d'utilisation de la contraception chez des adolescentes, il convient de préciser que l'étude porte sur les adolescentes qui fréquentent les écoles secondaires d'une région ou d'une ville donnée, etc. D'autres critères peuvent aussi être considérés, comme l'âge, l'ethnie, le niveau socio-économique, etc. C'est en se fondant sur des critères de ce genre que l'on tend à obtenir un échantillon représentatif de la population cible. Ces notions de population et d'échantillon seront traitées plus loin dans le présent ouvrage.

Nous avons établi que le sujet d'étude se rapporte à une population et à au moins un concept. Il importe maintenant de bien définir le ou les concepts considérés dans le sujet d'étude.

4.4   Les concepts

> Un concept est une représentation mentale de faits observés et des liens entre eux.

Le concept est un élément essentiel dans toute recherche puisque c'est lui qui est étudié et non la population elle-même. Dans le domaine de la santé, le concept peut se définir comme une attitude ou un état d'esprit manifesté par des individus face à des événements particuliers (maladie, choc, deuil). Ainsi, les termes « adaptation », « douleur » et « anxiété » renvoient à des concepts auxquels correspondent des comportements particuliers. Parce qu'ils résument et catégorisent les observations empiriques, les concepts servent à lier la pensée abstraite et l'expérience sensorielle.

Certains concepts peuvent se rapporter à des objets concrets, tels un livre, une chaise, d'autres par contre sont abstraits et ne désignent rien de perceptible par les sens, comme c'est le cas de la plupart des concepts utilisés en recherche (estime de soi, anxiété, adaptation, foyer de contrôle). Pour étudier les concepts abstraits, il est nécessaire de les décomposer en des faits observables qui tiennent lieu d'indicateurs. Prenons par exemple le concept de « douleur aiguë » et demandons-nous ce qui caractérise une personne ressentant une douleur aiguë ou quelles sont les manifestations observables chez une personne qui l'éprouve : on note des grimaces, une respiration saccadée, un pouls rapide, des pleurs ou des cris, etc. C'est en mettant en relation les diverses manifestations qu'on en déduit le concept, qui est dans notre exemple la douleur aiguë. Le concept organise en quelque sorte la réalité en unissant des caractéristiques déterminées des phénomènes (Grawitz, 1996).

La plupart des disciplines ont élaboré au cours de leur évolution des concepts qui leur sont propres et qui servent à construire des modèles et des théories. Ces concepts qui distinguent les disciplines les unes des autres constituent aussi des objets de recherche (Laville et Dionne, 1996). Ainsi, les concepts de rôle, de norme sociale, de classe et de culture relèvent surtout de la *sociologie* ; les concepts de comportement, d'adaptation, d'attitude et de motivation se rapportent surtout à la *psychologie* ; les concepts de délinquance, de politique en matière de sanction criminelle sont associés à la *criminologie* ; les concepts d'apprentissage, de savoir et d'évaluation se rapportent à l'*éducation* ; les concepts de soin, de santé, de personne et d'environnement constituent le métaparadigme infirmier et sont étudiés en *sciences infirmières*. Outre qu'ils soulèvent des questions, ces différents concepts guident le chercheur dans la façon de conduire une étude.

> Au cours de leur évolution, la plupart des disciplines ont élaboré des concepts qui leur sont propres.

Les raisons pour lesquelles il est nécessaire de préciser les concepts

Le fait d'utiliser des concepts précis facilite grandement la recherche documentaire sur un sujet. Il y a souvent lieu de chercher des synonymes ou des mots clés qui définissent avec plus de précision le sujet d'étude. Considérons, par exemple, la question suivante : « Quelles sont les réactions des adolescentes ayant subi des interruptions volontaires de grossesse ? » On peut se demander si le concept de « réactions » est assez précis. De quelles réactions s'agit-il ? L'action de réagir à un événement suppose la manifestation de certains comportements ou de certains sentiments. Dans le cas précis de l'interruption volontaire de grossesse, la réaction des adolescentes pourrait se traduire par des sentiments de *regret*, de *deuil*, de *culpabilité*, de *délivrance*, d'*adaptation*, de *liberté*, etc. Chacun de ces concepts est susceptible de donner une orientation précise et différente à l'examen du phénomène.

> L'utilisation de concepts précis facilite la recherche documentaire sur un sujet donné.

La précision des concepts s'affine au moyen du repérage dans les thésaurus de synonymes ou de mots clés qui facilitent la recherche documentaire, qu'elle soit informatisée ou non, et donnent accès à des articles pertinents sur un sujet d'étude.

4.5   Du sujet d'étude à la question préliminaire

La formulation de la question constitue une partie importante de la recherche et détermine l'angle sous lequel le problème sera envisagé, le type de données qu'il s'agira de recueillir ainsi que les analyses à réaliser. Une fois que le sujet de recherche est choisi, que le ou les concepts sont précisés et que la population est ciblée, il convient de s'interroger sur la question à poser. On considère les questions qui nous viennent à l'esprit sur le traitement des concepts. Faut-il les explorer, les décrire, définir leurs relations mutuelles ou prédire et vérifier l'efficacité d'une intervention? Le chercheur qui se pose ce genre de questions sollicite son imagination et sa capacité de raisonnement, car il doit lier et ordonner ensemble des idées pour aboutir à quelque chose de nouveau qu'il s'agira de comprendre.

Toute question ne donne pas nécessairement lieu à une recherche. Certaines questions sont déjà résolues. D'autres sont relatives à des opinions, et il est possible d'y répondre autrement que par la recherche. La question «Qu'est-ce que je dois faire?» se rapporte à une opinion et elle ne nécessite pas que l'on engage un processus de recherche pour y répondre. Les questions philosophiques, qui traitent de valeurs ou d'opinions, ou qui sont d'ordre moral ou éthique, ne conviennent pas à la recherche. Ainsi l'exemple, «L'euthanasie est-elle préférable à l'acharnement thérapeutique?». La réponse à cette question est affaire d'opinion, et les diverses idées que l'on peut formuler sur le sujet relèvent de l'appréciation personnelle. Il est aisé de concevoir que, pour pouvoir être explorée de façon empirique, une question doit avoir rapport à des faits et non à des opinions. Ainsi, on peut s'interroger sur les attitudes des personnes vis-à-vis de l'euthanasie ou de l'avortement. Les questions de recherche sont celles qui supposent une démarche scientifique susceptible de fournir des connaissances généralisables. Les questions de recherche qui peuvent faire l'objet d'une recherche comportent un certain nombre de caractéristiques.

> Les questions de recherche sont celles qui supposent une démarche scientifique susceptible de fournir des connaissances généralisables.

Qu'est-ce qu'une question de recherche?

La recherche part toujours d'une question. Il importe plus de savoir poser la question que de savoir y répondre (Findley, 1991). Si la question est mal posée, la recherche risque fort de ne mener nulle part. La question peut être énoncée de manière à appeler une réponse, et les concepts utilisés doivent être définis. Une question de recherche est une demande explicite concernant un sujet d'étude que l'on désire examiner en vue d'étendre la connaissance qu'on en a. C'est un énoncé clair et non équivoque qui précise les concepts examinés, spécifie la population cible et suggère une investigation empirique.

Toute question délimite un sujet d'étude, précise la population et les concepts et comporte une question pivot (Brink et Wood, 2001). Le sujet d'étude est l'aspect précis du problème que l'on veut étudier; la question pivot est une interrogation qui précède le sujet d'étude et le situe à un certain niveau de connaissance. La question pivot se rapporte à un niveau de recherche déterminé, correspondant au degré de connaissances que l'on possède sur le sujet d'étude. Il s'agit d'une interrogation simple: «quel», «y a-t-il», «pourquoi»? Quels sont les facteurs? Quelles relations unissent ces derniers? Quelle est leur influence? Quelle est leur efficacité? Pourquoi tel événement se produit-il? Ces questions appellent des réponses différentes. Un philosophe chinois affirme que «la réponse se trouve dans la question posée». Cela vaut non seulement pour la philosophie, mais aussi pour la recherche. Le chercheur, avant de faire une recension des écrits qui lui permettra de savoir l'état actuel des connaissances sur le sujet à l'étude, pose une question préliminaire en s'appuyant sur ses observations et son expérience.

> Une question de recherche est un énoncé clair et non équivoque qui précise les concepts à examiner, spécifie la population cible et suggère une investigation empirique.

Les niveaux de recherche et les types de questions

Les types de questions posées déterminent les méthodes à utiliser. Une question de recherche peut être descriptive, explicative ou prédictive. Comme nous l'avons déjà vu, les fonctions et les niveaux de recherche que constituent la description, l'explication et la prédiction nous renseignent sur l'étendue des connaissances actuelles sur un sujet donné. Les questions pivots peuvent se rattacher à chacun de ces niveaux.

Au niveau descriptif

Au niveau descriptif, les questions pivots : « *Quelles* sont les caractéristiques ? », « *Quelle* est la situation ? » entraînent soit l'examen de phénomènes humains donnant lieu à une recherche qualitative, soit la description de concepts, de facteurs ou de populations qui donne lieu à une recherche quantitative. Ainsi, il peut y avoir deux façons de décrire les phénomènes. Les questions appellent une réponse qui s'obtient :

a) soit par une exploration des phénomènes (expériences humaines) ;

b) soit par une description de concepts ou de populations.

Dans les deux cas, les connaissances qu'on possède sur le phénomène sont rares ou inexistantes, ou ce dernier est encore mal élucidé. Il s'agit donc de répondre à la question « Qu'est-ce que c'est ? » en utilisant une méthodologie quantitative ou qualitative.

Lorsqu'il s'agit de décrire des phénomènes humains, on emploie une méthode qualitative, car on veut connaître la signification attribuée par les participants aux phénomènes vécus. Les questions ont un caractère général et commencent par les questions pivots « que » ou « quel ». « Que signifie pour vous le fait de vivre dans la souffrance ? » La question à ce stade ne contient habituellement qu'un concept ou qu'un phénomène. Le but est de comprendre l'expérience humaine telle qu'elle est vécue et rapportée par les participants. L'approche est subjective et vise à connaître la signification personnelle d'un phénomène.

> Lorsqu'il s'agit de décrire des phénomènes humains, on emploie une méthode qualitative.

S'il s'agit de décrire des concepts, des facteurs ou une population, on fait usage d'une méthode quantitative, car on veut obtenir des informations s'exprimant en valeurs numériques : « *Quels* sont les facteurs ? », « *Quelles* sont les caractéristiques ? » La question à ce stade peut contenir un seul concept : « Quelles sont les caractéristiques des décrocheurs scolaires ? » Elle peut aussi en contenir plus d'un : « Quelles sont les caractéristiques biopsychosociales des familles qui ont un adolescent délinquant ? » Dans ce cas, on s'attache à lier les concepts entre eux. Pour définir les facteurs, on les décrit tels qu'ils existent ou tels qu'on les perçoit, on détermine la fréquence à laquelle un événement se produit, on nomme, caractérise ou classe un phénomène, une situation ou un événement de manière à pouvoir se le représenter.

> Lorsqu'il s'agit de décrire des concepts, des facteurs ou des populations, on emploie une méthode quantitative.

Comme l'approche quantitative permet de déterminer les concepts avec précision, on peut, après les avoir décrits, chercher à établir des liens entre eux. On s'élève alors au niveau explicatif ou corrélationnel.

TABLEAU 4.1
Exemples de questions de niveau descriptif

Questions de recherche	Concept(s)	Population
Que signifie pour les parents le fait de vivre avec un enfant handicapé ? ■ Recherche qualitative	Signification de l'expérience vécue	Parents vivant avec un enfant handicapé
Quelles sont les caractéristiques de la douleur chronique chez des athlètes professionnels ? ■ Recherche quantitative	Caractéristiques de la douleur chronique	Athlètes professionnels

Au niveau explicatif

Deux types d'opération sont possibles au niveau explicatif :

a) l'exploration de relations entre les concepts ;

b) la vérification des relations entre les concepts.

Dans les deux cas, on est en présence de plus d'un concept, le sujet d'étude est plus connu et les relations entre les concepts sont examinées et documentées.

L'exploration de relations entre les concepts

Il s'agit de mettre en relation les concepts les uns avec les autres et de les ordonner entre eux. Le chercheur se pose les questions suivantes : « Qu'est-ce qui se passe dans cette situation ? », « Quels sont les concepts associés ou reliés ? » Ici, la théorie peut aider à déterminer la façon dont les concepts sont liés entre eux. La description demeure toutefois le but de l'étude. La recherche est descriptive corrélationnelle puisque plusieurs concepts sont mesurés à un moment donné et qu'on tente de découvrir lesquels ont des relations entre eux. Par exemple, « Quels sont les facteurs liés à la prise en charge de leur propre traitement par les personnes diabétiques ? » On peut aussi mener des études pour décrire l'incidence ou la prévalence d'un phénomène dans une population. Ces questions impliquent la mesure du phénomène ou une évaluation de sa fréquence. Ce genre d'étude prend souvent le nom d'enquête.

TABLEAU 4.2
Exemple de question descriptive corrélationnelle

Question de recherche	Concept(s)	Population
Existe-t-il une relation entre la façon dont les hommes ayant subi un pontage aorto-coronarien perçoivent leur état de santé et leur rétablissement biopsychosocial ?	Perceptions de l'état de santé Rétablissement biopsychosocial	Hommes ayant subi un pontage coronarien

Ainsi, la recherche descriptive corrélationnelle rend compte de la situation avec plus de précision que l'étude descriptive simple, car, du fait qu'au moins deux concepts sont présents, il est possible d'établir des relations entre eux. Les observations sont en général plus structurées et les questions plus précises. On peut mener des analyses statistiques pour déterminer si les concepts sont liés entre eux (Brink et Wood, 2001 ; Diers, 1979 ; Wilson, 1985).

La vérification des relations entre les concepts

Il s'agit de déterminer l'influence d'un concept sur un ou plusieurs autres concepts. Les concepts (variables) agissent ou se modifient en même temps, mais il n'y a ni contrôle ni manipulation de l'environnement. Un cadre théorique guide le chercheur dans l'association des concepts entre eux. La vérification des relations fait suite à la description des facteurs et elle est faite lorsqu'il existe une bonne raison de croire que ces derniers sont liés entre eux. Dans ce cas, on présume que le phénomène a été décrit et défini. Le chercheur pose comme question pivot : « Quelle est l'influence… ? », « Qu'arrivera-t-il si… ? » ou « Pourquoi ? » en vue de prédire et d'expliquer une ou plusieurs associations entre des concepts. L'association est une forme particulière de relation entre les concepts. L'association et la corrélation impliquent que les concepts varient ensemble, mais pas nécessairement dans le même sens puisque l'un peut croître, et l'autre décroître. Dans un cas où l'on constaterait par exemple que « plus les symptômes sont exacerbés, plus il y a de détresse émotionnelle », on en conclurait que les concepts vont dans le même sens.

À ce niveau, la recherche est corrélationnelle prédictive ou confirmative et comporte plus de contrôle des variables que la recherche descriptive corrélationnelle. Les corrélations peuvent être positives, c'est-à-dire que les concepts varient en même temps dans le même sens, ou bien négatives, c'est-à-dire que les concepts varient ensemble mais en sens opposé. Les observations sont structurées et des hypothèses sont formulées. L'étude corrélationnelle prédictive a pour but d'expliquer et de prédire et elle ne comporte pas de manipulation de variables. L'explication consiste à déterminer les raisons pour lesquelles telle et telle variable sont associées entre elles. Quant à la prédiction, elle consiste à conjecturer que telle variable produira tel ou tel effet. Ainsi, il est possible de prédire que des personnes exposées à de multiples stresseurs et ne bénéficiant d'aucun soutien social verront leur santé s'altérer progressivement.

TABLEAU 4.3 Exemple de question corrélationnelle prédictive		
Question de recherche	**Concept(s)**	**Population**
Quelle influence les symptômes graves du cancer du sein ont-ils sur l'état émotionnel des femmes atteintes de cette maladie ?	Diagnostic du cancer État émotionnel	Femmes atteintes du cancer du sein

Au niveau prédictif et de contrôle

Il s'agit, au niveau prédictif et de contrôle, de prédire l'effet d'une variable sur d'autres variables. Les questions pivots : « Quels sont les effets ? » « Quelle est l'efficacité ? » comportent la prédiction de relations de cause à effet. Une variable indépendante (X) — une condition extérieure — est introduite dans la situation de recherche et exerce un effet sur une autre variable, appelée variable dépendante (Y). En s'appuyant sur des théories ou des cadres théoriques et sur les études déjà publiées, il est possible de prédire l'effet qu'aura le traitement d'une variable relative à une population, comme dans les recherches de type expérimental.

Le contrôle est surtout présent au niveau expérimental. Pour vérifier l'effet d'une intervention (variable indépendante) sur une variable dépendante, on utilise un groupe de contrôle ainsi que divers procédés visant à réduire au minimum l'influence des variables étrangères. Au niveau de la prédiction et du contrôle, au moins une variable est manipulée.

TABLEAU 4.4
Exemple de question expérimentale

Question de recherche	Concept(s)	Population
Quels sont les effets d'un programme précoce de physiothérapie sur l'apparition de la douleur chez les athlètes professionnels ?	Programme de physiothérapie (X) Douleur (Y)	Athlètes professionnels

L'énoncé de la question spécifique

Ainsi que nous l'avons déjà vu, la question préliminaire de recherche est celle que l'on énonce à partir de ses observations et de son expérience quand on ne connaît pas encore ce qui a été écrit sur le sujet. L'énoncé de la question dépend alors de l'étendue des connaissances que l'on a acquises sur le sujet d'étude. Pour énoncer la question spécifique, il faut recenser les écrits pour connaître ce qui a été fait sur le sujet. Le niveau de spécialisation ou de complexité de la question fournit une indication sur le type de recherche qu'il faudra mener pour obtenir de l'information. Un exemple fictif aidera à comprendre ce point :

> Un chercheur s'intéresse à l'épuisement professionnel chez les travailleurs de la santé en milieu rural. Supposons qu'il ne connaît pas l'état des connaissances sur le sujet, mais qu'il est déjà familiarisé avec certains signes, sa question préliminaire pourrait alors s'énoncer comme suit : « Quelles sont les caractéristiques de l'épuisement professionnel chez les travailleurs de la santé en milieu rural ? » À la suite d'une première recension des écrits, le chercheur se rend compte que les caractéristiques qu'il avait l'intention de mettre en évidence sont déjà connues et que plusieurs aspects d'ordre psychosocial ont fait l'objet de nombreuses études. Il reformule alors sa question : « Quels sont les facteurs psychosociaux associés à l'épuisement professionnel des travailleurs de la santé

en milieu rural ? » En faisant une nouvelle recension des écrits, il découvre que plusieurs facteurs sont déjà connus et qu'on a même construit un modèle théorique pour les expliquer. Il retient du modèle que les travailleurs de la santé qui reçoivent du soutien de la part de leurs collègues de travail et de leur employeur paraissent manifester moins d'anxiété et de stress que ceux qui n'en reçoivent pas. Il choisit donc la variable particulière « soutien perçu » et reformule encore sa question : « Quelle influence le soutien reçu de l'entourage professionnel a-t-il sur l'épuisement professionnel des travailleurs de la santé en milieu rural ? » Supposons que notre chercheur réalise l'étude et obtient des résultats probants ; il décide alors d'entreprendre une autre étude pour vérifier si une intervention de soutien systématique a pour effet de diminuer l'épuisement professionnel des travailleurs. Cette fois, sa question serait la suivante : « Quels sont les effets d'une intervention de soutien sur l'épuisement professionnel des travailleurs de la santé en milieu rural ? »

L'exemple qui précède montre qu'il est important de bien connaître l'état actuel des connaissances sur le sujet d'étude si on veut énoncer une question valable. En choisissant de mener une étude à caractère descriptif, le chercheur a été amené au

TABLEAU 4.5
Hiérarchie des niveaux de recherche

Niveau	But	Base de connaissances	Types d'étude
Descriptif			
1) Exploration des phénomènes Quel est ? Que ? Qui ?	Explorer Découvrir Comprendre	Domaine peu exploré ou peu compris Signification de l'expérience	Études qualitatives
2) Description de concepts ou de populations Quoi ? Qui ? Quel est ? Quels sont ?	Nommer Classifier Décrire	Domaine peu exploré ou ayant une faible base théorique ou conceptuelle	Études descriptives quantitatives
Explicatif			
1) Exploration des relations Quelle est la relation ?	Décrire les concepts et les relations	Existence d'écrits sur le sujet choisi Concepts définis Cadre conceptuel ou théorique	Descriptif corrélationnel Enquête
2) Vérification des relations Quelle est l'influence ?	Expliquer la force et le sens des relations	Existence d'écrits qui laissent supposer qu'une association existe entre des variables Cadre théorique	Corrélationnel prédictif Vérification de modèle théorique
Prédictif et de contrôle			
Quels sont les effets ? Qu'arrivera-t-il si ?	Prédire une relation causale	Existence de nombreux écrits sur le sujet Théorie, cadre théorique	Expérimental Quasi-expérimental

cours de ses lectures à reconnaître les caractéristiques de l'épuisement professionnel définies dans les écrits, puis à découvrir que diverses recherches descriptives corrélationnelles déjà publiées établissaient des relations entre certains concepts. Par la suite, il a pu vérifier dans une recherche corrélationnelle et à partir d'un modèle théorique que deux concepts — soutien perçu et épuisement professionnel — étaient étroitement liés. Enfin, en étudiant l'effet de l'intervention de soutien en tant que variable indépendante sur la variable dépendante constituée par l'épuisement professionnel, il a vérifié qu'il existait une relation de cause à effet entre les deux.

En résumé, la recherche commence véritablement par une question préliminaire. La question est examinée graduellement et raffinée jusqu'à ce qu'elle devienne suffisamment spécifique pour donner au chercheur une indication claire sur la démarche empirique à entreprendre (Graziano et Raulin, 2000).

> Avec la question préliminaire, le chercheur doit déterminer si la question mérite d'être explorée.

L'évaluation de la pertinence de la question

Avant d'entreprendre une recherche, il faut être convaincu de l'importance de la question non seulement pour le progrès des connaissances dans une discipline ou un domaine donné et les possibilités d'application que comportent celles-ci, mais aussi pour l'ensemble de la communauté. Avec la question préliminaire, le chercheur doit déterminer si la question mérite d'être explorée, c'est-à-dire si l'étude est faisable, si elle est justifiée et si elle est opérationnelle. Les efforts investis dans une recherche doivent permettre de faire avancer les connaissances.

La faisabilité

La faisabilité d'une étude dépend notamment de l'obtention d'un nombre suffisant de participants, de leur consentement à prendre part à l'étude, des délais de réalisation de l'étude, ainsi que des ressources pécuniaires, du matériel et des locaux dont on dispose. De plus, le chercheur doit s'assurer la collaboration d'autres chercheurs et doit obtenir l'autorisation d'un comité d'éthique de la recherche avant d'entreprendre toute activité sur le terrain.

La justification

Avant de commencer à recenser les écrits, on doit être capable de démontrer qu'il vaut la peine d'explorer le sujet qu'on a choisi. Justifier la recherche, c'est démontrer qu'elle répond aux préoccupations actuelles, qu'elle peut être utile pour la pratique professionnelle et contribuer à l'avancement des connaissances. Le chercheur doit pouvoir expliquer pourquoi cette question le préoccupe, il doit indiquer ce qu'il attend de sa recherche et les connaissances que celle-ci lui permettra d'acquérir. Il doit aussi préciser ce que la recherche va lui apporter à lui-même, à la discipline et à la communauté.

À titre d'exemples, considérons les deux questions suivantes et tentons de les justifier toutes les deux.

Question 1 : « Quelles sont les réactions psychologiques des adolescentes de 14 à 18 ans qui ont subi une interruption volontaire de grossesse ? »

Justification

L'interruption volontaire de grossesse semble actuellement très répandue chez les adolescentes. Dans notre travail dans une clinique d'avortement d'un grand hôpital, nous avons observé diverses réactions chez les adolescentes admises pour une interruption volontaire de grossesse. La plupart d'entre elles étaient seules, avaient l'air tristes ou déprimées et quelques-unes disaient vouloir oublier l'expérience de l'avortement. Ces réactions ne peuvent disparaître d'elles-mêmes, et il nous paraît important de savoir comment les adolescentes réagissent à la perte subie, quelle image elles ont d'elles-mêmes, comment elles envisagent leur rôle dans la société ainsi que leur bonheur personnel. Autant que nous puissions en juger, la recherche que nous voulons mener aiderait les professionnels de la santé que nous sommes à répondre à certains besoins des adolescentes (Cloutier, 1994).

Question 2: « Quels sont les facteurs qui incitent les élèves du secondaire à occuper un emploi rémunéré parallèlement à leurs études ? »

Justification

On observe que beaucoup d'adolescents travaillent en même temps qu'ils poursuivent leurs études secondaires et que souvent leur emploi à temps partiel passe avant leurs études. Des enseignants croient que des adolescents pourraient ne travailler que pour gagner de l'argent afin de s'acheter ce qu'ils veulent. On peut se demander si le travail rémunéré pendant les études ne risque pas de mener à l'abandon scolaire et de grever l'avenir des adolescents. Il paraît donc important de connaître les motifs qui poussent les élèves à occuper un emploi rémunéré. L'étude pourrait être utile aux enseignants et aux groupes professionnels qui se préoccupent de l'avenir de ces adolescents (Schneider et Stewart, 1995).

L'opérationnalisation

La question de recherche doit être énoncée clairement et se rapporter à des faits observables et vérifiables. Les questions qui appellent des réponses permettant de décrire, d'expliquer ou de prédire des phénomènes dans un domaine particulier sont des questions susceptibles de faire l'objet d'une recherche. Par sa formulation même, la question de recherche donne des indications sur la méthode de recherche qui sera employée.

Résumé

Le choix d'un sujet d'étude constitue la première étape de la formulation du problème de recherche. Le sujet d'étude peut provenir de diverses sources: milieux cliniques, observations, théories, concepts, enjeux sociaux, priorités. Le sujet d'étude se rapporte habituellement à une population déterminée qui fournit un contexte et lui

donne une signification particulière. Comme la recherche porte sur des concepts, le sujet d'étude doit en renfermer un ou plusieurs. Le fait de préciser ces derniers facilite la recherche documentaire.

Une fois que le sujet de recherche est choisi et que la population et les concepts sont définis, il faut poser une question préliminaire. Une question de recherche est un énoncé clair et non équivoque qui précise les concepts clés, spécifie la population cible et suggère une investigation empirique. Les questions de recherche correspondent à des niveaux de recherche. On distingue trois niveaux de recherche : la description, l'explication et la prédiction. Au niveau descriptif, les questions pivots correspondent à l'exploration de phénomènes, de concepts ou de facteurs auprès d'une population. Elles peuvent faire l'objet d'études quantitatives et qualitatives. Le niveau explicatif comporte deux modalités dans l'examen des concepts, soit l'exploration des relations et la vérification des relations. Dans l'exploration des relations, on décrit comment les concepts interagissent pour s'associer les uns aux autres. La recherche qui est alors menée est dite descriptive corrélationnelle. La vérification d'associations entre des concepts permet de déterminer l'influence d'un concept sur un autre. Un cadre théorique guide le chercheur dans l'association des concepts entre eux. La vérification des associations fait suite à la description des facteurs. La recherche est alors dite corrélationnelle

prédictive ou confirmative. Le niveau prédictif a rapport à l'étude de l'effet d'un concept sur un autre concept ou sur une variable. Une variable indépendante, dans la plupart des cas une intervention, est introduite dans la situation de recherche et on examine son effet sur les variables dépendantes. Le chercheur s'appuie sur un cadre théorique pour prédire l'effet de l'intervention.

Pour déterminer le niveau de précision ou de complexité de la question, on se base sur les connaissances existantes dans le domaine étudié. Avant de consulter les écrits traitant du sujet d'étude, le chercheur énonce une question préliminaire et, dès qu'il est parfaitement renseigné sur l'état actuel des connaissances sur le sujet, il remplace celle-ci par une question spécifique. On doit pouvoir justifier la question de recherche eu égard à sa faisabilité, à sa capacité de répondre aux préoccupations actuelles et au développement de la discipline et de la pratique professionnelle. Il faut être en mesure de démontrer que la question mérite d'être explorée de façon empirique. Elle doit aussi être opérationnelle.

Mots clés

Concept	Niveau explicatif	Question préliminaire
Exploration de relations	Niveau prédictif	Question spécifique
Niveau de recherche	Population cible	Sujet d'étude
Niveau descriptif	Problème de recherche	Vérification des relations

Exercices de révision

Toute recherche part d'un problème réel. Cela signifie que faire une recherche, c'est chercher une solution, une réponse à une question. Pour pouvoir traiter un problème de recherche, il faut au préalable trouver un sujet, poser une question appropriée, recenser les écrits et formuler le problème. Les exercices qui suivent vous aideront à mieux comprendre ce qu'est un problème de recherche, à énoncer une question correspondant à tel ou tel niveau de recherche.

1. Quelles sont les principales sources de sujets d'étude dans la discipline que vous pratiquez ?

2. Qu'est-ce qu'une question de recherche ?

3. Considérez les questions de recherche suivantes et indiquez à quel niveau de recherche elles correspondent.

a. Description des phénomènes
b. Description des facteurs
c. Exploration de relations entre les facteurs
d. Vérification des relations entre des variables
e. Vérification des relations causales entre des variables

1. Quels sont les effets d'une technique de relaxation sur la douleur postopératoire ?

2. Quelles sont les caractéristiques des couples qui suivent des cours prénatals ?

3. Quels sont les facteurs personnels liés à la prise en charge de leurs traitements par les diabétiques ?

4. Quelle est l'influence de la consommation d'aspirines par la gestante sur le développement du syndrome de Reye chez l'enfant ?

5. Quels sont les effets d'un programme de répit sur le moral des aidants naturels de malades mentaux ?

6. Quels sont les effets d'un enseignement systématique sur l'assiduité des cardiaques à leur programme de réadaptation ?

7. Existe-t-il une relation entre le caractère monotone du travail répétitif et le risque d'accidents de travail chez les ouvriers du secteur industriel ?

8. Quelle est la signification de la douleur chez des malades chroniques ?

4. Examinez le problème suivant et répondez ensuite aux trois questions qui le suivent.

Problème

Les facteurs qui influent sur la consommation d'alcool chez les adolescents sont encore mal connus. À juste titre, nous pouvons nous demander ce qui peut pousser certains adolescents à consommer de fortes quantités de boissons alcoolisées, et s'exposer ainsi à un risque élevé d'accidents de la route et de problèmes de santé. Certaines recherches démontrent que l'attitude libérale des parents envers l'alcool peut favoriser la consommation d'alcool par les adolescents. Ces conclusions sont sans doute intéressantes, mais elles n'expliquent pas tout, car l'adolescent peut aussi être porté à prendre le contrepied de l'attitude ou de l'opinion de ses parents. Selon nous, le stress manifesté par l'adolescent dans son milieu scolaire est un facteur qui jusqu'ici a été négligé dans les recherches. C'est pourquoi nous énonçons la question suivante : « Le niveau de stress scolaire éprouvé par les adolescents influe-t-il sur leur consommation d'alcool ? »

----

a. Quelle est la préoccupation principale concernant le problème ?

b. Quelle est la question de recherche ?

c. Quel est le niveau de la question de recherche ?

5. Quel est le point de départ de toute recherche ?

Références bibliographiques

Bandura, A. (1986). *Social Learning Theory*, Englewood Cliffs (N.J.), Prentice Hall.

Brink, P.J. et Wood, J.J. (2001). *Basic Steps in Planning Nursing Research : From Question to Proposal*, 5ᵉ éd., Boston, Jones et Bartlett.

Cloutier, J. (1994). *Réponses psychosociales d'adaptation à l'interruption volontaire de grossesse d'un groupe d'adolescentes*, mémoire de maîtrise, Montréal, FES, Université de Montréal.

Diers, D. (1979). *Research in Nursing Practice*, Philadelphie, J.B. Lippincott.

Findley, T.W. (1991). « How to ask the question ? », *American Journal of Physical Medicine and Rehabilitation*, *70*(1), Suppl.

Grawitz, M. (1996). *Méthodes des sciences sociales*, 10ᵉ éd., Paris, Dalloz.

Graziano, A.M. et Raulin, M.L. (2000). *Research Methods : A Process of Inquiry*, 4ᵉ éd., Toronto, Allyn and Bacon.

Laville, C. et Dionne, J. (1996). *La construction des savoirs. Manuel de méthodologie en sciences humaines*, Montréal, Chenelière/McGraw-Hill.

Lévesque, L., Ricard, N., Ducharme, F., Duquette, A. et Bonin, J.-P. (1998). « Empirical verification of a theoretical model derived from the Roy Adaptation Model : Findings from five studies », *Nursing Quarterly*, *11*(1), p. 31-39.

Mace, G. et Pétry, F. (2000). *Guide d'élaboration d'un projet de recherche*, 2ᵉ éd., Québec, Les Presses de l'Université Laval.

Roy, C. et Andrews, H.A. (1991). *The Adaptation Model : The Definitive Statement*, Norwalk (Conn.), Appleton and Lange.

Schneider, R.R. et Stewart, M. (1995). « Learning and earning : An exploratory study of working high school students », *Revue canadienne d'économie familiale*, *45*, p. 20-26.

Wilson, H.S. (1985). *Research in Nursing*, Menlo Park (Calif.), Addison-Wesley.

La recension des écrits

Objectifs d'apprentissage

À la fin de ce chapitre, vous devriez être en mesure :

1) de définir les principaux buts de la recension des écrits ;

2) de faire la distinction entre les sources primaires et les sources secondaires ;

3) de décrire les ressources électroniques susceptibles d'être affectées à la recherche documentaire ;

4) d'élaborer une stratégie de recherche documentaire informatisée ;

5) de conduire une recherche dans les bases de données ;

6) d'utiliser Internet pour la recherche de publications électroniques ;

7) de préparer et de rédiger une recension des écrits.

Vue d'ensemble

Après avoir précisé son sujet d'étude, le chercheur doit maintenant déterminer si celui-ci a déjà été traité dans les travaux de recherche et, pour ce faire, il procède à une recension des écrits. Recenser les écrits antérieurs, c'est inventorier ce qui s'est publié jusqu'à maintenant sur le sujet d'étude et établir ce qui reste à faire. Avant de définir la question de recherche, il est nécessaire de prendre en compte les connaissances acquises sur le sujet que l'on se propose d'étudier. La consultation des sources documentaires permet de connaître l'état de la question, d'élargir ses connaissances, de documenter le problème de recherche et de dégager des relations entre la recherche à mener et les études antérieures. Le fait de devoir tenir compte, dans sa recherche, de ce qui a déjà été écrit dans le domaine considéré conduit le chercheur à délimiter le problème de recherche et à préciser les concepts qui seront étudiés. Le présent chapitre a pour but de définir ce qu'est la recension des écrits, d'en montrer l'utilité, de familiariser le lecteur avec les outils de la recherche documentaire et les ouvrages de référence, de le renseigner sur la façon de trouver le matériel publié se rapportant à son sujet d'étude, de classer l'information et de rédiger une recension.

L a formulation d'une question de recherche qui tient compte de l'état actuel des connaissances sur le sujet d'étude suppose au préalable une recension des travaux de recherche déjà publiés. La recension des écrits que nous décrivons dans ce chapitre comporte deux phases : la revue initiale des écrits et la revue systématique. La revue initiale des écrits consiste à répertorier, à l'aide des techniques de recherche documentaire, l'information se rapportant à la question préliminaire qui a été énoncée en vue de savoir ce qui a été écrit sur le sujet et d'adapter celle-ci à l'état actuel des connaissances. La revue systématique des écrits est une revue plus approfondie, car elle consiste à faire le point sur des aspects précis du sujet d'étude, à ordonner l'information et à rédiger la recension.

5.1   L'importance de la recension des écrits

Les études publiées dans les périodiques scientifiques fournissent des informations qui permettent de mettre la question de recherche en rapport avec ce qui a déjà été fait. La recension des écrits est indispensable non seulement pour bien définir le problème de recherche, mais aussi pour avoir une idée précise de l'état actuel des connaissances sur un sujet donné, de leurs lacunes et de la contribution éventuelle de la recherche au développement du savoir (Burns et Grove, 2003). Elle peut être plus ou moins abondante et nécessiter divers types de lecture.

Définition de la recension des écrits

Une recension des écrits présente un regroupement de travaux publiés en rapport avec un sujet d'étude. La recension des écrits est l'inventaire et l'examen critique des publications ayant rapport à un sujet de recherche. On examine ces publications pour relever tout ce qui se rapporte à la question de recherche et, le cas échéant, pour déterminer les méthodes utilisées et apprécier à la fois les relations établies entre les concepts, les résultats obtenus et les conclusions. L'examen fouillé de ces publications permet d'obtenir l'information nécessaire pour la formulation du problème de recherche.

La recension des écrits se fait à toutes les étapes de la conceptualisation de la recherche; elle doit précéder, accompagner et suivre l'énoncé des questions de recherche ou la formulation des hypothèses. La recension peut être plus ou moins copieuse selon la complexité du sujet. Elle se clôt sur une appréciation de l'apport des différents textes à la résolution du problème de recherche.

Les buts de la recension des écrits

La recension des écrits poursuit deux buts principaux: déterminer ce qui a été écrit sur le sujet que l'on se propose d'examiner et mettre en lumière la façon dont un problème a été étudié (Dumas, Shurpin et Gallo, 1995). En d'autres termes, elle permet d'établir dans quelle mesure un sujet donné a déjà été traité de manière que l'étude à entreprendre puisse se justifier. La recherche se fonde sur les connaissances qui existent sur un sujet et conduit à l'acquisition de nouvelles connaissances. La recension des écrits permet de délimiter le problème de recherche, de déceler les lacunes et de fixer le but de l'étude à entreprendre. Elle aide à saisir la portée des concepts en jeu, les relations qui les unissent et les méthodes employées pour les étudier. Elle permet également de distinguer la théorie qui explique le mieux les faits observés, de discerner les concepts qui les désignent et de dégager les relations entre ces concepts. Elle fait ressortir des aspects de la question qui nécessiteraient une étude plus poussée. Enfin, elle fournit une base de comparaison pour l'interprétation des résultats.

En ce qui concerne la recension des écrits dans les recherches qualitatives, les buts sont différents et varient en fonction du type de méthode qualitative utilisé. Ainsi, par crainte d'être influencés par les écrits, les chercheurs qui appliquent la méthode phénoménologique feront la recension des écrits après avoir recueilli des informations et des analyses. Par contre, dans la méthode ethnographique, la recension des écrits a pour objet d'aider à comprendre les variables à l'étude dans une culture donnée, et elle présente donc certains points communs avec le processus de recherche quantitatif. Avec la méthode de théorisation ancrée, on fait une recension succincte des écrits au début de la recherche afin d'avoir une idée précise des connaissances acquises sur le sujet (Burns et Grove, 2003).

La délimitation de la recension des écrits

Le sujet d'étude, les sources disponibles et l'expérience sont des facteurs susceptibles d'influer sur la durée de la recension. Il importe de savoir, si l'on veut réduire le temps consacré à celle-ci, que plus le sujet de recherche est précis, plus rapidement on accède à l'information désirée. L'éloignement du lieu où se trouvent les sources, la quantité élevée de documents et la difficulté d'accès peuvent contribuer à allonger

---

La recension des écrits est un inventaire et un examen critique de l'ensemble des publications ayant rapport à un sujet d'étude.

Les buts de la recension consistent à déterminer ce qui a été écrit sur un sujet et à mettre en lumière la façon dont il a été étudié.

la recension (Burns et Grove, 2003). Les débutants sont souvent surpris du nombre d'articles qu'il leur faut considérer. On ne peut évaluer d'avance le nombre d'articles qu'il sera nécessaire de recenser puisque cela dépend en grande partie de la nature de la question. Ainsi, dans le cas d'une question exploratoire ou descriptive, comme il existe peu d'études sur le sujet, on peut en conclure que la quantité d'articles à inclure ne sera pas élevée.

Les sources incluses dans les écrits

La recension des écrits porte sur toutes les sources ayant rapport au sujet de recherche. Les sources bibliographiques permettent de connaître les travaux scientifiques ; elles sont de deux ordres : l'information théorique et l'information empirique, que l'on trouve dans les sources primaires et les sources secondaires.

L'information théorique et l'information empirique

Se rangent parmi les études théoriques les modèles, les théories et les cadres conceptuels. On trouve les études théoriques dans des livres ou des périodiques sur support papier, en ligne ou sur CD-ROM. Il est bon de savoir que, souvent, les auteurs résument dans les introductions de leurs articles destinés à la publication les fondements théoriques sur lesquels est établie leur recherche. Les études empiriques se trouvent dans les revues scientifiques, les rapports de recherche, les mémoires et les thèses. Elles sont le résultat de l'observation en laboratoire et sur le terrain. Avec l'information empirique, on a la possibilité de connaître les résultats de recherche et donc d'être renseigné sur l'état actuel des connaissances.

> L'information empirique se rapporte aux résultats de recherche.

Comme la recension des écrits se fonde sur la question de recherche, le niveau de la question posée peut nous aiguiller vers la source d'information la plus abondante. Ainsi, si la question est exploratoire ou descriptive, il est très possible que les études empiriques soient peu nombreuses ; on devra alors explorer des écrits plus théoriques, dans la mesure où le sujet d'étude s'y prête. Dans le cas d'une question se rattachant à une étude explicative ou prédictive, les écrits empiriques seront d'autant plus nombreux que les connaissances sur le sujet seront avancées. Le nombre d'écrits empiriques est plus élevé avec les questions fréquemment étudiées qu'avec celles qui le sont peu.

Les sources primaires et les sources secondaires

Les sources primaires, appelées aussi « sources de première main », sont constituées par des documents originaux, c'est-à-dire provenant de l'auteur lui-même. Ces documents n'ont pas été étudiés ni résumés par d'autres chercheurs. Une source primaire dans les publications empiriques ou théoriques est un texte écrit par l'auteur de la recherche. Les documents officiels, les monographies à contenu original qui regroupent des articles de recherche publiés dans des périodiques scientifiques, les mémoires et les thèses sont des sources primaires.

> Les sources primaires sont des documents originaux.

Les sources secondaires sont des textes qui sont rédigés par d'autres personnes que l'auteur du document qui constitue l'objet principal de la recherche. Comme

Les sources
secondaires sont
des textes écrits par
d'autres personnes
que l'auteur des
documents sur
lesquels ils portent.

elles sont groupées sous un même thème, elles facilitent la recherche des sources primaires. Ces sources présentées sur support papier, sur support informatique, CD-ROM ou Internet rassemblent, classifient ou analysent les textes de source primaire déjà publiés sur un sujet. Les catalogues collectifs, les index informatiques ou sur papier, les bibliographies annotées sont autant de sources secondaires. Certaines sources secondaires font partie d'ouvrages qui portent sur un domaine de connaissances particulier ou qui présentent de courtes explications sur des termes, des auteurs, des travaux, etc. Ces sources répertorient, sélectionnent et classent des informations provenant d'autres sources ; c'est le cas des encyclopédies, des dictionnaires et des répertoires.

La recension initiale des écrits

La recension initiale
des écrits permet
de se familiariser
avec la recherche
de documents.

La recension initiale des écrits a pour but de se renseigner sur l'actualité d'un sujet donné en consultant divers ouvrages de référence. Des ouvrages de référence tels que les encyclopédies retracent l'origine de certains phénomènes sociaux (épuisement professionnel, sida, etc.) ; ils constituent donc un excellent point de départ pour la recension initiale. Celle-ci permet de préciser la question en prenant en compte des aspects qui ont été peu étudiés. La recension initiale implique qu'on se pose les questions suivantes :

Qu'est-ce qui a été écrit sur le sujet ?

Les résultats de la recherche sont-ils universellement admis ?

Quels sont les principaux concepts étudiés et leurs caractéristiques ?

Quelles sont les relations entre les concepts qui ont été examinées ou vérifiées ?

Quelles sont les théories utilisées ?

La recension systé-
matique des écrits
permet d'aller plus
loin dans l'analyse,
l'ordonnance et la
rédaction.

Pour trouver la documentation et recenser les écrits sur un sujet d'étude, il faut procéder à une recherche documentaire, habituellement informatique, laquelle donne accès à une variété de documents de recherche. La *recension initiale* des écrits permet de se familiariser avec la recherche de documents alors que la *recension systématique* des écrits permet d'aller plus loin dans l'analyse, l'ordonnance et la rédaction de l'information.

5.2 La recherche documentaire et l'accès aux sources

La recherche documentaire, manuelle ou informatique, exige que l'on suive une démarche rationnelle dans la consultation des sources bibliographiques.

Les grandes bibliothèques donnent accès à un grand nombre de bases de données informatiques qui fournissent des renseignements sur une multitude de travaux de recherche et permettent aux usagers non seulement de trouver rapidement les sources désirées mais aussi d'imprimer des textes immédiatement.

Décrivons maintenant les principales sources d'information, les moyens permettant d'y accéder ainsi que la manière de faire la recherche documentaire.

Les principales sources de la recherche documentaire

Les sources d'information sont enregistrées sur divers supports : support papier, support électronique ou support virtuel (Internet). Pour guider la recherche de documents se rapportant au sujet d'étude, on dispose de nombreux outils : 1) les monographies (catalogues de bibliothèque) ; 2) les périodiques (index de périodiques) ; 3) les répertoires analytiques (*abstracts*) ; 4) les bibliographies ; 5) les sources électroniques (CD-ROM) ; 6) Internet.

Les monographies (catalogues de bibliothèque)

Le catalogue de bibliothèque est le meilleur outil pour localiser les monographies. Le catalogue collectif est la pièce maîtresse d'une bibliothèque, car il contient la liste de tous les documents qui s'y trouvent. Il permet d'avoir une bonne idée de la collection de documents que possède la bibliothèque et de trouver facilement tel ou tel ouvrage (Marcil, 2001). Le catalogue collectif donne accès par réseau aux documents des différentes bibliothèques d'une université et fournit une description bibliographique des monographies, des ouvrages de référence, des répertoires et des index. D'utilisation facile, le catalogue comporte différents modes de classement : par auteurs, par titres, par mots clés, par sujets, collection ou éditeur. L'usager peut choisir le mode de classement et la clé de recherche dans le menu d'accueil. En outre, l'usager peut de chez lui chercher par le moyen d'Internet la version informatique de monographies dans des catalogues de bibliothèque d'autres universités. Les usagers peuvent utiliser le service de prêt entre bibliothèques (Université de Montréal, 2004).

Les outils de la recherche documentaire sont les catalogues de bibliothèque, les index de périodiques, les répertoires analytiques, les bibliographies, les sources électroniques, Internet.

Les périodiques

Les périodiques sont une source essentielle pour la documentation sur un sujet d'étude puisque leur contenu se renouvelle constamment. On trouve dans les périodiques des articles de recherche, de synthèse, d'opinion, etc.

Les articles de recherche rapportent des résultats de recherche. Ils ont généralement une forme standard et traitent des principales étapes d'une recherche (définition du problème, méthodes, résultats, analyse et conclusion). Les articles de synthèse examinent et comparent différentes études traitant d'un même thème ou d'un même problème et ont pour but de faire le point sur une question. Ils peuvent être très utiles pour obtenir de l'information dans un domaine précis. Les articles d'opinions contiennent des réflexions et des opinions sur un sujet donné. Comme ils sont basés sur l'expérience personnelle plutôt que sur des données objectives, il faut les utiliser avec prudence. Certains périodiques à caractère professionnel publient à l'occasion les résultats de recherches menées dans une discipline en particulier. Dans la plupart des cas, les résultats sont d'abord décrits dans des articles de recherche, puis sont résumés dans une revue professionnelle afin d'informer les abonnés sur l'intérêt d'une recherche ainsi que sur les possibilités d'application pratique.

Les index de périodiques (sources imprimées)

Les index de périodiques sont des listes servant à classer les périodiques. Comme nous l'avons déjà mentionné, ils se présentent sur support papier ou sur support électronique. Les index recensent par sujets ou par auteurs les articles de périodiques, de revues et certaines catégories de livres. Le sujet de recherche, les termes synonymes ou mots clés ainsi que les sous-concepts servent à orienter l'usager vers la section appropriée. Parmi les principaux index imprimés relevant du domaine de la santé, mentionnons l'*Index Medicus*; le *Cumulative Index to Nursing and Allied Health Literature*; l'*International Nursing Index*, le *Nursing Citation Index* et le *Nursing Index Studies*; *ERIC*; le *Hospital Literature Index*.

L'*Index Medicus* (IM).   Publié mensuellement, l'*Index Medicus* est la banque la plus connue et la plus ancienne (1879) dans le domaine de la santé. Il couvre tous les aspects de la biomédecine et de la santé, y compris ceux des sciences infirmières.

Le *Cumulative Index to Nursing and Allied Health Literature* (CINAHL).   Créée en 1956, la banque bibliographique *CINAHL* publie cinq numéros bimestriels avec refonte annuelle. Le *CINAHL* donne accès à presque tous les périodiques de sciences infirmières en langue anglaise, aux publications de l'*American Nurses Association* et de la *National League for Nursing*. Il indexe plus de 1200 revues de sciences infirmières et de sciences connexes. Il donne un choix d'articles tirés de revues biomédicales déjà indexées dans l'*Index Medicus* ou d'autres périodiques.

L'*International Nursing Index* (INI), le *Nursing Citation Index* et le *Nursing Index Studies*.   Ces trois index donnent accès aux écrits relatifs aux sciences infirmières. L'*International Nursing Index* a été fondé en 1966 et est publié quatre fois par année. L'index donne de l'information sur plus de 300 revues de sciences infirmières en plusieurs langues et sur des articles portant sur les sciences infirmières et parus dans d'autres revues indexées dans l'*Index Medicus*. Le *Nursing Citation Index* est un thésaurus facilitant l'accès aux titres de sujets et le *Nursing Index Studies,* créé par Virginia Henderson, permet de retrouver les textes publiés de 1900 à 1959. Il fournit aussi des indications sur des publications relevant de domaines tels que la médecine, la santé publique, l'éducation, la sociologie, la psychologie et l'anthropologie.

ERIC (*Educational Resources Information Center*).   Cet index a été établi en 1964 par le U. S. Office of Education. Il est utile aux chercheurs qui s'intéressent à l'éducation. On peut accéder à *ERIC* par l'intermédiaire du *Thesaurus of ERIC Descriptors*.

Le *Hospital Literature Index* (HLI).   Le *Hospital Literature Index* est publié trois fois par année. L'index classe par sujets et par auteurs le contenu des périodiques de langue anglaise portant sur la planification et l'administration des soins médicaux.

Les répertoires analytiques d'articles (abstracts)

Les répertoires analytiques d'articles contiennent de brefs résumés d'articles. Ils rendent compte du but, des méthodes et des principaux résultats obtenus. En lisant le résumé, le chercheur peut savoir tout de suite si l'article au complet peut lui être utile. Les répertoires les plus connus sont le *Dissertation Abstracts International* et le *Psychological Abstracts*.

Le *Dissertation Abstracts International*.   Ce répertoire publié mensuellement rend compte des thèses de doctorat réalisées dans des établissements d'enseignement nord-américains. Chaque édition mensuelle contient approximativement 5 000 nouvelles entrées. Mentionnons aussi le *Master's Abstracts International*, qui rassemble des résumés de mémoires de maîtrise relevant de diverses disciplines. Le *Nursing Abstracts* présente des résumés d'articles publiés dans des revues de sciences infirmières.

Le *Psychological Abstracts*. Répertoire publié mensuellement depuis 1927 par l'American Psychological Association. Il indexe et résume un grand nombre d'articles de revues savantes, de rapports techniques, de chapitres de livres relevant de la psychologie et des sciences connexes.

On trouve également d'autres répertoires plus spécialisés. Le *Current Literature on Aging* couvre les différents aspects de la gérontologie sociale. Il est publié par le National Council on the Aging et résume des livres, des rapports, des articles de périodiques et des documents gouvernementaux (Marcil, 2001). Le *Current Contents* est une base de données bibliographique multidisciplinaire et internationale qui recense les tables des matières et les résumés de plus de 7500 périodiques. L'*Index de la santé et des services sociaux* traite des articles de grands quotidiens et de revues spécialisées ainsi que des publications gouvernementales. Il n'existe pas de support électronique pour cet index. Les documents sont classés par thèmes.

Les bibliographies d'ouvrages de référence

Les bibliographies d'ouvrages de référence permettent aux chercheurs de se documenter sur d'autres études portant sur un même sujet. Elles fournissent les données essentielles ainsi qu'un inventaire assez exhaustif de ce qui a été écrit. On trouve des bibliographies générales, des bibliographies thématiques et des bibliographies portant sur différentes disciplines.

Les bibliographies peuvent être sur support virtuel ou sur support papier.

Les sources électroniques (bases de données informatiques et sur CD-ROM)

La plupart des documents que nous venons de décrire ont leur équivalent électronique, lequel consiste en une base de données que l'usager peut interroger. L'interrogation en direct peut se faire par auteur, titre, sujet, collection, éditeur, cote, etc. L'information demandée apparaît immédiatement à l'écran et peut être imprimée. Certaines banques de données sont assorties de répertoires analytiques (résumés). Dans chaque grande bibliothèque, il y a au moins un serveur qui permet l'accès aux bases de données et à un logiciel désigné à cette fin. À l'Université de Montréal, le logiciel Ovid renferme plusieurs bases de données : MEDLINE, CINAHL (*Cumulative Index to Nursing and Allied Health Literature*), PsycINFO, ERIC, Current Contents, Biological Abstracts, Health and Psychosocial Instruments, etc.

MEDLINE (*Medical Literature Analysis and Retrieval System on Line*) est une base de données internationales en sciences de la santé. Les titres contenus dans l'*Index Medicus (IM)*, l'*International Nursing Index (INI)* et l'*Index to Dental Literature (IDL)* se retrouvent dans MEDLINE. On y fait l'indexation au moyen d'un thésaurus, le *MeSH* (*Medical Subject Headings*). Pour que la recherche dans la base de données MEDLINE soit fructueuse, on doit trouver les termes précis utilisés par celle-ci. Ces termes correspondent aux mots clés et se nomment les descripteurs du thésaurus. Une liste annotée alphabétique et une structure arborescente servant à la formulation d'une stratégie de recherche permettent de trouver ces descripteurs.

Le CINAHL (*Cumulative Index to Nursing and Allied Health Literature*) est une base de données qui recense des articles de revues traitant des sciences infirmières et des sciences connexes de la santé. Il existe également sous forme d'index de périodiques (outil imprimé). La base de données est indexée au moyen d'un thésaurus, le *CINAHL Subject Headings*. La recherche sur CINAHL se fait de la même façon que sur MEDLINE : on cherche des termes du thésaurus en utilisant la liste annotée alphabétique et la structure arborescente.

PsycINFO est une base de données sur la psychologie et les sciences connexes. Le contenu de PsycINFO correspond à celui de l'index imprimé *Psychological Abstracts*. La base de données est indexée au moyen du *Thesaurus of Psychological Index Terms*. Les descripteurs (termes acceptés) de ce thésaurus sont classés en termes génériques et en termes spécifiques. Pour consulter le thésaurus, on lit le menu des outils.

ERIC couvre l'ensemble des sciences de l'éducation et des disciplines connexes. On trouve des titres indexés dans *Current Index to Journals in Education (CIJE)* et dans *Resources in Education (RIE)*. La base de données ERIC est indexée au moyen du *Thesaurus of ERIC Descriptors*. Les descripteurs (termes acceptés) de ce thésaurus sont classés en termes génériques et en termes spécifiques. Pour consulter le thésaurus, on utilise le menu des outils [Ctrl-t (*tools*)] et on clique sur « Thesaurus », puis on entre le terme de recherche, on sélectionne les termes à retenir et on suit ensuite le guide d'utilisation.

Current Contents est une base de données multidisciplinaire et internationale créée par l'Institute for Scientific Information. Elle indexe les tables des matières et les résumés d'un grand nombre de périodiques. Il n'y a pas de thésaurus. La recherche par sujet se fait à partir de mots appartenant à des champs déterminés.

Le disque optique compact DOC sur micro-ordinateur, mieux connu sous le nom de CD-ROM, est un autre outil précieux en recherche documentaire. Le CD-ROM contient des bases de données correspondant aux index sur papier. Ce sont des répertoires d'information thématiques.

Internet

On peut aussi utiliser Internet pour la recherche de documents puisqu'il donne accès à des bases de données. Internet est doté de moteurs de recherche qui fournissent des adresses de pages web en rapport avec des sujets. Les plus connus sont Alta Vista (www.altavistacanada.com), La Toile du Québec (www.toile.qc.ca), Yahoo (www.yahoo.ca) et Google (www.google.ca). Ils ne fonctionnent pas tous de la même façon, mais on peut, dans tous les cas, faire une recherche par le titre du site à partir des mots clés du site. On trouvera des exemples d'utilisation d'Internet à des fins de recherche dans les ouvrages suivants: *Savoir plus: outils et méthodes de travail intellectuel,* de Tremblay et Perrier (2000) et *Internet: comment trouver tout ce que vous voulez,* de Lalonde et Vuillet (1997). Le «Manuel de survie du chercheur sur Internet» (http://membres.lycos.fr/mrousseau/theorie/methodologie-recherche. html?) offre aussi des renseignements utiles.

Les périodiques en ligne.   Les périodiques en ligne (*e-journals*) sont de plus en plus nombreux. Selon Jones et Cook (2000), le *e-journal* permet de répondre à la demande croissante d'information. Pour en savoir plus sur le *e-journal,* on peut consulter www.ana.org/ojin/topic11/tpc11_1.htm. On peut également consulter gratuitement des périodiques électroniques en sciences infirmières, tels le *Internet Journal of Advanced Nursing Practice* (www.anes.saga-med.ac.jp/ispub/journals/ijanp.htm) et le *Journal of Undergraduate Nursing Scholarship* (www.juns.nursing. arizona.edu).

Les experts d'Internet.   Il est maintenant possible d'interroger directement des experts dans Internet pour obtenir des informations à jour. Marcil (2001) indique la manière de localiser les experts et de les consulter. Selon cet auteur, les experts connaissent les documents les plus à jour sur un sujet donné et vous aideront si vous savez exactement ce que vous cherchez. Un certain nombre d'experts sont accessibles dans Internet, et on peut les interroger sur presque tous les sujets. Marcil donne plusieurs adresses d'experts (p. 128). Nous en citerons deux:

1. All Experts (www.allexperts.com). Ce site réunit des spécialistes dans presque tous les domaines du savoir. Il faut indiquer de quel domaine relève la question. Une fois l'expert choisi, on pose la question. Le service est gratuit.

2. Ask An Expert Page (http://njnie.dl.stevens-tech.edu/askanexpert.html). Ce site établit des liens avec des sites spécialisés qui disposent d'un expert pour répondre aux questions. Les principaux domaines couverts sont la science et la technologie, la médecine et la santé, la recherche en bibliothèque.

5.3   La stratégie de la recherche documentaire informatisée

La recherche documentaire informatisée consiste d'abord à choisir les bases de données bibliographiques susceptibles de contenir des références se rapportant au sujet de recherche. Les bases de données bibliographiques permettent ensuite de faire des liens entre des mots clés et des mots tirés de l'analyse des documents répertoriés et stockés dans la base de données. Pour voir quel est l'état actuel des connaissances sur un sujet donné, on commence par rechercher dans les bases de données en ligne des articles de revues scientifiques qui ont traité de ce dernier. On procédera par étapes: 1) énoncer clairement la question; 2) dégager les concepts; 3) choisir les mots clés; 4) appliquer les opérateurs booléens et 5) procéder à la recherche à l'aide du serveur en ligne.

Énoncer clairement la question

Il importe d'abord de délimiter clairement le problème de recherche par une question qui précise les concepts à étudier. La question de recherche permet de mettre

Les étapes de la recherche documentaire informatisée: énoncer la question, dégager les concepts, choisir les mots clés, appliquer les opérateurs booléens, utiliser le serveur en ligne.

en évidence les divers aspects du sujet d'étude ainsi que les relations entre ces derniers. Prenons par exemple la question de recherche suivante :

Quelles sont les réactions psychologiques des adolescentes de 14 à 18 ans qui ont subi une interruption volontaire de grossesse ?

Nous partirons de cette question pour interroger le serveur.

Dégager les concepts

Pour chacun des concepts retenus, une liste de synonymes, appelés mots clés, est établie (voir la figure 5.1). Trois concepts se dégagent de la question énoncée ci-dessus :

Concept 1   Réactions psychologiques ;

Concept 2   Adolescentes de 14 à 18 ans ;

Concept 3   Interruption volontaire de grossesse.

Choisir les mots clés

On cherche les mots clés dans le thésaurus de la base de données choisie.

Chaque base de données indexée possède son propre thésaurus[1], lequel fournit les mots clés ou descripteurs correspondant aux concepts contenus dans la question. Si la base de données est CINAHL, on utilisera le thésaurus *CINAHL Subject Headings*. Pour interroger la base de données MEDLINE, la recherche par sujet se fera au moyen du thésaurus *MeSH*. On se sert de la structure arborescente pour chercher le code alphanumérique permettant de trouver d'autres descripteurs ou synonymes. On choisit au moins un mot clé pour chaque concept. On ne peut prendre comme synonymes de « réactions psychologiques » les mots « cause » ou « conséquences » parce qu'ils sont trop généraux. On trouvera dans le thésaurus des mots plus précis que « réactions psychologiques » ou « caractéristiques psychologiques », tels que « adaptation psychologique », « *coping* », « deuil », qui nous permettront d'accéder à CINAHL. La liste des synonymes facilite la recherche d'informations portant sur le sujet d'étude. On appliquera la même stratégie de recherche aux trois concepts, « Adaptation psychologique », « Adolescentes de 14 à 18 ans » et « Interruption volontaire de grossesse ».

La fonction *explode* permet de résumer par un seul mot clé un ensemble de termes spéciaux ou de synonymes, et ainsi il n'est pas nécessaire de les écrire à tour de rôle à l'écran. Sur ce sujet, on se référera au document *Ovid on line : comment formuler une stratégie de recherche dans les bases de données d'Ovid* (Brunet et Angers, 2005).

Appliquer les opérateurs booléens

On construit la question en assemblant les mots clés à l'aide d'opérateurs booléens. Les opérateurs booléens sont très utiles pour des recherches poussées ; ils servent à assembler les mots clés à l'aide des mots « et » (*and*), « ou » (*or*), « sauf » (*not*), ce qui permet d'avoir accès à un plus grand nombre d'articles qui ont traité du sujet. Selon

---

1. Un thésaurus est un « répertoire alphabétique de termes normalisés [mots clés] pour l'analyse de contenu et le classement des documents d'information » (*Petit Robert*).

FIGURE 5.1
Utilisation de la logique booléenne

CONCEPT 1		CONCEPT 2		CONCEPT 3
Adaptation psychologique		**Adolescentes de 14 à 18 ans**		**Interruption volontaire de grossesse**
Adolescent psychology		*Adolescent*		*Abortion induced*
ou		*14 to 18*		ou
Stress psychological		ou		*Pregnancy termination care*
ou		*Adolescent development*		ou
Critical incident stress				*Pregnancy unwanted*
ou				
Adaptation psychological				
ou				
Psychological well-being				
ou	**et**		**et**	
Psychological adaptation				
ou				
Coping				
ou				
Grief				
ou				
Guilt				
ou				
Depression				
ou				
Social isolation				
ou				
Bereavement				

permet d'avoir accès à un plus grand nombre d'articles qui ont traité du sujet. Selon la logique booléenne, « et » précise la question, « ou » l'élargit et « sauf » la limite. Pour mieux comprendre le fonctionnement de la structure booléenne, on se reportera à Brunet (1998). On peut aussi consulter GIRI2 (Guide des indispensables de la recherche dans Internet) [www.bibl.ulaval.ca/vitrine/giri/giri2/index.html].

Si on applique les opérateurs booléens à notre question de recherche, on obtient des synonymes pour les trois concepts (voir la figure 5.1). La base de données nous indique le nombre de publications qui ont traité de chacun de ces synonymes. Par exemple, pour le mot clé « *psychological adaptation* », on a obtenu 7139 publications.

Procéder à la recherche à l'aide du serveur en ligne

Pour apprendre comment effectuer la recherche avec le serveur Ovid, on peut consulter *Hermès* sur support papier ou sur support virtuel ainsi que les guides correspondant à chacune des bases de données offertes sur le site Web de la Direction des bibliothèques de l'Université de Montréal (www.bib.umontreal.ca/db/app_manuels_enligne.htm).

La stratégie de recherche documentaire ne se limite pas à l'exploitation des bases de données bibliographiques. Il faut en outre choisir les publications, les localiser et les lire.

5.4   Le choix des publications de recherche

La stratégie de recherche a conduit à la découverte d'un grand nombre de travaux ou de publications. Il importe de considérer les travaux qui traitent de sujets analogues au sujet d'étude et qui ont été menés auprès du même genre de population ; les travaux qui cernent les concepts en jeu et les relations qui les unissent ; les travaux qui emploient des méthodes convenant à la question de recherche ; et enfin les travaux qui décrivent des modèles conceptuels ou théoriques susceptibles d'être appliqués dans l'étude entreprise.

Comment reconnaître les niveaux de recherche dans les écrits ?

Les niveaux de recherche indiquent le degré d'avancement des connaissances sur un sujet.

Les niveaux de recherche servent à reconnaître l'étendue ou le degré d'avancement des connaissances sur un sujet. En examinant les articles de recherche, on peut établir ce qui est connu sur un sujet et orienter sa recherche en fonction de l'état actuel des connaissances. Les niveaux de recherche correspondent aux types de recherche. Par exemple, la description permet de caractériser les concepts à l'aide d'études descriptives simples ou complexes ; l'explication permet d'explorer des relations entre des concepts comme dans l'étude descriptive corrélationnelle ou permet de vérifier des relations d'associations entre des concepts déterminés à l'aide de l'étude corrélationnelle ; la prédiction rend compte des relations de causalité entre des concepts comme c'est le cas dans les études expérimentales.

Par quelles sources d'information faut-il commencer ?

La consultation des sources primaires permet de connaître l'état des connaissances sur un sujet.

Il est possible de commencer par les sources secondaires afin de trouver des références sur un même sujet. Les sources secondaires servent alors à grouper les sources primaires sous un même thème au moyen d'ouvrages spécialisés tels que les encyclopédies, les répertoires, etc. Il ne faut pas négliger les listes de références contenues dans les sources primaires, car elles peuvent orienter le chercheur vers des articles ayant rapport au sujet d'étude.

Combien de publications faut-il consulter ?

Il est difficile d'établir combien d'articles il est nécessaire de consulter. Rappelons que le nombre de publications qui seront retenues dépend de l'avancement des connaissances sur un sujet. Si le sujet a été abondamment traité, on doit s'attendre que les articles soient nombreux.

S'il s'agit d'un sujet peu étudié, les articles pourront être plus rares. Puisque les connaissances sont en constante évolution, il est préférable de commencer par les travaux les plus récents et remonter dans le temps, ce qui permet de comprendre l'évolution des connaissances. Dans certains cas, la consultation d'études plus anciennes est utile pour donner à la recherche un point de vue historique ou orienter vers d'autres directions.

Localiser les publications

La recherche documentaire à partir de la question de recherche et avec l'aide de bases de données permet d'obtenir un certain nombre de références qu'il faudra trouver dans une bibliothèque universitaire ou un centre de documentation. Ces premières références pourront faire naître d'autres idées et conduire à des recherches plus précises. La lecture des articles sélectionnés permettra d'énoncer la question de recherche avec plus de précision et en tenant compte du niveau atteint par les connaissances dans le domaine dont relève le sujet d'étude.

Les bibliothèques constituent la principale ressource en matière de consultation des documents. La recension des écrits étant au cœur de la conceptualisation et de l'organisation systématique de toute recherche, il est essentiel de procéder de façon méthodique à la localisation des ouvrages de référence, de manière à en retirer le plus de bénéfices possible. Il est de l'intérêt du chercheur de se familiariser avec les bibliothèques et les centres de documentation, et de bien connaître les services offerts par ces derniers.

Le format des publications de recherche

Les articles des revues scientifiques sont habituellement courts et contiennent environ entre 10 et 25 pages (Polit et Beck, 2004). Les articles scientifiques ont tous à peu près le même format et comportent en général sept sections : un titre, un résumé (*abstract*), une introduction, une section sur les méthodes, une section sur les résultats et une section sur la discussion suivie de la liste des références. Voici ce que l'on retrouve dans chacune de ces sections.

> Les articles de revues scientifiques ont en général un format similaire et comportent un nombre déterminé de pages.

Le titre. Le titre doit refléter clairement le contenu de l'article de recherche. C'est souvent en se fondant sur le titre que le lecteur décidera de retenir ou non l'article pour documenter son sujet. Si le titre est « Description de… », l'article est vraisemblablement une étude descriptive. Si le titre est « Relations entre… », l'article explore ou vérifie des relations entre des variables. Si le titre est « Effets de… », il s'agit sans aucun doute d'une étude expérimentale. En général, le titre donne des indications sur les concepts et parfois aussi sur la population.

Le résumé (*abstract*). La plupart des articles sont précédés d'un résumé comportant rarement plus de 200 mots. Le résumé indique le but de l'étude, donne une brève description de la population, décrit la méthode de collecte des données, analyse celles-ci et rapporte les principaux résultats obtenus. Il fournit des indications précieuses sur le contenu de la publication.

L'introduction. L'introduction présente le problème de recherche, les questions ou hypothèses, énumère les ouvrages sur lesquels on s'appuie et précise le cadre conceptuel ou théorique ainsi que le but de l'étude. Certains articles plus longs comprennent des sous-sections où sont recensés les écrits. Dans la partie qui concerne l'énoncé du problème, on décrit brièvement le sujet d'étude et on explique les raisons pour lesquelles on a mené la recherche. Dans la partie réservée à la recension des écrits sont résumés les travaux antérieurs portant sur le sujet. Enfin, on expose le but de la recherche et on formule des questions ou des hypothèses.

Les méthodes.   La section suivante de l'article concerne les méthodes utilisées pour réaliser la recherche. On y trouve des précisions sur le devis, l'échantillon, les méthodes de collecte et d'analyse des données et les procédés suivis. On décrit en outre le plan de l'étude. L'auteur précise s'il s'agit de décrire des phénomènes, d'explorer ou de vérifier des relations ou d'évaluer les effets d'une intervention. Le nombre de sujets qui ont fait partie de l'étude est indiqué de même que les critères de sélection. Les méthodes de collecte des données sont définies ainsi que le déroulement de l'étude.

Les résultats.   Cette section présente les résultats du traitement des données. Le texte est assorti de tableaux et de figures. On donne d'abord les résultats des analyses descriptives de l'échantillon, puis ceux des analyses inférentielles.

L'interprétation des résultats.   Dans cette section, le chercheur interprète les résultats obtenus et examine les conséquences possibles. On examine les résultats en s'appuyant sur d'autres études, sur le cadre conceptuel ou théorique et les méthodes de recherche qui ont été appliquées. Les caractéristiques de l'échantillon sont discutées au regard du but de l'étude. On tire des conclusions en se fondant sur la signification des résultats. On suggère des applications pratiques et on formule des recommandations pour des recherches futures.

Les références bibliographiques.   Une liste des références bibliographiques clôt l'article. Cette liste indique dans l'ordre le nom des auteurs, l'année de publication, le titre du document s'il s'agit d'un livre, et la maison d'édition. Dans le cas d'un article, on indique le titre, le nom du périodique, le volume, le numéro et les pages concernées.

L'aboutissement de la recherche d'information

C'est maintenant que commence véritablement la lecture des travaux qui ont été retenus. Une première lecture permet de se familiariser avec le contenu et de déterminer s'il s'accorde avec la question de recherche. On prend connaissance du résumé et, s'il cadre avec le sujet d'étude, on lit l'introduction, les titres des sections, une ou deux phrases ainsi que la conclusion. Il est nécessaire de faire une lecture plus attentive au cours de laquelle on fera des annotations ou on indiquera les points essentiels sur des fiches (Giroux et Tremblay, 2002). Cette manière de faire s'impose si l'on veut faire l'analyse et la synthèse du matériel. Pour pénétrer le sens du texte, il faut parfois plusieurs lectures.

Il peut être utile de se poser certains types de questions avant d'entreprendre l'analyse d'un article de recherche pour s'assurer qu'on l'a bien compris.

- Ai-je bien saisi l'idée maîtresse de l'article ? Quel est le but de l'étude ?
- En quoi les principales sections de l'article se rattachent-elles au sujet d'étude ?

- Quels sont les principaux concepts provenant de la recension des écrits et comment sont-ils définis ?

- La recension des écrits explicite-t-elle les relations entre les concepts ? Place-t-elle les concepts dans le contexte d'un cadre théorique ou conceptuel ?

- Comment la recherche a-t-elle été menée auprès des participants ? Puis-je distinguer et expliquer les différentes étapes ?

- Quelles sont les principales conclusions de l'auteur ?

- Ma compréhension de l'article est-elle suffisante pour me permettre d'en faire un résumé ? L'important est de déterminer si l'article contribue à documenter le problème et s'il fait le point sur la question.

Pour illustrer l'analyse de la documentation, nous reproduisons en encadré un extrait d'un mémoire de maîtrise (Cloutier, 1994) qui rend compte des études ayant rapport avec la question de recherche que nous avons retenue pour la recherche documentaire : « Quelles sont les réactions psychologiques des adolescentes de 14 à 18 ans qui ont subi une interruption volontaire de grossesse ? »

Quand, dans un texte, on emprunte des idées à un auteur ou qu'on résume sa pensée, il faut indiquer le nom de ce dernier et le faire suivre de l'année de publication de l'ouvrage consulté, encadrée de parenthèses. On dresse aussi la liste des références bibliographiques selon la méthode convenue de présentation des travaux, et on la place à la fin du texte.

ENCADRÉ 5.1
Extraits d'une analyse ayant rapport avec le sujet d'étude

Les réactions psychologiques des adolescentes à l'avortement ont été étudiées sous divers angles et dans plusieurs disciplines. Une majorité d'études ont toutefois été effectuées dans les domaines de la psychologie et de la psychiatrie […]. En effet, ces études ont traité davantage des conséquences psychologiques graves suite à l'avortement plutôt que des façons de se comporter en regard des réponses psychosociales de l'adaptation.

Contrairement aux études portant sur les séquelles psychologiques ou psychiatriques de femmes qui ont eu recours à l'avortement, celles menées auprès d'adolescentes indiquent une incidence non négligeable de réponses négatives. Il ressort de ces écrits que les principales conséquences psychologiques de l'avortement incluent des sentiments de culpabilité, de regret, une diminution de l'estime de soi, de la solitude, de la dépression et de l'anxiété […].

D'autres auteurs […] ont discuté les résultats de leur étude en lien avec le stade de développement et de l'immaturité dans les mécanismes d'adaptation. Ils mentionnent que le stade de développement à l'adolescence se caractérise par la recherche d'identité et la diffusion de rôle. La recherche d'identité, selon Erickson (1968), suppose une redéfinition de l'image de soi qui s'associe étroitement aux transformations sexuelles à l'adolescence, au choix d'une carrière ainsi qu'aux attentes de la société. La prise en compte des réponses négatives entourant la question de l'avortement dans le contexte du stade de développement fait en sorte que l'interruption volontaire de grossesse entraîne des difficultés d'adaptation pour l'adolescente au cours de cette étape de la vie.

5.5   La recension systématique des écrits

La recension systé-
matique des écrits
consiste à faire une
lecture approfondie
de la documentation
recueillie sur un sujet.

La recherche documentaire a permis de préciser les concepts qui ont pu nous conduire aux écrits faisant état du sujet d'étude. Par une première recension des écrits, on a pu avoir une idée assez juste de ce qui a été écrit sur le sujet d'étude et, conséquemment, améliorer la question de recherche. Il convient maintenant de faire une seconde lecture, plus approfondie et plus systématique que la première, afin de faire le point sur certains aspects du sujet et de s'assurer qu'on a fait le tour de la question et que des travaux d'importance n'ont pas été oubliés.

La recension approfondie des écrits consiste non seulement à rapporter les résultats de la recherche, mais aussi à reconnaître et à apprécier les modèles empiriques ou théoriques utilisés par les auteurs. En général, les études présupposent, de façon implicite ou explicite, l'existence d'un cadre conceptuel ou théorique ayant servi à élaborer les questions de recherche ou les hypothèses et guidé les observations du chercheur. Il est donc essentiel de rendre compte de ce cadre dans la recension des écrits.

Faire une recension approfondie des écrits, c'est aussi prendre en compte l'avancement des connaissances. Comme nous l'avons déjà vu, les trois types de recherche ayant respectivement pour but la description, l'explication et la prédiction constituent chacun un niveau de recherche. Il faut donc pouvoir établir si les concepts ont été simplement décrits, s'ils ont été mis en relation avec d'autres concepts ou encore s'ils ont été expliqués et prédits.

L'organisation et l'analyse des sources d'information

Une fois que tous les documents retenus ont été examinés, le chercheur peut procéder à l'organisation, à l'analyse et à la synthèse des sources d'information. L'organisation de l'information sert, d'une part, à préciser le problème de recherche et, d'autre part, à préparer la rédaction de la recension des écrits. Habituellement, on lit d'abord les résumés des articles afin de déterminer la pertinence de ces derniers, puis on lit l'article au complet. Comme il est impossible de se rappeler tout ce qu'on a lu, on aura soin de prendre des notes. La méthode la plus connue pour noter l'information bibliographique est l'utilisation de fiches de lecture pour chaque publication retenue. De plus, il convient d'avoir un plan de présentation des principaux thèmes de la recension.

L'analyse de l'information

L'analyse des sources d'information permet de déterminer la valeur d'une source pour l'étude à mener. Burns et Grove (2001) suggèrent deux étapes dans l'analyse : la critique des études et la comparaison entre les études.

Pour faire la critique des publications, il est essentiel d'être familiarisé avec le sujet traité et le processus de la recherche et de savoir porter des jugements critiques. L'étape de la comparaison entre les études implique, selon Burns et Grove (2001), la critique du corps de connaissances regroupé dans une étude et leur mise en relation avec le problème de recherche. La comparaison permet de déterminer les propositions théoriques qui ont été utilisées pour expliquer les relations entre les concepts, les méthodes qui ont été employées dans l'étude du problème, l'état de la question et les principales lacunes dans les connaissances.

La synthèse de l'information

La synthèse permet de mieux pénétrer la signification des travaux qui ont été retenus à cause de leur valeur et de leurs rapports étroits avec le sujet d'étude. On paraphrase ensuite cette signification, c'est-à-dire qu'on reformule de façon claire et concise les idées des auteurs (Pinch, 1995). Les significations dégagées de toutes les sources sont ensuite groupées ensemble afin de déterminer l'état actuel des connaissances sur le sujet d'étude.

La rédaction de la recension des écrits

Dans la rédaction de la recension des écrits, il importe de savoir quel est l'état des connaissances sur le sujet d'étude. Une fois que les publications ayant rapport avec le sujet d'étude ont été lues et résumées, l'information doit être intégrée dans un texte final appelé « La recension des écrits ». La rédaction a lieu généralement après la formulation du problème de recherche, les questions ou hypothèses. Toutefois, avant de rédiger la recension des écrits, il faut établir un plan, adopter un style, choisir le contenu et le format. La rédaction d'un texte suit un plan d'ensemble, et il est bon d'éclaircir l'idée que doit renfermer chaque phrase et de définir le rôle de celle-ci dans le paragraphe (Tremblay, 1994).

À l'étape de la recension des écrits, on intègre l'information retenue dans un texte final.

Selon le plan classique, la recension des écrits comporte une introduction, un développement et une conclusion. L'introduction expose le but de l'étude ainsi que les thèmes se rattachant au problème de recherche commun aux textes choisis. Cette section est généralement brève et doit capter l'intérêt du lecteur. Le développement est constitué du résumé critique de chacun des textes retenus. Ceux-ci sont généralement regroupés selon les thèmes traités. Une recension des écrits comporte habituellement un examen critique, lequel consiste à apprécier l'intérêt du sujet d'étude en se fondant sur les écrits recensés. Des phrases ou des paragraphes de transition intercalés entre les résumés servent à indiquer en quoi ceux-ci se ressemblent ou diffèrent. Sont aussi discutés dans cette section les aspects théoriques de l'étude. La conclusion résume ce qui a été dit, ordonne les textes étudiés les uns par rapport aux autres et les situe dans la problématique générale. On relève les lacunes et on apprécie brièvement la contribution de l'étude proposée à l'avancement des connaissances dans le domaine.

La rédaction de la recension des écrits demande aussi des qualités de style. Comme la compréhension d'un texte dépend de la clarté de l'expression, l'écriture doit se signaler par la précision dans le choix des mots et la concision dans la formulation des phrases. Celles-ci sont courtes et expriment clairement une idée. Par ailleurs, le ton d'un texte de nature scientifique doit être impersonnel. Cela signifie que les « je », « tu », « nous » et « vous » sont à éviter. On utilise des tournures comme celles-ci : « Dans ce texte, il est question de... », « Il ressort des écrits... » (Giroux et

Forgette-Giroux, 1989). Un texte scientifique renvoie généralement le lecteur à d'autres textes qui ont servi de références à l'auteur.

En ce qui concerne le contenu, une recension des écrits doit être autre chose qu'une suite de citations ou de résumés. Il importe avant tout que les résumés donnent une idée de l'état actuel des connaissances sur le sujet d'étude. Souvent, des travaux similaires se contredisent entre eux. Il convient de signaler les inconsistances avec le plus d'objectivité possible. On doit indiquer ce qui est observé constamment comme les contradictions notées dans les travaux de recherche, et tenter d'expliquer les incohérences telles que les différentes conceptualisations ou les différentes méthodes utilisées dans un même travail. Les travaux qui sont parvenus à des résultats identiques peuvent être groupés ensemble dans une phrase et résumés comme dans l'exemple fictif suivant:

> Un certain nombre d'études ont rapporté que l'incidence de phlébites est directement reliée à la méthode d'administration des perfusions intraveineuses et à certains paramètres du matériel utilisé lors de la perfusion (Rodrigue et Cooke, 1995; D'Amours, 1997; Morin, 1999).

La recension des écrits dans les mémoires et les thèses est souvent constituée de deux parties: l'une porte sur les écrits empiriques et l'autre précise les aspects théoriques. Dans un paragraphe d'introduction, on précise le but de la recension et on indique les thèmes qui seront traités. Selon la nature de la recherche, on commencera par présenter les écrits théoriques si l'étude procède d'une théorie ou d'un concept et par les écrits empiriques si le sujet d'étude se rapporte à une préoccupation clinique.

5.6   L'examen critique de la recension des écrits

L'examen critique de la recension des écrits consiste à apprécier sa valeur générale par rapport au problème de recherche. Dans quelle mesure les écrits contribuent-ils à l'explication du problème et prennent-ils en compte l'ensemble des connaissances acquises sur le sujet? Tout d'abord, il faut avoir une bonne compréhension de l'ensemble de la recherche et de ses différentes étapes et savoir reconnaître sa signification dans le contexte de l'étude. Il peut être difficile de critiquer la section de la recension des écrits dans un article ou un rapport de recherche si on n'est pas au fait des travaux de recherche publiés sur le sujet. Par exemple, comment savoir si les sources les plus récentes sont incluses? Toutefois, plusieurs aspects des travaux peuvent être évalués même si on n'est pas un expert dans le domaine. L'encadré 5.2 présente un certain nombre de questions susceptibles de guider l'évaluation d'une recension des écrits.

Il est parfois difficile de répondre de manière satisfaisante à toutes les questions, surtout quand il s'agit d'articles de périodique. Même si les rapports de recherche, les thèses et les mémoires de maîtrise ont un contenu plus précis, les questions énumérées dans l'encadré 5.2 visent à rappeler au chercheur les éléments essentiels à considérer dans l'examen d'une recension des écrits.

ENCADRÉ 5.2
Questions permettant de faire un examen critique de la recension des écrits

1. La recension des écrits est-elle exhaustive ? Inclut-elle les principales études sur le sujet ?

2. Le contenu de la recension se rapporte-t-il directement au problème de recherche ?

3. La recension des écrits tient-elle compte de l'information de nature empirique ou théorique ?

4. Relève-t-on des similitudes et des contradictions entre les écrits ? Tente-t-on d'expliquer les ressemblances ou les différences ?

5. La recension des écrits se limite-t-elle à un résumé des écrits antérieurs ou inclut-elle une évaluation critique et une comparaison de l'étude en cause

avec d'autres études par rapport à leur contribution à l'avancement des connaissances ?

6. La recension est-elle ordonnée de manière à rendre compte de l'évolution des idées d'une étude à l'autre ?

7. Relève-t-on les forces et les faiblesses des écrits déjà publiés en soulevant les écarts existants ?

8. La recension des écrits se termine-t-elle par une synthèse de l'état actuel des connaissances dans le domaine (ce qui est connu et inconnu) ?

Résumé

La recension des écrits consiste à faire l'inventaire et l'examen critique de l'ensemble des publications qui portent sur un sujet de recherche déterminé. Le chercheur examine, pour chacun des travaux recensés, les concepts qui sont développés, les rapports avec la théorie, les méthodes utilisées, les résultats obtenus et les conclusions. La recension permet au chercheur de s'appuyer sur les travaux d'autres chercheurs dans la conduite de sa propre recherche.

Les travaux publiés peuvent être considérés soit comme des sources primaires, soit comme des sources secondaires. Les sources primaires servent à documenter un projet de recherche, car elles réfèrent aux textes, documents ou ouvrages originaux alors que les sources secondaires sont des interprétations de ces derniers. Les informations recherchées dans la recension sont de nature théorique et empirique. L'étendue de la recension des écrits dépend du type d'information qu'on désire obtenir et de la quantité des références disponibles, du caractère plus ou moins exhaustif que l'on veut donner à la recension et, bien sûr, du temps qu'on est prêt à y consacrer.

La recension des écrits peut comporter deux étapes : revue initiale des écrits et revue systématique. La revue initiale des écrits permet de se familiariser avec le processus de recherche documentaire en vue de l'exploration du sujet d'étude alors que la revue systématique permet

d'aller plus loin dans l'analyse, l'organisation et la rédaction de l'information retenue. La recherche documentaire suppose une démarche rationnelle dans l'exploration des sources bibliographiques. Les grandes bibliothèques sont munies d'un grand nombre de bases de données permettant d'obtenir de l'information sur une multitude de travaux de recherche. Les principaux outils de la recherche documentaire sont : le catalogue de bibliothèque, les index de périodiques, les *abstracts* ou répertoires analytiques, les bibliographies, les bases de données informatiques ou sur CD-ROM et Internet. Dans la recherche informatisée, on cherche les bases de données susceptibles de fournir les références se rapportant au sujet de recherche et on élabore une stratégie de recherche. Celle-ci comporte un certain nombre d'étapes : 1) énoncer clairement la question de recherche ; 2) dégager les concepts sur lesquels portera la recherche ; 3) choisir les mots clés ; 4) appliquer les opérateurs booléens et 5) procéder à la recherche à l'aide du serveur en ligne.

Dans la recherche de documents, on considère les publications qui traitent de sujets analogues au sujet d'étude, qui définissent les concepts en jeu, qui utilisent des méthodologies convenant à la question de recherche et qui utilisent des modèles conceptuels ou théoriques pouvant être appliqués dans l'étude qu'on se propose de mener. Pour localiser les publications, on se tourne vers les bibliothèques et les centres de documentation qui constituent les principaux lieux de conservation des documents. En ce qui concerne la revue systématique des écrits, elle consiste à approfondir certains aspects du sujet d'étude et à faire le point sur leur contribution à l'avancement des connaissances, à organiser l'information et à la rédiger. L'organisation de l'information sert, d'une part, à cerner avec précision le problème de recherche et, d'autre part, à préparer la rédaction de la recension des écrits. Dans

la rédaction de la recension des écrits, on veille à ce que les publications retenues aient été lues et résumées suivant un plan précis et à ce que seulement l'information essentielle soit rapportée dans le texte final. La rédaction doit être soignée (propriété des mots, concision du style) ; on évitera de se contenter d'enfiler des citations ou des résumés et on relèvera les contradictions ainsi que les traits constants présents dans les travaux de recherche.

Mots clés

Base de données	Écrit théorique	Recherche documentaire
Bibliographie	Index de périodique	Recherche en ligne
Catalogue de bibliothèque	Mot clé	Répertoire analytique
CINAHL	Opérateur booléen	Source bibliographique
e-journal	Périodique	Source primaire
Écrit empirique	Publication	Source secondaire

Exercices de révision

La recension des écrits est une activité qui permet de connaître l'état des connaissances relativement à un sujet déterminé. Elle donne lieu à une recherche documentaire et à l'analyse et à la critique des travaux de recherche ayant rapport avec le sujet d'étude. Les exercices suivants vous permettront de vous familiariser avec les outils de la recherche documentaire et avec la stratégie à mettre en œuvre dans l'utilisation des bases de données.

1. Rapportez chaque terme ou expression à la définition appropriée :

   Termes et expressions

   a. Résumé (*abstract*)   b. Bibliographie

   c. Base de données   d. Source secondaire

   e. Source primaire   f. Écrit théorique

   g. Index   h. Catalogue de bibliothèque

   Définitions

   1. Travaux dans lesquels on résume ou cite le contenu des textes de source primaire.

   2. Écrit qui rapporte les analyses de concepts, les théories et les cadres conceptuels employés dans le traitement du problème de recherche.

   3. Ensemble structuré d'informations qui est géré par ordinateur et qui est utilisé pour la recherche de références bibliographiques.

   4. Document de recherche original.

   5. Bref compte rendu qui contient habituellement de 100 à 250 mots.

   6. Publication où sont classés par auteurs ou par sujets des articles de périodiques, des rapports de recherche, des livres et des critiques de livres.

   7. Répertoire de documents de sources diverses portant sur un domaine particulier.

   8. Outil donnant accès aux ressources d'une bibliothèque ou d'un réseau et qui fournit la description bibliographique de monographies, de thèses, de périodiques, de documents audio-visuels.

2. Dites en quoi consistent les sources primaires.

3. Que contient le catalogue de bibliothèque ?

4. Nommez quelques index et répertoires analytiques d'articles.

5. Pourquoi est-il important de faire une recension des écrits au moment de la formulation d'un problème de recherche ?

6. Dites à quelle catégorie appartiennent les références citées ci-dessous.

    Catégories

    a. Article de revue

    b. Monographie

    c. Chapitre d'un livre

    d. Thèse ou mémoire inédits

    e. Article de magazine

    Références

    1. Laville, C. et Dionne, J. (1996). *La construction des savoirs*, Montréal, Chenelière/McGraw-Hill.

    2. Gibbs, N. (2003). «The secret of life : Cracking the DNA code has changed how we live, heal, eat and imagine the future», *Time*, 161, 17 février, p. 26-30.

    3. Ducharme, F., Pérodeau, G. et Trudeau, D. (2000). «Perceptions, stratégies adaptatives et attentes des femmes âgées aidantes familiales dans la perspective du virage ambulatoire», *Revue canadienne de santé mentale communautaire, 19*(1), p. 79-103.

    4. Stake, R.E. (1994). «Case studies», dans N.R. Denzin et Y.S. Lincoln, *Handbook of Qualitative Research*, Thousand Oaks (Calif.), Sage, p. 236-247.

    5. Durocher, H. (1994). «Facteurs associés à l'utilisation du condom chez des adolescentes en centre de réadaptation», mémoire de maîtrise, Montréal, FES, Université de Montréal.

7. Parmi les raisons suivantes, laquelle vous paraît motiver le plus une recension des écrits après que l'on a choisi le sujet d'étude ? Encerclez la lettre correspondant à votre choix.

    a. Se conformer au devis de recherche.

    b. Trouver facilement les sources.

    c. Mettre sur pied un instrument de mesure.

    d. Déterminer la faisabilité de l'étude.

8. En quoi est-il plus avantageux de faire une recherche automatisée que d'utiliser les index imprimés ? Encerclez la lettre correspondant à votre choix.

    a. La recherche automatisée permet de trouver les sources facilement.

    b. Les articles entiers peuvent toujours être ajoutés à la fin de la recherche.

    c. Les index imprimés ne sont pas toujours disponibles.

    d. Les termes de recherche peuvent être combinés.

Références bibliographiques

Burns, N. et Grove, S.K. (2001). *The Practice of Nursing Research : Conduct, Critique, and Utilization*, 4ᵉ éd., Toronto, W.B. Saunders.

Burns, N. et Grove, S.K. (2003). *Understanding Nursing Research*, 3ᵉ éd., Toronto, W.B. Saunders.

Cloutier, J. (1994). *Réponses psychosociales d'adaptation à l'interruption volontaire de grossesse d'un groupe d'adolescentes*, mémoire de maîtrise, Montréal, FES, Université de Montréal.

Dumas, M., Shurpin, K. et Gallo, K. (1995). «Search and research : Getting started in clinical research», *Journal of the American Academy of Nurse Practitioners, 7*(12), p. 591-597.

Giroux, A. et Forgette-Giroux, R. (1989). *Penser, lire, écrire : introduction au travail intellectuel*, Ottawa, Presses de l'Université d'Ottawa.

Giroux, S. et Tremblay, G. (2002). *Méthodologie des sciences humaines*, 2ᵉ éd., Montréal, ERPI.

Jones, S.L. et Cook, C.B. (31 janvier 2000). «Electronic journals : Are they a paradigm shift ?», *Online Journal of Issues in Nursing*. Sur Internet : www.ana.org/ojin/topic11/tpc11_1.htm

Lalonde, L.-G. et Vuillet, A. (1997). *Internet : comment trouver tout ce que vous voulez*, Montréal, Éditions Logiques, 334 p.

Marcil, C. (2001). *Comment chercher : les secrets de la recherche d'information à l'heure d'Internet*, Québec, Éditions Multi-Mondes. En collaboration avec J. Lauzon.

Pinch, W.J. (1995). «Synthesis : Implementing a complex process», *Nurse Educator, 10*(1), p. 34-40.

Polit, D.F. et Beck, C.T. (2004). *Nursing Research : Principles and Methods*, 7ᵉ éd., Philadelphie, Lippincott, Williams & Wilkins.

Tremblay, R. (1994). *Savoir faire : précis de méthodologie pratique*, 2ᵉ éd., Montréal, McGraw-Hill.

Tremblay, R.T. et Perrier, Y. (2000). *Savoir plus : outils et méthodes de travail intellectuel*, Montréal, Chenelière/McGraw-Hill.

Université de Montréal (2004). *Direction des bibliothèques*, Montréal, Université de Montréal.

L'élaboration du cadre de référence

Objectifs d'apprentissage

À la fin de ce chapitre, vous devriez être en mesure :

1) de donner une définition du cadre de référence ;

2) de préciser les principales caractéristiques des modèles conceptuels et des théories ;

3) de définir le rôle des modèles conceptuels et des théories en recherche ;

4) de préciser en quoi le cadre conceptuel et le cadre théorique diffèrent entre eux ;

5) de faire un examen critique du cadre de référence.

Vue d'ensemble

La question de recherche préliminaire ayant été documentée par une recension des écrits, il s'agit maintenant de définir une structure théorique ou conceptuelle qui permette d'ordonner l'ensemble des concepts et sous-concepts de manière à préciser l'orientation de l'étude à entreprendre. Le cadre de référence détermine l'orientation théorique ou conceptuelle que prendront la description des concepts ainsi que l'explication et la prédiction de leurs relations mutuelles. Le cadre de référence peut être conceptuel ou théorique. Il est théorique s'il s'appuie sur une théorie établie, et conceptuel s'il découle plutôt d'un modèle conceptuel ou s'il a pour base de simples concepts définis avec plus ou moins de précision. Ce chapitre a notamment pour but de démontrer l'importance de la structure théorique ou conceptuelle dans la conduite de la recherche scientifique. Dans les pages qui suivent, nous donnerons une définition du cadre de référence, nous déterminerons quelle doit être sa structure, préciserons son utilité, les liens qui existent avec les différents niveaux de recherche et décrirons brièvement les éléments à prendre en compte dans son élaboration. Pour terminer, nous indiquerons comment faire l'examen critique du cadre de référence.

L'élaboration d'un cadre de référence convenant à un type donné d'étude est souvent une tâche ardue. Les difficultés qu'elle soulève peuvent être attribuables à une mauvaise compréhension du rôle respectif de la théorie et du modèle conceptuel dans le processus de recherche. La définition des termes relatifs au cadre de référence, tels que concept, énoncé de relations, théorie ou modèle, permettra de mieux discerner la place qu'occupent la théorie et le modèle conceptuel dans l'élaboration du cadre de référence.

6.1   Qu'est-ce qu'un cadre de référence ?

Le cadre de référence peut être défini comme une structure abstraite formée d'une ou de plusieurs théories ou de concepts qui sont réunis ensemble en raison des rapports qu'ils ont avec le problème de recherche à définir. Cette structure est ce sur quoi se fonde la recherche pour proposer une brève explication des concepts en jeu et de leurs relations mutuelles. Ainsi, le cadre de référence sert d'assise à la formulation du problème de recherche et établit la manière dont l'ensemble de l'étude sera conduit. Il permet d'orienter la recherche dans une direction définie et de lier le sujet d'étude à l'état actuel des connaissances.

> Le cadre de référence est une structure abstraite formée d'une ou de plusieurs théories ou de concepts réunis ensemble en raison des rapports qu'ils ont avec le problème de recherche à définir.

Il y a dans la documentation d'autres définitions qui, à certains égards, peuvent aider à mieux cerner ce qu'est un cadre de référence. Par exemple, Burns et Grove (2001) définissent le cadre de référence comme une structure abstraite et logique qui permet au chercheur de lier l'ensemble des écrits dans un domaine d'étude. Le cadre de référence a pour rôle d'agencer les divers éléments d'une étude et de fournir un contexte pour l'interprétation des résultats. Selon Woods et Catanzaro (1988), l'élaboration du cadre de référence peut se comparer à la construction d'une maison. L'architecte se forme une idée de la maison à construire, en conçoit le plan et choisit les matériaux. De même, le chercheur détermine quels seront les concepts qui seront examinés dans son étude, établit les relations entre ces derniers et précise le but qu'il veut atteindre. Pour d'autres auteurs, le cadre de référence fournit une base théorique à la formulation des hypothèses, aux observations, à la définition des variables, au devis et à l'interprétation des résultats (LoBiondo-Wood et Haber, 2002). Il sert, selon Mace (1988) et Mace et Pétry (2000), à agencer des concepts et des sous-concepts au moment de la formulation du problème de recherche de manière à soutenir théoriquement l'analyse de l'objet de l'étude.

Selon ces différentes définitions, le cadre de référence donne à l'étude une assise conceptuelle ou théorique. Les auteurs ne font pas tous la distinction entre le cadre théorique et le cadre conceptuel et certains emploient indifféremment les deux termes. Dans cet ouvrage, ce sur quoi nous nous basons pour distinguer le cadre théorique du cadre conceptuel, c'est l'état actuel des connaissances dans le domaine concerné et la nature des relations entre les concepts. Comme nous le verrons à la section 6.3, le cadre conceptuel et le cadre théorique se situent à deux niveaux différents de connaissances (Fawcett, 1995).

6.2   La structure du cadre de référence

Avant de préciser la nature des cadres conceptuel et théorique ainsi que leur rôle dans la recherche, il convient d'examiner les éléments qui font partie intégrante du cadre de référence, c'est-à-dire les concepts, les énoncés de relations ou propositions, les modèles et les théories.

Les concepts

Comme nous l'avons déjà mentionné, les concepts sont omniprésents en recherche parce qu'ils sont l'objet de l'étude. Le cadre de référence est constitué par un ensemble de concepts dont nous rappelons la définition. Les *concepts* sont des mots, des idées abstraites qui représentent des comportements ou des caractéristiques que l'on peut observer concrètement. Par leur caractère abstrait, les concepts sont les médiateurs de la pensée. Ils sont la représentation mentale de faits réels (douleur, stress, agressivité, estime de soi). Les concepts sont les éléments de base du langage qui transmettent les pensées, les idées, les notions abstraites. Dans la vie de tous les jours, sans concepts on ne pourrait ni parler ni écrire de façon compréhensible pour les autres (table, chaise, bureau). Les concepts sont d'une importance primordiale en recherche puisqu'ils sont à la base du savoir scientifique et le reflet de variables qui seront mesurées. Les définitions des concepts représentent la signification donnée à ces concepts dans le cadre d'un modèle conceptuel ou d'une théorie. Elles peuvent s'énoncer sur le plan abstrait (définitions conceptuelles) ou sur un plan concret, dans le cadre de la mesure empirique (définitions opérationnelles).

> Les concepts sont des idées abstraites qui représentent des comportements ou des caractéristiques que l'on peut observer concrètement.

Les énoncés de relations

Les énoncés de relations sont des propositions générales ou particulières qui établissent des relations entre les concepts d'une étude. Ils sont plus précis dans les théories que dans les autres formes d'expression de relations. L'énoncé de relation est au cœur du cadre de référence (Burns et Grove, 2001) en ce qu'il est essentiel à son élaboration et à son application au problème de recherche. En effet, ce sont les énoncés de relations exprimés dans le cadre de référence qui déterminent le but de l'étude, les questions de recherche ou les hypothèses, selon qu'il s'agit de décrire, d'expliquer ou de prédire des relations. On distingue deux types d'énoncés : les énoncés d'associations et les énoncés de causalité. Un énoncé d'association exprime l'existence ou la possibilité d'une corrélation entre des variables, comme dans l'exemple suivant : l'intensité et la fréquence de la douleur influent sur la qualité de vie. Un énoncé de causalité prédit l'existence d'une relation de cause à effet entre des variables, comme dans l'exemple qui suit : le programme de soutien diminue l'épuisement professionnel. C'est un énoncé d'une théorie qui est vérifié par la recherche et non la théorie complète.

Dans les publications de recherche, les énoncés de relations sont parfois disséminés dans l'introduction, la recension des écrits ou le cadre de référence. Il s'agit de chercher dans ces sections des phrases qui expriment des relations entre les concepts (Burns et Grove, 2001).

Les modèles conceptuels

Les concepts constituent la pierre angulaire du modèle conceptuel, comme d'ailleurs de la théorie, et permettent d'envisager la recherche sous une perspective particulière. Les modèles conceptuels sont des entités abstraites plus larges que les théories existantes en ce qu'ils tentent d'expliquer globalement les phénomènes, et c'est pourquoi, contrairement aux théories particulières, ils ne peuvent être vérifiés par la recherche. Ce qu'il manque aux modèles conceptuels pour pouvoir être vérifiés empiriquement, c'est le système déductif de propositions qui postule des relations entre les concepts (Polit et Beck, 2004). On peut définir le modèle conceptuel comme un ensemble de concepts et de propositions générales énonçant des relations et destinés à décrire et à caractériser des phénomènes.

> Un modèle conceptuel est un ensemble de concepts et de propositions générales énonçant des relations et destinés à décrire ou à caractériser des phénomènes.

Les modèles conceptuels, parfois appelés macrothéories, à cause de leur caractère général, assurent de multiples possibilités pour la recherche et la pratique. Des théories susceptibles de recevoir une vérification peuvent être bâties à partir des modèles conceptuels. C'est notamment le cas du modèle d'autosoins d'Orem (1995).

L'utilité du modèle conceptuel réside dans le fait qu'il apporte différentes perspectives pour l'étude de concepts se rattachant à une discipline donnée. Les modèles conceptuels expriment une façon de concevoir la réalité et, par conséquent, ils peuvent fournir un cadre de raisonnement logique propre à justifier le problème de recherche. À la différence de la théorie qui sert à expliquer et à prédire des relations entre des variables, le modèle conceptuel permet de regrouper les concepts pertinents de manière à caractériser ou à décrire le phénomène étudié. Ainsi, l'élément central du modèle de Roy et Andrews (1991) est l'adaptation. Seule une orientation conceptuelle nettement définie permet d'établir des relations logiques entre les données recueillies au cours de la recherche.

Les modèles conceptuels sont constitués de concepts, de définitions et d'énoncés de relations, bien qu'ils soient exprimés de façon plus générale que dans les théories.

Les théories

La recherche, comme nous l'avons vu dans le premier chapitre, est un ensemble d'activités intellectuelles ayant pour but le développement des connaissances et qui repose sur la théorie pour décrire, expliquer et prédire ou contrôler des phénomènes ou des relations entre des concepts. De façon formelle, une « théorie » est un ensemble ordonné de propositions et de définitions destiné à expliquer la manière dont les concepts se lient les uns aux autres. Cela signifie qu'il faut qu'au moins deux concepts soient présents pour qu'il y ait mise en relations (Polit et Beck, 2004). D'autres auteurs définissent la théorie comme un ensemble de concepts, de définitions et de propositions qui donnent une vision systématique d'un phénomène précisant des relations spécifiques entre les concepts en vue de décrire, d'expliquer ou de prédire un phénomène (Kerlinger, 1986, p. 9 ; Chinn et Kramer, 1999).

> La théorie est un ensemble de propositions qui établissent des relations déterminées entre des concepts en vue d'expliquer ou de prédire des phénomènes.

Les définitions de la théorie données par les auteurs varient selon l'étendue ou le rôle qui sont attribués à celle-ci. Tous les auteurs cependant s'accordent pour dire qu'elle sert à décrire ou à expliquer les relations mutuelles entre des concepts.

Les théories sont non pas des faits, mais des façons de concevoir la réalité. Elles sont abstraites en ce qu'elles sont l'expression d'une idée et qu'elles présentent les choses de façon générale. Une idée abstraite porte en soi un sens général, alors qu'une idée concrète est liée à la réalité, aux faits. Les idées abstraites peuvent être vérifiées dans la recherche, laquelle démontre alors comment elles agissent dans une situation concrète. Prenons l'exemple du concept de deuil : il contient une idée générale, abstraite. Cependant, la personne qui vient de perdre un être cher fait l'expérience concrète du deuil, et la théorie du deuil peut servir à expliquer le phénomène psychique qui est vécu. La théorie du deuil (Kübler-Ross, 1970) est constituée de concepts (étapes du deuil), de propositions qui établissent des relations entre les différentes étapes. Les propositions conduisent à la formulation d'hypothèses qui sont vérifiables empiriquement. La théorie organise en un tout cohérent et de façon systématique l'information reçue en vue d'une utilisation dans des situations appropriées.

Les théories peuvent servir à guider la recherche et à organiser les connaissances. Elles servent de guide à la recherche du fait qu'elles lui fournissent un cadre logique. Elles permettent de situer l'étude dans un contexte qui fournit une perspective spécifique pour expliquer ou prédire des relations entre des concepts. En outre, elles s'appuient sur des connaissances généralement bien fondées qui influent sur la façon de concevoir un problème de recherche. Les théories servent aussi à organiser la connaissance en ce qu'elles regroupent en un tout ordonné un ensemble de faits, d'observations qui, considérés isolément, n'auraient aucune signification. La théorie est avant tout un moyen de donner un sens à nos connaissances (Gauthier, 2000). Elle permet de dégager une signification des résultats de recherche, et l'information ainsi regroupée peut être interprétée universellement (Nation, 1997 ;

McBurney, 1998). C'est à travers ce processus que la théorie guide la formulation du problème de recherche et l'énoncé des questions ou hypothèses approprié au contexte spécifique. En s'inspirant d'une théorie pour expliquer, prédire ou contrôler un phénomène, le chercheur délimite son sujet d'étude en fonction d'une perspective qui oriente la conduite de la recherche.

Les *énoncés de relations* exprimés dans une théorie sont des propositions spécifiques concernant l'existence de relations entre deux ou plusieurs concepts (Walker et Avant, 1995). Ces énoncés prennent aussi le nom de *propositions* et sont au cœur du cadre théorique. Ils doivent former un ensemble de propositions interreliées pour constituer un système déductif d'où il est possible de tirer des hypothèses.

Les types de théories

Les théories ne sont pas toutes élaborées à un même niveau et, de ce fait, elles n'ont pas toutes la même portée ; elles peuvent différer par le degré d'abstraction des concepts qui les constituent ; elles se définissent en fonction de l'étendue des faits qu'elles visent à expliquer et les applications qu'on peut en tirer varient en conséquence. Les théories descriptives servent simplement à classer ou à décrire des phénomènes ; les théories explicatives, appelées aussi théories intermédiaires, ont pour but de les expliquer. Plus une théorie est générale, moins il est possible de la vérifier.

La théorie descriptive est un ensemble organisé de concepts. Elle comporte des définitions larges des phénomènes, car elle sert à la description ou à la classification d'éléments définis ou de caractéristiques d'individus, de situations ou d'événements (Fawcett et Downs, 1992). Elle rend compte des caractéristiques d'un phénomène ; on l'emploie quand on connaît peu un phénomène particulier. La théorie descriptive joue un rôle important en recherche qualitative.

La théorie explicative postule l'existence de relations déterminées entre deux concepts ou plus. Elle se vérifie au moyen de la recherche corrélationnelle ou expérimentale. Elle est plus précise et plus limitée que la théorie descriptive et c'est ce qui fait qu'elle peut être vérifiée de façon empirique. Ainsi, il existe des théories explicatives de l'attachement mère-enfant (Walker, 1992), des mécanismes d'adaptation (Lazarus et Folkman, 1984), de l'efficacité perçue (Bandura, 1986), de la hardiesse (*hardiness*) [Kobasa, 1979], et ces théories peuvent faire l'objet d'une vérification empirique.

Le développement et la vérification

La recherche peut avoir notamment pour but d'édifier une théorie ou de la vérifier. Le développement de la théorie et sa vérification sont deux processus connus sous les noms d'induction et de déduction. Ces deux processus impliquent des modes différents de recherche. L'induction va du particulier au général, alors que la déduction va du général au particulier.

L'édification de la théorie

L'édification d'une théorie repose sur l'emploi de la méthode inductive qui conduit à généraliser à partir d'observations empiriques. Les études qualitatives ont fréquemment pour but de décrire en détail un phénomène ou d'expliquer un processus (Norwood, 2000). Dans l'emploi de la méthode inductive, on recueille des données dans une situation réelle et on tente par la suite d'énoncer des propositions et de donner une explication générale de ce qui a été observé. Ainsi, Gratton et Bouchard (2001) ont mené des entrevues en vue de mieux comprendre l'état d'esprit d'un groupe d'adolescents qui venaient de perdre un camarade qui s'était suicidé. La proposition principale qui a émergé de l'analyse des données par théorisation ancrée a été la suivante : « Le suicide de leur camarade a été pour ces adolescents un geste difficile à comprendre qui les entraîne dans une quête de sens. » Certaines recherches qualitatives n'ont cependant pas pour but de construire une théorie, et elles utilisent plutôt des modèles conceptuels comme toile de fond (Polit, Beck et Hungler, 2001). Comme nous l'avons déjà mentionné, la théorie est élaborée à partir d'une démarche inductive ou sur la base des résultats de la recherche. Dans un cas comme dans l'autre, la recherche doit valider la théorie.

La vérification des propositions théoriques

La vérification des propositions intervient quand le chercheur s'interroge sur les conséquences de la mise en application de la théorie ou du cadre théorique sur l'issue de la recherche. On cherche à savoir si la théorie est apte à prédire des changements dans les variables étudiées. On tente aussi de formuler des propositions portant sur les relations prévues entre des variables, et on vérifie celles-ci à l'aide d'hypothèses. Les hypothèses sont des conjectures sur la façon dont, suivant la théorie, les variables s'associeront entre elles. Par exemple, dans l'étude de Parent et Fortin (2000), on a déduit de la théorie de l'apprentissage social de Bandura (1986) que la motivation à accomplir certaines tâches relatives à la réadaptation dépend de l'idée que l'individu a de ses capacités (activités de réadaptation). On a abouti à l'hypothèse que « [...] les patients du groupe expérimental, comparativement au groupe de contrôle, ont moins d'anxiété, des scores plus élevés à l'échelle d'auto-efficacité et accomplissent plus d'activités de réadaptation ». Les résultats ont confirmé cette hypothèse, la proposition théorique a donc été jugée valable. Dans une recherche, ce sont les propositions théoriques constituant des hypothèses qui sont l'objet de vérification et non la théorie dans son ensemble. La confrontation des résultats obtenus et de l'hypothèse permet d'évaluer la validité de la proposition théorique.

6.3   Les différences entre le cadre conceptuel et le cadre théorique

On choisit un cadre théorique quand les connaissances sur le sujet d'étude sont suffisamment avancées pour qu'il soit possible de dégager des propositions théoriques d'une théorie et de formuler des hypothèses concernant les relations entre les concepts ou les variables. Le cadre conceptuel ne provient pas nécessairement d'une théorie déterminée qui expliquerait les relations prévues entre des variables, mais plutôt il est le résultat de l'agencement des concepts qui a été fait par le chercheur. Le cadre conceptuel se fonde davantage sur des données empiriques. Le chercheur agence les concepts et les sous-concepts de manière qu'ils puissent être décrits et leurs relations examinées.

Le cadre conceptuel

Le *cadre conceptuel* est une brève explication d'un ensemble de concepts et de sous-concepts interreliés et réunis en raison de leurs rapports avec le problème de recherche. L'explication se fonde sur le contenu d'écrits portant sur le domaine de connaissances auquel se rattache le sujet d'étude ou dérive de modèles conceptuels ou de données empiriques. Dans l'élaboration du cadre conceptuel, le chercheur organise les concepts et leurs relations de manière à donner une orientation précise à la formulation du problème, aux questions et à l'interprétation des résultats. Le cadre conceptuel est moins spécifique que le cadre théorique et il n'énonce rien de formel concernant les relations entre les concepts.

> Le cadre conceptuel est une brève explication d'un ensemble de concepts et de sous-concepts interreliés et réunis en raison de leurs rapports avec le problème de recherche.

Le cadre théorique

Le *cadre théorique* est une brève explication des relations entre les concepts clés d'une étude. Cette explication est fondée sur une théorie existante ou une portion de théorie susceptible de s'appliquer au problème de recherche. Le cadre théorique définit les conditions dans lesquelles un concept peut être associé à un autre concept ou lui donner naissance. De façon concrète, il se traduit par l'énoncé d'une hypothèse vérifiable de façon empirique et les résultats sont interprétés en se référant au contexte théorique.

> Le cadre théorique est une brève explication des relations entre les concepts clés d'une étude s'appuyant sur une théorie particulière ou une portion de théorie.

Le cadre conceptuel convient mieux lorsque les relations entre les concepts sont plus floues ou qu'elles ne sont pas établies solidement dans les travaux déjà publiés. D'ailleurs, rappelons que la construction de la théorie va de pair avec le développement des connaissances et que, dans l'énoncé de la question de recherche, il faut tenir compte du niveau de développement de la recherche et de la théorie.

6.4   Le rôle du cadre de référence dans le processus de recherche

Le cadre de référence, qu'il soit conceptuel ou théorique, occupe une place de premier plan dans le processus de la recherche. Voyons comment le cadre de référence s'intègre dans les différentes phases de la recherche.

La phase conceptuelle

Le cadre de référence s'intègre dans la *formulation du problème* du fait que le problème est inséré dans un réseau de relations entre les divers concepts pertinents susceptibles d'influer sur l'analyse des données. La conceptualisation permet de relier le problème de recherche au cadre de référence. Elle situe le problème dans un contexte conceptuel ou théorique qui lui donne une signification particulière et permet d'orienter toute la recherche.

Dans la *recension des écrits*, outre qu'ils fournissent un aperçu du modèle conceptuel ou de la théorie choisie, les concepts envisagés et les propositions du modèle ou de la théorie sont définis en fonction des variables de l'étude. Les travaux de recherche pertinents aux concepts et aux propositions sont résumés et décrits.

La *formulation du but, des questions de recherche et des hypothèses* découle du cadre conceptuel ou théorique : les concepts qui ont retenu l'attention du chercheur sont précisés et leurs relations mises en évidence dans des énoncés ayant pour but de décrire, d'expliquer ou de prédire des relations. Par exemple, si on adopte la théorie du stress et du *coping*, le but de l'étude serait le suivant : « Décrire les relations entre les stratégies adaptatives utilisées par des femmes âgées aidantes familiales dans la perspective du virage ambulatoire. » (Ducharme, Pérodeau et Trudeau, 2000.)

La phase méthodologique

La liaison entre le cadre de référence et la *méthode* est assurée par le cadre conceptuel ou théorique qui définit la nature des variables à étudier. L'établissement de cette liaison est particulièrement important dans les études visant à vérifier des propositions théoriques, car il s'agit alors de confirmer ou d'infirmer des hypothèses découlant de la théorie. Les instruments de mesure sont choisis en fonction des variables définies dans le cadre de référence.

La phase empirique et la phase d'interprétation

Les variables désignées dans le problème de recherche, le cadre de référence, les questions de recherche, les hypothèses et la méthode s'appliquent dans l'*analyse des données*.

Il est nécessaire d'*interpréter les résultats* en s'appuyant sur le cadre conceptuel ou théorique et les travaux de recherche antérieurs. L'interprétation est particulièrement importante quand il s'agit de vérifier la validité de propositions théoriques d'après les résultats obtenus.

6.5   Le cadre de référence et les niveaux de recherche

En énonçant la question de recherche, on se trouve à orienter la formulation du problème de recherche et par conséquent à ébaucher le cadre théorique ou conceptuel. Les résultats ont plus de chances de contribuer au développement des connaissances lorsqu'ils peuvent être liés à la théorie ou à des résultats de recherche antérieurs. Pour ce qui est de la recherche qualitative et du cadre de référence, on se reportera aux chapitres 3 et 13, où ces questions sont traitées en détail.

De la question au choix du cadre de référence

Quand il élabore sa question préliminaire en vue de la préparation de la recherche documentaire, le chercheur considère divers concepts, divers synonymes, qui le conduisent souvent à délimiter un cadre de référence. Ainsi, quand on s'est appliqué à clarifier la question de recherche sur les réactions des adolescentes à la suite d'une interruption volontaire de grossesse, qui a été examinée au chapitre précédent, on a recherché dans le thésaurus d'une base de données des termes qui correspondent à l'objet de l'étude. Le concept de «réactions», plutôt vague, a ainsi été remplacé par le concept d'«adaptation psychologique», lequel commande l'utilisation d'un modèle d'adaptation. On aurait pu choisir le concept de deuil ou bien celui de *coping*, qui se rapportent aussi à des réactions possibles. Si le deuil avait été considéré comme une réaction effective, on aurait été amené à choisir la théorie du deuil, laquelle décrit les différentes étapes sur le chemin de l'acceptation. En ce qui concerne le concept de *coping*, il aurait amené le chercheur à adopter la théorie des stratégies adaptatives, qui décrit les différents mécanismes mis en œuvre pour surmonter une situation jugée stressante. Le choix du concept entraîne donc celui de la théorie ou du modèle.

Comme nous l'avons déjà mentionné, la question de recherche peut avoir rapport avec une théorie et elle peut aussi découler d'une situation concrète non liée à une structure théorique, comme c'est souvent le cas quand on a à traiter une situation clinique ou sociale. Comme la théorie doit être vérifiée empiriquement, l'analyse des situations cliniques doit s'appuyer sur une théorie, un modèle conceptuel ou des études empiriques pour décrire ou expliquer des relations entre des variables. Le tableau 6.1 met un certain nombre de questions en relation avec une théorie ou un modèle conceptuel.

Le choix de la théorie ou du modèle conceptuel suit la définition du ou des concepts à étudier. Considérons par exemple la question de recherche suivante:

> Un suivi téléphonique effectué par une infirmière sur une base hebdomadaire auprès d'adultes traités pour un diabète sévère de type 2 diminue-t-il l'incidence des complications et les taux de réadmission en milieu hospitalier chez cette clientèle?

TABLEAU 6.1
Exemples de mise en relation de questions avec une théorie ou un modèle conceptuel

Questions de recherche	Théorie ou modèle
«Quels sont les déterminants de l'intention d'utiliser le condom dans chaque relation sexuelle chez des personnes hétérosexuelles sans partenaire sexuel régulier?» (Beaulieu, Godin, Valois et Martin, 2000)	La théorie du comportement planifié (Ajzen, 1991)
«Quelles sont les perceptions des patients de leur qualité de vie avant et après un remplacement valvulaire?» (Goulet, 1999)	Le modèle de qualité de vie élaboré par Ferrans (1997)
«Quels sont les effets d'une intervention de soutien offerte par un ex-patient (modèle) sur l'anxiété, la perception d'auto-efficacité et la reprise des activités physiques de patients admis pour une revascularisation coronarienne?» (Parent et Fortin, 2000)	La théorie de l'apprentissage social (Bandura, 1986)
«Quelles sont les relations entre les perceptions, les stratégies adaptatives et les attentes des femmes âgées aidantes familiales par rapport au virage ambulatoire?» (Ducharme, Pérodeau et Trudeau, 2000)	La théorie du *stress-coping* (Lazarus et Folkman, 1984)

À première vue, cette question apparaît liée à une situation concrète, mais, pour peu qu'on la regarde de près, on découvre qu'elle peut être considérée sous divers angles théoriques.

Pour pouvoir expliquer pourquoi le suivi téléphonique, qui est une intervention, aura pour effet de diminuer le taux de réadmission et les complications, il faut avoir recours à une théorie parce que celle-ci permet d'expliquer des relations entre des variables. Le modèle ou la théorie qui sera adopté variera en fonction du but que l'on poursuit en apportant un suivi téléphonique. Si le suivi téléphonique a pour but d'apporter du soutien et du renforcement aux diabétiques, on pourra se tourner vers un modèle de soutien social ou une théorie du renforcement. S'il vise à aider les diabétiques à se prendre en charge et à rester fidèles au traitement, on pourra se tourner vers la théorie d'autosoins d'Orem. S'il a pour but de renforcer la personne dans l'idée qu'elle peut raffermir sa santé, le modèle des croyances en matière de santé pourrait convenir, de même que la théorie de l'apprentissage social. Comme on peut le constater, on peut appliquer diverses théories ou divers modèles conceptuels, chacun ayant une optique qui lui est propre. Le choix de la théorie ou du modèle influe sur la conduite de la recherche.

Les niveaux de recherche

Comme chaque niveau de recherche correspond à l'étendue des connaissances que l'on possède sur un sujet d'étude, il s'ensuit que le cadre de référence doit refléter l'état des connaissances, selon qu'il s'agit de décrire, d'expliquer ou de prédire des phénomènes.

La description

Dans la description, on utilise généralement un cadre conceptuel. Comme les études descriptives ont pour but d'examiner des facteurs, des concepts ou des caractéristiques, il arrive qu'on ne puisse trouver un système de concepts susceptible de s'appliquer à l'étude en cours parce que le sujet est peu connu ou a été peu étudié. Étant donné que toute question contient au moins un concept, il est nécessaire, dans la définition qu'on donne d'un concept, de prendre en compte les autres éléments du problème qui sont en rapport avec lui. Le chercheur établit ainsi un réseau de concepts solidaires les uns des autres qui procure sa raison d'être à la recherche. Le réseau de concepts est un ensemble ordonné d'éléments, et il est par conséquent possible de lier tous les éléments et de les situer les uns par rapport aux autres dans la formulation du problème de recherche (Tremblay et Perrier, 2000). L'exemple 6.1 résume le cadre conceptuel élaboré par Mcline-Senosier (1996) dans son étude portant sur les répercussions physiques et psychologiques du sida.

L'explication

Sur le plan de l'*explication*, la démarche varie selon la nature des relations entre les variables. Suivant l'état des connaissances, on explore les relations ou on les vérifie.

À l'étape de l'*exploration des relations*, le cadre conceptuel est plus souvent utilisé que le cadre théorique. Rappelons que ces études ont pour objet de clarifier les

EXEMPLE 6.1
Le cadre conceptuel d'une étude descriptive

Quelles sont les répercussions physiques et psychologiques du VIH/sida sur les personnes infectées ?

Dans le cadre d'un mémoire de maîtrise, Mcline-Senosier (1996) a mené une étude descriptive qui avait pour but de déterminer les répercussions physiques et psychologiques de l'infection par le VIH. Le problème défini par la chercheure est que l'infection fragilise les individus sur le plan physique au point de les forcer à réduire leurs activités et de compromettre leur santé mentale. La chronicité fait du sida une maladie débilitante. Selon les études sur les répercussions physiques et psychologiques du sida qui ont été consultées, trois variables paraissent constamment attachées à cette maladie : la détresse psychologique, le soutien social et la qualité de vie. La détresse psychologique se manifeste de la même façon que le deuil : on note entre autres de la colère, de la négation, de la dépression et de la culpabilité. Le système de santé se préoccupe d'offrir un soutien social : on veut amener les individus à s'occuper eux-mêmes de leur bien-être et, pour ce faire, on fait appel à leurs ressources personnelles ainsi qu'à celles de leur entourage. La qualité de vie est

affectée sur plusieurs plans : personnel, familial et social. Les concepts de détresse psychologique, de soutien social et de qualité de vie ont été réunis en raison de leurs rapports avec le problème de recherche. Ce réseau de concepts solidaires représente le cadre conceptuel sur lequel s'appuie cette étude pour décrire les manifestations physiques et psychologiques du sida.

Chacun de ces concepts comporte un certain nombre de dimensions qui sont prises en compte dans les méthodes de collecte des données afin de présenter un profil descriptif exhaustif des personnes atteintes du sida. Le cadre conceptuel a servi à énoncer le but (décrire les manifestations de détresse psychologique en rapport avec le soutien social et la qualité de vie, etc.) et les questions de recherche, et à choisir les instruments de mesure qui seront utilisés. Dans l'interprétation des résultats observés pour chacune des variables, on se réfère au cadre conceptuel ainsi qu'aux études portant sur le sujet. Les relations entre ces variables pourraient éventuellement faire l'objet d'une recherche descriptive corrélationnelle.

---

concepts et d'établir des relations entre eux. Comme la théorie est encore à l'état d'ébauche, il est impossible de prédire des relations entre les concepts même si ces derniers sont bien définis. À l'aide d'un modèle conceptuel ou des écrits sur les variables à étudier, une explication sommaire est élaborée sur l'action qui pourrait se produire entre les variables. Dans l'étude effectuée par Nesbitt et Heidrich (2000), présentée à l'exemple 6.2, un modèle de stress et de *coping* a été utilisé comme cadre conceptuel.

Dans la *vérification de relations d'association entre des variables,* il est essentiel que les études soient pourvues d'un cadre théorique étant donné que les concepts en jeu ont été solidement étayés dans les études antérieures et qu'il s'agit maintenant de prédire des relations d'association et de les expliquer. La prédiction doit prendre appui sur un cadre théorique pour qu'il soit ensuite possible d'expliquer pourquoi les variables agissent l'une sur l'autre. Puisque ces études se basent sur les résultats d'études réalisées au niveau de recherche précédent, on sait déjà qu'il existe des relations entre les variables et il est maintenant possible de prédire l'action des variables, d'expliquer la direction ainsi que la force des relations. L'exemple 6.3 présente le cadre théorique utilisé par Blue, Wilbur et Martson-Scott (2001).

EXEMPLE 6.2
Cadre conceptuel d'une exploration des relations

*Quelles sont les relations entre la santé physique, le sens de la cohérence (*sense of coherence), *l'évaluation de la maladie et la qualité de vie chez un groupe de femmes âgées ?*

Nesbitt et Heidrich (2000) ont réalisé une étude descriptive corrélationnelle dans le but d'établir des relations entre la santé physique, le sens de la cohérence, l'évaluation de la maladie et la qualité de vie chez un groupe de femmes âgées. Étant donné que le nombre de personnes âgées augmente constamment et que celles-ci ont au moins une affection chronique, les auteurs ont voulu apprécier leur qualité de vie à long terme et savoir pourquoi certaines d'entre elles se portent bien en dépit de problèmes de santé physique. Dans leur étude, les auteurs ont adopté le modèle *Salutogenic* d'Antonovsky (1993), un modèle de stress et de *coping*. Ce modèle tente d'expliquer pourquoi les individus restent en santé. Le sens

de la cohérence, élément central du modèle, est considéré comme une disposition de la personnalité et il a été associé à l'évaluation de stresseurs tels que la maladie, à l'utilisation de stratégies de *coping* et à la santé positive. Trois conditions liées au sentiment de confiance militent pour l'utilisation du *coping*.

En se fondant sur les concepts définis dans le modèle et sur les études publiées sur le sujet, les auteurs ont énoncé les relations suivantes : la santé physique limitée est étroitement liée à la qualité de vie ; le sens de la cohérence et l'évaluation de la santé jouent un rôle de médiateurs : les femmes qui ont un sens de la cohérence marqué et qui ont une attitude positive face à leur maladie ont une meilleure qualité de vie en dépit de leurs problèmes de santé. Les résultats obtenus vont dans le sens des relations qui ont été établies. Une vérification des relations permettrait de déterminer la nature de celles-ci.

EXEMPLE 6.3
Cadre théorique de l'explication des relations d'association

Quelle est l'influence des prédicteurs cognitifs sur la détermination des cols bleus à faire de l'exercice physique et à rendre compte de leurs efforts en ce sens ?

Blue et autres (2001) ont mené une étude corrélationnelle qui avait pour but de déceler les prédicteurs cognitifs de la détermination de cols bleus à faire de l'exercice physique et à rendre compte de leurs efforts en ce sens. Ils constatent que, malgré les bienfaits reconnus de l'activité physique régulière sur la santé, il y a encore trop peu d'individus qui suivent des programmes d'exercice. Deux autres études portant sur le sujet ont observé que les personnes plus instruites et plus riches que les cols bleus font plus d'activité physique que ces derniers.

La théorie du comportement planifié (Ajzen, 1991) a fourni le cadre théorique permettant de déterminer

l'influence de l'attitude des cols bleus envers l'activité physique, de la norme subjective et de la perception du contrôle qu'ils exercent par rapport à leur intention de faire de l'exercice physique sur leur motivation à s'engager dans un programme d'activité physique. Ce modèle théorique a été testé à l'aide d'hypothèses et les résultats démontrent la capacité de la théorie du comportement planifié à prédire la pratique de l'exercice physique. Toutefois, les auteurs concluent que le modèle théorique devrait être testé de nouveau et amélioré, car il importe selon eux de découvrir les facteurs les plus susceptibles de prédire le comportement des travailleurs relativement à l'exercice dans leurs milieux de travail.

La prédiction et le contrôle

Dans la vérification des relations causales, on introduit une intervention dans la situation de recherche et on la manipule afin de vérifier son effet sur d'autres variables. Comme il s'agit de vérifier des hypothèses portant sur des relations de cause à effet, les études s'appuient, tout comme au niveau précédent, sur un cadre théorique pour prédire l'effet d'une variable sur au moins une autre variable. Il s'agit d'expliquer pourquoi la variable indépendante X, qui est l'intervention ou le traitement, est présumée produire tel effet sur la variable dépendante Y. L'exemple 6.4 présente un extrait d'une étude ayant pour but d'évaluer les effets de deux interventions (Côté et Pepler, 2002).

EXEMPLE 6.4
Cadre théorique de l'explication des relations de causalité

Quels sont les effets de deux interventions psychosociales sur la capacité de personnes séropositives hospitalisées à acquérir des habiletés cognitives de coping *et à exprimer leurs émotions ?*

Dans une étude expérimentale, Côté et Pepler (2002) ont comparé les effets de deux interventions psychosociales sur la capacité des personnes séropositives hospitalisées à acquérir des habiletés cognitives de *coping* et à exprimer des émotions. Le constat à l'origine de l'étude était que les personnes séropositives ayant contracté le sida vivent en général plus longtemps et que des interventions peuvent contribuer à améliorer leur qualité de vie. Les deux interventions ont été développées à partir d'un cadre théorique constitué d'un modèle et de deux théories. Afin de vérifier l'effet des deux interventions (variables indépendantes) sur les habiletés de *coping* et l'expression des émotions (variables dépendantes), les auteures

ont construit un modèle théorique constitué : 1) du modèle de McGill (Gottlieb et Rowat, 1987), qui a pour but d'amener les malades à se doter de stratégies de *coping*; 2) de la théorie du stress et du *coping* de Lazarus et Folkman (1984), comme base théorique au processus de *coping* et 3) de la théorie cognitive de Beck (1993), pour expliquer la variabilité des émotions (l'humeur). Les auteures ont formulé des hypothèses pour vérifier de façon empirique dans quelle mesure les deux interventions basées sur un modèle théorique avaient les effets escomptés. Il ressort que les deux interventions ont eu des effets bénéfiques sur la maîtrise des émotions en période d'exacerbation des symptômes chez les personnes des deux groupes expérimentaux. Comme les hypothèses se sont confirmées, on a pu conclure à la validité du modèle théorique.

6.6 Les éléments à prendre en compte dans l'élaboration d'un cadre de référence

Pour construire le cadre de référence, on part de théories existantes, de modèles conceptuels plus ou moins définis, ou d'une synthèse des écrits ayant rapport avec le problème de recherche. Le cadre de référence est plus facile à élaborer quand il s'appuie sur une connaissance approfondie du phénomène à étudier. En l'absence de connaissances suffisantes, l'examen des multiples éléments nécessaires à la compréhension du phénomène peut conduire à définir des concepts qui permettent d'établir un cadre conceptuel convenant aux études descriptives.

Pour établir un cadre de référence théorique ou conceptuel, il faut : 1) définir les concepts dans le contexte de l'étude ; 2) les lier les uns aux autres par le moyen de propositions et 3) représenter les rapports entre les énoncés de relations à l'aide d'un diagramme. Le cadre de référence décrit ou analyse les concepts de manière à fournir une base de raisonnement à l'étude à réaliser.

Lorsqu'il s'agit de définir les concepts, il faut se rappeler que les concepts sont choisis en fonction de leurs rapports avec le problème de recherche. Les concepts émergent du problème et servent de tremplin aux variables spécifiques qui s'en dégagent pour mieux décrire ou examiner les relations. Chaque concept inclus dans le cadre de référence doit être défini de façon conceptuelle en prenant appui sur les théories existantes ou sur les définitions utilisées dans les travaux de recherche (Burns et Grove, 2001). Une définition conceptuelle reflète la théorie ou le modèle conceptuel qui est adopté. S'il n'existe pas de théories ou de modèles conceptuels, le chercheur peut faire une recension des écrits sur le sujet d'étude ou consulter des ouvrages ou des articles traitant de l'élaboration des échelles de mesure des concepts. La recension des écrits est un élément essentiel à la signification des concepts d'une étude. En effet, les écrits antérieurs renseignent sur la manière dont d'autres auteurs ont spécifié et étudié un phénomène. Le fait de connaître ce qui a déjà été écrit sur tels concepts et de quelle manière ils ont été étudiés peut faciliter la définition des concepts.

Tous les concepts doivent être liés par des énoncés de relations. Les énoncés de relations peuvent être pris dans des travaux théoriques ou émis par le chercheur en vue d'un examen ultérieur. Une telle démarche exige une brève explication des énoncés fondés sur des travaux théoriques et empiriques. Dans l'élaboration d'un cadre théorique, il s'agit de tirer d'une théorie existante des énoncés de relations particuliers en retenant uniquement la partie de la théorie qui traite de relations entre deux concepts ou plus. Ces énoncés de relations peuvent être représentés à l'aide d'un diagramme. Un diagramme résume et intègre parfois mieux ce qui est connu sur un phénomène qu'une longue explication. Burns et Grove (2001) distinguent un certain nombre d'étapes dans le processus d'extraction des énoncés de relations. Elles suggèrent entre autres :

- d'isoler la partie de la théorie qui traite de relations entre deux concepts ou plus ;
- de formuler en une phrase un énoncé de relations qui s'inspire de la partie de la théorie qui a été retenue ;
- de représenter sous forme de diagramme l'énoncé de relations en mettant en évidence les concepts ;
- de répéter les opérations précédentes pour tout nouvel énoncé ;
- de veiller à ce que tous les énoncés de relations soient inscrits dans un diagramme.

L'établissement de rapports entre les différents énoncés représentés devrait aider à mieux comprendre la théorie.

Dans l'élaboration du diagramme, il est important de prendre en compte certains éléments tels que la formulation du problème, les concepts et leurs définitions, les aspects théoriques et empiriques de la recension des écrits, les énoncés de relations entre les concepts et les aspects théoriques qui sous-tendent les relations présumées. Le diagramme permet d'expliquer les concepts qui sont mis en relation ou ceux qui contribuent à l'explication. On utilise une flèche pour indiquer la direction de la relation entre deux concepts. Chaque lien exprimé par une flèche représente un énoncé de relations explicité dans le cadre de référence. Dans l'élaboration du cadre conceptuel, les concepts et les sous-concepts peuvent également être mis en relation à l'aide d'une illustration graphique. Dans l'étude descriptive simple, les concepts et sous-concepts sont présentés selon les rapports qu'ils ont entre eux.

La figure 6.1 présente sous forme de graphique les rapports susceptibles d'être établis, au cours de l'élaboration du cadre conceptuel, entre les trois concepts de l'étude descriptive qui ont été considérés dans l'exemple 6.1, à savoir la détresse psychologique, la perception du soutien social et la perception de la qualité de vie des personnes atteintes du sida. On peut déduire de ce graphique que les caractéristiques sociodémographiques peuvent influer sur la valeur des trois variables et qu'il est possible d'établir des relations entre ces dernières. Le point d'interrogation au milieu des flèches indique cette possibilité.

La figure 6.2 illustre la direction des relations entre les concepts. Dans leur étude visant à déterminer ce qui incite (prédicteurs cognitifs) les travailleurs à faire de l'exercice physique, Blue et autres (2001) ont eu recours à la théorie du comportement planifié d'Ajzen pour expliquer la décision de faire de l'exercice physique. La théorie fournit un cadre qui permet d'expliquer le rôle que jouent l'attitude, les normes sociales et la perception du contrôle dans la décision de suivre un programme d'activité (comportement). Les flèches bidirectionnelles indiquent que les variables « attitude », « norme » et « contrôle » sont solidaires les unes des autres et que chacune d'elles influe sur la variable « intention », laquelle agit directement sur le comportement. Notons que la variable « contrôle » agit aussi directement sur le comportement.

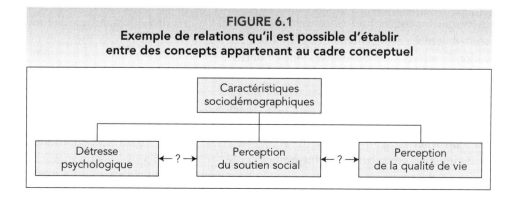

FIGURE 6.1
**Exemple de relations qu'il est possible d'établir
entre des concepts appartenant au cadre conceptuel**

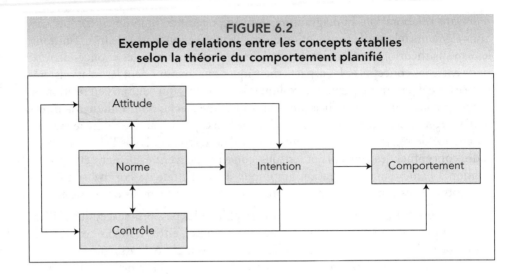

FIGURE 6.2
Exemple de relations entre les concepts établies selon la théorie du comportement planifié

En résumé, dans l'élaboration du cadre de référence, les concepts doivent être définis de façon claire, et leur définition doit s'appuyer sur une théorie ou un modèle déterminé. Tous les concepts contenus dans une étude doivent être liés les uns aux autres afin qu'il soit possible, dans la suite de la recherche, d'examiner et de vérifier les relations qu'ils ont entre eux.

6.7   L'examen critique du cadre de référence

L'examen du cadre de référence a pour but d'apprécier la valeur des énoncés théoriques ou conceptuels qui servent de base à la recherche et de rechercher les lacunes et les incohérences. On peut souvent trouver dans les articles portant sur le sujet d'étude des précisions sur la manière dont les chercheurs utilisent un cadre théorique ou conceptuel. Il est souvent difficile à quelqu'un qui est peu familiarisé avec les théories et les modèles conceptuels de faire la critique des aspects théoriques ou conceptuels d'un rapport de recherche (article, thèse, mémoire de maîtrise). L'encadré 6.1 présente une liste de questions qu'il est possible de se poser pour évaluer les aspects théoriques ou conceptuels d'un rapport de recherche.

En somme, il s'agit de déterminer au préalable si on est en présence d'un cadre théorique ou conceptuel. Si ce n'est pas le cas, il y a lieu de se demander si l'étude contribuera à l'avancement des connaissances sur le sujet. Si l'étude présente un cadre de référence, on s'assurera que ce dernier est approprié et qu'il peut s'appliquer dans les différentes étapes de la recherche. L'examen peut porter sur la convenance du cadre de référence au regard du problème de recherche. Comment le chercheur justifie-t-il le choix du cadre de référence ? Les questions de recherche et les hypothèses découlent-elles de la théorie ? Les résultats tendent-ils à confirmer ou à infirmer la théorie ? Entrent-ils en contradiction avec le modèle ou le cadre théorique ou conceptuel ? Interprète-t-on les résultats d'après les données du cadre de référence ?

ENCADRÉ 6.1
Questions permettant de faire un examen critique des cadres conceptuel et théorique

1. L'étude définit-elle de façon explicite un cadre théorique ou conceptuel ? Si oui, ce cadre vous semble-t-il approprié au but de l'étude, qui est soit de décrire, soit d'expliquer un phénomène ?
   Le cadre de référence est-il basé sur une théorie déterminée ? Un autre cadre de référence conviendrait-il davantage ?

2. Le cadre de référence qui a été adopté permet-il de mieux saisir le phénomène qui fait l'objet de l'étude ?

3. L'étude définit-elle suffisamment le cadre de référence pour qu'il soit possible de comprendre la démarche théorique suivie par l'auteur ?

4. Les concepts clés qui ont rapport avec le cadre théorique ou conceptuel sont-ils définis clairement ?

5. Le cadre théorique ou conceptuel reflète-t-il les connaissances actuelles ?

6. Les questions de recherche ou les hypothèses découlent-elles logiquement du cadre théorique ou conceptuel ? Sont-elles clairement énoncées ?

7. Les résultats de l'étude sont-ils mis en relation avec le cadre de référence et interprétés en se référant à celui-ci ?

8. Le cadre théorique ou conceptuel traite-t-il d'un phénomène qui est d'un intérêt majeur pour la discipline ?

6.8   Exemples de modèles et de théories

Pour terminer, nous présentons au tableau 6.2 une liste de théories et de modèles utilisés dans la recherche dans les domaines psychosocial et de la santé. On remarquera que les théories ne sont pas toutes de même niveau.

TABLEAU 6.2
Exemples de modèles et de théories

- Le modèle des croyances en matière de santé (*health belief model*) : Becker, 1974, 1978.
- Le modèle de promotion de la santé (*health promotion model*) : Pender, 1987 ; Pender et Pender, 1996.
- Le modèle d'adaptation de Roy (*Roy's adaptation model*) : Roy et Andrews, 1991.
- Le modèle d'autosoins (*self-care conceptual framework*) : Orem, 1995.
- Le modèle de McGill (*McGill model*) : Gottlieb et Rowat, 1987.
- Le modèle du changement (*readiness-to-change model*) : Proschaska et DiClemente, 1986.
- Le modèle d'apprentissage (*PRECEDE*) : Green et autres, 1980.
- Le modèle de la qualité de vie (*model of quality of life*) : Ferrans, 1997.

- La théorie du stress et du *coping* (*theory of stress and coping*) : Lazarus et Folkman, 1984.
- La théorie du *coping* de Jalowiec (*Jalowiec coping scale*) : Jalowiec et Powers, 1981.
- La théorie du foyer de contrôle (*locus of control theory*) : Rotter et autres, 1962.
- La théorie de l'apprentissage social (*social learning theory*) : Bandura, 1986.
- La théorie de l'auto-efficacité (*self-efficacy theory*) : Bandura, 1977.

➤

TABLEAU 6.2 (*suite*)
Exemples de modèles et de théories

- La théorie transculturelle (*theory of transcultural nursing*) : Leininger, 1978.
- La théorie de l'action raisonnée (*theory of reasoned action*) : Ajzen et Fishbein, 1980.
- La théorie du comportement planifié (*theory of planned behaviour*) : Ajzen, 1991 ; Godin et Kok, 1996.
- La théorie de l'attachement mère-enfant (*theory of maternal-infant attachment*) : Walker, 1992.
- La théorie de la famille (*family theory*) : McCubbin et Patterson, 1983.
- La théorie de la douleur (*pain theory*) : Melzack et Wall, 1984.
- La théorie de la hardiesse (*hardiness theory*) : Kobasa, 1979.
- La théorie du deuil (*bereavement theory*) : Kübler-Ross, 1970.
- La théorie de l'incertitude (*uncertainty in illness theory*) : Mishel, 1988, 1990.
- La théorie de la motivation (*motivation and personality theory*) : Maslow, 1970.
- La théorie de la violence (*Walker's theory of violence*) : Walker, 1979.
- La théorie du rôle (*role theory*) : Biddle, 1978 ; Payne, 1988.
- La théorie cognitive (*cognitive theory*) : Beck, 1993.
- Le concept d'anxiété (*state-trait anxiety inventory*, ou STAI) : Spielberger et autres, 1970.

Résumé

Le cadre de référence se définit comme ce qui délimite l'utilisation des concepts dans une étude. C'est une structure constituée d'une ou plusieurs théories complémentaires ou de concepts solidaires réunis ensemble en raison de leurs rapports avec le problème de recherche à définir et à délimiter. Les éléments qui entrent d'une façon ou d'une autre dans la structure du cadre de référence sont les concepts, les énoncés de relations, les modèles conceptuels et les théories. Les concepts sont les éléments de base qui servent à exprimer les pensées, les idées, les notions abstraites. Les énoncés de relations sont des propositions générales ou particulières qui établissent des relations entre les variables. Les modèles conceptuels sont plus abstraits que les théories et constituent des entités plus larges en ce qu'ils tentent d'expliquer globalement des phénomènes. Par conséquent, ils ne peuvent être vérifiés empiriquement, contrairement aux théories. Tout comme les théories, les modèles comportent des concepts, des définitions et des énoncés de relations. Les théories sont formées d'un ensemble de concepts, de définitions et de propositions qui permettent de comprendre un phénomène et qui peuvent être utilisés pour le décrire, l'expliquer ou le prédire.

Les théories diffèrent les unes des autres selon l'étendue des faits qu'elles visent à expliquer et l'application qu'on peut en faire. On distingue les théories descriptives, qui servent à décrire des phénomènes, et les théories explicatives, qui ont pour but de les expliquer. Les théories servent à ordonner les connaissances et à guider la recherche. La théorie range dans un ordre logique un ensemble épars de faits et d'observations qui, considérés isolément, n'auraient aucune signification. Elle guide la recherche en ce qu'elle fournit un cadre théorique qui donne une direction déterminée à la recherche, la situe dans un contexte précis qui détermine la description ou l'explication des relations entre des concepts.

Le cadre de référence peut être conceptuel ou théorique. Le cadre théorique procède d'une théorie, il constitue une brève explication des relations entre les concepts. Le cadre conceptuel, quant à lui, constitue une brève explication d'un ensemble de concepts tirés d'études déjà publiées ou de modèles conceptuels. Le cadre de référence, qu'il soit théorique ou conceptuel, doit être bien structuré et intégré au problème de recherche et à l'ensemble du processus de la recherche. Il doit refléter l'état des connaissances ou les niveaux de recherche selon qu'il s'agit de décrire, d'expliquer ou de prédire des phénomènes. Le cadre théorique ou conceptuel joue un rôle essentiel dans le processus de la recherche en ce qu'il établit un pont entre les aspects conceptuels de l'étude et les aspects opérationnels. Pour élaborer un cadre théorique ou conceptuel, il faut d'abord définir avec précision les concepts et préciser leurs relations mutuelles. Les diagrammes sont utiles pour montrer les relations entre les concepts.

Mots clés

Cadre conceptuel	Description	Modèle théorique
Cadre de référence	Énoncé de relations	Prédiction
Cadre théorique	Explication	Proposition
Concept	Exploration de relations	Structure
Contrôle	Modèle conceptuel	Théorie

Exercices de révision

1. Quels sont les principaux éléments du cadre de référence ?

2. Parmi les énoncés suivants, lequel correspond à la définition du concept ? Encerclez la lettre qui est en regard de la réponse choisie.

   a. Représentation graphique et symbolique d'une idée abstraite

   b. Observation empiriquement observable

   c. Idée générale qui tire son origine de la description de phénomènes

3. Lisez l'histoire suivante et répondez aux questions posées.

   Une intervenante du Service de protection de la jeunesse a dû procéder au déplacement temporaire d'une fillette de sept ans que son père avait agressée sexuellement. La mère, après bien des hésitations, avait déposé une plainte et on attendait la décision du tribunal pour éloigner le père, qui niait tout, refusait de s'éloigner, prétendait que sa femme et sa fille étaient deux menteuses et menaçait sa fille. L'intervenante avait été elle-même l'objet de menaces de la part du père et elle n'en avait pas d'abord tenu compte. Un soir, à la sortie du bureau, elle sent qu'on la suit. Arrivé dans un endroit peu passant, le père poursuit l'intervenante, la rattrape, la frappe à la tête avec son poing et lui dit : « Tu me paieras ça, toi. » L'intervenante est une de vos amies et vous raconte l'histoire : « Depuis ce temps-là [l'incident a eu lieu une semaine plus tôt] je suis en état de choc. » Vous lui demandez : « Comment cet état se traduit-il ? » Elle répond : « Tu vois, quand j'en parle, je tremble encore. Je me retourne dans la rue pour voir si on me suit. J'ai l'impression que tous les bénéficiaires que je reçois vont m'attaquer. Pourtant, tu me connais, je ne suis pas une fille craintive, d'habitude. »

   ---

   a. Quel concept clé cette histoire met-elle en évidence ?

   b. Quels sont les faits et les sentiments décrits qui reflètent les manifestations du concept ?

4. Lequel des énoncés suivants correspond à une définition de la théorie ? Encerclez la lettre en regard de la réponse choisie.

   a. Ensemble de concepts multidimensionnels liés entre eux qui permettent d'expliquer globalement des phénomènes.

   b. Ensemble d'idées générales et d'abstractions qui servent à décrire des faits ou des événements.

   c. Ensemble de concepts étroitement liés entre eux qui forment des propositions servant à expliquer et à prédire des phénomènes.

   d. Ensemble de postulats, de principes philosophiques et méthodologiques qui favorisent le développement de la connaissance.

5. Les théories remplissent deux buts principaux. Quels sont ces buts?

6. Qu'est-ce qu'un cadre conceptuel et à quoi sert-il en recherche?

7. Qu'est-ce qu'un cadre théorique et à quoi sert-il en recherche?

8. Pour chacune des questions de recherche suivantes, indiquez une théorie ou un modèle conceptuel qui pourrait être utilisé comme cadre de référence.

a. Quelles sont les stratégies adaptatives mises en œuvre pour annoncer aux parents que leur enfant nouveau-né est trisomique?

b. Quels sont les facteurs liés à la prise en charge par les personnes diabétiques de leur traitement?

c. Quels sont les facteurs qui favorisent l'activité physique chez des personnes sédentaires suivant un programme de promotion de la santé?

d. Quels sont les effets d'un programme d'information sur la capacité des personnes asthmatiques à reconnaître les facteurs qui provoquent l'asthme?

Références bibliographiques

Ajzen, I. (1991). «The theory of planned behaviour», *Organizational Behaviour and Human Decision Processes, 50,* p. 179-211.

Ajzen, I. et Fishbein, M. (1980). *Understanding Attitudes and Predicting Social Behavior*, Englewood Cliffs (N.J.), Prentice Hall.

Antonovsky, A. (1993). «The structure and properties of the Sense of Coherence Scale», *Science and Medicine, 36,* p. 725-733.

Bandura, A. (1977). «Toward a unifying theory of behavioural change», *Psychological Review, 84,* p. 191-215.

Bandura, A. (1986). *Social Foundations of Thought and Action: A Social Cognitive Theory*, Englewood Cliffs (N.J.), Prentice Hall.

Bandura, A. (1997). *Self-Efficacy Theory: The Exercise of Control*, New York, Freeman.

Beaulieu, D., Godin, G., Valois, P. et Martin, S. (2000). «Qu'est-ce qui porte les adultes hétérosexuels à utiliser le condom?», *L'infirmière du Québec*, janvier/février, p. 27-34.

Beck, A.T. (1993). «Cognitive therapy: Past, present and future», *Journal of Consulting and Clinical Psychology, 61*(2), p. 194-198.

Becker, M.H. (1974). «The health belief model», *Health Education Monographs, 12,* p. 409-419.

Becker, M.H. (1978). «The health belief model», *Nursing Digest, 6,* p. 35-40.

Biddle, B.J. (1978). *Role Theory: Expectations, Identities, and Behavior*, New York, Academic Press.

Blue, C.L., Wilbur, J. et Martson-Scott, M.V. (2001). «Exercise among blue-collar workers: Application of the theory of planned behaviour», *Research in Nursing and Health, 24,* p. 481-493.

Burns, N. et Grove, S.K. (2001). *The Practice of Nursing Research: Conduct, Critique, and Utilization*, 4ᵉ éd., Toronto, W.B. Saunders.

Chinn, P.L. et Kramer, M. (1999). *Theory and Nursing: Integrated Knowledge Development*, 5ᵉ éd., St. Louis, Mosby.

Côté, J. et Pepler, C. (2002). «A randomized trial of a cognitive coping intervention for acutely ill HIV-positive men», *Nursing Research, 15*(4), p. 237-244.

Ducharme, F., Pérodeau, G. et Trudeau, D. (2000). «Perceptions, stratégies adaptatives et attentes des femmes âgées aidantes familiales dans la perspective du virage ambulatoire», *Revue canadienne de santé mentale, 19*(1), p. 79-103.

Fawcett, J. (1995). *Analysis and Evaluation of Conceptual Models of Nursing*, 3ᵉ éd., Philadelphie, F.A. Davis.

Fawcett, J. et Downs, F.S. (1992). *The Relationship of Theory and Research*, 2ᵉ éd., Philadelphie, F.A. Davis.

Ferrans, C.E. (1997). «Development of a conceptual model of quality of life», dans A.C. Gift (dir.), *Clarifying Concepts in Nursing Research*, New York, Springer.

Gauthier, B. (2000). *Recherche sociale: de la problématique à la collecte des données*, Québec, Presses de l'Université du Québec.

Godin, G. et Kok, G. (1996). «The theory of planned behavior: A review of its applications to health-related behaviors», *American Journal of Health Promotion, 11*(2), p. 289-300.

Gottlieb, L.N. et Rowat, K. (1987). «The McGill model of nursing: A practice-derived model», *Advances in Nursing Science, 9*(4), p. 51-61.

Goulet, I. (1999). *Qualité de vie de patients dans le contexte d'un remplacement valvulaire*, mémoire de maîtrise, Montréal, Université de Montréal.

Gratton, F. et Bouchard, L. (2001). «Comment les adolescents vivent le suicide d'un jeune ami : une étude exploratoire», *Santé mentale au Québec, XXVI,* 2, p. 203-236.

Green, L.W., Kreuter, M.W., Deeps, S.G. et Partridge, K.B. (1980). *Health Education Planning : A Diagnostic Approach,* Palo Alto (Calif.), Mayfield.

Jalowiec, A. et Powers, M. (1981). «Stress and coping in hypertensive and emergency room patients», *Nursing Research, 30,* p. 10-15.

Kerlinger, F.N. (1986). *Foundations of Behavioral Research,* 3e éd., New York, Holt, Rinehart & Winston.

Kobasa, S.C. (1979). «Stressful life events, personality and health : An inquiry into hardiness», *Journal of Personality and Social Psychology,* p. 1-11.

Kübler-Ross, E. (1970). *On Death and Dying,* New York, Macmillan.

Lazarus, R.S. et Folkman, S. (1984). *Stress, Appraisal and Coping,* New York, Springer.

Leininger, M. (1978). *Transcultural Nursing,* New York, Wiley.

LoBiondo-Wood, G. et Haber, J. (2002). *Nursing Research : Methods, Critical Appraisal, and Utilization,* 5e éd., Toronto, The C.V. Mosby Company.

McBurney, D.H. (1998). *Research Methods,* 4e éd., Boston, Brooks/Cole Publishing.

McCubbin, H. et Patterson, J. (1983). «The family stress process : The double ABCX model of adjustment and adaptation», *Marriage and Family Review, 6*(1-2), p. 7-37.

Mace, G. (1988). *Guide d'élaboration d'un projet de recherche,* Québec, Les Presses de l'Université Laval.

Mace, G. et Pétry, F. (2000). *Guide d'élaboration d'un projet de recherche,* Québec, Les Presses de l'Université Laval.

Mcline-Senosier, M. (1996). *Détresse psychologique, soutien social et qualité de vie de la relation soigné-soignant dans l'infection par le VIH/Sida,* mémoire de maîtrise, Montréal, Université de Montréal.

Maslow, A.H. (1970). *Motivation and Personality,* 2e éd., Londres, Harper and Row.

Melzack, R. et Wall, P.D. (1984). *The Challenge of Pain,* Suffolk (G.-B.), Chaucer Press.

Mishel, M.H. (1988). «Uncertainty and stress in illness», *Image : Journal of Nursing Scholarship, 20,* p. 225-232.

Mishel, M.H. (1990). «Reconceptualization of the uncertainty in illness theory», *Image : Journal of Nursing Scholarship, 22,* p. 256-262.

Nation, J.R. (1997). *Research Methods,* Upper Saddle River (N.J.), Prentice Hall.

Nesbitt, B.J. et Heidrich, S.M. (2000). «Sense of coherence and illness appraisal in older women's quality of life», *Research in Nursing and Health, 23,* p. 25-34.

Norwood, S.L. (2000). *Research Strategies for Advanced Practice Nurses,* Upper Saddle River (N.J.), Prentice Hall Health.

Orem, D. (1995). *Nursing : Concepts of Practice,* 5e éd., New York, McGraw-Hill.

Parent, N. et Fortin, F. (2000). «A randomized controlled trial of vicarious experience through peer support for male first-time cardiac surgery patients : Impact on anxiety, self-efficacy expectation, and self-reported activity», *Heart and Lung, 29*(6), p. 389-400.

Payne, M.B. (1988). «Utilizing role theory to assist the family with sudden disability», *Rehabilitation Nursing, 13,* p. 191-194.

Pender, N. (1987). *Health Promotion in Nursing Practice,* 2e éd., Norwalk (Conn.), Appleton & Lange.

Pender, N. et Pender, A.R. (1996). *Health Promotion in Nursing Practice,* 3e éd., Norwalk (Conn.), Appleton-Lange.

Polit, D.F. et Beck, C.T. (2004). *Nursing Research : Principles and Methods,* 7e éd., Philadelphie, J.B. Lippincott.

Polit, D.F., Beck, C.T. et Hungler, B.P. (2001). *Essentials of Nursing Research : Methods, Appraisal and Utilization,* 5e éd., Philadelphie, J.B. Lippincott.

Proschaska, J.O. et DiClemente, C.C. (1986). *Toward a Comprehensive Model of Change,* New York, Plenum.

Rotter, J. et autres (1962). «Internal versus external control of reinforcement : A major variable in behavior theory», dans N. Washburn (dir.), *Decisions, Values and Groups,* New York, Pergamon Press, p. 473-516.

Roy, C. et Andrews, H. (1991). *The Roy Adaptation Model : The Definitive Statement,* Norwalk (Conn.), Appleton & Lange.

Spielberger, C.D., Gorsuch, R.L. et Lushene, R.E. (1970). *The State Trait Anxiety Inventory,* Palo Alto (Calif.), Consulting Psychologists Press, p. 1-24.

Tremblay, R.R. et Perrier, Y. (2000). *Savoir plus : outils de travail intellectuel,* Montréal, Chenelière/McGraw-Hill.

Walker, L.E. (1979). *The Battered Woman,* New York, Harper and Row ; 2e éd. : 2000.

Walker, L.O. et Avant, K.C. (1995). *Strategies for Theory Construction in Nursing,* 3e éd., Norwalk (Conn.), Appleton & Lange.

Walker, P.O. (1992). *Parent-Infant Nursing Science : Paradigms, Phenomena, Methods,* Philadelphie, F.A. Davis.

Woods, N.F. et Catanzaro, M. (1988). *Nursing Research Theory and Practice,* Toronto, The C.V. Mosby Co.

La formulation du problème de recherche

Objectifs d'apprentissage

À la fin de ce chapitre, vous devriez
être en mesure :

1) de définir les éléments
   du problème de recherche ;

2) d'intégrer ces éléments dans
   la formulation du problème ;

3) de discuter de la manière de traiter
   le problème par écrit ;

4) de formuler ce dernier ;

5) de présenter une argumentation
   solide.

Vue d'ensemble

Les étapes précédant la formulation du problème de recherche ont été franchies. D'une part, la question de recherche a été énoncée et l'intérêt que présente le sujet d'étude pour l'avancement des connaissances a été considéré (chapitre 4). D'autre part, documentée à la suite d'une recension des écrits empiriques et théoriques (chapitres 5 et 6), la question de recherche sert maintenant de point de départ pour la formulation du problème de recherche. Pour pouvoir circonscrire le problème de recherche, il est nécessaire de dégager une question qui précise les concepts et la population qui fera l'objet de l'étude. Ce chapitre décrit les rapports entre la question de recherche et la formulation du problème et propose une démarche visant à dégager les éléments qui, coordonnés les uns aux autres, guideront le chercheur dans la rédaction du problème. Les différents éléments sont définis et illustrés à l'aide d'exemples de manière à montrer l'intégration progressive des éléments dans la formulation du problème de recherche.

L'étape de la formulation du problème est cruciale dans le processus de recherche. Elle se situe au centre de la phase conceptuelle, au cours de laquelle se précisent les décisions relatives à l'orientation et aux méthodes de la recherche. La formulation du problème de recherche nécessite la réunion d'un ensemble d'éléments qui, une fois ordonnés les uns aux autres, donneront une vue claire du problème.

7.1 De la définition de la question à la formulation du problème

Alors que le sujet d'étude a rapport au traitement d'un aspect particulier d'un domaine et que la question de recherche renvoie à l'orientation que l'on veut donner à la recherche, la formulation du problème a trait au regroupement et à l'analyse des différents éléments du problème. Dans la formulation du problème, on s'attache à répondre aux questions suivantes : Qu'est-ce qui est étudié ? À quel groupe d'individus l'étude s'intéresse-t-elle ? Pourquoi ce sujet est-il étudié ? Quel est l'état de la question ? Quelle solution de recherche propose-t-on ?

La question de recherche sert de base à la formulation du problème de recherche. Rappelons que la question de recherche a pour rôle de préciser les concepts clés et la population cible et aussi de suggérer une investigation empirique. Les *questions pivots* établissent le niveau de recherche en fonction d'une hiérarchie (voir le chapitre 4). Par ailleurs, de même que la question, la formulation du problème varie selon qu'il s'agit de décrire, d'expliquer ou de prédire des relations entre des concepts. La question de recherche peut contenir un seul concept, mais la plupart du temps, elle en comporte au moins deux et elle suppose alors l'exploration ou la vérification de relations entre les concepts.

Les éléments du problème

Pour arriver à une formulation la plus nette et la plus exacte possible, il importe de distinguer les éléments constitutifs du problème, celui-ci devant être considéré comme une entité complexe. Les éléments à prendre en compte sont les suivants :

1) l'exposé du sujet d'étude ou de la situation problématique ;

2) la présentation des données de la situation ;

3) la justification du point de vue empirique ;

4) la justification du point de vue théorique ;

5) la solution de recherche et la prévision des résultats.

Dans la formulation du problème, le chercheur présente son sujet d'étude et définit les principales caractéristiques de la population visée. Il décrit les éléments du problème et les données de fait, dégage une argumentation qui se fonde sur les informations théoriques et empiriques collectées et tente d'apporter une réponse à la question de recherche.

La formulation du problème

Le problème de recherche se formule par voie déductive. La formulation du problème a égard à la succession logique des éléments et aux relations entre ces derniers et les écrits auxquels on se réfère. On présente le sujet d'étude, on explique son importance, on résume les données de fait et les théories appliquées dans le domaine et on suggère une solution. Dans sa formulation du problème, le chercheur s'attache à démontrer l'utilité d'une étude empirique du problème de recherche pour l'avancement de la discipline. Il s'agit de persuader le lecteur que la question à examiner revêt une grande importance, qu'elle est d'actualité. Il faut pour ce faire présenter une solide argumentation.

L'élaboration d'une argumentation

Dans la formulation du problème de recherche, il est nécessaire d'argumenter puisqu'on doit convaincre le lecteur que la manière d'envisager le problème dont il est question est pleinement justifiée. L'argumentation permet de mettre en évidence les données du problème, de fournir des explications, de démontrer l'intérêt des faits observés, de faire ressortir les relations existant entre des idées et des faits, et de justifier la façon dont on aborde le problème de recherche. Usant des ressources de l'argumentation, le chercheur s'emploie à persuader le lecteur de l'importance de la recherche qu'il veut réaliser pour l'amélioration de la situation problématique. L'argumentation, selon Toussaint et Ducasse (1996, p. 10), « [...] est avant tout un acte de communication, que l'interlocuteur soit présent ou absent, réel ou imaginaire ».

> Argumenter, c'est convaincre le lecteur que la manière d'envisager le problème est pleinement justifiée.

Supposons que vous êtes débutant en recherche et que vous proposez, comme sujet d'étude, d'examiner les réactions des adolescentes à l'avortement thérapeutique. D'abord, on vous dira sans doute que c'est une bonne idée. Mais il se peut qu'on vous demande ensuite pourquoi vous voulez étudier ce phénomène. Vous répondez que vous travaillez dans le domaine de la santé communautaire et qu'il vous paraît intéressant de connaître les réactions des adolescentes. L'explication que vous fournissez est trop vague. Il eût été préférable que vous répondiez que vous travaillez dans le domaine de la santé communautaire, que vous avez l'impression que les adolescentes ne réagissent pas toutes de la même façon à l'interruption volontaire de grossesse et que vous croyez que certaines adolescentes ont des réactions de deuil avec les conséquences qui en découlent, alors que d'autres, par exemple, éprouvent au bout du compte un sentiment de soulagement. Vous justifiez votre idée en disant que vous voulez savoir si les réactions diffèrent d'une adolescente à l'autre et s'il existe des relations entre l'âge, l'expérience acquise, le milieu social, la personnalité, l'image de soi, etc., et aussi que l'étude pourrait vous aider à préciser votre approche en tant qu'intervenante. Votre argumentation est sans faille.

Votre manière de procéder est rationnelle, car vous vous basez sur vos observations personnelles, vous indiquez des pistes d'investigation, établissez des bases théoriques et empiriques pour justifier vos opinions et envisagez une utilisation des informations recueillies. Votre argumentation est solide parce que vous considérez les différents éléments du problème, que vous tentez de justifier votre démarche du point de vue empirique et théorique et que vous ébauchez une solution. L'argumentation consiste à étayer ce que l'on affirme sur un raisonnement logique (Brink et Wood, 2001 ; Tremblay et Perrier, 2000).

Types de questions et formulation

La manière de poser le problème varie suivant le type de question. Au niveau descriptif, la question inclut un concept (quoi, quel, etc.), comme dans la question suivante : « Quelles sont les stratégies d'adaptation mises en œuvre par les familles ayant un enfant autistique ? » Les études ayant un seul concept sont surtout entreprises quand les connaissances sur le sujet sont peu nombreuses ou que celui-ci est nouveau. Elles servent à définir les caractéristiques d'une population ou à faire une analyse qualitative d'un phénomène. Dans la formulation du problème, le chercheur décrit simplement les caractéristiques qu'il a dégagées et fait ressortir leur importance. Les concepts en jeu peuvent donner lieu à l'élaboration d'un cadre conceptuel.

La question de recherche peut avoir rapport à l'exploration ou à la vérification des relations entre des concepts. L'étude descriptive corrélationnelle vise à examiner des facteurs ainsi que les relations possibles entre eux : Existe-t-il une relation… ? Quels sont les facteurs associés… ? Dans la formulation du problème, le chercheur définit les concepts et envisage les relations qui peuvent les unir : « Quelles sont, chez les diabétiques, les croyances en matière de santé associées au *coping* et à l'assiduité au régime thérapeutique ? » Comme la question comporte plusieurs concepts, il est nécessaire d'indiquer quelles sont les différentes croyances exprimées en matière de santé et d'élaborer un cadre conceptuel permettant de mettre en rapport les concepts de *coping* et d'assiduité. En ce qui concerne la vérification des relations, appelée l'étude corrélationnelle, la question comporte moins de concepts que dans l'exploration des relations, car le chercheur a déjà déterminé les concepts dont il veut mesurer l'influence (Quelle est l'influence...?). La question suivante est typique d'une étude corrélationnelle : « L'espoir de guérison influe-t-il sur le rétablissement des malades atteints de cancer ? » S'appuyant sur un cadre théorique, le chercheur postule des relations entre ces deux concepts et prédit le degré d'influence d'une variable sur une autre.

La question de recherche peut aussi se rapporter à la prédiction de relations causales, laquelle suppose la conduite d'une étude expérimentale. Elle a alors rapport à la vérification des effets d'une variable indépendante sur des variables dépendantes : Quels sont les effets...? Quelle est l'efficacité...? La question peut être, par exemple, la suivante : « Quels sont les effets d'un programme d'automédication sur l'assiduité des personnes âgées à prendre leurs médicaments ? » La formulation du problème de recherche dans ce type d'étude est assez complexe, car il faut que les connaissances acquises en matière de vérification théorique des relations soient suffisamment solides pour qu'on puisse poser qu'une variable indépendante déterminée a modifié la variable dépendante. On doit s'appuyer sur une théorie ou un modèle théorique pour expliquer comment et pourquoi la variable indépendante est censée produire tel effet. Voyons maintenant plus en détail comment on formule le problème de recherche.

7.2   Le plan de rédaction du problème

Avant de commencer à rédiger le problème de recherche, le chercheur trie les idées et les met en ordre ; il élabore le plan du texte. Celui-ci comporte trois parties : l'introduction, le développement (ou corps de la composition) et la conclusion. L'introduction peut comporter des sous-sections comprenant un ou deux paragraphes ; le développement, qui est la partie principale, comporte un certain nombre de sections et de sous-sections divisées en paragraphes ; la conclusion, qui présente une synthèse, peut ne contenir aucune division. Le plan du texte résume aussi les principaux arguments apportés à l'appui de l'opinion qu'on défend.

Dans le plan de rédaction, on place chacun des éléments du problème dans la partie du texte qui convient le plus. Ainsi, l'énoncé du sujet d'étude fait partie de l'introduction. La description des données du problème et la justification au point de vue empirique et théorique ont leur place désignée dans le développement ; la conclusion résume les principaux points traités dans le texte et propose une solution au problème.

L'introduction

L'introduction informe le lecteur sur le contenu du texte. L'auteur place le sujet d'étude dans son contexte, souligne son importance et précise les raisons qui militent en faveur de l'étude du problème. Elle expose celui-ci ainsi que le plan.

Premier élément : l'exposé du sujet d'étude

On présente d'abord le sujet d'étude. Il est recommandé de placer au début une ou deux phrases qui introduisent le sujet. Les premières phrases sont déterminantes, car il importe de capter l'attention du lecteur et de le convaincre que le problème traité est important et qu'il vaut la peine de l'examiner. Par exemple, si on veut étudier un problème relatif à une maladie cardiovasculaire, il convient de renseigner brièvement le lecteur sur les diverses maladies cardiovasculaires et d'indiquer de quel domaine de connaissances relève le sujet. On rapporte ensuite dans cette section les observations et les faits immédiats liés au problème et on précise en quoi ils ont rapport avec ce dernier. On formule un certain nombre de questions relatives à la situation problématique. Il y a lieu aussi d'expliquer pourquoi cette question mérite d'être étudiée.

Quel est le problème à étudier ?

Quelle est l'origine de ce problème ?

Quels sont les faits observés ?

Comment les décrire ?

Pourquoi est-il important d'étudier ce problème ?

Le développement

Le développement porte sur trois éléments : les données de la situation problématique, les écrits recensés et le cadre théorique ou conceptuel. On ménage des transitions entre les diverses sections ou sous-sections de façon que celles-ci s'enchaînent logiquement les unes aux autres.

Deuxième élément : la présentation des données de la situation

Le deuxième élément a rapport à la description des éléments d'information nécessaires à la compréhension des différents aspects du problème. Les données de la situation sont les facteurs qui influent sur le problème. La définition des éléments du problème s'appuie sur les observations qui ont été faites et met en évidence la situation concrète en décrivant ce qui compose le problème et qui en fait partie (les personnes, le milieu, l'environnement, les politiques, etc.). En décrivant le problème, il faut montrer les conséquences possibles de la situation actuelle. On peut évoquer ici la perspective de sa discipline.

Quelles sont les données du problème ?

Quels sont les facteurs qui influent sur le problème ?

Quelles sont les personnes touchées par le problème ?

Quelles sont les conséquences de ce problème pour les personnes concernées ?

Troisième élément : la justification du point de vue empirique

Le troisième élément situe le problème par rapport aux connaissances actuelles. On indique ce que d'autres chercheurs ont écrit à propos de ce problème ou d'un problème analogue. Il convient de préciser en quoi le problème est actuel. La recension des écrits permet de documenter ce qui a été fait dans le passé et d'obtenir l'information qui appuiera ce que l'on cherche à démontrer. On compare les faits qu'on a soi-même observés avec ceux qui sont rapportés dans les publications. Les concordances et les divergences de vues entre les auteurs peuvent être relevées. La lecture de travaux antérieurs permet aussi de trouver des concepts ou des théories susceptibles d'être employés dans l'élaboration du cadre conceptuel ou théorique.

Qu'est-ce qui a été écrit sur le sujet?

Quelles relations a-t-on établies ou vérifiées?

Quels résultats a-t-on obtenus?

Quatrième élément: la justification du point de vue théorique ou conceptuel

Le quatrième élément consiste à préciser et à justifier l'approche théorique ou conceptuelle devant servir à décrire les différents concepts et à établir des relations entre les divers éléments du problème. Le chercheur indique comment il utilisera le cadre théorique ou conceptuel. Les modèles et les théories ont pour fonction de fournir un ensemble intégré de concepts et de relations. De plus, le chercheur est appelé à employer ou à élaborer lui-même un cadre conceptuel ou théorique qui lui permettra de justifier l'agencement des concepts qu'il désire faire et de leurs rapports avec le problème. Par exemple, supposons que l'on veuille étudier l'effet de la musique sur la diminution des problèmes liés au stress: on commencera par se renseigner sur les propriétés apaisantes de la musique ainsi que sur les divers problèmes liés au stress afin d'avoir une bonne idée de la réponse au stress et d'être en mesure de comprendre la théorie du stress, c'est-à-dire le cadre théorique, sur laquelle s'appuie l'étude. Comme on l'a vu, le cadre de référence est un ensemble intégré de concepts solidaires ou de théories complémentaires servant à structurer la description, l'explication ou la prédiction d'un phénomène. Il est essentiel de le prendre en compte.

Existe-t-il des théories ou des modèles qui expliquent l'émergence de ce problème?

Existe-t-il des théories ou des modèles qui permettent d'expliquer et de résoudre ce problème?

En quoi le cadre théorique peut-il expliquer la solution du problème?

La conclusion

La conclusion résume les principales étapes suivies et définit la solution de recherche proposée pour étudier le problème. Elle donne un aperçu des réponses aux questions posées et elle laisse entrevoir si les hypothèses formulées seront confirmées ou réfutées.

Cinquième élément: la solution proposée et les résultats prévus

Le cinquième et dernier élément résume ce qui a été dit jusqu'à présent et propose au moins une solution en vue de combler l'écart entre la situation considérée comme problématique et celle à laquelle on prévoit arriver à la fin de la recherche. On envisage les résultats positifs de la solution proposée. Celle-ci devrait tenir compte de l'état actuel des connaissances et correspondre au but de l'étude, selon qu'on a en vue de décrire des facteurs ou de caractériser des concepts, d'explorer ou d'expliquer des relations d'association, ou de prédire des relations causales entre des variables. On s'attache à fournir au lecteur un aperçu global des résultats prévus. Ainsi, sachant quel est le but visé, celui-ci peut mieux comprendre le phénomène qui est considéré.

Que faut-il faire comme étude pour améliorer la situation décrite ?

Quelles sont les actions à accomplir ?

Quels sont les comportements ou les habitudes à modifier ?

Quels sont les résultats possibles de la mise en œuvre de la solution proposée ?

En quoi l'étude en question s'impose-t-elle ?

Les cinq éléments proposés ont pour but d'aider le jeune chercheur à formuler un problème de recherche qui soit clair, précis et conforme aux règles de la composition d'un texte. En général, la formulation du problème n'exige pas de très longs développements. Comme la concision est de rigueur en recherche, on s'efforcera de resserrer son texte et on appuiera ses assertions sur des données crédibles.

7.3   Un exemple d'intégration des éléments d'un problème de recherche

Pour illustrer l'intégration des éléments dans la formulation du problème, nous empruntons un exemple couvrant l'ensemble des éléments au mémoire de maîtrise de Houle (2000), *Étude des déterminants psychosociaux de la pratique de l'activité physique chez les personnes atteintes d'une maladie coronarienne engagées dans un processus de réadaptation*[1].

Avant d'examiner en détail les divers éléments contenus dans l'exemple, considérons d'abord la question de recherche qui a servi de point de départ à la formulation du problème de recherche.

La question de recherche

« Quels sont les facteurs associés à la pratique de l'activité physique chez des personnes atteintes d'une maladie coronarienne ? »

Variables: facteurs associés (déterminants) et pratique régulière d'une activité physique.

Population: personnes atteintes d'une maladie coronarienne.

Premier élément : l'exposé du sujet

L'auteure est préoccupée du taux élevé de mortalité associé aux maladies cardiovasculaires, en particulier dans les maladies coronariennes, principale cause d'hospitalisation et d'incapacité à long terme chez les personnes qui en sont atteintes. La principale préoccupation est le manque d'assiduité dans la conduite favorisant

---

1. Les références, qui se trouvent dans le texte original, ont été omises dans le but d'alléger le texte.

la réduction de la mortalité et de la morbidité. La conduite préconisée dans cette étude est la pratique régulière d'une activité physique. Observons attentivement la succession des éléments. Résumons le sujet pour commencer.

Les maladies cardiovasculaires (coronariennes, vasculaires cérébrales et hypertensives) représentent un des grands fléaux de notre société, quand on considère qu'elles sont la principale cause de mortalité au Canada. La maladie coronarienne représente le plus haut taux de mortalité au Québec en plus d'être la principale cause d'hospitalisation et d'incapacité à long terme chez les personnes atteintes vivant à domicile. Bien qu'il existe plusieurs approches médicamenteuses et non médicamenteuses dans le traitement de la maladie coronarienne, les personnes atteintes doivent aussi adopter des habitudes de vie compatibles avec une bonne santé cardiaque, dont la pratique d'activités physiques qui constitue un des éléments essentiels dans la *Déclaration de Victoria sur la santé cardiovasculaire*. Ces données mettent en évidence l'importance d'étudier les facteurs associés à l'adoption de comportements de santé, dont la pratique de l'activité physique régulière chez une population atteinte d'une maladie coronarienne.

Deuxième élément : la présentation des données de la situation

L'auteure énumère les causes du taux élevé de mortalité et de morbidité des personnes atteintes d'une maladie coronarienne.

En dépit de l'avènement de nouvelles technologies et de nouveaux traitements médicaux, les risques de mortalité et de morbidité demeurent dépendants de la présence de facteurs de risques associés à cette pathologie, lesquels relèvent partiellement de la présence de certains modes de vie non désirés. Des programmes de réadaptation ont été élaborés sur la base des quatre éléments de la *Déclaration de Victoria sur la santé cardiovasculaire,* à savoir : l'amélioration des habitudes alimentaires, l'éradication du tabagisme, la réduction des facteurs psychosociaux nuisibles et l'accroissement des activités physiques. Cependant, ces programmes ne produisent pas toujours l'effet désiré puisqu'ils se heurtent souvent au manque d'assiduité des personnes aux recommandations thérapeutiques. Le taux d'abandon serait de l'ordre de 50 % à 60 %. De plus, des observations cliniques révèlent que de nombreux individus qui ont une récidive de la maladie coronarienne ont conservé, ou repris leurs anciennes habitudes de vie qui vont à l'encontre de la santé cardiovasculaire telle que préconisée par la *Déclaration de Victoria.* Cette étude s'intéresse particulièrement aux facteurs associés à l'adoption de comportements favorables à la santé cardiovasculaire, en particulier la pratique régulière de l'activité physique, qui est la variable retenue parmi les quatre éléments de la *Déclaration de Victoria.* Le manque d'assiduité au régime thérapeutique dans un contexte de réadaptation cardiaque est un problème qui concerne les professionnels de la santé préoccupés par la compréhension, l'adoption et le maintien d'un style de vie susceptible de réduire les risques de développer la maladie (Fleury, 1992). Cette étude s'intéresse particulièrement aux facteurs pouvant être associés à l'adoption de comportements favorables à la santé cardiovasculaire, en particulier la pratique régulière de l'activité physique, qui est la variable retenue parmi les éléments de santé cardiovasculaire.

Troisième élément : la justification du point de vue empirique

Après avoir présenté les données de la situation, l'auteure situe son sujet par rapport à l'état actuel des connaissances.

Certaines recherches ont permis d'expliquer en partie le manque d'assiduité aux recommandations thérapeutiques chez les personnes souffrant d'une maladie coronarienne. Ainsi, Derenowski (1991) souligne que l'assiduité peut être liée au degré de motivation des personnes à adopter des comportements de santé. En effet, dans les écrits, on constate que la motivation semble être le facteur qui explique le mieux le degré d'engagement des usagers dans l'adoption et le maintien de comportements de santé (Cox et Wachs, 1985 ; Fleury, 1992 ; Kelly, Zyzanski et Alemagno, 1991 ; McEwen, 1993). Toutefois, afin de pouvoir agir efficacement sur le niveau de motivation des personnes, il est nécessaire de connaître les facteurs qui lui sont associés. En effet, avant de mettre sur pied des interventions visant la modification de comportements, il semble approprié d'identifier au préalable les facteurs psychosociaux qui déterminent la motivation à adopter ou non un comportement donné (Godin, 1988). Comme il a été mentionné plus tôt, le comportement de la pratique physique régulière est celui qui a été retenu dans le cadre de cette étude, étant donné ses avantages sur les capacités fonctionnelles (Ehsani, Martin, Health et Coyle, 1982), la réduction des symptômes reliés à la maladie coronarienne (Thompson, 1988), le contrôle des facteurs de risque (Grossard, Lette et Fish, 1993) et la réduction du taux de mortalité après un infarctus du myocarde (Juneau, 1993).

Plusieurs études ont été effectuées afin d'identifier et de vérifier les valeurs prédictives de facteurs qui influencent la pratique de l'activité physique régulière chez la population adulte. Ces études sont justifiées du fait que très peu d'adultes pratiquent l'activité physique de façon régulière (Dzewaltowski, 1989). Les facteurs psychosociaux qui semblent avoir une influence significative sur la pratique de l'activité physique sont l'intention, l'attitude, la perception de susceptibilité et de gravité ainsi que la perception du degré de contrôle comportemental (Fleury, 1992 ; Fish, 1996 ; Godin et Kok, 1996 ; Godin, Valois, Jobin et Ross, 1991). Toutefois, selon certains auteurs, le lien entre la perception du degré de contrôle comportemental et le comportement en question n'est pas bien établi (Yordy et Lend, 1993). De plus, le fait de pratiquer l'activité physique régulièrement dépend en grande partie de l'habitude antérieure des personnes au regard de ce comportement (Valois, Desharnais et Godin, 1988). Enfin, la contribution de la norme subjective ou de l'influence sociale n'est pas évidente. En effet, plusieurs études sont contradictoires à cet effet : certaines ne démontrent pas de relation significative entre cette variable et l'intention de pratiquer une activité physique (Boudreau, Godin, Pineau et Bradet, 1995 ; Godin et coll., 1991 ; Horne, 1994) ; d'autres par contre rapportent une relation significative (Derenowski, 1998 ; Miller, Wikoff, McMahon, Garrett, Ringel, Collura, Siniscalchi, Sommer et Welsh, 1989).

Les résultats de ces études permettent donc d'avoir un aperçu des facteurs qui semblent être associés directement ou indirectement à la pratique de l'activité physique chez divers groupes de personnes.

Quatrième élément : justification du point de vue théorique

Le quatrième élément précise le cadre théorique utilisé qui a rapport à la théorie du comportement planifié. L'auteure résume les principaux aspects de la théorie et tente d'expliquer comment les différents facteurs s'associent ensemble pour favoriser la pratique régulière de l'activité physique.

> Afin de mieux comprendre les facteurs associés aux comportements de santé chez cette clientèle adulte, la théorie du comportement planifié de Ajzen (1985) sert de cadre théorique à cette étude. Cette théorie s'avère appropriée puisque plusieurs de ses composantes se sont avérées significatives dans la prédiction de la pratique de l'activité physique dans la population en général, comme on a pu le constater précédemment. Selon cette théorie, le déterminant immédiat du comportement est l'*intention* de la personne à faire ou à ne pas faire l'action. L'intention est influencée par l'*attitude* de la personne en regard du comportement et par la *norme subjective*. Cette théorie prend également en compte la *perception du contrôle* physique et psychologique sur le comportement à adopter. De plus, afin d'améliorer la valeur prédictive de cette théorie, une autre variable tirée de la théorie des comportements interpersonnels de Triandis (1977) est ajoutée au modèle théorique principal. Cette variable ajoutée est l'*habitude*. Le choix de cette variable est fondé sur de nombreuses études qui ont démontré son importance dans la prévision de l'intention et du comportement de pratiquer l'activité physique (Godin et coll., 1991 ; Godin, Valois, Shephard et Desharnais, 1987 ; et Valois et coll., 1988).

Cinquième élément : la solution de recherche

Le cinquième élément résume les principaux aspects discutés dans le texte et propose comme solution de recherche de décrire les relations entre des composantes de la théorie du comportement planifié et l'adoption de l'activité physique régulière par la population à l'étude.

> Comme il a été mentionné précédemment, l'adoption et le maintien de comportements favorables à la santé contribuent à la réduction des taux de mortalité et de morbidité reliés à la maladie coronarienne. La pratique de l'activité physique régulière, comme comportement étudié dans le cadre de cette étude se justifie par ses nombreux avantages au plan cardiovasculaire. Afin de mieux comprendre les facteurs psychosociaux pouvant être associés à la pratique de l'activité physique régulière, il est proposé de décrire les variables retenues du cadre théorique et d'explorer les relations entre ces variables et la pratique de l'activité physique.
>
> *But de la recherche*
>
> Décrire les relations entre les facteurs psychosociaux (attitude, norme subjective, perception du contrôle, habitude et intention de comportement) et la pratique de l'activité physique régulière chez des personnes atteintes d'une maladie coronarienne.
>
> *Questions de recherche*
>
> – Quelles sont les attitudes, la norme subjective, la perception du contrôle comportemental, l'habitude et l'intention de comportement de personnes

atteintes d'une maladie coronarienne à l'égard de la pratique de l'activité physique régulière ?

- Existe-t-il des relations entre l'attitude, la norme subjective, la perception du contrôle comportemental et l'intention de comportement à l'égard de la pratique de l'activité physique régulière chez les personnes atteintes d'une maladie coronarienne ?

- Existe-t-il une relation entre la perception du contrôle comportemental, l'habitude et l'intention de pratiquer une activité physique régulière et l'adoption du comportement comme tel chez les personnes atteintes d'une maladie coronarienne ?

7.4 Un bref résumé de la phase conceptuelle

Comme l'illustre la figure 7.1 à la page suivante, le sujet de recherche provient soit d'observations, soit d'expériences personnelles ou de lectures, soit de concepts ou

TABLEAU 7.1
Résumé succinct de la phase conceptuelle

Étapes	Démarche suivie
1. Choisir un sujet d'étude.	Choix du sujet : Le décrochage scolaire
2. Poser une question préliminaire.	Qu'est-ce qui caractérise les décrocheurs ? Manquent-ils d'argent ? À quels groupes appartiennent-ils ? Sont-ils isolés ? Quelle perception ont-ils d'eux-mêmes ? Ont-ils des difficultés d'apprentissage ?
3. S'enquérir de l'état actuel des connaissances empiriques et théoriques.	On examine les études qui ont été effectuées sur le décrochage scolaire afin de se faire une idée de ce qui a été écrit sur le sujet.
4. Préciser la question.	On reformule la question en tenant compte de ce que les études publiées ont révélé. Par exemple, on décide d'étudier seulement un aspect du décrochage scolaire, car les écrits ont montré qu'il pouvait être considéré sous divers points de vue : social, psychologique, pédagogique, économique. On est ainsi conduit à définir un cadre conceptuel.
5. Formuler le problème de recherche en se fondant sur les éléments d'information recueillis.	On expose le sujet d'étude en intégrant les divers éléments du problème. Puis on résume les écrits sur le sujet, on justifie le cadre de référence et on propose une solution. Si le but est de mieux comprendre le phénomène du décrochage scolaire, on peut indiquer qu'on décrira les caractéristiques sociales et pédagogiques du décrochage scolaire.
6. Énoncer le but, les questions de recherche ou les hypothèses.	Le but indique ce qu'on veut atteindre. Il peut être, par exemple, de « décrire les caractéristiques sociales et pédagogiques des décrocheurs scolaires ». On concentrera alors son attention sur les aspects social et pédagogique du phénomène du décrochage scolaire. Les questions énoncées par la suite se rapportent à ces deux aspects.

de théories. La recherche relative au sujet d'étude conduit à l'énoncé d'une question préliminaire qui sert de guide dans la recension des textes. La recension des écrits empiriques et théoriques pertinents permet de connaître l'état actuel des connaissances sur le sujet et de définir un cadre théorique ou conceptuel. Une fois la question précisée, on propose une solution de recherche. Lorsqu'on a rassemblé tous les éléments nécessaires pour formuler le problème de recherche, on énonce le but, les questions de recherche ou les hypothèses. Le tableau 7.1 présente un exemple de cheminement.

7.5 Le déroulement de la phase conceptuelle

La phase conceptuelle se termine avec la formulation du problème de recherche et l'énoncé du but, des questions ou des hypothèses. La figure 7.1 montre le déroulement de la phase conceptuelle.

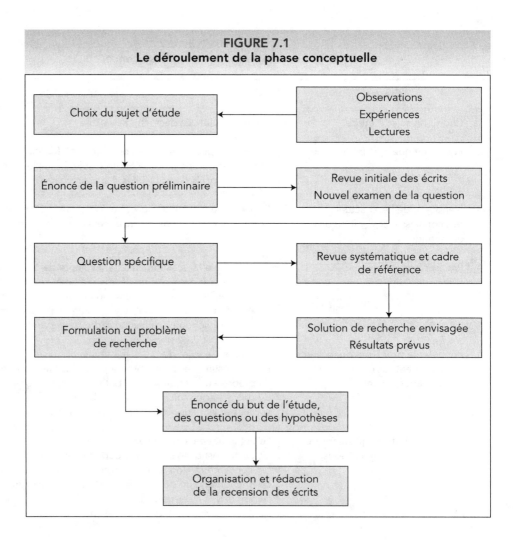

FIGURE 7.1
Le déroulement de la phase conceptuelle

7.6 L'examen critique du problème de recherche

Savoir de quoi il est question dans un article de recherche et en apprécier la valeur est la première tâche du lecteur. Quel est le problème posé ? Si le problème n'est pas clairement énoncé, il sera difficile de procéder à l'évaluation. Le problème est habituellement exposé dans l'introduction. Les principales questions qu'il y a lieu de se poser au cours de l'évaluation d'un problème de recherche sont présentées dans l'encadré 7.1.

ENCADRÉ 7.1
Questions permettant de faire un examen critique du problème de recherche

1. Le sujet d'étude (problème) est-il énoncé clairement ? À quelle préoccupation la démarche répond-elle ?

2. Le problème est-il bien délimité ?

3. Considère-t-on l'intérêt scientifique et pratique du problème ?

4. L'énoncé du problème permet-il de déterminer s'il s'agit de décrire des faits, d'examiner des relations entre des variables ou d'apprécier les effets d'une intervention ?

5. La population qui fait l'objet de l'étude est-elle bien délimitée ?

6. Le problème est-il documenté par des travaux empiriques (écrits) et théoriques (théories) ayant rapport directement au sujet d'étude ? Les concepts sont-ils bien définis ?

7. Le problème est-il en relation avec la discipline considérée ?

8. Le but est-il précisé ? Les questions de recherche ou les hypothèses découlent-elles du cadre théorique ?

Résumé

La question de recherche sert de base dans la formulation du problème de recherche. Elle varie selon qu'il s'agit de décrire, d'examiner des relations d'association ou de prédire des relations causales. Formuler un problème de recherche, c'est définir le phénomène à étudier en enchaînant de façon logique les arguments et en se basant sur les écrits et les faits relatifs à la situation problématique. On introduit le sujet d'étude, on explique son importance, on résume les données de fait et les théories existant dans le domaine, puis on propose une solution au problème.

Les éléments constitutifs du problème sont traités dans l'introduction, le développement ou la conclusion, selon leur nature. Ces éléments sont l'exposé du sujet, la description des données du problème, la justification du point de vue empirique et théorique et la solution de recherche envisagée.

Dans la formulation du problème de recherche, on fait appel à l'argumentation logique, laquelle a pour but de persuader le lecteur de l'utilité de la recherche entreprise.

Mots clés

Argumentation
Élément du problème
Formulation

Intégration
Justification du point de vue empirique
Justification du point de vue théorique

Problème de recherche
Résultat prévu
Solution de recherche

Exercices de révision

1. Nommez dans l'ordre les cinq éléments entrant dans la formulation d'un problème de recherche.

2. En vous référant à l'encadré 7.1, faites la critique du problème de recherche de l'article suivant : Jomphe-Hill, A. (1996), « Prédicteurs de l'activité physique régulière chez les participants à un programme canadien de promotion de la santé », *Canadian Journal of Nursing Research/Revue canadienne de recherche en sciences infirmières, 28*(4), p. 119-141.

3. En vous appuyant sur votre question de recherche, définissez le premier élément du problème de recherche (votre préoccupation).

   a. Rédigez votre question de recherche.

   b. Décrivez votre sujet d'étude en un ou deux paragraphes.

Références bibliographiques

Brink, P.J. et Wood, M.J. (2001). *Basic Steps in Planning Nursing Research : From Question to Proposal*, 5ᵉ éd., Boston, Jones and Bartlett.

Houle, J. (2000). *Étude des déterminants psychosociaux de la pratique de l'activité physique chez les personnes atteintes d'une maladie coronarienne engagées dans un processus de réadaptation*, mémoire de maîtrise, Montréal, Université de Montréal.

Toussaint, N. et Ducasse, G. (1996). *Apprendre à argumenter : initiation à l'argumentation rationnelle écrite*, Québec, Le Griffon d'argile.

Tremblay, R.R. et Perrier, Y. (2000). *Savoir plus : outils et méthodes de travail intellectuel*, Montréal, Chenelière/McGraw-Hill.

L'énoncé du but, des questions et des hypothèses

Objectifs d'apprentissage

À la fin de ce chapitre, vous devriez être en mesure :

1) de définir le but d'une recherche ;

2) de discerner les études qui comportent des questions de recherche ;

3) de déterminer les sources des hypothèses ;

4) de reconnaître les études qui comportent des hypothèses ;

5) de distinguer les différentes formes d'hypothèses ;

6) d'énoncer des questions de recherche et des hypothèses.

Vue d'ensemble

Nous voici au terme de la phase conceptuelle qui prend fin avec l'énoncé du but, des questions de recherche ou des hypothèses. On est en droit de se demander pourquoi le but est énoncé à cette étape-ci puisque la question de recherche a déjà été déterminée au moment de la formulation du problème. Le but vient préciser la manière dont le chercheur obtiendra des réponses aux questions de recherche ou vérifiera les hypothèses. Ainsi, s'agira-t-il de décrire, d'explorer ou de vérifier des relations entre des variables ou bien de dégager des différences entre les groupes? Quelles variables mesurera-t-on? L'énoncé du but, des questions de recherche, des hypothèses et des variables est fonction de l'orientation donnée à la recherche.

Le but, les questions de recherche et les hypothèses découlent du problème de recherche et de son cadre théorique ou conceptuel et déterminent les autres étapes du processus de recherche. Ces trois entités véhiculent la même idée, celle d'orienter la recherche vers la méthode appropriée pour obtenir l'information désirée. Elles font le pont entre la phase conceptuelle dont cette étape est l'aboutissement et la phase méthodologique, qui comporte la mise en œuvre de stratégies menant à la vérification empirique.

8.1　L'énoncé du but de la recherche

L'énoncé du but de la recherche doit indiquer de façon claire et nette quelle est la fin que poursuit le chercheur. Il spécifie les variables clés, la population auprès de qui des données seront recueillies et le verbe d'action qui sert à orienter la recherche.

Alors que la formulation du problème de recherche génère les questions «quoi», «qui» et «pourquoi», l'énoncé du but se rapporte à la question «comment». Comment le chercheur procédera-t-il pour trouver une solution au problème considéré? Le but d'une étude est de décrire, d'expliquer ou de prédire, selon l'état des connaissances dans le domaine étudié.

> L'énoncé du but précise les variables clés, la population cible et le verbe d'action approprié.

Dans un article de recherche, tout comme dans les mémoires de maîtrise et les thèses de doctorat, l'énoncé du but se place généralement à la suite de la formulation du problème ou de la recension des écrits. Dans la plupart des cas, le titre de l'article ou du rapport de recherche donne une indication sur le but.

Les verbes d'action

Dans l'énoncé du but apparaît un verbe qui indique l'orientation de la recherche. Il est particulièrement important d'employer un verbe d'action, car celui-ci renseigne immédiatement sur le niveau de recherche ou de connaissances auquel se situe l'étude. Ces verbes d'action, qui sont un indice de l'état des connaissances, sont dans la plupart des cas «décrire» (des phénomènes ou des facteurs), «explorer» ou «vérifier» (des relations d'association) ainsi que «prédire» (des relations causales). Le verbe d'action utilisé dans l'énoncé du but doit découler logiquement de la formulation du problème, cadrer avec l'état des connaissances sur le sujet d'étude et permettre d'entrevoir quelles seront les méthodes et les stratégies qui seront mises en œuvre (Norwood, 2000).

Décrire

Le verbe « décrire » peut se rapporter à l'observation, à la classification d'un phénomène ainsi qu'au rassemblement d'une documentation concernant ce dernier. Cela implique qu'il existe peu de connaissances sur le sujet ou que celui-ci a été peu étudié. La description peut être de nature qualitative ou quantitative selon la formulation du problème et le but qu'on se propose.

Décrire un phénomène. Les problèmes de recherche qui ont rapport avec le développement des connaissances, la compréhension de la conduite ou des sentiments des individus, ou la définition des caractéristiques d'une culture donnent lieu à des recherches qualitatives. Le but peut être l'étude d'un concept (la souffrance), d'un phénomène (le handicap d'un enfant) ou d'un fait social ou culturel (la réticence des femmes africaines à se soumettre à un test de dépistage du VIH). Voici un exemple d'énoncé du but propre à une recherche qualitative :

> *But :* décrire l'expérience vécue sur une longue période par des parents d'enfants prématurés. (Jackson, Ternestedt et Schollin, 2003.)

Décrire un ou plusieurs concepts, etc. Quand on dispose de peu de connaissances sur le problème à traiter, il y a lieu d'entreprendre une étude descriptive. Celle-ci peut porter sur un concept, une population, la fréquence d'apparition d'un phénomène ou les caractéristiques de ce dernier. L'étude peut aussi avoir pour but de décrire en détail plusieurs concepts. Considérons l'énoncé du but suivant :

> *But :* décrire les caractéristiques des demandes d'aide au suicide et d'euthanasie rapportées par des intervenants travaillant auprès de personnes atteintes du sida. (Aubé, 2003.)

La variable « caractéristiques des demandes d'aide » est une variable de recherche et non pas une variable dépendante ou indépendante. Le fait qu'il n'y a qu'une seule variable (concept) dans l'énoncé indique qu'on sait peu de choses sur le sujet et qu'on se propose de développer les connaissances. La population étudiée est constituée par les intervenants travaillant auprès de sidéens.

Explorer et vérifier

Les verbes « explorer » et « vérifier » impliquent que le chercheur veut aller plus loin que la seule description de concepts ou de caractéristiques de populations déterminées. Comme il y a plusieurs variables, il doit d'abord établir des relations entre elles, puis vérifier la nature des relations existant entre certaines variables. Il arrive que l'on doive à la fois explorer des relations et les vérifier. La recherche est alors de nature quantitative.

Explorer des relations. Le but est d'examiner les divers aspects d'un phénomène ou les facteurs pouvant lui être associés. Il implique la réalisation d'une étude

Le verbe « décrire » réfère à l'action de rassembler une documentation sur un phénomène ou une population.

Le verbe « explorer » réfère à l'action d'examiner la présence de relations entre des variables.

descriptive corrélationnelle dans laquelle on cherche à déterminer quelles variables sont en relation entre elles. Considérons l'énoncé du but suivant :

> *But :* décrire les relations entre les caractéristiques de la douleur et la qualité de vie durant un suivi de deux semaines chez des adolescents atteints de cancer. (Taillefer, 2004.)

Les variables « caractéristiques de la douleur » et « qualité de vie » sont des variables de recherche comme dans l'exemple précédent. Ces deux variables comportent des sous-variables, dont on cherche à préciser les relations réciproques. Dans l'exemple rapporté plus haut, les écrits peuvent fournir des informations théoriques et empiriques. Ainsi, un certain nombre de théories sur la douleur pourraient être employées dans l'étude en question. Il serait également possible de se référer à des travaux portant sur la qualité de vie. Une étude de ce genre explore et décrit des relations entre plusieurs variables.

Vérifier des relations. Le but est de déterminer l'influence de variables sur d'autres variables et d'expliquer les relations entre les variables. On utilise l'étude corrélationnelle prédictive, car elle sert à vérifier la nature des relations et à préciser leur signification. En clair, il s'agit de mesurer l'influence qu'une variable exerce sur une ou plusieurs autres variables et de déterminer dans quelle mesure cette influence explique la valeur de ces dernières. Le chercheur, dans le présent exemple, se propose d'examiner l'influence d'une variable sur une autre variable et non pas d'explorer des relations entre les différentes variables, comme dans l'exemple tiré de Taillefer (2004). Considérons l'énoncé du but suivant :

> *But :* déterminer l'influence de l'incertitude sur l'espoir et les stratégies de *coping* de personnes ayant une lésion médullaire traumatique. (Bérubé, 2001.)

Les variables « incertitude » et « espoir » sont deux variables de recherche, et on ne peut dans ce cas-ci parler de variable dépendante ni de variable indépendante puisque l'examen des relations entre les variables exclut toute intervention ou toute manipulation par le chercheur.

Prédire et contrôler

Les verbes « prédire » et « contrôler » réfèrent à l'action d'établir des relations de cause à effet entre une variable indépendante et une ou plusieurs variables dépendantes. La notion de comparaison est capitale ici, car il s'agit de démontrer si le groupe sur lequel s'exerce l'effet de la variable indépendante a vu certaines de ses caractéristiques se modifier davantage que le groupe qui n'a pas subi cet effet. Les études ayant pour but la prédiction des relations causales sont précédées de travaux de recherche qui caractérisent la nature des relations entre des variables. Examinons l'énoncé suivant :

> *But :* évaluer les effets d'un suivi postnatal intensif et précoce sur le soutien du réseau familial et communautaire tel qu'il est perçu par des mères adolescentes. (Jacques, 2003.)

Les termes « variable indépendante » et « variable dépendante » sont employés dans les études expérimentales. Une condition ou intervention (suivi postnatal

---

Le verbe « vérifier » réfère à l'action d'expliquer les relations d'association entre des variables.

Les verbes « prédire » et « contrôler » réfèrent à l'action d'établir des relations de cause à effet entre des variables.

intensif et précoce) est introduite dans la situation de recherche et le chercheur prédit son effet sur la variable dépendante « soutien du réseau tel qu'il est perçu ». Ce genre d'études se rattache à une théorie déterminée, et des recherches ont déjà été conduites sur le sujet. Des hypothèses sur les relations causales sont avancées.

Certaines études comportent des objectifs au lieu de questions de recherche. La seule différence entre les deux réside dans l'aspect affirmatif de l'objectif.

8.2   L'énoncé des questions de recherche

Alors que le but s'énonce de façon générale, les questions de recherche sont plus spécifiques et concernent les différents aspects susceptibles d'être étudiés. Les questions découlent directement du but et indiquent ce que le chercheur veut obtenir comme information.

Les questions de recherche sont liées à un état des connaissances moins avancé ; aussi leur emploi est-il réservé aux études descriptives et descriptives corrélationnelles. On s'abstient donc dans ces études de formuler des hypothèses, car celles-ci s'appuient sur des résultats de recherche et des théories. Les questions de recherche concernent la description de concepts ou de populations, ou l'établissement de relations entre des variables. Les questions de recherche sont plus précises que la question préliminaire.

> Les questions de recherche découlent directement du but et précisent l'information que l'on veut obtenir.

Les questions de recherche descriptive

Description d'un phénomène.   Dans la recherche qualitative, la question est centrale et peut comporter des sous-questions. De façon générale, celles-ci surgissent à mesure que les entrevues sont réalisées et elles ne sont pas toujours explicites dans les études publiées. Dans l'exemple suivant, les indications concernant les questions relatives aux variations et aux ressemblances dans les descriptions des parents se trouvent dans la section traitant de la méthode.

Question de recherche

Comment les mères et les pères d'enfants prématurés décrivent-ils l'expérience qu'ils ont vécue en tant que parents durant les 18 premiers mois d'existence de l'enfant prématuré ? (Jackson, Ternestedt et Schollin, 2003.)

Description de concepts, etc.   Les questions de recherche descriptive concernent la description de concepts, de caractéristiques d'une population ou de fréquences, etc. Comme elles découlent du but, les questions de recherche couvrent tous les aspects qui doivent être étudiés. Revenons à l'exemple présenté à la section précédente (« Décrire les caractéristiques des demandes d'aide au suicide et d'euthanasie rapportées par des intervenants travaillant auprès de personnes atteintes du sida ») et apprécions la spécificité des questions de recherche :

Questions de recherche

Quelle est la fréquence des demandes d'aide au suicide formulées par des sidéens ?

En quoi consistent les demandes d'euthanasie formulées par des sidéens ?

Suivant l'expérience des intervenants, à quel moment dans l'évolution de la maladie ces demandes surviennent-elles ?

Quelles sont, selon les intervenants, les raisons motivant les demandes d'aide au suicide et d'euthanasie ? (Aubé, 2003.)

Les questions de recherche descriptive corrélationnelle

Les questions de recherche qui concernent l'exploration de relations peuvent comporter un certain nombre de sous-questions si le nombre de variables est assez élevé. Reprenons l'énoncé du but présenté comme exemple à la section précédente : « Décrire les relations entre les caractéristiques de la douleur et la qualité de vie durant un suivi de deux semaines chez des adolescents atteints de cancer ». L'auteure a mis cet énoncé en relation avec les questions suivantes :

Questions de recherche

Quelle est la relation entre la fréquence et l'intensité de la douleur et la qualité de vie durant la période de suivi chez des adolescents atteints de cancer ?

Quelles sont les relations entre l'intensité de la douleur, l'âge de l'adolescent, le temps qui s'est écoulé depuis l'annonce du diagnostic et la qualité de vie durant la période de suivi ? (Taillefer, 2004.)

8.3 L'énoncé des hypothèses

> L'hypothèse est un énoncé formel sur les relations anticipées entre des variables.

Tout comme la question de recherche, l'hypothèse prend en compte les variables clés et la population cible. L'hypothèse est un énoncé qui anticipe des relations entre des variables et qui nécessite une vérification empirique.

Une étude peut contenir plusieurs hypothèses. Les hypothèses influent sur le devis de recherche, sur les méthodes de collecte et d'analyse des données ainsi que sur l'interprétation des résultats. Leur principal point de départ est le cadre théorique : un énoncé de proposition est extrait de ce dernier et transformé en hypothèse.

Les formes d'hypothèses

Les hypothèses présentent différents types de relations et peuvent comporter plusieurs variables. Elles peuvent être rangées en quatre catégories : 1) non directionnelle ou directionnelle ; 2) d'association ou de causalité ; 3) simple ou complexe ; et 4) de recherche ou nulle (statistique).

L'hypothèse non directionnelle et l'hypothèse directionnelle

L'*hypothèse non directionnelle* postule qu'une relation existe entre des variables, mais ne prédit pas la nature de la relation. Si on ne peut établir la direction de la relation en se fondant sur les écrits théoriques et empiriques, il est difficile de donner une direction à l'hypothèse. Dès lors, on formule des hypothèses non directionnelles telles que la suivante :

Il existe une relation entre l'estime de soi chez des adolescentes du secondaire et leur sentiment de rejet.

L'*hypothèse directionnelle* spécifie la nature de la relation (positive ou négative) entre deux variables ou plus. Elle renferme les termes «positif» ou «négatif» ou encore «moins que» ou «plus que».

Dans tel groupe d'adolescentes pratiquant un sport d'élite, il y a une relation positive entre un degré élevé de contrôle interne et l'estime de soi.

Les hypothèses directionnelles sont fondées sur des propositions théoriques, des résultats de recherche et parfois sur des données cliniques. Plus une étude s'appuie sur des connaissances théoriques et empiriques solides, plus le chercheur est en mesure de donner une direction à la relation entre les variables. Dans une étude qui est dépourvue de soutien théorique et empirique, on peut opter pour une hypothèse non directionnelle. L'hypothèse directionnelle ou non directionnelle peut être simple ou complexe.

L'hypothèse d'association et l'hypothèse de causalité

L'*hypothèse d'association* postule l'existence de relations entre des variables ou l'existence de variables qui varient en même temps. Une hypothèse d'association directionnelle entre des variables peut être positive ou négative. Si les valeurs des variables augmentent en même temps, on a une association positive comme dans l'exemple suivant:

Chez les blessés médullaires, il existe une corrélation positive entre l'espoir et l'utilisation de stratégies de *coping*. (Bérubé, 2001.)

Dans cette dernière hypothèse, l'utilisation de stratégies de *coping* augmente l'espoir. Les deux variables augmentent en même temps. Par contre, si l'une des deux variables croît alors que l'autre décroît, il y a association négative.

Chez les blessés médullaires, il existe une corrélation négative entre l'incertitude et l'espoir.

Dans cette dernière hypothèse, plus le degré d'incertitude est élevé, moins il y a d'espoir. Les deux variables vont dans des directions opposées.

L'*hypothèse de causalité* postule une relation de cause à effet entre deux variables ou plus, à savoir entre une variable indépendante et une ou plusieurs variables dépendantes. La variable indépendante (l'intervention) exerce un effet sur la variable dépendante, ce qui marque une direction. Ainsi, toutes les hypothèses de causalité sont directionnelles et la forme qu'elles prennent ressemble à l'exemple suivant:

Les participants qui bénéficient d'un soutien ont des scores plus élevés aux échelles d'auto-efficacité et des scores d'anxiété moins élevés que les sujets qui en sont privés.

L'hypothèse simple et l'hypothèse complexe

L'*hypothèse simple* postule une relation d'association ou de causalité entre deux variables. L'hypothèse simple d'association affirme que la variable X_1 est liée à la variable X_2 dans une population ; l'hypothèse simple de causalité affirme la relation entre une variable indépendante X et une variable dépendante Y. La variable indépendante est la cause présumée du changement de la variable dépendante. L'hypothèse suivante est une hypothèse d'association simple.

> La satisfaction au travail des employés varie en fonction du style de leadership des dirigeants.

Dans l'*hypothèse complexe* ou *multivariée*, une relation d'association ou de causalité est prédite entre trois variables ou plus, indépendantes ou dépendantes.

> L'intervention de soutien préopératoire réduit davantage la perception de la douleur et la demande d'analgésiques que l'intervention postopératoire.

L'exemple qui précède contient deux variables indépendantes (l'intervention préopératoire et l'intervention postopératoire) et deux variables dépendantes (douleur et demande d'analgésiques).

L'hypothèse nulle (H_0) et l'hypothèse de recherche (H_1)

L'*hypothèse nulle* (H_0), aussi appelée hypothèse statistique, est utilisée dans les tests statistiques pour vérifier leur validité et interpréter les résultats. L'hypothèse nulle peut être simple ou complexe, d'association ou de causalité. Faisant corps avec les tests statistiques, l'hypothèse nulle n'est généralement pas énoncée comme telle. L'hypothèse nulle d'association énonce qu'il n'y a pas de relation entre les variables ; l'hypothèse nulle causale énonce qu'il n'y a pas d'effet de la variable indépendante sur la variable dépendante ou qu'il n'y a pas de différence entre les groupes étudiés, comme dans l'exemple suivant :

> Il n'y a pas de différence entre les scores obtenus aux échelles de soutien familial, communautaire et de réseau social par le groupe de mères adolescentes qui bénéficie du programme de suivi et les scores enregistrés par le groupe de mères adolescentes qui n'y participe pas.

L'*hypothèse de recherche* (H_1) est l'opposé ou le contraire de l'hypothèse nulle (H_0). Elle prédit que la variable indépendante aura un effet sur la variable dépendante. L'hypothèse peut être simple ou complexe, directionnelle ou non directionnelle, d'association ou de causalité.

> Les mères adolescentes qui participent au programme de suivi intensif et précoce obtiennent des scores nettement plus élevés aux échelles de soutien familial, communautaire et de réseau social que les mères adolescentes n'ayant pas bénéficié du programme (Jacques, 2003).

Les principales formes d'hypothèses sont sommairement définies au tableau 8.1. Comme nous l'avons indiqué, les hypothèses ne sont pas exclusives les unes des autres. Ainsi, une hypothèse peut être à la fois directionnelle et d'association simple (ou complexe), une hypothèse directionnelle peut être simple et de causalité simple (ou complexe).

TABLEAU 8.1
Les formes d'hypothèses

Catégories	Nature
Non directionnelle	La direction de la relation (positive ou négative, ou plus ou moins) entre les variables n'est pas spécifiée.
Directionnelle	La direction de la relation entre les variables est précisée.
D'association	Les valeurs des variables se modifieront en même temps.
De causalité	La variable indépendante aura un effet sur la variable dépendante.
Simple (bivariée)	On pose l'existence d'une relation d'association ou de causalité entre deux variables.
Complexe (multivariée)	On pose l'existence d'une relation d'association ou de causalité entre deux ou plusieurs variables.
Nulle (statistique) (H_0)	On pose qu'il n'y a pas de relation entre les variables. On prédit qu'il n'y a pas d'effet de la variable indépendante sur la variable dépendante ou qu'il n'y a pas de différence entre les groupes.
De recherche (H_1)	La contre-hypothèse de H_0. On affirme qu'il y a des relations ou des différences entre les groupes.

Les conditions que doit réaliser l'hypothèse

L'hypothèse doit être clairement exprimée, vérifiable, plausible et s'appuyer sur une proposition théorique.

L'hypothèse est claire si elle est formulée au présent et dans la forme affirmative, et si elle met en évidence les variables en jeu dans les relations prédites ainsi que la population considérée. Pour que l'hypothèse soit claire, il faut également préciser le sens de la prédiction à l'aide des termes «plus que», «moins que», «différent de» ou d'autres termes semblables.

L'hypothèse est plausible dans la mesure où elle a rapport avec le phénomène qu'elle a pour but d'expliquer. Il importe donc que le chercheur possède bien son sujet. Une hypothèse laisse une certaine place à l'incertitude concernant les relations à vérifier entre des variables (Mace et Pétry, 2000).

L'hypothèse est vérifiable si la relation prédite peut être confirmée ou infirmée sur la base des données recueillies auprès des participants et des résultats d'analyses statistiques. Les variables contenues dans l'hypothèse doivent être mesurables.

L'hypothèse s'appuie sur des bases théoriques dans la mesure où elle a pour but d'expliquer un phénomène.

La vérification de l'hypothèse

On distingue les hypothèses d'association et les hypothèses de causalité. Si une hypothèse énonce une relation d'association, on a recours à des tests statistiques de corrélation pour déterminer la nature de la relation entre les variables examinées. Si une hypothèse énonce une relation de causalité entre les variables indépendantes et dépendantes, on effectue des tests statistiques de différence entre les groupes (test t et analyse de variance) pour déterminer si la variable indépendante a un effet statistiquement significatif sur la variable dépendante (Burns et Grove, 2003).

Pour vérifier une hypothèse à l'aide de tests statistiques, le chercheur la convertit en une hypothèse nulle, en vertu de laquelle il n'existe pas de relations entre les variables ou de différences entre les groupes. L'hypothèse nulle postule l'absence de relations ou de différences. Par la vérification de l'hypothèse, on confirme ou infirme la relation anticipée ou la différence entre des groupes (Nation, 1997).

Quand il met une hypothèse nulle à l'épreuve, c'est-à-dire quand il effectue un test de signification statistique pour déterminer si H_0 peut être rejetée, le chercheur veut déterminer dans quelle mesure les résultats correspondront à ses prévisions. Le test de signification statistique permet de vérifier s'il y a une relation entre des variables ou une différence entre les groupes. Infirmer une hypothèse, c'est constater, après analyse des données, que la relation postulée est inexistante ; confirmer une hypothèse, c'est constater au terme d'une vérification empirique l'existence de la relation postulée. En d'autres termes, si l'hypothèse nulle est rejetée, cela signifie que l'hypothèse de recherche est vraie, et la validité de la proposition théorique se trouve par le fait même vérifiée une nouvelle fois. Cependant, l'hypothèse qui est confirmée accroît la plausibilité d'une théorie, elle ne la prouve pas (Gauthier, 2000). Il faut donc se garder de conclure que les résultats d'une étude prouvent la véracité d'une hypothèse ou d'une théorie. Les résultats obtenus à la suite de la vérification de l'hypothèse ne sont jamais considérés comme absolus ni définitifs, ils infirment ou confirment simplement l'hypothèse.

8.4   Définition et classification des variables

Les variables sont des qualités ou caractéristiques auxquelles on attribue des valeurs.

Comme nous l'avons déjà dit, l'énoncé du but, les questions de recherche et les hypothèses portent sur des variables. Les variables sont les unités de base de la recherche. Elles sont des qualités, des propriétés ou des caractéristiques de personnes, d'objets ou de situations susceptibles de changer ou de varier dans le temps. Les variables prennent différentes valeurs qui peuvent être mesurées, manipulées ou contrôlées. Par exemple, dans une recherche, le poids, la tension artérielle et l'âge peuvent correspondre à différentes valeurs numériques. Des variables plus abstraites comme l'anxiété, l'estime de soi, le *coping* peuvent prendre différentes valeurs, lesquelles sont exprimées par des scores ou des degrés sur une échelle de mesure.

La classification des variables

Les variables peuvent être classifiées selon le rôle qu'elles jouent dans une recherche. Elles peuvent être indépendantes, dépendantes, de recherche, attributs et étrangères.

Une *variable indépendante* est un élément qui est introduit et manipulé dans une situation de recherche en vue d'exercer un effet sur une autre variable. La variable indépendante, appelée aussi variable expérimentale, est considérée comme la cause de l'effet produit sur la variable dépendante.

Une *variable dépendante* est celle qui subit l'effet de la variable indépendante ; c'est le résultat prédit par le chercheur. La variable dépendante est souvent appelée la *variable critère* ou la *variable expliquée*. Variables indépendantes et variables dépendantes sont en corrélation : la variable indépendante manipulée par le chercheur produit un effet déterminé sur la variable dépendante.

Les *variables de recherche* sont des qualités, des propriétés ou des caractéristiques qui sont observées ou mesurées. Il n'y a pas de variables indépendantes à manipuler ni de relations de cause à effet à examiner. Supposons qu'on doive examiner la relation entre l'assiduité au traitement thérapeutique et les habiletés de gestion du diabète. Les variables « assiduité » et « maîtrise » (habiletés de gestion) sont des conditions qui se réalisent en même temps et elles ne peuvent être manipulées ni considérées comme pouvant être la cause du changement d'une autre variable.

> Les variables peuvent être indépendantes, dépendantes, de recherche, attributs et étrangères.

Les *variables attributs* sont des caractéristiques préexistantes des participants d'une étude. Elles sont généralement constituées par des données démographiques telles que l'âge, le genre, la situation de famille. Les données démographiques sont analysées à la fin de l'étude afin d'obtenir un portrait des caractéristiques de l'échantillon.

Les *variables étrangères* sont présentes dans toutes les études et elles peuvent exercer des effets inattendus sur d'autres variables et influer ainsi sur les résultats d'une recherche. Ces variables « parasites » peuvent interférer dans le déroulement de l'étude et donner une fausse image des relations entre les variables indépendante et dépendante. Le chercheur doit par conséquent s'attacher à réduire leur influence au minimum en mettant en œuvre divers moyens de contrôle (décrits au chapitre 10). Les variables étrangères qui sont reconnues avant le début de l'étude, mais qui ne peuvent être contrôlées sont considérées comme des variables confondantes qu'il faut prendre en compte au moment des analyses statistiques (Burns et Grove, 2003).

Le genre d'étude est parfois désigné par le nombre de variables étudiées. Ainsi, une étude ne comportant qu'un concept, comme dans l'étude descriptive simple, peut être appelée « étude univariée ». Quand deux variables sont mises en relation, on parle d'étude bivariée et, quand plusieurs variables sont mises en relation, l'étude est qualifiée de multivariée (Norwood, 2000). Cette désignation sert également dans le traitement des données pour indiquer le nombre de variables à analyser statistiquement.

La définition conceptuelle des variables

Pour être mesurée, une variable doit d'abord avoir une signification conceptuelle. Une *définition conceptuelle* est une définition d'un concept répondant à une théorie ou à un modèle conceptuel. La signification découle du rôle joué par le concept et de ses relations avec les sous-concepts. Le cadre théorique ou conceptuel renferme les concepts et leurs définitions.

Dans une étude portant sur le degré d'incertitude et de connaissance de la condition médicale chez des patients affectés d'une cardiopathie congénitale, Sergerie (2003) a défini l'incertitude d'après la théorie de la perception de l'incertitude de la maladie élaborée par Mishel (1988). L'incertitude se définit comme l'incapacité à comprendre la signification des événements liés à la maladie en raison de l'ignorance de la nature de la pathologie, de son évolution ou d'un manque d'informations. Le but de l'étude descriptive corrélationnelle menée par Sergerie consistait à établir des relations entre l'incertitude des patients et le degré de connaissance de leur état. L'autre variable, la connaissance, peut être définie comme l'information accumulée relative aux symptômes liés à certaines phases de la maladie.

> Une définition conceptuelle est une définition d'un concept abstrait issu d'une théorie.

Définition conceptuelle de l'incertitude

Incapacité à comprendre la signification des événements liés à la maladie à cause de l'ignorance de la nature de la pathologie, de son évolution ou d'un manque d'informations. (Adapté de Sergerie, 2003.)

Définition conceptuelle de la connaissance

Information accumulée relative aux symptômes liés à certaines phases de la maladie. (Adapté de Sergerie, 2003.)

La définition opérationnelle des variables

La *définition opérationnelle* énonce les procédés à appliquer pour mesurer la variable. Elle donne des indications sur la façon dont les observations doivent être effectuées. Une définition opérationnelle est établie de manière que la variable puisse être mesurée ou manipulée dans une situation de recherche donnée. L'étude des variables doit aboutir à une meilleure compréhension du concept théorique représenté par la variable (Burns et Grove, 2003).

> Une définition opérationnelle énonce les activités nécessaires pour mesurer les variables.

On a défini opérationnellement les variables « incertitude » et « connaissance » de façon à pouvoir les mesurer.

Définition opérationnelle de l'incertitude

Réponses qui résultent de l'application de l'échelle conçue par Mishel et qui ont rapport au diagnostic, aux symptômes et au pronostic. (Adapté de Sergerie, 2003.)

Définition opérationnelle de la connaissance

Ensemble de notions relatives au diagnostic cardiaque et au traitement, à la prévention des complications, à l'activité physique et à la reproduction, telles qu'elles sont mesurées par le *Questionnaire mesurant la connaissance de la condition médicale.* (Adapté de Sergerie, 2003.)

La phase conceptuelle du processus de recherche se termine avec l'énoncé du but indiquant ce qu'on se propose de faire dans l'étude et que l'on explicite par des questions de recherche ou des hypothèses, lesquelles mettent en relief les variables qui feront l'objet de la recherche.

8.5 L'examen critique du but, des questions, des hypothèses et des variables

Le but découle directement du problème et énonce par un verbe d'action l'orientation de la recherche proposée. Le but doit être précis et concis. Les questions de recherche et les hypothèses procèdent du but et précisent l'information qu'il s'agit d'obtenir des participants. Les questions de recherche sont utilisées dans les études descriptives et descriptives corrélationnelles alors que les hypothèses sont utilisées dans les études corrélationnelles et expérimentales puisqu'elles postulent des relations entre les variables. Les variables clés sont incluses dans le but, les questions de recherche et les hypothèses et doivent être définies de façon conceptuelle et opérationnelle dans une étude. L'encadré 8.1 présente un certain nombre de questions devant servir à l'examen critique du but, des questions, des hypothèses et des variables.

ENCADRÉ 8.1
Questions permettant de faire un examen critique du but, des questions, des hypothèses et des variables

1. Le but indique-t-il quels sont les variables, la population étudiée et le milieu ?

2. Le but est-il lié logiquement au cadre théorique ou conceptuel ?

3. Le but décrit-il un phénomène, explique-t-il des relations entre des variables ou prédit-il des résultats ?

4. Précise-t-on quelles sont les variables dépendantes et indépendantes ?

5. Est-ce que les variables correspondent aux concepts décrits dans le cadre théorique ou conceptuel ?

6. Est-ce que la définition opérationnelle des variables indique les procédés à mettre en œuvre pour mesurer les variables ?

7. Les questions de recherche sont-elles explicites et découlent-elles directement du but de l'étude ?

8. Les hypothèses découlent-elles logiquement du cadre théorique ?

9. Les hypothèses sont-elles d'association ou causales, simples ou complexes, non directionnelles ou directionnelles ?

10. Les hypothèses, y compris les variables et la population à l'étude, sont-elles énoncées au présent ?

Résumé

L'énoncé du but, des questions de recherche et des hypothèses relie le problème de recherche et les moyens concrets pour réaliser la recherche. Le but est un énoncé qui précise les variables clés et la population cible et qui contient un verbe d'action donnant une orientation à la recherche. Les questions de recherche s'énoncent au présent, incluent une ou plusieurs variables et indiquent quelle est la population cible.

L'hypothèse est un énoncé par lequel on anticipe sur les relations qui s'établiront entre deux variables ou plus. Elle doit être formulée au présent dans la forme affirmative et inclure les variables clés et la population étudiée. De plus, l'hypothèse doit être claire, plausible, vérifiable et reposer sur une base théorique. On distingue quatre formes d'hypothèses : simple ou complexe, non directionnelle ou directionnelle, d'association ou de causalité, nulle (statistique) ou de recherche.

La vérification des hypothèses se fait à l'aide de tests statistiques. Les résultats ne sont jamais considérés comme absolus ni définitifs. Pour être vérifiable, l'hypothèse doit prendre la forme d'une hypothèse nulle, c'est-à-dire d'une hypothèse qui énonce qu'il n'existe pas de relations entre les variables ni de différences entre les groupes. L'hypothèse nulle est vérifiée de façon statistique. Si l'hypothèse nulle est infirmée, l'hypothèse de recherche est alors acceptée. Des analyses statistiques de corrélation sont effectuées pour déterminer la nature et la signification de la relation entre les variables d'association. S'il s'agit de vérifier une relation de causalité, des tests t et d'analyses de variance peuvent être utilisés.

Les variables sont des qualités, des propriétés ou des caractéristiques de personnes, d'objets ou de situations qui font l'objet d'une recherche. Elles peuvent prendre des valeurs différentes. On distingue les variables indépendantes, dépendantes, de recherche, attributs et étrangères. Les variables sont définies de façon conceptuelle et opérationnelle. Une définition conceptuelle est une définition qui procède d'une théorie ou d'un modèle conceptuel. Une définition opérationnelle précise les activités nécessaires pour mesurer les variables.

Mots clés

But	Hypothèse de recherche	Variable
Définition conceptuelle	Hypothèse directionnelle	Variable attribut
Définition opérationnelle	Hypothèse non directionnelle	Variable dépendante
Hypothèse	Hypothèse simple/complexe	Variable étrangère
Hypothèse d'association	Hypothèse statistique	Variable indépendante
Hypothèse de causalité	Question de recherche	Verbe d'action

Exercices de révision

1. Qu'est-ce qui différencie la question de recherche de l'hypothèse ?

2. Partant de la question suivante : « Quelles sont les habitudes alimentaires des adolescentes boulimiques ? », énoncez le but de l'étude.

3. Faites correspondre les termes suivants avec les définitions appropriées.

   a. Définition conceptuelle

   b. Variable démographique

   c. Variable dépendante

   d. Variable étrangère

   e. Variable indépendante

   f. Définition opérationnelle

   g. Variable confondante

1. Définition d'un concept qui est tiré d'un énoncé théorique.

2. Variables présentes dans toute recherche qui peuvent influer sur la mesure des variables à l'étude et les relations entre les variables.

3. Définition qui précise comment les variables seront mesurées ou manipulées dans une recherche.

4. Réponse, comportement ou résultat prédit par une variable expérimentale.

5. Intervention ou activité qui est manipulée en vue de produire un effet sur une autre variable.

6. Caractéristiques ou attributs des sujets qui font partie de l'échantillon.

7. Variables connues avant de commencer l'étude mais qui ne peuvent être contrôlées, ou variables que l'on découvre au cours de l'étude.

4. Faites correspondre les formes d'hypothèses avec les définitions qui leur font suite :

   a. Hypothèse d'association

   b. Hypothèse causale

   c. Hypothèse complexe

   d. Hypothèse directionnelle

   e. Hypothèse non directionnelle

   f. Hypothèse nulle

   g. Hypothèse de recherche

   h. Hypothèse simple

   Définitions de l'hypothèse

   1. Hypothèse qui énonce une relation d'association ou une relation causale entre deux variables.

   2. Hypothèse qui peut se substituer à l'hypothèse nulle et qui énonce qu'une relation existe entre deux variables ou plus.

   3. Hypothèse qui énonce une relation entre deux variables et dans laquelle une variable dite indépendante a un effet sur une autre variable dite dépendante.

   4. Hypothèse qui postule qu'une relation existe, mais qui n'en précise pas la nature exacte.

   5. Hypothèse qui prédit les relations d'association ou les relations causales entre trois variables ou plus.

   6. Hypothèse qui postule une relation dans laquelle les variables se modifient en même temps.

   7. Hypothèse qui énonce la nature spécifique de la relation entre deux variables ou plus.

   8. Hypothèse énonçant qu'il n'y a pas de relation entre les variables étudiées.

5. Faites correspondre les hypothèses avec les formes d'hypothèses appropriées. Quatre formes d'hypothèses peuvent être associées à chacune des hypothèses. La réponse est donnée pour la première hypothèse.

   a. Hypothèse d'association

   b. Hypothèse causale

   c. Hypothèse complexe

   d. Hypothèse directionnelle

   e. Hypothèse non directionnelle

   f. Hypothèse nulle

   g. Hypothèse de recherche

   h. Hypothèse simple

   i. Énoncé qui n'est pas une hypothèse

1. Il existe une corrélation entre l'espoir et la rémission chez des sujets atteints de cancer. [aegh]

2. Le soutien perçu est plus important que le soutien réel pour diminuer le sentiment de stress et de solitude des familles dont un des membres est atteint d'une maladie chronique.

3. Il n'existe pas de différence entre l'attachement des parents qui ont bénéficié d'un suivi à la naissance d'un enfant ayant une déficience et l'attachement des parents qui n'ont pas reçu de suivi.

4. Il existe une corrélation positive entre le sentiment d'auto-efficacité des mères et la durée de l'allaitement.

5. Les fibres alimentaires influent sur la réponse glycémique chez les sujets souffrant de diabète.

6. Il y a une relation positive entre le genre et la catégorie de sport pratiquée par des individus.

7. L'utilisation d'une solution de saccharose à 24 % a un effet sur la diminution de la douleur chez les nouveau-nés prématurés lors d'une ponction capillaire au talon.

8. Une solution de saccharose à 24 % diminue plus la douleur des nouveau-nés prématurés que la méthode kangourou au cours d'une ponction capillaire au talon.

9. L'intensité du bruit est liée à l'augmentation de l'anxiété chez les patients séjournant à l'unité des soins intensifs.

10. La majorité des adolescents actifs sexuellement utilisent le condom.

6. Associez chaque catégorie de variables avec les exemples de variables énumérés ci-dessous.

   a. Variable démographique / variable attribut

   b. Variable indépendante

   c. Variable dépendante

   1. Âge

   2. Perception de la douleur

   3. Programme d'exercices

   4. Estime de soi

   5. Régime végétarien

   6. Thérapie de relaxation

   7. Degré de scolarité

   8. Situation de famille

   9. Performance scolaire

   10. Style de gestion

Références bibliographiques

Aubé, F. (2003). *Étude descriptive des demandes d'aide au suicide et d'euthanasie rapportées par des intervenants œuvrant auprès de personnes vivant avec le virus de l'immunodéficience humaine (VIH),* mémoire de maîtrise, Montréal, Université de Montréal.

Bérubé, M. (2001). *Incertitude, coping et espoir chez des personnes blessées médullaires en phase de réadaptation,* mémoire de maîtrise, Montréal, Université de Montréal.

Burns, N. et Grove, S.K. (2003). *Understanding Nursing Research,* 3ᵉ éd., Toronto, W.B. Saunders.

Gauthier, B. (2000). *Recherche sociale : de la problématique à la collecte des données,* 3ᵉ éd., Québec, Presses de l'Université du Québec.

Jackson, K., Ternestedt, B.-M. et Schollin, J. (2003). « From alienation to familiarity : experiences of mothers and fathers of preterm infants », *Journal of Advanced Nursing, 43*(2), p. 120-129.

Jacques, M. (2003). *Effets d'un suivi postnatal intensif et précoce auprès de mères adolescentes sur le niveau de soutien perçu et la structure de leur réseau familial et communautaire,* mémoire de maîtrise, Montréal, Université de Montréal.

Mace, G. et Pétry, F. (2000). *Guide d'élaboration d'un projet de recherche,* 2ᵉ éd., Québec, Les Presses de l'Université Laval.

Mishel, M.H. (1988). « Uncertainty in illness », *Image : Journal of Nursing Scholarship, 20,* p. 225-232.

Nation, J.R. (1997). *Research Methods,* Upper Saddle River (N.J.), Prentice Hall.

Norwood, S.L. (2000). *Research Strategies for Advanced Practice Nurses,* Upper Saddle River (N.J.), Prentice Hall Health.

Sergerie, M. (2003). *Incertitude et connaissance de la condition médicale chez les patients avec une cardiopathie congénitale avant le transfert du milieu pédiatrique au milieu adulte spécialisé,* mémoire de maîtrise, Montréal, Université de Montréal.

Taillefer, I. (2004). *L'impact de la douleur sur la qualité de vie d'enfants et d'adolescents étant sous traitement contre le cancer et suivis sur une base externe,* mémoire de maîtrise, Montréal, Université de Montréal.

Perspectives en éthique de la recherche

Objectifs d'apprentissage

À la fin de ce chapitre, vous devriez être en mesure :

1) d'expliquer l'origine des codes d'éthique ;

2) d'indiquer quelles sont les obligations éthiques à la base du respect de la dignité humaine ;

3) de dire quelles sont les principales obligations éthiques en recherche ;

4) de définir le rôle des comités d'éthique en recherche.

Vue d'ensemble

En recherche, il est primordial de prendre en compte la responsabilité du chercheur à l'égard de la protection des droits de la personne. Avant d'entreprendre une étude, le chercheur doit s'interroger sur les motifs qui le conduisent à entreprendre sa recherche et sur les répercussions éventuelles de cette dernière sur la vie des participants. Ce sont surtout les prétendues expérimentations médicales menées au nom de la science par le régime nazi durant la Deuxième Guerre mondiale qui ont sensibilisé l'opinion mondiale sur les mauvais traitements infligés à des individus. On a donc tracé des codes d'éthique visant à encadrer la recherche conduite auprès des êtres humains. Dans ce chapitre, nous étudions brièvement l'origine des codes d'éthique ainsi que les obligations éthiques découlant des principes fondamentaux qui sont formulés dans l'*Énoncé de politique* des trois conseils canadiens et qui ont pour but de guider l'action dans le domaine de la recherche. Nous discutons pour terminer certains aspects du consentement libre et éclairé et du rôle des comités d'éthique en recherche.

Comme la recherche dans le domaine de la santé porte sur des êtres humains, les considérations éthiques entrent en jeu dès le début de la recherche. Le choix du sujet, le type d'étude, le recrutement des participants, la façon de recueillir les données et de les interpréter sont autant d'éléments qui peuvent intéresser l'éthique. Certaines actions moralement condamnables accomplies sous le couvert de la recherche désintéressée ont incité les chercheurs scientifiques à se doter de codes d'éthique. L'*Énoncé de politique des trois Conseils* constitue à cet égard un guide sûr dans la conduite de la recherche au Canada.

9.1 L'éthique de la recherche

Dans bon nombre de disciplines scientifiques, la recherche porte sur un aspect ou l'autre de l'activité humaine : comportement ou état de santé des individus de tous âges, modes de vie des familles, des groupes et des communautés, prestation de soins, etc. Quels que soient les aspects étudiés, la recherche doit être conduite dans le respect des droits de la personne. Les décisions conformes à l'éthique sont celles qui se fondent sur les principes du respect de la personne et de bienfaisance. En étudiant des phénomènes biopsychosociaux, les chercheurs peuvent porter atteinte, de façon consciente ou non, à l'intégrité des personnes avec qui ils entrent en relations ou à leur vie privée, ou encore leur causer des préjudices. Le chercheur fait face à un problème éthique potentiel chaque fois qu'il juge que les inconvénients excèdent les avantages.

Quel que soit le type d'étude ou de stratégie qu'il mène, le chercheur est appelé à résoudre certaines questions d'ordre éthique. Dans la recherche expérimentale, la responsabilité du chercheur est directement engagée du fait des expériences qu'il conduit avec le concours d'êtres humains. Comme le fait remarquer Baudouin (1981), il y a lieu de considérer dans la recherche expérimentale non seulement l'étude elle-même, mais aussi la vie privée des individus dans laquelle il arrive qu'on s'introduise afin d'obtenir de l'information scientifique. Dans la recherche non expérimentale, la responsabilité morale du chercheur est bien souvent limitée, bien que les études réalisées puissent avoir des conséquences défavorables (Reynolds, 1979). Dans l'application des méthodes de recherche qualitative, il faut également avoir égard à certains principes éthiques, particulièrement en ce qui concerne la confidentialité et la vie privée. En effet, les entrevues non dirigées qui ont pour but de recueillir des informations personnelles peuvent parfois, lorsqu'on ne se soumet pas à des règles strictes, fournir des indications assez précises sur l'identité des participants (Saint-Arnaud, 2003).

L'histoire du XXᵉ siècle abonde en exemples d'expériences moralement inacceptables, telles que les expériences médicales faites sur des prisonniers de guerre par les nazis (Code d'éthique de Nuremberg, 1978) et les scandales en recherche biomédicale survenus aux États-Unis (Beecher, 1966). Mais il est possible aussi de causer du tort aux participants ailleurs que dans la recherche médicale. C'est le cas des études qui ont pour but, par exemple, de déterminer les effets du stress psychologique ou émotionnel au moyen de procédés capables de provoquer des crises convulsives (Drew, Hardman et Hart, 1996).

Afin de donner une vue d'ensemble des aspects éthiques des études menées auprès d'êtres humains, nous retraçons ci-dessous l'historique des principaux codes d'éthique et règlements en matière de recherche. Nous présenterons ensuite les principes éthiques formulés dans l'*Énoncé de politique des trois Conseils* et porterons notre attention sur le consentement éclairé et l'approbation des comités d'éthique.

9.2 L'origine des codes en éthique de la recherche

Les considérations morales et éthiques n'ont reçu d'attention qu'après la Deuxième Guerre mondiale en réaction aux atrocités commises au nom de la science par les nazis. Le procès des criminels de guerre nazis à Nuremberg en 1947 a mis en lumière les crimes subis par des prisonniers de guerre et des populations considérées comme sous-humaines, tels les juifs internés dans des camps de concentration. Les expérimentations condamnées consistaient, entre autres, à vérifier les capacités de résistance à l'exposition au froid excessif des hautes altitudes et à observer les réactions à des agents pathogènes et à des drogues aux propriétés inconnues. La stérilisation, l'euthanasie et l'expérimentation médicale avaient pour but d'assurer la pureté de la race destinée à gouverner le monde. Les individus étaient forcés de se soumettre à des expériences qui, souvent, provoquaient la mort ou causaient des dommages permanents sur les plans physique, mental et social. Les expériences en question n'étaient ni conçues ni conduites dans le respect de la dignité humaine et, par ailleurs, elles ont très peu contribué à faire avancer la science (Berger, 1990).

Des études américaines ont aussi attiré l'attention sur des cas de recherches qui ont bafoué la morale. Citons, entre autres, l'étude de Tuskegee, l'étude de Brooklyn et l'étude de Willowbrook.

L'*étude de Tuskegee,* menée dans les années 1930, portait sur l'observation à leur insu de 400 hommes noirs dont 200 étaient porteurs de la syphilis et 200 étaient sains. Cette étude qui s'est déroulée dans la ville de Tuskegee en Alabama s'est poursuivie pendant 40 ans jusqu'à ce que, en 1972, les autorités ordonnent sa suspension (Brandt, 1978). Les sujets étaient examinés de façon périodique et ils ne recevaient aucun traitement malgré la découverte de la pénicilline en 1940, un médicament qui a été reconnu efficace contre cette maladie. Dès 1972, des comités d'éthique fédéraux ont été institués aux États-Unis à la suite des révélations sur les essais cliniques de Tuskegee.

Les *études de Brooklyn et de Willowbrook* font partie des nombreux manquements à l'éthique rapportés par Beecher (1966) dans un article du *New England Journal of Medicine.* L'article décrivait plusieurs expériences de recherche menées au cours des années 1950, dont deux avaient particulièrement attiré l'attention. L'*étude de Brooklyn* portait sur des greffes de cellules cancéreuses vivantes pratiquées sur 22 personnes hospitalisées qui n'avaient pas donné leur consentement et qui, même, ignoraient qu'elles participaient à une étude (Levine, 1986). De surcroît, le projet de recherche n'avait été approuvé par aucun comité d'éthique (Burns et Grove, 2003). Dans l'*étude de Willowbrook,* on a injecté le virus de l'hépatite B à des enfants séjournant dans un établissement psychiatrique dans le but de connaître l'évolution de la maladie et de mettre éventuellement au point un vaccin (Doucet, 2002).

Les codes en éthique de la recherche

Des codes visant à réglementer la recherche auprès des êtres humains ont été peu à peu instaurés à l'échelle nationale et internationale. L'*Énoncé de politique* conçu par les trois principaux organismes subventionnaires canadiens témoigne de la volonté de définir des normes et des procédures dans le domaine de la recherche au Canada.

Le Code de Nuremberg

Les criminels de guerre nazis qui ont conduit des expérimentations moralement inacceptables sur des sujets humains ont été condamnés au procès de Nuremberg. C'est à la suite de ce procès qu'a été élaboré le Code de Nuremberg (encadré 9.1). Ce code d'éthique composé de dix articles définit des règles et des principes qui assurent l'obtention du consentement éclairé, la protection contre le préjudice physique ou mental et l'équilibre entre les avantages et les inconvénients. Le Code précise également que les expérimentations doivent être pratiquées par des chercheurs scientifiques qualifiés. Selon Mariner (1997), c'est sur les principes énoncés dans le Code de Nuremberg que se fonde l'éthique de la recherche dans le monde.

La Déclaration d'Helsinki

Le Code de Nuremberg a servi de base à la Déclaration d'Helsinki (AMM, 1964), qui a été révisée plusieurs fois depuis 1964 : en 1975 à Tokyo, en 1983 à Venise, en 1989 à Hong Kong, en 1996 en Afrique du Sud, à Édimbourg en 2000, à Washington

---

ENCADRÉ 9.1
Articles du Code de Nuremberg

1. Le consentement volontaire du sujet humain est essentiel.

2. L'expérience doit avoir des résultats pratiques pour le bien de la société et impossibles à obtenir par d'autres moyens ; elle ne doit pas être pratiquée au hasard et sans nécessité.

3. Les fondements de l'expérience doivent résider dans des résultats d'expériences antérieures faites sur des animaux, et dans la connaissance de la genèse de la maladie ou des questions à l'étude, de façon à justifier par les résultats attendus l'exécution de l'expérience.

4. L'expérimentation doit être pratiquée de façon à éviter toute souffrance et tout dommage physique ou mental non nécessaires.

5. L'expérimentation ne doit pas être tentée lorsqu'il y a une raison à priori de croire qu'elle entraînera la mort ou l'invalidité du sujet, à l'exception des cas où les médecins qui font les recherches servent eux-mêmes de sujets à l'expérimentation.

6. Les risques encourus ne devront jamais excéder l'importance humanitaire du problème que doit résoudre l'expérience envisagée.

7. Des précautions doivent être prises afin d'écarter du sujet expérimental toute éventualité, si mince soit-elle, susceptible de provoquer des blessures, l'invalidité ou la mort.

8. Les expérimentations ne doivent être pratiquées que par des personnes qualifiées.

9. Le sujet humain doit être libre, pendant l'expérimentation, de faire interrompre l'expérimentation, s'il estime avoir atteint le seuil de résistance, mental ou physique, au-delà duquel il ne peut aller.

10. Le scientifique chargé de l'expérimentation doit être prêt à l'interrompre à tout moment, s'il a une raison de croire que sa continuation pourrait entraîner des blessures, l'invalidité ou la mort pour le sujet expérimental.

Source : Extrait du jugement du Tribunal militaire américain, Nuremberg, 1947. Traduction française dans F. Bayle (1950). *Les expériences humaines en Allemagne pendant la Deuxième Guerre mondiale,* Neustadt, Commission scientifique des crimes de guerre.

en 2002 et enfin de nouveau à Tokyo en 2004. Les recommandations contenues dans la Déclaration d'Helsinki ont rapport à une série de règles éthiques, à la mise sur pied, dans les établissements de santé, de comités d'éthique de la recherche en vue de l'évaluation de la recherche portant sur des êtres humains. Les éléments essentiels de cette déclaration modifiée sont constitués par l'ensemble des principes de base relatifs aux méthodes scientifiques, à la publication des résultats et à la dif- férenciation entre la recherche thérapeutique (biomédicale, clinique), qui a pour but d'améliorer la santé des participants et la recherche non thérapeutique, qui vise surtout l'avancement des connaissances. On peut lire le texte de la Déclaration d'Helsinki en ligne à l'adresse suivante : http://www.wma.net/f/ethicsunit/helsinki.htm

La Commission nationale américaine

La Commission nationale pour la protection des sujets humains en recherche biomédicale et comportementale, mise sur pied aux États-Unis en 1978 (National Commission for the Protection of Human Subjects of Biomedical and Behavioral Research, 1982), a défini trois principes éthiques touchant la conduite de la recherche auprès des sujets humains : le respect de l'autonomie, la bienfaisance et la justice. Des guides d'éthique en recherche s'appuyant sur ces principes ont été incorporés dans le *Rapport Belmont* (Burns et Grove, 2003). Le site Internet suivant donne de l'information sur les principes éthiques du *Rapport Belmont* : http://www.fhi.org/training/fr/Retc/pdf_files/FrenchBelmont.pdf

Les conseils de recherche canadiens

Au Canada, le Conseil de recherches médicales du Canada (CRMC, 1987, 1990) et le Conseil de recherches en sciences humaines du Canada (1986) ont élaboré eux aussi des codes de déontologie. Ces organismes subventionnaires ont établi des règles d'éthique auxquelles il est nécessaire de satisfaire pour avoir droit à des fonds de recherche. Le CRMC a tracé des lignes directrices pour l'évaluation de l'aspect éthique des protocoles de recherche. Plusieurs organismes ou associations professionnelles, notamment le Conseil des Arts du Canada (1977), l'Association des infirmières et infirmiers du Canada (2002) et la Société canadienne de psychologie (1991) se sont également fixé des lignes directrices. Les principes éthiques qui s'appliquent à toutes les disciplines ont trait au respect des personnes, à la vie privée, à la confidentialité, aux principes de bienfaisance et de justice. Ces principes sont expliqués dans l'*Énoncé de politique des trois Conseils*. Tout chercheur encourt des responsabilités pénales, civiles et déontologiques dans l'application des lois et des règles internes qui régissent les associations professionnelles. Le chercheur a aussi des obligations et des responsabilités morales envers la société, la communauté scientifique et les participants aux projets de recherche.

L'énoncé de politique des trois conseils de recherche

Les chercheurs des universités canadiennes (chercheurs du domaine de la santé, sociologues, psychologues et historiens) dont les recherches intéressent des sujets humains doivent désormais suivre la ligne de conduite tracée par les trois principaux conseils subventionnaires canadiens : les Instituts de recherche en santé du Canada (autrefois le Conseil de recherches médicales), le Conseil de recherches en sciences humaines et le Conseil de recherches en sciences naturelles et en génie. Fruit de quatre années de débats menés par un groupe de travail multidisciplinaire, l'*Énoncé de politique des trois Conseils* (1998) constitue la norme en éthique de la recherche avec des sujets humains. Il formule sept principes éthiques axés sur le respect de la dignité humaine, et en particulier l'intégrité corporelle et l'intégrité psychologique ou culturelle.

9.3   Les principes éthiques fondés sur le respect de la dignité humaine

Dans la définition des principes éthiques, on a tenu compte des lignes directrices tracées antérieurement (CRMC, 1978, 1987) et des déclarations d'organismes canadiens et internationaux (voir l'*Énoncé de politique des trois Conseils,* 1998). Ces principes éthiques sont : 1) le respect du consentement libre et éclairé ; 2) le respect des groupes vulnérables ; 3) le respect de la vie privée et de la confidentialité des renseignements personnels ; 4) le respect de la justice et de l'équité ; 5) l'équilibre des avantages et des inconvénients ; 6) la réduction des inconvénients et 7) l'optimalisation des avantages.

Le respect du consentement libre et éclairé

Le respect des personnes et du choix éclairé repose sur le principe selon lequel toute personne a le droit et la capacité de décider par elle-même. Il résulte de ce principe que le sujet pressenti a le droit de décider librement, en toute connaissance de cause, de participer ou non à une étude (Levine, 1986 ; National Commission for the Protection of Human Subjects of Biomedical and Behavioral Research, 1982). Le consentement éclairé signifie que le sujet a obtenu toute l'information essentielle, qu'il en connaît bien le contenu et qu'il a bien compris ce à quoi il s'engage. Aucun moyen de coercition ne doit être employé pour amener le sujet à participer à une recherche. De plus, le participant peut cesser à tout moment de participer à la recherche sans qu'il encoure aucune peine ou sanction.

Le respect du consentement libre et éclairé est violé si la personne est contrainte de participer, si son autonomie est réduite ou si elle fait l'objet d'une recherche à son insu. Ce dernier aspect relève de la tromperie. La tromperie en recherche consiste à induire délibérément en erreur des participants potentiels ou à dissimuler le but réel de la recherche ou les méthodes utilisées (CRMC, 1987).

Le respect du consentement libre et éclairé n'implique pas que toute l'information dont on dispose doive être transmise au participant. Dans certains cas, il convient de fournir des explications verbales sur les méthodes, les risques et les bénéfices afin d'aider le participant à faire son choix. Un temps de réflexion doit également être accordé au participant de façon qu'il puisse, en toute liberté d'esprit, examiner l'offre qu'on lui présente, poser des questions et demander conseil (CERSS, 2003).

Le respect des groupes vulnérables

L'*Énoncé de politique* spécifie que « [...] le respect de la dignité humaine entraîne des devoirs éthiques à l'égard des personnes vulnérables, c'est-à-dire devenues sans

---

ENCADRÉ 9.2
Le respect du consentement libre et éclairé

- Le principe éthique suivant lequel la personne a droit de décider par elle-même de sa participation à une recherche découle du droit à l'autonomie.
- Ce principe est respecté quand le participant pressenti est informé de tous les aspects de la recherche et qu'il donne librement son consentement. Cela inclut la faculté de se retirer de l'étude à tout moment sans encourir de sanction ni de peine.
- Le principe est violé lorsqu'une personne est contrainte de participer ou que l'autonomie du sujet est réduite en raison d'une incapacité légale ou morale.

défense parce que leur capacité de faire des choix ou leurs aptitudes sont amoindries » (*Énoncé de politique des trois Conseils*, 1998, p. i5). Il découle de ce principe que le respect du droit des personnes ou des groupes vulnérables exige l'absence de tout mauvais traitement ou de toute discrimination et une attitude bienveillante de la part des chercheurs. Parmi les personnes considérées comme vulnérables, mentionnons les mineurs, les personnes mentalement inaptes, les personnes séjournant en établissement et les malades en phase terminale.

Les mineurs et les majeurs inaptes

D'un point de vue légal et éthique, les mineurs et les majeurs inaptes ne sont pas habilités à donner leur consentement. Selon le Code civil du Québec (Gouvernement du Québec, 1994, art. 21), le consentement est donné, pour le mineur (moins de 18 ans) par les parents ou les tuteurs et, pour les majeurs inaptes, par le mandataire, le tuteur ou le curateur.

Les sujets mentalement inaptes

Les personnes inconscientes ou intellectuellement déficientes sont incapables de donner un consentement libre et éclairé puisqu'elles ne sont pas en mesure de comprendre la nature de leur participation. Pour Levine (1986) et Burns et Grove (2003), il est possible de faire participer ces personnes si la recherche est thérapeutique, si le chercheur accepte des sujets vulnérables et non vulnérables dans son étude, si les risques sont minimes et si le processus d'obtention du consentement libre est suivi de façon rigoureuse.

Les personnes vivant en établissement

Les personnes institutionnalisées peuvent se sentir obligées de participer aux projets de recherche soit parce qu'elles croient de leur devoir d'aider les professionnels de la santé qui sollicitent leur participation, soit parce qu'elles craignent de voir la qualité de leurs soins diminuer si elles refusent. Les professionnels de la santé doivent s'assurer que les éventuels participants à leur recherche se sentent tout à fait libres de participer. Sauf les cas où l'incapacité mentale ou intellectuelle est avérée, tels que celui d'un malade en phase terminale, le consentement écrit devrait être obtenu d'une personne légalement mandatée. Ce qui a été dit des personnes vivant en établissement vaut aussi pour les personnes emprisonnées ou ayant une liberté limitée.

ENCADRÉ 9.3
Le respect des groupes vulnérables

- Les personnes vulnérables sont celles qui sont sans défense ou sans protection en raison de leur incapacité à faire un choix éclairé.
- Le respect de ce principe exige une protection vigilante contre tout mauvais traitement ou toute discrimination et une attitude bienveillante de la part des chercheurs.
- Il y a possibilité d'instaurer des mesures spéciales de protection.

Le respect de la vie privée et de la confidentialité des renseignements personnels

La protection de la vie privée et des renseignements personnels est un droit acquis dans beaucoup de cultures. Ce principe entraîne le droit à l'intimité, à l'anonymat et à la confidentialité des données.

Le droit à la vie privée a rapport à la faculté qu'a l'individu de décider lui-même de l'information de nature personnelle qu'il rendra publique dans le cadre d'une participation à une étude. Les renseignements personnels concernent les attitudes, les valeurs, les croyances et les opinions (Kovacs, 1985). Ce droit est protégé si les participants sont bien informés sur la nature et le but de l'étude et s'ils consentent librement à communiquer des renseignements personnels au chercheur (Levine, 1986). Le droit à la vie privée est violé si des renseignements personnels sont communiqués à des tierces personnes sans le consentement du participant.

En vertu du droit à la vie privée, le participant à une étude a le droit de conserver l'anonymat et de recevoir l'assurance que les données recueillies demeureront confidentielles. Le droit à l'anonymat est respecté si l'identité du participant ne peut être découverte par aucun moyen, même par le chercheur. La confidentialité a rapport à la gestion des renseignements personnels fournis par le participant. Le chercheur s'engage à garder secrètes les données recueillies durant l'étude et après et il ne peut les communiquer à quiconque sans l'autorisation du participant.

Le chercheur contrevient à la règle de confidentialité quand, par inadvertance ou de propos délibéré, il permet que des personnes non autorisées aient accès aux données collectées. Le chercheur doit veiller à ce que la confidentialité soit assurée durant la période de collecte et d'analyse des données. Le mode d'établissement des

---

ENCADRÉ 9.4
Le respect de la vie privée et de la confidentialité des renseignements personnels

- Le droit à l'intimité ou à la vie privée a rapport à la faculté qu'a l'individu de décider lui-même de l'information de nature personnelle qu'il rendra publique dans le cadre d'une recherche.

- Ce droit est protégé quand, pleinement informée, la personne consent librement à communiquer de l'information de nature personnelle.

- Ce droit est violé quand il y a obtention de données personnelles à l'insu de la personne ou que celles-ci sont communiquées à des tiers sans le consentement exprès de la personne.

- Le chercheur a le devoir d'assurer l'anonymat et la confidentialité des données.

- L'anonymat est protégé s'il est impossible de reconnaître les personnes en se fondant sur les réponses ou les résultats d'une étude.

- Il y a manquement à la règle de confidentialité quand, par inadvertance ou de propos délibéré, le chercheur permet qu'une personne non autorisée ait accès à des données brutes susceptibles de mener à l'identification du répondant.

résultats doit être conçu de manière qu'il soit impossible à quiconque de reconnaître aucun des participants.

Le respect de la justice et de l'équité

Le principe du respect de la justice et de l'équité renvoie aux notions d'impartialité et d'équité dans le choix ou l'application des méthodes, des normes et des règles et à la notion d'objectivité dans le processus d'évaluation. Selon l'*Énoncé de politique des trois Conseils* (1998), le principe de justice exige qu'on s'attache à répartir équitablement les bienfaits et les inconvénients de la recherche entre tous les participants. Cela entraîne l'obligation de n'établir aucune discrimination entre les personnes ou les groupes qui participent à la recherche. Ce principe suppose que le choix des sujets doit être directement lié au problème de recherche et non pas motivé par des questions de convenance, et aussi que les participants ont le droit d'être traités de manière juste et équitable avant, pendant et après la recherche.

Certains types d'études peuvent comporter des risques pour les personnes particulièrement vulnérables. L'*Énoncé de politique des trois Conseils* insiste sur l'impartialité avec laquelle, dans le choix des participants, on doit considérer l'âge, le sexe, la race, la religion ou l'état de santé.

ENCADRÉ 9.5
Le respect de la justice et de l'équité

- Les participants ont le droit d'être traités de manière juste et équitable avant, pendant et après la recherche.
- Afin d'assurer un traitement juste et équitable, le chercheur doit informer la personne sur la nature, le but et la durée de la recherche ainsi que sur les méthodes employées.
- Il y a manquement au principe quand les participants sont choisis en fonction des convenances personnelles du chercheur.

L'équilibre des avantages et des inconvénients

Selon l'*Énoncé de politique des trois Conseils*, le principe de l'équilibre des avantages et des inconvénients est primordial en éthique de la recherche. Cet équilibre concerne le bien-être et les droits des participants à la recherche. Dans la préparation de sa recherche, le chercheur doit mesurer soigneusement les risques qu'il fera encourir aux participants et supputer les bénéfices qu'ils pourraient en tirer pour eux-mêmes. Il convient qu'il en discute ouvertement avec les participants pressentis, de manière que ceux-ci puissent décider en connaissance de cause s'il est de leur intérêt de participer. Le risque couru par le participant doit être contrebalancé par un bénéfice du point de vue thérapeutique (Malherbe, 1994).

Pour déterminer où se trouve l'équilibre des avantages et des inconvénients de la participation, il faut considérer tous les bienfaits et les risques qui pourraient en résulter. Les avantages peuvent varier en fonction du type de recherche. Dans la recherche expérimentale, les avantages consistent souvent dans l'amélioration de l'état de santé ou de bien-être, l'acquisition de connaissances dans le domaine étudié, la correction des habitudes de vie. En ce qui concerne la recherche descriptive, qu'elle soit de nature quantitative ou qualitative, les avantages sont plutôt indirects. La recherche descriptive permet néanmoins d'en apprendre davantage sur les participants et d'étendre les connaissances que l'on a de la discipline et de la société en général (King, 2000).

L'examen de l'équilibre des avantages et des inconvénients implique aussi qu'on mesure les risques potentiels d'inconfort ou de préjudice. Ces risques peuvent être à la fois de nature physique, émotionnelle, sociale et économique (Weider, 2000). Si les inconvénients excèdent les avantages, il est préférable de ne pas mener la recherche. Par contre, si les avantages dépassent les inconvénients, il y a de fortes chances que l'étude respecte les principes éthiques et puisse contribuer à faire avancer la connaissance. Dans la plupart des études menées en sciences infirmières et dans certains autres domaines, les inconvénients sont minimes. Les avantages l'emportent sur les inconvénients et la recherche ne soulève pas en principe de problèmes éthiques importants. Dans tous les cas, le chercheur a le devoir d'informer les participants des avantages et des inconvénients liés à leur participation.

ENCADRÉ 9.6
L'équilibre des avantages et des inconvénients

- Étant donné que toute nouveauté est susceptible d'entraîner du stress, il est parfois impossible, dans certains types de recherche, de préserver les participants de tout inconfort ou de tout préjudice.
- Le chercheur a le devoir d'éviter de faire éprouver aux personnes un inconfort excessif et de leur causer du préjudice.
- Le principe est respecté dans la mesure où le chercheur s'applique à travailler pour le bien de la personne et à réduire les risques au minimum.
- Il y a violation du principe quand les risques supputés excèdent les avantages.

La réduction des inconvénients

Le principe de la réduction des inconvénients découle du précédent en ce qu'il vise à supprimer ou à limiter les inconvénients que la recherche peut présenter pour les participants. Il correspond au principe de « non-malfaisance » formulé dans l'*Énoncé de politique des trois Conseils*. En vertu de ce principe, les chercheurs doivent éviter d'exposer les participants à des inconvénients. Parmi les inconvénients susceptibles d'être provoqués durant et après l'étude chez les participants, mentionnons le sentiment d'échec, la peur irraisonnée et la menace à l'identité. D'un point de vue psychologique, le fait de rappeler aux participants une expérience malheureuse peut avoir des conséquences sérieuses. Dans tous les cas, on doit s'assurer de pouvoir apporter une aide psychologique (Ford et Reuter, 1990).

ENCADRÉ 9.7
Le principe de la réduction des inconvénients correspond au principe de non-malfaisance

Le principe de non-malfaisance veut que l'on supprime ou limite les inconvénients que la recherche peut présenter pour les participants. Les inconvénients sont les suivants :

- La douleur physique, y compris celle due à des effets secondaires imprévus ;
- L'inconfort physique, la fatigue, l'ennui, l'anxiété ;
- La détresse morale ;
- L'intrusion dans la vie privée.

L'optimalisation des avantages

L'*Énoncé de politique des trois Conseils* met en évidence un autre principe qui a rapport à l'équilibre entre les avantages et les inconvénients : le principe de «bienfaisance», lequel consiste à vouloir du bien aux personnes. Les avantages escomptés doivent compenser largement les risques (Doucet, 2002). Ainsi, un traitement ou une intervention dont le participant ne pourrait bénéficier que moyennant sa participation à la recherche représenterait un avantage notable.

ENCADRÉ 9.8
Le principe de l'optimalisation des avantages correspond au principe de bienfaisance

Le principe de bienfaisance consiste à vouloir du bien aux personnes, à leur procurer le plus d'avantages possible. Parmi les avantages potentiels, mentionnons :

- Une intervention ou un traitement dont l'individu ne pourrait bénéficier s'il ne participait pas à la recherche ;
- La contribution à l'avancement des connaissances ;
- Les bénéfices que d'autres personnes pourraient tirer des découvertes faites au cours de la recherche.

Certaines études biomédicales ou pharmaceutiques peuvent comporter des risques sérieux, mais, dans la plupart des cas, les risques sont minimes. S'il y a des risques de dommages permanents, le chercheur doit faire son possible pour les réduire au minimum et garantir des avantages aux participants.

9.4 Le consentement libre et éclairé

Le consentement est l'acquiescement donné par une personne à la participation à une étude. Le consentement est considéré comme libre et volontaire si la personne qui l'accorde jouit de toutes ses facultés et ne subit aucune forme de manipulation, de coercition ou de pression. Le sujet peut en tout temps revenir sur sa décision. Pour que le consentement soit éclairé, il faut que la personne possède toute l'information nécessaire pour pouvoir juger des avantages et des inconvénients de sa participation.

Il faut présenter aux participants éventuels suffisamment d'informations formulées dans un langage accessible sur le projet de recherche et leur participation pour qu'ils puissent évaluer les conséquences de leur participation. Pour que la recherche soit conforme à l'*Énoncé de politique*, les personnes pressenties ou leurs représentants légaux doivent avoir donné leur consentement libre et éclairé.

L'information nécessaire à la pleine compréhension du projet de recherche

Le formulaire de consentement comprend un résumé des éléments nécessaires à la pleine compréhension du projet de recherche. Une fois qu'il a pris connaissance des informations transmises, le participant éventuel déclare avoir bien compris en quoi consiste la recherche ainsi que le rôle qui sera le sien, puis il donne son consentement par écrit. Les éléments d'information présentés ci-dessous (encadré 9.9) s'inspirent largement du « Formulaire de consentement » figurant à l'annexe 11 de *Renseignements pour l'obtention d'un certificat d'éthique* (CERSS, 2003).

ENCADRÉ 9.9
Un exemple de formulaire de consentement

Titre de l'étude : _____

Chercheur principal : _____

Co-chercheur(s) : _____

Introduction.   Dans un texte rédigé dans un langage accessible et concis, le chercheur expose la raison d'être de l'étude, l'état des connaissances, la problématique ainsi que les questions de recherche ou les hypothèses. Exemple : Votre enfant souffre de la maladie _____. Cette condition peut causer _____. Des études récentes montrent que _____.

But et objectifs de l'étude.   L'étendue de l'étude est précisée, ainsi que les objectifs poursuivis.

Modalités de participation.   Le chercheur fait état du devis de recherche, selon qu'il s'agit d'une étude à caractère descriptif ou corrélationnel, ou d'une expérimentation faisant appel à la randomisation. Sont précisés les méthodes de collecte des données, les tâches à exécuter, l'heure et la durée des épreuves, la nature des prélèvements, leur nombre s'il y a lieu, la période de suivi, le lieu où l'étude sera réalisée et les fonctions du personnel de recherche.

Conditions de participation.   Les critères d'inclusion comme participant sont précisés : âge, prise de médicaments, etc. On indique par exemple : « Pour participer à l'étude, vous devez répondre aux conditions suivantes… » ou : « Vous ne pouvez participer à l'étude si… ».

Avantages attachés à la participation.   Les bénéfices liés à la participation sont décrits (par exemple, amélioration de l'état de santé). Sont également décrits les bénéfices qui peuvent en résulter pour le groupe auquel appartient le participant (par exemple, personnes atteintes de la même maladie), pour la société en général ou pour la science. S'il n'y a aucun bénéfice prévu pour le participant, il est nécessaire de le mentionner.

Risques et inconforts.   Les risques connus ou éventuels, de nature physique, psychologique ou sociale et susceptibles de survenir durant et après l'étude, sont énumérés ; on indique leur importance et leur fréquence ainsi que les effets réversibles et irréversibles qui en résulteraient. Sont décrits les inconforts, inconvénients ou désagréments connus ou éventuels qui peuvent se présenter pendant et après la participation à l'étude (gêne, fatigue, etc.).

▶

ENCADRÉ 9.9 (*suite*)
Un exemple de formulaire de consentement

Les mesures de soutien ou de sécurité destinées à limiter ou à neutraliser les risques et les inconvénients prévus doivent être expliquées. Le cas échéant, des mises en garde (conduite automobile, utilisation de machines, grossesse et allaitement) sont formulées. Enfin, on décrit les mesures prévues en cas d'urgence ou de surveillance infirmière ou médicale.

Conséquences du choix du traitement, de l'intervention ou du soin. Le participant doit être informé des bienfaits et des inconvénients qui pourraient résulter de l'intervention. On indique, le cas échéant, les soins, les traitements ou les interventions dont il ne pourra bénéficier au cours de la recherche.

Participation volontaire et abandon ou exclusion de l'étude. On doit spécifier clairement que la participation à l'étude est strictement volontaire et que le participant peut se retirer en tout temps, sans encourir de peine, sans qu'il soit nécessaire de justifier sa décision et sans remise en question de tout traitement à venir le concernant. Il est précisé que les participants peuvent être exclus de l'étude si, par exemple, ils ne suivent pas les directives données, si leur participation à la recherche entraîne des effets indésirables pour leur santé, ou, si du fait d'un changement survenu dans leur état, ils sont exposés à un risque particulier. Les participants seront informés de toute nouvelle information susceptible de les amener à reconsidérer leur participation à l'étude.

Règles régissant l'interruption de l'étude. Les participants seront informés des conditions ou des situations pouvant conduire à l'interruption de l'étude ou à la fin de leur participation. S'il y a lieu, on indique à quelle personne-ressource doit s'adresser le participant désireux de mettre fin à sa participation.

Dédommagements en cas de préjudices subis. Les participants potentiels doivent être informés que l'université ou l'établissement responsable sont tenus par la loi de réparer les préjudices qui résultent de leur participation à un projet de recherche, soit par leur faute, par celle de leurs chercheurs ou du personnel auxiliaire. En cas de faute grave, comme celle qui consiste à ne pas posséder de certificat d'éthique, le chercheur s'expose à des poursuites judiciaires.

Caractère confidentiel des informations. Il est important de garantir aux participants potentiels la confidentialité des informations et de leur expliquer les mesures qui ont été prises à cet effet. S'il s'agit d'une enquête par questionnaire réalisée de manière anonyme (sans aucune indication susceptible de révéler le nom du répondant), on doit assurer les participants que la confidentialité est parfaitement protégée. Si les participants peuvent être désignés par leur nom, le chercheur doit indiquer les personnes qui auront accès aux données, où celles-ci seront conservées et pendant combien de temps. Les chercheurs devront coder les données recueillies de manière à assurer la confidentialité durant la transcription, l'analyse des données et la transmission des résultats de l'étude et rendre compte des mesures suivies aux participants. Si on prévoit réaliser des vidéos, on informera les participants qu'ils pourront être reconnus et on précisera l'usage qu'on en fera. Enfin, le cas échéant, on informera les participants qu'il est possible que des représentants autorisés des organismes gouvernementaux en matière de santé ou des comités d'éthique demandent à examiner les données nominatives à des fins de vérification ou de suivi déontologique.

Compensation. Les participants potentiels seront informés, le cas échéant, de la nature et des conditions de l'indemnité offerte à titre de dédommagement pour les inconvénients qu'ils subiront, les déplacements qu'ils devront effectuer et les dépenses qu'il leur faudra engager du fait de leur participation.

Questions sur l'étude (renseignements et urgence). Le chercheur doit donner le nom de la personne avec qui les participants peuvent communiquer en tout temps si jamais ils ont besoin de renseignements supplémentaires sur l'étude. Les noms des personnes, les numéros de téléphone et les heures de travail seront indiqués.

Source : Adapté du document *Renseignements pour l'obtention d'un certificat d'éthique* (CERSS, annexe 11).

L'application du formulaire de consentement

Dans les pages qui suivent, nous présentons un modèle de formulaire de consentement (encadré 9.10 [1]), un modèle de présentation des signatures du participant, du chercheur principal ou de son représentant (encadré 9.11), et un formulaire de consentement à une recherche faisant intervenir des vidéos, des photographies et des enregistrements sonores (encadré 9.12).

ENCADRÉ 9.10
Formulaire de consentement

Titre du projet :   Gestion de la douleur des procédures thérapeutiques à l'aide de la méthode kangourou chez les nouveau-nés prématurés. Étude subventionnée par : IRSC

Chercheurs :   C. Johnston, inf. D.Ed., Université McGill (chercheur principal) ; C. Goulet, inf. Ph.D., Hôpital Ste-Justine ; C.D. Walker, Ph.D., Université McGill ; J. Rennick, inf. Ph.D., Hôpital de Montréal pour enfants ; G.A. Finely, M.D., Centre hospitalier IWK, Halifax.

But de l'étude

Le but de cette étude est de vérifier si le contact peau à peau, appelé la méthode kangourou, est efficace pour contrôler la douleur chez les nouveau-nés durant les procédures thérapeutiques routinières douloureuses. Cette étude requiert la participation de 64 nouveau-nés prématurés.

La méthode kangourou est une façon de tenir les bébés prématurés que l'on croit être calmante et qui donne la chance aux mères de tenir de près leur enfant. Le bébé ne portant qu'une couche est placé sur le ventre entre les seins de la mère. La mère est assise sur une chaise confortable et une couverture en flanelle couvre le dos du bébé, tandis que les vêtements de la mère entourent de manière sécuritaire le bébé. Cette mesure de réconfort a déjà été employée avec succès chez les nouveau-nés prématurés de plus de 21 semaines d'âge post-menstruel afin de procurer du réconfort durant les procédures thérapeutiques douloureuses. Nous aimerions vérifier l'efficacité de la méthode kangourou chez les bébés prématurés plus jeunes durant une procédure douloureuse routinière comme la ponction capillaire au talon.

Déroulement de l'étude

Si vous permettez à votre enfant de faire partie de l'étude, il sera observé durant deux de ces ponctions capillaires au talon faites de routine. Pour une de ces ponctions capillaires, le bébé restera dans son incubateur comme à l'habitude. Pour l'autre ponction capillaire, une infirmière aidera la mère à tenir son enfant en utilisant la méthode kangourou. Certains bébés auront la première ponction capillaire faite dans l'incubateur tandis que d'autres bébés auront la première ponction capillaire en utilisant la méthode kangourou. Tous les bébés seront supervisés avant, pendant et après les ponctions capillaires au talon selon les habitudes de soins de l'unité de soins intensifs en néonatalogie.

Si votre bébé participe à l'étude, il sera suivi sur bande magnétique audio et vidéo, en plus de l'enregistrement des mesures physiologiques normales (battements cardiaques et saturation d'oxygène), et ce, avant, pendant et après les deux ponctions capillaires au talon. Les battements cardiaques et la saturation d'oxygène, sont des mesures qui sont prises directement des moniteurs branchés de façon routinière sur le bébé. Si votre nouveau-né n'est pas branché aux moniteurs de routine, il se pourrait que nous ayons à placer au maximum 5 électrodes sur

➤

---

1.   Les textes des encadrés 9.10 à 9.12 ont été reproduits avec l'aimable autorisation des auteurs.

le bébé pour capter des mesures. Ces mesures ne font en aucun cas mal au bébé, car le matériel utilisé est conçu spécialement pour les nouveau-nés. Étant donné que la salive contient des hormones démontrant le niveau de stress du bébé, un petit échantillon de salive sera pris avant et après la ponction capillaire au talon. Il s'agit, pour prendre cet échantillon, de placer une tige montée (Q tips) dans la bouche du bébé et de laisser le coton s'imprégner de la salive du bébé pendant une minute environ. Toute procédure de prélèvement étant faite sous la surveillance d'une infirmière-chercheure, la tige (Q tips) sera tenue par cette personne. L'enregistrement vidéo du visage du bébé se fera seulement durant la ponction capillaire au talon. Cet enregistrement vidéo se concentre uniquement sur le visage du bébé et vous ne serez pas visible. Vous pourrez voir ce qui sera enregistré en regardant le moniteur de la caméra. Finalement, le dossier du bébé sera examiné par une infirmière-chercheure après chaque séance d'enregistrement audio et vidéo afin de trouver l'information quant à l'histoire de la naissance du bébé, ses fonctions corporelles normales et le nombre de procédures douloureuses qu'il a subies.

Si vous et votre enfant participez à l'étude, nous vous poserons quelques questions sur vos sentiments lorsque vous teniez votre bébé avec la méthode kangourou lorsqu'il avait une ponction capillaire au talon. Ceci prendra environ 15 minutes. Si votre enfant participe à l'étude, aucun changement dans ses soins ne sera fait sauf ceux mentionnés plus haut. Votre enfant recevra les mêmes mesures de réconfort ou les mêmes traitements qu'il participe ou non à l'étude. Vous recevrez une copie de ce formulaire de consentement.

Avantages potentiels

Il n'y a pas de bénéfices connus pour les bébés participant à cette étude. Toutefois, avec la méthode kangourou, les bébés peuvent ressentir moins de douleur lors de procédures douloureuses. Nous avons des raisons de croire que ressentir moins de douleur peut être bénéfique pour la santé du bébé prématuré. Nous espérons que les résultats de cette étude nous aideront à trouver la meilleure façon de réconforter les bébés prématurés lors de procédures douloureuses.

Risques potentiels

Il n'y a pas de risques connus pour les bébés participant à cette étude. Si le bébé devait développer un effet secondaire inhabituel (bradycardie), le médecin en service serait immédiatement averti et l'étude interrompue.

Non-participation

Si le bébé ne participe pas à l'étude, les ponctions capillaires au talon seront faites les deux fois de manière habituelle. Ceci veut dire que le bébé sera placé sur le dos ou le côté dans l'incubateur lors des ponctions capillaires au talon.

Liberté de participation

La participation de votre enfant à l'étude est libre et volontaire. Toute nouvelle connaissance susceptible de remettre en question sa participation vous sera communiquée. Le consentement peut être retiré en tout temps sans aucun changement dans les soins donnés au bébé.

Caractère confidentiel

Toute l'information obtenue durant l'étude sera gardée confidentielle en utilisant un code pour les données audio-visuelles et écrites. Une copie maîtresse du code et du nom de l'enfant sera gardée dans un dossier à l'école des Sciences infirmières de l'Université McGill durant cinq ans après la fin de l'étude et sera ensuite détruite.

Les enregistrements vidéo seront gardés dans une armoire sous clef pour une période indéterminée à l'école des Sciences infirmières de l'Université McGill. Ces enregistrements pourront être utilisés aux fins de recherche ou d'enseignement aux professionnels de la santé et aux étudiants en deçà des limites de cette étude. Des résultats de groupe pourront être présentés plus tard sans qu'aucun enfant ne soit identifié individuellement. Ces résultats de groupe seront disponibles sur demande.

Les échantillons de salive seront gardés sous clef dans un congélateur à l'unité des soins intensifs en néonatalogie jusqu'à ce qu'ils soient analysés et détruits, et ce, dans un délai d'une année après leur prélèvement.

À des fins de vérification de saine gestion de la recherche, il est possible qu'un délégué du Comité d'éthique de la recherche et de l'organisme commanditaire consultent les données de recherche et le dossier médical de votre enfant.

Responsabilité des chercheurs

En signant ce formulaire de consentement, vous ne renoncez à aucun de vos droits prévus par la loi ni à ceux de votre enfant. De plus, vous ne libérez pas les investigateurs et le commanditaire de leur responsabilité légale et professionnelle advenant une situation qui causerait préjudice à votre enfant.

Signature _____   Signature _____

ENCADRÉ 9.11
Formulaire de consentement

Titre de l'étude : Gestion de la douleur des procédures thérapeutiques à l'aide de la méthode kangourou chez les nouveau-nés prématurés

Chercheur principal ou responsable du projet

Celeste Johnston, inf. D.Ed., Université McGill (Investigatrice principale)

Je _____ reconnais que le processus de recherche décrit sur le formulaire ci-joint et dont je possède une copie m'a été expliqué et qu'on a répondu à toutes mes questions à ma satisfaction. Je comprends la nature et les avantages (s'il y en a) de la participation de mon enfant à l'étude ainsi que les inconvénients et les risques potentiels. Je sais que je peux poser, maintenant ou plus tard, des questions sur l'étude ou le processus de la recherche. On m'a assuré que les données relatives à mon enfant ou à ses soins seront gardées confidentielles et qu'aucune information ne sera donnée ou publiée révélant l'identité de mon enfant sans mon consentement. J'autorise l'équipe de recherche à consulter le dossier médical de mon enfant pour obtenir les informations pertinentes à ce projet.

Je comprends que je suis libre de retirer mon enfant de l'étude en tout temps sans que la qualité de ses soins ou de ceux des autres membres de ma famille soit en aucun cas affectée.

Par la présente, je consens librement à participer à l'étude et que mon enfant _____ participe complètement à l'étude.

_____   _____
nom (parent ou tuteur)   date

_____   _____
signature (parent ou tuteur)   nom (chercheur/assistant de recherche)

_____
signature (chercheur/assistant de recherche)

Si vous avez des questions, vous pouvez communiquer par téléphone avec Celeste Johnston au XXX-XXXX ou Françoise Filion au XXX-XXXX.

ENCADRÉ 9.12
Formulaire de consentement pour les vidéos, photographies et enregistrements sonores

Titre du projet : Gestion de la douleur des procédures thérapeutiques à l'aide de la méthode kangourou chez les nouveau-nés prématurés

Chercheurs : Celeste Johnston, inf. D.Ed., Université McGill (Investigatrice principale) ; Céline Goulet, inf. Ph.D., Hôpital Ste-Justine ; Claire-Dominique Walker, Ph.D., Université McGill ; Janet Rennick, inf. Ph.D., Hôpital de Montréal pour enfants ; G. Allen Finely, M.D., Centre hospitalier IWK, Halifax

Par la présente je consens à ce que mon enfant _____ soit enregistré/photographié durant sa participation à cette étude. Je comprends que je suis libre de ne pas faire participer mon enfant à cette partie de l'étude, et que si j'accepte de participer à cette partie de l'étude, je peux le retirer en tout temps sans pour autant compromettre la qualité des soins médicaux à l'hôpital pour moi, mon enfant ou tout autre membre de ma famille. Les documents audio et vidéo seront conservés pour l'enseignement et pour les conférences internationales.

_____   _____
nom (parent ou tuteur)   date

_____   _____
signature (parent ou tuteur)   nom (chercheur/assistant de recherche)

_____
signature (chercheur/assistant de recherche)

9.5   Les comités d'éthique de la recherche (CER)

Les comités d'éthique de la recherche (CER) sont des comités de professionnels chargés d'évaluer si les projets de recherche qui leur sont soumis respectent les droits humains. Ils sont généralement constitués d'équipes multidisciplinaires qui ont la compétence et l'indépendance nécessaires pour évaluer l'éthique des projets de recherche. L'*Énoncé de politique* recommande que les CER soient composés d'au moins cinq personnes exerçant une profession en rapport avec la nature de la recherche, telle que la recherche biomédicale, l'éthique ou le domaine juridique, et que, en outre, la collectivité servie par l'établissement y soit représentée. Le mandat des CER est résumé ainsi :

> Les CER ont pour mission de contribuer à s'assurer que toute la recherche avec des sujets humains se déroule conformément à des principes éthiques. En conséquence, ils assument un rôle à la fois d'éducation et d'évaluation. Leur utilité pour le milieu de la recherche tient à leur fonction consultative, et ils contribuent de ce fait à la formation en éthique ; cependant, ils ont aussi pour responsabilité d'assurer une évaluation indépendante et multidisciplinaire de l'éthique des projets qui leur sont soumis avant d'en autoriser la mise en œuvre ou la poursuite. (*Énoncé de politique des trois Conseils*, 1998, p. i.1)

Le fonctionnement des CER est assez simple. Les chercheurs désireux de mener une étude soumettent au CER de leur établissement un sommaire de leur projet.

Ce sommaire précise la raison d'être et le but de l'étude, les méthodes qui seront utilisées et la manière dont les participants seront recrutés. Le comité d'éthique de la recherche détermine ensuite si l'étude respecte les règles d'éthique. Le cas échéant, le comité suggère des modifications pour régler certains points mineurs. S'il apparaît impossible de rendre la recherche conforme aux normes éthiques, le comité peut refuser le projet (Saumier, 1995).

Pour faciliter le travail du comité d'éthique, on demande généralement au chercheur de remplir un formulaire détaillé, semblable à ceux présentés dans les encadrés 9.10, 9.11 et 9.12, portant sur l'objet de la recherche et couvrant tous les aspects de l'éthique.

9.6   L'examen critique des aspects éthiques de la recherche

Il n'est pas toujours possible de déterminer si la publication de recherche est en tout point conforme à l'éthique, car, dans la plupart des cas, l'étude a été approuvée par un comité d'éthique, mais toutefois certaines questions peuvent être soulevées. Dans bien des cas, on trouvera des informations sur la manière dont les participants ont été recrutés, sur les risques courus, etc. L'encadré 9.13 présente un certain nombre de questions pouvant servir dans l'examen critique des aspects éthiques d'une étude.

ENCADRÉ 9.13
Questions permettant de faire un examen critique des aspects éthiques d'une recherche

1. Qu'est-ce qui nous autorise à croire que le consentement éclairé a été obtenu de tous les participants ou de leurs représentants ? Comment a-t-il été obtenu ?

2. Quelles mesures a-t-on prises pour assurer l'anonymat et la confidentialité des données ?

3. La vie privée a-t-elle été protégée durant le recrutement, la collecte et l'analyse des données ?

4. Les participants à l'étude ont-ils subi de l'inconfort ou des préjudices ? Des mesures ont-elles été prises pour les prévenir ou les limiter ?

5. Les participants ont-ils tiré de la recherche plus d'avantages que d'inconvénients ?

6. Les participants étaient-ils vulnérables (sans défense, facultés amoindries, en institution) ? Si oui, quelles mesures a-t-on prises pour les protéger et pour obtenir leur consentement ?

7. La recherche a-t-elle été approuvée par un comité d'éthique ?

Résumé

La recherche soulève toujours le problème de la responsabilité du chercheur à l'égard de la protection des droits de la personne. Dans l'histoire du XXe siècle, les exemples d'activités de recherche frauduleuses ou contrevenant au respect de la personne abondent ; mentionnons les prétendues expérimentations scientifiques faites sur des populations par les nazis et certaines recherches médicales américaines conduites au milieu du XXe siècle. Le procès de Nuremberg a sensibilisé l'opinion mondiale sur les atrocités commises au nom de la science durant la Deuxième Guerre mondiale. Le Code de Nuremberg adopté à cette occasion établit des règles et des principes éthiques dans la recherche portant sur des humains. Il a servi de base à la Déclaration d'Helsinki, qui recommande entre autres choses aux établissements de santé de se doter d'un comité d'éthique de la recherche.

Au Canada, des lignes directrices nationales ainsi que des codes de déontologie élaborés par des associations professionnelles assurent le respect des préceptes éthiques. En 1998, les trois grands conseils subventionnaires canadiens arrêtent une position commune relativement à l'éthique de la recherche sur des sujets humains, position définie dans l'*Énoncé de politique des trois Conseils*. Les normes éthiques posées dans l'*Énoncé* touchent les chercheurs de toute discipline. Les principes éthiques majeurs formulés dans l'*Énoncé de politique* sont les suivants : 1) le respect du consentement libre et éclairé ; 2) le respect des groupes vulnérables ; 3) le respect de la vie privée et de la confidentialité des renseignements personnels ; 4) le respect de la justice et de l'équité ; 5) l'équilibre des avantages et des inconvénients ; 6) la réduction des inconvénients et 7) l'optimalisation des avantages.

Le chercheur spécialisé en sciences biomédicales ou en sciences du comportement humain doit obtenir le consentement libre et éclairé des participants pressentis. Pour que le consentement soit libre et éclairé, les participants doivent connaître le but de l'étude, les risques et les avantages potentiels, et avoir reçu l'assurance formelle qu'ils peuvent se retirer de la recherche à tout moment. Le respect des personnes inclut celui des personnes vulnérables, c'est-à-dire celles qui sont inaptes à fournir un consentement libre et éclairé. Les CER examinent l'aspect éthique des projets de recherche. Ils sont constitués d'équipes multidisciplinaires qui ont les compétences et l'indépendance nécessaires pour évaluer les projets de recherche du point de vue de l'éthique.

Mots clés

Anonymat	Déclaration d'Helsinki	Préjudice
Code d'éthique	Dignité humaine	Principe de bienfaisance
Code de Nuremberg	Énoncé de politique	Principe de non-malfaisance
Comité d'éthique	Formulaire de consentement	Principe éthique
Confidentialité	Groupe vulnérable	Respect de la vie privée
Consentement libre et éclairé	Justice et équité	

Exercices de révision

1. Rapportez chacun des termes suivants à la définition qui convient.

   a. L'anonymat

   b. L'équilibre des avantages et des inconvénients

   c. Le respect des groupes vulnérables

   d. Le respect de la justice et de l'équité

   e. Le respect du consentement libre et éclairé

   f. Le respect de la dignité humaine

   g. Le consentement éclairé

   h. Le comité d'éthique de la recherche

   i. Le respect de la vie privée et de la confidentialité des renseignements personnels

   j. Le principe de bienfaisance

1. Principe éthique fondamental qui doit être suivi dans toute activité de recherche.

2. État d'un participant dont on ignore le nom.

3. Acquiescement qui est donné librement par une personne convenablement renseignée sur le projet de recherche à réaliser.

4. Instance chargée de déterminer si les projets de recherche respectent les droits humains.

5. Droit d'être protégé contre les inconvénients suscités par la recherche.

6. Principe en vertu duquel, dans une recherche, une personne a le droit de refuser de donner des renseignements personnels et d'empêcher que ceux-ci ne soient divulgués.

7. Prise en considération des avantages et des inconvénients pouvant résulter de la participation à une recherche.

8. Réfère à l'obligation de supprimer toute forme de discrimination.

9. Principe éthique selon lequel toute personne est capable de décider par elle-même et de prendre en main sa propre destinée.

10. Principe qui veut que l'on fasse du bien aux autres.

2. Les encadrés 9.14 à 9.16 présentent trois mises en situation ayant rapport aux principes éthiques axés sur le respect de la dignité humaine. Des situations analogues peuvent se présenter fréquemment dans la vie professionnelle. Pour pouvoir formuler des suggestions, il est essentiel de bien connaître d'abord les obligations éthiques.

Examinez les mises en situation suivantes et indiquez quels sont les obligations ou les principes éthiques qui n'ont pas été respectés. Justifiez votre réponse.

ENCADRÉ 9.14

Francine, 54 ans, mariée et mère de deux adolescents, est atteinte d'un cancer du sein depuis trois ans, lequel a progressé et requiert d'autres traitements plus agressifs. L'équipe médicale a discuté de son état et a décidé de la soumettre à un protocole de traitement en l'assignant de façon aléatoire dans un des deux groupes, expérimental ou témoin. Les deux protocoles consistent en des thérapies standards reconnues et couramment utilisées visant à offrir des traitements appropriés. Le personnel médical pense que Francine n'a pas besoin de savoir qu'elle a été assignée à un des groupes de traitement et qu'une telle information la rendrait anxieuse et serait, pour elle, une source de stress.

Respecte-t-on les principes éthiques à l'endroit de Francine ? Sinon, quels principes n'ont pas été respectés ?

ENCADRÉ 9.15

Dans le cadre de son étude, un chercheur collecte des données sur les caractéristiques de la personnalité de certains étudiants sans leur mentionner qu'ils font partie d'une étude, et informe leur professeur des résultats obtenus. Cette information influence le professeur et le conduit à juger le comportement de certains de ses étudiants plus sévèrement qu'il ne l'aurait fait s'il n'avait pas disposé de ces renseignements.

Y a-t-il manquement aux principes éthiques ? Quelles sont vos suggestions ?

ENCADRÉ 9.16

Un chercheur menant une recherche auprès d'un groupe de personnes utilise un nouvel équipement qui mesure l'activité musculaire durant certains sports en créant des champs électriques autour des bras et des jambes des participants à l'étude. Or, cette méthode a provoqué des picotements temporaires aux extrémités chez certaines personnes. Une d'elles s'est plainte que l'utilisation de cet équipement avait endommagé de façon permanente les muscles de son bras.

Comment a-t-on manqué aux principes d'éthique ?
----

3. Nommez les cinq types d'information que doit contenir le formulaire de consentement.

4. Nommez les catégories de personnes qui, en ce qui concerne le respect de leurs droits, doivent recevoir de la part du chercheur une attention particulière.

5. Quel est le nom donné au comité de spécialistes qui est chargé d'apprécier les projets de recherche du point de vue éthique ?

Références bibliographiques

Association des infirmières et infirmiers du Canada (2002). *Lignes directrices déontologiques à l'intention des infirmières qui effectuent des recherches*, 3ᵉ éd., Ottawa, Association des infirmières et infirmiers du Canada.

Association médicale mondiale (AMM) [1964]. « Déclaration d'Helsinki 1964 », *British Medical Journal*, 1996, *313*(7070), p. 1848-1849.

Association médicale mondiale (AMM) (2002). *Unité d'éthique. Déclaration d'Helsinki*, Washington, Association médicale mondiale. [En ligne : http://www.wma.net/f/ethicsunit/helsinki.htm (page consultée le 8 décembre 2004).]

Baudouin, J.L. (1981). « L'expérimentation sur les humains : un conflit de valeurs », *McGill Law Journal, 26*, p. 809-846.

Beecher, H.K. (1966). « Ethics and clinical research », *New England Journal of Medicine, 274*(24), p. 1354-1360.

Berger, R.L. (1990). « Nazi science : The Dachau hypothermia experiments », *New England Journal of Medicine, 332*(20), p. 1435-1440.

Brandt, A.M. (1978). « Racism and research : The case of the Tuskegee syphilis study », *Hastings Center Report, 8*(6), p. 21-29.

Burns, N. et Grove, S.K. (2003). *Understanding Nursing Research*, 3ᵉ éd., Toronto, W.B. Saunders.

Code d'éthique de Nuremberg (1978). Dans *La déontologie de l'expérimentation chez l'humain*, Ottawa, Conseil de recherches médicales du Canada, p. 59-60.

Comité d'éthique de la recherche des sciences de la santé (CERSS) (2003). *Renseignements pour l'obtention d'un certificat d'éthique*, Montréal, Université de Montréal.

Conseil de recherches en sciences humaines du Canada (1986). « Code déontologique de la recherche utilisant des sujets humains. Annexe H », dans *Subventions de recherche : guide des candidats*, Ottawa, Conseil de recherches en sciences humaines du Canada.

Conseil de recherches médicales du Canada (CRMC) (1978). *La déontologie de l'expérimentation chez l'humain*, Ottawa, Conseil de recherches médicales du Canada.

Conseil de recherches médicales du Canada (CRMC) (1987). *Lignes directrices concernant la recherche sur des sujets humains*, Ottawa, Conseil de recherches médicales du Canada.

Conseil de recherches médicales du Canada (CRMC) (1990). *Lignes directrices concernant la recherche sur la thérapie génique somatique chez les humains*, Ottawa, Conseil de recherches médicales du Canada.

Conseil des Arts du Canada (1977). *Rapport du groupe consultatif de déontologie*, Ottawa, Conseil de recherches en sciences humaines du Canada.

Doucet, H. (2002). *L'éthique de la recherche. Guide pour le chercheur en sciences de la santé*, Montréal, Presses de l'Université de Montréal.

Drew, C.J., Hardman, M.L. et Hart, A.W. (1996). *Designing and Conducting Research : Inquiry in Education and Social Sciences*, 2ᵉ éd., Toronto, Allyn and Bacon.

Énoncé de politique des trois Conseils. Éthique de la recherche avec des êtres humains (1998). Ottawa, Approvisionnements et Services Canada. Les auteurs sont les trois conseils de recherche du Canada : Conseil de recherches médicales, Conseil de recherches en sciences humaines et Conseil de recherches en sciences naturelles et en génie. [En ligne : http://www.pre.ethics.gc.ca/francais (page consultée le 8 décembre 2004).]

Ford, J.S. et Reuter, L.I. (1990). « Ethical dilemmas associated with small samples », *Journal of Advanced Nursing, 15*(2), p. 187-191.

Gouvernement du Québec (1994). *Code civil du Québec*, Québec, Imprimeur du Gouvernement.

King, N.M. (2000). « Defining and describing benefit appropriately in clinical trials », *Journal of Law, Medicine and Ethics, 28*, p. 332-343.

Kovacs, A.R. (1985). *The Research Process : Essentials of Skill Development*, Philadelphie, F.A. Davis.

Levine, R.J. (1986). *Ethics and Regulation of Clinical Research*, 2ᵉ éd., Baltimore et Munich, Urban and Schwarzenberg.

Malherbe, J. F. (1994). *La problématique éthique de l'expérimentation médicale impliquant des sujets humains*, document inédit, Montréal, Universités de Montréal et de Sherbrooke.

Mariner, W.K. (1997). « Public confidence in public health research ethics », *Public Health Reports, 112*, p. 33-36.

National Commission for the Protection of Human Subjects of Biomedical and Behavioral Research (1982). « Le *Rapport Belmont*. Principes d'éthique et lignes directrices pour la recherche faisant appel à des sujets humains », *Médecine et expérimentation*, Les Cahiers de bioéthique, 4, Québec, Presses de l'Université Laval.

Reynolds, P.D. (1979). *Ethical Dilemmas and Social Science Research*, San Francisco, Jossey-Bass.

Saint-Arnaud, J. (2003). « Enjeux éthiques liés à la recherche en santé publique », dans R. Massé, *Éthique et santé publique : enjeux, valeurs et normativité*, Québec, Presses de l'Université Laval.

Saumier, A. (1995). « La recherche et l'éthique », dans L. Lacour, J. Provost et A. Saumier, *Méthodologie de la recherche en sciences humaines*, fascicule, Montréal, ERPI.

Société canadienne de psychologie (1991). *Code canadien de déontologie professionnelle des psychologues*, Ottawa, Société canadienne de psychologie.

Weider, C. (2000). « The ethical analyses of risk », *Journal of Law, Medicine and Ethics, 28*, p. 344-361.

De la phase conceptuelle à la phase méthodologique

Résumé du déroulement d'une étude

On passe à la phase méthodologique après qu'on a fait choix du sujet d'étude, qu'on a formulé le problème de recherche, énoncé le but, les questions de recherche ou les hypothèses. Les diverses étapes de la phase méthodologique que nous décrivons dans le présent chapitre définissent un ensemble d'opérations permettant d'atteindre les objectifs fixés. La phase méthodologique revêt un caractère concret puisqu'elle comporte le choix du devis approprié au problème de recherche, le recrutement des participants et l'utilisation d'instruments de mesure fidèles et valides afin d'assurer la crédibilité des résultats.

Schéma du cheminement d'une étude

Le tableau des pages 167 et 168 illustre par un exemple les phases et les étapes de la réalisation d'une recherche. La phase conceptuelle établit les fondements de l'étude ; la phase méthodologique opérationnalise l'étude en vue de réaliser la phase empirique. L'exemple est tiré du mémoire de maîtrise de Bérubé (2001) qui avait pour objet de déterminer l'influence de l'incertitude sur l'espoir, l'évaluation cognitive et le *coping* chez des blessés médullaires en phase de réadaptation. Comme on peut le voir dans l'exemple, l'auteure précise, dans la phase conceptuelle, la question de recherche, puis elle établit l'état des connaissances sur le sujet d'étude et développe cette question au cours de l'étape de la formulation du problème. Elle précise le but de l'étude qui est de vérifier des relations entre des variables. La théorie de l'incertitude de Mishel (1988, 1990) a servi de cadre théorique pour la formulation des hypothèses basées sur les propositions théoriques.

La deuxième partie du tableau (p. 168) résume le déroulement des phases méthodologique et empirique. La phase méthodologique consiste à spécifier le genre d'étude, à donner des définitions opérationnelles des variables et à déterminer le milieu où seront recueillies les données. Dans la phase empirique, on applique les méthodes de collecte des données, lesquelles sont essentiellement représentées par les échelles de mesure. Enfin, l'analyse des résultats montre comme prévu une relation négative entre l'incertitude et l'espoir. Aucune relation significative n'a cependant été mise en évidence entre l'évaluation cognitive de l'incertitude et les stratégies de *coping* utilisées par les blessés médullaires. L'analyse a permis de confirmer qu'il existait une relation positive entre l'évaluation cognitive de l'incertitude et l'espoir.

À l'étape de l'interprétation, on observe que plus les participants manifestent de l'incertitude, plus ils évaluent celle-ci de façon négative. La relation positive entre l'évaluation cognitive de l'incertitude et l'espoir indique que plus les blessés médullaires voient l'incertitude de manière positive, plus ils sont habités par l'espoir.

Références bibliographiques

Bérubé, M. (2001). *Incertitude, coping et espoir chez des personnes blessées médullaires en phase de réadaptation,* mémoire de maîtrise, Montréal, Université de Montréal, FES.

Mishel, M.H. (1988). « Uncertainty in illness », *Image : Journal of Nursing Scholarship, 20,* p. 225-232.

Mishel, M.H. (1990). « Reconceptualization of the uncertainty in illness theory », *Image : Journal of Nursing Scholarship, 22,* p. 256-262.

Tableau descriptif des étapes du processus de la recherche : étude corrélationnelle

Phase conceptuelle

Question de recherche

Déterminer l'influence de l'incertitude sur l'espoir, l'évaluation cognitive et le coping chez des blessés médullaires en phase de réadaptation.

Formulation du problème de recherche

La blessure médullaire arrive subitement et frappe surtout les jeunes adultes. Ceux-ci voient souvent leur plan de vie s'écrouler en raison de la gravité de leurs déficiences physiques. D'après les études publiées, l'espoir des blessés médullaires en phase de réadaptation varierait selon qu'ils ont plus ou moins de certitude concernant les possibilités de rétablissement sur le plan physique et social. Suivant la théorie de l'incertitude, les stratégies de coping permettraient d'entretenir l'espoir. Elles peuvent être utilisées pour gérer l'incertitude. L'examen des relations existant entre les variables d'incertitude, d'espoir et de coping devrait permettre de mieux comprendre l'attitude et le comportement des blessés médullaires en phase de réadaptation.

Recension des écrits

Plusieurs auteurs considèrent que l'incertitude est un des principaux phénomènes vécus par les individus souffrant d'incapacité chronique. L'incertitude provient de l'ambiguïté et elle survient lorsqu'une personne ne peut former adéquatement une représentation d'un événement, attribuer à celui-ci une valeur définie ou en envisager l'évolution.

Selon une thèse admise par plusieurs auteurs, certains individus apprécient l'incertitude parce qu'elle permet d'envisager une issue favorable à la maladie et donc d'entretenir l'espoir. Cette thèse se rapproche de celle de Mishel (1990), qui affirme que l'incertitude peut sembler préférable à une certitude négative.

Il ressort de toutes les recherches menées sur le sujet que l'incertitude est un phénomène important dans la blessure médullaire et l'espoir, un élément essentiel au bien-être.

But

Vérifier l'existence de relations entre l'incertitude et l'espoir, l'incertitude et le coping, le coping et l'espoir.

Cadre théorique

La théorie de l'incertitude comprend trois éléments : les antécédents de l'incertitude (stimuli), le processus d'évaluation et la maîtrise de l'incertitude. Ce dernier élément se rapporte aux stratégies de coping utilisées pour surmonter la situation. La théorie explique comment les personnes perçoivent les stimuli inhérents à la maladie et comment elles donnent une signification aux événements.

Proposition : selon la théorie de l'incertitude perçue dans le contexte de la maladie, on peut prédire l'émergence de l'espoir. Les stratégies de coping ont pour effet d'alimenter l'espoir.

La théorie de l'incertitude s'applique dans les cas d'incapacité chronique résultant d'une blessure médullaire.

Hypothèses de recherche

Hypothèse 1 : il existe une relation négative entre l'incertitude et l'espoir chez les blessés médullaires.

Hypothèse 2 : il existe une relation positive entre l'incertitude et la mise en œuvre de stratégies de coping par les blessés médullaires.

Hypothèse 3 : il existe une relation positive entre la mise en œuvre de stratégies de coping et l'espoir chez les blessés médullaires.

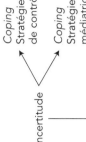

Tableau descriptif des étapes du processus de la recherche : étude corrélationnelle (suite)

Phase méthodologique		Phase empirique
Type d'étude	**Milieu**	**Collecte des données**
Corrélationnelle	Les participants ont été recrutés dans quatre établissements de réadaptation (deux établissements de Montréal, un de Québec et un d'Ottawa).	Application de trois échelles de mesure auprès des 45 participants dans les quatre centres de réadaptation : *Mishel Uncertainty in Illness Scale* (mesure de la variable « incertitude ») ; *Herth Hope Index* (mesure de la variable « espoir ») ; *Jalowiec Coping Scale* (mesure de la variable « coping »). Questionnaire destiné à recueillir des données sociodémographiques.
L'étude permet de vérifier l'existence de relations entre les variables et de les expliquer.		
Ainsi, on mesure la force et le sens des relations présumées. On est amené en cours d'étude à prendre en compte la covariation, c'est-à-dire le degré d'influence positive ou négative exercé par une variable sur une autre variable.	**Population**	**Analyse**
	Blessés âgés de 16 ans et plus et pour lesquels un diagnostic de lésion médullaire traumatique a été porté.	Mesures de tendance centrale et de dispersion pour caractériser l'échantillon.
Par exemple, plus l'incertitude est présente, moins il y a d'espoir.	**Échantillon**	Test *t* de Student : test non paramétrique de Mann-Whitney en vue d'établir des relations entre les données sociodémographiques et les variables. Le coefficient de corrélation de Pearson (*r*) a été utilisé pour vérifier les relations entre les variables.
	Échantillon de convenance composé de 45 blessés médullaires en phase de réadaptation postaiguë.	
Définition opérationnelle des variables	**Démarches préalables**	**Résultats**
Incertitude : sentiment de précarité ou de doute relativement à l'issue de la maladie et du traitement. L'échelle *Mishel Uncertainty in Illness Scale for Adults* (MUIS-A) permet de le mesurer.	Accord obtenu des comités d'éthique des quatre centres de réadaptation.	Confirmation de l'hypothèse 1. Interprétation.
	Formule de consentement signée par les participants.	
Espoir : état d'attente confiante, sentiment de pouvoir atteindre un but. Pour le mesurer, on utilise le *Herth Hope Index* (HHI).		
Coping : moyens cognitifs et comportementaux utilisés par la personne pour faire face aux suites de la blessure médullaire. Il se mesure à l'aide du *Jalowiec Coping Scale*.		

Source : Adapté de Bérubé, M. (2001). *Incertitude, coping et espoir chez des personnes blessées médullaires en phase de réadaptation*, mémoire de maîtrise, Montréal, Université de Montréal.

PARTIE III

Phase méthodologique

L a phase méthodologique se rapporte à l'ensemble des moyens et des activités propres à répondre aux questions de recherche ou à vérifier les hypothèses formulées au cours de la phase conceptuelle. Tout a été mis en place pour passer de la conception de la recherche à son opérationnalisation. Il s'agit maintenant d'arrêter un certain nombre d'opérations et de stratégies qui précisent comment le phénomène à l'étude sera intégré dans un plan de travail qui indiquera la marche à suivre pour organiser les phases ultérieures de réalisation et d'interprétation/diffusion. Le plan en question permet d'ordonner les résultats de la recherche. Au cours de la phase méthodologique, l'attention du chercheur est principalement dirigée sur le devis de recherche, le choix de la population et de l'échantillon, les méthodes de mesure et de collecte des données.

Introduction au devis de recherche

Objectifs d'apprentissage

À la fin de ce chapitre, vous devriez être en mesure :

1) de définir le but du devis de recherche ;

2) d'énumérer les éléments constitutifs du devis ;

3) de distinguer les formes de devis de recherche ;

4) de définir les concepts de causalité, de probabilité, de biais, de contrôle et de manipulation ;

5) d'expliquer le rôle de la validité interne dans la conduite de la recherche ;

6) de déterminer ce qui est susceptible de nuire à la validité interne ;

7) d'expliquer le rôle de la validité externe dans la conduite de la recherche ;

8) de faire l'examen critique du devis d'une recherche publiée.

Vue d'ensemble

Au cours de la phase conceptuelle, on s'est attaché à documenter le sujet d'étude, ce qui a conduit à la formulation du problème de recherche et à l'énoncé du but, des questions et des hypothèses. Nous entrons maintenant dans la phase méthodologique, qui implique le choix d'une méthode et d'une technique de collecte et d'analyse de données. La phase méthodologique a pour but de préciser

la manière dont la question de recherche sera intégrée dans un devis qui indiquera les activités à accomplir au cours de la recherche. Il convient de définir ce qu'on entend par devis, de décrire ses éléments constitutifs, les concepts qui s'y rapportent, les types de devis de recherche et de mettre en lumière l'importance du contrôle pour assurer la validité des résultats de la recherche.

L a précision du devis ou du plan de travail est d'une importance primordiale en recherche. Il consiste en un ensemble de directives correspondant au type d'étude choisi selon qu'il s'agit de décrire, d'expliquer ou de prédire des phénomènes. Ainsi, les devis descriptif, corrélationnel et expérimental font appel à des stratégies différentes pour mener l'étude à bonne fin et arriver à des résultats crédibles.

10.1 Qu'est-ce que le devis de recherche ?

Le devis se définit comme l'ensemble des décisions à prendre pour mettre sur pied une structure permettant d'explorer empiriquement les questions de recherche ou de vérifier les hypothèses. Le devis de recherche guide le chercheur dans la planification et la réalisation de son étude de manière que les objectifs soient atteints. Outre qu'il fournit un plan permettant de répondre aux questions de recherche ou de vérifier des hypothèses, le devis spécifie les mécanismes de contrôle qui serviront à minimiser les sources potentielles de biais qui risquent d'affecter la validité des résultats de l'étude (Burns et Grove, 2003). En planifiant point par point son étude, le chercheur peut éliminer ou du moins réduire au minimum les sources d'erreur et ainsi arriver à une seule explication plausible au terme de sa recherche.

> Le devis de recherche est un plan qui permet de répondre aux questions ou de vérifier des hypothèses et qui définit des mécanismes de contrôle ayant pour objet de minimiser les risques d'erreur.

De même que l'on adoptera un niveau de recherche correspondant aux connaissances accumulées sur le sujet à l'étude (Grawitz, 1996), on choisira un devis spécifique selon les buts de recherche à atteindre. Le devis diffère selon que l'on vise à décrire des variables ou des groupes de sujets, à examiner des relations d'association entre des variables ou à prédire des relations de causalité entre des variables indépendantes et dépendantes.

Les relations entre le devis et le but de l'étude

Le but de l'étude dépend de l'état des connaissances relatives au sujet qu'on se propose de traiter. Il détermine la forme du devis de recherche, lequel correspond à l'une des trois fonctions de la recherche que sont la description, l'explication et la prédiction/le contrôle. On distingue ainsi le devis descriptif, le devis corrélationnel et le devis expérimental.

Le *devis descriptif* est approprié lorsque le but poursuivi est de décrire un phénomène encore mal connu, tel que, par exemple, les facteurs de résilience chez les personnes ayant subi un traumatisme émotionnel. Le devis descriptif sera de nature quantitative s'il s'agit de dégager les caractéristiques des personnes dotées d'une grande résilience (niveau d'instruction, autonomie, estime de soi, persévérance, optimisme, etc.). Il sera de nature qualitative si le but est de décrire comment les personnes ont vécu la résilience à la suite du traumatisme.

Le *devis corrélationnel* comporte l'examen de relations entre des variables. Le but est d'explorer des relations, comme dans l'exemple suivant : « Quels sont les facteurs psychosociaux associés à la consommation d'alcool et de drogue chez les jeunes du secondaire ? » Dans cet exemple, il s'agira de déterminer quels sont les facteurs psychosociaux liés à la consommation d'alcool et de drogue. Il peut être aussi question de vérifier des relations, comme dans l'exemple suivant : « Quelle est l'influence de la monotonie du travail répétitif sur le risque d'accidents de travail chez les ouvriers du secteur industriel ? » Dans ce cas-ci, on déterminera, en se fondant sur des hypothèses, l'ampleur de l'influence exercée par le travail répétitif sur le risque d'accidents.

Le *devis expérimental* est utilisé quand on a à établir une relation de causalité entre une variable indépendante et une ou plusieurs variables dépendantes. On l'emploie quand les relations avec d'autres variables ont été vérifiées et que les résultats sont connus. Considérons, par exemple, le but suivant : « Vérifier les effets d'un programme de soutien à domicile sur le taux de réhospitalisation des personnes atteintes d'une maladie mentale. » Un devis expérimental permettra de vérifier à l'aide d'hypothèses si le programme en question permet de réduire le taux de réhospitalisation ; on comparera alors le groupe qui bénéficie du programme de soutien avec un groupe qui reçoit uniquement les soins habituels.

10.2 Les éléments constitutifs du devis

Plusieurs éléments doivent être pris en compte dans l'établissement d'un devis ou d'une structure permettant de répondre aux questions de recherche ou de vérifier des hypothèses se rapportant au problème de recherche. Le chercheur doit décider quel devis il adoptera pour son étude et sur quels éléments il concentrera son attention. Cela suppose que le but, les questions de recherche et les hypothèses sont clairement établis et qu'ils s'harmonisent parfaitement avec le problème de recherche. Parmi les principaux éléments à considérer dans un devis de recherche, mentionnons :

- les comparaisons ;
- la présence ou l'absence d'une intervention ;
- le milieu de l'étude ;
- le contrôle des variables étrangères ;

- la communication avec les participants ;
- les instruments de mesure ;
- le temps accordé à la collecte et à l'analyse des données.

Les comparaisons

Le devis de recherche indique le type de comparaisons qui seront faites entre les groupes, le cas échéant. La comparaison sert à mettre en évidence des ressemblances ou des différences entre des populations données. Bien qu'on les retrouve le plus souvent dans les études expérimentales, les comparaisons peuvent aussi être présentes dans les études descriptives et explicatives. Par exemple, une étude descriptive peut comparer les diverses manifestations de la douleur parmi deux groupes de personnes atteintes d'une maladie chronique.

Il est également possible de comparer des relations d'association entre des variables. Ainsi, un chercheur peut vouloir prédire des relations entre l'intensité de la douleur et l'espoir chez des cancéreux. Il formule ainsi l'hypothèse qu'il existe une relation entre l'intensité de la douleur ressentie et le degré d'espoir. Il faut donc qu'il se soit demandé si les cancéreux qui souffrent beaucoup ont moins d'espoir que ceux qui souffrent peu, ce qui implique évidemment des comparaisons entre des personnes.

L'un des types de comparaisons les plus fréquents est celui que l'on emploie, dans le cadre d'une recherche expérimentale, pour étudier un groupe qui bénéficie d'une intervention par rapport à un autre qui n'en bénéficie pas. Dans ce type de comparaison, on se réfère à un groupe de contrôle, c'est-à-dire à un groupe de participants qui ne bénéficie pas de l'intervention, mais qui a certains traits communs avec le groupe qui en bénéficie. Ce groupe est dit équivalent. On peut aussi comparer plusieurs groupes entre eux ou encore un seul groupe avec lui-même en le considérant à différents moments dans le temps.

La présence ou l'absence d'une intervention

Quand une étude comporte un traitement ou une intervention, cela signifie qu'il y aura, en plus des comparaisons entre les groupes qui reçoivent l'intervention (variable indépendante) et ceux qui ne la reçoivent pas, un contrôle de la variable indépendante, lequel a pour but de minimiser les variations dans l'application de celle-ci. Dans la recherche expérimentale, contrairement à la recherche descriptive et à la recherche corrélationnelle, le chercheur joue un rôle actif, car il décide de la manière dont l'intervention se fera. Il décrit ainsi en quoi consiste l'intervention, détermine les procédures à suivre pour les participants qui bénéficient de l'intervention et ceux qui n'en bénéficient pas ainsi que les conditions dans lesquelles l'intervention aura lieu. La manipulation de la variable indépendante constitue un moyen de contrôle étant donné que l'intervention doit être la même dans tous les cas, relativement à la durée, à l'intensité, aux compétences du personnel, etc. Les interventions ont habituellement rapport avec des programmes éducatif, psycho-social, familial, de soutien, de thérapie, etc.

Le milieu de l'étude

Le chercheur précise le milieu où l'étude sera conduite et justifie son choix. Par exemple, s'il veut étudier l'influence de variables psychosociales sur l'usage de la contraception chez des adolescentes du secondaire, il mènera son étude dans des écoles secondaires. Un milieu autre que celui qui donne lieu à un contrôle rigoureux, comme un laboratoire, prend souvent le nom de milieu naturel. La majorité des études, autant descriptives, explicatives qu'expérimentales, sont conduites en milieu naturel, car, dans la plupart des cas, elles ont lieu au domicile des sujets, dans le milieu de travail ou dans les établissements d'enseignement ou de santé. Dans les études qualitatives, le milieu où les participants vivent ou travaillent revêt une grande importance. Dans le choix du milieu, le chercheur doit s'employer à obtenir des instances concernées la collaboration et les autorisations nécessaires pour réaliser l'étude (personnes responsables, comité d'éthique de la recherche).

Le contrôle des variables étrangères

Une préoccupation majeure dans toute recherche est l'influence que peuvent exercer les variables étrangères sur les résultats de l'étude. Leur présence peut avoir une incidence sur la précision des phénomènes observés dans les études non expérimentales, et elle risque de fausser la relation de causalité entre la variable indépendante et la variable dépendante dans la recherche expérimentale. Le contrôle est donc un aspect important des études quantitatives, puisque le chercheur doit préciser les moyens ou les stratégies qu'il entend utiliser pour contrôler les variables étrangères. Parmi les stratégies possibles, mentionnons la randomisation, qui permet la distribution égale des variables étrangères entre les groupes de participants, et l'homogénéité, qui réduit la variabilité entre les participants du fait que ceux-ci ont fait l'objet d'une sélection. Les différentes stratégies possibles sont décrites plus loin dans ce chapitre.

La communication avec les participants

Les sujets ou participants sont les personnes qui prennent part à l'étude. En élaborant le devis de recherche, le chercheur considère l'information qu'il communiquera aux participants (Polit et Beck, 2004). Il doit déterminer comment les données seront recueillies auprès des participants et veiller à fournir à toutes les personnes les mêmes instructions sur la façon de remplir les questionnaires. Comme la qualité de la communication avec les participants peut avoir une influence sur les résultats de l'étude, il est important de faire des efforts sur ce plan. Le personnel chargé de la collecte de l'information doit avoir reçu une formation appropriée. Enfin, il faut avoir égard au respect de la protection des droits de la personne.

Les instruments de mesure

Dans la phase méthodologique, les mesures et les observations utilisées pour recueillir les données sont décrites en détail. Comme les concepts sur lesquels repose la recherche ne peuvent être mesurés directement, on doit les exprimer sous une forme opérationnelle pour les rendre aptes à mesurer les variables ou à décrire les comportements. Puisque les instruments de mesure servent à collecter les données qui permettront de répondre aux questions de recherche ou de vérifier des hypothèses, il est important de s'assurer de la fidélité et de la validité des instruments de mesure. Les instruments de mesure doivent pouvoir rendre compte correctement des relations entre des variables ou des différences entre des groupes. Si l'instrument a été traduit en français, il faut préciser ce qu'on entend faire pour qu'il continue de fournir des données fiables.

Le temps accordé à la collecte et à l'analyse des données

En élaborant son devis, le chercheur doit décider du nombre de fois que des données seront recueillies auprès des participants. Dans la plupart des cas, les données sont recueillies à un seul moment dans le temps. Dans les études expérimentales notamment, il est souvent nécessaire de collecter les données à différents moments, avant et après l'intervention, pour vérifier par exemple si des changements ont pu survenir ou pour déterminer le degré de constance d'un phénomène.

La méthode d'analyse doit s'harmoniser avec les objectifs et le devis de recherche. On doit faire correspondre les analyses statistiques avec les postulats relatifs aux modes de distribution de la population (normale ou non) et avec le type d'échelle retenu (nominale, ordinale, à intervalles ou à proportions).

10.3   Les formes de devis de recherche

Les problèmes de recherche revêtent diverses formes, correspondent à différents niveaux de recherche et commandent différentes méthodes. Ainsi que nous l'avons déjà dit, le devis de recherche a pour but de fournir une structure opérationnelle permettant d'obtenir des réponses aux questions de recherche ou de vérifier les hypothèses qui ont été formulées. La question de recherche, qui tient compte de l'état des connaissances sur le sujet d'étude, détermine la méthode à suivre dans l'étude d'un phénomène. S'il existe peu ou pas de connaissances sur le phénomène considéré, le chercheur orientera son étude vers la description d'un concept ou d'un facteur plutôt que vers l'établissement de relations entre des facteurs. Il est dans certains cas nécessaire d'étudier les caractéristiques de la population désignée ou de décrire l'expérience d'un groupe particulier de personnes avant de concevoir une intervention destinée à corriger la situation.

Il est possible de distinguer trois grandes classes de devis de recherche quantitative, soit le devis descriptif, le devis explicatif et le devis prédictif causal, comportant chacune divers types de devis (voir la figure 10.1). Comme le devis descriptif est également utilisé dans la recherche qualitative, nous l'examinerons plus en détail dans le chapitre 13. La liste des devis n'est pas exhaustive, elle tient compte des tendances observées dans les ouvrages consacrés à la recherche (Gehlbach, 1988 ; Fawcett et Downs, 1992). Précisons qu'il n'existe pas à proprement parler de consensus sur la façon de classifier les recherches en général.

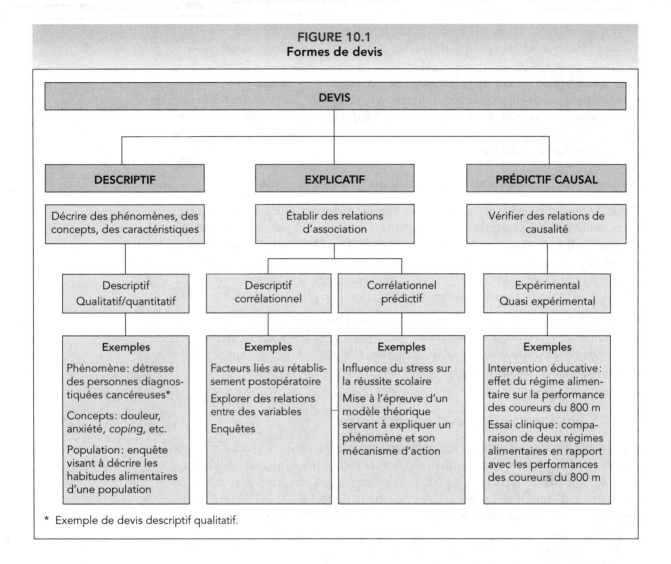

FIGURE 10.1
Formes de devis

DEVIS

DESCRIPTIF

Décrire des phénomènes, des concepts, des caractéristiques

Descriptif
Qualitatif/quantitatif

Exemples

Phénomène: détresse des personnes diagnostiquées cancéreuses*

Concepts: douleur, anxiété, *coping*, etc.

Population: enquête visant à décrire les habitudes alimentaires d'une population

EXPLICATIF

Établir des relations d'association

Descriptif corrélationnel

Exemples

Facteurs liés au rétablissement postopératoire

Explorer des relations entre des variables

Enquêtes

Corrélationnel prédictif

Exemples

Influence du stress sur la réussite scolaire

Mise à l'épreuve d'un modèle théorique servant à expliquer un phénomène et son mécanisme d'action

PRÉDICTIF CAUSAL

Vérifier des relations de causalité

Expérimental
Quasi expérimental

Exemples

Intervention éducative: effet du régime alimentaire sur la performance des coureurs du 800 m

Essai clinique: comparaison de deux régimes alimentaires en rapport avec les performances des coureurs du 800 m

* Exemple de devis descriptif qualitatif.

Le devis descriptif

Les études descriptives visent à comprendre des phénomènes vécus par des personnes, à catégoriser une population ou à conceptualiser une situation. Dans la recherche qualitative, la description peut consister en entrevues non structurées. Dans les cas où l'on fait appel à des entrevues structurées, il s'agit de faire une *description simple* des caractéristiques sociodémographiques ou de l'attitude d'une population à l'égard d'un phénomène en particulier, ou de décrire l'incidence d'un phénomène dans une population donnée. La description de l'incidence d'un phénomène correspond à l'*enquête* de recherche, qui est une étude descriptive visant à recueillir de l'information auprès d'un grand nombre de personnes représentant la population considérée. L'*étude de cas* peut aussi être utilisée auprès d'un groupe restreint de personnes; elle a pour but de décrire des concepts, des individus, des groupes ou des communautés.

Le devis explicatif

L'étude descriptive corrélationnelle a pour but d'explorer des relations parmi un ensemble de concepts afin de déterminer lesquels sont associés. Ce type de devis est utilisé quand les concepts ou les variables ont déjà été décrits, et qu'il s'agit, à l'étape suivante, de les mettre en relation avec d'autres concepts ou d'autres variables.

Si la documentation portant sur le sujet d'étude permet de croire qu'une variable est liée à une autre, le chercheur peut affirmer qu'il existe des relations d'association entre ces variables. Ces relations spécifiques correspondent à des hypothèses. Nous savons que l'hypothèse se construit à partir d'une théorie, d'un modèle théorique ou de résultats de recherche, ce qui implique un niveau de connaissances plus élevé que celui auquel conduisent les études descriptives corrélationnelles. C'est le devis corrélationnel prédictif qui sera utilisé dans ce processus de vérification ayant pour objet de déterminer la nature de la covariation entre des variables. Dans ce type d'étude, les variables ne sont pas aléatoires comme dans l'étude descriptive corrélationnelle, mais choisies en fonction du cadre théorique en vue d'expliquer la nature des relations. Les études corrélationnelles peuvent être transversales, longitudinales ou rétrospectives.

Le devis prédictif causal

Le devis prédictif causal correspond au niveau le plus élevé de la connaissance. Le devis est explicatif et prédictif ; il se caractérise essentiellement par l'établissement de relations de cause à effet entre des variables. Le devis est utilisé quand on a à vérifier l'effet d'une variable indépendante constituée par une intervention ou un traitement sur une variable dépendante. L'étude est expérimentale, car l'un des deux groupes de participants est l'objet d'une intervention ou d'un traitement. Comme nous le verrons dans le chapitre 12, les études expérimentales et quasi expérimentales sont associées à plusieurs formes de devis.

En résumé, le choix du devis dépend du but poursuivi, selon qu'il s'agit de décrire, d'expliquer ou de prédire des relations entre des variables. Comme la formulation du problème de recherche prend appui sur l'état des connaissances, celles-ci fournissent des indications sur le devis à utiliser.

10.4   Les principaux concepts liés au devis

Les principaux concepts qui ont rapport avec les devis sont la manipulation, la causalité, le biais, le contrôle et la validité.

La manipulation

Dans la recherche expérimentale, une variable indépendante est manipulée, c'est-à-dire qu'elle est appliquée à un groupe (groupe expérimental), mais non à un autre (groupe de contrôle). La manipulation consiste à contrôler l'application de la variable indépendante de manière à pouvoir vérifier son effet sur la variable dépendante. La manipulation est utilisée dans la recherche expérimentale et quasi expérimentale.

> La manipulation est le procédé qui consiste à contrôler l'application de la variable indépendante de manière à pouvoir vérifier son effet sur la variable dépendante.

La causalité

La notion de causalité est au cœur de la recherche expérimentale, car elle intervient dans la relation entre les variables indépendantes et les variables dépendantes. La variable indépendante X est la cause présumée et la variable dépendante Y, l'effet présumé. En vertu du principe de causalité[1], tout événement a une cause et toute cause produit un effet. Il résulte de la manière traditionnelle de concevoir la causalité que, avant de déterminer une relation de cause à effet, on doit démontrer que la cause est présente chaque fois que l'effet se produit (Nation, 1997). Cela peut se vérifier en sciences pures, mais est difficilement applicable dans les sciences de la santé, les sciences sociales ou les sciences de l'éducation.

La causalité peut être envisagée d'une autre manière. Selon Cook et Campbell (1979), la question est non pas de trouver à tout coup ce qui cause un effet quelconque, mais plutôt de déterminer quels événements produisent la plupart du temps un résultat donné. Dans une expérimentation, il est non seulement impossible, selon Nation (1997), de spécifier toutes les conditions nécessaires et suffisantes, mais également hasardeux de tenter de définir une seule condition nécessaire et suffisante, étant donné que les phénomènes psychosociaux proviennent rarement d'une seule cause. Quand plusieurs conditions sont manipulées en vue d'établir la cause d'un événement particulier, c'est l'ensemble de ces conditions qui constitue le traitement ou l'intervention que le chercheur introduit dans une situation expérimentale. Comme les relations causales sont complexes, il est impossible de considérer qu'une variable peut être la cause unique d'un événement. Selon cette manière d'envisager la causalité, les causes peuvent être multiples, et les événements seulement probables.

> Suivant le principe de causalité, tout événement a une cause et toute cause produit des effets.

Le biais

Le biais peut être défini comme la déformation systématique des conclusions se dégageant d'une étude. Le biais résulte de toute influence, condition ou ensemble de conditions ayant une incidence sur le processus de généralisation. Les éléments qui peuvent être source de biais au cours de l'étude sont nombreux; mentionnons entre autres le chercheur, l'environnement, les participants, les instruments de mesure, le processus de collecte et d'analyse des données. Un des biais les plus fréquents provient des différences entre les participants dans les groupes formés, particulièrement quand les individus n'ont pas été répartis de façon aléatoire dans les groupes expérimental et de contrôle (Polit et Beck, 2004). Pour s'assurer de la validité des résultats d'une étude, le chercheur doit repérer et éliminer autant que possible les sources potentielles de biais ou contrôler leurs effets sur les résultats.

> Le biais est une déformation systématique des conclusions se dégageant d'une étude.

Le contrôle

Le choix d'un devis de recherche implique des décisions relatives au contrôle des variables étrangères qui peuvent provenir à la fois de l'environnement (facteurs

---

1. Le site Internet suivant traite des diverses facettes de ce principe complexe : http://www.yrub.com/philo/hume3.htm

extrinsèques) et des participants (facteurs intrinsèques). Les variables étrangères sont des variables qui n'ont pas été choisies et qui risquent d'influer sur la mesure des variables de l'étude. Le chercheur doit être particulièrement vigilant à l'égard d'un certain nombre de variables étrangères et appliquer les contrôles appropriés. Le devis choisi doit être approprié au but de l'étude et comporter des moyens d'éliminer ou de neutraliser tout ce qui est susceptible d'avoir un effet sur les résultats. Par contrôle, on entend tout procédé utilisé pour supprimer ou réduire l'effet des variables étrangères, lesquelles nuisent à la validité des résultats de la recherche. Le contrôle est nécessaire à tous les niveaux de la recherche — descriptif, explicatif et prédictif causal —, mais il est particulièrement important dans la recherche expérimentale du fait des comparaisons qui doivent permettre de valider des hypothèses de causalité. Comme nous l'avons déjà mentionné, le contrôle fournit un point de comparaison pour évaluer la modification survenue dans la variable dépendante.

Le contrôle des facteurs extrinsèques

Les facteurs extrinsèques sont des éléments de l'environnement qui sont étrangers à l'objet de la recherche. La recherche s'insère toujours dans un environnement déterminé. Le contrôle des variables étrangères provenant de l'environnement consiste principalement à maintenir constantes les conditions de la recherche. L'environnement peut influer grandement sur la situation de recherche et, par voie de conséquence, sur les résultats eux-mêmes. On doit contrôler plusieurs facteurs extrinsèques présents dans la situation de recherche afin d'assurer le plus possible l'uniformité dans l'application de la variable intervention auprès des participants, la constance dans la communication avec les participants et la façon de recueillir les données, et la convenance du temps d'expérimentation.

Le contrôle des facteurs intrinsèques

Parmi les variables étrangères qui ont rapport aux caractéristiques des participants, mentionnons l'âge, le niveau d'instruction, le genre, le revenu, la race, l'état de santé, le degré de gravité de la maladie, les attitudes. Les principales stratégies servant à contrôler les variables étrangères sont: la randomisation, l'homogénéité, l'appariement, les blocs appariés, les procédés statistiques.

La randomisation

Dans la recherche expérimentale, la randomisation permet de s'assurer que les caractéristiques des participants sont dispersées à travers l'échantillon. La randomisation, appelée aussi répartition aléatoire, consiste à attribuer au moyen d'une technique aléatoire (utilisation de tables de nombres aléatoires ou de nombres générés par ordinateur) à chaque participant une probabilité égale d'être assigné au groupe expérimental ou au groupe de contrôle. Théoriquement, la randomisation doit permettre d'obtenir des groupes comparables entre eux du point de vue des caractéristiques des participants et ainsi de contrôler l'influence possible des sources de variations.

L'homogénéité

L'homogénéité est la qualité d'un échantillon dont les caractéristiques susceptibles d'influer sur la variable dépendante sont uniformes. Elle a pour effet de réduire la variabilité entre les participants. En fixant des critères de sélection des participants, le chercheur s'assure le plus possible de l'homogénéité de l'échantillon. Ainsi, s'il croit que le genre peut influer sur la variable dépendante, il retiendra dans son échantillon uniquement des personnes du même sexe, soit des femmes, soit des hommes, ce qui créera de l'homogénéité. L'homogénéité peut accroître la validité interne d'une étude, mais non la validité externe puisque la généralisation est limitée à une catégorie donnée de participants.

L'appariement

L'appariement constitue une autre façon de contrôler les variables étrangères de manière à rendre comparables entre eux les groupes expérimental et témoin. Le principe à la base de l'appariement est relativement simple. Lorsqu'un sujet du groupe expérimental est recruté, le chercheur, pour constituer le groupe de comparaison, l'apparie avec un autre sujet présentant les mêmes caractéristiques que les variables déterminées ou répondant aux mêmes critères de sélection. L'âge, l'expérience, le genre et les catégories socioéconomiques sont des variables souvent utilisées pour l'appariement.

Les blocs appariés

La méthode des blocs appariés s'apparente à l'appariement. Au lieu d'établir une correspondance sujet par sujet, comme dans l'appariement, on constitue des groupes de sujets qui sont ensuite appariés (Robert, 1988). Les caractéristiques des participants qui risquent de faire problème sont traitées comme des variables indépendantes. L'âge et le sexe sont les variables dont on se sert le plus souvent pour former des blocs de sujets. Par exemple, un chercheur peut diviser les participants selon des blocs d'âge : un premier bloc peut compter 20 participants âgés de 30 à 44 ans, un deuxième, 20 participants âgés de 45 à 59 ans et un troisième, 20 participants de 60 ans et plus. Il peut aussi les répartir en fonction d'une autre variable en constituant un premier bloc comprenant 20 participants très anxieux, un deuxième formé de 20 participants modérément anxieux, et ainsi de suite. Chacun des blocs ainsi créé comprend un certain nombre de sujets homogènes du point de vue de la caractéristique liée à la variable dépendante étudiée. Tous les sujets sont ensuite répartis de façon aléatoire dans les groupes expérimental et de contrôle.

Les procédés statistiques

Quand il n'est pas possible au début de l'étude de contrôler les variables étrangères, on peut recourir à des procédés statistiques. Cela consiste à éliminer de façon statistique l'effet de la variable étrangère sur la variable dépendante à l'aide de l'analyse de la covariance. Lorsqu'on fait appel à l'analyse de la covariance, on indique qu'il est nécessaire d'exercer un contrôle *a posteriori* sur les variables étrangères.

La validité du devis expérimental

La validité est un élément du contrôle qui s'applique particulièrement aux études expérimentales. La plupart de celles-ci sont conçues de manière à ce que l'on puisse établir des relations de causalité entre des variables. Jusqu'à présent, nous avons examiné les stratégies portant sur le contrôle dans une situation de recherche. Dans cette section, nous considérerons la validité, qui constitue la qualité essentielle d'une étude. Il s'agit de déterminer les obstacles à la validité ou les facteurs d'invalidité. En contrôlant les facteurs d'invalidité, le chercheur s'assure de la valeur de l'expérimentation et est en mesure de démontrer la relation de cause à effet entre la variable indépendante et la variable dépendante. Selon Cook et Campbell (1979), quatre types de validité doivent être pris en compte au moment de la conception du devis de recherche : la validité interne, la validité externe, la validité des concepts et la validité statistique.

La validité interne

La validité interne concerne le degré de confiance que l'on peut avoir dans les conclusions d'une étude quant à la valeur de la relation établie entre les variables indépendante et dépendante (Bouchard et Cyr, 1998). Une expérimentation a une validité interne si tout conduit à conclure qu'il y a relation de cause à effet entre la variable indépendante et les variables dépendantes. En d'autres termes, on établit que la variable indépendante est la cause du changement observé dans les variables dépendantes. Une des principales difficultés de la recherche expérimentale est de garder constantes les conditions de l'expérimentation, c'est-à-dire empêcher que des variables étrangères ne s'introduisent dans la situation expérimentale et n'affectent les variables dépendantes. Le chercheur doit donc faire preuve de vigilance s'il veut être sûr que les résultats de son étude seront attribuables à la seule variable indépendante (Wiersma, 1991). Comme nous l'avons déjà vu, une variable étrangère, c'est toute variable autre que la variable intervention qui peut influer sur l'effet de l'intervention si elle n'est pas contrôlée. Nous décrirons maintenant les principaux facteurs d'invalidité interne.

> La validité interne est le caractère d'une étude dans laquelle il apparaît hors de tout doute que la variable indépendante est la seule cause du changement survenu dans la variable dépendante.

Facteurs d'invalidité interne

Campbell et Stanley (1963) distinguent plusieurs types de variables étrangères susceptibles d'affecter les résultats de l'expérimentation. Les facteurs d'invalidité interne les plus souvent mentionnés dans la documentation sont les facteurs historiques, l'effet de maturation, l'accoutumance au test, la régression statistique, la sélection des sujets, la mortalité expérimentale et les fluctuations de l'instrument de mesure.

Les facteurs historiques.   Des événements particuliers ou des expériences personnelles, non directement liés à l'étude, peuvent se produire dans la vie des participants au cours du déroulement de l'étude et ainsi modifier la réaction de ces derniers à l'intervention. Par exemple, si la plupart des participants suivent une série télévisée sur les méthodes de relaxation et que l'étude porte sur le même sujet, les émissions pourront avoir un effet aussi favorable que l'intervention elle-même.

L'effet de maturation.   La maturation a rapport aux événements de diverses natures que vivent les groupes cibles au cours de l'étude. Ces événements sont entre autres la croissance, le processus de vieillissement, la fatigue, la faim, le développement cognitif. La maturation est un obstacle important à la validité interne, spécialement dans les études qui sont conduites sur de longues périodes de temps (Norwood, 2000).

L'accoutumance au test.   Le fait de mesurer les variables avant l'application de la variable indépendante peut influer sur les réponses des participants et leur permettre d'améliorer leur score au post-test. Quand il utilise des mesures avant l'application de la variable indépendante, le chercheur doit se rappeler la possibilité que celles-ci affectent les scores aux mesures prises après l'intervention.

La régression statistique.   La régression statistique est l'effet résultant de la tendance de tout score extrême d'une distribution à régresser vers un score moyen dans les tests subséquents. Quand le chercheur fait la sélection d'individus extrêmes, il obtient un score très élevé ou très bas à un moment précis. Ce résultat ne correspond pas nécessairement à la position habituelle de ces individus, aussi, dans les évaluations ultérieures, le groupe qu'ils forment aura-t-il tendance à se rapprocher de la moyenne de la distribution.

La sélection des sujets.   L'absence de répartition aléatoire des participants dans les groupes expérimental et de contrôle a pour effet de rendre non équivalentes les différences préexistantes entre les groupes.

La mortalité expérimentale.   L'abandon des participants entre le moment des premières mesures et celui des dernières peut affecter la validité interne de la recherche, surtout si plus de participants se désistent dans un groupe que dans un autre, ce qui rend les groupes non équivalents. Si plusieurs participants d'un même groupe abandonnent l'étude, cela peut avoir des effets sur l'autre groupe qui ne dépendent pas nécessairement de la variable indépendante.

Les fluctuations de l'instrument de mesure.   Les fluctuations de l'instrument de mesure consistent dans les changements de calibration, la sensibilité des instruments de mesure ou la façon dont les personnes collectent les données. Par exemple, les personnes qui font les entrevues peuvent améliorer leur rendement au cours de l'étude et ainsi obtenir des données différentes.

Les facteurs d'invalidité décrits ci-dessus peuvent au même titre que la variable intervention provoquer un changement dans la variable dépendante. Un bon devis expérimental prévoit normalement des mesures de contrôle de ces facteurs.

La validité externe

La validité externe est le caractère de l'étude qui permet de généraliser les résultats d'une étude à d'autres personnes.

En recherche expérimentale, il faut aussi se préoccuper de la validité externe. La validité externe réfère à la possibilité de généraliser les résultats d'une étude à d'autres personnes que les seuls participants et à d'autres contextes que ceux qui sont considérés dans l'étude. La validité externe ne peut être appréciée que si les conditions pour assurer la validité interne ont été jugées satisfaisantes (Cook et Campbell, 1979).

Les lacunes en ce qui concerne la validité externe peuvent être dues à un manque de représentativité des sujets recrutés ou à des défauts sur le plan de la collecte des données.

Facteurs d'invalidité externe

Les principaux facteurs d'invalidité externe sont l'effet de réactivité, l'interaction entre les facteurs historiques et l'intervention, les biais du chercheur et les effets simultanés de plusieurs traitements.

L'effet de réactivité (effet Hawthorne). L'effet de réactivité se définit comme l'effet que peut avoir sur le déroulement de la recherche le fait d'être conscient de participer à une étude. Cet effet se traduit par une modification du comportement ou par une tendance à donner des réponses favorables. Cet effet est aussi appelé effet Hawthorne.

L'interaction entre les facteurs historiques et l'intervention. Il y a effet d'interaction entre les facteurs historiques et l'intervention quand les circonstances dans lesquelles se déroule l'étude changent au cours du temps. Si, par exemple, dans une unité de soins intensifs en néonatalogie, un traitement destiné à soulager la douleur est étudié et qu'on instaure durant l'étude un autre traitement visant le même but, il y a risque d'interaction entre les facteurs historiques et l'intervention.

Les biais du chercheur. Les caractéristiques du chercheur peuvent influer sur l'attitude des participants. Si un chercheur désire obtenir la confirmation de ses hypothèses et amène inconsciemment les participants à vouloir le satisfaire, il peut en résulter des évaluations biaisées. Les biais du chercheur correspondent à ce qu'on appelle l'effet Pygmalion.

Les effets simultanés de plusieurs traitements. Il arrive que deux variables indépendantes ou plus sont utilisées en même temps auprès des mêmes groupes. Supposons, par exemple, que chaque participant bénéficie en même temps de trois interventions différentes : A, B et C. L'intervention A est censée donner un meilleur score de *coping* que les interventions B et C. Les effets des interventions peuvent se combiner entre eux, et c'est alors leur interaction qui produit le changement observé (Gall, Borg et Gall, 1996).

Les relations entre la validité interne et la validité externe

La validité interne et la validité externe sont des exigences auxquelles il importe que le chercheur satisfasse pour assurer la qualité de son étude. Il arrive souvent que, en essayant de maximiser la validité interne, ce dernier affecte la validité externe. C'est que, s'il s'applique à assurer la validité interne en contrôlant les caractéristiques des participants, en maintenant constantes les conditions de l'étude ou en cherchant à établir une équivalence entre les groupes, le chercheur se trouve à limiter les possibilités de généraliser les résultats de son étude. Il semble donc que l'augmentation de la validité interne entraîne une diminution de la validité externe. Les mêmes caractéristiques qui maximisent la validité interne de l'étude tendent à réduire la validité externe du fait de l'exclusion des participants ayant des caractéristiques différentes ou appartenant à des contextes différents (Bouchard et Cyr, 1998). Si le chercheur veut augmenter la validité externe en incluant divers groupes et milieux, la validité interne sera affectée du fait des variations existant entre ces derniers. Lorsqu'il y a conflit entre l'obtention de la validité interne et de la validité externe, il est préférable, selon la plupart des chercheurs, d'opter pour une forte validité interne (Polit et Beck, 2004; Norwood, 2000). En effet, il paraît logique de s'assurer de la validité interne d'une étude avant de généraliser les résultats. Et, comme nous l'avons vu, s'assurer de la validité interne, c'est obtenir la certitude que les résultats obtenus sont dus à la variable indépendante et non à des variables étrangères. Si les résultats sont faussés, il ne servirait à rien de les généraliser.

La validité des concepts

La validité des concepts réfère à la concordance entre le modèle théorique et les mesures utilisées pour représenter les concepts théoriques.

La validité des concepts réfère à la correspondance entre le modèle théorique et les procédés utilisés pour représenter les concepts théoriques. Une étude peut présenter une bonne validité interne et une bonne validité externe, mais le chercheur n'est pas pour autant assuré que les conclusions se rapportent au concept théorique mesuré ou manipulé. En plus de la validité interne et de la validité externe, le chercheur doit donc se préoccuper aussi de la validité des concepts, donc déterminer si la recherche a réellement mesuré ce qu'elle était censée mesurer. Pour vérifier la validité des concepts, on se pose la question suivante : Les résultats de la recherche sont-ils conformes au modèle théorique ? Lorsqu'on veut s'assurer de la validité interne, on tente de déterminer si les variables étrangères sont les causes effectives du changement observé, tandis que, lorsqu'il est question de tester la validité des concepts, on considère les autres explications théoriques possibles des résultats (Wiersma, 1991). Les hypothèses qui sont l'objet d'une vérification doivent s'appuyer sur des propositions théoriques pour que les résultats de la recherche puissent être regardés comme valables.

Un des principaux éléments susceptibles d'invalider des concepts est la relation causale ambiguë. Il y a ambiguïté quand les résultats d'une étude ne sont pas toujours représentatifs de la situation réelle, ce qui s'explique par le fait que le modèle théorique ne permet pas de prendre en compte certains facteurs explicatifs.

La validité statistique

La validité statistique se rapporte à la question de savoir si les relations de cause à effet entre la variable indépendante et la variable dépendante sont réelles ou accidentelles. Le nombre de participants est-il suffisant pour qu'on puisse affirmer que les résultats obtenus ne sont pas dus uniquement au hasard ? Une technique statistique inappropriée peut affecter ce genre de validité (Wiersma, 1991).

Résumé

Le devis de recherche est le plan élaboré par le chercheur en vue de répondre aux questions de recherche ou de vérifier des hypothèses. Il correspond à l'ensemble des décisions à prendre pour mettre en œuvre les directives liées à la recherche projetée. Le devis s'harmonise avec l'état des connaissances sur le sujet d'étude et oriente le chercheur vers le type d'étude approprié. On distingue le devis descriptif, le devis explicatif et le devis prédictif causal. Plusieurs éléments entrent dans la composition d'un devis de recherche, les principaux étant les comparaisons, la randomisation ou répartition aléatoire, le milieu, l'intervention, le contrôle des variables étrangères, la communication avec les participants, les instruments de mesure, les temps de collecte et d'analyse des données.

Les devis descriptifs ont pour but de décrire des phénomènes ou des facteurs dans une situation donnée ; les devis explicatifs incluent, d'une part, les études descriptives corrélationnelles, qui visent à explorer des relations entre les variables et, d'autre part, les études corrélationnelles, qui ont pour but de vérifier les relations entre des variables. Les devis prédictifs et de contrôle servent à vérifier des relations de cause à effet entre des variables dépendantes et indépendantes.

Plusieurs concepts sont liés au devis, et certains d'entre eux ont rapport au contrôle destiné à assurer la validité de la recherche. La manipulation comporte l'introduction d'une variable indépendante, l'intervention. Le principe de causalité est le principe suivant lequel un événement est toujours engendré par un autre événement. Le chercheur utilise une démarche probabiliste pour déterminer la probabilité qu'un effet donné se produise dans des circonstances définies. Le biais se définit comme la déformation systématique des conclusions se dégageant d'une étude. Le contrôle vise à éliminer autant que possible les sources d'erreur et les éléments extérieurs susceptibles d'influer sur les résultats de la recherche. Les principaux moyens de contrôle des variables étrangères sont la randomisation, l'homogénéité, l'appariement, les blocs appariés et les procédés statistiques. Enfin, il est nécessaire d'assurer la validité de l'étude. La validité interne a rapport à l'établissement de l'existence d'une relation causale alors que la validité externe consiste dans le fait qu'il est possible de généraliser des résultats à d'autres contextes ou populations. Ces deux types de validité s'accompagnent chacun d'un certain nombre de facteurs d'invalidité. La validité des concepts réfère à la correspondance entre le modèle théorique et les mesures utilisées. Enfin, en ce qui concerne la validité statistique, on se demande si les relations de cause à effet sont réelles ou accidentelles.

Mots clés

Appariement	Devis descriptif	Manipulation
Biais	Devis descriptif corrélationnel	Probabilité
Catégorie d'études	Devis expérimental	Randomisation
Causalité	Devis quasi expérimental	Relation causale
Comparaison	Facteur d'invalidité	Validité des concepts
Contrôle	Facteur extrinsèque	Validité externe
Devis corrélationnel	Facteur intrinsèque	Validité interne
Devis de recherche	Homogénéité	Validité statistique

Exercices de révision

1. Nommez les principaux éléments d'un devis de recherche.

2. Dites pourquoi le chercheur doit s'appliquer à contrôler les variables étrangères.

3. À quoi servent les études descriptives ?

4. À quoi servent les études descriptives corrélationnelles ?

5. À quoi servent les études corrélationnelles ?

6. À quoi servent les études expérimentales ?

7. Rapportez chacun des termes suivants à la définition qui convient.

   a. Multicausalité
   b. Biais
   c. Validité interne
   d. Devis corrélationnel
   e. Devis descriptif
   f. Contrôle
   g. Probabilité
   h. Validité externe

1. La capacité de généraliser les résultats.

2. Le fait qu'un certain nombre de variables liées entre elles peuvent concourir à causer un résultat déterminé.

3. L'ensemble des actions réalisées en vue d'obtenir plus d'informations sur les caractéristiques d'un champ d'étude en particulier.

4. L'opération consistant à manipuler des facteurs en vue d'atteindre un résultat déterminé.

5. Le caractère d'une recherche où il est établi que les effets exercés sur les variables dépendantes sont réels.

6. Il n'y a pas de certitude absolue qu'un événement se produise.

7. La vérification des relations d'association entre deux variables ou plus dans un groupe.

8. Ensemble de conditions susceptibles de fausser les résultats d'une étude.

Références bibliographiques

Bouchard, G. et Cyr, C. (1998). *Recherche psychosociale. Pour harmoniser recherche et pratique,* Québec, Presses de l'Université du Québec.

Burns, N. et Grove, S.K. (2003). *Understanding Nursing Research,* 3e éd., Philadelphie, W.B. Saunders.

Campbell, D.T. et Stanley, J.C. (1963). *Experimental and Quasi-experimental Designs for Research,* Chicago, David McNally.

Cook, T.D. et Campbell, D.T. (1979). *Quasi-experimentation: Design and Analysis Issues for Field Settings,* Chicago, David McNally.

Fawcett, J. et Downs, F.S. (1992). *The Relationship of Theory and Research,* 2e éd., Philadelphie, F.A. Davis.

Gall, M.D., Borg, W.R. et Gall, J.P. (1996). *Educational Research: An Introduction,* 6e éd., White Plains (N.Y.), Longman.

Gehlbach, B. (1988). *Interpreting the Medical Literature: Practical Epidemiology for Clinicians,* 2e éd., New York, Macmillan.

Grawitz, M. (1996). *Méthodes des sciences sociales,* 10e éd., Paris, Dalloz.

Nation, J.R. (1997). *Research Methods,* Upper Saddle River (N.J.), Prentice Hall.

Norwood, S.L. (2000). *Research Strategies,* Upper Saddle River (N.J.), Prentice Hall Health.

Polit, D.F. et Beck, C.T. (2004). *Nursing Research: Principles and Methods,* 7e éd., Philadelphie, J.B. Lippincott.

Robert, M. (1988). *Fondements et étapes de la recherche scientifique en psychologie,* 3e éd., Saint-Hyacinthe, Edisem.

Wiersma, W. (1991). *Research Methods in Education: An Introduction,* 5e éd., Boston, Allyn and Bacon.

Les devis de recherche non expérimentaux

Objectifs d'apprentissage

À la fin de ce chapitre, vous devriez être en mesure:

1) de dégager les principales caractéristiques des études non expérimentales;

2) de définir le but des études descriptives;

3) de caractériser les différents types d'études descriptives;

4) de définir le but des études corrélationnelles;

5) de distinguer les différents niveaux d'études corrélationnelles;

6) d'examiner de façon critique les études non expérimentales.

Vue d'ensemble

Les études descriptives et corrélationnelles sont « non expérimentales »; elles se déroulent dans le milieu naturel sans qu'il y ait introduction d'une variable indépendante comme dans les études expérimentales. Les études descriptives visent à obtenir plus d'informations sur les caractéristiques d'une population ou sur des phénomènes peu étudiés et pour lesquels il existe peu de travaux de recherche. À la différence des études purement descriptives, qui mettent la découverte et la description au premier plan, les recherches corrélationnelles ont pour but d'examiner des relations entre des variables et de les expliquer. Ce chapitre traite des principales caractéristiques des études descriptives et corrélationnelles, qui comprennent aussi les études selon le temps et celles qui y sont apparentées.

Le devis descriptif vise à fournir une description et une classification détaillées d'un phénomène déterminé. Le chercheur étudie une situation telle qu'elle se présente dans le milieu naturel en vue de dégager les caractéristiques d'une population (par exemple, les caractéristiques des couples qui suivent un cours prénatal), de comprendre des phénomènes encore mal élucidés (par exemple, l'augmentation du taux d'avortement chez les adolescentes) ou des concepts qui ont été peu étudiés (par exemple, la résilience chez l'enfant traumatisé). La description des phénomènes précède l'exploration de relations entre les concepts.

Les devis corrélationnels, à la différence des devis descriptifs qui visent à décrire, ont pour but d'examiner des relations entre des variables et, éventuellement, d'en préciser la force et la direction. Les études corrélationnelles présupposent donc que le phénomène a déjà été observé et décrit. Les études descriptives ont ainsi pu suggérer, par exemple, que certaines variables pouvaient être associées à un phénomène donné. L'étude corrélationnelle va plus loin puisqu'elle consiste à dégager des relations entre diverses variables et à déterminer ces dernières par le moyen de la vérification d'hypothèses.

11.1 Les devis descriptifs

Le devis descriptif sert à dégager les caractéristiques d'un phénomène de manière à obtenir un aperçu général d'une situation ou d'une population. Quand un sujet a été peu étudié, il est nécessaire d'en décrire les caractéristiques avant d'examiner des relations d'association ou de causalité entre des variables. Comme elles se situent à un premier niveau de recherche, les études descriptives sont généralement basées sur des questions de recherche ou des objectifs et non pas sur des hypothèses. D'ailleurs, les hypothèses procèdent de la théorie et sont vérifiées empiriquement, ce qui n'est pas le cas des études descriptives, dans lesquelles la vérification est absente. Dans l'étude descriptive, il n'est pas question de variables indépendante et dépendante, ni de relations présumées entre des variables. Généralement, l'étude descriptive consiste soit à décrire un concept relatif à une population, comme dans l'étude descriptive simple, soit à étudier un cas ou à dégager les caractéristiques d'une population dans son ensemble, comme dans l'enquête. Parmi les devis descriptifs figurent aussi les études qualitatives (voir le chapitre 13).

Le contrôle est peu systématique dans ces études ; il peut consister à assurer la correspondance entre les définitions conceptuelles et les définitions opérationnelles des variables ou comporter un échantillon de taille appropriée et des méthodes de collecte des données fidèles et valides (Burns et Grove, 2003). Les méthodes de collecte des données sont variées et peuvent être soit structurées, soit semi-structurées. Le traitement des données varie selon le type d'étude, la technique échantillonnale utilisée et le degré de complexité des méthodes de collecte des données. Si les données recueillies sont qualitatives, on a recours à l'analyse de contenu. Si les données sont quantitatives, on utilise des techniques statistiques descriptives telles que les mesures de tendance centrale et de dispersion.

Il importe de souligner que l'obtention de l'information nécessaire pour répondre à la question de recherche repose sur le choix du devis approprié et du parcours ordonné des étapes que comporte ce dernier. Parmi les devis descriptifs, mentionnons l'étude descriptive simple, l'étude descriptive comparative, l'enquête et l'étude de cas. Notons cependant que l'étude de cas peut aussi servir à examiner des relations d'association ou de causalité entre des variables. De plus, elle est souvent utilisée dans certaines recherches qualitatives.

L'étude descriptive simple

L'étude descriptive simple implique la description complète d'un concept relatif à une population, de manière à établir les caractéristiques de la totalité ou d'une partie de cette dernière. Ainsi, on peut répondre à la question suivante au moyen d'une étude descriptive simple : « Quelles sont les stratégies adaptatives utilisées par les aidantes naturelles qui soignent un malade chronique à son domicile ? » L'étude comporte la reconnaissance du phénomène à étudier, la détermination du ou des concepts se rapportant à ce dernier et l'élaboration de définitions conceptuelles et opérationnelles des variables qui non seulement impriment une perspective à l'étude, mais permettent aussi de relier les concepts et les descriptions qui en sont données. La description des variables conduit éventuellement à une analyse de la portée théorique des résultats et à la formation d'hypothèses.

> L'étude descriptive fournit de l'information sur les caractéristiques de personnes, de situations, de groupes ou d'événements.

Nous présentons ci-dessous un exemple d'une étude descriptive simple menée par Goulet (1999) et ayant pour but d'apprécier la qualité de vie telle qu'elle est perçue par des personnes souffrant d'insuffisance cardiaque qui ont subi un remplacement valvulaire.

Le but de cette étude consiste à décrire, chez des patients insuffisants cardiaques, leur qualité de vie perçue selon quatre dimensions et les problèmes de santé qui affectent leur fonctionnement avant un remplacement valvulaire. L'auteure s'est inspirée du cadre conceptuel élaboré par Ferrans (1996) pour établir les quatre dimensions ou domaines de la qualité de vie. Ces domaines sont : 1) santé et état physique, 2) psychologie et spiritualité, 3) social et économique, 4) familial. L'échantillon de convenance était composé de 42 participants. Trois instruments de mesure ont servi à recueillir les données : l'Index de qualité de vie de Ferrans et Powers (1985), le questionnaire d'identification des problèmes de santé et l'échelle de classification des problèmes de santé. Les questions de recherche s'énoncent comme suit :

- Quelle est la perception de la qualité de vie des patients après un remplacement valvulaire selon les quatre domaines proposés : le domaine de la santé et de l'état physique, le domaine psychologique et spirituel, le domaine social et économique et le domaine familial ?

- Quels sont les problèmes de santé, rapportés par les patients, qui affectent leur fonctionnement avant un remplacement valvulaire et six semaines après avoir reçu leur congé de l'hôpital ?

- Quel est le degré fonctionnel d'incapacité cardiovasculaire des patients avant un remplacement valvulaire et six semaines après leur congé de l'hôpital ? (Goulet, 1999, p. 8.)

Les résultats ont démontré une meilleure perception de la qualité de vie dans les quatre domaines chez les participants six semaines après leur congé de l'hôpital. Quant aux problèmes de santé, les principaux symptômes rapportés avant et après la chirurgie sont l'essoufflement, la fatigue et l'irritabilité, lesquels se sont améliorés au cours de la période post-opératoire.

L'étude descriptive comparative

Une étude descriptive peut aussi servir à analyser un ou plusieurs concepts dans deux populations différentes (Brink et Wood, 1998). L'étude descriptive comparative rend compte des différences observées en milieu naturel dans les concepts relatifs à deux ou plusieurs groupes intacts de participants. On cherche ainsi à établir des différences entre les groupes par rapport, notamment, à des données sociodémographiques et à des caractéristiques telles que l'âge, le genre, les attitudes. La question peut être, par exemple : « Quelles sont les similitudes et les différences observées dans les manifestations de détresse des soignants et des patients ? » On peut dans ce cas utiliser des analyses statistiques descriptives pour apprécier les différences entre le groupe des soignants et celui des patients. Nous présentons ci-dessous un court résumé d'une étude descriptive comparative réalisée par Mcline-Senosier (1996).

Le but de cette étude descriptive comparative consiste à décrire les similitudes et les différences dans les manifestations de détresse psychologique, les perceptions de soutien social et de qualité de vie présentes dans une relation soigné-soignant. L'étude a été réalisée à partir d'analyses secondaires provenant de deux études antérieures, dont l'une portait sur la santé d'hommes infectés par le VIH et l'autre sur les soignants naturels d'hommes infectés par le VIH. Trois instruments de mesure ont servi à recueillir les données : l'Index de symptômes psychiatriques, l'inventaire de Tilden sur les relations interpersonnelles et l'inventaire systémique de qualité de vie. Les questions de recherche s'énoncent comme suit :

- Quelles sont les similitudes ou les différences entre des soignés et des soignants quant aux manifestations de détresse psychologique ?

- Quelles sont les similitudes ou les différences entre des soignés et des soignants quant à leurs perceptions de soutien social ?

- Quelles sont les similitudes ou les différences entre des soignés et des soignants quant à leurs perceptions de qualité de vie ? (Mcline-Senosier, 1996, p. 14.)

Les résultats ont révélé que les hommes infectés par le VIH (soignés) présentaient un niveau aussi élevé de détresse psychologique que les soignants. Quant aux perceptions de soutien social, les soignants naturels se sentaient plus soutenus par l'entourage que les soignés. Les perceptions de qualité de vie étaient sensiblement les mêmes chez les deux groupes.

L'enquête

L'enquête se définit comme toute démarche visant à recueillir des données auprès d'échantillons représentatifs d'une population définie dans le but de déterminer la distribution et la prévalence de certains problèmes psychosociaux ainsi que les relations que les membres de la population entretiennent entre eux (Kerlinger, 1986 ; Polit et Beck, 2004). Les études menées par des organismes gouvernementaux qui ont pour objet de connaître, entre autres, les habitudes de vie des individus, leurs croyances, leurs besoins, leurs comportements dans une situation donnée constituent des enquêtes auprès de populations. L'enquête est comparative si la même information est recueillie auprès d'un échantillon représentatif de deux ou plusieurs groupes de participants comme dans l'exemple suivant : « Quelles sont les croyances en matière de santé des membres de divers groupes ethniques récemment émigrés au Québec ? » Les principaux buts de l'enquête sont de recueillir de l'information factuelle sur un phénomène existant, de décrire des problèmes, d'apprécier des pratiques courantes et de faire des comparaisons et des évaluations.

L'enquête peut être constituée par une entrevue en face à face, une entrevue par téléphone ou un questionnaire expédié par la poste. Dans l'entrevue en face à face, le chercheur pose une série de questions au répondant. L'entrevue peut être dirigée ou non : dans l'entrevue dirigée, les questions sont posées selon un ordre déterminé, tandis que, dans l'entrevue non dirigée, les questions ne sont pas fixées d'avance.

L'entrevue par téléphone est la moins coûteuse, mais elle offre peu de possibilités d'établir des relations aussi étendues avec les participants que dans l'entrevue en face à face. En ce qui concerne le questionnaire par la poste, le répondant se contente de répondre aux questions énoncées dans le questionnaire. Avec ce type d'enquête, le taux de réponse est parfois insuffisant.

À titre d'exemple, nous donnerons ici le résumé de l'enquête conduite au Royaume-Uni par Bonell, Strange, Stephenson, Oakley, Copas, Forrest et autres (2003) et traitant de l'influence de l'exclusion sociale sur le risque de grossesse chez des adolescentes de 13 et 14 ans fréquentant l'école.

Le gouvernement du Royaume-Uni a établi que l'exclusion sociale était un facteur déterminant de la grossesse chez les adolescentes anglaises. L'exclusion sociale se traduit surtout par le fait d'être désavantagé du point de vue économique, mais pas uniquement. Plusieurs facteurs ont été reconnus, tels que la situation sociale, les attitudes négatives envers l'école, la pauvreté des aspirations par rapport à l'instruction et au travail. On a procédé à une recension des écrits sur chacun de ces facteurs. Le but de l'étude était d'élaborer des hypothèses sur les conséquences des diverses formes d'exclusion sociale sur le risque de grossesse des adolescentes. Pour ce faire, on a considéré le contexte social, les connaissances et le comportement des élèves âgés de 13 et 14 ans. Les données provenant d'une étude à l'échelle nationale réalisée dans les écoles anglaises ont été analysées. Elles avaient été recueillies au moyen de questionnaires remis à des jeunes. Un total de 9 691 élèves répartis dans 27 écoles a pris part à l'étude. Les résultats indiquent que les désavantages socioéconomiques et les attitudes négatives envers l'école constituent des facteurs de risque. Les élèves qui détestent l'école, bien que leur niveau de connaissances soit normal, ont plus tendance à avoir des relations sexuelles.

L'étude de cas

L'étude de cas consiste dans l'examen détaillé et complet d'un phénomène lié à une entité sociale. L'entité peut être un individu, un groupe, une famille, une communauté ou une organisation. L'étude peut être un examen en profondeur d'une situation à un moment précis ou évoluant sur une longue période (Gauthier, 2000). L'étude de cas est appropriée quand on dispose de peu de données sur l'événement ou le phénomène considéré (Yin, 2003). Quel que soit le nombre de participants, le nombre de variables est généralement élevé. L'étude de cas ne se ramène pas simplement à la description d'un cas reconnu comme étant particulier et unique, telle une maladie rare, elle peut aussi servir à vérifier l'efficacité d'un traitement thérapeutique et à former des hypothèses sur la base des résultats obtenus. En fait, l'étude de cas peut remplir deux buts : accroître la connaissance qu'on a d'un individu ou d'un groupe et formuler des hypothèses à ce propos, ou étudier les changements susceptibles de se produire dans le temps chez l'individu ou le groupe. Les études de cas sont surtout utiles en ce qu'elles peuvent frayer la voie à des études de plus grande envergure.

L'étude de cas peut être quantitative ou qualitative selon le but de l'étude et le devis choisi par le chercheur. Dans l'étude qualitative, le chercheur s'intéresse à la signification des expériences vécues par les individus eux-mêmes plutôt qu'à amasser des données en vue d'autres études ou d'une généralisation.

Les données peuvent être recueillies de diverses façons : questionnaire, entrevue, observation, journal de bord. Les données quantitatives peuvent être présentées sous forme de tableau ou de graphique, ce qui permet de voir en un coup d'œil les changements survenus dans les variables étudiées. En ce qui concerne les données qualitatives, une analyse de contenu permet de dégager des thèmes et des tendances, lesquels sont ensuite classés en fonction des objectifs de l'étude.

On reproche souvent à l'étude de cas son absence de rigueur scientifique. Selon Yin (2003), l'étude de cas a une réelle valeur scientifique du fait, entre autres, du caractère poussé de l'analyse, des multiples observations auxquelles elle donne lieu

L'étude de cas consiste dans l'examen détaillé et complet d'un phénomène lié à une entité sociale (individu, famille, groupe).

et des comportements types qu'elle permet d'isoler. Parmi les avantages de l'étude de cas, on peut mentionner l'information détaillée que l'on obtient sur un phénomène nouveau, les idées qu'elle permet de dégager, l'établissement de relations entre les variables et la possibilité de conduire à la formulation d'hypothèses. Cependant, l'étude de cas a des possibilités limitées : les résultats ne peuvent être généralisés à d'autres populations ou situations et les données peuvent être en nombre insuffisant ou difficilement comparables entre elles.

Considérons, à titre d'exemple, une étude de cas réalisée par Sedlak (1997) et portant sur le développement de la pensée critique par des étudiantes en sciences infirmières.

> Le développement de la pensée critique est une composante essentielle du programme de baccalauréat, mais on sait encore peu de choses sur le processus menant à l'exercice de la pensée critique dans des situations cliniques. Le but de cette étude de cas était d'amener sept étudiantes au baccalauréat à décrire de l'intérieur le développement de leur pensée critique pendant leur premier cours clinique. L'unité d'analyse était constituée par un groupe de sept étudiantes qui ont été examinées au cours de leurs expériences cliniques hebdomadaires dans un hôpital de soins aigus. Les trois dimensions du raisonnement définies par Paul (1993) ont servi de cadre conceptuel pour décrire la pensée critique des étudiants : éléments du raisonnement, habiletés et traits du raisonnement. La pensée critique a été définie comme un processus de raisonnement au cours duquel l'étudiant réfléchit sur ses idées, actions et décisions en tenant compte de ses expériences cliniques. Les données recueillies à l'aide de notes, d'entrevues et d'observations non participantes ont été analysées selon des techniques qualitatives. Les résultats révèlent que les étudiantes ont une pensée critique et qu'un environnement propice au dialogue contribue au développement de celle-ci en situation clinique.

En résumé, en face d'un phénomène, la première étape consiste à le décrire : Qu'est-ce que c'est ? quelles sont les caractéristiques… ? L'étude descriptive peut répondre à ces questions qui comportent une variable et une population. Quand il y a plus d'une variable, on est conduit à examiner les relations entre les variables. C'est ce que nous allons étudier maintenant.

11.2   Les devis corrélationnels

Bien que les devis corrélationnels soient aussi des devis non expérimentaux, ils diffèrent de ces derniers en ce qu'ils impliquent des relations entre des variables et une explication de ces relations. Celles-ci peuvent être examinées sous différents points de vue et en ayant égard à l'objectif poursuivi. Il existe trois principales formes de devis corrélationnels : devis descriptif (exploration des relations), devis prédictif (explication des relations) et devis confirmatif (vérification des modèles théoriques). À chaque niveau d'examen correspond un type déterminé d'étude. Le premier niveau d'examen des relations se rapporte à l'étude descriptive corrélationnelle, qui a pour but d'explorer des relations entre des variables ; au deuxième niveau d'examen s'effectue l'étude corrélationnelle prédictive, qui vise à déterminer la nature des relations (force et direction) entre des variables ; le troisième niveau vise à vérifier le modèle théorique, c'est-à-dire déterminer la concordance de ce dernier avec les données empiriques.

Les types d'études corrélationnelles présentés dans cette section sont l'étude descriptive corrélationnelle, l'étude corrélationnelle prédictive et l'étude corrélationnelle confirmative. Sont aussi présentées brièvement les études selon le temps, appelées aussi études épidémiologiques : l'étude de cohorte, l'étude transversale, l'étude longitudinale et l'étude cas-témoins. Les études selon le temps comportent toutes des relations entre des variables.

L'étude descriptive corrélationnelle

L'étude descriptive corrélationnelle a pour objet d'explorer des relations entre des variables et de les décrire. Dans l'étude descriptive corrélationnelle, le chercheur est souvent en présence de plusieurs variables dont il ignore lesquelles peuvent être associées entre elles. L'établissement de relations entre les variables permet de circonscrire le phénomène étudié. Par exemple, un chercheur peut avoir pour but de connaître les facteurs liés au bien-être subjectif d'élèves du primaire. Ce type d'étude permet de déterminer quelles sont les variables associées au phénomène étudié, en l'occurrence le bien-être subjectif. Les relations entre les variables qui auront été découvertes pourront servir à la formulation d'hypothèses, lesquelles seront vérifiées dans des études ultérieures.

À cette étape de l'examen des relations entre des variables, ce sont les questions de recherche qui guident l'étude et non pas des hypothèses. De même, on n'a pas affaire à des variables dépendantes et indépendantes dans ce type d'étude. On élabore un cadre conceptuel ou théorique propre à ordonner les variables et leurs relations mutuelles. Les données sont recueillies auprès des participants à l'aide d'échelles et de questionnaires. L'échantillon doit être d'assez grande taille et représentatif autant que possible de la population cible. Des analyses de corrélation permettent de mettre les variables en relation les unes avec les autres. Il est possible, dans ce genre d'études, de considérer simultanément les relations mutuelles des différentes variables.

La recherche que Konu, Lintonen et Rimpela (2002) ont consacrée au bien-être subjectif des écoliers est un bon exemple d'étude descriptive corrélationnelle. En voici un résumé.

> Prenant appui sur un modèle conceptuel de bien-être à l'école, l'étude menée par ces auteurs avait pour but d'explorer les facteurs associés au bien-être subjectif des élèves à l'école. Le bien-être subjectif a été mesuré à l'aide d'un indicateur basé sur l'inventaire de dépression de Beck. L'élément central du modèle conceptuel était la satisfaction éprouvée sur quatre points précis : les conditions de vie à l'école, les relations sociales, les moyens d'épanouissement et l'état de santé. Les écoliers ont été recrutés dans plusieurs écoles secondaires de la Finlande. Des quatre variables étudiées, les conditions de vie à l'école constituent celle qui a la plus forte corrélation avec le bien-être subjectif des écoliers.

Dans l'étude descriptive corrélationnelle, on explore des relations entre des variables en vue de les décrire.

L'étude corrélationnelle prédictive

Le devis corrélationnel prédictif va plus loin que l'étude descriptive corrélationnelle, car il permet de sélectionner les variables qui feront partie de l'étude et d'analyser les relations qui existent entre elles. Outre qu'elle détermine si deux variables sont associées, l'étude corrélationnelle prédictive précise l'étendue de cette relation à l'aide d'analyses statistiques de la corrélation. L'étude corrélationnelle diffère de l'étude fondée sur l'exploration de relations en ce qu'elle se limite à deux aspects spécifiques d'un phénomène pour prédire que l'apparition de l'un entraîne l'apparition de l'autre (Robert, 1988). C'est donc le fait que les variables sont choisies en fonction de l'influence qu'elles peuvent avoir les unes sur les autres qui caractérise ce type d'étude. Précisons que les variables ne sont pas aléatoires, qu'elles sont sélectionnées par le chercheur pour l'action qu'elles peuvent exercer sans qu'il y ait manipulation. L'accent est mis sur l'explication du changement dans la variable soumise à l'influence de la variable prédictive (Waltz et Bausell, 1981).

> Dans l'étude corrélationnelle prédictive, on vérifie des relations prévues entre les variables.

L'étude corrélationnelle prédictive s'appuie sur des propositions théoriques constituées en hypothèses en vue de la prédiction de l'action des variables. L'échantillon est généralement de grande taille étant donné l'ampleur de la variation attendue entre les variables. Les méthodes de collecte des données les plus courantes sont l'échelle de mesure et le questionnaire. On fait appel à des analyses statistiques multivariées comportant diverses analyses ou divers tests statistiques de la corrélation. Les corrélations sont des associations linéaires entre des facteurs ou des variables. Les variables sont examinées telles qu'elles se présentent, sans manipulation aucune — contrairement à ce qui a lieu dans les études expérimentales — et sans détermination de rapport de cause à effet entre les unes et les autres. Les corrélations sont positives si les variables vont dans la même direction, et négatives si les variables vont dans des directions opposées.

Nous donnerons, en guise d'illustration, un bref résumé de l'étude corrélationnelle publiée par Tak et McCubbin (2002).

> L'étude corrélationnelle avait pour but de vérifier des relations entre le stress familial, le soutien social perçu et le *coping* chez des familles ayant un enfant atteint d'une maladie chronique. Le modèle de résilience du stress familial a servi de cadre théorique. Il a pour but d'expliquer pourquoi certaines familles sont plus résilientes que d'autres et sont plus capables de s'adapter au stress et aux situations de crise. Les hypothèses formulées étaient les suivantes :
>
> H_1 : Il existe des effets positifs modérateur et médiateur entre le stress familial, le soutien social perçu et le *coping* ;
>
> H_2 : Il existe une relation positive entre, d'une part, les caractéristiques de l'enfant (âge et genre) et les facteurs de maladie (gravité et âge au diagnostic), et, d'autre part, le stress familial, le soutien social perçu et le *coping* ;
>
> H_3 : Il existe une relation positive entre, d'une part, les caractéristiques familiales (scolarité, emploi, âge, revenu, etc.) et, d'autre part, le stress familial, le soutien social perçu et le *coping*. (Tak et McCubbin, 2002, p. 193.)

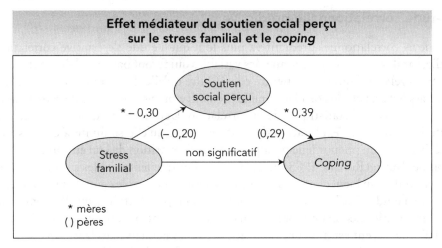

**Effet médiateur du soutien social perçu
sur le stress familial et le *coping***

Soutien social perçu

Stress familial

Coping

* – 0,30
(– 0,20)

* 0,39
(0,29)

non significatif

* mères
( ) pères

Source: Adapté de Tak et McCubbin (2002), p. 195.

Les résultats des analyses de régression montrent que le soutien social perçu agit comme facteur de résilience entre le stress familial et le *coping* des parents. Les caractéristiques de la famille et de l'enfant paraissent avoir une incidence notable sur le soutien social perçu et le *coping* parental. Bien que le soutien social perçu soit apparu comme un prédicteur susceptible de favoriser le *coping* parental et familial, la validité du modèle médiateur et modérateur n'a été que partiellement confirmée.

L'étude corrélationnelle confirmative

Dans l'étude corrélationnelle confirmative, on vérifie la validité d'un modèle causal hypothétique.

Certaines études visent à vérifier la validité d'un modèle causal hypothétique appliqué à l'analyse des relations de causalité entre trois variables ou plus ayant déjà fait l'objet d'études. Les études corrélationnelles confirmatives examinent le réseau de relations formé par des variables qui sont suggérées par une théorie ou un modèle. Le but de ces études est de déterminer quels sont, parmi les concepts considérés, ceux qui influent le plus sur le phénomène à l'étude (Hinshaw, 1984). Par exemple, il peut s'agir de rechercher quels sont les concepts ayant rapport aux réactions émotionnelles qui ont le plus d'influence sur la dépression à l'adolescence et quels sont les autres concepts présents dans la situation qui sont susceptibles de favoriser la dépression. Dans les études qui ont pour but de vérifier un modèle théorique, on met à l'épreuve un modèle hypothétique en cherchant à expliquer un phénomène donné (la dépression) et son mécanisme d'action à partir d'un ensemble de variables définies qui ont fait l'objet d'études antérieures. Les analyses déterminent si les données recueillies auprès d'un échantillon de personnes représentatives de la population s'harmonisent avec le modèle.

Les variables d'un modèle théorique sont classées selon trois catégories: exogènes, endogènes ou résiduelles. Les variables exogènes sont représentées dans le modèle théorique, mais la cause est attribuable à des facteurs extérieurs au modèle. Les variables endogènes sont celles dont la modification est expliquée dans le modèle théorique. Les variables exogènes modifient la valeur des variables endogènes. Enfin, les variables résiduelles sont la résultante de variables non mesurées et non incluses dans le modèle (Burns et Grove, 2001). Dans l'analyse des données, le chercheur tente de déterminer si les données s'accordent avec le modèle proposé (Pelletier, Boivin et Alain, 2000). Il peut alors faire appel soit à des techniques d'analyse propres à rendre compte des relations entre les variables et à établir des liens de causalité, telles l'analyse de régressions multiples et l'analyse de cheminement, soit à des techniques plus avancées, comme l'analyse d'équations structurales (LISREL, EQS). Ces analyses permettent de déterminer si les données empiriques confirment le modèle théorique. Le fait que les données s'accordent avec le modèle ne prouve pas la validité de ce dernier, cela constitue seulement un élément de confirmation.

L'article de Yarcheski et Mahon (2000) intitulé *A Causal Model of Depression in Early Adolescents* fournit un bon exemple d'étude corrélationnelle confirmative.

Le but de cette étude était de vérifier dans quelle mesure un modèle causal basé sur une proposition théorique de la dépression s'accordait avec les données obtenues auprès d'adolescents et d'adolescentes âgés entre 12 et 14 ans. Deux cent vingt-cinq adolescents ont participé à l'étude et répondu à un questionnaire sur les données démographiques et aux échelles de mesure sur la dépression, l'estime de soi, l'anxiété et le stress éprouvés en classe.

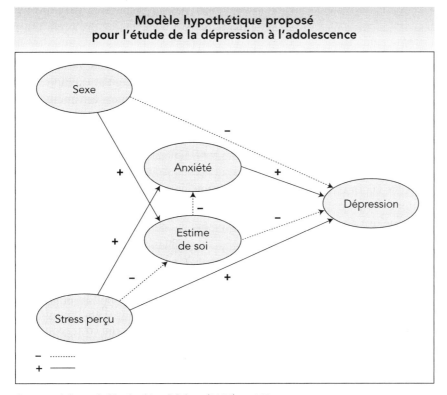

Modèle hypothétique proposé pour l'étude de la dépression à l'adolescence

Source: Adapté de Yarcheski et Mahon (2000), p. 880.

Le modèle causal a été vérifié à l'aide du logiciel statistique LISREL 7, qui utilise le modèle d'équation structurelle de vraisemblance maximum. Les résultats indiquent que le modèle s'accorde avec les données empiriques. Le stress perçu est, de tous les éléments, celui qui exerce l'effet direct, indirect et total le plus important sur la dépression au début de l'adolescence. Contrairement aux prévisions, l'estime de soi n'a pas eu d'effet direct sur la dépression, et les filles n'ont pas obtenu de plus hauts scores de dépression que les garçons.

Valeur et interprétation de la corrélation

Les corrélations fournissent la mesure de la force et de la direction de la relation entre des variables. La valeur de la relation entre des variables peut être estimée de façon mathématique et exprimée sous la forme d'un coefficient de corrélation (Pelletier, Boivin et Alain, 2000). La valeur du coefficient de corrélation symbolisée par r s'échelonne de $-1,00$ pour une corrélation négative parfaite à $+1,00$ pour une corrélation positive parfaite. Le signe positif ou négatif d'une corrélation indique la direction de la relation. Si la valeur d'une variable change, s'accroît ou décroît, la valeur de l'autre variable change dans la même direction ou dans la direction opposée. Ainsi, une corrélation est dite positive quand un changement dans une variable entraîne un changement dans la même direction de l'autre variable. Par exemple, une corrélation positive s'exprime par l'énoncé «Quand la détresse psychologique s'accroît, les demandes d'aide augmentent»:

$$X \xleftrightarrow{\;+\;} Y$$

Une corrélation négative indique qu'un changement dans une variable entraîne un changement de l'autre variable dans la direction opposée. Par exemple, l'énoncé «À mesure que la relaxation augmente, la douleur diminue» est une corrélation négative:

$$X \xleftrightarrow{\;-\;} Y$$

Lorsque l'énoncé n'indique pas la direction, comme dans les études descriptives corrélationnelles, la corrélation est dite neutre, comme dans l'énoncé «L'épuisement professionnel est associé au stress»:

La force d'une corrélation réfère à l'importance de la variation expliquée par la corrélation. La force de la corrélation est déterminée à l'aide d'analyses de corrélation et est exprimée par un coefficient de détermination (r^2), qui correspond au carré du coefficient de corrélation. Les deux techniques de corrélation couramment utilisées sont le coefficient de corrélation de Pearson pour les variables continues et la corrélation de Spearman pour les variables discrètes. Les aspects relatifs aux statistiques seront traités dans les chapitres 17 et 18.

11.3 L'ordre hiérarchique des études descriptives et corrélationnelles

Le niveau de recherche, ainsi que nous l'avons déjà vu, dépend des connaissances dont on dispose sur un sujet donné. Ainsi, nous avons distingué les niveaux descriptif, explicatif et prédictif/de contrôle, lesquels correspondent aux études descriptives, corrélationnelles et expérimentales. L'expérimentation est discutée en détail dans le chapitre 12. À l'intérieur de chaque niveau, comme la description et la corrélation, on trouve des sous-catégories d'études (voir le tableau 11.1). Par conséquent, avant de vérifier des relations entre des variables, il faut d'abord s'assurer de leur existence.

TABLEAU 11.1
Ordre hiérarchique des études descriptives et corrélationnelles

Niveau	But	Type d'étude
1. La description	A. Décrire des phénomènes	Descriptif qualitatif
	B. Décrire les caractéristiques de populations	Descriptif simple, étude de cas, enquête

Exemples

1A Décrire le processus de décision utilisé par des femmes qui ont appris qu'elles sont infectées par le VIH (Sowell, Seals, Phillips et Julious, 2003).

1B Décrire les perceptions de la qualité de vie selon quatre dimensions chez des personnes atteintes d'insuffisance cardiaque (Goulet, 1999).

Niveau	But	Type d'étude
2. La corrélation	A. Explorer des relations d'association	Descriptif corrélationnel
	B. Vérifier des relations d'association	Corrélationnel prédictif
	C. Vérifier un modèle causal hypothétique	Corrélationnel confirmatif

Exemples

2A Décrire les relations entre les facteurs de l'environnement scolaire et biopsychosociaux et le bien-être subjectif d'élèves fréquentant l'école secondaire (Konu, Lintonen et Rimpela, 2002).

2B Déterminer l'influence de prédicteurs de la santé des aidantes naturelles de malades mentaux sur les périodes de crise et de rémission (Ricard, Fortin et Boivin, 1995).

2C Vérifier un modèle longitudinal tiré du modèle d'adaptation de Roy auprès d'aidantes naturelles de personnes vulnérables (Ducharme et autres, 1998).

11.4 Les études selon le temps

Certaines études sont utilisées dans le domaine des sciences de la santé, particulièrement en épidémiologie, dans le but d'examiner non seulement les relations entre des phénomènes, mais aussi les changements qui se produisent au cours du temps. Ces études sont des études corrélationnelles, car elles visent à vérifier des relations entre des facteurs, des différences entre des groupes, et elles établissent des comparaisons ou des prédictions en fonction des objectifs poursuivis. Elles diffèrent des autres types d'études corrélationnelles en ce que l'on recherche des différences entre des groupes en se fondant sur des variables préexistantes et s'apparentent aux études expérimentales. L'expression «selon le temps» réfère à la relation temporelle entre le moment de la collecte des données et l'apparition du phénomène étudié (Kleinbaum, Kupper et Morgenstern, 1982). Les études selon le temps ont été mises au point en épidémiologie, une discipline qui étudie les facteurs qui conditionnent l'apparition des maladies, et en particulier ceux qui interviennent dans leur distribution, leur fréquence et leur évolution, et qui s'occupe de rechercher des moyens de les combattre (Last, 1983). Les études épidémiologiques servent à déterminer les facteurs de risque et tentent d'établir un lien de cause à effet entre un événement donné et la manifestation d'un état pathologique ou d'une maladie (Abramson, 1979). Selon la direction prise par les observations et le moment de la collecte des données, trois stratégies peuvent être mises en œuvre pour examiner des conditions données dans le temps : l'étude de cohorte, l'étude transversale, l'étude longitudinale et l'étude cas-témoins.

L'étude de cohorte

L'étude de cohorte est une étude d'observation dans laquelle un groupe d'individus exposés à des facteurs de risque d'un phénomène donné est suivi pendant une période déterminée et comparé à un groupe non exposé aux mêmes facteurs.

L'étude de cohorte, appelée aussi étude d'incidence, consiste à observer sur une période plus ou moins longue des phénomènes qui affectent un groupe de personnes présentant un certain nombre de traits communs. Dans ce genre d'étude, on définit au préalable un facteur (par exemple, l'exposition au soleil) et la manifestation du phénomène attendu (par exemple, le cancer de la peau). Ainsi, dans le cas du cancer de la peau, on choisira un groupe de personnes qui se sont exposées au soleil sans protection pendant un nombre déterminé d'années. Le groupe peut être divisé en sous-groupes selon les types de peau. Les sous-groupes pourront être comparés à un groupe d'individus qui ont protégé leur peau du soleil. Les groupes sont observés pendant une période de temps définie afin de déterminer s'il y a apparition du cancer de la peau. Dans ce genre d'étude, on mesure des différences entre les groupes qui découlent de variables préexistantes, et ces différences ne sont pas manipulées comme dans l'étude expérimentale.

L'étude de cohorte peut être rétrospective ou prospective. L'étude de cohorte prospective et l'étude de cohorte rétrospective diffèrent entre elles par la présence ou non de l'événement (maladie) au début de l'étude. Dans l'étude rétrospective, le facteur et l'événement, donc la cause et l'effet, sont déjà observables au moment où commence l'étude. Dans l'étude prospective, la cause peut s'être produite ou non, mais l'événement (effet) n'a pas encore été observé, et les observations destinées à établir si le problème de santé se manifestera continuent (MacMahon et Pugh, 1970 ; Friedman, 1987).

L'étude transversale

L'étude transversale a pour but de mesurer la fréquence d'un événement ou d'une maladie et de ses facteurs de risque dans une population donnée. La question de recherche peut être la suivante : Quelle est la prévalence de l'asthme dans une population générale d'enfants de 0 à 10 ans ? L'étude transversale consiste à examiner simultanément une ou plusieurs cohortes ou un ou plusieurs groupes d'individus en un temps donné en relation avec un phénomène présent au moment de l'enquête. Les processus considérés peuvent avoir rapport à l'âge, à la croissance, aux réactions à des événements, au développement personnel, à l'état de santé, etc. (Harkness, 1995).

L'étude transversale sert à mesurer la fréquence d'apparition d'un événement ou d'un problème dans une population à un moment donné.

Par exemple, on peut évaluer les réactions de deuil manifestées par des adolescentes d'âges différents. Les données sont recueillies à un seul moment dans le temps auprès des différents groupes. On peut choisir, par exemple, un groupe d'adolescentes qui ont perdu un parent il y a trois mois, un autre groupe qui en a perdu un il y a six mois, un autre groupe il y a un an, etc. On peut aussi choisir des adolescentes qui ont récemment perdu un parent et qui ont entre 13 et 17 ans. Les moyens de recueillir l'information auprès des participants sont divers ; on peut recourir à l'examen de dossiers, à l'observation du comportement, à des entrevues ou à des questionnaires. Dans l'analyse des données, on se sert des statistiques descriptives et on établit des corrélations. On obtient ainsi un tableau des réactions de deuil d'adolescentes ayant une différence d'âge allant jusqu'à quatre ans. L'étude transversale est économique, simple à organiser et fournit des données immédiates et utilisables, mais d'une portée plus limitée que dans l'étude longitudinale (Jenicek et Cléroux, 1982).

L'étude longitudinale

À la différence de l'étude transversale, l'étude longitudinale recueille des données de façon périodique auprès des mêmes groupes. Ainsi, dans le cas de l'étude des réactions de deuil chez des adolescentes, les adolescentes qui ont perdu un parent il y a trois mois feraient l'objet de mesures annuelles sur une période de temps déterminée. Les études de cohorte et les études cas-témoins sont des études longitudinales.

L'étude longitudinale porte sur des données recueillies en diverses occasions auprès des mêmes sujets sur une période de temps déterminée.

L'étude longitudinale commence dans le présent et se termine dans l'avenir. Ainsi, le chercheur peut évaluer les changements qui surviennent dans le temps et établir des relations et des différences entre les variables. L'étude longitudinale est plus coûteuse que l'étude transversale tant en argent qu'en temps.

L'étude cas-témoins

L'étude cas-témoins tente de lier un phénomène présent au moment de l'enquête à un phénomène antérieur. Les faits sont recueillis *a posteriori*. L'étude cas-témoins est toujours rétrospective. Il s'agit de sélectionner un groupe de sujets déjà atteints de la maladie considérée (cas) et un groupe ou plus de sujets sains (témoins). On recherche des informations sur l'exposition au facteur de risque dans le passé pour chacun des individus. L'enquête est rétrospective, car le facteur de risque étudié est déjà observé au moment du début de l'étude. On compare un groupe d'individus atteints de la maladie avec un ou plusieurs groupes d'individus sains. Par exemple, on peut évaluer l'efficacité de deux traitements différents en comparant leurs effets sur les groupes étudiés. L'étude cas-témoins est moins onéreuse que l'étude de cohorte prospective, mais elle comporte des risques d'erreur liés surtout au choix de la population.

L'étude de cohorte et l'étude cas-témoins concernent toutes deux l'observation des facteurs de risque (Fletcher, Fletcher et Wagner, 1998). Dans les études de cohorte, les individus ne présentent pas le facteur de risque (maladie) au début de l'observation. Dans l'étude cas-témoins, tous les individus sont déjà atteints de la maladie considérée, et on essaie de déterminer la cause possible en remontant dans le temps.

11.5 Autres types d'études

Jusqu'à présent, nous avons traité de types de recherche qui exigent une collecte de données sur le terrain. D'autres types de recherche comportent des modes différents de collecte, d'analyse et d'interprétation des données. Parmi ces types de recherche, nous considérerons brièvement les analyses secondaires, les méta-analyses et les études méthodologiques.

L'étude d'analyses secondaires

Dans l'étude d'analyses secondaires, des données sont prises dans des études déjà publiées et sont examinées dans une optique différente, soit pour répondre à de nouvelles questions, soit pour vérifier de nouvelles hypothèses, soit encore pour établir d'autres relations. L'analyse secondaire a entre autres pour buts d'analyser des variables qui n'ont pas été traitées dans l'étude déjà menée, d'examiner des relations ou de vérifier des hypothèses qui ont été laissées de côté dans la première étude, d'étudier un sous-groupe en particulier plutôt que l'échantillon d'origine ou d'appliquer d'autres types d'analyses statistiques (Wood et Catanzaro, 1988).

L'étude méta-analyse

L'étude méta-analyse est à proprement parler non pas un devis, mais plutôt une méthode de recherche qui consiste à combiner les résultats d'études déjà publiées sur le sujet et à en faire la synthèse pour arriver à une conclusion unique (McBurney, 1998). Les résultats des études portant sur le sujet traité sont agencés de manière à obtenir un ensemble de données susceptibles d'être analysées de la même façon que les données recueillies auprès des participants à une étude (Polit et Beck, 2004).

Les méta-analyses font appel à des méthodes objectives permettant d'intégrer une grande quantité de résultats et ainsi d'observer les tendances qui se dégagent de ces études qui autrement passeraient inaperçues. Certaines méthodes permettent de déceler des biais dans des études dont les résultats ont été considérés comme positifs, d'autres mettent en rapport l'importance des effets observés avec le seuil de signification et les analyses statistiques utilisées. Floyd, Medler, Ager et Janisse (2000) ont conduit une méta-analyse qui avait pour but de déterminer l'ampleur du changement survenu dans les habitudes de sommeil au cours de la vie adulte relativement à quatre traits caractéristiques du sommeil et d'étudier les devis de recherche qui montrent des variations importantes dans les changements. Quarante et une études publiées ont satisfait aux critères d'inclusion prédéterminés. Les effets attendus (fréquence d'apparition d'un phénomène dans la population) ont été observés 99 fois. Les résultats de la méta-analyse suggèrent que la capacité de trouver le sommeil et la durée de ce dernier décroissent avec l'âge.

Au moment de prendre une décision, le professionnel de la santé est souvent placé en face des résultats contradictoires des recherches, et en particulier des essais cliniques contrôlés, qui nécessitent d'être triés et synthétisés avant d'être exécutés. La méta-analyse permet de concilier les résultats différents des études répondant à une même question. Elle s'appuie sur une méthodologie rigoureuse qui assure la valeur de la synthèse et sa reproductibilité (Cucherat, Boissel et Leizorovicz, 1997).

L'étude méthodologique

La qualité de la recherche dépend non seulement du type de devis ou de démarche adopté pour contrôler les variables étrangères, mais aussi de la fidélité et de la validité des instruments de mesure. La fidélité et la validité sont des qualités essentielles de tout instrument de mesure. L'étude méthodologique vise à établir et à vérifier la fidélité et la validité des nouveaux instruments de mesure, permettant ainsi aux chercheurs de les utiliser en toute confiance. Les notions de fidélité et de validité s'appliquent également aux échelles traduites dans une autre langue ou utilisées auprès de populations différentes de celles pour lesquelles l'instrument a été conçu.

L'étude méthodologique diffère des autres méthodes de recherche en ce qu'elle n'inclut pas toutes les étapes du processus de la recherche. L'étude ne s'intéresse ni aux relations entre la variable indépendante et la variable dépendante, ni à l'effet de la variable indépendante. Elle se définit plutôt comme une stratégie en plusieurs étapes portant sur la mise au point ou la validation d'un instrument de mesure nou-vellement créé ou traduit d'une autre langue. Quand un chercheur construit un instrument de mesure ou valide un instrument (échelle) traduit, il doit s'assurer que l'échelle est: 1) applicable à plusieurs groupes de sujets dans la population en général; 2) appropriée aux dimensions du concept à mesurer; 3) facile à utiliser et 4) suffi-samment sensible pour déceler des changements dans le temps.

Delmas, Escobar et Duquette (2001) ont réalisé une étude méthodologique dont le but était de valider la version française d'une échelle de qualité de vie au travail. L'échelle a d'abord été traduite de l'anglais au français à l'aide d'une méthode de traduction-rétrotraduction. Des données ont été ensuite recueillies à l'aide de l'échelle traduite auprès d'un échantillon de 137 infirmières. Divers tests statis-tiques ont été menés afin de s'assurer de la fidélité et de la validité de la version française. On a évalué la stabilité temporelle de l'échelle ainsi que sa cohérence interne. Une analyse factorielle exploratoire confirme en bonne partie la structure conceptuelle proposée par les auteurs. Les résultats indiquent que la version française fournit des indices métrologiques acceptables et peut être utilisée auprès de la même population que l'échelle d'origine.

11.6 L'examen critique des études non expérimentales

Les questions présentées à l'encadré 11.1 ont pour but d'aider à faire l'examen critique d'une étude non expérimentale. Dans l'examen critique, on doit déterminer quel est le niveau des connaissances sur le sujet de l'étude et à quel type de devis il correspond. Il s'agit de se demander si ce qui convient le plus est une étude descriptive, une étude descriptive corrélationnelle, une étude corrélationnelle ou encore une étude à caractère épidémiologique. Selon le type d'étude envisagé, le lecteur doit pouvoir apprécier le cadre théorique ou conceptuel utilisé et décider s'il est nécessaire de formuler des questions de recherche ou des hypothèses. On doit s'assurer que le cadre théorique ou conceptuel peut servir à toutes les étapes de la recherche, y compris celles des résultats et de la conclusion.

ENCADRÉ 11.1
Questions permettant de faire un examen critique des études non expérimentales

- De quel type d'étude s'agit-il ?
- Le devis est-il précisé dans l'étude ?
- Étant donné l'état des connaissances, le devis utilisé convient-il pour obtenir les informations souhaitées ?
- Le devis utilisé permet-il de répondre à la question de recherche ou de formuler des hypothèses ?
- Le cadre conceptuel ou théorique est-il mis en évidence ?

- Les concepts découlent-ils du cadre théorique ou conceptuel ?
- Les résultats présentés ont-ils rapport avec les questions de recherche ou les hypothèses ?
- Quelles sont les limites du devis utilisé ? Ces limites sont-elles prises en compte par l'auteur ?

Résumé

Les recherches descriptives et corrélationnelles sont des recherches non expérimentales, qui se déroulent en milieu naturel et ne donnent lieu à aucune intervention ni à aucun traitement. Les recherches descriptives visent à obtenir plus d'informations sur les caractéristiques d'une population, comme dans les études descriptives quantitatives, ou sur des phénomènes peu connus ou peu étudiés, comme dans les études descriptives qualitatives. Les méthodes de collecte des données sont variées : l'observation, l'entrevue, le questionnaire, l'échelle, etc. Le traitement des données varie selon le type d'étude. Les types d'études descriptives les plus courants sont l'étude descriptive simple, l'étude comparative, l'enquête et l'étude de cas.

À la différence des études purement descriptives, axées sur la découverte et la description, les recherches corrélationnelles ont pour but d'examiner des relations entre des variables et, éventuellement, d'en préciser la force et la direction. Cela suppose donc que le phénomène a déjà été décrit. L'examen des relations entre les variables se fait à des niveaux différents, selon qu'il s'agit : 1) d'explorer et de décrire des relations entre des variables, comme dans l'étude descriptive corrélationnelle ; 2) de vérifier la nature des relations qui existent entre des variables, comme dans les études corrélationnelles prédictives ; 3) d'examiner des modèles théoriques ou de vérifier des modèles causals, comme dans les études corrélationnelles confirmatives. Dans les études corrélationnelles,

les corrélations déterminent la mesure de la force et de la direction de la relation entre des variables.

Les études selon le temps sont utilisées dans le domaine de l'épidémiologie pour étudier des changements qui se produisent au cours du temps. Elles font partie des études corrélationnelles parce qu'elles servent à vérifier des relations entre des facteurs et à établir des différences entre des groupes ; elles permettent également de faire des comparaisons. Mentionnons l'étude de cohorte, les études transversale et longitudinale et l'étude cas-témoins. Enfin, parmi les autres types d'études, l'étude d'analyses secondaires, l'étude méta-analyse et l'étude méthodologique méritent d'être citées.

Mots clés

Analyse secondaire	Étude corrélationnelle confirmative	Étude épidémiologique
Coefficient de corrélation	Étude corrélationnelle prédictive	Étude longitudinale
Corrélation	Étude de cas	Étude méthodologique
Enquête	Étude de cohorte	Étude transversale
Étude cas-témoins	Étude descriptive	Méta-analyse
Étude corrélationnelle	Étude descriptive comparative	

Exercices de révision

1. Définissez les expressions suivantes : étude descriptive simple, étude descriptive comparative, enquête, étude de cas, étude descriptive corrélationnelle, étude prédictive corrélationnelle.

2. Indiquez deux applications des études de cas.

3. Considérez le contenu de l'encadré suivant et indiquez dans les deux cas quel est le type d'étude à réaliser.

----

   a. Une équipe de chercheurs en nutrition désire savoir ce qui pousse les gens à acheter des produits biologiques. L'équipe suppose que l'achat de fruits et de légumes biologiques est fonction du revenu. Pour vérifier son hypothèse, elle projette d'interroger au hasard 60 personnes pour connaître leur revenu ainsi que leurs habitudes en matière d'achat de fruits et de légumes biologiques.

   b. L'équipe songe aussi à observer pendant un mois les habitudes d'achat de fruits et de légumes biologiques d'une personne en particulier.

----

4. Trois chercheurs s'intéressent à la croissance d'une cohorte d'enfants depuis la naissance jusqu'à l'âge de six ans. Différents devis de recherche selon le temps peuvent être utilisés dans une recherche qui

s'étend sur une certaine période. Pour chacune des trois recherches suivantes, dites quel type de devis « selon le temps » il convient d'utiliser.

   a. Étude d'un nombre déterminé de nouveau-nés et suivi jusqu'à l'âge de six ans

   b. Étude d'un nombre déterminé d'enfants du même âge parmi la classe d'enfants de la naissance à six ans, à un moment donné

   c. Étude de la croissance des enfants actuellement âgés de six ans et fréquentant la même clinique médicale depuis la naissance à partir des registres conservés à la clinique médicale

5. Encerclez la lettre correspondant à votre réponse. L'étude descriptive corrélationnelle sert à :

   a. décrire un phénomène

   b. explorer et décrire des relations entre des variables

   c. vérifier des relations entre des variables

   d. décrire et classer des phénomènes

6. Faites correspondre les types de devis corrélationnel et les caractéristiques des études.

   a. Descriptif corrélationnel

   b. Corrélationnel prédictif

   c. Vérification de modèle théorique

1. Étude qui vérifie des relations entre les scores de deux ensembles de variables.

2. Étude qui explore la relation entre deux facteurs, l'efficacité perçue et le soutien social, relativement à l'auto-traitement de personnes atteintes d'épilepsie.

3. Étude visant à examiner les relations prédictives entre l'attachement, certaines données socio-démographiques et la qualité de vie.

4. Étude qui vise à expliquer un phénomène ainsi que son mécanisme d'action en tenant compte d'un ensemble de variables spécifiques.

5. Étude visant à examiner les facteurs de succès à l'examen d'admission à un ordre professionnel.

6. Étude visant à déterminer dans quelle mesure les facteurs individuels et situationnels affectent les mécanismes de *coping* et l'équilibre psychologique des membres du personnel ayant récemment perdu un être cher.

Références bibliographiques

Abramson, J.H. (1979). *Survey Methods in Community Medicine*, 2e éd., New York, Churchill Livingstone.

Bonell, C.P., Strange, V.J., Stephenson, J.M., Oakley, A.R., Copas, A.J., Forrest, S.P., Johnson, A.M. et Black, S. (2003). « Effect of social exclusion on the risk of teenage pregnancy : Development of hypotheses using baseline data from a randomised trial of sex education », *Journal of Epidemiology and Community Health, 57,* p. 871-876.

Brink, P.J. et Wood, M.J. (1998). *Advanced Designs in Nursing Research*, 2e éd., Newbury (Calif.), Sage Publications.

Burns, N. et Grove, S.K. (2001). *The Practice of Nursing Research : Conduct, Critique, and Utilization*, 4e éd., Philadelphie, W.B. Saunders.

Burns, N. et Grove, S.K. (2003). *Understanding Nursing Research*, 3e éd., Philadelphie, W.B. Saunders.

Cucherat, M., Boissel, J.-P. et Leizorovicz, A. (1997). *La méta-analyse des essais thérapeutiques,* Paris, Masson.

Delmas, P., Escobar, M. et Duquette, A. (2001). « Validation de la version française d'un instrument de mesure », *L'infirmière du Québec,* juillet-août, p. 16-28.

Ducharme, F., Ricard, N., Duquette, A., Lévesque, L. et Lachance, L. (1998). « Empirical testing of a longitudinal model derived from the Roy Adaptation Model », *Nursing Science Quarterly, 11*(4), p. 149-159.

Fletcher, R.H., Fletcher, S.W. et Wagner, E.H. (1998). *Épidémiologie clinique,* Paris, Éditions Pradel.

Floyd, J.A., Medler, S.M., Ager, J.W. et Janisse, J.J. (2000). « Age-related changes in initiation and maintenance of sleep : A meta-analysis », *Research in Nursing and Health, 23,* p. 106-117.

Friedman, G.D. (1987). *Primer of Epidemiology*, 3e éd., New York, McGraw-Hill.

Gauthier, G. (2000). « La structure de la preuve », dans Benoît Gauthier (dir.), *Recherche sociale. De la problématique à la collecte des données,* Québec, Presses de l'Université du Québec.

Goulet, I. (1999). *Qualité de vie de patients dans le contexte d'un remplacement valvulaire,* mémoire de maîtrise, Montréal, Université de Montréal.

Harkness, G.A. (1995). *Epidemiology in Nursing Practice,* Toronto, Mosby.

Hinshaw, A.S. (1984). « Theoretical model testing : Full utilization of data », *Western Journal of Nursing Research, 6*(1), p. 1-9.

Jenicek, M. et Cléroux, R. (1982). *Épidémiologie : principes, techniques, applications,* Saint-Hyacinthe, Edisem.

Kerlinger, F.N. (1986). *Foundations of Behavioral Research,* 3e éd., New York, Holt, Rinehart and Winston.

Kleinbaum, D.G., Kupper, L.L. et Morgenstern, H. (1982). *Epidemiologic Research : Principles and Quantitative Methods,* Toronto, Lifetime Learning Publications.

Konu, A.I., Lintonen, T.P. et Rimpela, M.K. (2002). « Factors associated with school children's general subjective well-being », *Health Education Research, 17*(2), p. 155-165.

Last, J.M. (1983). *A Dictionary of Epidemiology,* Oxford Medical Publications, Oxford, Oxford University Press.

McBurney, D.H. (1998). *Research Methods,* 4e éd., Toronto, Brooks/Cole Publishing.

Mcline-Senosier, M. (1996). *Détresse psychologique, soutien social et qualité de vie de la relation soigné-soignant dans l'infection par le VIH/Sida,* mémoire de maîtrise, Montréal, Université de Montréal.

MacMahon, B. et Pugh, T.R. (1970). *Epidemiology : Principles and Methods,* Boston, Little, Brown and Company.

Pelletier, L.G., Boivin, M. et Alain, M. (2000). «Les plans de recherche corrélationnels», dans: R.J. Vallerand et U. Hess, *Méthodes de recherche en psychologie,* Montréal, Gaëtan Morin Éditeur.

Polit, D.F. et Beck, C.T. (2004). *Nursing Research: Principles and Methods,* 7e éd., Philadelphie, J.B. Lippincott.

Ricard, N., Fortin, F. et Boivin, J.P. (1995). *Fardeau subjectif et état de santé d'aidants naturels de personnes atteintes de troubles mentaux en situation de crise et de rémission. Rapport méthodologique,* Montréal, Université de Montréal.

Robert, M. (1988). *Fondements et étapes de la recherche scientifique en psychologie,* 3e éd., Saint-Hyacinthe, Edisem.

Sedlak, C.A. (1997). «Critical thinking of beginning baccalaureate nursing students during the first clinical nursing course», *Journal of Nursing Education, 36*(1), p. 11-18.

Sowell, R.L., Seals, B.F., Phillips, K.D. et Julious, C.H. (2003). «Disclosure of HIV infection: How do women decide to tell?», *Health Education Research, 18*(1), p. 32-44.

Tak, Y.R. et McCubbin, M. (2002). «Family stress, perceived social support and coping following the diagnosis of a child's congenital heart disease», *Journal of Advanced Nursing, 39*(2), p. 190-198.

Waltz, C. et Bausell, R. (1981). *Nursing Research: Design, Statistics and Computer Analysis,* Philadelphie, F.A. Davis.

Wood, N.F. et Catanzaro, M. (1988). *Nursing Research: Theory and Practice,* St. Louis, C.V. Mosby.

Yarcheski, A. et Mahon, N.E. (2000). «A causal model of depression in early adolescents», *Western Journal of Nursing, 22*(8), p. 879-894.

Yin, R. (2003). *Case Study Research,* 2e éd., Thousand Oaks (Calif.), Sage.

Les devis de recherche expérimentaux

Objectifs d'apprentissage

À la fin de ce chapitre, vous devriez
être en mesure :

1) de définir le but des devis
expérimentaux en général ;

2) de dégager les principales
caractéristiques des devis
expérimentaux ;

3) de définir les trois conditions
expérimentales ;

4) de distinguer les devis
expérimentaux véritables des devis
quasi expérimentaux ;

5) d'expliquer pourquoi il importe
d'assurer la validité expérimentale
dans la recherche ;

6) de faire un examen critique
des études expérimentales.

Vue d'ensemble

Nous avons décrit au chapitre précédent les devis de recherche non expérimentaux, qui ont pour rôle principal de décrire des phénomènes et d'examiner des relations d'association entre des variables. Dans ce chapitre, nous traitons des devis expérimentaux, dont l'objet est la vérification de relations causales. À la différence des études non expérimentales, qui n'entraînent aucun changement dans l'environnement, les études expérimentales impliquent l'introduction d'un traitement ou d'une intervention dans la situation de recherche qui a pour effet de modifier l'environnement. Le but des études expérimentales étant d'établir des relations de cause à effet, une variable indépendante X, qui est une intervention ou un traitement quelconque, est introduite dans une situation de recherche, et on observe si elle exerce un effet sur une ou plusieurs variables dépendantes Y. Ce chapitre présente les principales caractéristiques des devis expérimentaux et quasi expérimentaux ainsi que les types d'études qui se rapportent à chacune de ces formes de devis.

L es devis expérimentaux se distinguent des devis non expérimentaux en ce que le chercheur prend une part active en introduisant une intervention ou un traitement et en évaluant, auprès des groupes, les effets de cette intervention sur d'autres variables. De toutes les méthodes quantitatives de recherche, l'étude expérimentale est celle qui convient le mieux pour vérifier des relations de cause à effet entre des variables. La variable qui est manipulée, c'est-à-dire celle qui est introduite et contrôlée par le chercheur, est appelée variable indépendante. La variable mesurée sur laquelle s'exercent les effets de la variable indépendante ou de l'intervention se nomme la variable dépendante ou variable critère. Sont discutées dans ce chapitre les études expérimentales véritables et les études quasi expérimentales.

12.1   La structure des devis expérimentaux

Quand un chercheur met en œuvre un devis expérimental, cela signifie que les connaissances qui existent sur un sujet en particulier sont suffisamment avancées pour justifier une recherche de ce type. Le chercheur qui veut réaliser une étude expérimentale utilise un devis expérimental, lequel est une structure contenant des variables qui sont agencées de manière à ce que l'une d'entre elles produise un effet sur une autre. Dans la planification de son expérimentation, le chercheur actualise le problème de recherche et le rattache à un cadre théorique qui permet d'expliquer les changements susceptibles de se produire dans les variables dépendantes (Y) à la suite de l'introduction d'une variable indépendante (X). Des hypothèses sont formulées pour déterminer s'il existe une relation causale entre X et Y.

L'expérimentation

Comme nous l'avons déjà mentionné, pour qu'il y ait expérimentation, il faut que, dans la situation de recherche, il y ait une variable indépendante et au moins une

Dans une expérimentation, une variable indépendante est introduite dans une situation de recherche et manipulée par le chercheur.

variable dépendante qui en subit l'effet. La variable indépendante est l'intervention ou le traitement. Elle peut être une technique de relaxation, un type de thérapie, une stratégie d'intervention, un programme de soutien, un niveau de bruit, etc. Elle est manipulée dans la situation de recherche, et on cherche à en mesurer les effets. L'important dans les devis expérimentaux est de concevoir une intervention qui soit suffisamment puissante pour produire un effet appréciable sur la variable dépendante. La variable dépendante, c'est ce qui est mesuré. Les variables dépendantes utilisées dans les études expérimentales se rapportent souvent à des comportements, à des connaissances ou à des fonctions biologiques (Nation, 1997). Par exemple, avec des variables dépendantes ayant rapport au comportement, le chercheur mesure quelque chose d'observable et évalue la réponse ou l'ampleur du changement produit.

Les devis expérimentaux impliquent une comparaison entre au moins deux groupes de sujets. Ces groupes sont appelés «groupe expérimental» et «groupe de contrôle» ou «groupe témoin». Ce qui différencie le groupe expérimental du groupe de contrôle, c'est l'intervention particulière dont il fait l'objet; pour sa part, le groupe de contrôle bénéficie seulement d'une intervention neutre ou placebo. Le groupe de contrôle est constitué d'un groupe de participants qui sert de point de comparaison en ce qui concerne l'effet produit sur les variables dépendantes. Les groupes sont dits équivalents s'ils proviennent de la même population; autrement, ils sont dits non équivalents. La relation prédite entre les variables X et Y est une relation de cause à effet. La cause provient de la variable indépendante, et l'effet est subi par la variable dépendante. Les causes sont habituellement définies dans des propositions théoriques, et la vérification de la justesse de ces dernières permet de se prononcer sur la validité de la théorie sous-jacente.

Les formes de devis expérimentaux

La plupart des ouvrages méthodologiques distinguent deux formes de devis expérimentaux: les devis expérimentaux véritables et les devis quasi expérimentaux. Les devis expérimentaux sont qualifiés de «véritables» s'ils satisfont aux trois conditions requises énumérées à la section suivante pour réaliser une véritable expérimentation. Les études sont dites quasi expérimentales lorsqu'elles ne répondent pas à toutes les conditions.

12.2   Les devis expérimentaux véritables

Les devis expérimentaux véritables sont conçus de manière à assurer le plus grand contrôle possible dans la recherche des causes. En mettant en œuvre des moyens de contrôle, le chercheur tente d'éliminer les facteurs autres que la variable indépendante qui pourraient influencer la variable dépendante. Une véritable expérimentation doit comporter les trois éléments suivants:

1) la manipulation (introduction d'une intervention ou d'un traitement);

2) le contrôle (utilisation d'au moins un groupe de contrôle);

3) la randomisation (répartition aléatoire des sujets dans les groupes expérimental et de contrôle).

La randomisation, qui consiste à répartir aléatoirement des sujets dans les groupes expérimental et témoin, semble être considérée comme une solution de remplacement acceptable dans l'expérimentation véritable, même si les sujets ne sont pas choisis au hasard dans la population.

La manipulation

La manipulation implique l'introduction, dans une situation de recherche, d'une intervention ou d'un traitement[1] auprès d'un groupe de participants. Le chercheur soumet un groupe de participants à une intervention de manière à manipuler la variable indépendante qui a été définie. Considérons l'exemple suivant : on formule l'hypothèse qu'un programme d'information structuré réduit l'anxiété et la douleur chez les opérés du cœur. La variable indépendante manipulée par le chercheur est dans ce cas-ci le programme d'information (la cause), qui est offert à un premier groupe de personnes opérées, mais non à un second ; ce dernier groupe reçoit l'information habituelle. Par la suite, on mesure les variables dépendantes (anxiété et douleur), puis on compare les deux groupes entre eux.

Le contrôle

Le contrôle est un élément essentiel du devis expérimental. Il vise à éliminer ou à réduire au minimum les biais qui risquent d'affecter la validité d'une étude. Pour obtenir des résultats plausibles sur les relations de cause à effet entre la variable indépendante et la variable dépendante, le chercheur a recours à un groupe de contrôle qui sert de terme de comparaison. Sans ce dernier groupe, il serait impossible de mesurer les effets d'une intervention sur les variables dépendantes. Mentionnons que, dans certains cas, un groupe peut être comparé à lui-même. Pour s'assurer que le programme réduit vraiment l'anxiété et la douleur, on compare les résultats obtenus par les deux groupes.

Les expressions « groupe de contrôle » ou « groupe témoin équivalent » désignent un groupe de sujets appartenant à la même population que le groupe expérimental et partageant avec ce dernier des caractéristiques communes. Le « groupe témoin non équivalent » est un groupe témoin qui n'appartient pas à la même population que le groupe expérimental. Les groupes témoins équivalents ou non équivalents servent de terme de comparaison dans l'évaluation de l'effet de la variable indépendante sur la variable dépendante.

La randomisation

La randomisation ou répartition aléatoire signifie que chaque participant a une probabilité ou une chance égale d'être placé dans le groupe expérimental ou dans le groupe de contrôle. Ce procédé permet d'égaliser les groupes expérimental et de contrôle de manière à ce que les caractéristiques individuelles des participants soient

---

1. Les termes « traitement » et « intervention » sont utilisés indifféremment dans notre exposé.

présentes dans les deux groupes. Différents moyens sont utilisés pour distribuer les participants entre les groupes : production de nombres par ordinateur, table de nombres aléatoires ou toute autre méthode analogue, comme le tirage des noms hors d'une urne, le tirage d'une carte hors d'une pile de cartes sur lesquelles on a écrit les noms des participants et un numéro indiquant à quel groupe le prochain participant sera assigné. La randomisation est la technique de choix pour créer l'équivalence initiale entre les groupes. On dit que les groupes sont équivalents lorsqu'ils présentent avant le début de l'intervention les mêmes caractéristiques en ce qui concerne les variables dépendantes et les variables sociodémographiques.

Les devis expérimentaux groupent un certain nombre de types d'études ayant des caractéristiques particulières, que nous examinerons dans les sections suivantes et qui seront résumées au tableau 12.2 (p. 219) :

- le devis avant-après avec groupe de contrôle (prétest/post-test) ;
- le devis après seulement avec groupe de contrôle (post-test seulement) ;
- le devis à quatre groupes de Solomon ;
- le devis factoriel ;
- le devis équilibré ;
- l'essai clinique randomisé.

Dans le présent exposé, les termes « avant » et « après » réfèrent respectivement au prétest et au post-test, et ils désignent la collecte des données avant et après l'intervention. Dans ce chapitre, le terme « avant » réfère à une mesure prise auprès des participants avant l'intervention et le terme « après », à une mesure prise après l'intervention. Les devis expérimentaux ne nécessitent pas tous la mise en œuvre de mesures avant, alors que les mesures après sont essentielles pour déterminer les effets de la variable indépendante sur la variable dépendante. Les symboles associés à ces devis sont les suivants : R (randomisation) ; O (observation ou prise d'une mesure) et X (intervention ou traitement).

Le devis avant-après avec groupe de contrôle (prétest/post-test)

Le devis avant-après avec groupe de contrôle, illustré schématiquement ci-dessous, se compose d'au moins deux groupes de sujets équivalents pris dans une même population et répartis de façon aléatoire (R) dans les groupes expérimental et de contrôle. Un seul groupe est soumis à l'intervention (X). Les variables dépendantes sont mesurées deux fois auprès des participants : avant l'intervention (O_1 et O_3) et après (O_2 et O_4). On compare les mesures obtenues aux deux moments dans les deux groupes. L'alignement vertical des observations signifie qu'elles sont prises en même temps. Le devis avant-après est le devis expérimental classique, et il existe plusieurs variantes de ce devis.

$$R \quad O_1 \quad X \quad O_2$$
$$R \quad O_3 \quad \quad O_4$$

Les mesures avant permettent de voir dans quelle mesure les groupes sont équivalents par rapport aux variables d'intérêt. S'il y a non-équivalence, on envisage alors un contrôle statistique. S'il y a des différences, elles devraient se manifester de la même façon dans les deux groupes. Si le devis avant-après avec groupe de contrôle est bien appliqué, il suffit généralement à démontrer l'efficacité de l'intervention X en contrôlant les facteurs d'invalidité interne décrits par Campbell et Stanley (1963). L'action combinée de la randomisation, de l'intervention et des mesures avant et après a pour effet de protéger le devis contre les facteurs d'invalidité énumérés au tableau 12.4 (p. 227). Ces facteurs d'invalidité ont une probabilité égale d'influencer les résultats (Bouchard et Cyr, 1998). En ce qui concerne la validité externe, il existe une possibilité d'interaction entre la prise de mesures avant et l'intervention, ce qui risque d'affecter la validité externe. Le fait de remplir un questionnaire (instrument de mesure) peut favoriser une prise de conscience chez les participants et les rendre plus réceptifs à l'intervention.

L'exemple 12.1 porte sur l'étude de Lusk, Ronis, Kazanis, Eakin, Hong et Raymond (2003), qui avait pour but de vérifier l'efficacité d'une intervention multimédia structurée concernant le port d'un dispositif protecteur de l'ouïe (DPO) chez les travailleurs d'usine. Un devis expérimental avant-après avec groupe de contrôle a été utilisé auprès de trois groupes de sujets. Celui-ci pourrait être représenté de la façon suivante :

$$
\begin{array}{llll}
R & O_1 & X_1 & O_2 \\
R & O_3 & X_2 & O_4 \\
R & O_5 &   & O_6
\end{array}
$$

EXEMPLE 12.1
Le devis expérimental avant-après avec groupe de contrôle : l'étude de Lusk et autres (2003)

L'étude s'appuie sur des écrits antérieurs ayant démontré la nécessité d'intervenir pour amener les travailleurs à utiliser le dispositif protecteur de l'ouïe (DPO) et de les prévenir du danger de l'exposition constante au bruit. Le modèle de promotion de la santé de Pender (1987) et la théorie d'apprentissage social de Bandura (1986) ont servi de fondement théorique et de guide à la conception du programme multimédia visant à changer le comportement des travailleurs en ce qui concerne le port du DPO. La principale variable dépendante examinée était la fréquence d'utilisation du DPO telle qu'elle peut être inférée des déclarations des travailleurs. Les participants ont été répartis de façon aléatoire dans trois groupes pour trois interventions : l'intervention structurée (X_1), l'intervention non structurée (X_2) et l'intervention de contrôle. Les interventions étaient transmises par ordinateur selon l'arrangement prédéterminé des groupes. Il est apparu que les trois groupes étaient équivalents du point de vue des caractéristiques démographiques et du port du DPO. Les résultats indiquent que seul le groupe qui a été soumis à l'intervention multimédia structurée a amélioré de façon significative la fréquence d'utilisation du DPO.

Le devis après seulement avec groupe de contrôle (post-test seulement)

Le devis après seulement fait intervenir au moins deux groupes de participants choisis dans une même population; l'un des deux seulement est soumis aux conditions expérimentales. Les sujets sont répartis de façon aléatoire dans les deux groupes avant l'introduction de la variable indépendante. À la fin de l'expérimentation, on compare les mesures des deux niveaux (présence ou absence) de la variable indépendante. Ce devis est approprié lorsqu'il est impossible de mesurer les variables dépendantes avant l'introduction de l'intervention. Par exemple, chez une population de personnes âgées en résidence, il ne servirait à rien de prendre une mesure du nombre de chutes avant le début d'une intervention destinée à réduire la fréquence de celles-ci. Ce devis est également recommandé quand on pense qu'un prétest peut avoir un effet défavorable sur la variable indépendante.

$$
\begin{array}{ccc}
R & X & O_1 \\
R & & O_2
\end{array}
$$

La randomisation permet d'établir l'équivalence initiale des groupes dans les limites de confiance déterminées par les analyses statistiques, sans qu'il soit nécessaire de procéder à un prétest (Campbell et Stanley, 1963). De plus, la plupart des obstacles à la validité interne sont contrôlés par la randomisation (Wiersma, 1991), comme dans le devis avant-après avec groupe de contrôle. En ce qui a trait à la validité externe, l'effet d'interaction entre la prise de mesures et l'intervention peut être contrôlé.

Le devis à quatre groupes de Solomon

Le devis à quatre groupes de Solomon, du nom de son créateur (1949), est plus complexe que les précédents. Il combine les devis avant-après et après seulement. C'est un devis rigoureux pour ce qui est du contrôle de l'interaction entre les mesures et l'intervention. Les participants sont répartis de façon aléatoire dans les quatre groupes.

Le devis comporte deux groupes expérimentaux et deux groupes de contrôle; les deux groupes expérimentaux sont soumis à la même intervention. Un des groupes de contrôle est évalué avant que la variable indépendante ne soit appliquée aux deux groupes expérimentaux; l'autre groupe de contrôle n'est pas évalué au préalable. La mesure des variables dépendantes est effectuée auprès des quatre groupes à la fin de l'expérimentation. La randomisation des participants dans les groupes renforce l'équivalence des groupes au début de l'étude et les mesures « avant » fournissent le moyen de vérifier leur équivalence (Graziano et Raulin, 2000).

$$
\begin{array}{cccc}
R & O_1 & X & O_2 \\
R & O_3 & & O_4 \\
R & & X & O_5 \\
R & & & O_6
\end{array}
$$

La validité interne est assurée pour l'ensemble des facteurs d'invalidité. Pour ce qui est de la validité externe, le devis permet de vérifier les effets d'interaction entre la mesure et le traitement puisque deux groupes sont évalués avant le traitement et non les autres.

L'exemple 12.2 porte sur une étude de Swanson (1999) réalisée au moyen d'un devis à quatre groupes et ayant pour but d'évaluer les effets d'un counselling auprès de femmes qui ont subi une interruption de grossesse spontanée.

EXEMPLE 12.2
Le devis à quatre groupes : l'étude de Swanson (1999)

Dans cette étude, les variables dépendantes étaient l'estime de soi (l'échelle de Rosenberg), l'humeur (*profile of mood states*) et les effets de l'avortement (*impact of miscarriage scale*) durant la première année de l'événement. Les quatre groupes ont été évalués à partir de ces variables à quatre moments différents : t_1 = au début ; t_2 = à 6 semaines ; t_3 = 4 mois ; t_4 = à 1 an. Deux groupes (G_1 et G_3) ont bénéficié du counselling ; l'un a été évalué avant et après l'intervention et l'autre seulement après, aux quatre temps de mesure. Les deux groupes de contrôle (G_2 et G_4) n'ont pas été soumis à l'intervention, mais ont été évalués aux quatre temps de mesure. G_2 a été évalué avant et après alors que G_4 a été évalué après seulement. On a constaté que les groupes étaient équivalents du point de vue des caractéristiques individuelles. Les résultats montrent que, d'un point de vue statistique, l'intervention de counselling a eu des effets significatifs sur l'adaptation des femmes à la perte et sur leur bien-être moral durant la première année suivant l'interruption de grossesse spontanée.

Le devis factoriel

Un devis factoriel est un devis dans lequel plus d'une variable indépendante, comportant chacune au moins deux niveaux (présence et absence de la variable), est utilisée pour vérifier l'action conjointe exercée par les variables indépendantes sur les variables dépendantes à l'intérieur d'une même étude. Le devis le plus simple est le devis factoriel 2×2 ; ce devis comporte quatre groupes. Si on ajoutait une variable indépendante avec deux niveaux, on obtiendrait un devis $2 \times 2 \times 2$ avec huit groupes. Dans un devis factoriel, les variables indépendantes prennent le nom de facteurs. Les deux variables indépendantes présentent chacune deux niveaux, donnant ainsi lieu à quatre combinaisons de traitements, représentés par des cellules (Graziano et Raulin, 2000). Théoriquement, si plusieurs variables indépendantes sont utilisées, on peut obtenir des devis factoriels 3×3, 4×4, etc.

Le devis factoriel permet de déterminer, au cours d'une même étude, l'effet particulier de chacun des facteurs appliqués séparément et d'évaluer l'interaction des facteurs agissant conjointement. L'effet combiné des facteurs constitue l'interaction. Il y a interaction quand l'effet combiné des deux variables indépendantes est plus grand que les effets de chacune d'elles prise séparément (Wiersma, 1991). Deux variables interagissent si l'effet d'une variable indépendante dépend du niveau de l'autre variable indépendante (McBurney, 1998).

L'exemple 12.3 illustre une utilisation du devis factoriel.

EXEMPLE 12.3
Le devis factoriel

Le tableau 12.1 présente un devis factoriel 2×2. On cherche à démontrer l'efficacité de deux interventions (facteurs) : une berceuse et la méthode kangourou pour le soulagement de la douleur chez les nouveau-nés prématurés.

Il y a deux niveaux de facteurs A (A_1, A_2) et deux niveaux de facteurs B (B_1, B_2). Les deux niveaux sont la présence ou l'absence et sont indiqués par les chiffres 1 et 2. Chaque groupe reçoit un seul niveau du facteur A et un seul niveau du facteur B. Donc, les groupes A_2B_1 et A_1B_2 reçoivent une intervention différente. Le groupe A_2B_2 ne fait l'objet d'aucune intervention et sert de groupe de contrôle. Le groupe A_1B_1 permet de vérifier l'effet conjoint des deux facteurs.

TABLEAU 12.1
Exemple de devis factoriel 2 x 2

Facteur B (*berceuse*)	Facteur A (*méthode kangourou*)	
	Niveau A_1 (présence de la méthode)	Niveau A_2 (absence de la méthode)
Niveau B_1 (présence d'une berceuse)	A_1B_1	A_2B_1
Niveau B_2 (absence d'une berceuse)	A_1B_2	A_2B_2

La validité interne est assurée du fait de la répartition aléatoire des participants dans les différentes conditions expérimentales. Quant à la validité externe, l'absence d'une mesure « avant » annule l'effet de l'interaction entre la prise de mesures et l'intervention. Signalons que plus le contrôle servant à assurer la validité interne est fort, plus il est difficile de généraliser les résultats.

Le devis équilibré

Dans certaines études, les sujets peuvent faire l'objet de plus d'un traitement ou d'une intervention. L'ordre des traitements expérimentaux est défini selon la technique du carré latin, de sorte que chacun des traitements X est appliqué une fois seulement dans chaque rangée et une fois seulement dans chaque colonne. La taille du carré latin peut varier de 2×2 à l'infini (Wiersma, 1991). Les traitements sont appliqués de façon séquentielle plutôt que de façon simultanée. Ainsi, s'il y a un effet, celui-ci pourra jusqu'à un certain point être équilibré (Wiersma, 1991). Ce type d'étude a l'avantage d'assurer un niveau élevé d'équivalence entre les sujets soumis aux différentes conditions expérimentales. Dans ce devis, il y a autant de groupes qu'il y a de traitements. Dans le tableau ci-dessous, il y a quatre groupes et quatre traitements. Tous les sujets reçoivent chacun des traitements de façon aléatoire, ce qui permet de distribuer également les effets de croisement et ainsi de les annuler.

	T_1	T_2	T_3	T_4
G_A	X_1O	X_2O	X_3O	X_4O
G_B	X_2O	X_4O	X_1O	X_3O
G_C	X_3O	X_1O	X_4O	X_2O
G_D	X_4O	X_3O	X_2O	X_1O

Dans le devis équilibré, les sujets sont répartis de façon aléatoire selon des séquences définies de traitement. Dans l'exemple 12.4, on prend des mesures à intervalles pour évaluer si la méthode kangourou et la position couchée sur le ventre entraînent une diminution de la douleur chez des nouveau-nés prématurés à la suite d'une procédure douloureuse. On procède alors comme suit : on applique la méthode kangourou à un nombre déterminé de nouveau-nés choisis de façon aléatoire et la position couchée sur le ventre à un autre groupe de nouveau-nés également choisis de façon aléatoire. Les trois conditions expérimentales sont alors satisfaites : la manipulation, le contrôle (les sujets eux-mêmes servant de contrôle) et la randomisation.

Bien qu'ils puissent démontrer l'efficacité de traitements ou d'interventions, les devis équilibrés peuvent néanmoins, dans certains types de recherche, présenter des difficultés dues à l'effet de croisement, ce qui risque d'affecter les réponses ultérieures au traitement. Les facteurs d'invalidité interne sont dans la plupart des cas contrôlés. Il est plus difficile d'assurer la validité externe en raison des effets possibles des traitements cumulatifs.

EXEMPLE 12.4
Le devis équilibré : l'étude de Johnston, Stevens, Pinelli, Gibbins, Filion, Jack et autres (2003)

Johnston et autres (2003) ont voulu vérifier l'efficacité de la méthode kangourou sur la diminution de la douleur chez les nouveau-nés prématurés (entre 32 et 36 semaines de gestation) lors d'une procédure douloureuse telle que la ponction capillaire au talon. Dans le devis équilibré qui a été utilisé, les nouveau-nés prématurés exerçaient leur propre contrôle. La méthode kangourou était appliquée au nouveau-né 30 minutes avant la ponction capillaire et jusqu'à la fin. Dans la condition de contrôle, le nouveau-né était en position couchée dans l'incubateur. L'ordre des traitements était déterminé de façon aléatoire. Les principales mesures visaient à évaluer la douleur du nouveau-né à l'aide du PIPP. Le PIPP est un ensemble de mesures de la douleur qui comprend des indicateurs physiologiques et du comportement tels que des grimaces, la pulsation et la saturation d'oxygène. Les scores obtenus en ce qui concerne la douleur lors de la ponction capillaire au talon sont significatifs. Les auteurs concluent que la méthode kangourou a été efficace pour diminuer la douleur au cours de la procédure.

L'essai clinique randomisé

L'essai clinique randomisé est non pas un devis de recherche spécifique, mais l'application d'un devis expérimental à un problème de recherche clinique. Les devis avant-après ou après seulement sont parmi les devis les plus souvent utilisés dans l'essai clinique randomisé. Les chercheurs dans le domaine de la santé, particulièrement en épidémiologie, ont souvent recours à l'essai clinique randomisé pour évaluer l'efficacité de nouveaux traitements à caractère clinique. Ils l'emploieront, par exemple, pour répondre à des questions de ce genre : « Est-ce que l'utilisation du saccharose au cours d'un traitement douloureux a pour effet de diminuer la douleur chez les nouveau-nés prématurés ? » L'étude clinique randomisée utilise en général un grand nombre de sujets de manière à pouvoir vérifier les effets des interventions et comparer les résultats cliniques avec ceux obtenus par un groupe de contrôle qui n'a pas bénéficié de l'intervention ou qui a reçu le traitement habituel.

Johnston, Filion, Snider, Majnemer, Limperopoulos, Walker et autres (2002) ont conduit un essai clinique randomisé afin de déterminer l'efficacité du saccharose sur la douleur des nouveau-nés prématurés au cours d'un traitement douloureux. L'exemple 12.5 porte sur cette étude.

EXEMPLE 12.5
L'essai clinique randomisé : l'étude de Johnston et autres (2002)

Le but de l'essai clinique randomisé effectué par Johnston et autres (2002) était de déterminer dans quelle mesure une solution de saccharose pouvait diminuer la douleur occasionnée par un traitement douloureux appliqué aux nouveau-nés prématurés durant leur première semaine de vie. Âgés de moins de 31 semaines de gestation, les bébés prématurés ont été répartis de façon aléatoire dans les groupes expérimental et de contrôle. Chaque bébé qui devait subir un traitement invasif (injection, ponction capillaire au talon) ou moyennement invasif (succion endo-trachéale, insertion d'un tube de gavage) recevait une solution de saccharose ou d'eau stérile par la bouche au début de la procédure et un certain nombre de fois par la suite si le traitement se prolongeait. Les principales mesures utilisées visaient à apprécier le développement neuro-comportemental au moyen d'échelles de vigilance et d'orientation, le développement moteur, la vigueur ainsi que la gravité de l'affection. Les résultats n'ont pas révélé de différences notables entre les groupes dans les variables étudiées. Cependant, on a observé que, relativement au développement moteur et à la vigueur, les enfants du groupe expérimental qui recevaient de fortes doses de saccharose présentaient des scores moins élevés.

Tableau récapitulatif

Le tableau 12.2 résume les caractéristiques et les facteurs d'invalidité propres aux différents types de devis expérimentaux.

TABLEAU 12.2
Les devis expérimentaux

Types	Caractéristiques	Facteurs d'invalidité
Devis avant-après avec groupe de contrôle : R O_1 X O_2 R O_3 O_4	Deux groupes de sujets randomisés : l'un reçoit le traitement et l'autre pas. Prises de mesures avant et après le traitement.	La plupart des obstacles à la validité interne sont contrôlés par la randomisation. Possibilité d'une interaction entre les mesures et le traitement.
Devis après seulement avec groupe de contrôle : R X O_1 R O_2	Deux groupes de sujets randomisés comme dans le devis précédent. Les mesures des variables dépendantes sont prises uniquement après le traitement.	La plupart des obstacles à la validité interne sont contrôlés par la randomisation comme dans le devis précédent. Contrôle de l'interaction entre la mesure et le traitement.
Devis à quatre groupes de Solomon : R O_1 X O_2 R O_3 O_4 R X O_5 R O_6	Il y a deux groupes expérimentaux et deux groupes de contrôle et les sujets sont randomisés. Seulement un des deux groupes de contrôle est évalué avant l'application du traitement. Les mesures sont prises auprès des quatre groupes à la fin de l'expérimentation.	La plupart des obstacles à la validité interne sont contrôlés par la randomisation. Il y a contrôle des effets résultant de l'interaction entre la mesure et le traitement puisque deux groupes sont évalués et non les autres avant le traitement.
Devis factoriel : A_1B_1 O A_1B_2 O A_2B_1 O A_2B_2 O	Au moins deux variables indépendantes sont utilisées. Ce devis permet de vérifier plusieurs traitements simultanément ainsi que leurs interactions.	La plupart des obstacles à la validité interne sont contrôlés par la randomisation. L'absence d'une mesure « avant » fait qu'il n'y a pas d'interaction entre la mesure et le traitement.
Devis équilibré (modèle de base) : R X_1O X_2O R X_2O X_1O	Les sujets sont exposés à plus d'un traitement. Chaque traitement est appliqué une fois seulement dans chaque rangée et chaque colonne. Le traitement est appliqué de façon séquentielle ; les sujets sont randomisés.	Les facteurs d'invalidité interne sont pour la plupart contrôlés. L'effet de croisement, dans certaines études, peut affecter les réponses ultérieures.

12.3   Les devis quasi expérimentaux

Les devis quasi expérimentaux ne satisfont pas tous aux exigences du contrôle expérimental, à la différence des devis expérimentaux véritables. Comme nous l'avons déjà mentionné, la randomisation des participants dans les groupes expérimental et témoin permet d'obtenir une équivalence probabiliste entre les groupes sur les variables dépendantes. Le devis quasi-expérimental et le devis expérimental véritable ont ceci de commun qu'ils comportent la manipulation d'une variable indépendante ; mais le premier diffère du second par le fait que soit le groupe de contrôle, soit la répartition aléatoire est absent. Mais, dans les disciplines à caractère clinique et social, les véritables expérimentations où l'on trouve à la fois la sélection aléatoire des sujets et la répartition aléatoire des sujets dans les groupes sont rares. Supposons que l'on veuille répartir aléatoirement des sujets dans diverses unités hospitalières afin d'évaluer l'efficacité d'une intervention. Il pourrait être alors assez difficile de répartir des patients d'une même unité dans les groupes expérimental et de contrôle sans qu'il en résulte des biais importants du fait des contacts quotidiens entre les sujets des deux groupes (Robert, 1988).

Dans les devis quasi expérimentaux, on ne peut utiliser de groupes équivalents résultant de la répartition aléatoire pour comparer les changements dans les variables dépendantes à la suite de l'introduction de la variable indépendante. Ces devis comportent plutôt des groupes de comparaison non équivalents. Les groupes sont équivalents lorsqu'ils partagent un ensemble de caractéristiques. En l'absence de groupes équivalents, il est assez difficile d'attribuer les résultats à la variable indépendante puisqu'on ne peut prendre en compte les caractéristiques présentes chez les groupes avant l'expérimentation. Étant donné que le contrôle expérimental est plus limité dans les devis quasi expérimentaux, le chercheur doit être conscient de leurs limites, spécialement en ce qui concerne la validité. Pour dénouer les difficultés liées à l'expérimentation, Cook et Campbell (1979) proposent deux catégories de devis quasi expérimentaux : les devis avec groupes témoins non équivalents et les devis à séries temporelles.

Les devis avec groupes témoins non équivalents

Les devis avec groupes témoins non équivalents comprennent : 1) le devis après à groupe unique ; 2) le devis après seulement avec groupe témoin non équivalent ; 3) le devis avant-après à groupe unique ; 4) le devis avant-après avec groupe témoin non équivalent et 5) le devis avant-après avec retrait du traitement.

Le devis après à groupe unique

Comme le montre le diagramme suivant, le devis après à groupe unique implique une prise de mesures auprès des sujets uniquement après l'intervention. Il est souvent assimilé à une étude de cas.

$$\overline{\text{X} \quad \text{O}}$$

Un des points faibles de ce devis est l'absence de mesures avant l'introduction de la variable indépendante. Il est dès lors impossible de conclure que l'intervention amène un changement de la variable dépendante. Un autre point faible est l'absence de groupe de comparaison. Au surplus, il existe des obstacles à la validité. Tous ces désavantages font qu'on peut difficilement être certain que les résultats obtenus sont dus à l'intervention plutôt qu'à d'autres facteurs.

Le devis après seulement avec groupe témoin non équivalent

Le devis après seulement avec groupe témoin non équivalent a l'avantage sur le devis précédent de comporter un groupe de comparaison. Cependant, il a entre autres inconvénients celui de ne pas contenir de critères pour évaluer l'équivalence entre les groupes.

$$\begin{array}{cc} X & O_1 \\ & O_2 \end{array}$$

L'absence d'une évaluation avant constitue un sérieux désavantage, car toute différence dans les mesures entre les groupes peut être attribuée à l'effet soit du traitement, soit de la sélection opérée entre les différents groupes. Les résultats sont par conséquent difficiles à interpréter.

Le devis avant-après à groupe unique

Dans le devis avant-après à groupe unique, on évalue un seul groupe de sujets avant et après l'intervention en vue de mesurer les changements survenus. Bien que ce devis soit préférable au devis précédent du fait qu'il comporte un point de comparaison, l'absence de groupe témoin représente un inconvénient de taille. L'établissement de relations de cause à effet est limité, ce qui en fait un devis très peu efficace. Plusieurs facteurs d'invalidité sont présents : facteurs historiques, régression statistique, maturation, accoutumance au test et fluctuation des instruments de mesure (Cook et Campbell, 1979).

$$O_1 \quad X \quad O_2$$

Même si l'établissement de relations causales y est limité, les trois devis que nous venons de décrire sont souvent utilisés dans le cadre de projets pilotes, comme dans l'exemple 12.6. Plusieurs auteurs les considèrent comme des devis préexpérimentaux.

EXEMPLE 12.6
L'étude avant-après à groupe unique de Taylor, Whittington, Hollingsworth, Ball, King, Patterson et autres (2003)

Taylor et autres (2003) ont mené une étude pilote relevant d'un devis avant-après à groupe unique afin de vérifier l'efficacité d'un programme de marche conçu à l'intention des résidents d'une institution. Des mesures ont été prises avant et après l'exécution du programme auprès d'un groupe de femmes âgées de 62 à 99 ans. Les variables dépendantes concernaient l'équilibre, l'autonomie dans les actes de la vie quotidienne et la mobilité. Neuf semaines après la mise en application du programme, on a noté une amélioration significative par rapport à ce qui avait été observé avant le début du programme. Des données qualitatives ont aussi été recueillies auprès des participantes concernant notamment leur satisfaction et les bénéfices physiques et moraux qu'elles ont retirés du programme de marche.

Le devis avant-après avec groupe témoin non équivalent (prétest-post-test avec groupe témoin non équivalent)

Le devis avant-après avec groupe témoin non équivalent, illustré schématiquement ci-dessous, comprend un groupe expérimental et un groupe de comparaison. La ligne pointillée indique l'absence de randomisation. Comme il est impossible de randomiser les participants, l'étude se range parmi les études quasi expérimentales. Toutefois, le fait que les deux groupes sont soumis aux mesures avant et après (O_1 et O_2) permet de se rapprocher de l'équivalence initiale des groupes.

$$\begin{array}{ccc} \hline O_1 & X & O_2 \\ \hline O_1 & & O_2 \\ \hline \end{array}$$

Ce devis est fréquemment utilisé dans les recherches appliquées où il est difficile de réunir toutes les conditions expérimentales. On l'utilise lorsque des groupes de sujets sont déjà constitués, comme des groupes de patients hospitalisés pour tel type d'intervention chirurgicale, des classes d'élèves, etc. Par exemple, un chercheur peut choisir un groupe de sujets hospitalisés à l'étage X pour le contrôle du diabète et un autre groupe de sujets hospitalisés pour la même maladie, à l'étage Y, comme groupe de comparaison.

Les facteurs d'invalidité interne sont l'interaction entre la sélection des sujets et la maturation, l'accoutumance au test, la régression statistique et l'interaction entre la sélection et les facteurs historiques (Cook et Campbell, 1979). Les deux groupes choisis peuvent être dissemblables au début de l'étude. Toutefois, il est possible de vérifier statistiquement les différences entre les groupes en ce qui a trait à l'âge, à la scolarité, etc. Si ces dernières variables se révèlent similaires, on peut avoir confiance dans les relations de causalité entre les variables.

Le devis avant-après avec retrait du traitement

Le devis avant-après avec retrait du traitement est utilisé quand il est impossible d'avoir un groupe non équivalent. Ses conditions d'utilisation s'apparentent à celles d'un groupe témoin ne recevant pas le traitement. Chaque participant assure son propre contrôle. Il est représenté comme suit :

$$\begin{array}{ccccccc} \hline O_1 & X & O_2 & O_3 & -X & O_4 \\ \hline \end{array}$$

Ce devis est constitué d'un seul groupe avec mesures avant-après. Une troisième mesure est ajoutée, puis il y a retrait du traitement. Le signe moins devant le X signifie le retrait du traitement. Les intervalles entre les prises de mesures doivent être égaux de manière à ce qu'on puisse évaluer tout changement susceptible de se produire au fil du temps indépendamment de l'introduction et du retrait du traitement. On doit s'attendre avec ce devis que le traitement crée un écart entre O_1 et O_2 qui va dans une direction opposée à l'écart existant entre O_3 et O_4. Les conclusions statistiques et la validité de concept de ce devis font un peu problème. Alors que, dans le contrôle de la validité interne, on s'occupe de supprimer les variables étrangères, dans le contrôle de la validité de concept, c'est sur les explications théoriques que l'attention se porte, car il s'agit de s'assurer de la valeur des résultats découlant des hypothèses.

Les devis à séries temporelles

Les devis à séries temporelles se caractérisent par les nombreuses prises de mesures avant et après l'intervention, habituellement auprès d'un seul groupe et à des moments précis. Ils peuvent aussi comporter un groupe de comparaison. Les effets de la variable intervention s'évaluent par l'observation d'une discontinuité dans la série plutôt que par la comparaison avec un autre groupe. Ces devis permettent de prendre en compte la tendance des données avant et après la manipulation de la variable indépendante. Nous présentons ici trois types de devis à séries temporelles : le devis à séries temporelles interrompues simples, le devis à séries temporelles interrompues multiples et le devis à séries temporelles interrompues avec retrait du traitement.

Le devis à séries temporelles interrompues simples

Le devis à séries temporelles interrompues simples, représenté ci-dessous, requiert un groupe expérimental et plusieurs mesures (O) avant et après l'application de la variable indépendante. Les observations O_1 à O_4 représentent quatre périodes de collecte des données avant l'application du traitement et les observations O_5 à O_8 correspondent à quatre périodes de collecte de données après le traitement. Il n'y a pas de groupe de comparaison.

$$\overline{O_1 \quad O_2 \quad O_3 \quad O_4 \quad X \quad O_5 \quad O_6 \quad O_7 \quad O_8}$$

Dans ce devis, le chercheur ne contrôle pas complètement le traitement, mais les multiples prises de mesures améliorent la possibilité d'attribuer le changement à l'effet de la variable indépendante. L'évaluation porte sur les caractéristiques de la série avant le traitement et sur la discontinuité et ses caractéristiques après le traitement. Ce devis requiert un petit nombre de participants. Comme exemples d'application de ce devis, mentionnons l'évaluation d'un changement administratif, d'un changement de programme d'études, d'un changement dans la distribution des soins.

Un des avantages de ce devis est de permettre l'évaluation des effets dus à la maturation avant l'introduction de la variable indépendante. Les mesures répétées rendent possible l'examen de la tendance des scores obtenus avant l'intervention en ce qui concerne l'effet dû à la régression statistique. Toutefois, les facteurs historiques demeurent un important facteur d'invalidité interne (Cook et Campbell, 1979). L'accoutumance au test et la sélection des sujets constituent d'autres facteurs d'invalidité interne. En ce qui concerne la validité externe, l'effet de réactivité peut être présent si les participants sont conscients d'être l'objet d'un traitement.

Le devis à séries temporelles interrompues multiples

Ce devis comporte un groupe expérimental et un groupe témoin non équivalent. L'ajout d'un groupe de comparaison renforce la validité des résultats obtenus. Le groupe de comparaison permet d'examiner les différentes tendances entre les groupes après le traitement et la persistance dans le temps des effets du traitement. Ainsi, deux groupes donnent lieu à des séries temporelles indépendantes : un groupe est soumis au traitement tandis que l'autre fait seulement l'objet d'évaluations.

$$\begin{array}{c}\underline{O_1 \quad O_2 \quad O_3 \quad O_4 \quad X \quad O_5 \quad O_6 \quad O_7 \quad O_8}\\ \underline{O_1 \quad O_2 \quad O_3 \quad O_4 \qquad \quad O_5 \quad O_6 \quad O_7 \quad O_8}\end{array}$$

Ce devis permet un meilleur contrôle de certains facteurs de validité interne, et principalement des facteurs historiques, que le devis à séries temporelles interrompues simples. Cependant, il faut tenir compte du fait que le devis est constitué d'un groupe témoin non équivalent, un facteur qui peut affecter la validité des résultats. Plus les groupes sont comparables, plus grande est la probabilité de vérifier les facteurs d'invalidité. L'exemple 12.7 illustre l'application d'un tel devis.

EXEMPLE 12.7
Le devis à séries temporelles avec groupe témoin non équivalent

Ce devis peut notamment servir à mesurer l'efficacité d'un nouveau traitement pour les escarres de décubitus chez des grabataires. La série de mesures prises avant l'application du nouveau traitement (X) chez le groupe expérimental est représentée par $O_1 - O_4$, et la série de mesures prises après le traitement par $O_5 - O_8$. Le groupe de comparaison ne suit pas le nouveau traitement, mais reçoit les soins habituels.

Les mesures auprès du groupe de comparaison et les mesures auprès du groupe expérimental sont prises en même temps. Vu les multiples prises de mesures, ce devis permet de suivre l'évolution des escarres dans le temps. Il permet également d'apprécier la persistance des effets du traitement.

	Mesures avant	Traitement	Mesures après
		X	
Patients alités	Inventaire des plaies de lit à O_1, O_2, O_3 et O_4	Tourner le patient aux deux heures	Inventaire des plaies de lit à O_5, O_6, O_7 et O_8
Patients alités	Inventaire des plaies de lit à O_1, O_2, O_3 et O_4	Soins habituels	Inventaire des plaies de lit à O_5, O_6, O_7 et O_8

Le devis à séries temporelles interrompues avec retrait du traitement

Le schéma ci-dessous représente deux séries temporelles interrompues jointes ensemble. La première série (O_1 à O_6) permet d'évaluer l'effet d'un traitement avant et après; la seconde série (O_7 à O_9) permet d'évaluer l'effet du retrait du traitement ($-X$).

$$\underline{O_1 \quad O_2 \quad O_3 \quad X \quad O_4 \quad O_5 \quad O_6 \quad -X \quad O_7 \quad O_8 \quad O_9}$$

Le chercheur doit s'attendre à une forme de changement des variables dépendantes entre O_3 et O_4 et à un changement dans le sens opposé entre O_6 et O_7.

L'efficacité du devis à séries temporelles interrompues avec retrait du traitement est comparable à celle du devis à séries temporelles simples et, en outre, la deuxième série assure la validité interne en ce qui concerne les facteurs historiques. Il est difficile de déterminer si le retrait du traitement produit l'effet observé. Les participants peuvent être réticents à abandonner le traitement durant l'expérimentation.

Tableau récapitulatif

Le tableau 12.3 à la page suivante présente les caractéristiques et les facteurs d'invalidité propres aux différents types de devis quasi expérimentaux.

12.4   La validité expérimentale

La validité expérimentale est liée au contrôle des variables étrangères. Elle a rapport à la validité interne et à la validité externe (Wiersma, 1991). Comme nous l'avons vu au chapitre 10, une expérimentation a une validité interne s'il y a de fortes raisons de croire que le changement observé dans la variable dépendante est attribuable à la variable indépendante. En d'autres termes, on doit pouvoir attribuer à la seule variable indépendante les changements observés dans la ou les variables dépendantes. La validité interne est compromise si les variables étrangères ne sont pas suffisamment contrôlées ; il est alors difficile de conclure que les résultats obtenus sont dus à la variable indépendante. Les principaux facteurs d'invalidité interne que nous avons définis au chapitre 10 et qui s'appliquent aux devis de recherche expérimentaux sont résumés au tableau 12.4 (p. 227).

La validité externe d'une étude n'est assurée que si la validité interne a été établie hors de tout doute (Cook et Campbell, 1979). La validité externe est jugée suffisante si les résultats ou les conclusions d'une étude peuvent être généralisables à d'autres populations ou d'autres contextes que ceux qui sont considérés dans l'étude. Il faut être certain que les résultats obtenus peuvent être appliqués à d'autres populations ou d'autres contextes dans les mêmes conditions. Par ailleurs, il importe dans une étude expérimentale de contrôler suffisamment la validité interne sans pour cela nuire à la validité externe. Bien que cet aspect de la relation entre la validité interne et la validité externe ait déjà été traité au chapitre 10, nous décrivons au tableau 12.4 les principaux obstacles à la validité expérimentale.

Les obstacles à la validité expérimentale

Bon nombre d'obstacles à la validité interne et externe ont été décrits par Campbell et Stanley (1963). Nous énumérons au tableau 12.4 les principaux facteurs d'invalidité définis par ces auteurs et donnons des exemples pour indiquer dans quelles circonstances ces obstacles peuvent surgir. Nous avons déjà discuté de l'importance de mettre en œuvre des moyens de contrôle pour réduire au minimum les biais. Par exemple, la sélection aléatoire des sujets résout les problèmes dus aux biais de sélection ; la randomisation avant l'introduction de la variable indépendante assure l'équivalence entre les groupes ; des instruments de mesure valides permettent de mieux

TABLEAU 12.3
Les devis quasi expérimentaux

Types	Caractéristiques	Facteurs d'invalidité
Devis après seulement avec groupe témoin non équivalent : $$X \quad O_1$$ $$\overline{}$$ $$O_2$$ (Devis préexpérimental)	Deux groupes de sujets non répartis de façon aléatoire dans les groupes. Prises de mesures après le traitement.	Absence de liens entre le traitement et le changement. Absence de mesures avant. Résultats difficilement interprétables.
Devis avant-après à groupe unique : $$O_1 \quad X \quad O_2$$ (Devis préexpérimental)	Un seul groupe est évalué avant et après le traitement. Les sujets font leur propre contrôle.	Facteurs historiques, régression statistique, maturation, accoutumance au test, fluctuations des instruments de mesure. Établissement de relations causales limité.
Devis avant-après avec groupe témoin non équivalent : $$O_1 \quad X \quad O_2$$ $$\overline{}$$ $$O_1 \qquad O_2$$	Deux groupes de sujets non répartis de façon aléatoire : l'un reçoit le traitement, l'autre pas. Prises de mesures avant et après le traitement.	Interaction entre la sélection des sujets et la maturation, l'accoutumance au test, la régression statistique et l'interaction entre la sélection et les facteurs historiques.
Devis avant-après avec retrait du traitement : $$O_1 \quad X \quad O_2 \quad O_3 \quad -X \quad O_4$$	Un seul groupe de sujets. Chaque sujet assure son propre contrôle. Prises de mesures avant et après. Ajout d'une troisième mesure suivi du retrait du traitement.	Obstacle à la validité de la conclusion statistique. Obstacle à la validité de concept.
Devis à séries temporelles interrompues simples : $$O_1 \quad O_2 \quad O_3 \quad O_4 \quad X \quad O_5 \quad O_6 \quad O_7 \quad O_8$$	Un seul groupe expérimental est évalué à plusieurs reprises avant et après le traitement. Tendances liées aux changements saisonniers.	Facteurs historiques, accoutumance au test, sélection des sujets. Validité externe : effet de réactivité.
Devis à séries temporelles interrompues multiples : $$O_1 \quad O_2 \quad O_3 \quad O_4 \quad X \quad O_5 \quad O_6 \quad O_7 \quad O_8$$ $$O_1 \quad O_2 \quad O_3 \quad O_4 \qquad O_5 \quad O_6 \quad O_7 \quad O_8$$	Deux groupes de sujets non équivalents. Plusieurs prises de mesures avant et après le traitement.	Interaction entre les facteurs historiques et la sélection.
Devis à séries temporelles interrompues avec retrait du traitement : $$O_1 \quad O_2 \quad O_3 \quad X \quad O_4 \quad O_5 \quad O_6 \quad -X \quad O_7 \quad O_8 \quad O_9$$	Un seul groupe expérimental avec plusieurs mesures avant et après le traitement. Deux séries temporelles interrompues jointes ensemble. Retrait du traitement.	Aplanit les obstacles constitués par les facteurs historiques et l'accoutumance au test.

contrôler la collecte des données. Enfin, une planification et une conduite rigoureuses de la recherche peuvent réduire au minimum les obstacles à la validité expérimentale. La validité expérimentale doit être examinée en fonction du contexte de l'étude à réaliser.

TABLEAU 12.4
Les obstacles à la validité expérimentale

Obstacles à la validité interne	Exemples
1. Les facteurs historiques : événements imprévus qui surviennent au cours de l'expérimentation et qui affectent la variable dépendante.	1. Une expérimentation portant sur la maîtrise des facteurs qui déclenchent l'asthme peut être compromise si des sujets regardent une série d'émissions de télévision sur le sujet.
2. La maturation : évolution qui s'opère chez les sujets au cours du temps.	2. Dans une expérimentation visant à fournir un apprentissage, le changement observé chez les sujets peut être dû au passage du temps.
3. L'accoutumance au test : l'effet d'habitude que peut avoir un prétest sur les résultats des tests ultérieurs.	3. Dans une expérimentation où l'on mesure le raisonnement logique, un prétest peut contribuer à améliorer le rendement au post-test.
4. Les fluctuations des instruments de mesure : l'effet découlant de l'utilisation inconstante des instruments de mesure.	4. Deux assistants de recherche utilisent les mêmes instruments de mesure auprès des sujets, mais la façon dont ils en usent diffère.
5. La régression statistique : retour statistiquement observable des sujets à des scores moyens après qu'ils ont enregistré des scores extrêmes.	5. Des sujets qui présentent des niveaux élevés de détresse au prétest auront au post-test des niveaux plus bas pour se rapprocher de la moyenne.
6. La sélection : effet dû à l'absence de répartition aléatoire des sujets. Les différences originelles étant maintenues, les groupes sont non équivalents.	6. Dans une expérimentation, le groupe expérimental se révèle plus anxieux que le groupe témoin.
7. La mortalité échantillonnale : l'effet dû au désistement non aléatoire des sujets au cours de l'expérimentation.	7. Dans une expérimentation visant à apprécier la valeur d'un programme d'exercices, plusieurs sujets abandonnent pour diverses raisons.
Obstacles à la validité externe	**Exemples**
8. L'effet de réactivité (effet Hawthorne) : réaction des participants qui se savent étudiés.	8. Les participants sont conscients de participer à une étude et modifient leur comportement ou leurs réponses.
9. L'effet d'interaction entre les facteurs historiques et l'intervention : les circonstances dans lesquelles se déroule l'étude peuvent changer au cours du temps et les résultats peuvent refléter à la fois l'effet de X (la variable indépendante) et d'autres événements.	9. Pour soulager la douleur accompagnant une procédure thérapeutique, une unité de soins intensifs en néonatalogie instaure l'utilisation du saccharose durant le cours d'une étude où c'est la méthode kangourou qui est utilisée.
10. Les biais du chercheur : l'activité des participants peut être influencée par les caractéristiques du chercheur.	10. Si le chercheur s'attend qu'une intervention destinée à soulager la douleur soit efficace, les données peuvent refléter ses attentes.

12.5   L'examen critique des études expérimentales et quasi expérimentales

Il est parfois difficile de savoir si le devis utilisé dans une étude est celui qui convient. Il est nécessaire d'avoir une bonne connaissance des méthodes de recherche pour pouvoir choisir le devis approprié. Le chercheur débutant peut faire une évaluation générale en se basant sur les questions qui figurent dans l'encadré 12.1. On doit avoir un aperçu de l'ensemble de l'étude avant de déterminer si le devis est approprié. Ce qu'il est essentiel de considérer dans l'examen critique d'un devis de recherche, c'est la capacité de l'étude à vérifier des relations de cause à effet et à utiliser les moyens de contrôle appropriés.

ENCADRÉ 12.1

Questions permettant de faire un examen critique des études de type expérimental

1. Le devis expérimental est-il clairement désigné comme tel ?

2. Le devis est-il approprié pour vérifier des relations causales ?

3. Quels types de comparaisons établit-on ?

4. Les risques d'invalidité interne sont-ils mis en évidence ? Sont-ils contrôlés dans la mesure du possible ?

5. Dans quelle mesure le devis affecte-t-il la validité interne de l'étude ?

6. Quelles sont les limites du devis utilisé ? Ces limites sont-elles clairement reconnues par l'auteur ?

7. Le devis de recherche utilisé permet-il de tirer des conclusions sur les relations de cause à effet ?

Résumé

Les devis expérimentaux se distinguent des devis non expérimentaux en ce qu'ils comportent un traitement ou une intervention. Le chercheur évalue les effets d'une intervention, appelée variable indépendante, sur d'autres variables, appelées variables dépendantes. Les devis expérimentaux utilisent au moins deux groupes de sujets à des fins de comparaison : un groupe expérimental et un groupe de contrôle. Le groupe expérimental diffère du groupe de contrôle en ce qu'il est l'objet d'une intervention.

Il existe deux grandes catégories de devis de type expérimental : les devis expérimentaux véritables et les devis quasi expérimentaux. Les devis expérimentaux véritables comprennent trois éléments essentiels : 1) la manipulation, qui est l'introduction de la variable indépendante ; 2) le contrôle, qui se fait par le moyen du groupe de comparaison et 3) la randomisation, qui est la répartition aléatoire des participants dans les groupes expérimental et de contrôle. Les devis expérimentaux véritables décrits dans ce chapitre sont : le devis avant-après avec groupe de contrôle, le devis après seulement avec groupe de contrôle, le devis à quatre groupes de Solomon, le devis factoriel, le devis équilibré et l'essai clinique randomisé. Les devis quasi expérimentaux se caractérisent par l'absence d'au moins un des éléments des vrais devis que sont le groupe de contrôle et la randomisation. Dans les devis quasi expérimentaux, on ne peut se servir des groupes équivalents créés par la répartition aléatoire pour comparer les effets de la variable indépendante. Les devis quasi expérimentaux sont utiles, car ils permettent d'observer des phénomènes dans les cas où la répartition aléatoire des participants est impossible ou non souhaitable. Les deux catégories de devis quasi expérimentaux proposées pour contourner les difficultés liées à l'expérimentation sont les devis avec groupes témoins non équivalents et les devis à séries temporelles. Les devis quasi expérimentaux décrits dans ce chapitre sont le devis après à groupe unique, le devis après seulement avec groupe témoin non équivalent, le devis avant-après à groupe unique, le devis avant-après avec groupe témoin non équivalent et le devis avant-après avec retrait du traitement. Parmi les séries temporelles, mentionnons le devis à séries temporelles interrompues simples, le devis à séries temporelles interrompues multiples, le devis à séries temporelles interrompues avec retrait du traitement.

Dans les études de type expérimental, il importe d'aplanir les obstacles à la validité expérimentale. La validité expérimentale dépend du contrôle qui est établi et est fonction de la validité interne et de la validité externe. Il y a validité interne si on a de bonnes raisons de croire que la variable indépendante est responsable de l'effet produit sur la variable dépendante. La validité externe est jugée suffisante si les résultats de l'étude peuvent être généralisés à d'autres populations ou à d'autres contextes. Le chercheur doit s'attacher à lever les divers obstacles à la validité dans les recherches qu'il conduit.

Mots clés

Contrôle

Devis à séries temporelles

Devis à quatre groupes de Solomon

Devis après seulement avec groupe de contrôle

Devis après seulement avec groupe témoin non équivalent

Devis avant-après à groupe unique

Devis avant-après avec groupe de contrôle

Devis avant-après avec groupe témoin non équivalent

Devis avant-après avec retrait du traitement

Devis équilibré

Devis expérimental

Devis factoriel

Facteur d'invalidité

Manipulation

Randomisation

Relation causale

Validité expérimentale

Validité externe

Validité interne

Exercices de révision

1. Nommez les trois principales propriétés des devis expérimentaux véritables.

2. Quels types de relations les devis expérimentaux ont-ils pour but d'examiner?

3. Quand on parle de validité expérimentale, à quels concepts fait-on référence?

4. Expliquez en quoi consistent la validité interne et la validité externe d'une étude.

5. Encerclez la lettre correspondant à votre réponse. Le post-test dans une expérimentation est souvent appelé:

   a. la variable dépendante

   b. la variable expérimentale

   c. le traitement

   d. la variable étrangère

6. À quel devis correspond l'expression graphique suivante:

$$\begin{array}{ccc} O & X & O \\ \hline O & & O \end{array}$$

   a. devis avec mesures avant-après avec groupe témoin non équivalent

   b. devis avec mesures avant-après avec groupe témoin équivalent

   c. devis à quatre groupes de Solomon

   d. devis après seulement

7. Quelle est la principale caractéristique du devis avec groupe témoin non équivalent?

   a. Le prétest n'est pas administré au groupe de contrôle.

b. Les participants ne sont pas répartis de façon aléatoire dans les groupes expérimental et témoin.

c. L'intervention dont bénéficie le groupe expérimental diffère de celle du groupe de contrôle.

d. Tous les facteurs d'invalidité sont contrôlés.

8. L'exercice suivant est basé sur un extrait de l'étude de Parent et Fortin (2000):

« L'étude avait pour but d'évaluer l'efficacité d'une intervention de soutien sur l'anxiété, la perception d'auto-efficacité et la reprise des activités physiques des patients ayant subi une intervention de revascularisation. »

Notez que les sujets ont été répartis de façon aléatoire dans les groupes expérimental et de contrôle.

Répondez aux trois questions suivantes:

a. De quel type d'étude expérimentale s'agit-il?

b. Quelle est la variable indépendante?

c. Quelles sont les variables dépendantes?

Références bibliographiques

Bouchard, S. et Cyr, C. (1998). *Recherche psychosociale : pour harmoniser recherche et pratique*, Québec, Presses de l'Université du Québec.

Campbell, D.T. et Stanley, J.C. (1963). *Experimental and Quasi-experimental Designs for Research*, Chicago, Rand McNally College Publishing.

Cook, T.C. et Campbell, D.T. (1979). *Quasi-experimentation : Design and Analysis Issues for Field Settings*, Boston, Houghton Mifflin.

Graziano, A.M. et Raulin, M.L. (2000). *Research Methods : A Process of Inquiry*, 4e éd., Boston, Allyn and Bacon.

Johnston, C.C., Filion, F., Snider, L., Majnemer, A., Limperopoulos, C., Walker, C.-D., Veilleux, A., Pelausa, E., Heather, C., Stone, S., Sherrard, A. et Boyer, K. (2002). « Routine sucrose analgesia during the first week of life in neonates younger than 31 weeks' postconceptional age », *Pediatrics*, 110(3), p. 523-528.

Johnston, C.C., Stevens, B., Pinelli, J., Gibbins, S., Filion, F., Jack, A., Steele, S. et Boyer, K. (2003). « Kangaroo care is effective in diminishing pain response in preterm neonates », *Archives of Pediatrics and Adolescent Medicine*, 157, p. 1084-1088.

Lusk, S.L., Ronis, D.L., Kazanis, A.S., Eakin, B.L., Hong, O. et Raymond, D.M. (2003). « Effectiveness of a tailored intervention to increase factory workers' use of hearing protection », *Nursing Research*, 52(5), p. 289-295.

McBurney, D.H. (1998). *Research Methods*, 4e éd., Boston, Brooks/Cole Publishing.

Nation, J.R. (1997). *Research Methods*, Upper Saddle River (N.J.), Prentice Hall.

Parent, N. et Fortin, F. (2000). « A randomized, controlled trial of vicarious experience through peer support for male first-time cardiac surgery patients : Impact on anxiety, self-efficacy expectation, and self-reported activity », *Heart and Lung*, 29(6), p. 389-400.

Robert, M. (1988). *Fondements et étapes de la recherche scientifique en psychologie*, 3e éd., Saint-Hyacinthe, Edisem.

Swanson, K.M. (1999). « Effects of caring, measurement, and time on miscarriage impact and women's well-being », *Nursing Research*, 48, p. 288-298.

Taylor, L., Whittington, F., Hollingsworth, C., Ball, M., King, S., Patterson, V., Diwain, S., Rosembloom, C. et Neel, A. (2003). « Assessing the effectiveness of a walking program on physical function of residents living in an assisted living facility », *Journal of Community Health Nursing*, 20(1), p. 14-26.

Wiersma, W. (1991). *Research Methods in Education : An Introduction*, 5e éd., Boston, Allyn and Bacon.

Introduction à la méthodologie qualitative

Objectifs d'apprentissage

À la fin de ce chapitre, vous devriez être en mesure :

1) de décrire les principales caractéristiques de la recherche qualitative ;

2) de définir les buts de la phénoménologie, de l'ethnographie et de la théorisation ancrée ;

3) d'expliquer les principales méthodes de collecte et d'analyse des données employées dans la recherche qualitative ;

4) de déterminer quels sont les phénomènes qui, dans une discipline donnée, peuvent être étudiés avec telle méthodologie.

Vue d'ensemble

Les principales caractéristiques de la recherche qualitative, décrites au chapitre 2, et les croyances du chercheur relatives à la signification des expériences sociales uniques nous amènent à explorer plus en détail certains éléments méthodologiques qui servent à la réalisation de la recherche qualitative. Nous avons également fourni un aperçu des types de méthodes liées aux recherches quantitatives et qualitatives (chapitre 2). Dans ce chapitre, nous décrivons les méthodologies utilisées dans trois types de recherche qualitative — la phénoménologie, l'ethnographie et la théorisation ancrée — ainsi que la manière dont elles envisagent les phénomènes et les analysent.

L e présent chapitre introduit à la méthodologie qualitative, qui vise essentiellement à explorer des phénomènes. Les études qualitatives ont comme objectifs principaux de décrire un problème encore mal connu et de le définir, c'est-à-dire d'explorer en profondeur un concept menant à la description d'une expérience ou à l'attribution d'une signification à cette dernière (Brink, 1998). Un des buts essentiels de la recherche qualitative est de mieux comprendre des faits ou des phénomènes sociaux encore mal élucidés. Un certain nombre de méthodes, telles la phénoménologie, l'ethnographie et la théorisation ancrée, permettent d'atteindre ce but. Ces méthodes diffèrent entre elles par le but qu'elles poursuivent et la manière de poser les questions, de choisir les participants, de collecter et d'analyser les données et de les interpréter. Dans les sections suivantes, nous examinerons ces aspects méthodologiques.

13.1 Le bien-fondé du devis qualitatif

Rappelons qu'un devis est un plan général qui détermine l'ensemble des décisions à prendre pour définir une démarche méthodologique permettant de répondre à la question posée. Il précise en outre les modes de collecte et d'analyse des données en fonction des objectifs poursuivis. Les chercheurs en recherche quantitative établissent le devis de recherche avant la collecte des données et s'y conforment tout au long de l'étude. Dans une recherche qualitative, par contre, les décisions ne sont pas prises à l'avance; certains éléments du devis évoluent ou apparaissent au cours de l'étude (Polit, Beck et Hungler, 2001). Les méthodes de recherche qualitative ressemblent aux méthodes de recherche quantitative en ce qu'elles comportent une question de recherche ou un problème, des procédés de collecte et d'analyse des données ainsi que la présentation des résultats. Toutefois, les recherches qualitatives sont planifiées et conduites autrement que ne le sont les recherches quantitatives.

Le devis de recherche qualitative dépend du phénomène à l'étude et de la question posée. Les méthodes de recherche qualitative se fondent sur des croyances et sur une approche holiste des êtres humains qui orientent la démarche de recherche.

Elles sont appropriées à l'étude de phénomènes spécifiques dans les milieux où les interactions se produisent naturellement et ne comportent ni contrôle rigoureux ni manipulation de variables (Drew, Hardman et Hart, 1996). Ainsi, elles sont employées pour répondre aux questions de recherche relatives à des situations qui se produisent spontanément et qui ne nécessitent aucune forme de contrôle, ou aux questions qui impliquent l'exploration, la description et la compréhension de comportements et d'interactions. Elles servent à pénétrer la signification des paroles ou des comportements des individus placés dans différentes situations non provoquées (Benoliel, 1984). Un certain nombre de questions et de situations susceptibles de requérir un devis qualitatif sont précisées par Field et Morse (1985, p. 11) : on adopte les méthodes qualitatives quand il existe peu ou pas de connaissances sur le sujet étudié ou que le chercheur soupçonne que les connaissances actuelles sont inexactes ou que les théories sont équivoques.

Comme dans la recherche quantitative, l'énoncé de la question qualitative conduit *de facto* à déterminer le type d'étude qui est approprié au but poursuivi. Cela suppose que l'on connaît bien les différents types d'étude. DePoy et Gitlin (1998) classent les types d'étude ou de devis qualitatifs selon certains critères, tels le degré de profondeur de l'investigation des expériences personnelles, les *a priori* du chercheur, le mode opératoire plus ou moins rigoureux dans la collecte des données et le processus d'analyse. Pour Brink (1998), le choix du type de devis dépend du but recherché. Celui-ci est donc lié à une certaine structure qui est fixée dès le début ou au cours du déroulement de l'étude. Il existe une grande variété de méthodes qualitatives, mais, dans ce chapitre, nous concentrerons notre attention sur les trois devis qui nous paraissent être les plus utilisés, à savoir la phénoménologie, l'ethnographie et la théorisation ancrée.

13.2   La planification de la recherche qualitative

Planifier une recherche qualitative, c'est organiser les différents éléments essentiels à la réalisation de l'étude. Les étapes du processus ne sont pas linéaires comme en recherche quantitative ; l'ordre des différents éléments peut varier, sauf en ce qui concerne l'idée de départ. Toute recherche débute par une idée, que l'on expose dans l'introduction et qui est située par rapport à un domaine précis de connaissances. Par la suite, les étapes se chevauchent. La recension des écrits peut être faite avant, pendant ou à la fin de l'étude, et peut parfois avoir lieu en même temps que la collecte des données ; la théorie peut être élaborée au cours de la recherche ; la collecte des données et l'analyse ont en général lieu en même temps. Dans la recherche qualitative, la démarche est itérative et varie en fonction des types de devis adoptés, selon qu'il s'agit de rapporter en détail une expérience de vie du point de vue de la personne qui a vécu cette expérience (phénoménologie), de comprendre les règles ou les normes culturelles auxquelles obéissent des pratiques ou des coutumes particulières (ethnographie) ou d'expliquer les origines, les conséquences ou l'évolution d'un phénomène donné (théorisation ancrée). Voyons brièvement en quoi consistent ces trois types de méthodes qualitatives et leur façon respective d'envisager les phénomènes.

Les types de recherche qualitative

La recherche phénoménologique

La recherche phénoménologique considère les expériences humaines telles qu'elles sont décrites par les participants. L'accent est mis sur le processus interactif par lequel les individus donnent une signification à une situation sociale déterminée. La phénoménologie vise à décrire l'expérience, à dégager la nature des phénomènes et la signification que les personnes leur accordent (Van Maanen, 1990; Rousseau et Saillant, 1996). La question de recherche est plutôt générale et équivaut à demander: «Qu'est-ce que cela signifie pour vous de vivre cette expérience?»

La recherche ethnographique

La recherche ethnographique est un processus systématique qui consiste à observer, à décrire, à documenter et à analyser les modes de vie ou les tendances particulières d'une culture ou d'une sous-culture (Leninger, 1985). Elle a un caractère plus étendu que la phénoménologie du fait que les expériences et les actions sont considérées dans un contexte culturel et environnemental défini (Aamodt, 1991). Le terme «culture» est pris au sens large: il peut exister différentes cultures ou sous-cultures liées à la religion, à l'âge, au sexe ou à l'orientation sexuelle.

La recherche de théorisation ancrée

La recherche de théorisation ancrée est une démarche systématique visant à comprendre et à expliquer le comportement humain. Elle vise à élaborer une théorie qui repose sur la réalité empirique et qui explique les processus psychologiques et sociaux (Laperrière, 1997). La théorie émergente se fonde sur l'observation et la compréhension d'un phénomène social déterminé et prend forme à l'étape de la collecte et de l'analyse des données sur le terrain.

Nous décrirons maintenant des éléments du processus de la recherche qualitative qui présentent des particularités méthodologiques et nous illustrerons notre exposé d'exemples correspondant à chacun de ces types d'études. Ces éléments sont: le problème de recherche ou l'introduction (recension des écrits, théorie), le but, les questions de recherche et les opérations relatives à la collecte et à l'analyse des données ainsi que les résultats.

Le problème de recherche

Dans son étude, le chercheur décrit d'abord brièvement le phénomène qu'il veut étudier. On devrait trouver dès le début de l'introduction une information qui capte l'attention du lecteur ainsi que des précisions sur le problème à l'étude. Cela vaut autant pour la recherche quantitative que pour la recherche qualitative, bien que la formulation diffère. L'exemple 13.1 présente des phrases d'introduction tirées d'articles traitant de recherche qualitative.

EXEMPLE 13.1
Exemples d'introduction à une étude qualitative

Étude phénoménologique

L'avortement spontané, qui est la mort d'un embryon non viable (fœtus), se produit dans 15 à 20 % des grossesses. Du point de vue médical, la première fausse couche est considérée banale, sans gravité et ne compromettant que rarement le succès des grossesses futures. Cependant, même si les fausses couches sont des événements fréquents, l'expérience vécue a un sens différent pour chaque femme. (Lacombe et Pelletier, 2001, p. 17.)

Étude ethnographique

Le Burkina Faso est un des pays les plus affectés par le VIH/sida. De nombreux enfants décèdent du VIH/sida qu'ils ont acquis de leur mère au cours de la période périnatale. Or, des mesures préventives pour contrer la transmission mère-enfant sont maintenant disponibles, mais il existe peu de connaissances sur leur acceptabilité culturelle. (Faille, 2002, p. iii, 1.)

Étude de théorisation ancrée

Au Québec, le phénomène du suicide chez les jeunes prend des proportions inquiétantes. Un suicidé laisse dans le deuil les proches de son entourage. L'expérience de ces endeuillés entraîne des séquelles si importantes que l'expression *survivants* du suicide est utilisée pour les désigner. (Gratton et Bouchard, 2001, p. 203, 204.)

Ces trois exemples, qui illustrent les trois différents types d'études qualitatives, donnent des informations que le lecteur peut aisément comprendre. Ils permettent de connaître la préoccupation du chercheur et même de formuler des questions. Il est important de définir ensuite clairement les enjeux pour que le lecteur puisse juger de l'utilité de la recherche. Souvent, les premières phrases donnent des indications sur l'orientation de l'étude.

La recension des écrits

En ce qui concerne la place de la recension des écrits dans les devis qualitatifs, celle-ci varie selon l'orientation de la recherche. Par exemple, dans une étude ethnographique, la recension des écrits traitant d'un concept culturel se place généralement au début de l'étude. Dans les études phénoménologiques, la recension est plus flexible ; elle peut se placer au début du texte, de manière à ouvrir la voie à l'étude du phénomène. Dans la théorisation ancrée, on la trouve à la fin de l'étude ; elle sert alors à comparer des résultats (Creswell, 2003).

La théorie

Dans la recherche qualitative, le but est d'élaborer une théorie plutôt que de la vérifier. C'est le cas avec la théorisation ancrée : la théorie est énoncée à la fin de l'étude. Dans l'étude ethnographique, la perspective théorique est définie au début et elle détermine la forme même de l'étude.

L'énoncé du but

Alors que l'introduction expose le problème, l'énoncé du but indique la direction de la recherche. Dans les articles de recherche qualitative, le but est souvent précisé dans l'introduction. L'énoncé du but dans une étude qualitative utilise des mots propres au langage de ce type de recherche. Creswell (2003, p. 88) donne des indications sur la manière d'énoncer le but: «Le but ou l'objectif de cette étude est de … » On concentre son attention sur un seul phénomène, une seule idée ou un seul concept à explorer ou à comprendre. On ne cherche pas à relier des variables ni à comparer des groupes comme en recherche quantitative; on insiste sur le fait que l'étude peut évoluer vers l'exploration de relations ou de comparaisons entre les idées. Pour énoncer le but, on emploie des verbes d'action tels que «décrire», «comprendre», «élaborer», «examiner», «découvrir». Dans un devis émergent, on utilise des termes tels que «explorer l'expérience des personnes» ou «découvrir». On devrait trouver dans l'énoncé du but une définition générale du phénomène considéré. Des mots ou des expressions indiquant la stratégie d'investigation à utiliser dans la collecte des données, l'analyse et le processus de recherche sont introduits, ce qui permet de savoir si l'étude est, par exemple, une étude phénoménologique, ethnographique ou de théorisation ancrée. Creswell recommande également de fournir de l'information sur les participants, de préciser s'il s'agit d'un seul individu, d'un groupe ou d'une organisation.

En résumé, le modèle proposé par Creswell pour énoncer le but dans une recherche qualitative inclut les éléments suivants: le type de devis, le but, le phénomène dominant, le ou les participants, le milieu et une définition générale du phénomène. Les exemples 13.2 à 13.4 présentent l'énoncé du but d'une étude phénoménologique, d'une étude ethnographique et d'une étude de théorisation ancrée.

EXEMPLE 13.2
L'énoncé du but d'une étude phénoménologique

McCurry et Thomas (2002) ont réalisé une étude de type phénoménologique dont le but était présenté de la manière suivante:

> L'étude a pour but d'explorer, à l'aide d'un devis qualitatif, l'expérience vécue par les conjointes de patients ayant subi une transplantation cardiaque. La méthode choisie est la phénoménologie existentielle, telle qu'elle a été conçue par Pollio, Henley et Thompson (1997) et Thomas et Pollio (2002). Cette méthode a pour but de donner une description rigoureuse de la vie telle qu'elle est vécue au quotidien par les individus. Ce qui constitue surtout l'expérience d'une personne, ce sont les choses qui sont les plus significatives pour elle. Ainsi, quelqu'un peut entrer dans une pièce et remarquer seulement le mobilier, alors qu'une autre personne relèvera immédiatement la présence d'enfants, de nourriture ou d'œuvres d'art (Thomas et Pollio, 2002). Une véritable description de l'expérience humaine doit tenir compte de la situation présente de l'individu et de ses rapports interpersonnels. (McCurry et Thomas, 2002, p. 185.)

L'énoncé du but figure dans l'article sous le titre «Purpose of the Study». Le phénomène principal à étudier est l'expérience vécue par les femmes de ces opérés du cœur. Le propos des auteures est d'«explorer» la signification de leur expérience. La méthode employée est la phénoménologie existentielle, telle qu'elle est décrite par les auteurs cités. Elle permet de déterminer ce qui est le plus significatif pour ces femmes. Enfin, les auteures soulignent l'importance du contexte dans lequel s'inscrit leur expérience.

EXEMPLE 13.3
L'énoncé du but d'une étude ethnographique

Selon Faille (2002), plusieurs facteurs culturels peuvent contribuer à rendre acceptables ou au contraire inacceptables le test de dépistage du VIH ainsi que la thérapie antirétrovirale chez les femmes africaines. Il est donc essentiel de bien connaître ces facteurs avant de mettre en œuvre des moyens thérapeutiques. Cette auteure a donc réalisé une étude ethnographique afin de déterminer et de décrire ces facteurs culturels. Le but est énoncé au début de l'étude.

Cette étude vise à comprendre les facteurs culturels susceptibles d'inciter la femme burkinabée à subir

un test de dépistage du VIH et une thérapie antirétrovirale en période périnatale. Afin de documenter dans une perspective émique (point de vue des personnes) ces facteurs culturels, on y propose une approche ethnographique de la collecte des données. (Faille, 2002, p. 36.)

Le but constitue le point de départ de l'étude. L'auteure cherche à comprendre les facteurs culturels qui conditionnent le comportement de ces femmes africaines. Elle explique pourquoi elle a choisi la méthode ethnographique dans la section traitant de la méthode.

EXEMPLE 13.4
L'énoncé du but d'une étude de théorisation ancrée

Rew (2003) a étudié les attitudes relatives aux autosoins chez une population d'adolescents sans abri, vivant dans la pauvreté et exposés à de multiples facteurs susceptibles de nuire à leur santé. Ayant recensé les écrits sur le sujet, l'auteure conclut qu'on sait peu de choses sur les attitudes et les comportements de ce groupe social relativement à la promotion de la santé.

Plusieurs études ont mis en évidence la présence de comportements à risque pour la santé chez des adolescents sans abri (notamment Rew, Taylor-Seehafer et Fitzgerald, 2001). Cependant, il existe peu de données sur leurs attitudes et leurs comportements relativement aux autosoins et à la protection de leur santé. L'étude avait pour but d'élaborer

une théorie descriptive des attitudes relatives aux autosoins et des pratiques enracinées dans les expériences habituelles d'un groupe d'adolescents pauvres et sans abri âgés de 16 à 20 ans. (Rew, 2003, p. 234.)

L'élément central de l'énoncé du but est l'acquisition d'attitudes relatives aux autosoins et de comportements sains. L'auteure entreprend donc d'explorer les attitudes et les comportements de ces adolescents. Elle justifie son choix de la théorisation ancrée (p. 235) par le fait que celle-ci permet d'élaborer une théorie susceptible d'expliquer le mode de comportement d'un groupe social déterminé.

Les questions de recherche

L'énoncé du but indique la direction de l'étude à entreprendre et les questions de recherche délimitent la portée de celle-ci. Dans une recherche qualitative, une question centrale et des sous-questions sont habituellement formulées. La question centrale prend la forme d'une question ouverte générale qui est en relation avec le type d'étude qui est adopté. Creswell (2003) suggère de poser une ou deux questions centrales, puis cinq à sept sous-questions qui précisent les thèmes à explorer dans les entrevues et les observations. Le choix de la question centrale dépend du type de devis. Par exemple, en recherche ethnographique, les questions ont souvent rapport avec l'expérience, la langue d'origine, les différences culturelles et la vérification, mais elles peuvent aussi être inspirées par des études déjà publiées. Dans les études phénoménologiques, les questions concernent une expérience de vie particulière. En théorisation ancrée, les questions sont souvent liées à la démarche utilisée dans l'analyse des données. Dans la formulation des questions, le langage utilisé est non prescriptif et on évite des termes tels que «influence», «détermine», «relie», «cause», «affecte», «impact», qui appartiennent surtout à la recherche quantitative. Enfin, en recherche qualitative, les questions sont reformulées à mesure que l'étude avance et que l'information s'accumule.

Les exemples 13.5 à 13.7 présentent trois questions tirées d'articles de recherche correspondant aux principaux types d'études qualitatives.

EXEMPLE 13.5
Question centrale d'une étude phénoménologique

McCurry et Thomas (2002) ont utilisé l'approche phénoménologique pour décrire l'expérience de femmes qui ont vécu avec un conjoint ayant subi une transplantation cardiaque. Pour faciliter la description, les auteures ont formulé une question centrale et des sous-questions. La question centrale s'énonce comme suit:

Il y a quelque temps, votre conjoint a subi une transplantation cardiaque. Comment vivez-vous

cette expérience? (McCurry et Thomas, 2002, p. 185.)

La question centrale commence par «comment»; elle inclut un seul concept, «l'expérience» et elle indique qui sont les participants, en l'occurrence les femmes des opérés du cœur.

EXEMPLE 13.6
Question centrale d'une étude ethnographique

Faille (2002) a utilisé une méthodologie ethnographique pour recueillir des données auprès de femmes africaines appartenant au peuple mossi et ayant eu des enfants. Les entrevues ont porté principalement sur trois thèmes: vision du monde, structure sociale, système de soins. Il est possible de dégager trois questions centrales:

1) Quelle est leur conception de la santé et de la maladie eu égard au VIH/sida?

2) Quels sont les facteurs sociaux qui sont susceptibles d'influer sur leur comportement en matière de santé et de les amener à accepter

des interventions préventives relativement à la transmission du VIH de la mère à l'enfant?

3) Parmi les soins offerts par le système de santé burkinabé, quels sont ceux qu'elles sont disposées à recevoir lorsqu'un problème de santé comme le VIH/sida survient? (Faille, 2002, p. 8, 9.)

Ces questions commencent par «quelle est» ou «quels sont» et visent à documenter, dans une perspective émique, les facteurs culturels influant sur le comportement en matière de santé.

EXEMPLE 13.7
Question centrale d'une étude de théorisation ancrée

Rew (2003) a mené une étude de théorisation ancrée sur les attitudes et les comportements relatifs aux autosoins d'un groupe d'adolescents sans abri. En dépit de leur situation précaire de sans-abri, plusieurs individus montrent une tendance à adopter des comportements d'autosoins. Les entrevues avaient pour but d'obtenir une réponse à deux questions principales.

1) Qu'est-ce qui vous aide à rester en santé malgré votre situation de sans-abri ?
2) Qu'est-ce que vous aimeriez me dire sur la façon dont vous prenez soin de vous ? (Rew, 2003, p. 236.)

Les deux questions commencent par « qu'est-ce que » et se rapportent à la volonté de « découvrir ».

Dans l'énoncé des questions des études qualitatives, Creswell (2003) suggère d'utiliser des verbes qui évoquent l'idée d'un devis de recherche émergent. Ainsi, les types de méthodes suivants visent :

- à décrire et à comprendre une expérience personnelle (méthode phénoménologique);
- à décrire une sous-culture et à obtenir de l'information à son sujet (méthode ethnographique);
- à découvrir et à élaborer une théorie (méthode de la théorisation ancrée).

13.3   Les méthodes de collecte et d'analyse des données

Les méthodes employées dans la recherche qualitative tiennent compte des caractéristiques du devis, des participants, du chercheur et des étapes de la collecte, de l'analyse et de l'interprétation.

Les caractéristiques de la recherche qualitative

Pour mieux faire comprendre les différentes méthodes de collecte et d'analyse des données employées dans la recherche qualitative, énumérons les principales caractéristiques de la recherche qualitative qu'il est indispensable de connaître selon Rossman et Rallis (1998).

- La recherche qualitative se déroule dans le milieu naturel des participants;
- Elle utilise de multiples méthodes interactives telles que la participation de tous à la collecte des données;
- Elle se définit progressivement. Les questions de recherche se précisent à mesure que l'étude avance;
- Elle donne lieu à une interprétation, c'est-à-dire qu'elle fait la description d'un individu, d'un milieu, met en évidence des thèmes ou des catégories dans l'analyse des données et dégage des conclusions;

- Elle implique que le chercheur a un rôle d'observateur participant et d'agent de recherche;

- Elle suppose une vision holiste des phénomènes sociaux;

- Elle se base sur des principes ou des stratégies dans la collecte et l'analyse des données.

Le choix des participants

La recherche qualitative recourt à un échantillon non probabiliste, c'est-à-dire un échantillon non aléatoire répondant à des caractéristiques précises. Parmi les types d'échantillons possibles, mentionnons l'échantillon accidentel, l'échantillon par choix raisonné et l'échantillon par faisceaux (boule de neige). Pour déterminer la taille de l'échantillon, on se fonde non pas sur des évaluations statistiques, comme dans la recherche quantitative, mais sur les actions qui permettent d'atteindre le but de l'étude. Le nombre de participants est généralement petit (de 6 à 10), mais il peut être plus grand si on étudie un phénomène complexe ou si on élabore une théorie. De façon générale, le nombre de participants est déterminé par la saturation des données, une situation dans laquelle celles-ci n'apportent plus d'informations nouvelles (Sandelowski, 1995).

Le rôle du chercheur

Alors qu'il est plutôt effacé dans la recherche quantitative, le chercheur joue un rôle actif dans la recherche qualitative, car il s'attache à partager l'expérience décrite par les participants en vue de mieux la comprendre. D'une certaine manière, le chercheur influence les participants et il est influencé par eux. Cette interaction, loin de constituer un biais (recherche quantitative), fait partie intégrante de la recherche qualitative. D'où l'importance pour le chercheur d'être attentif aux propos des participants et d'élargir la perception qu'il a de l'expérience de ces derniers (Burns et Grove, 2001).

En recherche qualitative, le rôle du participant se rapproche souvent de celui du chercheur. Il peut orienter les questions de recherche, guider la collecte des données et prendre part à l'interprétation. Habituellement, le chercheur observe le comportement des participants et interagit avec eux.

La collecte des données

Dans la recherche qualitative, les données proviennent d'observations et d'entrevues non structurées, d'enregistrements ou de textes déjà publiés. La flexibilité des méthodes de collecte des données et d'analyse favorise la découverte de nouveaux phénomènes ou l'approfondissement de phénomènes connus.

L'observation

L'observation est un des principaux moyens d'investigation utilisés en recherche qualitative. Le chercheur examine le comportement des participants et les événements qui se produisent dans le milieu naturel. L'observation n'est ni objective ni détachée du contexte; l'observateur travaille en collaboration avec les participants dans le milieu de recherche (Denzin et Lincoln, 2000). Le chercheur dispose de différents moyens pour consigner le fruit de ses observations : le chercheur peut noter sur-le-champ ce qu'il observe, il peut aussi concentrer toute son attention sur l'observation et écrire par la suite. Les entrevues peuvent être enregistrées sur magnétophone ou sur vidéo et étudiées ultérieurement.

L'entrevue

L'entrevue peut avoir lieu en face à face ou par téléphone ; elle peut être individuelle ou se faire par petits groupes (*focus group*). Elle est généralement non structurée et comporte des questions ouvertes. Les questions ouvertes permettent de faire ressortir les points de vue des participants et d'avoir une idée plus précise de ce qui constitue leur expérience. Les participants sont invités à poser des questions et à exprimer spontanément leur pensée.

La documentation

La documentation existante peut être d'un bon service dans la recherche sur le terrain et constituer une source additionnelle d'informations. Elle permet au chercheur de se familiariser avec l'histoire d'un groupe social, avec sa culture, avec l'organisation ou les événements importants liés à la recherche. Elle peut revêtir diverses formes : journaux, articles de magazines, livres, Internet, dossier du patient, journal de bord, matériel audio, correspondance, etc.

Les méthodes de collecte des données utilisées sur le terrain dépendent du type d'étude retenu. Dans une étude phénoménologique, ethnographique ou de théorisation ancrée, le chercheur considère l'environnement social des participants. La méthode doit être choisie de manière à assurer la meilleure interaction possible.

Le traitement des données et les méthodes d'analyse

À la différence de la recherche quantitative, les données à analyser dans la recherche qualitative consistent en mots et non pas en chiffres. Dans la recherche quantitative, les données sont analysées de façon séquentielle, alors que, dans la recherche qualitative, collecte et analyse des données se font simultanément. L'analyse commence donc dès la première collecte de données et elle continue par la suite. Le chercheur examine les données, les organise et tente de pénétrer la signification des propos qu'il a recueillis. Les données collectées au cours des entrevues ou des observations sont constamment étudiées afin de déterminer s'il y a lieu d'explorer de nouvelles questions avec les participants (Gillis et Jackson, 2002).

Le mode d'analyse et d'interprétation des données varie selon les types d'études. Creswell (2003) distingue les différents types d'études qualitatives du point de vue de l'analyse et de l'interprétation, en se référant à des auteurs bien connus dans le domaine de la recherche qualitative. S'appuyant sur une étude de Moustakas (1994), il affirme que l'analyse dans la recherche phénoménologique a pour but de mettre en évidence les énoncés significatifs et de dégager des unités de sens ainsi que l'« essence » de l'expérience. En ce qui concerne la recherche ethnographique, l'auteur cite Wolcott (1994). Dans ce type d'étude, l'analyse et l'interprétation portent sur la description du milieu ou des individus et sur la recherche de thèmes. Pour ce qui est de la théorisation ancrée, l'auteur cite Strauss et Corbin (1998) : l'analyse se distingue dans ce type d'étude par le fait qu'elle comporte des étapes systématiques. Au cours de ces étapes, des catégories conceptuelles sont dégagées (codification ouverte), des relations sont établies entre les catégories pour former éventuellement un cadre théorique (codification axiale) et expliquer ainsi un récit à partir de l'intégration des données (codification sélective).

L'analyse dans l'étude phénoménologique

Plusieurs stratégies de collecte des données peuvent être utilisées en recherche phénoménologique. Habituellement, on demande aux participants de décrire verbalement ou par écrit leur expérience. Les entrevues peuvent être enregistrées sur bande vidéo.

Plusieurs techniques d'analyse ont été mises au point. Parmi les principaux créateurs de techniques d'analyse, mentionnons Van Kaam (1969), Giorgi (1970) et Colaizzi (1978). Les techniques comprennent en général les opérations suivantes :

- Lire attentivement toutes les descriptions pour comprendre le sentiment qui y est exprimé ;
- Isoler les phrases qui sont directement liées au phénomène ;
- Dégager la signification de chaque énoncé important ;
- Rechercher les thèmes ;
- Donner une description exhaustive qui rende compte de l'essence du phénomène.

L'exemple 13.8 résume un extrait de l'analyse des données d'une étude phénoménologique.

EXEMPLE 13.8
L'analyse des données dans une étude phénoménologique

Moore et Miller (2003) ont mené une étude phénoménologique dans le but d'investiguer l'expérience liée à une diminution considérable de l'acuité visuelle chez huit hommes atteints de dégénérescence maculaire. Les données ont été recueillies au cours d'entrevues enregistrées sur bande magnétique et analysées selon une version remaniée de la méthode de Giorgi.

On a recherché dans les descriptions des participants les unités de signification, les thèmes et les principales significations. Les significations centrales de l'expérience de chacun des participants ont été synthétisées dans une description. Chaque description particulière a été par la suite incorporée dans une description générale. Chaque chercheuse a réexaminé ses propres entrevues et a dégagé, pour finir, la signification de chacune d'entre elles. (Moore et Miller, 2003, p. 12.)

Cette analyse a mis en évidence six thèmes liés à l'expérience subjective ayant rapport à une diminution de l'acuité visuelle chez des hommes atteints de dégénérescence maculaire : 1) reconnaissance des capacités et des incapacités ; 2) préservation de l'autonomie ; 3) mise en œuvre de stratégies ; 4) reconnaissance du processus dégénératif ; 5) expression des peurs et des incertitudes et 6) conservation de l'espoir.

L'analyse dans l'étude ethnographique

Dans l'étude ethnographique, les données sont analysées à mesure qu'elles sont recueillies. L'analyse se fait par étapes, et on cherche à dégager la signification des symboles culturels présents dans les propos des participants. On commence par rechercher des domaines, des catégories et des sous-catégories à partir des données recueillies. On établit des rapports de sens entre les différents éléments du discours des participants et on formule des questions structurelles en vue d'obtenir plus d'information (LoBiondo-Wood et Haber, 2002).

L'exemple 13.9 résume l'analyse des données d'une étude ethnographique.

EXEMPLE 13.9
L'analyse des données dans une étude ethnographique

Faille (2002) a mené des entrevues de type semi-structuré auprès de six femmes appartenant au peuple mossi et ayant eu des enfants afin de déterminer les facteurs culturels qui sont susceptibles de les amener à accepter de subir un test de dépistage du VIH et de suivre un traitement antirétroviral.

L'auteure (Faille, 2002, p. 45) a divisé son analyse des données en plusieurs étapes. Dans la première étape, elle a transcrit le contenu des entrevues en gardant la signification contextuelle. Dans la deuxième étape, l'examen des similitudes et des différences a permis d'isoler des descripteurs, et ces derniers ont été utilisés pour codifier les données. À la troisième et dernière étape, les données ont été rassemblées et classées par catégories, lesquelles ont été analysées afin de dégager des constantes.

Les résultats obtenus amènent Faille à conclure :

> [...] au niveau de la *vision du monde*, au Burkina Faso, le diagnostic du VIH/sida signifie la perte simultanée de l'identité humaine de la femme et de celle de l'enfant à naître. Concernant la *structure sociale*, les données illustrent que les femmes enceintes sensibilisées à l'importance d'un test de dépistage et d'une thérapie antirétrovirale le feront si elles ont un soutien moral ainsi que financier et si guidées par leur foi religieuse elles gardent espoir en la vie. Quant au *système de soins*, les résultats révèlent que les femmes burkinabées privilégient un recours aux soins médicaux lorsqu'un problème de santé lié au VIH/sida survient, bien qu'elles consultent un éventail de services de soins. (Faille, 2002, p. iii.)

L'analyse dans la théorisation ancrée

Dans la méthode de la théorisation ancrée, les données sont généralement recueillies au cours d'entrevues et d'observations auprès des participants. Les entrevues sont enregistrées sur bande audio, puis transcrites, et les observations sont consignées. On pose des questions ouvertes pour dégager les concepts. Une caractéristique importante est le fait que la collecte et l'analyse des données sont simultanées. L'analyse initiale s'appelle la « codification ouverte » (Strauss, 1987). Les données sont divisées en parties et examinées avec attention. Les codifications sont groupées pour constituer des catégories.

L'exemple 13.10 résume l'analyse des données d'une étude de théorisation ancrée.

EXEMPLE 13.10
L'analyse des données dans une étude de théorisation ancrée

Gratton et Bouchard (2001) ont utilisé le récit de vie pour recueillir des données auprès d'adolescents éprouvés par le suicide d'un de leurs camarades. Les récits de vie ont été constitués à partir d'entrevues semi-dirigées.

> Les entrevues ont été transcrites intégralement, et, dans l'analyse, on a tenu compte des observations consignées au cours des rencontres avec les jeunes ainsi que des notes écrites après ces dernières. Rappelons que le but de l'analyse en théorisation ancrée est d'élaborer des catégories pertinentes et leurs propriétés pour les lier dans un schéma explicatif sous forme de processus. Cette démarche comporte une triple codification : ouverte, axiale et sélective.

La principale conclusion à laquelle a conduit l'analyse des données est la suivante :

> [p]our ces adolescents, le suicide de leur camarade est un geste difficile à comprendre qui les entraîne dans une quête de sens. Lorsque ces jeunes apprennent le suicide de leur ami, s'amorce une tourmente caractérisée par une panoplie d'émotions. S'ensuit une série de questions auxquelles ces adolescents essaient de répondre par diverses explications. Malgré une période d'apaisement, le questionnement persiste sur les véritables raisons qui auraient poussé leur camarade à se suicider. (Gratton et Bouchard, 2001, p. 203.)

13.4 La rigueur en recherche qualitative

Dans les études quantitatives, la rigueur scientifique repose sur la fidélité et la validité des instruments de mesure ainsi que sur les critères de validité interne (exactitude des résultats) et de validité externe (généralisation des résultats). Cette rigueur scientifique assure la valeur des résultats de la recherche. En recherche qualitative, on doit être également rigoureux dans sa démarche, car il importe que les résultats soient fiables. Un certain nombre d'auteurs en recherche qualitative, particulièrement Lincoln et Guba (1985), remplacent les concepts de fidélité et de validité par ceux de crédibilité, de fiabilité, de transférabilité et de confirmation. Ces concepts servent à apprécier la valeur des résultats.

Ces différents concepts sont décrits par Gillis et Jackson (2002). La crédibilité a rapport à l'exactitude dans la description du phénomène vécu par les participants. La réalité doit être fidèlement représentée et l'interprétation qui est donnée doit paraître plausible aux participants. La triangulation constitue un moyen d'accroître la crédibilité ; elle consiste à combiner d'autres méthodes de collecte des données avec celle qui est employée ou à associer à son étude d'autres chercheurs pour tirer des conclusions sur ce qui constitue la réalité. La fiabilité réfère à l'exactitude avec laquelle on suit l'évolution d'un phénomène et on rend compte des différentes perceptions exprimées par les participants. En quelque sorte, on s'assure qu'un autre chercheur, placé dans des circonstances identiques, ferait les mêmes observations. Le concept de transférabilité a rapport à l'application ou à la transposition des résultats à d'autres milieux, à d'autres populations ou à d'autres contextes. Le chercheur doit démontrer que les résultats valent également pour d'autres situations. Il lui faut donc fournir des indications précises qui permettent d'appliquer les résultats à d'autres contextes. Enfin, la confirmation réfère à l'objectivité dans les données. Les significations qui émergent des données doivent être vérifiées pour en évaluer la vraisemblance, la solidité et la certitude, de sorte que deux chercheurs indépendants obtiendraient des significations similaires à partir des données. C'est la neutralité qui est recherchée par ce concept.

13.5   L'examen critique des méthodologies qualitatives

Les études qualitatives ne doivent pas être évaluées selon les mêmes critères que les études quantitatives. Étant donné que chaque méthode qualitative est unique en soi, il est assez difficile d'adopter des critères standardisés pour l'ensemble des études. Toutefois, on peut utiliser certains critères généraux pour évaluer la recherche qualitative. L'encadré 13.1 présente certains critères au regard du processus de collecte et d'analyse des données, de la conceptualisation et de l'interprétation.

ENCADRÉ 13.1
Questions permettant de faire un examen critique des méthodologies qualitatives

- La méthode qualitative convient-elle pour l'étude du phénomène en question ?
- L'étude est-elle centrée sur l'aspect subjectif de l'expérience humaine ?
- Les résultats revêtent-ils une signification précise pour la discipline ?
- Le chercheur décrit-il clairement la façon dont les participants ont été choisis ?

- La méthode d'analyse des données est-elle conforme au but de l'étude ?
- Peut-on distinguer la méthode qualitative utilisée dans l'étude ? Comment ?
- La méthode de collecte et d'enregistrement des données est-elle clairement précisée ?
- L'interprétation s'accorde-t-elle avec les données recueillies ?

Résumé

La recherche qualitative a pour but de comprendre des phénomènes sociaux pour lesquels on dispose de peu de données. Le choix du devis de recherche qualitative dépend du phénomène qui est étudié. Les méthodes de recherche qualitative s'appliquent à des croyances et se fondent sur une conception holiste de la réalité. Les principales méthodes qualitatives retenues sont la phénoménologie, l'ethnographie et la théorisation ancrée.

La manière de formuler la question, de collecter et d'analyser les données et de présenter les résultats est à peu près la même dans les méthodes de recherche qualitative. Bien que ces dernières diffèrent entre elles dans leur

application, la démarche est itérative et varie en fonction des types de devis. L'étude phénoménologique convient lorsqu'il s'agit de décrire l'expérience subjective d'une personne ; s'il s'agit de déterminer à quelles règles ou normes culturelles des pratiques ou des coutumes particulières sont soumises, l'étude ethnographique est la plus appropriée. On utilise l'étude de théorisation ancrée lorsqu'il s'agit d'expliquer les origines, l'évolution ou les conséquences d'un phénomène. La question de recherche oriente vers un devis qualitatif déterminé. Les actions à réaliser au cours de l'étude donnent des indications sur le type de devis auquel on a affaire : décrire et comprendre l'expérience se rapporte à la phénoménologie, recueillir des données sur une sous-culture et la décrire relève de l'ethnographie, et découvrir et élaborer une théorie est le propre de la théorisation ancrée. En recherche qualitative, tout comme en recherche quantitative, une rigueur constante dans la démarche assure la valeur des résultats. Les concepts de crédibilité, de fiabilité, de transférabilité et de confirmation permettent d'apprécier la valeur des recherches qualitatives.

Mots clés

Compréhension	Étude phénoménologique	Rigueur
Crédibilité	Fiabilité	Saturation
Devis qualitatif	Observation	Thème
Étude de théorisation ancrée	Question centrale	Transférabilité
Étude ethnographique	Récit de vie	

Exercices de révision

1. Dites si les énoncés suivants sont vrais (V) ou faux (F) :

   a. Dans la recherche qualitative, les chercheurs exercent un contrôle rigoureux sur les différentes opérations.

   b. Dans la recherche qualitative, on vise à généraliser les résultats.

   c. Dans la recherche qualitative, on fait appel au raisonnement inductif dans l'examen des phénomènes.

   d. En recherche qualitative, le nombre de participants est déterminé dès le début de l'étude.

   e. La recherche qualitative est particulièrement appropriée pour l'étude de processus dynamiques.

   f. La méthode de théorisation ancrée est appliquée aux données qualitatives une fois que celles-ci ont été recueillies sur le terrain.

2. Rapportez les différentes caractéristiques à la méthode qui convient :

   a. Méthode phénoménologique

   b. Méthode ethnographique

   c. Méthode de théorisation ancrée

   1. Observe et étudie les cultures et sous-cultures.

   2. Considère une expérience significative pour l'individu.

   3. Étudie les interactions entre les individus ou les groupes.

   4. A recours constamment à des comparaisons.

   5. Cherche à comprendre la signification de l'expérience vécue.

   6. Cherche à élaborer une théorie.

   7. Est la méthode la plus structurée.

3. Supposons que vous vouliez comprendre les choix de modes de vie d'un groupe d'adolescentes. Quel type de devis qualitatif utiliseriez-vous ?

4. Question à choix multiples

   La première étape de l'analyse qualitative est :

   a. La recherche des principaux thèmes

   b. La saisie de l'information

   c. L'analyse de contenu

   d. La mise sur pied d'un système de classement des données

5. L'un des éléments suivants ne fait pas partie des applications de l'analyse qualitative. Lequel ?

   a. Générer des hypothèses

   b. Élaborer une théorie

   c. Vérifier des hypothèses

   d. Comprendre la signification

6. Laquelle, parmi les approches suivantes, fait appel aux « comparaisons constantes » ?

   a. La théorisation ancrée

   b. L'analyse de contenu

   c. L'ethnographie

   d. L'analyse inductive

Références bibliographiques

Aamodt, A. (1991). «Ethnography and epistemology: Generating nursing knowledge», dans J. Morse (dir.), *Qualitative Nursing Research: A Contemporary Dialogue,* Newbury Park (Calif.), Sage, p. 40-53.

Benoliel, J. (1984). «Advancing nursing science: Qualitative approaches», *Western Journal of Nursing Research,* 7(1), p. 1-8.

Brink, P.J. (1998). «Exploratory designs», dans P.J. Brink et M.J. Wood (dir.), *Advanced Design in Nursing Research,* 2ᵉ éd., Thousand Oaks (Calif.), Sage Publications.

Burns, N. et Grove, S.K. (2001). *The Practice of Nursing Research: Conduct, Critique, and Utilization,* 4ᵉ éd., Philadelphie, W.B. Saunders.

Colaizzi, P. (1978). «Psychological research as the phenomenologist views it», dans R.S. Valle et M. King (dir.), *Existential Phenomenological Alternatives for Psychology,* New York, Oxford University Press, p. 48-71.

Creswell, J.W. (2003). *Research Design: Qualitative, Quantitative and Mixed Methods Approaches,* 2ᵉ éd., Thousand Oaks (Calif.), Sage Publications.

Denzin, N.R. et Lincoln, Y.S. (dir.) (2000). *Handbook of Qualitative Research,* 2ᵉ éd., Thousand Oaks (Calif.), Sage.

DePoy, E. et Gitlin, L.N. (1998). *Introduction to Research: Understanding and Applying Multiple Strategies,* 2ᵉ éd., St. Louis, Mosby.

Drew, C.J., Hardman, M.L. et Hart, A.W. (1996). *Designing and Conducting Research: Inquiry in Education and Social Science,* 2ᵉ éd., Boston, Allyn and Bacon.

Faille, M.-H. (2002). *Étude ethno-infirmière des facteurs culturels susceptibles d'influencer la femme au Burkina Faso relativement à l'acceptation d'un test de dépistage du VIH et d'une thérapie antirétrovirale en période périnatale,* mémoire de maîtrise, Montréal, Université de Montréal.

Field, P.A. et Morse, J.M. (1985). *Nursing Research: The Application of Qualitative Approaches,* Rockville (Md.), Aspen.

Gillis, A. et Jackson. W. (2002). *Research for Nurses: Methods and Interpretation,* Philadelphie, F.A. Davis.

Giorgi, A. (1970). *Psychology as a Human Science: A Phenomenologically Based Approach,* New York, Harper & Row.

Gratton, F. et Bouchard, L. (2001). «Comment des adolescents vivent le suicide d'un jeune ami: une étude exploratoire», *Santé mentale au Québec,* 26(2), p. 203-226.

Lacombe, M. et Pelletier, L. (2001). «Soigner les émotions des femmes qui vivent une fausse couche», *L'infirmière du Québec,* janvier/février, p. 17-27.

Laperrière, A. (1997). «La théorisation ancrée: démarche analytique et comparaison avec d'autres approches», dans:

J. Poupart, J.-P. Deslauriers, L.-H. Groulx, A. Laperrière, R. Mayer et A.P. Pires (dir.), *La recherche qualitative: enjeux épistémologiques et méthodologiques,* Boucherville, Gaëtan Morin éditeur.

Leninger, M.M. (dir.) (1985). *Qualitative Research Methods in Nursing,* Orlando (Fla.), Grune & Stratton.

Lincoln, Y. et Guba, E.G. (1985). *Naturalistic Inquiry,* Beverly Hills (Calif.), Sage.

LoBiondo-Wood, G. et Haber, J. (2002). *Nursing Research: Methods, Critical Appraisal, and Utilization,* 5ᵉ éd., St. Louis, Mosby.

McCurry, A.H. et Thomas, S.P. (2002). «Spouses' experiences in heart transplantation», *Western Journal of Nursing Research,* 24(2), p. 180-194.

Moore, L.W. et Miller, M. (2003). «Older men's experiences of living with severe visual impairment», *Journal of Advanced Nursing,* 43(1), p. 10-18.

Moustakas, C. (1994). *Phenomenological Research Methods,* Thousand Oaks (Calif.), Sage.

Polit, D.F., Beck, C.T. et Hungler, B.P. (2001). *Essentials of Nursing Research,* 5ᵉ éd., Philadelphie, Lippincott.

Rew, L. (2003). «A theory of taking care of oneself grounded in experiences of homeless youth», *Nursing Research,* 52(4), p. 234-240.

Rossman, G.B. et Rallis, S.F. (1998). *Learning in the Field: An Introduction to Qualitative Research,* Thousand Oaks (Calif.), Sage.

Rousseau, N. et Saillant, F. (1996). «Approches de recherche qualitative», dans: M.-F. Fortin, *Le processus de la recherche: de la conception à la réalisation,* Montréal, Décarie.

Sandelowski, M. (1995). «Sample size in qualitative research», *Research in Nursing and Health,* 18(2), p. 179-183.

Strauss, A. (1987). *Qualitative Analysis for Social Scientists,* New York, Cambridge University Press.

Strauss, A. et Corbin, J. (1998). *Basics of Qualitative Research: Grounded Theory Procedures and Techniques,* 2ᵉ éd., Thousand Oaks (Calif.), Sage.

Van Kaam, A.L. (1969). *Existential Foundations of Psychology,* New York, Doubleday.

Van Maanen, M. (1990). *Researching Lived Experience. Human Science for an Action Sensitive Pedagogy,* New York, State University of New York Press.

Wolcott, H.T. (1994). *Transforming Qualitative Data: Description, Analysis, and Interpretation,* Thousand Oaks (Calif.), Sage.

CHAPITRE

14

L'échantillonnage

Objectifs d'apprentissage

À la fin de ce chapitre, vous devriez
être en mesure :

1) de définir les concepts suivants :
   population, échantillon,
   représentativité ;

2) de distinguer la population cible
   de la population accessible ;

3) de discuter des échantillons
   probabilistes et non probabilistes ;

4) de comparer entre elles les
   méthodes d'échantillonnage
   probabiliste ;

5) de comparer entre elles les
   méthodes d'échantillonnage
   non probabiliste ;

6) d'énumérer les éléments qui
   servent à déterminer la taille
   de l'échantillon.

Vue d'ensemble

Après avoir formulé le problème de recherche, énoncé le but, les questions de recherche ou les hypothèses et fait le choix d'un devis de recherche, l'étape suivante consiste à préciser la population auprès de laquelle l'information sera recueillie. Au cours de l'examen des devis, nous avons considéré certaines notions relatives à la population et au choix aléatoire des participants pour faire partie d'une étude. Étant donné qu'il est assez rare d'inclure tous les membres d'une population dans une étude, l'usage courant veut que l'on tire un échantillon de la population. Il existe à cet égard plusieurs techniques qui permettent de sélectionner un échantillon. Ce chapitre présente les principaux concepts liés à l'échantillonnage, les méthodes et les techniques d'échantillonnage ainsi que les facteurs à considérer dans l'évaluation de la taille de l'échantillon.

Bien que l'échantillonnage soit un processus complexe qui fait intervenir différentes théories, nous tenterons dans ce chapitre d'en faciliter le plus possible la compréhension. Un échantillon tiré de la population cible nous renseigne sur les caractéristiques de celle-ci sans qu'il soit nécessaire d'étudier toute la population. Le chercheur peut choisir parmi les nombreuses techniques d'échantillonnage celle qui s'accorde le mieux avec le but de l'étude et qui tient le plus compte des contraintes qui s'exercent sur lui. Pour pouvoir constituer un échantillon, on doit d'abord se familiariser avec certains concepts ; nous en examinerons quelques-uns dans la section qui suit.

14.1   Les principaux concepts liés à l'échantillonnage

L'échantillonnage est le processus par lequel un groupe de personnes ou une portion de la population (l'échantillon) est choisi de manière à représenter une population entière. Le but de cet exercice étant de tirer avec précision des conclusions sur la population à partir d'un groupe plus restreint d'individus, il est essentiel de choisir avec soin l'échantillon de façon à ce qu'il représente fidèlement la population visée. L'échantillonnage permet d'estimer de façon précise les caractéristiques d'une population à partir de l'information obtenue auprès d'un échantillon. Dans la composition d'un échantillon, des concepts tels que ceux de population, de représentativité et d'erreur échantillonnale jouent un rôle de premier plan.

La population

La première étape du processus d'échantillonnage consiste à préciser la population qui sera étudiée. Comme nous l'avons vu au chapitre 4, une population se définit comme un ensemble d'éléments (individus, spécimens, dossiers) qui ont des caractéristiques communes. Ce que l'on vise à obtenir, c'est une population dont tous les éléments présentent les mêmes caractéristiques. L'élément est l'unité de base de la population auprès de laquelle l'information est recueillie. L'élément est en général une personne, mais il peut être aussi un groupe, une organisation, une école, une ville. La population est alors un ensemble de personnes, d'écoles, de villes, etc. L'échantillonnage implique une définition claire de la population considérée et des éléments qui la composent. La population qui fait l'objet de l'étude est appelée la « population cible ».

La population cible est l'ensemble des personnes qui satisfont aux critères de sélection définis d'avance et qui permettent de faire des généralisations. Comme on a rarement la possibilité d'étudier la population cible dans sa totalité, on examine la population accessible. La population accessible est la portion de la population cible qu'on peut atteindre. Autant que possible, elle doit être représentative de la population cible. La population accessible peut être une ville, une région, un établissement d'enseignement, un centre hospitalier, etc. La population cible peut comprendre, par exemple, tous les élèves de cinquième secondaire du Québec, alors que la population accessible, constituée pour faciliter l'étude, peut être formée des élèves de cinquième secondaire des écoles X, Y, Z de la ville de Montréal.

> La population cible est l'ensemble des personnes qui satisfont aux critères de sélection définis d'avance.

La population est initialement hétérogène, c'est-à-dire que les éléments qui la composent sont de nature différente. Il faut donc définir une population cible, et pour cela on établit d'abord les critères de sélection des éléments qui la composeront.

Les critères d'inclusion

La population à l'étude se définit par des critères d'inclusion. Ces derniers correspondent aux caractéristiques essentielles des éléments de la population. Ainsi, pour obtenir un échantillon le plus homogène possible, on détermine à l'aide de critères les caractéristiques qu'on désire trouver dans les éléments de l'échantillon, comme le groupe d'âge, le genre, l'état de santé, le niveau de scolarité, etc. Parallèlement, les critères d'exclusion servent à déterminer les individus qui ne feront pas partie de l'échantillon. Supposons qu'un chercheur s'intéresse à la réadaptation d'individus qui vont subir un remplacement de la valve aortique. Il établira des critères d'exclusion pour éliminer les individus qui ont déjà subi ce genre d'opération chirurgicale. Le tableau 14.1 présente des exemples de critères d'inclusion et d'exclusion tirés de l'étude de Goulet (1999).

TABLEAU 14.1
Exemples de critères d'inclusion et d'exclusion

But de l'étude	Décrire la qualité de vie de patients qui s'apprêtent à subir un remplacement valvulaire.
Population	Individus qui souffrent d'insuffisance cardiaque et dont la valve aortique doit être remplacée.
Critères d'inclusion	■ être âgé d'au moins 18 ans ; ■ s'apprêter à subir un remplacement valvulaire de type mécanique ou biologique ; ■ être capable de lire et d'écrire le français.
Critère d'exclusion	Avoir déjà subi une chirurgie cardiaque.

L'échantillon

L'échantillon est la fraction d'une population sur laquelle porte l'étude. Il doit être représentatif de cette population, c'est-à-dire que certaines caractéristiques connues de la population doivent être présentes dans tous les éléments de l'échantillon. L'utilisation d'un échantillon comporte des avantages certains sur le plan pratique, mais encore faut-il que l'échantillon représente fidèlement la population à l'étude.

La constitution de l'échantillon peut varier selon le but recherché, les contraintes qui s'exercent sur le terrain et la capacité d'accès à la population étudiée.

> L'échantillon est une fraction d'une population sur laquelle porte l'étude.

Population cible, population accessible et échantillon

La population cible, la population accessible et l'échantillon sont des concepts étroitement liés, comme le montre la figure 14.1. Supposons qu'un chercheur veuille étudier les avantages de l'allaitement maternel pour la mère et l'enfant. Il choisit comme population cible les primipares de la région de Montréal qui allaitent leur nouveau-né. Comme il serait à peu près impossible de joindre toutes les primipares qui allaitent leur nouveau-né dans la région de Montréal, la population accessible sera constituée de primipares qui allaitent leur nouveau-né dans les centres hospitaliers de la région de Montréal où elles ont accouché. Étant donné qu'il existe plusieurs centres hospitaliers dans la région de Montréal, le chercheur choisit au hasard cinq centres hospitaliers et y sélectionne son échantillon de primipares.

La représentativité

La représentativité est la qualité essentielle d'un échantillon. Un échantillon représentatif est un échantillon qui, en raison de ses caractéristiques, peut se substituer à l'ensemble de la population cible. En d'autres termes, un échantillon représentatif

FIGURE 14.1
Représentation graphique des rapports entre la population cible, la population accessible et l'échantillon

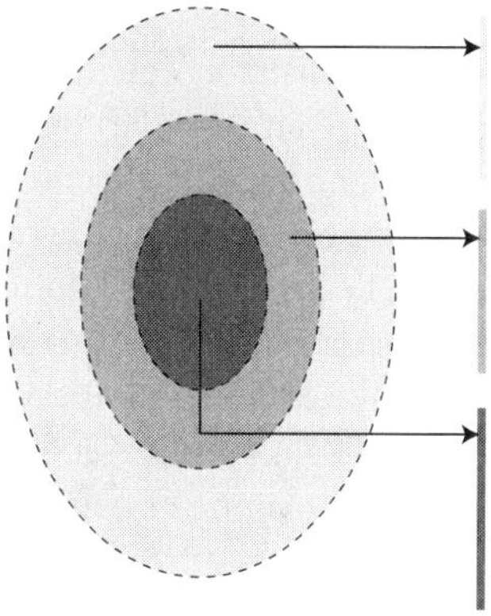

Population cible
Toutes les primipares qui allaitent leur nouveau-né dans la région de Montréal.

Population accessible
Toutes les primipares qui allaitent leur nouveau-né dans cinq centres hospitaliers de la région de Montréal.

Échantillon
Un sous-groupe des primipares qui allaitent leur nouveau-né dans les cinq centres hospitaliers de la région de Montréal qui ont été choisis au hasard.

est une réplique en miniature de la population. Il s'ensuit que l'échantillon, la population accessible et la population cible tendent à se substituer l'un à l'autre. L'échantillon doit refléter les caractéristiques non seulement de l'environnement naturel, mais aussi des individus qui le composent. Selon Amyotte (1996, p. 60), l'échantillon est représentatif s'il « [...] rend compte de la diversité de la population d'où il est tiré et qu'il en reproduit les principales caractéristiques ».

Les principales caractéristiques auxquelles se rapporte la représentativité d'un échantillon sont surtout des variables sociodémographiques, telles que l'âge, le genre, la scolarité, l'ethnie, le revenu. On peut, bien sûr, ajouter à cette liste l'état de santé. En somme, un échantillon doit être représentatif en ce qui a trait aux variables étudiées (Burns et Grove, 2003). Par exemple, si le but de la recherche est d'étudier les opinions des professionnels de la santé sur l'euthanasie, l'échantillon devrait être représentatif de la distribution des opinions sur l'euthanasie qui sont exprimées dans la population en question.

> Pour être représentatif, un échantillon doit ressembler le plus possible à la population.

Un échantillon ne peut être parfaitement représentatif de la population, mais il est possible de connaître son degré de représentativité. La représentativité peut s'évaluer en comparant les valeurs numériques de l'échantillon avec les valeurs numériques de la population cible. La valeur numérique d'un échantillon se nomme une statistique (X) alors que la valeur numérique de la population est appelée le paramètre (μ). On peut estimer le paramètre de la population en utilisant les valeurs obtenues dans des études antérieures qui ont mesuré les mêmes variables (Burns et Grove, 2001). Un paramètre est la description sommaire d'une variable donnée dans une population. Par exemple, le revenu moyen des familles, la distribution de l'âge sont des paramètres que l'on trouve dans une population. Une statistique est la description sommaire d'une variable dans un échantillon. Les statistiques de l'échantillon servent à estimer les paramètres de la population (Babbie, 1992). Le degré d'erreur des estimations nous conduit à parler de l'erreur échantillonnale.

L'erreur échantillonnale

> L'erreur échantillonnale réfère à la différence entre les valeurs obtenues relativement à une caractéristique de l'échantillon et les valeurs obtenues pour cette caractéristique dans l'étude de la population entière.

L'erreur échantillonnale réfère à la différence entre les valeurs obtenues relativement à une caractéristique de l'échantillon et les valeurs obtenues pour cette caractéristique dans l'étude de la population entière. Le fait de choisir un échantillon d'individus dont les caractéristiques diffèrent de celles de la population cible contribue à créer l'erreur échantillonnale parce que des biais sont introduits. Même si deux échantillons étaient tirés d'une même population, ils comporteraient des degrés de variation. Un grand écart d'échantillonnage signifie que l'échantillon ne donne pas une image fidèle de la population, qu'il n'est pas représentatif. L'erreur est généralement plus grande avec des échantillons de petite taille et décroît à mesure que la taille de l'échantillon augmente (Burns et Grove, 2001). L'erreur échantillonnale est souvent décrite comme étant l'erreur type de la moyenne et peut être mesurée statistiquement, comme nous le verrons plus en détail au chapitre 18. Nous décrirons maintenant deux méthodes servant à réduire l'erreur échantillonnale.

14.2 Les méthodes d'échantillonnage probabiliste et non probabiliste

Pour réduire l'erreur échantillonnale, on utilise deux méthodes d'échantillonnage : l'échantillonnage probabiliste et l'échantillonnage non probabiliste, qui comprennent toutes deux un ensemble de techniques et de procédés. L'échantillonnage probabiliste consiste à prélever de façon aléatoire le nombre d'individus requis pour former l'échantillon. L'échantillonnage non probabiliste consiste à prendre un échantillon dans lequel on trouve des caractéristiques connues dans la population.

Les méthodes d'échantillonnage probabiliste

L'échantillonnage probabiliste est une méthode qui consiste à constituer un échantillon en choisissant au hasard un certain nombre d'individus. Tous les éléments de la population ont une chance égale de faire partie de l'échantillon selon une probabilité connue et non nulle. Cette méthode a l'avantage de réduire l'erreur échantillonnale et d'accroître la représentativité. De plus, il est possible d'estimer l'erreur échantillonnale commise au moment de la généralisation des résultats à l'ensemble de la population. Nous décrirons successivement l'échantillonnage aléatoire simple, l'échantillonnage aléatoire stratifié, l'échantillonnage en grappes et l'échantillonnage aléatoire systématique.

L'échantillonnage aléatoire simple

L'échantillonnage aléatoire simple est une méthode qui consiste à choisir des individus de manière qu'ils aient une chance égale de faire partie de l'échantillon. Comment constituer un échantillon aléatoire simple ? Cette méthode requiert une liste des participants potentiels ; cette liste qui contient les noms de tous les individus de la population cible s'appelle un plan échantillonnal. Ainsi, tous les étudiants inscrits en sciences sociales dans une université constituent la population accessible, et la liste de ces étudiants constitue le plan échantillonnal qui permet à tous les étudiants d'avoir la même chance de faire partie de l'échantillon. Dans cette liste, un numéro d'identification est attribué à chaque individu. Si le plan échantillonnal est succinct, les noms peuvent être écrits sur des bouts de papier et déposés dans une urne, d'où on tire ensuite les noms un à la fois jusqu'à ce que le nombre d'éléments de l'échantillon soit atteint. Dans le cas où, après chaque tirage, on remet dans l'urne le nom sélectionné, on parle de tirage avec remise.

> L'échantillonnage aléatoire simple consiste à choisir des individus de manière qu'ils aient une chance égale de faire partie de l'échantillon.

Cependant, pour constituer un échantillon aléatoire simple, le chercheur utilise habituellement une table de nombres aléatoires de laquelle on tire une suite de numéros représentant les individus. La table de nombres aléatoires comprend une liste et une matrice de chiffres qui apparaissent sans ordre prédéterminé. Ces tables sont générées par ordinateur, et on les emploie dans la plupart des études statistiques. Les nombres peuvent être formés par groupes de deux, trois, quatre ou cinq chiffres. Le tableau de l'encadré 14.1 présente une portion d'une table de nombres aléatoires qui comprend des groupes de cinq chiffres. On peut ainsi déterminer une sélection aléatoire de taille n à partir d'une population de taille N.

ENCADRÉ 14.1
Manière d'utiliser la table de nombres aléatoires

1. À partir d'une table de nombres aléatoires à cinq chiffres, déterminer le nombre de chiffres en fonction de la taille de la population. Si la population cible est de 300 individus, des combinaisons de trois chiffres seront nécessaires pour considérer tous les individus de la population cible. Si la population cible est de 40 individus, on utilisera des combinaisons de deux chiffres.

2. Établir une façon de créer des nombres aléatoires, disons à deux chiffres, à partir d'une table de groupes de cinq chiffres. Il suffit de partir des rangées à cinq chiffres et de retenir soit les deux premiers chiffres, soit les deux derniers en suivant toujours le même procédé.

3. Adopter un mode de progression pour prendre des nombres dans une des rangées et des colonnes et selon un axe horizontal, vertical ou diagonal.

4. Choisir de façon aléatoire un point de départ dans la table des nombres aléatoires. Supposons que l'on obtienne par hasard le chiffre 33, soit les deux derniers chiffres du nombre 58733, qui figure dans la deuxième rangée de la deuxième colonne du tableau ci-dessous. Les chiffres consécutifs à prendre sont dans le sens de la flèche. On poursuit l'opération jusqu'à ce qu'on ait atteint la taille de l'échantillon désirée.

5. Constituer l'échantillon en prenant dans la liste énumérative les éléments correspondant aux numéros obtenus avec la table de nombres aléatoires.

Portion d'une table de nombres aléatoires

| Rangée | Colonne | | | | | |
	1	2	3	4	5	6
1	71510	68311	48214	99929	64650	13229
2	36921	58733	13459	93488	21949	30920
3	23288	89515	58503	46185	00368	82604
4	02668	37444	50640	54968	11409	36148

Exemple d'une démarche de sélection aléatoire simple

Supposons qu'on ait une population de 85 individus ($N = 85$) et qu'on désire constituer un échantillon aléatoire simple de taille 12 ($n = 12$). En partant du nombre choisi de façon aléatoire, 89515 (2e colonne, 3e rangée), on adopte le mode de progression vertical pour prendre les chiffres suivants (soulignés) : 15, 44, 14, 59, 03, 40, 29, 85, 68, 50, 49 et 68. Ces chiffres correspondent aux numéros d'identification des individus qui seront pris dans la liste énumérative. Notons que le chiffre 88 n'est pas retenu puisqu'il est supérieur à la taille de la population, $N = 85$.

Comme nous l'avons vu, l'échantillonnage aléatoire simple permet de corriger les biais d'échantillonnage, d'accroître la représentativité de l'échantillon et d'évaluer l'erreur échantillonnale. Enfin, il importe de savoir qu'il peut être onéreux de confectionner une liste des individus qui font partie de la population lorsqu'on ne peut avoir recours à une liste déjà établie.

L'échantillonnage aléatoire stratifié

Dans l'échantillonnage aléatoire stratifié, on suppose que la population peut être divisée en groupes distincts en fonction de certaines caractéristiques connues de la population. Cette méthode consiste à diviser la population cible en sous-groupes relativement homogènes appelés « strates », puis à prendre au hasard un échantillon dans chaque strate. Elle peut servir à comparer des sous-groupes de la population et à améliorer la représentativité. On peut faire la stratification avant ou après l'étude. Les caractéristiques ou variables de stratification se rapportent entre autres à l'âge, au sexe, à la classe sociale, à l'ethnie et à l'incidence d'une maladie. Le but est d'obtenir des strates homogènes de la population.

> Dans l'échantillonnage aléatoire stratifié, on divise la population cible en sous-groupes relativement homogènes appelés strates et l'on prend ensuite au hasard un échantillon dans chaque strate.

Il arrive souvent que l'utilisation des variables de stratification a pour effet de diviser la population en sous-populations de taille inégale. Supposons, par exemple, que l'ethnie soit utilisée comme variable pour stratifier la population canadienne ; la sous-population des Canadiens de souche serait alors de taille plus grande que l'ensemble des sous-populations d'ethnies différentes. Dans un tel cas, le chercheur peut décider de choisir un nombre d'individus correspondant au pourcentage de la population que représente l'ethnie à laquelle ils appartiennent. Ce procédé s'appelle l'échantillonnage stratifié proportionnel.

L'échantillonnage aléatoire stratifié permet au chercheur d'utiliser un échantillon plus petit et d'obtenir le même degré de représentativité qu'avec un échantillon plus grand. Chaque strate peut contenir des nombres équivalents d'individus représentant les variables retenues pour la stratification, ou bien le nombre d'individus peut varier de façon proportionnelle au nombre de caractéristiques ou d'individus de la population étudiée. Un échantillon stratifié proportionnel peut être tiré, par exemple, de deux strates, l'une constituée d'hommes et l'autre de femmes, en prenant dans les deux strates un nombre d'individus correspondant au pourcentage d'hommes et de femmes dans la population totale. Par exemple, si 70 % des professeurs d'université sont des hommes, le chercheur choisira 70 % de son échantillon dans la strate des hommes et 30 % dans la strate des femmes. L'échantillon stratifié est dit non proportionnel si on choisit un nombre égal d'individus dans chaque strate. (Voir l'exemple 14.1.)

L'avantage de l'échantillonnage aléatoire stratifié est d'assurer la représentation d'une fraction déterminée de la population et de permettre d'établir des comparaisons entre les sous-groupes ainsi constitués. Plus les strates sont homogènes, plus grandes sont les chances d'obtenir un échantillon représentatif (Amyotte, 1996). Une connaissance approfondie de la population à l'étude est toutefois essentielle pour pouvoir choisir adéquatement les variables.

EXEMPLE 14.1
Exemple d'échantillon stratifié proportionnel

Se basant sur un échantillonnage aléatoire stratifié proportionnel, un chercheur veut connaître les opinions des étudiants de la première année du baccalauréat inscrits dans cinq disciplines différentes sur certains services de l'université : bibliothèque, service informatique, activités culturelles et sportives, etc. Il veut prendre un échantillon de 100 étudiants sur les 2 000 répartis entre les cinq disciplines, comme le montre le tableau suivant.

Répartition proportionnelle des étudiants entre les disciplines

Discipline	Nombre d'étudiants	Pourcentage %	Proportion
Architecture	100	5	4
Psychologie	300	15	12
Sciences de l'éducation	500	25	20
Sciences infirmières	650	32,5	26
Sciences sociales	450	22,5	18
Total	2 000	100 %	80

En prenant la discipline comme critère de stratification, on obtient 5 % des étudiants qui sont en architecture ($100/2\,000 \times 100\,\%$) et ainsi de suite pour les autres disciplines. Un échantillon de 80 étudiants proportionnel au nombre d'étudiants dans notre population devrait comprendre 4 étudiants en architecture, 12 en psychologie, 20 en sciences de l'éducation, 26 en sciences infirmières et 18 en sciences sociales.

L'échantillonnage en grappes

L'échantillonnage en grappes est une méthode probabiliste par laquelle les éléments de la population sont choisis par grappes plutôt qu'un à un.

On fait appel à l'échantillonnage en grappes dans les études à grande échelle ou dans les cas où, la population à étudier étant très dispersée, il serait difficile ou même impossible de dresser une liste exhaustive de tous les individus qui en font partie. L'échantillonnage en grappes, appelé aussi échantillonnage par faisceaux, consiste à tirer au hasard des groupes d'individus plutôt que des individus. Par exemple, il peut être pratique de choisir des classes entières d'étudiants plutôt que des étudiants dispersés un peu partout dans un collège. On énumère les grappes d'étudiants et non pas les étudiants étant donné que ce sont les grappes qui sont choisies de façon aléatoire. Dans le choix des unités d'échantillonnage, on va du général au particulier. On constitue ainsi par étapes un nombre déterminé d'échantillons, comme l'illustre l'exemple 14.2.

Bien qu'elle soit probabiliste, la méthode de l'échantillonnage en grappes comporte des risques d'erreur du fait de la trop grande homogénéité des groupes. Dans cette méthode, on cherche à créer des grappes d'individus hétérogènes de manière à ce que chaque grappe soit représentative de la population, mais il peut arriver que cela conduise à une surreprésentation de certains groupes (Beaud, 2000 ; Amyotte, 1996).

EXEMPLE 14.2
Plan échantillonnal en grappes

Population cible: les individus qui se rendent régulièrement dans des cliniques médicales canadiennes pour un traitement de leur diabète. Les étapes sont les suivantes:

- choisir de façon aléatoire 4 provinces;
- choisir de façon aléatoire 3 villes dans chacune de ces provinces;
- choisir de façon aléatoire 2 cliniques dans chacune de ces villes;
- choisir de façon aléatoire 15 individus dans chacune de ces cliniques.

L'échantillonnage en grappes présente l'avantage d'être rapide et peu coûteux. Il permet d'apprécier les caractéristiques des grappes ainsi que celles de la population.

L'échantillonnage aléatoire systématique

L'échantillonnage aléatoire systématique permet de constituer un échantillon aléatoire. Il consiste à prélever des éléments à intervalles fixes à partir d'une liste exhaustive de tous les éléments d'une population donnée. La longueur de l'intervalle entre le choix des éléments est déterminée par le rapport entre la taille de la population (N) et la taille de l'échantillon (n), soit N/n. Si la taille de la population $N = 500$ et la taille de l'échantillon $n = 25$, le rapport 500/25 donne un intervalle de 20. Pour constituer l'échantillon de 25 individus, on choisit de façon aléatoire un nombre de départ dans la liste, puis on prend un élément à chaque intervalle de 20 jusqu'à l'obtention de la taille de l'échantillon désirée.

> L'échantillonnage aléatoire systématique consiste à prélever des éléments à intervalles fixes à partir d'une liste exhaustive de tous les éléments d'une population donnée.

L'échantillonnage aléatoire systématique est facile, rapide et économique, mais il nécessite une liste énumérative des éléments d'une population. Dans cette méthode, le choix du premier membre de l'échantillon détermine l'échantillon complet (Wiersma, 1991). Certains ouvrages soulignent le fait que tous les éléments n'ont pas réellement une chance égale d'être inclus dans l'échantillon puisque le premier élément est choisi au hasard.

Tableau récapitulatif

Le tableau 14.2 résume la marche à suivre pour constituer un échantillon probabiliste.

TABLEAU 14.2
Résumé des étapes à suivre pour créer un échantillon probabiliste

- Définir la population cible.
- Déterminer la taille de l'échantillon.

  Échantillon aléatoire simple:
  – dresser la liste de tous les membres de la population, puis attribuer à chaque membre un nombre compris entre zéro et le nombre requis;

  – utiliser une table de nombres aléatoires pour choisir les membres qui feront partie de l'échantillon en suivant la marche décrite à la section 14.2. ➤

TABLEAU 14.2 (*suite*)
Résumé des étapes à suivre pour créer un échantillon probabiliste

Échantillon aléatoire stratifié :

– déterminer les strates ou les sous-groupes pour lesquels on désire obtenir une représentation proportionnelle ;

– attribuer un nombre entre zéro et la taille désirée à chaque strate de la population ;

Échantillon en grappes :

– dresser la liste de toutes les grappes appropriées ;

– attribuer à chacune des grappes figurant dans la liste un nombre consécutif compris entre zéro et le total requis ;

– estimer le nombre de membres de chacune des grappes de la population ;

Échantillon aléatoire systématique :

– déterminer la longueur de l'intervalle en divisant N/n, c'est-à-dire la taille de la population (N) par la taille de l'échantillon (n) ;

– choisir arbitrairement un nombre de départ sur la liste ;

– utiliser une table de nombres aléatoires pour choisir le nombre approprié de membres dans chaque strate.

– déterminer le nombre de grappes approprié en divisant la taille désirée de l'échantillon par la taille de chaque grappe ;

– utiliser une table de nombres aléatoires pour choisir le nombre approprié de grappes.

– prendre dans la liste un numéro de membre à chaque intervalle déterminé par N/n.

Les méthodes d'échantillonnage non probabiliste

Contrairement à l'échantillonnage probabiliste, l'échantillonnage non probabiliste ne donne pas à tous les éléments de la population une chance égale d'être choisis pour former l'échantillon. Il risque d'être non représentatif et, par conséquent, moins fiable que l'échantillonnage probabiliste en ce qui concerne la généralisation des résultats. De plus, il est impossible d'évaluer l'erreur échantillonnale. Dans diverses disciplines à caractère professionnel, on utilise l'échantillonnage non probabiliste à cause du fait que la population entière est rarement accessible, en particulier dans le cas d'études expérimentales où il s'agit de démontrer l'efficacité d'une intervention. L'utilisation de moyens de contrôle tels que la randomisation donne de la crédibilité aux échantillons non probabilistes. Les méthodes d'échantillonnage non probabilistes les plus courantes sont l'échantillonnage accidentel, l'échantillonnage par quotas, l'échantillonnage par choix raisonné et l'échantillonnage par réseaux.

L'échantillonnage accidentel

> L'échantillonnage accidentel consiste à choisir des individus du fait de leur présence dans un lieu déterminé et à un moment précis.

L'échantillonnage accidentel ou de convenance est constitué d'individus facilement accessibles et qui répondent à des critères d'inclusion précis. En d'autres termes, l'échantillonnage accidentel permet de choisir des individus qui sont au bon endroit au bon moment. On constitue l'échantillon à mesure que des individus se présentent jusqu'à ce que le nombre désiré de ces derniers soit atteint. Par exemple, dans un magasin d'alimentation un chercheur entreprend d'interroger les clients qui viennent d'y dépenser entre 50 $ et 60 $. Il choisit les clients au fur et à mesure qu'ils se présentent et leur pose ses questions jusqu'à ce qu'il ait atteint le nombre désiré de clients.

L'échantillon accidentel est couramment utilisé même si les individus choisis peuvent n'être pas représentatifs de la population. Par exemple, des cardiaques susceptibles de prendre part à une étude portant sur un programme de soutien peuvent différer de l'ensemble des patients qui sont sur le point d'être opérés sous le rapport de caractéristiques définies pouvant influer sur les réactions au programme de soutien. Il n'existe pas, dans ces cas, de méthode précise pour évaluer le degré de représentativité. Cependant, l'échantillon peut être renforcé, selon Kerlinger (1973), en mettant en œuvre des moyens de contrôle tels que l'homogénéité, celle-ci pouvant être obtenue notamment par l'utilisation de critères d'inclusion plus restrictifs.

L'échantillonnage par quotas

L'échantillonnage par quotas, comme l'échantillonnage stratifié, consiste à former des sous-groupes qui présentent des caractéristiques définies de manière que celles-ci soient représentées dans des proportions identiques à celles qui existent dans la population totale. Il a pour objet de représenter le plus fidèlement possible la population étudiée relativement à des caractéristiques déterminées (âge, sexe, ethnie, etc.). On part des connaissances que l'on possède sur la répartition des caractéristiques dans la population pour constituer l'échantillon. Si la population considérée est composée de plusieurs groupes ethniques, l'échantillonnage par quotas permet de représenter ces derniers dans l'échantillon en proportion de leur nombre dans la population. Toutefois, comme les membres de chaque sous-groupe ne sont pas choisis de façon aléatoire, ils ne sont pas nécessairement représentatifs de la strate ou du sous-groupe. L'aspect aléatoire du choix est donc ce qui différencie l'échantillon par quotas de l'échantillon aléatoire stratifié.

Cette méthode d'échantillonnage exige qu'on connaisse suffisamment la population pour pouvoir en dégager les caractéristiques. On l'utilise lorsque l'échantillon accidentel ne permet pas d'équilibrer les éléments étudiés.

L'échantillonnage par choix raisonné

L'échantillonnage par choix raisonné, appelé aussi échantillonnage typique, fait appel au jugement. Il s'agit de constituer un échantillon d'individus en fonction d'un trait caractéristique (cas extrêmes, déviants, typiques ou distincts). Les individus choisis sont censés bien représenter le phénomène rare ou inusité à l'étude et aider à comprendre ce dernier. Pour trouver des individus répondant à des critères d'inclusion définis, il est courant d'insérer des annonces dans des publications internes. À titre d'exemples, nous reproduisons dans l'encadré 14.2 deux annonces récemment parues.

> L'échantillonnage par choix raisonné consiste à choisir certains individus en fonction d'un trait caractéristique.

La méthode de l'échantillonnage par choix raisonné est aussi employée dans certaines études qualitatives pour la sélection de participants possédant les caractéristiques

---

ENCADRÉ 14.2
Exemples d'échantillonnage par choix raisonné

Sujets recherchés	Avis de recherche
Étude universitaire sur médicaments anxiolytiques. Recrutons volontaires pour une entrevue d'une heure. Critères: être âgé entre 25 et 65 ans; être sous médication anxiolytique pour anxiété ou trouble dépressif mineur. Modeste compensation financière. Appeler le jour au numéro xxx-xxxx.	Une équipe de recherche du Département X de l'Université Y dirigée par la psychologue Z cherche des couples de femmes homosexuelles. Nous effectuons une étude sur la communication et le réseau social. Nous offrons 25 $ à chaque couple de participantes. Si vous éprouvez certaines difficultés dans votre relation de couple et vivez avec votre partenaire depuis au moins deux ans, contactez-nous au numéro yyy-yyyy. La confidentialité est garantie.

Source: Tiré de *FORUM* (s.d.).

---

recherchées. Elle exige qu'on fasse choix d'un nombre déterminé de participants susceptibles de représenter les thèmes à l'étude.

L'échantillonnage par réseaux

L'échantillonnage par réseaux, appelé aussi échantillonnage « en boule de neige », est une méthode dans laquelle des individus recrutés initialement suggèrent, à la demande du chercheur, les noms d'autres personnes qui leur paraissent propres à participer à l'étude. Il s'appuie sur les réseaux sociaux, les amitiés et le fait que les amis partagent certains caractères communs. Une fois que le chercheur a trouvé des sujets répondant aux critères d'inclusion, il leur demande de nommer d'autres personnes possédant les mêmes caractéristiques que celles pour lesquelles elles ont été choisies.

> L'échantillonnage par réseaux consiste à demander à des individus recrutés initialement de suggérer les noms d'autres personnes qui leur paraissent propres à participer à l'étude.

Cette méthode est souvent utilisée lorsqu'il est difficile de trouver des individus qui ont les caractéristiques recherchées (toxicomanes, alcooliques, etc.). On l'emploie aussi pour recruter des personnes dans certaines approches qualitatives qui ont pour but de décrire une situation particulière et qui ne visent pas à la généralisation des résultats.

Tableau récapitulatif

Le tableau 14.3 résume le contenu des deux dernières sections sur les méthodes d'échantillonnage.

TABLEAU 14.3
Les méthodes d'échantillonnage

Types	Description	Caractéristiques
Échantillonnage probabiliste		
Échantillon aléatoire simple	Choix aléatoire des éléments de la liste d'échantillonnage.	Nécessite l'établissement d'une liste des noms des individus faisant partie de la population cible. Processus long.
Échantillon aléatoire stratifié	La population cible est divisée en sous-groupes homogènes ou strates. On tire au hasard un échantillon dans chaque strate.	Il est nécessaire de connaître les caractéristiques de la population pour pouvoir établir les critères de stratification.
Échantillon en grappes	Les éléments de la population sont choisis au hasard par grappes plutôt qu'un à un.	Économique. Peut donner lieu à des erreurs d'échantillonnage.
Échantillon aléatoire systématique	Le premier nom est choisi au hasard dans la liste et les noms suivants sont choisis à intervalles fixes.	Exige la formation d'une liste ordonnée des éléments de la population. Facile et économique.
Échantillonnage non probabiliste		
Échantillon accidentel	Ce sont le lieu et le moment qui déterminent le choix des individus.	Les individus sont peu représentatifs de la population. La généralisation est limitée.
Échantillon par quotas	Des sous-groupes sont formés sur la base de certaines caractéristiques et sont représentés dans les mêmes proportions dans la population.	Il est nécessaire de connaître la population pour en dégager les caractéristiques.
Échantillon par choix raisonné	Choix par le chercheur d'individus qui présentent des caractères typiques.	Permet d'étudier des phénomènes rares ou inusités.
Échantillon par réseaux	Recruter des individus par l'intermédiaire des participants.	L'aide des individus prenant part à l'étude est nécessaire pour trouver de nouveaux participants.

14.3 Comparaison entre les deux méthodes d'échantillonnage

L'échantillonnage probabiliste est la méthode de choix pour obtenir des échantillons représentatifs de la population cible. En effet, si tous les éléments de la population ont une chance égale d'être choisis pour faire partie de l'échantillon, on peut conclure que celui-ci représente bien la population. Cependant, il est toujours difficile de déterminer avec précision les différences entre la population cible et l'échantillon. Bien que, avec l'échantillonnage probabiliste, il soit impossible de garantir que l'échantillon sera représentatif à 100 %, cette méthode permet tout au moins de réduire les biais et d'estimer la marge d'erreur. De plus, les méthodes d'échantillonnage probabiliste impliquent l'utilisation de statistiques inférentielles. Cela signifie que les résultats obtenus peuvent être appliqués en toute confiance à d'autres populations ou à d'autres contextes.

Comme elles ne donnent pas à tous les éléments de la population une chance égale de faire partie de l'échantillon, les méthodes d'échantillonnage non probabiliste assurent mal la représentativité. Toutefois, elles sont flexibles, faciles à appliquer et peu coûteuses. L'établissement de la liste de tous les éléments de la population cible pour constituer l'échantillonnage probabiliste peut par ailleurs entraîner des frais élevés. De plus, il est parfois impossible d'appliquer les méthodes d'échantillonnage probabiliste et, dans certains cas, il est même non souhaitable de le faire. Dans certains problèmes de recherche où la question de la représentativité apparaît secondaire, l'échantillonnage non probabiliste demeure la seule solution.

Quelle méthode d'échantillonnage choisir ?

On peut se demander quelle est, parmi les différentes méthodes d'échantillonnage qui viennent d'être présentées, celle qui convient le mieux au but de l'étude à réaliser. Comme le souligne avec raison Beaud (2000), cela dépend de facteurs tels que les délais impartis et les ressources dont on dispose, la population à échantillonner, les objectifs poursuivis et la précision des évaluations.

Si la population cible est hétérogène, la méthode qui convient le plus est l'échantillonnage probabiliste. Toutefois, cette méthode exige la confection d'une liste qui énumère tous les éléments de la population cible ; cette liste sert à choisir au hasard les individus qui feront partie de l'échantillon. Comme l'indiquent Giroux et Tremblay (2002), la plupart du temps cette liste n'existe pas, et il faut donc la créer. Si on veut échantillonner des écoles secondaires d'une région donnée, il est assez facile de constituer une liste de toutes les écoles. Par contre, il est difficile de dresser la liste de toutes les infirmières ou de tous les psychologues exerçant sur un territoire donné. Des listes de ce genre existent déjà, mais elles sont confidentielles. Le chercheur désireux d'étudier ces populations doit contacter les ordres concernés.

Si la population est homogène, c'est-à-dire s'il y a peu de variation d'un individu à un autre, on peut opter pour un échantillonnage de type non probabiliste. Par exemple, on peut obtenir assez facilement un échantillon de patients âgés de 45 à 65 ans qui sont en attente d'une chirurgie de revascularisation cardiaque et qui satisfont à des critères d'inclusion déterminés.

Le choix de la méthode dépend aussi de l'information qu'on veut recueillir auprès de la population cible. Si on désire explorer des relations entre certaines variables, un échantillon non probabiliste peut être suffisant. Ainsi, un chercheur peut vouloir expliquer des relations entre des variables et non pas généraliser les résultats à la population. Comme le soulignent Gillis et Jackson (2002), les méthodes non probabilistes sont particulièrement appropriées pour comprendre certaines activités particulières d'une fraction de la population. Toutefois, quand les études s'appuient sur des évaluations statistiques inférentielles, il est nécessaire de faire appel à des techniques d'échantillonnage probabiliste.

Dans bon nombre de cas, le choix est simple à faire : ou on utilise un échantillon non probabiliste ou on abandonne le projet. Selon Voyer, Valois et Rémillard (2000), la plupart du temps, les échantillons utilisés sont plutôt le résultat de compromis comportant des avantages et des inconvénients à la fois sur le plan pratique et sur le plan théorique.

14.4   La détermination de la taille de l'échantillon

Une des questions les plus souvent posées aux statisticiens est celle-ci : Combien de participants me faut-il dans mon échantillon pour obtenir des résultats valables ? Le nombre d'individus à inclure dans un échantillon est une question souvent débattue. Les questions sur la taille de l'échantillon surgissent souvent à la fin de l'étude quand on s'aperçoit que les résultats obtenus ne sont pas significatifs, parce qu'on n'a pas pu établir de relations entre des variables ou de différences entre les groupes. Les résultats non significatifs obtenus au moment de la vérification des hypothèses amènent le chercheur à s'interroger sur les méthodes utilisées (Burns et Grove, 2003). De façon générale, de larges échantillons donnent une image plus fidèle des caractéristiques de la population. Cependant, les approximations obtenues ne garantissent pas nécessairement que l'échantillon est représentatif. En fait, il n'y a pas de formule simple pour déterminer la taille de l'échantillon.

Dans les études quantitatives, la taille de l'échantillon a une incidence directe sur la validité des conclusions d'une étude. Dans les études qualitatives, elle a un effet sur la crédibilité et la qualité de l'analyse des témoignages (Norwood, 2000).

Les facteurs à considérer dans la détermination de la taille de l'échantillon sont principalement l'homogénéité de la population, le degré de précision souhaité et la méthode d'échantillonnage employée. Si la population est homogène par rapport aux variables autres que celles qui sont mesurées, un échantillon de petite taille peut être suffisant. Mais si on veut généraliser les résultats à la population, il est nécessaire d'avoir recours à un nombre considérable de sujets pour assurer la représentativité de l'échantillon. Enfin, avec les méthodes d'échantillonnage probabiliste, il faut inclure moins de sujets qu'avec les méthodes non probabilistes. L'objectif est d'obtenir un échantillon de taille suffisante pour observer des différences statistiques au moment de la vérification des hypothèses tout en ayant égard aux ressources et aux délais.

Les facteurs liés à la taille de l'échantillon

Avant de considérer en détail les tables qui fournissent des tailles d'échantillon fondées sur des critères provenant d'analyses statistiques, nous examinerons d'abord les facteurs à prendre en compte dans le calcul de l'échantillon. Les facteurs en question sont le but et la nature de l'étude, l'homogénéité de la population, le nombre de variables, le seuil de signification, la puissance du test et l'ampleur de l'effet attendu.

Le but et la nature de l'étude

Le but détermine à la fois l'orientation de la recherche et le type d'étude à entreprendre. Les études requièrent de grands ou de petits effectifs selon la nature de l'investigation.

Si le but de l'étude consiste à explorer et à décrire des phénomènes, l'échantillon sera de petite taille. Dans les études descriptives de nature qualitative ou quantitative dont le but est de développer les connaissances dans un domaine donné, de petits échantillons suffisent généralement pour obtenir l'information nécessaire sur le phénomène étudié (Morse, 1991). Si le but de l'étude est d'explorer des associations entre plusieurs variables, comme dans l'étude descriptive corrélationnelle, il est nécessaire d'avoir un large échantillon. Quand le but est de vérifier des relations d'association, comme dans les études corrélationnelles, le chercheur vérifie des hypothèses à l'aide d'analyses statistiques, et donc l'échantillon doit être de taille suffisamment grande pour qu'on puisse obtenir des tests statistiques significatifs susceptibles d'aider à la confirmation ou au rejet des hypothèses. Si le but est de déterminer des relations de cause à effet, comme dans les études de type expérimental, l'échantillon devra comprendre moins de sujets que dans les études descriptives et corrélationnelles, du fait de l'accroissement du contrôle dans la situation de recherche. Les études longitudinales exigent un large échantillon parce qu'elles se déroulent sur une période de temps assez longue et qu'il y a risque de perdre des participants durant le processus de collecte des données. Dans toutes les recherches où il y a vérification d'hypothèses, la taille de l'échantillon doit être suffisante pour atteindre un niveau de puissance permettant de réduire le risque de commettre des erreurs de première et de deuxième espèce (Kraemer et Thiemann, 1987). Plus il y a de contrôle dans une étude, plus la taille de l'échantillon sera réduite.

L'homogénéité de la population

Comme nous l'avons indiqué plus haut, lorsque le chercheur a de bonnes raisons de penser que la population est plutôt homogène en ce qui concerne les variables à l'étude, un échantillon de taille réduite peut être suffisant pour répondre au but de l'étude. Par contre, pour détecter la variabilité dans une population hétérogène, un nombre plus élevé de sujets est nécessaire. En général, les études portant sur des phénomènes qui ont tendance à varier requièrent des échantillons plus grands que les études portant sur des phénomènes qui varient peu. Il existe des formules statistiques qui permettent d'estimer la variance prévue d'un phénomène et le degré d'erreur échantillonnal tolérable.

Le nombre de variables

Plus il y a de variables dans une étude, plus le nombre de participants doit être élevé. On sélectionne soigneusement les variables à inclure dans l'analyse de manière à obtenir des réponses aux questions de recherche ou à pouvoir vérifier des hypothèses.

Polit et Beck (2004) suggèrent de considérer de 20 à 30 individus par variable. Si on prévoit faire des analyses avec des sous-groupes, on constituera un échantillon de plus grande taille.

Le seuil de signification

La notion d'hypothèse nulle est impliquée dans tout test statistique. Dans la comparaison de deux groupes ou plus, l'hypothèse nulle signifie qu'il n'y a pas de différence entre les valeurs moyennes observées dans les différents groupes (Morton et Hebel, 1983). La décision qui conduit à rejeter l'hypothèse nulle entraîne un certain risque d'erreur. Ce risque se rapporte au seuil de signification. Il réfère à la probabilité de rejeter par erreur l'hypothèse nulle (H_0), donc l'idée qu'il n'existe pas de différences entre les groupes, alors qu'en réalité il y en a. Le seuil de signification est appelé «valeur de p». Plus la valeur de p est petite, moins il y a de probabilité de rejeter par erreur l'hypothèse nulle en faveur de l'hypothèse de recherche. Avec un seuil alpha (α) de 1 % (0,01), le risque de se tromper en rejetant H_0 est plus petit qu'avec un seuil fixé à 5 % (0,05).

La puissance du test

La puissance d'analyse est une technique statistique servant à déterminer la taille d'échantillon requise pour une étude. Cette technique est particulièrement importante dans les études expérimentales. La puissance d'un test se définit comme la capacité à déceler des différences significatives ou des relations entre des variables, ou comme la capacité à rejeter à bon escient l'hypothèse nulle. Quand la puissance du test est faible, le risque de commettre l'erreur de type II est élevé. Le niveau minimum acceptable de la puissance d'un test pour une étude est établi à 0,8 (Cohen, 1988). Une puissance de 0,8 signifie qu'il y a 80 % de probabilités de déceler une relation, si elle existe. Pour éviter de mauvaises surprises, on suggère d'effectuer, avant le début de l'étude, un test de puissance pour déterminer la taille de l'échantillon requise. Dans bon nombre d'études, les chercheurs concluent à tort qu'il n'y a aucune différence entre le groupe expérimental et le groupe de contrôle, alors qu'en réalité il y en a bel et bien une. Ils n'ont pu la détecter parce que la taille de l'échantillon n'était pas appropriée (Nieswiadomy, 2002). Un autre facteur à prendre en compte dans la détermination de la taille de l'échantillon est l'ampleur de l'effet attendu.

L'ampleur de l'effet attendu

L'ampleur de l'effet se définit en statistique comme la force de la relation qui unit des variables ou la grandeur de l'écart entre des groupes. Dans le cas de deux populations qui sont comparées entre elles, l'hypothèse nulle signifie qu'il n'y a pas de différence entre les deux groupes. Si tel est le cas, l'effet est égal à zéro. Toutefois, si on suppose, dans ce même cas, que l'hypothèse nulle soit fausse, il y aurait un certain degré d'effet ou une différence ; c'est ce qui caractérise l'ampleur de l'effet (Cohen, 1988). Le test statistique révèle l'existence d'une différence entre les groupes, alors que l'ampleur de l'effet indique l'étendue de cette différence. Quand l'effet est grand (présence d'une grande différence entre les groupes), il est facile de le détecter et, dans ce cas, un échantillon de taille plus petite suffit. Quand l'effet est petit (présence d'une petite différence entre les groupes), il est plus difficile de le détecter et, dans ce cas, les échantillons doivent être de plus grande taille. En d'autres termes, si le chercheur prévoit un grand effet, l'échantillon requis sera petit ; si au contraire il prévoit un faible effet, l'échantillon sera grand. Selon Cohen (1988), on distingue généralement trois degrés dans l'effet : petit, moyen et grand. L'effet est plus petit avec un échantillon de petite taille et, inversement, l'effet est plus grand avec un échantillon de grande taille. On doit déterminer l'ampleur de l'effet attendu avant d'effectuer des analyses de puissance pour établir la taille de l'échantillon requise.

14.5 L'examen critique de l'échantillon

L'examen critique porte sur la population à l'étude et l'échantillon. Dans un article ou un rapport de recherche, l'information sur l'échantillonnage se trouve dans la section qui traite des méthodes. Dans cette section, on décrit les caractéristiques des individus qui ont participé à l'étude. Le lecteur devrait trouver assez facilement à quel groupe de personnes le chercheur veut généraliser les résultats de son étude (population cible) et dans quel groupe il a pris son échantillon (population accessible). La description des caractéristiques des participants (âge moyen, sexe, scolarité, etc.) devrait indiquer si l'échantillon est représentatif de la population à l'étude. La taille de l'échantillon est également mentionnée. La méthode d'échantillonnage devrait être précisée et le lecteur devrait être en mesure de déterminer comment l'échantillon a été obtenu. Les questions figurant dans l'encadré 14.3 peuvent aider à faire un examen critique de l'échantillon.

La taille de l'échantillon peut elle aussi faire l'objet d'un examen critique. Si l'échantillon est de petite taille, explique-t-on les raisons de ce choix ? Si des participants se sont désistés au cours de l'étude, le chercheur doit le mentionner dans son rapport de recherche. D'ailleurs, un examen attentif des tableaux permet de le savoir.

ENCADRÉ 14.3
Questions permettant de faire un examen critique de l'échantillon

- La population cible est-elle clairement définie ?
- Comment l'échantillon a-t-il été choisi ?
- La méthode d'échantillonnage utilisée est-elle probabiliste ou non probabiliste ?
- La méthode d'échantillonnage est-elle appropriée à l'étude ?
- L'échantillon est-il représentatif des groupes auxquels les résultats seront appliqués ?

- La taille de l'échantillon est-elle suffisante si l'on tient compte du nombre de variables et du type d'analyse statistique utilisé dans l'étude ? Est-elle justifiée ?
- A-t-on décelé des biais potentiels ?
- Si des participants se sont désistés au cours de l'étude, en a-t-on tenu compte ?

Résumé

L'échantillonnage est l'action qui consiste à choisir un groupe d'individus ou une fraction d'une population de manière que la population entière soit représentée. Une population est l'ensemble des éléments qui ont des caractéristiques communes et pour laquelle le chercheur désire faire des généralisations. Une population peut se définir par des critères d'inclusion. Dans l'échantillonnage, l'élément est l'unité de base de la population auprès de laquelle l'information est recueillie. L'échantillon est un ensemble d'éléments prélevés dans la population. Il est considéré comme représentatif si les caractéristiques des éléments qui le composent sont identiques à celles de la population. Étant donné qu'on ignore si toutes les caractéristiques de la population sont présentes dans un échantillon, il existe toujours une possibilité d'erreur ; c'est ce qu'on appelle l'erreur échantillonnale. Elle est constituée par la différence entre les valeurs numériques d'un échantillon et les valeurs numériques d'une population. Pour réduire au minimum l'erreur échantillonnale, on peut soit prélever au hasard les individus qui feront partie de l'échantillon, soit s'attacher à représenter le plus exactement possible la population en prenant en compte des caractéristiques connues de cette dernière.

Les méthodes d'échantillonnage probabiliste impliquent le choix aléatoire des éléments de la population. Les méthodes probabilistes sont l'échantillonnage aléatoire simple, l'échantillonnage aléatoire stratifié, l'échantillonnage en grappes et l'échantillonnage aléatoire systématique. Dans l'échantillonnage aléatoire simple, tous les éléments qui composent la population cible ont une chance égale d'être choisis pour former l'échantillon. L'échantillonnage aléatoire stratifié consiste à diviser la population cible en sous-groupes homogènes, appelés « strates », puis à prélever aléatoirement un échantillon dans chaque strate. L'échantillonnage en grappes consiste à prélever de façon aléatoire les éléments de la population par grappes plutôt qu'un à un. L'échantillonnage aléatoire systématique est employé quand on dispose d'une liste ordonnée de tous les éléments d'une population.

Avec les méthodes d'échantillonnage non probabiliste, tous les éléments de la population n'ont pas une chance égale de faire partie de l'échantillon. Les principales méthodes non probabilistes sont l'échantillonnage accidentel, l'échantillonnage par quotas, l'échantillonnage par choix raisonné et l'échantillonnage par réseaux. L'échantillonnage accidentel est formé d'individus qui sont facilement accessibles et présents à un moment précis. L'échantillonnage par quotas consiste à former des sous-groupes de la population à partir de certaines caractéristiques, de manière que celles-ci soient représentées dans l'échantillon. L'échantillonnage par choix raisonné s'appuie sur la décision du chercheur d'inclure certains individus en fonction de caractères typiques. L'échantillonnage par réseaux consiste à faire appel à des réseaux d'amis pour recruter des individus qui, autrement, seraient difficiles à trouver.

L'échantillonnage probabiliste est la méthode de choix pour assurer la représentativité d'un échantillon et réduire au minimum l'erreur échantillonnale. Quant aux méthodes d'échantillonnage non probabiliste, elles n'assurent pas nécessairement la représentativité, mais elles constituent souvent la seule solution quand il apparaît impossible ou même non souhaitable d'utiliser une méthode d'échantillonnage probabiliste.

Le nombre d'individus à inclure dans l'échantillon dépend de plusieurs facteurs. Si le chercheur ne peut utiliser des analyses de puissance pour déterminer la taille de l'échantillon, il doit inclure le plus grand nombre possible d'individus. Le but est d'obtenir un échantillon assez grand pour qu'il soit possible d'observer des différences statistiques. Dans la détermination de la taille de l'échantillon, le chercheur doit considérer le but de l'étude, l'homogénéité de la population, le nombre de variables, le seuil de signification, l'ampleur de l'effet attendu et la puissance des tests.

Mots clés

Échantillon	Échantillon aléatoire stratifié	Échantillon par choix raisonné
Échantillon accidentel	Échantillon en grappes	Échantillon par quotas
Échantillon aléatoire simple	Échantillon non probabiliste	Échantillon par réseaux

Échantillon probabiliste   Méthodes d'échantillonnage   Table de nombres aléatoires
Échantillon systématique   Population   Taille de l'échantillon
Échantillonnage   Représentativité

Exercices de révision

1. Définissez les termes suivants :
   a. population cible
   b. population accessible
   c. échantillon
   d. représentativité

2. Quelle est la principale qualité recherchée dans un échantillon ?

3. Qu'est-ce qui caractérise les échantillons probabilistes ?

4. Expliquez pourquoi les méthodes d'échantillonnage probabiliste sont préférables aux méthodes non probabilistes.

5. Rapportez la méthode d'échantillonnage à l'énoncé qui convient.
   a. Échantillon accidentel
   b. Échantillon par quotas
   c. Échantillon aléatoire stratifié
   d. Échantillon en grappes
   e. Échantillon par choix raisonné
   f. Échantillon aléatoire systématique
   g. Échantillon par réseaux
   h. Échantillon aléatoire simple

   1. Un échantillon de 400 psychologues choisis au hasard dans la liste des membres de l'ordre des psychologues.

   2. La variable sexe a été retenue comme critère pour stratifier un échantillon de 100 individus choisis au hasard.

   3. On a demandé à 40 personnes qui sortaient d'un marché d'alimentation de dire la somme qu'elles venaient d'y dépenser.

   4. On a choisi de façon aléatoire sur la liste de tous les militaires d'un même pays un échantillon de 2 000 individus pour participer à une étude.

   5. On a obtenu un échantillon de 20 sidéens en demandant à deux personnes de donner les noms d'amis qui étaient affectés par cette maladie et qui pourraient participer à une étude.

   6. Un nombre égal d'adolescents provenant de différents groupes ethniques — vietnamien, haïtien et algérien — de la région de Montréal a été recruté à partir d'un centre d'emploi.

   7. Un échantillon d'hommes ronfleurs pesant plus de 80 kg a été sélectionné pour faire partie d'une étude.

   8. À partir d'un échantillon aléatoire de 5 000 étudiants inscrits en sciences sociales, on a constitué un échantillon de 500 étudiants en tenant compte de façon proportionnelle de leur inscription dans un programme de doctorat, de maîtrise et de baccalauréat.

   9. On a constitué un échantillon de 1 000 élèves de quatrième et cinquième secondaire inscrits dans les classes d'éducation physique des écoles secondaires de Montréal.

   10. Un chercheur a obtenu la liste de tous les noms des travailleurs sociaux diplômés ; il choisit au hasard un point de départ sur la liste et prélève chaque 20e nom jusqu'à ce qu'il ait atteint le nombre de participants désiré.

6. Un chercheur utilise une technique d'échantillonnage pour recruter 250 étudiants inscrits dans des facultés de droit d'universités québécoises. La population totale est de 1 500 étudiants.

   a. À quel intervalle doit-il choisir les éléments sur la liste ?

   b. Si le premier élément choisi au hasard sur la liste est 14, quels seront les 2e, 3e et 4e noms qui seront choisis dans la liste ?

   c. Dans quelle méthode d'échantillonnage ce procédé est-il employé ?

7. Considérez les deux mises en situation présentées dans les encadrés suivants et indiquez pour chacune d'elles la population cible, la population accessible,

la taille de l'échantillon et la méthode d'échantillonnage utilisée.

ENCADRÉ 1

Un chercheur veut vérifier si une bonne connaissance de l'ostéoporose entraîne la mise en application des mesures de prévention chez des femmes de race blanche âgées de 45 à 75 ans. Un questionnaire comportant des indicateurs de chacune des variables principales a été élaboré à cet effet. Une assistante de recherche se rend dans trois CLSC de la région de Montréal et fait remplir le questionnaire à 60 femmes présentes sur les lieux, qui répondent aux critères d'inclusion et qui ont bien voulu accepter de participer à l'enquête.

a. Population cible

b. Population accessible

c. Taille de l'échantillon

d. Technique d'échantillonnage

ENCADRÉ 2

Quatre étudiantes en nutrition veulent vérifier au cours d'une étude la croyance populaire selon laquelle plus la superficie des marchés d'alimentation augmente, plus les prix sont bas. Elles décident que leur enquête portera sur les super-

marchés Metro de la région de Québec. Après vérification, elles constatent que cet ensemble regroupe 18 supermarchés. Elles attribuent un numéro à chacun d'eux, les répartissant d'après leur superficie en trois groupes (petite superficie, superficie moyenne et grande superficie), et tirent au hasard trois marchés de chaque groupe. Elles effectuent le même jour un relevé des prix de 60 articles prédéterminés dans chaque supermarché retenu.

------

a. Population cible

b. Population accessible

c. Taille de l'échantillon

d. Technique d'échantillonnage

8. Dites si les énoncés suivants sont vrais ou faux.

a. Un échantillon est de bonne qualité s'il est représentatif de la population.

b. Selon la méthode d'échantillonnage non probabiliste, chaque élément de la population a une probabilité égale d'être choisi.

c. Les populations homogènes du point de vue de la variable dépendante demandant un échantillonnage plus petit.

d. Les grands échantillons sont plus représentatifs de la population que les petits.

Références bibliographiques

Amyotte, L. (1996). *Méthodes quantitatives : application à la recherche en sciences humaines,* Montréal, Éditions du Renouveau pédagogique.

Babbie, E.R. (1992). *The Practice of Social Research,* 6ᵉ éd., Belmont (Calif.), Wadsworth.

Beaud, J.P. (2000). « L'échantillonnage », dans : B. Gauthier (dir.), *Recherche sociale : de la problématique à la cueillette des données,* 3ᵉ éd., Québec, Presses Universitaires du Québec.

Burns, N. et Grove, S.K. (2001). *The Practice of Nursing Research : Conduct, Critique, and Utilization,* 4ᵉ éd., Philadelphie, W.B. Saunders.

Burns, N. et Grove, S.K. (2003). *Understanding Nursing Research,* 3ᵉ éd., Philadelphie, W.B. Saunders.

Cohen, J. (1988). *Statistical Power Analysis for the Behavioural Sciences,* 2ᵉ éd., New York, Academic Press.

Gillis, A. et Jackson, W. (2002). *Research for Nurses : Methods and Interpretation,* Philadelphie, F.A. Davis.

Giroux, S. et Tremblay, G. (2002). *Méthodologie des sciences humaines : la recherche en action,* 2ᵉ éd., Montréal, Éditions du Renouveau pédagogique.

Goulet, I. (1999). *Qualité de vie de patients dans le contexte d'un remplacement valvulaire,* mémoire de maîtrise, Montréal, Université de Montréal.

Kerlinger, F.N. (1973). *Foundations of Behavioral Research,* 2ᵉ éd., New York, Holt, Rinehart and Winston.

Kraemer, H.C. et Thiemann, S. (1987). *How Many Subjects ? Statistical Power Analysis in Research,* Newbury Park (Calif.), Sage.

Levy, P.S. et Lemshow, S. (1980). *Sampling for Health Professionals,* Belmont (Calif.), Lifetime Learning.

Morse, J.M. (1991). « Strategies for sampling », dans J.M. Morse (dir.), *Qualitative Nursing Research : A Contemporary Dialogue*, Rockville (Md.), Aspen.

Morton, R.F. et Hebel, J.R. (1983). *Épidémiologie et biostatistique : une introduction programmée*, traduit de l'américain par A. Rougemont, R. Pineault et J. Lambert, Paris, Doin Éditeurs.

Nieswiadomy, R.M. (2002). *Foundations of Nursing Research*, 4e éd., Upper Saddle River (N.J.), Prentice Hall.

Norwood, S.L. (2000). *Research Strategies for Advanced Practice Nurses*, Upper Saddle River (N.J.), Prentice Hall Health.

Polit, D.F. et Beck, C.T. (2004). *Nursing Research : Principles and Methods*, 7e éd., Philadelphie, Lippincott, Williams and Wilkins.

Voyer, J.P., Valois, P. et Rémillard, B. (2000). « La sélection des participants », dans R.J. Vallerand et U. Hess (dir.), *Méthodes de recherche en psychologie*, Boucherville, Gaëtan Morin Éditeur.

Wiersma, W.C. (1991). *Research Methods in Education : An Introduction*, 5e éd., Toronto, Allyn and Bacon.

Les principes de mesure

Objectifs d'apprentissage

À la fin de ce chapitre, vous devriez
être en mesure :

1) de définir le concept de mesure ;

2) de distinguer les quatre niveaux
   de mesure ;

3) de déterminer le niveau de mesure
   approprié à l'étude à réaliser ;

4) de discuter des modalités
   de référence de la mesure ;

5) de discuter des sources
   de variation dans la mesure ;

6) de définir les concepts de fidélité
   et de validité ;

7) de discuter des étapes d'opérationnalisation des concepts.

Vue d'ensemble

Nous sommes maintenant parvenus à l'étape de la mesure des concepts à laquelle nous avons constamment fait référence dans les chapitres précédents. En effet, le problème, les questions de recherche et hypothèses et les devis ayant été précisés, il importe de traduire les concepts abstraits en termes observables et mesurables. En d'autres mots, il s'agit de décider de la manière de mesurer les concepts contenus dans les questions de recherche ou les hypothèses. Cette démarche correspond au processus d'opérationnalisation des concepts, qui comporte une série d'opérations débouchant sur la détermination des indicateurs appropriés et des moyens pour les mesurer. La façon dont les concepts sont définis et mesurés influe directement sur la validité des résultats de recherche et sur la théorie qui la sous-tend. Nous discutons dans ce chapitre de principes et de concepts ayant rapport à la mesure tels que ceux d'opérationnalisation des concepts, de niveau de mesure, d'erreur de mesure et de modalité de référence de la mesure. Nous décrivons pour finir les divers moyens d'apprécier la fidélité et la validité des instruments de mesure.

L a mesure joue un rôle essentiel dans le processus de recherche. La crédibilité des résultats de recherche dépend non seulement du devis utilisé, mais aussi de la qualité des opérations de mesure. Les phénomènes mesurables dans les différentes disciplines sont multiples. Ce qui est susceptible de mesure n'est pas le phénomène en soi, mais bien les caractéristiques de ce dernier. Par exemple, dans le domaine de la santé, un chercheur peut s'intéresser à des phénomènes tels que l'anxiété et la douleur qui se manifestent chez un individu. Les caractéristiques observées représentent des variables et peuvent prendre différentes valeurs sur une échelle de mesure. Ainsi, des étudiants qui passent un examen de statistique et à qui on a fait subir un test d'anxiété manifesteront à des degrés divers ce sentiment. La section qui suit introduit progressivement le lecteur à la mesure des concepts.

15.1 La notion de mesure en recherche

Quelle que soit la discipline considérée, la notion de mesure revêt une grande importance dans la conduite de la recherche. Ce sur quoi nous concentrons notre attention dans ce chapitre, c'est le passage de l'énoncé des questions de recherche ou des hypothèses à la mesure des concepts présents dans ce dernier. Ce que l'on vise par la mesure, c'est à évaluer avec le plus de précision possible les phénomènes étudiés.

À l'instar de certains auteurs, nous définissons la mesure en recherche comme l'attribution de nombres à des objets, à des événements ou à des individus selon des règles préétablies dans le but de déterminer la valeur d'un attribut donné (Green et Lewis, 1986 ; Kerlinger, 1973 ; Nunnally, 1978). On utilise la quantification pour définir cette valeur. Selon Laurencelle (1998), la mesure exprime symboliquement la « grandeur » d'une caractéristique donnée d'un objet. Les nombres assignés peuvent représenter des valeurs numériques ou catégorielles. La règle de mesure assure que l'attribution des nombres s'effectue de manière constante d'un objet à un autre ou d'un individu à un autre. Elle permet de comparer entre eux, au moyen d'une unité de mesure constante, des événements ou des phénomènes. Par exemple, on pourrait utiliser une règle pour attribuer des nombres à des catégories permettant d'apprécier la mobilité des individus : le nombre 1 pourrait signifier qu'une personne peut marcher seule, sans aide, et le nombre 2, qu'elle a besoin d'aide pour se déplacer. Dans ce cas, on assignerait des valeurs discrètes (1, 2) afin d'apprécier la mobilité des individus en appliquant une règle consistant à distinguer les individus qui ont besoin d'aide pour se déplacer de ceux qui n'en ont pas besoin. La définition de la mesure exige donc que le chercheur précise clairement l'objet ou l'événement à mesurer, l'unité de mesure à utiliser et la règle de mesure des objets.

La mesure des concepts

Un concept, comme nous l'avons déjà vu, est une abstraction résultant de la généralisation de situations, d'observations ou de comportements particuliers (Green et Lewis, 1986). Certains concepts représentent des objets (chaise, table, piano) dont les propriétés sont directement observables, d'autres sont plus abstraits et représentent les caractéristiques de personnes ou de choses (anxiété, douleur, estime de soi) qu'on ne peut observer directement et qui se déduisent à l'aide d'autres moyens. Certains concepts tels ceux de pouls et de respiration sont plus descriptifs, et leur manifestation est immédiatement accessible aux sens ; ils peuvent être mesurés directement. Or, la plupart des concepts désignent des réalités qui ne sont pas directement observables ni mesurables. En effet, pour mesurer, il faut avoir une unité de référence représentant une grandeur constante. Ainsi, pour mesurer la température, on se sert de l'unité de référence (ou de mesure) qu'est le degré Celsius.

> La mesure consiste en l'attribution de nombres à des objets ou à des événements selon des règles précises.

Les mesures indirectes concernent les concepts abstraits. Pour être mesurables, ceux-ci doivent être convertis en indicateurs empiriques qui correspondent aux mesures indirectes choisies pour quantifier les concepts. Le lien entre les concepts abstraits et les indicateurs empiriques se fait au moyen de la mesure, laquelle permet d'assigner des nombres à des choses ou à des événements. Pour déterminer quels sont les indicateurs appropriés, il faut prendre en compte toutes les dimensions d'un concept et leur signification. Par exemple, le soutien social est un concept susceptible d'être utilisé dans une étude de l'environnement social des personnes ; il peut comporter plusieurs dimensions (émotionnelle, matérielle, familiale), lesquelles ne sont pas directement observables mais peuvent être mesurées à l'aide d'indicateurs représentés sur un instrument de mesure. Étant donné que l'indicateur est choisi par rapport à un concept ou un construit[1], il est essentiel que celui-ci soit défini au préalable de manière que l'on puisse prendre en compte les dimensions qui le caractérisent. La définition du concept permet de préciser sa signification théorique et sert de guide à son opérationnalisation et au choix de l'indicateur approprié pour le mesurer (Fawcett et Downs, 1992). En somme, la mesure des concepts donne

---

1. Précisons que le terme « construit » est une variante du concept abstrait qui a été créée ou adoptée par le chercheur en vue d'expliquer certaines observations.

lieu à un processus d'opérationnalisation qui commence par la définition théorique d'un concept et se termine par la détermination d'indicateurs appropriés, de même qu'au choix d'un instrument de mesure, comme nous le verrons ci-dessous.

15.2   L'opérationnalisation des concepts

L'opérationnalisation d'un concept est le processus par lequel un construit est traduit ou transposé selon des phénomènes observables et mesurables. L'opérationnalisation implique qu'on rend explicite le concept en spécifiant ses dimensions et en déterminant les indicateurs qui seront utilisés pour le mesurer. Le processus débute par le concept lui-même, les dimensions qui précisent sa signification, les indicateurs empiriques et les mesures. Les auteurs Waltz, Strickland et Lenz (1991) distinguent cinq étapes menant à l'opérationnalisation des concepts ; nous retiendrons, quant à nous, les quatre premières : 1) la mise au point de la définition théorique du concept ; 2) la détermination des dimensions du concept ; 3) le choix des indicateurs empiriques et 4) le choix ou l'élaboration de l'instrument de mesure.

La mise au point de la définition théorique du concept

La définition théorique du concept a pour but de transmettre aussi clairement que possible l'idée que ce dernier véhicule. Pour élaborer une définition théorique d'un concept qui soit précise, compréhensible et appropriée à la situation, le chercheur peut soit établir sa propre définition du concept dans le cadre de son étude, soit rechercher dans les écrits théoriques et empiriques des définitions répondant à l'idée qu'il a du concept, soit faire une analyse de concepts. La définition théorique est habituellement assez large de façon à permettre des applications du concept dans diverses situations de recherche. Par exemple, Bandura (1977) définit le concept de l'efficacité individuelle perçue comme l'ensemble des jugements que les personnes expriment sur leurs capacités à accomplir avec succès une action déterminée. L'efficacité individuelle perçue suppose que l'individu se sent capable de réaliser l'action. Cette définition peut être appliquée dans diverses situations de recherche et servir, par exemple, à évaluer un changement de comportement. Coday, Klesgess, Garrison, Johnson, O'Toole et Morris (2002) ont utilisé le concept d'efficacité individuelle perçue auprès d'individus sédentaires en vue d'évaluer leur capacité à accroître leur activité physique et à se mettre en forme après une série d'interventions déterminées.

La définition théorique du concept sert de base à la formulation de la définition opérationnelle, laquelle consiste à déterminer les observations ou les procédés permettant de mesurer le concept. Si nous revenons au concept de l'efficacité individuelle perçue, la définition opérationnelle que nous pourrions en donner sera la suivante : jugement que l'adulte exprime relativement à sa capacité à reconnaître et à maîtriser les facteurs qui provoquent l'asthme, tels qu'ils ont été évalués à l'aide de l'instrument de mesure conçu à cette fin. La définition opérationnelle ne peut être établie qu'au terme du processus d'opérationnalisation des concepts.

La détermination des dimensions du concept

La désignation des dimensions du concept implique la connaissance de ce qui donne au concept abstrait sa signification particulière. Pour préciser les dimensions d'un concept, il est important d'examiner dans la documentation existante les diverses descriptions qui sont données de ce dernier. On considère les valeurs que les dimensions du concept peuvent prendre, telles que l'absence ou la présence plus ou moins forte de la caractéristique étudiée. Par exemple, dans leur étude portant sur des femmes atteintes du cancer du sein, Cimprich et Ronis (2001) définissent le concept de détresse émotionnelle comme le « niveau d'inconfort associé à des difficultés de fonctionnement, de perception et d'apparence ». Les trois dimensions contenues dans la définition de la détresse ne peuvent être mesurées directement, mais leur présence peut être inférée au moyen d'indicateurs empiriques sur une échelle de référence représentant ces dimensions. Dans l'étude de Cimprich et Ronis, les scores obtenus sur l'échelle de détresse varient entre 10 et 35, ce qui témoigne du caractère variable de la détresse exprimée par le groupe expérimental et le groupe de contrôle.

Le choix des indicateurs empiriques

Selon Giroux et Tremblay (2002), l'indicateur est une « caractéristique de la réalité qui se prête à la mesure, c'est l'aboutissement de la définition opérationnelle d'un concept » (p. 59). Comme les concepts abstraits ne comportent pas de mesures directes, il faut choisir des caractéristiques qui se prêtent à la mesure. À ces caractéristiques peuvent correspondre une série d'énoncés représentant les différentes dimensions du concept. Les mesures sont appelées des indicateurs. Ceux-ci permettent de traduire en des termes concrets des concepts aussi abstraits que l'estime de soi, l'anxiété ou le *coping* en établissant un lien avec la mesure empirique (Giroux et Tremblay, 2002). L'indicateur peut être constitué par une réponse à une question figurant dans un questionnaire, une série d'énoncés placés sur une échelle, un score total ou des conditions expérimentales. Par exemple, l'indicateur du *coping* peut être la fréquence d'apparition du problème, le degré d'estime de soi, l'attitude positive, la résolution du problème. En somme, les concepts et les construits comportent plusieurs dimensions et, pour mesurer ces dernières, il faut faire appel à plusieurs indicateurs. Rappelons que ce qui est mesuré, ce n'est pas le concept en soi, mais bien ses dimensions ou ses caractéristiques (Kerlinger, 1973).

> L'indicateur empirique est l'expression quantifiable et mesurable d'un concept abstrait.

Le tableau 15.1 présente quelques exemples de concepts, leurs dimensions selon les définitions théoriques, les indicateurs appropriés et l'accès aux variables qui sont les propriétés observables. Considérons le premier concept mentionné au tableau 15.1, « Foyer de contrôle en matière de santé », et supposons que nous ayons à étudier le comportement sexuel à l'adolescence. Wallston, Wallston et DeVellis (1978) ont défini le concept comme l'« ensemble des prédispositions individuelles qui déterminent la façon de se comporter ». Il est possible de dégager trois dimensions du foyer de contrôle : 1) interne ; 2) externe-pouvoir des autres et 3) externe-chance. Pour mesurer ces trois dimensions, les auteurs définissent des indicateurs du foyer de contrôle en matière de santé, indicateurs prenant ici la forme de 18 énoncés pour

TABLEAU 15.1
Exemples de concepts, de dimensions, d'indicateurs et de variables

Concepts	Dimensions	Indicateurs	Variables
Foyer de contrôle en matière de santé	Interne Externe-pouvoir Externe-chance	18 énoncés sur l'échelle MHLC	Somme des indices à l'échelle de Wallston, Wallston et DeVellis (1978)
Qualité de vie	Physique Psychologique Sociale et économique Familiale	Index de qualité de vie (QV) et Échelle de classification des problèmes de santé	Somme des réponses positives à l'échelle QV de Ferrans et Powers (1985) Nombre de problèmes reconnus (Ferrans, 1996)
Douleur	Qualité sensorielle Qualité affective Intensité générale	15 énoncés sur l'échelle MPQ	Somme des pointages à l'échelle de Melzack (1987)

chacune des dimensions, auxquels seront associées des valeurs sur une échelle de mesure de type Likert. La somme des indices à l'échelle du foyer de contrôle en matière de santé (MHLC) donne le score pour le foyer de contrôle interne et le foyer de contrôle externe (externe-chance et externe-pouvoir des autres). Le concept est devenu une variable dans la conduite de la recherche. La variable diffère du concept en ce qu'elle est une caractéristique qui peut prendre différentes valeurs et qu'elle se rapporte à des degrés, à des quantités ou à des différences (Green et Lewis, 1986).

Le choix ou l'élaboration de l'instrument de mesure

Le choix ou l'élaboration de l'instrument de mesure est l'aboutissement du processus d'opérationnalisation, qui consiste, comme nous venons de le voir, à définir les dimensions du concept et à établir des indicateurs qui permettent de choisir ou de construire des mesures susceptibles de rendre compte du concept. L'indicateur est une mesure par inférence du concept. Les opérations requises pour mesurer l'indicateur du concept peuvent être plus ou moins complexes selon qu'on utilise un instrument de mesure déjà existant ou qu'on en construit un. Une fois qu'on a déterminé la manière dont le concept sera mesuré, il est possible d'établir la définition opérationnelle qui donne des indications sur les activités à pratiquer ou les observations à effectuer pour le mesurer. Les définitions conceptuelle et opérationnelle peuvent être considérées comme les deux produits du processus d'opérationnalisation.

Conclusion

En résumé, dans le processus d'opérationnalisation des concepts, il est nécessaire pour mesurer un concept abstrait de faire appel à des indicateurs, qui sont des approximations des concepts (Green et Lewis, 1986). Seule la mesure des indicateurs auprès d'individus permet de s'assurer de la présence du concept. En général, il faut avoir plusieurs indicateurs pour pouvoir représenter adéquatement le concept. Selon le concept à mesurer, l'indicateur sera classé dans l'un ou l'autre des niveaux de mesure que nous décrivons à la section suivante. Le tableau 15.1 donne des exemples de concepts, de dimensions, d'indicateurs et de variables.

15.3   Les niveaux de mesure

Conçu par Stevens (1946), le système de classification des niveaux de mesure comporte un ordre hiérarchique des divers types de mesure. Les niveaux de mesure réfèrent à la classification de la mesure selon que les scores obtenus correspondent à une valeur discrète (catégorie) ou à une valeur continue (quantité). Avant d'examiner en détail les niveaux de mesure, il importe de distinguer la mesure continue de la mesure discrète.

La *mesure continue* consiste à assigner des valeurs numériques aux choses ou aux événements selon certaines règles de mesure ou de correspondance. La règle de mesure détermine soit des quantités, soit des degrés, soit des gradations ou encore l'étendue des observations effectuées. Par exemple, un ruban à mesurer est un instrument de mesure qui permet de déterminer une distance ; le pèse-personne sert à représenter le poids d'une personne. Autrement dit, la règle de mesure permet de déterminer si la caractéristique est présente et, si elle l'est, à quel degré. La *mesure discrète* consiste à assigner des nombres à des catégories pour représenter des variations du concept ou de la caractéristique. Les principales caractéristiques du système de classification de la mesure discrète sont les suivantes : 1) les catégories doivent être exhaustives, c'est-à-dire qu'elles doivent contenir toutes les observations possibles ; 2) les catégories doivent s'exclure mutuellement, c'est-à-dire qu'une observation donnée ne peut être incluse dans plus d'une catégorie ; 3) le système de catégorisation doit comporter un principe de classement et 4) les catégories doivent présenter le même niveau d'abstraction.

On distingue quatre échelles de mesure. Ce sont, par ordre croissant de précision et de complexité du calcul mathématique : 1) l'échelle nominale ; 2) l'échelle ordinale ; 3) l'échelle à intervalles et 4) l'échelle à proportions.

> Les échelles de mesure se rattachent à un système de classification hiérarchique qui reflète des valeurs discrètes et continues (échelle nominale, échelle ordinale, échelle à intervalles et échelle à proportions).

L'échelle nominale

Une échelle nominale est une échelle qui utilise des nombres à valeur uniquement nominale pour classer des objets dans une catégorie donnée. Les valeurs de l'échelle servent à indiquer à quelle catégorie appartient un objet déterminé ; elles n'ont aucun caractère quantitatif, elles reflètent simplement les différences qualitatives qui existent entre les catégories. Tous les éléments d'une même catégorie sont traités également ou de façon similaire. Par exemple, un groupe d'individus peut être divisé en catégories selon le sexe : 1 = masculin, 2 = féminin, ou selon la nationalité : 1 = Canadien, 2 = Espagnol, 3 = autre. L'échelle nominale doit satisfaire à deux conditions : les catégories doivent être exhaustives, c'est-à-dire que chaque individu à classer doit appartenir à au moins une catégorie ; et les catégories doivent s'exclure mutuellement, c'est-à-dire que chaque élément ne peut appartenir à plus d'une catégorie (Waltz, Strickland et Lenz, 1991).

L'échelle nominale correspond au niveau le plus élémentaire de la mesure. Le chercheur est limité dans l'utilisation des analyses statistiques puisque les nombres utilisés ne peuvent être l'objet d'opérations mathématiques. Toutefois, l'échelle nominale admet l'emploi de tests non paramétriques et de statistiques descriptives telles que les distributions de fréquences, les pourcentages et les corrélations de contingence, notions qui seront examinées en détail au chapitre 17.

L'échelle ordinale

Tout comme dans l'échelle nominale, les catégories utilisées dans l'échelle ordinale sont exhaustives et s'excluent mutuellement. Dans l'échelle ordinale, des nombres sont assignés à des éléments selon leur valeur relative pour représenter un rang ou un ordre de grandeur. Les nombres indiquent l'ordre et non la quantité des propriétés des variables. L'ordre de grandeur signifie non pas que les intervalles entre les catégories sont égaux, mais plutôt que les catégories sont ordonnées entre elles. Considérons, à titre d'exemple, la mesure de la mobilité d'un individu dans l'accomplissement des activités quotidiennes ; les catégories sont ordonnées de la façon suivante : 1) complètement dépendant ; 2) nécessite l'assistance d'une autre personne ; 3) nécessite une assistance partielle et 4) complètement indépendant.

Ici, les nombres indiquent un ordre de grandeur dans la capacité d'une personne à accomplir des actions. Cependant, la mesure ordinale ne nous renseigne pas sur la grandeur de l'écart entre les catégories puisque les intervalles ne sont pas égaux. Ainsi, il peut y avoir un plus grand écart entre les catégories 1 et 2 (« complètement dépendant » et « nécessite l'assistance d'une autre personne ») qu'entre les catégories 3 et 4 (« nécessite une assistance partielle » et « complètement indépendant »).

On peut utiliser des statistiques descriptives, comme les distributions de fréquences, les pourcentages, les corrélations de contingence. Certaines données ordinales sont considérées dans les analyses statistiques comme appartenant à l'échelle à intervalles en raison d'un continuum sous-jacent d'intervalles, comme dans les échelles de type Likert. Comme la somme des indices sur une échelle produit des scores, des statistiques paramétriques peuvent être utilisées. C'est généralement la pratique qu'on adopte dans le calcul des scores même s'il n'y a pas véritablement de consensus à ce sujet.

L'échelle à intervalles

L'échelle à intervalles fait intervenir des chiffres qui prennent une valeur numérique et qui sont séparés par des intervalles égaux. L'échelle à intervalles assure des valeurs continues. Toutefois, il ne s'agit pas d'une quantité absolue à cause de l'absence d'un point zéro sur l'échelle à intervalles. La température en degrés Celsius est un bon exemple d'échelle à intervalles. Une température de 30 degrés à l'échelle Celsius n'équivaut pas à deux fois une température de 15 degrés, parce que le degré 0 n'indique pas l'absence de température, c'est un zéro arbitraire, conventionnel. Les échelles à intervalles offrent des possibilités statistiques plus grandes que les échelles ordinales du fait que les intervalles entre les nombres peuvent être additionnés ou soustraits.

L'échelle à proportions

L'échelle à proportions occupe le niveau le plus élevé dans l'ordre hiérarchique des échelles de mesure. Elle possède toutes les caractéristiques des mesures précédentes et, en outre, elle admet le zéro absolu, qui correspond à l'absence d'un phénomène. Les nombres assignés aux éléments sont séparés par des intervalles égaux. Un individu peut avoir un revenu deux fois plus élevé qu'un autre comme il peut n'avoir aucun revenu. Toutes les opérations mathématiques sont possibles dans l'échelle à proportions. La distance, la durée, le poids, l'âge et le revenu sont autant de variables couramment mesurées sur une échelle à proportions.

Conclusion

Pour conclure sur les échelles de mesure, retenons qu'elles s'ordonnent selon une hiérarchie dans laquelle chaque échelon supérieur présente plus de possibilités en ce qui concerne l'utilisation d'analyses statistiques. Les opérations mathématiques sont limitées dans les échelles nominale et ordinale et sont plus variées dans les échelles à intervalles et à proportions. Les échelles de mesure supérieures offrent une plus grande précision que les échelles inférieures. Il faut également préciser que c'est la nature des phénomènes qui détermine l'échelle de mesure à utiliser et, par voie de conséquence, l'emploi de procédés statistiques plus complexes. Le tableau 15.2 résume ce que nous avons dit au sujet des échelles de mesure.

TABLEAU 15.2
La hiérarchie des échelles de mesure

Niveau	Description	Exemples
Échelle nominale	Classe les objets dans des catégories. Les nombres sont sans valeur numérique.	Masculin / féminin Diagnostic
Échelle ordinale	Les objets sont classés par ordre de grandeur. Les nombres indiquent des rangs et non des quantités.	Degrés de scolarité Secondaire I, II, III, IV et V
Échelle à intervalles	Les intervalles entre les nombres sont égaux. Les nombres peuvent être additionnés ou soustraits. Les nombres ne sont pas absolus, car le zéro est arbitraire.	La température mesurée à l'échelle Celsius La température du corps mesurée à l'aide du thermomètre
Échelle à proportions	L'échelle a un zéro absolu. Les nombres représentent des quantités réelles et il est possible d'exécuter sur elles toutes les opérations mathématiques.	La température mesurée à l'échelle Kelvin Le poids, la taille, le revenu, etc.

15.4 L'erreur de mesure

L'erreur de mesure est l'écart entre la mesure réelle et celle qui est prise à l'aide d'un instrument de mesure.

La mesure idéale serait celle qui aurait une fidélité et une validité parfaites. Un instrument de mesure est fidèle si les indications qu'il donne concordent toujours et il est valide s'il mesure exactement ce qu'il est censé mesurer. Toute mesure comporte une limite, et cette limite est l'erreur de mesure. L'erreur de mesure est l'écart entre la mesure réelle et celle qui est prise à l'aide d'un instrument de mesure. Les erreurs de mesure sont problématiques parce qu'elles représentent souvent des quantités inconnues. Lorsqu'un instrument n'est pas parfaitement précis, les mesures obtenues présentent un certain pourcentage d'erreur. La théorie de la mesure implique que toute forme de mesure contient une marge d'erreur. Elle distingue trois types de scores : le score observé (o), le score vrai (v) et l'erreur (e). Les relations qui existent entre eux peuvent être représentées par l'équation suivante :

$$\text{Le score observé} = \text{le score vrai} \pm \text{l'erreur de mesure}$$
$$X_o \qquad\qquad X_v \qquad\qquad X_e$$

Le score observé ou variance observée correspond à la valeur obtenue au moyen d'un instrument de mesure utilisé avec des participants à une recherche. Par exemple, la valeur peut être représentée par un score sur une échelle (estime de soi, anxiété). Le score vrai ou vraie variance est le score qui serait obtenu s'il n'y avait pas d'erreur ; comme l'erreur ou variance d'erreur est toujours présente, on ne connaît jamais le score vrai. Le score vrai et l'erreur de mesure sont des construits hypothétiques puisqu'on ne peut ni les mesurer directement ni les connaître. Cependant, on peut les estimer au moyen de procédés statistiques (Gall, Borg et Gall, 1996). Plus l'erreur de mesure est jugée faible, plus le score observé est proche du score vrai. Ainsi, un instrument fidèle est celui qui donne des mesures qui tendent à s'approcher du score vrai (Laurencelle, 1998). Le résultat à un test peut être vu comme une combinaison du score vrai et de l'erreur de mesure.

Au cours de la prise des mesures, divers facteurs peuvent influer sur les résultats, quelles que soient les précautions dont on s'entoure. L'erreur de mesure est présente dans les mesures directes comme dans les mesures indirectes, appelées aussi mesures « par inférence ». Les mesures directes, bien qu'elles soient considérées comme plus précises que les mesures indirectes, peuvent contenir des erreurs. Par exemple, un sphygmomanomètre peut être mal calibré et donner erronément des lectures différentes pour un même individu. Les mesures indirectes de concepts abstraits peuvent aussi être erronées. Ainsi, il peut arriver que des éléments qui ne font pas partie du concept soient mesurés en même temps que celui-ci.

Deux types d'erreurs sont possibles : les erreurs aléatoires et les erreurs systématiques. Les erreurs aléatoires sont celles qui se produisent au cours de la collecte des données. Ces erreurs sont souvent dues à des facteurs subjectifs (fatigue, humeur, faim, etc.) ou extérieurs (chaleur, distractions, etc.), au manque de clarté des instruments, à des variations dans l'utilisation des instruments de mesure (addition ou soustraction de questions, changement de personnel, erreurs dans l'enregistrement des données).

Les erreurs systématiques sont celles qui surviennent de façon constante chaque fois qu'il y a prise de mesure; elles sont dues à des facteurs permanents tels que l'intelligence, la scolarité, la conformité sociale. Ces facteurs ont un effet direct sur la fidélité et la validité des instruments de mesure. Tout instrument de mesure comporte des erreurs systématiques. D'où l'importance d'améliorer constamment les instruments de mesure et d'employer concurremment d'autres instruments, telles l'observation, l'entrevue, etc.

15.5   Les modalités de référence de la mesure

Il existe plusieurs façons de mesurer un phénomène. On peut, par exemple, compter ou comparer. Le comptage est le moyen le plus ancien. Pour comparer, il faut avoir une unité de mesure permettant d'établir des comparaisons. On distingue deux modalités de référence de la mesure: 1) la référence normative, qui se définit comme la comparaison d'un individu avec un groupe d'individus pris comme référence et 2) la référence critériée, qui se définit comme la comparaison d'un individu avec lui-même à différents moments dans le temps.

La référence normative résulte de la comparaison entre le rendement obtenu par un individu (score) et celui qui est obtenu par un groupe de référence (norme). Le score de l'individu indique la position qu'il occupe par rapport à ce groupe. La norme peut être un test ou une échelle normalisée, qui sert de point de comparaison. Les échelles « normalisées » ont été utilisées à maintes reprises auprès de divers groupes d'individus et ont été soumises à des évaluations extensives sous le rapport de la fidélité et de la validité des données. On obtient ainsi une norme ou un score moyens auxquels on rapporte les scores des individus. Par exemple, on veut savoir comment se classe un groupe d'individus à qui on a fait passer un test normalisé sur l'anxiété et la dépression par rapport à d'autres groupes ayant subi le même test. Les scores de ce groupe d'individus sont comparés aux scores des autres groupes et, de là, on passe au calcul de la moyenne et de l'écart type. Les échelles de mesure normalisées sont conçues de telle façon qu'elles permettent de distinguer les individus en fonction d'une caractéristique donnée (McMillan et Schumacher, 1989; Waltz, Strickland et Lenz, 1991). Les scores sont généralement distribués selon une courbe normale, c'est-à-dire que l'on trouve peu de scores très élevés et peu de scores très bas aux extrémités de la courbe, la majorité des scores devant se situer près de la moyenne. Parmi les tests normalisés, mentionnons l'échelle de personnalité MMPI (Minnesota Multiphasic Personality Inventory), l'échelle des symptômes primaires, le SCL-90R et les échelles de dépression.

Font également partie des mesures de référence normative les mesures physiologiques telles que celles du pouls et de la tension artérielle, qui sont établies d'après un groupe de comparaison basé sur le sexe, l'âge, l'ethnie, etc.

La référence critériée sert à déterminer si un individu a atteint le score qui est marqué pour la réussite à un test ou qui indique la capacité d'accomplir certaines actions. Ici, on s'intéresse à l'atteinte d'un résultat déterminé par l'individu et non à la comparaison de celui-ci avec d'autres. S'il est capable d'agir de telle ou telle façon à un moment donné, l'individu a atteint son objectif, il peut passer à l'étape suivante. La comparaison est faite entre le score obtenu et le score fixé comme seuil de réussite. Le critère défini d'avance peut être le niveau de connaissances, le résultat obtenu à un test sanguin servant de base à un diagnostic, l'adoption d'un comportement précis.

On utilise souvent la référence critériée pour apprécier la capacité d'un individu à accomplir des actions telles que la marche sur une certaine distance au cours d'une convalescence. En éducation, la référence critériée sert à évaluer les progrès de l'élève.

Nous traiterons dans les sections suivantes de la fidélité et de la validité, deux qualités essentielles de tout instrument de mesure, spécialement dans le contexte de la référence normative.

15.6   La fidélité de l'instrument de mesure

La fidélité désigne le fait que les indications données par l'instrument de mesure concordent toujours.

La fidélité réfère à la précision et à la constance des mesures obtenues à l'aide d'un instrument de mesure. Elle a rapport à la capacité de l'instrument à mesurer d'une fois à l'autre un même objet de façon constante (notion de reproductibilité des mesures). L'instrument de mesure est fidèle s'il donne des résultats comparables dans des situations comparables. Il en va de même pour la mesure effectuée avec des instruments physiques. Par exemple, si un individu se pèse plusieurs fois à brefs intervalles sur un même pèse-personne, le poids indiqué sera le même d'une fois à l'autre si l'instrument est bien calibré. Le terme « fidélité » s'applique généralement aux échelles de mesure et le terme « fiabilité » plutôt aux instruments physiques.

Quand on considère la fidélité d'un instrument de mesure, on prend en compte les erreurs aléatoires et systématiques. Les erreurs aléatoires sont dues soit à des causes subjectives, soit à des variations dans le temps, soit à la manière d'utiliser l'instrument. Il y a toujours une certaine variation due au hasard, et elle explique tout au moins en partie l'erreur de mesure. Lorsque des mesures sont prises sur un échantillon d'individus, il est normal qu'elles varient quelque peu. La variation est due aux différences réelles qui existent entre les individus et aussi à la mesure elle-même, c'est-à-dire à l'instrument de mesure, à la situation de mesure et aux objets à mesurer. On a alors affaire à une erreur systématique, qui est plus grave que l'erreur aléatoire parce qu'elle comporte des biais et entraîne une fausse estimation de l'objet mesuré (Laurencelle, 1998). Il est important de bien distinguer la variance due à l'erreur de mesure d'avec celle qui est due à la différence qui existe entre les individus. Puisque toutes les techniques de mesure entraînent une part d'erreur due au hasard, la fidélité est donc susceptible de varier. Le degré de fidélité s'exprime sous la forme d'un coefficient de corrélation (r), qui va de 0,00 pour l'absence de corrélation à 1,00 pour une corrélation parfaite. Il existe divers critères pour évaluer la fidélité des instruments de mesure. Les principaux sont la stabilité, la consistance interne et l'équivalence, cette dernière pouvant s'apprécier selon deux modes d'application : la fidélité des formes parallèles et la fidélité interjuges.

La stabilité

La stabilité ou fidélité temporelle réfère au degré de concordance entre deux mesures prélevées à deux moments différents. Un instrument est considéré comme stable ou comme indiquant une stabilité quand des prises de mesure effectuées dans les mêmes conditions et auprès des mêmes individus donnent des résultats identiques. Certains auteurs recommandent de prendre des mesures à intervalles de deux à quatre semaines. La stabilité de l'instrument de mesure s'évalue au moyen d'une technique appelée « test-retest ». La relation entre les deux ensembles de scores s'exprime par un coefficient de stabilité.

L'examen de la stabilité convient particulièrement pour des éléments relativement stables dans le temps tels que les traits de personnalité et l'estime de soi. Le principe de l'appréciation de la stabilité est que la mesure d'un même élément demeure constante dans le temps. Il est donc déconseillé d'apprécier la stabilité d'instruments qui mesurent des états passagers, par exemple l'humeur. Pour connaître le coefficient de stabilité des données continues situées entre deux ensembles de scores, on utilise habituellement la corrélation (r) de Pearson. Quand les données sont nominales ou ordinales, on fait appel à la corrélation par rang de Spearman-Brown. Un coefficient de stabilité élevé (> 0,70) signifie que les mesures ont peu changé d'une fois à l'autre.

La consistance interne (l'homogénéité)

La consistance interne désigne la concordance existant entre tous les énoncés individuels qui constituent l'instrument de mesure. Elle réfère à l'homogénéité d'un ensemble d'énoncés servant à mesurer différents aspects d'un même concept. Elle a rapport au fait que chaque énoncé est lié aux autres énoncés de l'échelle de mesure. Plus les énoncés sont corrélés, plus grande est la consistance interne de l'instrument. La consistance interne repose sur le principe que l'instrument est unidimensionnel, c'est-à-dire qu'il mesure un seul concept. Les énoncés individuels peuvent être additionnés les uns aux autres pour constituer un seul score puisque tous les énoncés mesurent le même concept et sont de même nature (Green et Lewis, 1986). La technique couramment utilisée pour apprécier le degré de consistance interne d'un instrument de mesure est celle du calcul du *coefficient alpha* (α) de Cronbach (1951). Mentionnons aussi la corrélation inter-énoncés et la technique « moitié-moitié ».

On utilise l'alpha de Cronbach lorsqu'il existe plusieurs possibilités de choix dans l'établissement des scores, comme dans l'échelle de Likert. L'alpha de Cronbach permet de déterminer jusqu'à quel point chaque énoncé de l'échelle mesure un concept donné de la même façon que les autres. Le coefficient alpha est fonction du nombre d'énoncés d'une échelle. Il est plus élevé si l'échelle comporte plusieurs énoncés. La valeur des coefficients varie de 0,00 à 1,00 ; une valeur élevée indique une grande consistance interne. L'alpha de Cronbach doit être réévalué chaque fois qu'une échelle est utilisée. Quand chaque énoncé ne comporte que deux réponses (vrai ou faux), on utilise la technique du coefficient de Kuder-Richardson (KR-20), qui est une variante de l'alpha de Cronbach et qui varie, comme ce dernier, entre 0,00 et 1,00.

Surtout utilisée au cours de la construction d'échelles, la corrélation inter-énoncés sert à estimer la consistance interne. Elle consiste à établir le degré de corrélation entre chaque énoncé individuel d'une échelle de mesure et le score total de la même mesure. À la différence de l'alpha de Cronbach, la corrélation inter-énoncés est non pas le résumé statistique de tous les énoncés de l'échelle, mais plutôt un coefficient de corrélation pour chaque énoncé de l'échelle. Le calcul se fait au moyen du coefficient de corrélation r de Pearson (Green et Lewis, 1986).

La technique moitié-moitié consiste à partager les énoncés d'une échelle en deux moitiés en vue de les comparer entre eux. On peut obtenir les mesures soit à l'aide d'une répartition aléatoire des énoncés, soit à l'aide d'une répartition des énoncés pairs/impairs. Les deux moitiés sont présentées aux participants et on calcule leur coefficient de corrélation. Si les scores des deux moitiés indiquent une corrélation élevée, on peut conclure à la consistance interne de l'échelle de mesure. Toutefois, le coefficient de corrélation entre les deux moitiés des énoncés tend à sous-estimer la fidélité de l'échelle tout entière (Polit et Beck, 2004). Or, il est établi statistiquement qu'une échelle qui comprend peu d'énoncés est moins fidèle qu'une échelle qui en comporte un grand nombre (Laurencelle, 1998). Toutefois, l'application de la formule de Spearman-Brown, appelée aussi « formule d'allongement », permet de compenser le petit nombre d'énoncés contenus dans une échelle ou un test, comme c'est le cas dans la technique moitié-moitié.

L'équivalence

La fidélité relativement à l'équivalence d'un instrument de mesure s'apprécie dans deux circonstances : 1) quand on utilise deux formes équivalentes d'un même instrument (fidélité des formes équivalentes) et 2) quand un même phénomène est observé par différentes personnes (fidélité interjuges).

La fidélité des formes équivalentes ou parallèles s'évalue sur la base du degré de corrélation obtenu entre deux versions ou formes équivalentes d'un même instrument appliquées aux mêmes individus mis à contribution pour mesurer le même concept. Ces formes équivalentes sont employées pour éviter l'effet d'apprentissage. Il peut s'agir de deux questionnaires présentant des versions différentes des énoncés, mais censées mesurer le même concept ou la même caractéristique. Les énoncés d'un même instrument ou ceux des versions équivalentes visent à mesurer le même concept. S'il y a corrélation entre les résultats obtenus dans les deux versions équivalentes, on conclut que celles-ci mesurent réellement et de façon constante un même concept (Graziano et Raulin, 2000). Le coefficient d'équivalence s'établit en corrélant les scores des deux versions de l'instrument de mesure.

La fidélité interjuges réfère à la concordance des résultats enregistrés par deux observateurs indépendants ou plus qui ont utilisé les mêmes instruments de mesure auprès des participants ou observé le même événement. Elle peut aussi consister dans la concordance des observations faites par une seule personne à différents moments. La fidélité interjuges revêt une grande importance dans toute recherche où il est nécessaire de faire appel à l'observation directe pour collecter des données ou évaluer une situation. Le pourcentage d'accords interjuges indique le degré de concordance entre les estimations des observateurs plus que le degré d'exactitude de l'instrument lui-même. En ce sens, l'accord entre les observateurs a trait à l'erreur externe, c'est-à-dire à celle qui est due au caractère faillible de l'observation humaine. Le pourcentage de concordance interjuges donne des indications sur l'importance de l'erreur qui est survenue au cours de l'observation. Dans ce cas, l'erreur s'explique par des différences dans la façon de percevoir les individus et de planifier le codage.

Il existe plusieurs façons d'estimer la fidélité interjuges. On peut calculer le pourcentage d'accords en divisant le nombre de jugements pour lesquels il y a accord entre les observateurs par le nombre total d'observations selon la formule suivante :

$$\frac{\text{Nombre d'accords}}{\text{Nombre total d'observations}} \times 100$$

On obtient habituellement un pourcentage d'accords qui se situe entre 80 et 100 %. Supposons, par exemple, que deux observateurs évaluent le même événement, soit la douleur chez les nouveau-nés prématurés, en utilisant le même système de codage. Si les évaluations des observateurs diffèrent grandement les unes des autres, il y a lieu de se demander si les observateurs sont suffisamment formés pour accomplir leur tâche ou si le phénomène à observer a été défini de façon suffisamment précise. Toutefois, cette façon d'évaluer ne tient pas compte de la proportion d'accords dus à la chance. La statistique kappa est souvent employée pour évaluer la fidélité interjuges (Cohen, 1960), car elle prend en compte les accords dus à la chance. Cette technique consiste à corréler les résultats obtenus par les observateurs pour chaque énoncé ou catégorie. L'indice de fidélité correspond au coefficient de corrélation k (Cicchetti et Fleiss, 1977). Le coefficient k est calculé selon la formule suivante :

$$k = \frac{P_o - P_c}{1 - P_c}$$

L'étendue de la corrélation k va de 0,00 pour l'absence d'accords à 1,00 pour un accord total.

Tableau récapitulatif

Le tableau 15.3 décrit les différents types de fidélité et les techniques qui leur sont associées.

L'interprétation du coefficient de fidélité

Interpréter un coefficient de fidélité, c'est juger de la valeur de l'instrument de mesure. En somme, on peut dire qu'un instrument est fidèle s'il présente constamment les mêmes valeurs. En outre, plus il y a d'énoncés dans une échelle, plus grande

TABLEAU 15.3
Les types de fidélité

Type	Description et technique
Stabilité (test-retest)	Constance des caractères dans le temps due à l'utilisation d'un même instrument auprès des mêmes sujets à des moments différents.
Consistance interne	Homogénéité des énoncés d'un instrument servant à mesurer un seul concept.
■ alpha de Cronbach	Vérification de l'homogénéité des énoncés d'un même concept mesurés sur une échelle.
■ K-Richardson	Évaluation du degré de corrélation entre des énoncés d'un même concept mesuré sur une échelle dichotomique.
■ inter-énoncés	Mesure de la relation entre chaque énoncé d'une échelle et le score total.
■ moitié-moitié	Corrélations exactes entre les deux moitiés d'un instrument utilisées auprès des mêmes individus.
Équivalence	Comparaisons entre deux versions d'une même mesure ou entre deux observateurs ou plus qui mesurent le même événement.
■ formes parallèles	Corrélation entre deux versions équivalentes d'un même instrument.
■ fidélité interjuges	Pourcentage d'accord ou de concordance entre les résultats des observateurs ayant observé le même phénomène.

sera la fidélité. Mais encore faut-il savoir comment on détermine si un instrument de mesure est suffisamment fidèle pour pouvoir être utilisé dans une étude.

Comme nous l'avons déjà mentionné, la fidélité d'un instrument de mesure ne peut être évaluée directement, elle peut être estimée seulement au moyen de procédés d'estimation basés, la plupart du temps, sur la corrélation. L'établissement de corrélations permet d'établir le sens et le degré de la relation qui existe entre deux séries de mesures, et le calcul du coefficient de corrélation fournit des indications sur la précision de l'instrument de mesure. Le coefficient de corrélation varie entre +1,00 et −1,00. Plus la valeur du coefficient s'éloigne de zéro, plus la relation est forte et plus l'instrument est fidèle. Bien qu'il soit possible de faire usage de formules savantes[2] pour interpréter les coefficients de corrélation, nous concentrerons notre attention sur des indicateurs ou des barèmes qui servent à déterminer les valeurs de fidélité acceptables. Ces barèmes, même s'ils comportent une part d'arbitraire, peuvent guider le chercheur dans le choix de l'instrument de mesure. Selon Nunnally (1978) et Streiner et Norman (1991), le niveau de corrélation souhaitable pour les coefficients de fidélité se situe entre 0,70 et 0,90. Ces auteurs précisent qu'un coefficient devrait être de 0,7 en moyenne s'il s'agit de nouvelles échelles, et de 0,8 et plus dans le cas d'échelles bien rodées. Laurencelle (1998) est de la même opinion. Dans l'exemple de barème d'appréciation du coefficient de fidélité qu'il propose, un instrument de mesure qui produit peu d'erreurs est considéré comme excellent

---

2. On trouvera dans L. Laurencelle (1998) diverses interprétations du coefficient de fidélité.

si son coefficient de fidélité se situe entre 0,85 et 0,95 ; l'instrument est regardé comme « bon » si le coefficient se situe entre 0,70 et 0,85 et, dans ce dernier cas, on indique qu'il conviendrait de procéder à une deuxième évaluation. Un instrument dont le coefficient de fidélité est inférieur à 0,70 est considéré comme imprécis, bien qu'il permette d'obtenir de l'information utile.

15.7   La validité de l'instrument de mesure

Un instrument de mesure est valide s'il mesure bien ce qu'il est censé mesurer. La validité correspond au degré de précision avec lequel le concept est représenté par des énoncés particuliers dans un instrument de mesure. Par exemple, le chercheur désireux de mesurer l'adaptation psychosociale d'adolescents tentera de déterminer si les scores qu'il obtient se rapportent bien au concept visé, à savoir l'adaptation psychosociale, et non à un autre concept. On apprécie successivement les types de validité suivants : 1) la validité de contenu ; 2) la validité liée au critère et 3) la validité conceptuelle.

> L'instrument de mesure est valide s'il mesure ce qu'il est censé mesurer.

La validité de contenu

La validité de contenu réfère au caractère représentatif des énoncés utilisés dans un instrument pour mesurer le concept ou le domaine à l'étude. Pour établir la validité de contenu, on cherche à répondre à la question suivante : « Jusqu'à quel point les énoncés d'un instrument de mesure représentent-ils l'ensemble des énoncés par rapport à un domaine particulier ? » Quand un chercheur élabore un instrument, sa principale préoccupation est de s'assurer que les énoncés qu'il contient sont représentatifs du domaine que le chercheur veut mesurer. La validité de contenu est directement liée à la définition théorique du concept, à la définition précise de l'objet de l'étude et à la détermination des indicateurs qui servent à évaluer les comportements à observer.

Green et Lewis (1986) divisent en cinq étapes l'examen de la validité de contenu au cours de la construction d'une nouvelle échelle de mesure : 1) recenser les écrits portant sur le concept à l'étude ; 2) réfléchir sur la signification du concept dans le contexte de la recherche en cours ; 3) préciser les dimensions du concept ; 4) représenter les indicateurs empiriques par des énoncés et 5) examiner les relations entre les énoncés. Cet examen est nécessaire lorsqu'on ne dispose pas d'une échelle permettant de mesurer le concept étudié et qu'il faut en construire une.

Pour évaluer la validité de contenu d'un instrument de mesure tel qu'un questionnaire, on fait fréquemment appel à des experts. Ceux-ci évaluent alors le choix des énoncés ou des questions. On a souvent recours à leurs services pour examiner la validité de contenu d'un questionnaire qu'on ne peut évaluer au moyen de mesures objectives. Le processus est en partie subjectif. On demande à un groupe d'experts de juger de la validité de contenu d'un instrument de mesure, habituellement un questionnaire (données de fait), et de déterminer si l'instrument mesure ce qu'il est censé mesurer. Les experts peuvent quantifier les résultats de leur évaluation et ils examinent si chaque énoncé ou chaque question se rapporte au domaine à l'étude. Lynn (1986) recommande de faire appel à au moins cinq experts, mais il est possible d'obtenir des résultats satisfaisants avec trois. Les experts doivent être familiarisés avec l'un ou l'autre aspect de la recherche ; ils doivent avoir une expertise dans l'élaboration d'instruments ou avoir une bonne connaissance de la discipline concernée (Burns et Grove, 2001).

L'examen de la validité de contenu d'un instrument peut être une démarche plus formelle et comporter le calcul d'un index de validité, appelé parfois pourcentage de concordance. Le chercheur doit fournir au préalable au groupe d'experts une définition du concept ou du problème étudié ainsi que les objectifs de l'étude. Les informations données devraient permettre de juger de la pertinence, de la précision et de la représentativité des énoncés. Waltz et Bausell (1981, p. 71) ont mis au point un indice de validité de contenu (IVC) que les experts utilisent pour évaluer le contenu de chaque énoncé ou de chaque question dans une échelle de mesure comprenant quatre points : 1) non pertinent ; 2) peu pertinent ; 3) assez pertinent ; 4) pertinent. L'index de validité de contenu est défini comme la proportion des énoncés auxquels les experts ont attribué un pointage de 3 et 4. Pour obtenir le coefficient de concordance, on calcule le nombre d'énoncés ayant obtenu des pointages de 3 et 4, comme suit :

$$IVC = \frac{\text{Nombre d'énoncés avec pointage de 3 et 4}}{\text{Nombre total des énoncés}}$$

Un index de validité est acceptable s'il est égal ou supérieur à 0,80 (Waltz, Strickland et Lenz, 1991).

La validité manifeste

Outre la validité de contenu, certains auteurs mentionnent la validité manifeste, appelée aussi validité nominale. La validité manifeste a rapport à la concordance apparente entre les énoncés et les caractéristiques à mesurer. Même si elle ne permet pas de rien conclure sur la validité de contenu d'un instrument, elle peut être un précieux indice si l'on a recours à d'autres moyens de validation.

La validité liée au critère

La validité liée au critère réfère à la corrélation entre un instrument de mesure et un autre instrument (critère) mesurant le même phénomène. Le premier instrument peut prédire un résultat que produira un autre instrument mesurant le même concept au même moment ; il peut prédire un résultat ultérieur portant sur un autre concept défini d'avance. Par exemple, si on établit à l'aide d'une mesure que des adolescents sont profondément attachés à leur mère, on peut prédire des comportements non délinquants à l'avenir. On donne le nom de critère à cette dernière mesure. Les deux formes de validité liée au critère sont la validité concomitante et la validité prédictive.

La validité concomitante a rapport à la corrélation entre deux mesures du même concept prises en même temps auprès d'individus. Par exemple, il peut y avoir corrélation de deux mesures de la santé mentale, l'une prise avec l'échelle SCL-90R et l'autre avec l'échelle MMPI. Le degré de validité concomitante s'exprime par un coefficient de corrélation. Un coefficient élevé indique que les deux échelles mesurent le même concept. L'échelle de mesure peut aussi être comparée avec des données cliniques. On fait appel ici à la sensibilité et à la spécificité des mesures. La sensibilité réfère à la capacité de classer les sujets en fonction d'un problème de santé particulier. La spécificité a rapport à la capacité du test à reconnaître les sujets sains. Par exemple, l'échelle SCL-90R est sensible puisqu'elle permet de détecter les individus dépressifs (vrais positifs) ; elle est spécifique puisqu'elle permet de déceler les individus sains (vrais négatifs).

La validité prédictive est une variante de la validité concomitante ; elle réfère à la corrélation entre deux mesures d'un même concept plus ou moins espacées dans le temps. Elle a rapport à la capacité d'un instrument à prévoir une situation future à partir d'un résultat actuel. Par exemple, un instrument de mesure peut servir à déterminer dans les douze premières heures de vie la stabilité physiologique d'un nouveau-né et ainsi permettre de prédire le nombre de jours d'hospitalisation. En éducation, les scores obtenus à un test d'aptitudes par des étudiants avant leur admission dans un programme de cours peuvent servir à prédire leurs chances de réussite dans leurs études (critère). Le coefficient de corrélation rend compte de la concordance entre la prévision et le résultat.

La validité conceptuelle

La validité conceptuelle, appelée aussi validité de construit, a rapport à la capacité d'un instrument à mesurer le concept ou le construit défini théoriquement (structure théorique). Il s'agit de vérifier les relations théoriques sous-jacentes au construit d'un instrument. Pour estimer la validité conceptuelle, on utilise notamment l'analyse structurelle, les groupes de contraste, la validité convergente et la validité divergente.

L'analyse de la structure théorique

Une échelle de mesure présentant un degré élevé de validité conceptuelle devrait pouvoir montrer que la structure théorique s'accorde avec la théorie sous-jacente (Vallerand, Guay et Blanchard, 2000). Par exemple, si un modèle théorique sur les stratégies de *coping* indique qu'il existe plusieurs types de stratégies, une échelle visant à mesurer ces derniers devra comporter autant de dimensions ou facteurs de manière à ce qu'ils soient tous représentés. L'analyse factorielle est une méthode permettant de retenir des groupements de concepts fortement liés entre eux, appelés facteurs ; elle s'avère particulièrement utile pour déterminer si les énoncés d'une échelle de mesure se regroupent autour d'un seul facteur (Nunnally et Bernstein, 1993). Par exemple, si l'analyse factorielle révèle que les énoncés de l'échelle visant à mesurer les stratégies de *coping* s'harmonisent avec la définition théorique du concept de *coping* sur laquelle s'appuie l'échelle — ce qu'indiquerait une forte corrélation entre les énoncés et le facteur retenu —, alors on peut conclure que l'échelle s'applique à ce concept et pas à d'autres.

La méthode des groupes de contraste

La méthode des groupes de contraste consiste à appliquer une échelle de mesure à deux groupes d'individus différents dont on s'attend qu'ils obtiennent des scores opposés avec la variable mesurée. Par exemple, dans une étude sur l'estime de soi, on peut prédire que les femmes violentées auront des scores plus bas sur l'échelle d'estime de soi que les femmes non violentées. Si l'échelle est sensible aux différences individuelles sur la variable mesurée, on devrait observer une différence significative entre les scores des deux groupes, ce qui démontrerait la validité conceptuelle de l'instrument.

Validité convergente et validité divergente

Établir la validité convergente d'une échelle de mesure consiste à comparer entre eux deux instruments ou plus mesurant un même concept. Si les mesures sont corrélées positivement, il y a validité convergente. Par exemple, si les scores obtenus avec une échelle conçue pour mesurer la gravité de l'asthme chez des enfants hospitalisés se comparent aux scores obtenus avec un autre instrument mesurant le même concept, on peut conclure qu'il y a convergence des deux scores.

Établir la validité divergente d'une échelle de mesure consiste à comparer les résultats obtenus au moyen de deux instruments ou plus mesurant des concepts différents. Par exemple, on veut vérifier si une échelle conçue pour mesurer la gravité de l'asthme chez des enfants hospitalisés diffère d'une échelle mesurant l'anxiété (Norwood, 2000). Si les mesures sont corrélées négativement, il y a validité divergente. En d'autres termes, des échelles valides ne devraient pas corréler avec des échelles qui ne mesurent pas le même construit ; les scores devraient être différents.

La méthode multitrait-multiméthode mise au point par Campbell et Fiske (1959) a été spécialement conçue pour évaluer la validité convergente et divergente. Cette méthode implique l'examen de relations entre, d'une part, des instruments servant à mesurer un construit déterminé et, d'autre part, deux instruments servant à mesurer des construits différents (LoBiondo-Wood, Haber, Cameron et Singh, 2005).

Tableau récapitulatif

Le tableau 15.4 résume ce que nous avons dit au sujet de la validité.

L'interprétation de la validité

Pour interpréter la validité des instruments de mesure, il faut se référer au degré de validité que possède un instrument de mesure et au type de validité examiné. On ne peut dire qu'un instrument est valide ou non valide, mais qu'il possède tel degré de validité. La validité d'une mesure n'est jamais démontrée ; ce sont les applications de l'instrument de mesure qui sont validées dans des contextes particuliers et auprès de populations différentes.

TABLEAU 15.4	
Les formes de validité	
Formes	**Description**
Validité de contenu	Relation logique entre des énoncés qui déterminent le contenu d'un champ d'étude à la suite de la vérification par des experts.
Validité liée au critère	Corrélation entre un instrument de mesure et un autre instrument (critère) servant à comparer le même phénomène.
▪ validité concomitante	Corrélation entre deux mesures prises simultanément.
▪ validité prédictive	Corrélation entre deux mesures d'un concept espacées dans le temps.
Validité conceptuelle	Il s'agit de déterminer si l'échelle mesure le construit défini théoriquement.
▪ analyse structurelle	L'analyse structurelle montre que la structure théorique s'accorde avec la théorie qui sous-tend le construit.
▪ méthode des groupes de contraste	Groupes dont on sait qu'ils sont différents et qui devraient obtenir des scores différents sur une même échelle de mesure.
▪ validité convergente	Il s'agit de vérifier si différentes mesures d'un même construit sont corrélées.
▪ validité divergente	On vérifie si l'instrument mesure un seul construit et le différencie d'autres construits distincts.

15.8   Relations entre la fidélité et la validité

La fidélité et la validité sont des qualités essentielles que l'on doit trouver dans l'instrument de mesure. Elles ne s'évaluent pas sur la base de leur présence ou de leur absence respective, mais en termes de degrés. Il n'existe pas d'instrument complètement valide. Ainsi, on détermine le degré de validité d'une mesure et non si la mesure est valide ou non. Pour apprécier la fidélité, on évalue le degré de corrélation de l'instrument de mesure avec lui-même dans la recherche de la précision. La validité s'évalue avec autre chose que l'instrument de mesure lui-même. Pour l'évaluer, on se fonde sur le pourcentage d'accords entre des experts qui ont examiné le contenu de l'instrument de mesure, on compare avec un autre moyen servant de référence, ou on établit des corrélations avec d'autres instruments de mesure. On apprécie d'abord la fidélité parce qu'elle entraîne la validité : si un instrument de mesure ne donne pas des valeurs constantes, il est en effet inutile d'évaluer sa validité. En fait, la fidélité d'un instrument peut limiter sa validité si le degré d'erreur de mesure est élevé. Ainsi, si un instrument de mesure a un degré élevé de fidélité, cela signifie que l'erreur de mesure est faible et la validité a des chances d'être élevée.

Les concepts de fidélité et de validité s'appliquent non seulement aux nouveaux instruments de mesure, mais également aux instruments traduits d'une autre langue ou utilisés auprès de populations différentes de celles pour qui l'instrument a d'abord été conçu.

15.9 La fidélité et la validité transculturelles

Dans les situations de recherche où il est nécessaire d'utiliser une échelle pour mesurer un concept, le chercheur n'a souvent d'autre choix que d'employer un instrument de mesure conçu dans une autre langue, car la construction d'un instrument serait coûteuse à tous points de vue. Quand il veut se servir d'échelles de mesure conçues dans une autre langue pour évaluer des variables, il doit être renseigné sur leur fidélité et leur validité ainsi que sur leurs aspects normatifs. Toute modification apportée à l'échelle originale peut en affecter sérieusement la fidélité et la validité. Vallerand (1989) décrit en détail la démarche de validation transculturelle.

En traduisant une échelle de mesure d'une langue dans une autre, on en altère la fidélité et la validité. La traduction des énoncés d'une échelle de mesure a pour but de permettre aux participants d'exprimer dans leur propre langue leurs opinions, leurs sentiments, etc., afin que l'on puisse comparer les résultats obtenus avec ceux qui ont été rapportés dans la langue originale (Hulin, 1987). Pour que la traduction de l'instrument de mesure soit de bonne qualité, il est essentiel d'utiliser des techniques reconnues. La retraduction ou méthode inversée est un procédé couramment employé. Elle consiste à traduire d'abord les énoncés de l'échelle, puis à les faire retraduire dans la langue d'origine par un professionnel de la traduction. Les deux versions (originale et retraduite) sont ensuite comparées et corrigées jusqu'à ce qu'elles soient jugées pleinement satisfaisantes (Haccoun, 1987 ; Vallerand, 1989). La traduction inversée a le mérite d'éliminer les fautes de traduction. Toutefois, elle ne constitue qu'une étape, car le chercheur doit s'assurer en outre que la traduction est adaptée à la culture à laquelle appartiennent les participants. Hulin (1987) a démontré l'importance d'assurer une équivalence des énoncés et des échelles avant même de comparer entre eux les scores obtenus avec les différentes versions. Il convient donc de fixer des normes à cet égard, car la population étudiée dans la recherche conduite dans l'autre langue diffère parfois de celle sur laquelle porte la recherche actuelle.

15.10 L'examen critique de la mesure

Il se peut que le lecteur veuille savoir si l'étude qu'il lit donne des indications sur la mesure des variables. L'encadré 15.1 présente un certain nombre de questions susceptibles de guider le chercheur dans son évaluation de l'instrument de mesure. Il sera ensuite capable de déterminer si l'instrument défini dans la section qui traite de la mesure est approprié pour vérifier les hypothèses ou répondre aux questions de recherche. Par exemple, dans le cas où il s'agirait de mesurer le stress comme variable dépendante, il importerait de savoir si on a utilisé une échelle de mesure physiologique ou une échelle psychologique de type Likert. On devrait trouver dans la section en question de l'information sur la fidélité et la validité des instruments de mesure.

ENCADRÉ 15.1
Questions permettant de faire un examen critique de la mesure

- L'échelle de mesure utilisée (nominale, ordinale, à intervalles, à proportions) est-elle appropriée pour mesurer les variables de recherche ?

- Les instruments de mesure ont-ils été utilisés antérieurement ou ont-ils été construits pour les besoins de l'étude ?

- Trouve-t-on de l'information sur la fidélité des instruments de mesure ?

- Si oui, quel type de fidélité a été analysé et comment l'auteur interprète-t-il les résultats de l'examen de la fidélité ?

- Trouve-t-on de l'information sur la validité des instruments de mesure ?

- Si oui, quel type de validité a été analysé ? Les résultats vous semblent-ils suffisants ?

- Si on a traduit les échelles de mesure d'une autre langue, comment a-t-on procédé ? Cela vous paraît-il approprié ?

- S'est-on assuré de la fidélité et de la validité des échelles traduites ?

Résumé

La mesure joue un rôle fondamental dans le processus de recherche, car elle permet de répondre aux questions de recherche et de vérifier des hypothèses. Mesurer consiste à assigner des nombres à des choses ou à des événements en suivant certaines règles, de manière que ces derniers reçoivent une valeur. Les valeurs sont soit des valeurs numériques, soit des valeurs catégorielles. Lorsqu'on mesure des concepts, il faut considérer les niveaux d'abstraction. Peu de concepts sont directement mesurables, et il est nécessaire de faire appel à des indicateurs empiriques pour représenter les dimensions d'un concept abstrait. La mesure des concepts implique un processus d'opérationnalisation qui consiste à définir théoriquement le concept, à décrire son contenu, à rechercher des indicateurs appropriés et enfin à choisir ou à fabriquer un instrument de mesure.

Les variables peuvent être continues ou discrètes, et il existe des échelles particulières pour les mesurer : 1) l'échelle nominale sert à attribuer des nombres à des objets pour représenter des catégories exhaustives qui s'excluent mutuellement ; 2) l'échelle ordinale sert à attribuer des nombres à des objets pour représenter un ordre de grandeur ; 3) l'échelle à intervalles produit des valeurs continues, les nombres assignés étant espacés à intervalles égaux et 4) l'échelle à proportions est le niveau de mesure le plus élevé et possède de plus toutes les propriétés de la mesure à intervalles et un zéro absolu

qui représente l'absence du phénomène. L'erreur de mesure est l'écart entre la mesure réelle de la caractéristique et ce qui est mesuré par l'instrument. L'erreur de mesure se produit aussi bien dans les mesures directes que dans les mesures indirectes et elle peut être aléatoire ou systématique. La mesure de référence peut être normative ou critériée. Elle est normative dans l'évaluation du rendement d'individus ou dans le score obtenu à un test. Elle est critériée dans l'évaluation du rendement d'un individu par rapport à lui-même.

La fidélité et la validité sont des qualités essentielles de l'instrument de mesure. La fidélité se définit comme la constance avec laquelle un instrument de mesure fournit des résultats semblables dans des situations comparables. On distingue trois types de fidélité : la stabilité, la consistance interne et l'équivalence. Interpréter un coefficient de fidélité, c'est apprécier la valeur de l'instrument de mesure. La fidélité est la capacité de mesurer d'une fois à l'autre un même objet de façon constante. Un instrument de mesure est valide s'il mesure ce qu'il est censé mesurer. Plusieurs types de validité peuvent être évalués, entre autres : 1) la validité de contenu (on évalue si l'instrument est représentatif de l'ensemble des énoncés qui constituent le concept ou le domaine à mesurer) ; 2) la validité liée au critère (on apprécie la concordance entre une mesure donnée et une autre mesure indépendante servant de critère) et 3) la validité conceptuelle (analyse de la structure théorique qui sous-tend le concept, méthode des groupes de contraste, validité convergente et validité divergente).

Lorsqu'un instrument de mesure est traduit d'une autre langue, sa fidélité et sa validité se trouvent affectées.

La traduction inversée permet de rester fidèle au sens du texte original. Toutefois, elle ne constitue qu'une étape, le chercheur devant aussi s'assurer que la traduction est adaptée à la culture à laquelle appartiennent les participants.

Mots clés

Coefficient de fidélité	Erreur de mesure	Validité conceptuelle
Concept	Fidélité	Validité concomitante
Consistance interne	Indicateur empirique	Validité convergente
Construit	Mesure	Validité de contenu
Échelle à intervalles	Opérationnalisation	Validité divergente
Échelle à proportions	Référence critériée	Validité liée au critère
Échelle nominale	Référence normative	Validité moitié-moitié
Échelle ordinale	Stabilité	Validité prédictive
Équivalence	Validité	Validité transculturelle

Exercices de révision

1. Définissez les termes suivants :

   a. Concept   e. Échelle de mesure

   b. Mesure   f. Validité

   c. Erreur de mesure   g. Définition conceptuelle

   d. Fidélité   h. Indicateur empirique

2. Comment appelle-t-on la définition qui indique la façon dont un concept sera mesuré ?

3. Quelles valeurs les nombres assignés aux objets, aux événements ou aux personnes peuvent-ils avoir ?

4. Sur quoi se base-t-on pour attribuer des nombres aux personnes ou aux objets ?

5. Énumérez dans l'ordre les quatre étapes de l'opérationnalisation des concepts.

6. Quelle est la principale différence entre la mesure discrète et la mesure continue ?

7. Le score obtenu à l'aide d'un instrument de mesure comprend trois éléments. Quels sont-ils ?

8. Rapportez les échelles de mesure aux variables qui conviennent :

   a. Nominale   c. À intervalles

   b. Ordinale   d. À proportions

1. La température en degrés Celsius

2. Le sexe

3. Le degré de scolarité

4. La note à l'examen final

5. Le type de diagnostic

6. Le revenu annuel

7. Le score d'une échelle analogue

8. La durée

9. La gravité de la maladie

10. La couleur

9. Dites quel est le niveau de mesure auquel correspondent les deux exemples suivants et justifiez votre réponse :

   a. Le revenu familial des habitants de Moncton :

< 10 000 $	40 000 $ à 69 999 $
10 000 $ à 29 999 $	70 000 $ et plus
30 000 $ à 39 999 $	

   b. L'état civil des professeurs :

célibataire	veuf/veuve
vit maritalement	autre
divorcé(e)	

10. Questions à choix multiples

    1. L'échelle qui classifie et ordonne les objets pour déterminer dans quelle mesure ils possèdent la caractéristique étudiée est :
       a. l'échelle nominale
       b. l'échelle ordinale
       c. l'échelle à intervalles
       d. l'échelle à proportions

    2. Laquelle des deux variables — la température en degrés Celsius ou le poids en kilogrammes — utilise le plus haut niveau de mesure ?
       a. la température en degrés Celsius
       b. le poids en kilogrammes
       c. les deux variables sont équivalentes

    3. Le poids d'un bébé est mesuré avec l'échelle :
       a. nominale
       b. ordinale
       c. à intervalles
       d. à proportions

    4. Laquelle des propriétés suivantes l'alpha de Cronbach sert-il à déterminer ?
       a. la consistance interne
       b. la stabilité
       c. la validité liée au critère
       d. la validité de construit

11. Rapportez les types de fidélité ou de validité aux définitions qui conviennent :
    a. la fidélité test-retest (stabilité)
    b. la fidélité interjuges
    c. la consistance interne
    d. la validité de contenu
    e. la validité prédictive
    f. la validité concomitante
    g. la validité convergente
    h. la validité divergente

1. Concordance entre les mesures de deux observateurs qui observent le même événement.

2. Corrélation entre la mesure d'un concept et la mesure ultérieure dont le résultat est prédit.

3. Représentativité de l'ensemble des énoncés qui constituent le concept à mesurer.

4. Corrélation entre deux mesures du même concept prises en même temps.

5. Évalue la constance des réponses lors de mesures répétées.

6. Estime l'homogénéité des énoncés d'un instrument de mesure.

7. Comparaisons des valeurs obtenues entre différents instruments qui mesurent le même concept.

8. Comparaisons des valeurs obtenues avec d'autres instruments qui mesurent des concepts analogues.

12. Si un ensemble d'énoncés sur une échelle mesurant l'estime de soi présente une bonne consistance interne, que doit-on conclure de la relation entre eux ?

13. Examinez les énoncés suivants et dites à quel type de fidélité ou de validité ils correspondent.

    a. L'inventaire d'anxiété de Beck a été passé à un groupe d'individus à deux moments différents dans un intervalle de trois semaines. La corrélation obtenue entre les scores des deux prises de mesure a été de 0,85.

    b. La corrélation entre les scores d'autonomie obtenus par des étudiants au moment de l'obtention de leur diplôme et leurs habiletés de leadership deux ans après était de 0,70.

14. Pour être acceptable, à quel degré ou à quelle valeur entre 0 et 1,00 devrait se situer le coefficient de corrélation ?

Références bibliographiques

Bandura, C.A. (1977). *Social Learning Theory,* Englewood Cliffs (N.J.), Prentice Hall.

Burns, N. et Grove, S.K. (2001). *The Practice of Nursing Research : Conduct, Critique, and Utilization,* 4ᵉ éd., Philadelphie, W.B. Saunders.

Campbell, D. et Fiske, D. (1959). « Convergent and discriminant validation by the multi-trait-multi-method matrix », *Psychology Bulletin, 53,* p. 273-302.

Cicchetti, D.V. et Fleiss, J.L. (1977). « Comparison of the null distributions of weighted kappa and the c ordinal statistics », *Applied Psychological Measurement, 1*(2), p. 195-201.

Cimprich, B. et Ronis, D.L. (2001). « Attention and symptom distress in women with and without breast cancer », *Nursing Research, 50*(2), p. 86-94.

Coday, M., Klesgess, I.M., Garrison, R.J., Johnson, K.C., O'Toole, M. et Morris, G.S. (2002). « Health opportunities with physical exercise (hope) : Social contextual intervention to reduce sedentary behaviours in urban settings », *Health Education Research, 17*(5), p. 637-647.

Cohen, J. (1960). « A coefficient of agreement for nominal scales », *Educational and Psychological Measurement, 20,* p. 37-46.

Cronbach, L.J. (1951). « Coefficient alpha and the internal structure of tests », *Psychometrika, 16,* p. 297-334.

Fawcett, J. et Downs, F.S. (1992). *The Relationship of Theory and Research,* 2ᵉ éd., Norwalk (Conn.), Appleton-Century-Crofts.

Ferrans, C.E. (1996). « Development of a conceptual model of quality of life », *Scholarly Inquiry for Nursing Practice : An International Journal, 10*(3), p. 293-404.

Ferrans, C.E. et Powers, M.J. (1985). « Quality of life index : Development and psychometric properties », *Advances in Nursing Science, 8*(1), p. 15-24.

Gall, M.D., Borg, W.R. et Gall, J.P. (1996). *Educational Research : An Introduction,* 6ᵉ éd., White Plains (N.Y.), Longman.

Giroux, S. et Tremblay, G. (2002). *Méthodologie des sciences humaines : la recherche en action,* 2ᵉ éd., Montréal, ERPI.

Graziano, A.M. et Raulin, M.L. (2000). *Research Methods : A Process of Inquiry,* 4ᵉ éd., Boston, Allyn and Bacon.

Green, L. et Lewis, F. (1986). *Measurement and Evaluation in Health Education and Health Promotion,* Palo Alto (Calif.), Mayfield.

Haccoun, R.H. (1987). « Une nouvelle technique de vérification de l'équivalence de mesures psychologiques traduites », *Revue québécoise de psychologie, 8*(3), p. 30-39.

Hulin, C.L. (1987). « A psychometric theory of evaluations of item and scale translations : Fidelity across languages », *Journal of Cross-Cultural Psychology, 18*(2), p. 115-142.

Kerlinger, F.N. (1973). *Foundations of Behavioral Research,* 2ᵉ éd., New York, Holt, Rinehart and Winston.

Laurencelle, L. (1998). *Théorie et techniques de la mesure instrumentale,* Québec, Presses de l'Université du Québec.

LoBiondo-Wood, G., Haber, J., Cameron, C. et Singh, M.D. (2005). *Nursing Research in Canada : Methods, Critical Appraisal, and Utilization,* Toronto, Elsevier Mosby.

Lynn, M.R. (1986). « Determination and quantification of content validity », *Nursing Research, 35*(6), p. 382-385.

McMillan, J.H. et Schumacher, S. (1989). *Research in Education : A Conceptual Introduction,* Glenview (Ill.), Scott, Foresman and Co.

Melzack, R. (1987). « The short-form McGill Pain Questionnaire », *Pain, 11,* p. 191-197.

Norwood, S.L. (2000). *Research Strategies for Advanced Practice Nurses,* Upper Saddle River (N.J.), Prentice Hall Health.

Nunnally, J.C. (1978). *Psychometric Testing,* New York, McGraw-Hill.

Nunnally, J.C. et Bernstein, I.H. (1993). *Psychometric Theory,* 3ᵉ éd., New York, McGraw-Hill.

Polit, D.F. et Beck, C.T. (2004). *Nursing Research : Principles and Methods,* 7ᵉ éd., Philadelphie, Lippincott, Williams & Wilkins.

Stevens, S.S. (1946). « On the theory of scales of measurement », *Science, 103*(2684), p. 677-680.

Streiner, D.L. et Norman, G.R. (1991). *Health Measurement Scales : A Practical Guide to Their Development and Use,* Oxford, Oxford University Press.

Vallerand, R.J. (1989). « Vers une méthodologie de validation trans-culturelle de questionnaires psychologiques : implications pour la recherche en langue française », *Canadian Psychology / Psychologie canadienne, 30*(4), p. 662-680.

Vallerand, R.J., Guay, F. et Blanchard, C. (2000). « Les méthodes de mesure verbales en psychologie », dans R.J. Vallerand et U. Hess (dir.), *Méthodes de recherche en psychologie,* Boucherville, Gaëtan Morin éditeur.

Wallston, K.A., Wallston, B.S. et DeVellis, R. (1978). « Development of the multidimensional health locus of control scales », *Health Education Monographs, 6*(2), p. 160-170.

Waltz, C. et Bausell, R.B. (1981). *Nursing Research : Design, Statistics and Computer Analyses,* Philadelphie, F.A. Davis.

Waltz, C.F., Strickland, O.L. et Lenz, E.R. (1991). *Measurement in Nursing Research,* 2ᵉ éd., Philadelphie, F.A. Davis.

Les méthodes de collecte des données

Objectifs d'apprentissage

À la fin de ce chapitre, vous devriez être en mesure :

1) de discuter du choix d'une méthode de collecte des données ;

2) de discuter du questionnaire comme méthode de collecte des données ;

3) de mettre le questionnaire en relation avec l'échelle de mesure ;

4) de discuter de la méthode d'observation ;

5) de faire la distinction entre mesure objective et mesure subjective ;

6) d'analyser de manière critique la section portant sur les instruments de mesure dans les articles de recherche.

SOMMAIRE

Vue d'ensemble

Comme la recherche peut porter sur une multiplicité de phénomènes, il est nécessaire de disposer de plusieurs méthodes de collecte des données. Dans le choix de la méthode de collecte des données, on se base sur les questions de recherche ou les hypothèses, les connaissances relatives aux variables à l'étude, le devis de recherche, les instruments de mesure existants ou l'éventualité d'avoir à construire des instruments de mesure. Il arrive que le chercheur ait à construire son propre instrument de mesure pour pouvoir remplir les objectifs de son étude. Nous considérons, dans ce chapitre, les éléments à prendre en compte dans le choix d'une méthode de collecte des données et les principaux instruments de mesure utilisés avec des personnes, à savoir les mesures physiologiques, les mesures par observations, les entrevues, les questionnaires et les échelles (tests). Nous traitons pour finir de la validation et de l'adaptation d'une échelle de mesure importée.

Comme nous le savons déjà, les concepts auxquels le chercheur s'intéresse doivent prendre la forme de variables pour être mesurés. Les définitions opérationnelles des variables et le choix de la méthode appropriée pour recueillir l'information auprès des participants constituent des aspects importants du processus de recherche. Les données peuvent être recueillies de diverses façons; on peut collecter des données factuelles à l'aide d'entrevues et de questionnaires, évaluer des caractéristiques psychosociales à l'aide d'échelles de mesure ou encore apprécier des situations par des observations directes. C'est au chercheur de déterminer le type d'instrument de mesure qui convient le mieux au but de l'étude, à ses questions de recherche ou à ses hypothèses. Nous décrirons un peu plus loin les principales méthodes de collecte des données. Mais voyons auparavant quels sont les facteurs à considérer dans le choix d'une méthode.

16.1   Comment choisir une méthode de collecte des données

Quelle que soit la discipline concernée, la recherche est susceptible de porter sur une multitude de phénomènes et, pour la réaliser, il faut avoir à sa disposition différents instruments de mesure. Le choix de la méthode de collecte des données dépend du niveau de recherche, du type de phénomène ou de variable et des instruments disponibles. Le chercheur doit se demander si l'instrument de mesure qu'il envisage d'utiliser pour recueillir l'information auprès des participants est bien celui qui convient pour répondre aux questions de recherche ou vérifier des hypothèses. Il doit donc être familiarisé avec les divers instruments de mesure, connaître leurs possibilités. Parallèlement, il considère le niveau de recherche ainsi que les connaissances existantes sur les variables à l'étude.

Quand il a à étudier un phénomène encore mal connu, comme dans la recherche exploratoire-descriptive, le chercheur s'applique d'abord à accumuler le plus d'informations possible sur ce dernier de manière à cerner les divers aspects du phénomène. Dans les études exploratoires, on utilise surtout les observations participantes, les entrevues non dirigées et les enregistrements. Dans les études descriptives proprement dites, ce sont principalement les entrevues dirigées ou semi-dirigées, les observations, les questionnaires et, parfois, les échelles qui sont employés. S'il s'agit de décrire les relations entre des variables (étude descriptive corrélationnelle) ou de les expliquer (étude corrélationnelle), on fait généralement appel à des échelles de mesure, à des tests normalisés et à des questionnaires. Si on cherche à prédire des relations causales, lesquelles supposent la manipulation d'une variable indépendante, les questionnaires, les échelles de mesure et les observations structurées sont les méthodes de choix.

Au moment du choix de la méthode de collecte des données, il faut rechercher un instrument de mesure qui s'accorde avec les définitions conceptuelles des variables qui font partie du cadre conceptuel ou théorique. Le chercheur doit s'assurer que l'instrument offre une fidélité et une validité suffisantes. S'il est traduit d'une autre langue, l'instrument doit avoir les mêmes propriétés métrologiques que l'instrument original. Si aucun instrument de mesure ne lui paraît approprié pour l'étude des variables, le chercheur n'aura d'autre choix que d'en construire un et de le soumettre ensuite au processus de vérification et de validation.

En réfléchissant aux facteurs à considérer dans le choix d'une méthode de collecte des données, le chercheur est amené à déterminer non seulement les variables de l'étude, mais aussi le type de données sociodémographiques, les moyens de contrôle des variables étrangères et les biais possibles. Il doit en outre considérer les aspects éthiques de sa recherche ainsi que la disponibilité du personnel de recherche.

Les principales méthodes de collecte des données

L'étape suivante consiste à déterminer le type de méthode de collecte des données qui convient le mieux. Parmi les principales méthodes, mentionnons : les mesures physiologiques ; les mesures par observation ; les entrevues ; les questionnaires ; les échelles ; la technique Delphi, les vignettes et les techniques projectives.

16.2   Les mesures physiologiques

Les mesures physiologiques consistent à collecter des données biophysiques à l'aide d'instruments ou d'appareils médicaux ou de laboratoire. Elles fournissent généralement des données plus objectives et plus précises que la plupart des autres méthodes de collecte des données. En ce qui concerne les mesures biophysiques, mentionnons entre autres le prélèvement sanguin, la tension artérielle, les tests de laboratoire, les rayons X et l'ECG. Outre qu'elles procurent des données sur les variables biologiques, les mesures biophysiques donnent parfois des indications sur des variables psychologiques. Par exemple, le pouls est une mesure biophysique qui est souvent utilisée pour évaluer l'anxiété.

Certains changements physiologiques qui accompagnent souvent des réactions émotives intenses sont mesurables. Aux mesures spécialement conçues pour évaluer le stress et l'anxiété, on ajoute souvent des mesures du rythme cardiaque, de la tension artérielle et du niveau de cortisol, qui fournissent un certain type d'information.

C'est par l'observation d'indicateurs fonctionnels qu'on évalue l'état de santé. Par exemple, les troubles du sommeil sont souvent liés à des problèmes de santé. Le sommeil peut être mesuré à l'aide d'appareils et par l'auto-observation. En psycho-physiologie, les mesures de l'activité cardiovasculaire sont parfois très utiles dans l'étude des réactions de l'organisme à des situations stressantes.

Certains phénomènes physiologiques sont plus subjectifs que d'autres, comme la douleur, la fatigue, la nausée, la dyspnée. Pour les quantifier, il faut demander aux individus d'évaluer leur intensité ou les changements qui se produisent sur le plan de la sensation. L'utilisation d'échelles visuelles analogues est tout indiquée pour évaluer l'intensité des stimuli perçus par l'individu.

Il arrive que les mesures physiologiques soient erronées, et la cause en est souvent un mauvais calibrage des instruments. Parmi les erreurs courantes, signalons les faux positifs et les faux négatifs, qui peuvent survenir lors de tests de dépistage, comme dans l'évaluation des indices de sensibilité et de spécificité (frottis cervical dans le dépistage du cancer du col de l'utérus).

Les mesures physiologiques sont considérées comme des mesures objectives. Les techniques d'observation, les entrevues, les questionnaires et les échelles additives sont des mesures subjectives. Nous décrirons maintenant ces mesures à tour de rôle.

16.3   Les mesures par observation

L'étude d'observation consiste à recueillir des données au moyen de l'observation. Elle constitue souvent le moyen privilégié de mesurer des comportements humains ou des événements. La manière de conduire l'observation varie selon les besoins du chercheur. On distingue l'observation non structurée et l'observation structurée ou systématique. Dans l'observation non structurée, utilisée surtout dans les recherches qualitatives, il existe une plus grande flexibilité dans la façon de recueillir les données et de les interpréter. Dans l'observation systématique, l'objet sur lequel porte l'observation ainsi que le moment et la manière dont les données sont recueillies, enregistrées et codées sont clairement définis.

Les observations sont considérées comme scientifiques si elles s'insèrent dans des recherches soigneusement planifiées. Le chercheur doit déterminer la méthode d'observation, l'objet sur lequel portera l'observation, le lieu et le moment, et enfin préciser comment ces observations seront notées et par qui.

L'observation non structurée

L'observation non structurée, dite aussi observation « libre », consiste à recueillir de l'information sur les comportements à un moment qui est jugé opportun (Bouchard et Cyr, 1998). L'observation non structurée diffère de l'observation structurée par sa flexibilité, par son caractère peu contraignant, par une liberté plus grande dans l'interprétation, par la prise en compte de l'expérience des observateurs et par la possibilité de changer le point de vue ou de considérer des phénomènes qui apparaissent en cours de route.

Une des formes les plus courantes de l'observation non structurée est l'observation participante. Elle implique que l'observateur fait oublier le rôle qui est le sien en s'intégrant complètement dans le groupe social qu'il s'est donné pour tâche d'étudier (Grawitz, 1996). Elle vise à aider les participants à dégager le sens de leurs actions. Le rôle de l'observateur participant est d'étudier le groupe social de l'intérieur par une participation directe et personnelle. L'observation participante relève de l'approche anthropologique.

L'observation structurée

L'observation structurée consiste à observer et à décrire de façon systématique des comportements et des événements ayant rapport au problème de recherche. Que l'information soit recueillie au moyen de l'observation ou au moyen d'un questionnaire, le but est toujours de constater des faits et de les rapporter fidèlement (Giroux et Tremblay, 2002). Pour pouvoir atteindre ce but, il faut se doter d'un plan d'observation.

Le plan d'observation

Avant de collecter des données au moyen de l'observation structurée, le chercheur doit d'abord dresser un plan d'observation qui précise un certain nombre d'éléments :

> L'observation systématique consiste à observer et à décrire des comportements et des événements ayant rapport au problème de recherche.

- Quoi observer ? On détermine l'objet sur lequel portera l'observation et on définit les unités d'analyse.

- Quand doit-on noter les observations ? On détermine soit l'événement déclencheur, soit le moment déclencheur.

- Comment le comportement ou l'événement sera-t-il noté ? On précise la manière dont il sera consigné.

- Où les observations se feront-elles ? On décrit le milieu.

- Qui fera les observations ? On précise les tâches de l'observateur.

Quoi observer ?   On détermine ce sur quoi portera l'observation et auprès de qui elle se fera. On indique quels sont les comportements ou les événements à observer et les critères permettant de les distinguer les uns des autres. Il peut s'agir, par exemple, d'étudier des comportements qu'il serait difficile de décrire autrement que par l'observation, des gestes ou des paroles, ou encore des caractéristiques de l'environnement. Pour assurer l'exactitude des données, l'observateur doit consigner les données sur un seul comportement à la fois. Après avoir précisé les unités d'observation (par exemple, des gestes et des mimiques), l'observateur peut déterminer la fréquence et la durée du comportement ainsi que l'ordre de classement et la façon de consigner les observations.

On met généralement en place un système de classement des différentes unités d'observation. Les unités d'observation peuvent être des mimiques, des gestes ou des actions. Ainsi, « marcher », « se lever », « grimacer » sont des unités d'observation (Boehm et Weinberg, 1987). On choisit les unités d'observation en fonction du but de l'étude. Beaugrand (1988) énumère un certain nombre de critères servant à guider le choix des unités d'observation. Les unités d'observation doivent s'exclure mutuellement et être homogènes ; elles doivent être concrètes, objectives et représentatives de tous les comportements définis ; enfin, elles doivent être clairement définies et se rapporter directement aux objectifs de l'étude.

Quand consigner les observations ?   Quel est le meilleur moment pour noter ses observations sur un comportement en particulier ? Pendant combien de temps doit-on les consigner et à quelle fréquence ? Le chercheur doit établir un système d'observation ou de codification qui indique soit l'événement déclencheur, si l'observation est notée au fur et à mesure qu'il se produit, soit le moment déclencheur, si l'observation est consignée à un moment précis. S'il prend comme base l'événement déclencheur, l'observateur commence à noter le comportement au moment même où un événement particulier arrive. Par exemple, on observe des enfants qui jouent dans un terrain de jeu et on note ses observations à partir du moment où l'un d'entre eux est agressé physiquement. S'il se base sur le moment déclencheur, l'observateur note ou enregistre des comportements à des moments déterminés d'avance. Ainsi, l'observateur peut noter de façon continue la présence ou l'absence de comportements agressifs toutes les 10 secondes, ou il peut observer les enfants durant 30 secondes et ensuite noter la présence ou l'absence de comportements agressifs.

Comment les observations seront-elles notées ?   L'enregistrement des comportements désignés doit être soigneusement planifié en fonction des buts de l'étude et des hypothèses à vérifier. Pour ce faire, on indique les modalités selon lesquelles les observations seront notées. On peut, par exemple, noter immédiatement le comportement ou l'enregistrer sur une bande vidéo et le noter plus tard. Il existe plusieurs façons de recueillir les données provenant de l'observation directe. Mentionnons la liste de pointage, qui consiste à dresser la liste de tous les comportements que l'observateur doit observer et classer dans des catégories définies. On peut également établir une grille d'observation sur laquelle on note le moment d'apparition des comportements, leur durée ou leurs caractères. La collecte des données suit un plan d'échantillonnage, car il est impossible d'observer tous les comportements en même temps et de caractériser la manière dont ils s'enchaînent.

Où les observations se feront-elles ?   Les observations peuvent être effectuées en laboratoire ou en milieu naturel ; le choix du lieu dépend de la nature de la recherche et de l'analyse des avantages et des inconvénients de chacun des lieux qui ont été envisagés. Les observations faites en laboratoire sont peut-être moins généralisables que celles qui sont conduites en milieu naturel, mais elles sont plus susceptibles de comparaison entre elles et concernent plus vraisemblablement les types d'interactions ou de comportements que le chercheur s'est donné pour but d'étudier (Bouchard et Cyr, 1998). Le chercheur doit donc considérer les avantages et les inconvénients de ces deux lieux d'observation par rapport au but de l'étude.

Qui fera les observations ?   Le chercheur peut charger des assistants de recherche, des étudiants ou des professionnels d'effectuer les observations. Comme il est en quelque sorte l'instrument servant à collecter les données sur le terrain, l'observateur doit être choisi en fonction de sa capacité à observer et à décrire des comportements

Le plan d'observation contient les réponses aux questions suivantes :
1) Quoi observer ?
2) Quand noter les observations ?
3) Comment noter les observations ?
4) Où les observations se feront-elles ?
5) Qui fera les observations ?

précis. Il est appelé à jouer deux rôles différents. D'une part, il s'agit de déceler un comportement déterminé : tel comportement s'est-il produit ou non ? L'observateur a alors besoin de connaître avec précision quels sont les comportements à observer. D'autre part, il est un informateur, une personne qui est capable de dégager la signification que tel comportement revêt dans un contexte particulier.

Le lecteur désireux de se familiariser avec les techniques d'observation systématique peut consulter le site Internet suivant : http://www.acm.org/chapters/trichi/newsletters/nov96/behavior.obs.html

La fidélité des données

Comme l'observation repose en grande partie sur la capacité de l'observateur à rapporter exactement les faits observés, il s'ensuit qu'elle doit être confiée à des personnes formées et expérimentées. Comme toutes les méthodes de collecte des données, l'observation comporte des désavantages, et il est important de les connaître (Laperrière, 2000). La principale faiblesse, selon la plupart des ouvrages qui traitent de méthodologie, est sans contredit le caractère subjectif des observations, qui risque d'introduire des biais dans le choix des unités d'observation et dans l'enregistrement des données. Le manque de concordance entre les observations amoindrit la valeur de la méthode et des résultats de la recherche (Grawitz, 1996). Une méthode d'observation est considérée comme fidèle si les résultats qu'elle produit sont précis, exacts et constants. Si un plan d'observation est fidèlement suivi, le risque de voir apparaître des erreurs de mesure est moins grand.

Un des moyens employés couramment pour apprécier l'exactitude d'un système d'observation ou la qualité des données recueillies consiste à déterminer, en utilisant un même système d'observation ou d'enregistrement, la proportion d'accord existant entre les observateurs. Le pourcentage d'accord entre les observateurs (interjuges) doit être d'au moins 80 %. On peut également faire appel aux évaluations statistiques effectuées à l'aide de la statistique kappa (k). Elles sont souvent plus appropriées que les pourcentages parce qu'elles permettent d'apprécier l'étendue de l'accord qui s'établit entre 0 et 1,0 représentant l'accord obtenu par chance, et 1 l'accord parfait. Plus le coefficient de corrélation k se rapproche de 1, plus grande est la fidélité des données.

L'analyse des données

Les observations qui sont effectuées produisent de grandes quantités de données. Celles-ci doivent être groupées et résumées en vue de leur interprétation. Pour résumer les données provenant de l'observation, on peut utiliser des statistiques descriptives. Le taux ou la fréquence d'apparition des comportements peut être calculé statistiquement. On peut aussi calculer la fréquence et la durée totales en secondes du comportement observé. Par exemple, dans l'évaluation de l'expression de la douleur chez les nouveau-nés prématurés, on définit souvent des périodes de 30 secondes au cours desquelles on évalue en secondes les grimaces du visage (sillon naso-labial, yeux fermés serré et sourcils relevés).

16.4 Les entrevues

L'entrevue est un mode de communication verbale qui s'établit entre deux personnes, soit un interviewer et un répondant.

L'entrevue est la principale méthode de collecte des données dans les recherches qualitatives. Elle est un mode particulier de communication verbale entre deux personnes, un interviewer qui recueille des données et un répondant qui fournit de l'information. L'entrevue est surtout utilisée dans les études exploratoires, mais elle est également utile dans d'autres types de recherche. L'entrevue remplit généralement trois fonctions : 1) examiner des concepts et comprendre le sens d'un phénomène tel qu'il est perçu par les participants ; 2) servir comme principal instrument de mesure et 3) servir de complément aux autres méthodes de collecte des données. Les deux principaux types d'entrevue sont l'entrevue non dirigée (ou non structurée) et l'entrevue dirigée (ou structurée). Dans le premier type, le participant contrôle le contenu alors que, dans le second, c'est l'interviewer qui le contrôle. L'entrevue dirigée ressemble au questionnaire en ce que les réponses possibles sont soigneusement recensées par le chercheur. Entre l'entrevue non dirigée et l'entrevue dirigée prend place l'entrevue semi-dirigée, qui combine certains aspects de ces dernières et qui est la plus couramment employée des trois. Nous allons examiner brièvement en quoi consistent ces types d'entrevue.

L'entrevue non dirigée

Dans l'entrevue non dirigée, la formulation et l'ordre des questions ne sont pas déterminés d'avance, mais laissés entièrement à la discrétion de l'interviewer. La plupart du temps, c'est l'interviewé qui décide de la direction à donner à l'entrevue. L'entrevue non dirigée est un des outils de prédilection dans les recherches qualitatives, en particulier dans les récits de vie où les règles à suivre sont peu ou pas contraignantes (Fontana et Frey, 1994). Le chercheur introduit le sujet sur lequel doit porter l'entrevue. Le participant est invité à exprimer ses idées sur le sujet ; l'interviewer doit manifester son intérêt et être attentif. L'entrevue peut être amorcée par une question très large. Dans les entrevues entièrement non dirigées, les répondants sont encouragés à parler librement des sujets proposés par l'interviewer, et il n'est pas nécessaire que ceux-ci soient tous abordés. L'entrevue non dirigée peut parfois constituer la première étape de la conception d'un instrument de mesure.

L'entrevue dirigée

Dans l'entrevue dirigée, l'interviewer a la haute main sur le contenu et le déroulement des échanges ainsi que sur l'analyse et l'interprétation des mesures (Waltz, Strickland et Lenz, 1991). La nature des questions à poser, leur formulation et leur ordre de présentation sont déterminés d'avance. Comme les questions à poser sont fermées, l'interviewer est astreint à suivre un cadre défini. L'entrevue se déroule de la même manière pour tous les répondants. Les interviewers doivent avoir reçu une formation et les questions sont testées au préalable afin de s'assurer de leur clarté. On veille à ce qu'aucun biais, verbal ou non verbal, ne s'introduise dans le travail de l'interviewer ou dans l'entrevue elle-même. Un des avantages de l'entrevue dirigée est de permettre la comparaison des données entre les répondants. Comme l'élaboration et l'enchaînement des questions d'une entrevue dirigée suivent les mêmes principes que le questionnaire, ils seront traités en détail dans la section consacrée à ce dernier.

L'entrevue semi-dirigée

Le chercheur fait appel à l'entrevue semi-dirigée dans les cas où il désire obtenir plus d'informations particulières sur un sujet. L'entrevue semi-dirigée est principalement utilisée dans les études qualitatives, quand le chercheur veut comprendre la signification d'un événement ou d'un phénomène vécus par les participants. Dans ce type d'entrevue, l'interviewer arrête une liste des sujets à aborder, formule des questions concernant ces derniers et les présente au répondant dans l'ordre qu'il juge à propos. Savoie-Zajc (2000) définit de la façon suivante l'entrevue semi-dirigée :

> [...] une interaction verbale animée de façon souple par le chercheur. Celui-ci se laissera guider par le flux de l'entrevue dans le but d'aborder, sur un mode qui ressemble à celui de la conversation, les thèmes généraux sur lesquels il souhaite entendre le répondant, permettant ainsi de dégager une compréhension riche du phénomène à l'étude. (P. 266.)

L'entretien semi-dirigé fournit au répondant l'occasion d'exprimer ses sentiments et ses opinions sur le sujet traité. Le but est de comprendre le point de vue du répondant. L'ordre des questions étant flexible, l'interviewer peut commencer par des questions simples et poser progressivement des questions plus complexes (Hess, Sénécal et Vallerand, 2000). À la fin de l'entrevue, tous les sujets faisant partie de la liste doivent avoir été traités. Souvent il est nécessaire de faire plus d'une entrevue avec un répondant. Le répondant et le chercheur concluent alors une entente à cet effet.

L'entrevue semi-dirigée ressemble généralement à une conversation informelle. Comme dans l'entrevue ethnographique ou l'entrevue phénoménologique, les questions sont inspirées par les circonstances. Une liste de questions fermées dressée d'avance ne conviendrait pas parce que le chercheur ignore ce qui va se passer au cours de l'entrevue et quel genre de questions il aura à poser.

Les types de questions

La question est l'élément de base de l'entrevue. Elle peut être de trois sortes : question ouverte, question fermée et question semi-structurée. Les questions ouvertes sont les plus fréquentes ; elles n'imposent pas de catégories de réponses et le répondant est libre de répondre comme il le veut. Les questions fermées ne laissent le choix qu'entre un nombre préétabli de réponses. Comme nous le verrons à la section portant sur le questionnaire, les questions dichotomiques, les questions à choix multiples et les énoncés d'échelles sont inclus dans cette catégorie. Les questions semi-structurées contiennent des éléments des questions fermées et ouvertes : des réponses au choix sont fournies, mais le répondant n'est pas obligé de choisir une de ces réponses (Waltz, Strickland et Lenz, 1991).

Les questions ouvertes, plus fréquentes dans l'entrevue semi-dirigée ou non dirigée, laissent le répondant libre de répondre comme il le veut. L'interviewer pose des questions, mais n'énonce pas les réponses possibles : le répondant trouve lui-même les réponses et les formule dans ses propres mots. Les questions ouvertes peuvent être générales ou assorties de sous-questions. L'entrevue non dirigée comporte généralement des questions générales, mais elle peut aussi comprendre des questions assorties de sous-questions.

Les questions ouvertes ont l'avantage de favoriser la libre expression de la pensée et de permettre un examen approfondi de la réponse du participant. Toutefois, le fait d'avoir à formuler ses propres réponses peut rebuter certaines personnes. Les réponses aux questions ouvertes sont plus longues et elles sont parfois difficiles à coder et à analyser. Les données qui proviennent des réponses données par les participants dans une entrevue non dirigée sont hétérogènes les unes par rapport aux autres, ce qui rend la comparaison difficile. Les questions changent avec le temps et chacune des entrevues procède de la précédente, la corrige et lui donne plus d'expansion.

Le déroulement de l'entrevue

L'entrevue qui est totalement non directive ne nécessite pas de préparation particulière ; elle débute par une question ouverte d'ordre général. Dans l'entrevue semi-dirigée comme dans l'entrevue dirigée, il faut dresser un plan ou un schéma d'entrevue, et y indiquer quels sont le thème et les sous-thèmes à traiter.

Qu'elle soit directive ou non directive, l'entrevue doit être précédée d'une forme quelconque de contact avec la personne. Ce contact peut se faire en personne ou par téléphone. Il permet à l'interviewer de préciser le but de l'étude, d'indiquer comment la sélection des participants a été faite, d'assurer la confidentialité des informations et d'obtenir le consentement de la personne (Norwood, 2000). L'interviewer organise par la suite un rendez-vous et a soin d'y arriver à l'heure convenue. Le lieu choisi pour l'entrevue doit être calme, discret et agréable.

L'interviewer doit s'être familiarisé avec le contenu de l'entrevue pour être capable de faire face aux situations difficiles qui pourraient survenir et de trouver des moyens de les régler. Il incombe à l'interviewer de créer un climat de confiance afin que le participant se sente à l'aise pour répondre aux questions. Il doit savoir éviter les biais verbaux et non verbaux durant l'entrevue : le libellé d'une question, le ton de la voix, la physionomie, l'attitude corporelle sont autant d'éléments qui envoient des messages positifs ou négatifs aux participants. Le rôle de l'interviewer consiste non seulement à poser des questions et à veiller à la qualité des réponses, mais aussi à créer un climat susceptible d'accroître la motivation des participants. Le guide d'entrevue facilite la communication en présentant de façon logique les questions touchant les différents aspects du sujet.

L'entrevue peut être rapportée par écrit ou enregistrée sur bande vidéo et audio. Si les données sont transcrites sur papier, l'interviewer doit être capable de dégager les idées maîtresses et de les formuler de façon concise. L'enregistrement des données durant l'entrevue ne doit pas être une source de distraction pour le répondant. L'enregistrement sur bande vidéo ou audio ne doit se faire qu'avec l'autorisation du répondant.

Il existe un certain nombre d'ouvrages sur la pratique de l'entrevue auxquels le lecteur peut se référer. Citons entre autres Fowler (1990), Gorden (1992), Kvale (1996) et Patton (1990). Mentionnons pour finir le site Internet suivant : http://www.nova.edu/ssss/QR/QR3-2/chenail.html

La transcription et l'analyse des données

On doit transcrire les données enregistrées avant de les analyser. L'analyse des données est essentiellement une analyse de contenu. Il s'agit de mesurer la fréquence, l'ordre ou l'intensité de certains mots, de certaines phrases ou expressions ou de certains faits et événements. On range les événements par catégories, mais les caractéristiques du contenu à évaluer sont généralement définies et déterminées au préalable par le chercheur. Un certain nombre de logiciels, tels Nudist, N-Vivo, ATLAS, servent à l'analyse de contenu.

Les avantages et les inconvénients de l'entrevue

Un des avantages principaux de l'entrevue réside dans le contact direct avec l'expérience individuelle des personnes (Laperrière, 2000), spécialement dans les entrevues non dirigées et semi-dirigées. Mentionnons parmi les autres avantages une plus grande possibilité d'obtenir des informations sur des sujets complexes et chargés d'émotion, un taux de réponse élevé et l'obtention de réponses détaillées. Le temps requis pour l'entrevue et son coût élevé représentent des inconvénients. Les données peuvent être difficiles à codifier et à analyser.

16.5   Les questionnaires

Le questionnaire est un instrument de collecte des données qui exige du participant des réponses écrites à un ensemble de questions. C'est la méthode de collecte des données la plus utilisée par les chercheurs. Le questionnaire a pour but de recueillir de l'information factuelle sur des événements ou des situations connues, sur des attitudes, des croyances, des connaissances, des sentiments et des opinions. Il présente une très grande souplesse en ce qui concerne la structure, la forme et les moyens de recueillir l'information (Norwood, 2000). Les questionnaires peuvent être distribués à des groupes de toute taille. Ils peuvent être remplis par les participants eux-mêmes, parfois sans assistance, comme dans le cas du questionnaire autoadministré expédié et retourné par la poste ou par Internet. Ils peuvent aussi être remplis par l'assistant de recherche en présence du participant comme dans le cas du questionnaire-entrevue, ou par téléphone.

> Le questionnaire est un instrument de collecte des données qui exige du participant des réponses écrites à un ensemble de questions.

Les questionnaires peuvent comprendre à la fois des questions fermées et des questions ouvertes. Les participants doivent se borner à répondre aux questions présentées et ils n'ont pas la possibilité de les changer ni de préciser leur pensée. Les questions sont présentées dans un ordre logique et les biais sont presque impossibles.

Pour recueillir les données, le chercheur peut utiliser un questionnaire déjà existant ou créer son propre questionnaire en vue de répondre à ses besoins particuliers.

Le plus souvent, les chercheurs utilisent des questionnaires éprouvés, ce qui a l'avantage de permettre la comparaison des résultats obtenus avec ceux qui ont déjà été publiés. Parfois il est nécessaire de traduire le questionnaire dans la langue des participants et de l'adapter au milieu où il est appliqué. Il ne convient pas toujours d'utiliser un questionnaire déjà existant vu que le questionnaire a pour but de recueillir de l'information factuelle. Par ailleurs, il est parfois nécessaire d'ajouter ou de supprimer des questions pour pouvoir répondre aux exigences de la recherche qu'on entreprend. Le chercheur désireux de construire son propre questionnaire trouvera des renseignements utiles dans les références suivantes : Converse et Presser (1986), DeVellis (1991), Waltz, Strickland et Lenz (1991).

La construction du questionnaire

La construction d'un instrument de mesure exige de la part du chercheur une définition claire du but de l'étude, une bonne connaissance de l'état de la recherche sur le phénomène considéré et une idée nette de la nature des données à recueillir. L'élaboration du questionnaire suit une série d'étapes :

1) déterminer quelle est l'information à recueillir ;

2) constituer une banque de questions ;

3) formuler les questions ;

4) ordonner les questions ;

5) soumettre l'ébauche du questionnaire à la révision ;

6) prétester le questionnaire ;

7) rédiger l'introduction et les directives.

Déterminer quelle est l'information à recueillir

La première étape consiste à déterminer l'information à recueillir auprès du répondant en tenant compte du but de l'étude, des questions de recherche ou des hypothèses. Le chercheur spécifie les objectifs à atteindre, précise les thèmes à explorer en vue de comprendre le phénomène et détermine le nombre de questions ou d'énoncés pour chacun des thèmes retenus. Les questions de recherche sont les principales sources de contenu à élaborer. Tous les énoncés du questionnaire doivent se rapporter directement aux objectifs fixés. On peut dresser une liste des types ou des catégories d'informations permettant d'atteindre le but attendu et classer par ordre de priorité les éléments figurant dans cette liste. Sur cette liste doit être indiqué de façon approximative le nombre de questions correspondant à chaque catégorie. Les catégories représentent les thèmes principaux sur lesquels l'information devra porter (Waltz, Strickland et Lenz, 1991).

Constituer une banque de questions

La seconde étape de la construction du questionnaire nécessite la recherche, dans la documentation existante, de questionnaires ou de formules de questionnaires qui correspondent aux objectifs poursuivis. Les énoncés doivent avoir rapport avec un aspect de la question ou avec le thème à explorer. Parfois, on peut trouver une formule de questionnaire annexée aux travaux de recherche, mais la plupart du temps il faut en demander une copie aux auteurs. Quand on utilise un questionnaire existant, on doit souvent ajouter des questions ou en supprimer pour rester fidèle aux objectifs. Les questionnaires qu'on a adaptés à ses besoins permettent de constituer une banque d'énoncés qui servira à la confection d'un questionnaire répondant aux objectifs de la recherche. S'il n'existe pas de questionnaire portant sur le thème étudié, le chercheur doit élaborer ses propres questions.

Formuler les questions

La formulation des questions constitue la troisième étape de l'élaboration d'un questionnaire. Les questions peuvent être fermées ou ouvertes. À cette étape, le chercheur décide si les questions seront fermées ou ouvertes, si elles porteront sur des faits ou des opinions, si elles seront directes ou indirectes. Le questionnaire peut être mixte, c'est-à-dire contenir à la fois des questions ouvertes et des questions fermées. Le chercheur doit également déterminer s'il posera plusieurs questions ou une seule pour chaque thème à traiter. Un ensemble de questions couvrant les divers aspects d'un thème permet souvent d'obtenir une information plus détaillée et plus utile.

Dans la formulation des énoncés, on tiendra compte de ce qui suit :

- Les questions doivent être aisément compréhensibles ;
- Elles doivent être claires et concises ;
- Elles doivent permettre d'obtenir des réponses claires ;
- Il faut éviter d'exprimer plus d'une idée dans la même question ;
- Il faut éviter de suggérer des réponses conformes à des normes sociales ;
- Les termes techniques doivent être clairement définis ;
- Les mots prêtant à interprétation doivent être évités ainsi que les questions à caractère péjoratif ou tendancieux ;
- Dans la mesure du possible, les questions seront d'actualité et se référeront à des situations récentes de façon à obtenir des réponses précises ;
- Les questions ne doivent pas contenir de double négation.

Le chercheur dresse aussi la liste des choix de réponses aux questions à choix multiples. Les réponses doivent s'exclure mutuellement et être placées dans un ordre logique. Si les questions sont ouvertes, les thèmes seront présentés également dans un ordre logique. S'il utilise des questions filtres, le chercheur aura soin de bien les formuler. Celles-ci ont pour but de diriger les personnes vers les questions qui les concernent directement.

Les types de questions

La question fermée est une question dont la réponse doit être choisie dans une liste préétablie. Les questions dichotomiques, les questions à choix multiples, les questions par ordre de rang, les questions à énumération graphique ainsi que les listes de pointage appartiennent toutes à la catégorie des questions fermées.

1. Dans le cas d'une question dichotomique, le répondant a le choix entre deux réponses, la plupart du temps entre oui et non. Exemple de question dichotomique :

   Travaillez-vous à plein temps ?

   1( ) Oui

   2( ) Non

2. Les questions à choix multiples comportent une série de réponses possibles placées dans un ordre déterminé. Exemple :

   Quand avez-vous fait prendre votre tension artérielle la dernière fois ?

   1( ) Il y a moins de six mois

   2( ) Il y a 6 à 12 mois

   3( ) Il y a un à deux ans

   4( ) Il y a plus de deux ans

   5( ) Je ne l'ai jamais fait prendre

3. Dans les questions par ordre de rang, il s'agit de classer des énoncés par ordre d'importance. Par exemple, le chiffre 1 correspond à l'énoncé le plus important, le chiffre 2 à un autre qui est un peu moins important et ainsi de suite. Le nombre d'énoncés ne doit pas dépasser 10. Exemple de question par ordre de rang :

   À votre avis, quelles sont les choses que vous devriez faire pour vous maintenir en bonne santé ? Placez les énoncés suivants par ordre d'importance :

   1( ) Faire plus d'exercice.

   2( ) Apprendre à me détendre, à moins m'inquiéter.

   3( ) Perdre du poids.

   4( ) Consommer moins de médicaments.

   5( ) Consommer moins d'alcool.

   6( ) Améliorer mes habitudes alimentaires.

4. Les questions à énumération graphique sont des questions où il est demandé aux sujets d'indiquer leur appréciation sur une échelle bipolaire dont les extrêmes sont des énoncés opposés. Le nombre de points sur l'échelle peut varier, mais il doit être impair pour que l'on ait un point neutre au centre, comme dans l'exemple suivant :

   Sur une échelle de 0 à 10, indiquez votre degré de satisfaction à l'égard de l'actuelle politique du gouvernement fédéral en matière de santé.

   Extrêmement insatisfait   Extrêmement satisfait

   0   1   2   3   4   5   6   7   8   9   10

5. Les listes de pointage consistent en une liste d'énoncés parmi lesquels le répondant doit effectuer un choix. Exemple :

   Cochez les domaines qui vous intéressent le plus :

   _____ la chimie   _____ l'écologie   _____ la génétique

   _____ la statistique   _____ la psychologie   _____ l'éducation

6. Les questions filtres peuvent être incluses dans les questions fermées. Ces questions servent à diriger le répondant vers les questions qui s'appliquent à sa situation. Exemple :

Fumez-vous ?

^{1}( ) Oui

^{2}( ) Non → Passez à la question n° 5

Les questions fermées conviennent lorsque le nombre de réponses possibles est connu et limité. Les réponses présentent les caractéristiques suivantes :

- Elles renferment toutes les possibilités qui ont une signification pour l'étude.
- Elles s'excluent mutuellement.
- Les choix de réponses se succèdent dans un ordre logique.
- Elles sont courtes.

Les questions fermées ont pour principaux avantages d'être simples à utiliser, de permettre le codage facile des réponses et une analyse rapide et peu coûteuse et aussi de pouvoir faire l'objet d'un traitement statistique. Elles sont uniformes et ajoutent à la fidélité des données ; elles fournissent des repères au sujet, ce qui a pour effet de rendre les réponses comparables entre elles et d'écarter celles qui sont inappropriées. De plus, les questions fermées permettent de traiter de sujets délicats qu'autrement les participants seraient réticents à aborder. C'est souvent le cas pour le revenu annuel : il peut être plus facile d'indiquer la fourchette correspondant à son revenu que le montant exact de ce dernier. La question : « Quel est votre revenu annuel ? » est à éviter. Il est préférable de donner à choisir entre plusieurs catégories de revenus comme dans l'exemple suivant :

Quel a été le revenu familial au cours de la dernière année ?

^{1}( ) moins de 15 000 $ ^{4}( ) entre 35 000 $ et 44 999 $

^{2}( ) entre 15 000 $ et 24 999 $ ^{5}( ) 45 000 $ et plus

^{3}( ) entre 25 000 $ et 34 999 $

Les questions fermées ont cependant l'inconvénient d'être difficiles à mettre au point. Des omissions peuvent être commises dans les questions et dans la série de réponses et le choix limité peut déplaire aux répondants.

Les *questions ouvertes* sont des questions pour lesquelles on ne propose pas de catégories de réponses. Le répondant est libre de répondre comme il le veut. Les questions ouvertes se rencontrent surtout dans les entrevues non dirigées et semidirigées. Dans un questionnaire, elles peuvent aussi servir à obtenir des précisions supplémentaires sur certains aspects de la recherche.

Les questions ouvertes permettent parfois de recueillir une information plus détaillée que les questions fermées. Par contre, les réponses risquent d'être incomplètes.

Ordonner les questions

L'étape suivante consiste à disposer les questions dans un certain ordre. Comme l'ordre des questions peut influer sur l'attitude des répondants, nous présentons un certain nombre de suggestions susceptibles d'améliorer les résultats. Les questions appartenant à un même sujet doivent être groupées ensemble. Il convient de placer les questions générales avant les questions particulières. Les questions qui intéressent directement le participant viennent en premier. Si le questionnaire contient des questions ouvertes, elles sont placées à la fin, étant donné qu'il faut plus de temps pour y répondre. Il en va de même des données démographiques. L'apparence générale du questionnaire, l'enchaînement des questions, la longueur du questionnaire et l'espace réservé aux réponses sont des éléments importants à considérer dans l'élaboration du questionnaire.

Soumettre l'ébauche du questionnaire à la révision

On fait ensuite une ébauche de questionnaire et on la soumet à l'appréciation de personnes expertes en la matière. À la fin de cette première révision, on effectue un prétest auprès d'un échantillon de la population cible.

Prétester le questionnaire

Le prétest est l'épreuve qui consiste à vérifier l'efficacité et la valeur du questionnaire auprès d'un échantillon réduit (entre 10 et 20 personnes) de la population cible. Cette étape est tout à fait indispensable, car elle permet de déceler les défauts du questionnaire et d'apporter les corrections qui s'imposent. Si des changements d'importance sont apportés, un deuxième prétest s'impose. Il importe d'inviter les interviewers à formuler des critiques et des suggestions.

Rédiger l'introduction et les directives

Des instructions claires sur la façon de répondre aux différents types de questions sont placées au début du questionnaire. Si le questionnaire est envoyé par la poste, une lettre doit l'accompagner indiquant le but de l'étude, le nom des chercheurs, le temps requis pour répondre au questionnaire, la manière de le remplir et de le retourner.

La passation du questionnaire

Le questionnaire peut être administré soit en face à face, soit par téléphone. Il peut aussi être autoadministré, c'est-à-dire rempli sans aide par le répondant. L'autoadministration suppose l'envoi et le retour du questionnaire par la poste ou par Internet. Ainsi, on peut distinguer trois modes de passation du questionnaire :

- le questionnaire rempli au cours d'une entrevue en face à face ;
- le questionnaire rempli au cours d'une entrevue téléphonique ;
- le questionnaire autoadministré.

Le questionnaire en face à face, appelé aussi questionnaire-entrevue, exige de la part de l'interviewer qu'il suive étroitement un certain nombre de règles. Celui-ci doit poser les questions telles qu'elles sont rédigées de façon à éviter que les répondants n'introduisent des biais. Le questionnaire administré par téléphone est assez répandu et permet l'accès à un plus grand nombre de répondants. Dans les deux cas, l'interviewer communique verbalement avec le répondant. Le questionnaire téléphonique est moins coûteux que le questionnaire en face à face. Cependant, il faut parfois faire jusqu'à six appels téléphoniques avant de joindre la personne pressentie (Frey et Oishi, 1995). Le questionnaire autoadministré peut être plus long et plus complexe que le questionnaire rempli au téléphone et il permet une grande dispersion géographique des répondants (Dussaix et Grosbras, 1993). Il doit être extrêmement clair, bien construit et convivial. Enfin, il peut être distribué à un groupe de personnes, et notamment à une classe d'élèves.

La crédibilité du questionnaire

Le taux de réponse peut influer sur la crédibilité du questionnaire. Le taux de réponse pour les questionnaires envoyés par la poste se situe en moyenne entre 25 % et 30 %. Ce faible pourcentage diminue la représentativité de l'échantillon. On met parfois en œuvre des stratégies pour augmenter le nombre des questionnaires retournés. Ces stratégies peuvent consister à inclure une enveloppe-réponse affranchie ou à envoyer un avis de rappel aux personnes qui n'ont pas répondu environ deux semaines après l'envoi initial. Pour assurer la validité des questionnaires, il faut être constant dans sa façon de procéder. Par exemple, les instructions sur la manière de remplir le questionnaire de même que le mode de distribution doivent être les mêmes pour tous.

Les avantages et les inconvénients du questionnaire

Le questionnaire est un moyen rapide et peu coûteux d'obtenir des données auprès d'un grand nombre de personnes distribuées sur un vaste territoire. Parmi les autres avantages, mentionnons la nature impersonnelle du questionnaire ainsi que l'uniformité de la présentation et des directives, ce qui assure une constance d'un questionnaire à l'autre et de ce fait la fidélité de l'instrument, et ce qui rend possibles les comparaisons entre les répondants. De plus, l'anonymat des réponses rassure les participants et les conduit à exprimer librement leurs opinions.

Le questionnaire a aussi ses inconvénients : les taux de réponse sont faibles et les taux de données manquantes élevés ; il est impossible aux répondants d'obtenir des éclaircissements concernant certains énoncés contenus dans les questionnaires autoadministrés. En ce qui concerne les questionnaires envoyés par la poste, il est impossible de s'assurer qu'ils sont correctement remplis. Enfin, les répondants peuvent n'être pas représentatifs de la population.

16.6   Les échelles

Les échelles de mesure sont des formes d'autoévaluation qui sont constituées de plusieurs énoncés ou items logiquement et empiriquement liés entre eux et qui sont destinées à mesurer un concept ou une caractéristique de l'individu. Les échelles sont plus précises que les questionnaires. À la différence des questionnaires et de l'entrevue, qui servent à recueillir une information factuelle, l'échelle de mesure s'emploie surtout pour évaluer des variables psychosociales, bien qu'on l'utilise aussi

> L'échelle est une forme d'autoévaluation constituée de plusieurs énoncés liés entre eux et destinés à mesurer un concept ou une caractéristique.

pour évaluer des variables physiologiques telles que la douleur, la nausée et l'intensité de l'effort. L'échelle indique le degré selon lequel les individus manifestent une caractéristique donnée. Par exemple, elle sert à déterminer, parmi les participants d'une étude, ceux qui présentent telle attitude, telle motivation ou tel trait de personnalité. La plupart du temps, les différentes valeurs pointées sur l'échelle sont additionnées pour produire un score simple (échelle additive). Une valeur numérique (score) est attribuée à la position que le participant a choisie sur l'échelle représentant un continuum par rapport à la caractéristique mesurée. Le score est le nombre exprimant le résultat de l'évaluation.

L'échelle de mesure peut être constituée d'une série d'étapes ou comporter des degrés ou des gradations. Les scores sur l'échelle permettent des comparaisons entre les individus par rapport à la caractéristique mesurée. Une échelle comprend les éléments suivants :

■ un énoncé pivot en relation avec l'attitude ou le phénomène à évaluer (par exemple, « accomplit les activités de la vie quotidienne ») ;

■ une série de chiffres qui indiquent des degrés sur l'échelle : « 1, 2, … 5 » ;

■ des catégories ou ancrages qui définissent les degrés ou échelons (par exemple, « 1 = fortement d'accord ; 5 = fortement en désaccord »).

Les principales échelles utilisées en recherche sont l'échelle de Likert, l'échelle avec différenciation sémantique et l'échelle visuelle analogue. On peut ajouter à cette liste l'échelle de classification Q, bien qu'elle soit moins employée[1].

L'échelle de Likert

L'échelle additive, appelée aussi échelle de Likert, consiste en une série d'énoncés qui expriment un point de vue sur un sujet. On demande aux participants d'indiquer leur plus ou moins grand accord ou désaccord en choisissant entre 5 (parfois 7) catégories de réponses possibles pour chaque énoncé. Les énoncés se rapportent habituellement à des attitudes ou à des traits psychologiques.

Les choix de réponses sur une échelle de Likert concernent généralement l'accord avec quelque chose ou avec une fréquence d'utilisation ou d'application. Ainsi, les choix correspondent sur l'échelle aux catégories suivantes : « tout à fait en désaccord », « plutôt en désaccord », « indécis(e) », « plutôt en accord », « tout à fait d'accord ». S'il s'agit d'évaluer une fréquence, les catégories suivantes peuvent être utilisées : « jamais », « rarement », « quelquefois », « souvent », « toujours » ou encore « pas du tout », « un peu », « passablement », « beaucoup », « énormément ». Selon Spector (1992), le choix des termes est varié, mais il doit être fait en fonction des énoncés.

Le fait d'utiliser un nombre impair de catégories ne fait pas l'unanimité chez les spécialistes. Certains soutiennent que les catégories « indécis » ou « neutre »

> L'échelle de Likert est constituée d'une série d'énoncés qui expriment un point de vue sur un sujet.

---

1. Mentionnons, pour que la liste soit complète, l'existence de l'échelle de Thurstone et de l'échelle de Guttman, appelée aussi échelle cumulative.

peuvent réduire la possibilité de différencier les données et que, par conséquent, il est préférable d'offrir un choix forcé de réponses. D'autres auteurs considèrent que les réponses du type « indécis » sont difficiles à interpréter si les sujets choisissent en grand nombre cette réponse ou encore si très peu la choisissent. La controverse sur la catégorie « indécis » est basée sur le niveau de mesure ordinal/intervalle. S'il veut s'approcher le plus possible du zéro (échelle à intervalles), le chercheur utilisera la catégorie « neutre », qui justifie en quelque sorte l'utilisation de valeurs continues. S'il opte pour un choix forcé de réponses selon un ordre de grandeur, il n'utilisera pas la catégorie « neutre » (Knapp, 1990 ; McMillan et Schumacher, 1989).

La figure 16.1 présente un exemple d'échelle de Likert à cinq points appliquée dans le domaine de la santé. L'échelle proprement dite est précédée d'indications sur la marche à suivre à l'intention des répondants.

Les étapes de la construction d'une échelle de Likert

Même s'il existe un grand nombre d'échelles de type Likert servant à évaluer des caractéristiques individuelles, le chercheur peut se trouver forcé de construire une échelle qui satisfasse en tous points aux objectifs de son étude. Kidder (1981) distingue cinq étapes dans la construction d'une échelle :

1) Constituer un grand nombre d'énoncés ou pool d'items qui expriment clairement les aspects d'une attitude ou d'un concept. Un nombre égal d'énoncés positifs et d'énoncés négatifs devrait épuiser les possibilités ;

2) Soumettre le pool d'items à un échantillon de la population cible (l'étape peut être répétée) ;

3) Distribuer les opinions favorables ou défavorables en cinq catégories ou échelons : « tout à fait d'accord », « plutôt d'accord », « indécis ou sans opinion », « plutôt en désaccord » et « tout à fait en désaccord », comme dans la figure 16.1, ou utiliser une échelle de fréquence si la situation s'y prête ;

4) Coder les réponses obtenues avec les énoncés proposés en attribuant au maximum +2 (tout à fait d'accord) et au minimum −2 (tout à fait en désaccord). En

---

FIGURE 16.1
Exemple d'une échelle de Likert

Voici quelques questions relatives à la santé. Lisez attentivement chaque énoncé et encerclez le chiffre qui décrit le mieux votre situation.

Tout à fait d'accord	Plutôt d'accord	Indécis	Plutôt en désaccord	Tout à fait en désaccord
1	2	3	4	5

1. Je peux me guérir par moi-même lorsque je suis malade	1	2	3	4	5
2. Je ne peux rien faire pour éviter d'être malade	1	2	3	4	5
3. Si je vois souvent un bon médecin, j'ai moins de chances d'être malade	1	2	3	4	5
4. Je crois que ma santé est influencée par des événements inattendus	1	2	3	4	5

faisant la somme des points obtenus pour tous les énoncés, on obtient un score total pour chaque sujet;

5) Déterminer la consistance interne de l'échelle à l'aide d'analyses statistiques qui établissent le degré de corrélation entre chaque énoncé et le score de l'échelle. Bien que les valeurs obtenues à l'échelle de Likert soient de niveau ordinal, le score total est généralement considéré comme une donnée à intervalles permettant l'utilisation d'une plus grande variété d'analyses statistiques.

Le nombre moyen d'énoncés dans l'échelle de Likert se situe entre 10 et 20. L'échelle de Likert est censée constituer une mesure unidimensionnelle d'un concept, mais on rencontre souvent des sous-échelles qui produisent des scores pour chaque dimension d'un concept. La vérification de la consistance interne de l'échelle ne représente que la première étape dans le processus de validation de l'échelle de mesure. D'autres vérifications devront être faites pour s'assurer que la nouvelle mesure exprime bien la caractéristique étudiée.

L'échelle avec différenciation sémantique

L'échelle avec différenciation sémantique sert à évaluer la signification qu'accorde un individu à une attitude ou à un objet donné.

Une variante de l'échelle de Likert est l'échelle avec différenciation sémantique, conçue par Osgood, Suci et Tannenbaum (1957). Ce type d'échelle est utilisé pour évaluer la signification accordée par un individu à une attitude ou à un objet donné. L'échelle avec différenciation sémantique est une échelle bipolaire à sept points sur laquelle sont distribués des adjectifs de sens opposé. L'individu choisit sur l'échelle le point qui correspond à son point de vue ou à sa réaction par rapport à un concept. L'échelle bipolaire est constituée d'adjectifs de sens opposé tels que «bon-mauvais», «ennuyé-enthousiaste», «fort-faible», etc. Des valeurs de 1 à 7 sont réparties sur l'échelle comme dans l'exemple de la figure 16.2.

La valeur 1 est la réponse la plus négative, et la valeur 7 la réponse la plus positive. Chaque ligne est considérée comme une échelle. La façon de calculer le score global est la même que celle de l'échelle de Likert. On attribue des scores de 1 à 7 à chaque réponse bipolaire et on additionne les réponses pour obtenir le score global de l'individu.

L'échelle avec différenciation sémantique est d'une grande souplesse, car elle permet la construction d'échelles servant à mesurer différents aspects d'une attitude.

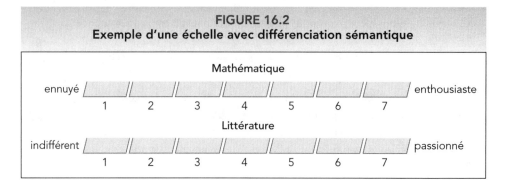

FIGURE 16.2
Exemple d'une échelle avec différenciation sémantique

Mathématique

ennuyé | 1 2 3 4 5 6 7 | enthousiaste

Littérature

indifférent | 1 2 3 4 5 6 7 | passionné

Le but visé est de dégager la signification du concept. Nunnally (1978) explique la logique qui sous-tend la différenciation sémantique et il décrit en détail la technique de la mesure des attitudes et des sentiments.

L'échelle visuelle analogue

L'échelle visuelle analogue sert à mesurer des éléments tels que la douleur, la fatigue, la dyspnée, la nausée, la qualité du sommeil et la gravité clinique des symptômes (Wewers et Lowe, 1990 ; Waltz, Strickland et Lenz, 1991). Plutôt que de demander aux individus de marquer leur degré d'accord ou de désaccord sur une échelle de Likert, on leur demande d'indiquer l'intensité de leurs sentiments, de leurs symptômes ou la qualité de leur humeur, en traçant un trait sur une ligne verticale ou horizontale. Les stimuli doivent être clairement définis et compréhensibles pour les répondants. Une ligne de 100 mm est habituellement tracée et, à chaque extrémité de la ligne, des mots servent de points de repère pour indiquer le degré d'intensité du stimulus. La valeur du score s'obtient en mesurant la distance en millimètres entre le trait tracé par le sujet et l'extrémité de l'échelle. La figure 16.3 présente un exemple d'échelle visuelle analogue.

> L'échelle visuelle analogue permet de mesurer des éléments tels que la fatigue, la douleur, la dyspnée.

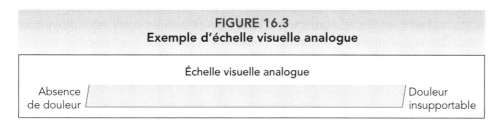

FIGURE 16.3
Exemple d'échelle visuelle analogue

Échelle visuelle analogue

Absence de douleur | Douleur insupportable

L'échelle visuelle analogue est beaucoup plus sensible aux changements que les échelles numériques et additives ne le sont. Elle a aussi l'avantage d'être facile à construire, de plaire aux participants et d'être assez sensible pour percevoir des changements dans le degré d'intensité ou dans la qualité des expériences. Étant donné que ce type d'échelle mesure des phénomènes intermittents, les stratégies généralement utilisées pour évaluer la fidélité des échelles ne conviennent pas (Burns et Grove, 2003).

La classification Q

La classification Q a été mise au point par Stephenson en 1953. Elle sert à évaluer les attitudes, les préférences et la personnalité des répondants (Nunnally, 1978). Elle se fonde sur le principe que la subjectivité peut être étudiée de manière objective et scientifique (Dennis, 1985). Ce type d'échelle est utilisé pour apprécier les ressemblances entre les attitudes et les perceptions de différents individus ou de différents groupes et pour observer les changements survenus sous ce rapport dans des groupes d'individus (Dennis, 1985). L'échelle permet de connaître le degré d'accord ou de désaccord des participants relativement à une idée ou à une caractéristique particulière.

> La classification Q se fonde sur le principe que la subjectivité peut être étudiée de manière objective et scientifique.

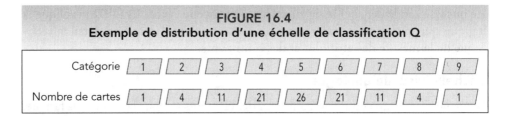

FIGURE 16.4
Exemple de distribution d'une échelle de classification Q

Catégorie	1	2	3	4	5	6	7	8	9
Nombre de cartes	1	4	11	21	26	21	11	4	1

Elle consiste à présenter au participant une pile de cartes — de 50 à 100 — qui portent chacune un mot ou un énoncé se rapportant à un autre mot ou énoncé désignant une opinion, un comportement, etc. Chaque énoncé est écrit sur une carte, puis on demande au participant de classer les cartes dans un ordre donné, habituellement en 9 ou 20 piles, ou catégories, selon qu'il souscrit plus ou moins à l'énoncé. Avec 100 énoncés, la distribution pourrait ressembler à celle qui est donnée comme exemple à la figure 16.4.

Selon cette technique, le participant est limité par le nombre de cartes à placer dans chaque pile. Les cartes sont placées dans les piles de manière à former une courbe de distribution normale de réponses, c'est-à-dire qu'il y a très peu de cartes indiquant les extrêmes. On demande au participant de choisir d'abord les cartes qu'il désire placer dans les extrémités et d'aller ensuite vers les catégories du centre, lesquelles contiennent le plus grand nombre de cartes. La première pile devrait contenir les énoncés à l'égard desquels le répondant a l'attitude la plus positive et la dernière pile, ceux à l'égard desquels son attitude est la plus négative (Nieswiadomy, 2002).

La classification Q a été utilisée par Kovach et Krejci (1998) dans une étude descriptive qui avait pour but d'étudier les facteurs favorisant les changements positifs dans les soins fournis à des patients atteints de démence. L'échantillon accidentel était composé de 181 employés de l'établissement. Elle a été choisie en l'absence d'instruments permettant d'explorer un domaine peu étudié nécessitant la participation active du personnel. Deux listes de facteurs descriptifs possibles ont été dressées à partir des écrits et de l'expérience des chercheurs. À la suite de leur examen, on a retenu 50 facteurs facilitants et 50 facteurs ayant rapport aux caractéristiques du personnel. Ces facteurs ont été inscrits sur des cartes 2 po × 4 po. On a remis à chaque participant 50 cartes représentant les facteurs facilitants et on lui a demandé de classer chaque carte selon l'ordre d'importance dans une des cinq catégories désignées. On a fait de même avec les 50 facteurs personnels. Les données ont été analysées à l'aide du coefficient de corrélation du *rho* de Spearman. Les résultats ont montré que les facteurs le plus souvent cités qui induisaient des changements positifs dans les soins fournis étaient le travail d'équipe, le soutien administratif, l'attitude positive du personnel, la flexibilité et la connaissance du milieu.

Conclusion

En résumé, toutes les échelles que nous avons décrites, sauf l'échelle visuelle analogue, utilisent des méthodes de classement ou de notation pour catégoriser les

TABLEAU 16.1
Les principales méthodes de collecte des données

Méthode	Rôle	Avantages	Inconvénients
Les mesures physiologiques	Obtenir des données biophysiques et relatives à des variables physiologiques.	Objectivité, précision. Évaluation de variables cliniques.	Parfois invasives. Leur utilisation et leur interprétation nécessitent souvent une formation.
Les observations	Recueillir de l'information sur des comportements ou des activités.	Recueillir des données qu'il serait difficile d'obtenir par d'autres méthodes.	Exigent du temps. Risques de biais provenant des observateurs.
Les entrevues	Recueillir de l'information sur les perceptions des répondants.	Obtenir des données descriptives riches de contenu.	La conduite et l'analyse exigent du temps.
Les questionnaires	Recueillir de l'information sur les attitudes, les opinions et les comportements.	Peu coûteux. Souples sous le rapport de la structure et de l'administration.	Faible taux de réponse. Risque d'avoir des données manquantes.
Les échelles	Recueillir de l'information sur des attitudes, des traits psychologiques.	Précision. Possibilité de faire des comparaisons et d'obtenir des scores.	Risque d'avoir un nombre d'énoncés trop faible ou, au contraire, trop élevé.

individus en fonction de leurs traits psychologiques. Les échelles de Likert présentent des énoncés se rapportant à des concepts ou à des caractéristiques pour lesquels les individus expriment leur plus ou moins grand accord. Les échelles avec différenciation sémantique mesurent le sens connotatif des concepts chez les individus. La classification Q mesure les différences individuelles dans les préférences accordées aux divers stimuli.

Le tableau 16.1 résume le rôle, les avantages et les inconvénients des principales méthodes de collecte des données.

16.7   Autres méthodes de collecte des données

Parmi les autres méthodes de collecte des données, mentionnons la technique Delphi, les vignettes et les techniques projectives.

La technique Delphi

La technique Delphi est une méthode de collecte des données qui consiste en une série d'envois et de retours de questionnaires visant à établir un consensus dans un groupe d'experts sur un sujet particulier. Elle permet de recueillir l'opinion d'un grand nombre d'experts de différents pays sans que ceux-ci aient à se déplacer. Elle est appropriée pour examiner les opinions et les croyances, pour faire des prédictions concernant les connaissances qu'ont les experts sur un sujet d'intérêt ou pour établir des priorités dans un domaine particulier.

On envoie aux experts un questionnaire qui porte sur un sujet précis et qui a pour but de connaître leur opinion sur différents aspects de ce dernier. Les questionnaires une fois retournés, le chercheur procède à leur analyse. On envoie un second questionnaire aux experts pour réexamen, puis un troisième, puis éventuellement un autre, jusqu'à ce qu'il y ait consensus sur le sujet. Fochtman et Hinds (2000) ont ainsi employé la technique Delphi pour déterminer les priorités dans les soins infirmiers relevant de l'oncologie.

Les vignettes

Les vignettes consistent en une courte narration d'un événement ou d'une situation qui est faite aux répondants en vue de recueillir leurs perceptions ou leurs opinions sur un phénomène à l'étude. Les situations ou les événements relatés peuvent être réels ou hypothétiques. Les questions posées à la suite de la présentation des vignettes ou des vidéos sont habituellement des questions fermées. Les participants expriment sur une échelle leur appréciation du contenu des vignettes. Les vignettes peuvent être utiles pour évaluer les comportements dans des situations inhabituelles. Les vignettes peuvent aussi s'insérer dans un questionnaire.

Les techniques projectives

Les techniques projectives sont des méthodes de collecte des données reconnues pour leur précision dans la collecte de données psychologiques (Nieswiadomy, 2002). Elles permettent d'évaluer un état psychologique et incluent une variété de méthodes permettant d'obtenir des mesures psychologiques avec un minimum de coopération de la part des répondants. On présente au participant un sujet dont les stimuli sont ambigus ou n'ont pas de significations définies, puis on lui demande de décrire les stimuli ou de dire ce qu'ils représentent. L'utilisation de techniques projectives repose sur le principe que la manière dont une personne réagit aux stimuli non structurés qui lui sont présentés reflète ses attitudes, ses motivations, ses valeurs et sa personnalité.

Les techniques le plus souvent utilisées en psychologie sont le test de Rorschach (test des taches d'encre), le test d'aperception thématique (TAT), les tests d'associations verbales et le psychodrame. Toutes ces techniques requièrent que l'utilisateur ait reçu une formation rigoureuse.

16.8   La traduction et l'adaptation d'échelles importées

Comme nous l'avons vu dans le chapitre précédent, la traduction d'un instrument de mesure dans une autre langue est un processus complexe, spécialement dans le cas d'échelles de mesure dont les énoncés concernent la signification d'un concept. La traduction d'une échelle doit permettre la comparaison des concepts entre des répondants appartenant à des cultures différentes. Comme le souligne Hulin (1987), ce genre de comparaison est possible à condition que la signification qui est donnée aux concepts dans l'échelle originale et qui est validée dans l'autre langue soit la même pour les deux cultures qui sont comparées. Ce qui est recherché, c'est l'équivalence des mesures. Jones, Lee, Phillips, Zhang et Jaceldo (2001) font une distinction entre l'équivalence culturelle et l'équivalence fonctionnelle. L'équivalence culturelle réfère à la valeur identique qui est attachée à des construits d'une culture à l'autre. L'équivalence fonctionnelle désigne le fait que des individus appartenant à deux cultures différentes répondent de la même façon à un construit donné. Les auteurs donnent comme exemple d'équivalence fonctionnelle entre les cultures le concept de « famille ». En ce qui concerne le concept d'« adolescence », selon les mêmes auteurs il n'y aurait pas d'équivalence fonctionnelle entre les cultures étant donné que les comportements et les significations associés au fait d'être adolescent peuvent varier d'un pays à l'autre.

Pour pouvoir obtenir un instrument traduit qui soit l'équivalent de l'original d'un point de vue culturel aussi bien que fonctionnel, il faut être familiarisé avec les exigences linguistiques inhérentes au travail de traduction et avec les particularités culturelles et psychométriques des populations concernées (Hilton et Skrutkowski, 2002). Une traduction littérale ne peut convenir puisque c'est la signification des construits qu'il s'agit de conserver.

Plusieurs auteurs suggèrent de traduire l'échelle originale dans la langue cible et ensuite de la retraduire dans la langue de départ (Jones et Kay, 1992 ; McDermott et Palchanes, 1994 ; Erkut, Alarcon, Coll, Tropp et Vasquez, 1999 ; Vallerand, 1989). La traduction doit être faite par au moins deux traducteurs indépendants. L'un traduit l'instrument dans la langue d'arrivée, et l'autre retraduit le texte dans la langue de départ. Les textes des versions originale et retraduite sont comparés, puis la version dans la langue d'arrivée est corrigée autant de fois qu'il est nécessaire, jusqu'à ce que la traduction soit jugée pleinement satisfaisante. On examine les scores résultant de l'application des deux instruments de mesure afin de déterminer si les deux versions sont équivalentes. Pour s'assurer de la validité du contenu, on utilise l'instrument original et l'instrument traduit avec des personnes bilingues. Une analyse de la corrélation des énoncés permet ensuite d'apprécier le degré de concordance entre les deux versions.

L'appréciation de la validité conceptuelle est une autre étape importante du processus d'adaptation et de validation d'une échelle de mesure. Il faut en effet s'assurer que l'échelle mesure bien le concept qu'elle est censée mesurer. L'établissement de normes constitue, selon Vallerand (1989), l'étape finale du processus d'adaptation et de validation de l'échelle de mesure. Comme le souligne Hulin (1987), cette étape est essentielle en ce qu'elle sert concurremment à dégager les caractéristiques des populations concernées et à vérifier l'équivalence entre les énoncés des échelles formulés dans deux langues différentes. De là l'importance de prétester (étude pilote) les deux échelles, l'originale et la traduite, auprès d'un échantillon de personnes bilingues qui auront à répondre aux deux versions de l'échelle. Les moyennes, les écarts types et les corrélations devraient être similaires dans les deux versions.

16.9 L'examen critique des méthodes de collecte des données

L'encadré 16.1 présente un certain nombre de questions qui peuvent servir de guide dans l'examen critique de l'application d'une méthode de collecte des données. Le lecteur cherche à savoir quels sont les instruments de mesure utilisés dans l'étude, s'ils sont appropriés au type d'étude qui est mené et quel est le type d'information qu'on veut obtenir. Si on est en présence d'un instrument traduit d'une autre langue, on veut connaître la façon dont il a été traduit et si les aspects de fidélité et de validité ont été considérés.

ENCADRÉ 16.1
Questions permettant de faire un examen critique des méthodes de collecte des données

1. Quels sont les instruments de mesure qui ont été utilisés pour mesurer les concepts ?

   Conviennent-ils aux concepts étudiés ?

2. Les instruments de mesure sont-ils décrits clairement et donne-t-on des précisions sur les divers aspects relatifs à la fidélité et à la validité ?

3. Si l'échelle a été traduite, précise-t-on la façon dont la traduction et l'adaptation ont été faites ?

4. Si les instruments ont été spécialement conçus pour répondre aux besoins de l'étude, quelles méthodes a-t-on utilisées pour évaluer la fidélité et la validité ?

5. S'il s'agit de méthodes d'observation, l'objet sur lequel porte l'observation et les unités d'analyse sont-ils définis clairement ?

6. Le processus de collecte des données d'observation est-il décrit clairement ?

7. S'il s'agit d'une entrevue, le schéma ou le guide décrit-il suffisamment le sujet à traiter ?

8. S'il s'agit d'un questionnaire, décrit-il de façon suffisante le sujet à traiter dans l'étude ?

9. Où et dans quelles circonstances les données ont-elles été recueillies ?

10. A-t-on considéré les aspects liés à l'anonymat et à la confidentialité ?

Résumé

Le chercheur dispose d'une grande variété de méthodes de collecte des données. Certains facteurs sont à considérer dans le choix d'un instrument de mesure, en particulier le niveau de recherche et l'accessibilité des instruments. Les principales méthodes de collecte des données sont les mesures physiologiques, les observations, les entrevues, les questionnaires, les échelles, la technique Delphi, les vignettes et les techniques projectives.

La mesure des variables physiologiques peut être directe ou indirecte. Plusieurs mesures physiologiques nécessitent l'utilisation d'un équipement spécialisé ou des analyses de laboratoire. Les mesures par observation permettent d'obtenir de l'information à l'aide de l'observation directe

et de l'enregistrement des données. Les mesures par observation sont utilisées quand il n'existe pas d'autres moyens d'obtenir l'information souhaitée.

L'entrevue de recherche est une rencontre entre un interviewer qui recueille des données et un répondant qui fournit l'information. L'entrevue est un outil privilégié dans les méthodologies qualitatives. L'entrevue dirigée se caractérise par le contrôle rigoureux exercé sur les questions posées et sur la façon d'y répondre. L'entrevue semi-dirigée diffère de l'entrevue dirigée par la souplesse du mode d'échange. L'entrevue non dirigée consiste dans l'exploration non méthodique d'un sujet. Le questionnaire est constitué d'une série de questions auxquelles les participants doivent répondre par écrit. La construction d'un questionnaire suit un certain nombre d'étapes : 1) déterminer quelle est l'information à recueillir ; 2) constituer une banque de questions ; 3) formuler les questions selon le type choisi (questions fermées, à choix multiples, dichotomiques, par ordre de rang) ; 4) déterminer l'enchaînement des questions ; 5) réviser le questionnaire ; 6) prétester le questionnaire et 7) rédiger l'introduction et les directives.

Les échelles de mesure sont des formes d'autoévaluation constituées de plusieurs énoncés destinés à mesurer un concept ou une caractéristique. Une valeur numérique est attribuée à la position que le sujet choisit sur l'échelle représentant un continuum par rapport à la caractéristique mesurée. Les principaux types d'échelle sont l'échelle additive ou échelle de Likert, l'échelle avec différenciation sémantique, l'échelle visuelle analogue et l'échelle de classification Q. L'échelle de Likert est la plus utilisée. Elle comporte une série d'énoncés qui expriment un point de vue sur un sujet. Les participants indiquent leur degré d'accord ou de désaccord avec les différents énoncés. Les autres méthodes de collecte des données sont la technique Delphi, les vignettes et les techniques projectives.

La traduction d'un instrument de mesure dans une autre langue est un processus complexe qui comporte plusieurs étapes. La traduction d'une échelle doit permettre la comparaison des concepts entre les répondants de différentes cultures. Une technique couramment utilisée pour s'assurer d'une bonne traduction est la méthode inversée ou retraduction dans la langue de départ. Il convient de vérifier la fidélité et la validité conceptuelle de l'échelle traduite et d'établir des normes de comparaison.

Mots clés

Échelle	Entrevue dirigée	Question fermée
Échelle avec différenciation sémantique	Entrevue non dirigée	Question ouverte
Échelle de classification Q	Entrevue semi-dirigée	Questionnaire
Échelle de Likert	Mesure physiologique	Technique Delphi
Échelle visuelle analogue	Observation non structurée	Technique projective
Entrevue	Observation structurée	Vignette

Exercices de révision

1. Quelles sont les mesures reconnues pour leur objectivité et leur précision ?

2. Donnez quelques exemples d'instruments qui mesurent des variables physiologiques.

3. Quand on veut connaître les attitudes ou les opinions des personnes, quelles méthodes de collecte des données utilise-t-on ?

4. Quelle méthode de collecte des données emploie-t-on de préférence pour évaluer les communications non verbales ?

5. Quel type d'instrument de mesure permet d'additionner des scores ?

6. Quelle est la stratégie de collecte des données qui implique un échange verbal entre un interviewer et un répondant ?

7. Quel type d'instrument de mesure permet d'exprimer un point de vue sur un sujet ?

8. Quel est le type d'instrument de mesure qui sert à recueillir des informations factuelles ?

9. Rapportez chaque méthode de collecte des données à l'énoncé qui convient.
    a. L'entrevue
    b. L'échelle de Likert
    c. Le questionnaire
    d. L'échelle avec différenciation sémantique
    e. L'observation
    f. Les mesures physiologiques
    g. La technique des vignettes
    h. La classification Q
    i. La technique Delphi
    j. L'échelle visuelle analogue

1. Peut être utilisée pour recueillir des données auprès des enfants.
2. Sont rarement utilisées dans les recherches qualitatives.
3. Est une échelle bipolaire à sept points comportant à chaque extrémité des adjectifs de sens opposé.
4. Sert à mesurer des expériences subjectives telles que la douleur et la dyspnée.
5. Présente des énoncés pour lesquels les répondants indiquent leur degré d'accord ou de désaccord.
6. Recueille les opinions d'experts de différents pays.
7. Consiste à présenter aux participants une pile de cartes portant chacune un énoncé sur un thème donné.
8. Est souvent utilisée pour évaluer des préjugés ou des stéréotypes.
9. Est principalement utilisée dans les études qualitatives.
10. L'ordre dans lequel les questions sont posées est défini.

10. Questions à choix multiples. Encerclez la lettre correspondant à la bonne réponse.
    1. Lorsqu'on choisit un instrument de mesure, il faut avant tout s'assurer
       a. qu'il correspond à la signification conceptuelle du phénomène à l'étude
       b. qu'il nous est familier
       c. qu'il est éprouvé
       d. qu'il a déjà été utilisé
    2. Un des grands avantages des questions fermées est qu'elles sont :
       a. faciles à construire
       b. faciles à analyser

    c. susceptibles d'amener des réponses détaillées
    d. toutes les réponses
    3. Sur une échelle de Likert contenant 20 énoncés et cinq catégories de réponses (cinq points), l'étendue possible des scores est de :
       a. 0 à 100   c. 20 à 100
       b. 20 à 80   d. 5 à 20
    4. L'échelle avec différenciation sémantique consiste en :
       a. une série d'énoncés déclaratoires disposés sur un continuum ;
       b. une série d'énoncés servant à mesurer la douleur, la dyspnée ;
       c. des énoncés qui mesurent des faits plutôt que des attitudes ;
       d. une série d'adjectifs de sens opposé indiquant sur une échelle les différentes significations susceptibles d'être attribuées à un concept.

11. Dans quelles circonstances l'étude d'observation convient-elle pour recueillir de l'information ?

12. Définissez les méthodes de collecte des données suivantes. Comparez vos définitions avec celles qui sont données dans le glossaire, le corrigé et le présent chapitre.
    a. L'entrevue   c. L'étude d'observation
    b. Le questionnaire   d. L'échelle de Likert

13. Sur quoi le chercheur se base-t-il pour choisir entre le questionnaire ou l'entrevue ?

14. Quels sont les divers modes d'administration du questionnaire ?

15. Quand un chercheur décide d'utiliser un instrument de mesure conçu dans une autre langue, quelle démarche lui faut-il suivre ?

Références bibliographiques

Beaugrand, J.P. (1988). « Observation directe du comportement », dans M. Robert, *Recherche scientifique en psychologie*, 3e éd., Saint-Hyacinthe, Edisem.

Boehm, A.E. et Weinberg, R.A. (1987). *The Classroom Observer : Developing Observation Skills in Early Childhood Settings*, New York, Teachers College Press.

Bouchard, S. et Cyr, C. (1998). *Recherche psychosociale. Pour harmoniser recherche et pratique*, Québec, Presses de l'Université du Québec.

Burns, N. et Grove, S.K. (2001). *The Practice of Nursing Research : Conduct, Critique, and Utilization*, 4e éd., Philadelphie, W.B. Saunders.

Burns, N. et Grove, S.K. (2003). *Understanding Nursing Research*, 3e éd., New York, W.B. Saunders.

Converse, J.M. et Presser, S. (1986). *Survey Questions : Handcrafting the Standardized Questionnaire*, Newbury Park (Calif.), Sage.

Dennis, F.I. (1985). « Q-Methodology : New perspectives on estimating reliability and validity », Paper presented at the Measurement of Clinical and Educational Nursing Outcomes Conference, La Nouvelle-Orléans (La.).

DeVellis, R.F. (1991). *Scale Development : Theory and Application,* Newbury Park (Calif.), Sage.

Dussaix, A.M. et Grosbras, J.M. (1993). *Les sondages. Principes et méthodes,* Paris, Presses Universitaires de France.

Erkut, S., Alarcon, O., Coll, C.G., Tropp, L.R. et Vasquez, G.H.A. (1999). « The dual-focus approach to creating bilingual measures », *Journal of Cross-Cultural Psychology, 30*(2), p. 206-218.

Fochtman, D. et Hinds, P.S. (2000). « Identifying nursing research priorities in a pediatric clinical trials cooperative group : The Pediatric Oncology Group experience », *Journal of Pediatric Oncology Nursing, 17,* p. 83-87.

Fontana, A. et Frey, J.H. (1994). « Interviewing : The art of science », dans N.K. Denzin et Y.S. Lincoln (dir.), *Handbook of Qualitative Research,* Thousand Oaks (Calif.), Sage, p. 361-376.

Fowler, F.J. (1990). *Standardized Survey Interviewing : Minimizing Interviewer-Related Error,* Newbury Park (Calif.), Sage.

Frey, J. et Oishi, S. (1995). *How to Conduct Interviews by Telephone and in Person,* Thousand Oaks (Calif.), Sage.

Giroux, S. et Tremblay, G. (2002). *Méthodologie des sciences humaines. La recherche en action,* 2ᵉ éd., Montréal, ERPI.

Gorden, R.L. (1992). *Interviewing : Strategy, Techniques and Tactics,* Homewood (Ill.), Dorsey Press.

Grawitz, M. (1996). *Méthodes des sciences sociales,* 10ᵉ éd., Paris, Dalloz.

Hess, U., Sénécal, S. et Vallerand, R.J. (2000). « Les méthodes quantitative et qualitative de recherche en psychologie », dans R.J. Vallerand et U. Hess (dir.), *Méthodes de recherche en psychologie,* Montréal, Gaëtan Morin éditeur.

Hilton, A. et Skrutkowski, M. (2002). « Translating instruments into other languages : Development and testing processes », *Cancer Nursing, 25*(1), p. 1-7.

Hulin, C.L. (1987). « A psychometric theory of evaluations of item and scale translations : Fidelity across languages », *Journal of Cross-Cultural Psychology, 18*(20), p. 30-39.

Jones, E.G. et Kay, M. (1992). « Instrumentation in cross-cultural research », *Nursing Research, 41*(3), p. 186-188.

Jones, P.A., Lee, J.W., Phillips, L.R., Zhang, X.E. et Jaceldo, K.B. (2001). « An adaptation of Brislin's translation model for cross-cultural research », *Nursing Research, 50*(5), p. 300-304.

Kidder, L.H. (1981). *Research Methods in Social Relations,* New York, Holt, Rinehart and Winston.

Knapp. T.R. (1990). « Treating ordinal scales as interval scales : An attempt to resolve the controversy », *Nursing Research, 39*(2), p. 121-123.

Kovach, C.R. et Krejci, J.W. (1998). « Facilitating change in dementia care : Staff perceptions », *JONA, 28*(5), p. 17-27.

Kvale, S. (1996). *Interviews. An Introduction to Qualitative Research Interviewing,* Thousand Oaks (Calif.), Sage.

Laperrière, A. (2000). « L'observation directe », dans B. Gauthier (dir.), *Recherche sociale. De la problématique à la collecte des données,* 3ᵉ éd., Québec, Presses de l'Université du Québec.

McDermott, M.A. et Palchanes, K.A. (1994). « A literature review of the critical elements to translation theory », *Image : Journal of Nursing Scholarship, 26*(2), p. 113-117.

McMillan, J.H. et Schumacher, S. (1989). *Research in Education : A Conceptual Introduction,* 2ᵉ éd., Glenview (Ill.), Scott, Foresman and Co.

Miller, W. et Crabtree, B. (1992). « Depth interviewing : The long interview approach », dans M. Stewart, F. Trudiver, M. Bass, E. Dunn et P. Norton (dir.), *Tools for Primary Care Research,* Newbury Park (Calif.), Sage.

Nieswiadomy, R.M. (2002). *Foundations of Nursing Research,* 4ᵉ éd., Upper Saddle River (N.J.), Prentice Hall.

Norwood, S.L. (2000). *Research Strategies for Advanced Practice Nurses,* Upper Saddle River (N.J.), Prentice Hall.

Nunnally, J.C. (1978). *Psychometric Theory,* 2ᵉ éd., New York, McGraw-Hill.

Osgood, C.E., Suci, G.J. et Tannenbaum, P.H. (1957). *The Measurement of Meaning,* Chicago, University of Illinois Press.

Patton, M.Q. (1990). *Evaluation and Research Methods,* Newbury Park (Calif.), Sage.

Savoie-Zajc, L. (2000). « L'entrevue semi-dirigée », dans B. Gauthier (dir.), *Recherche sociale. De la problématique à la collecte des données,* 3ᵉ éd., Québec, Presses de l'Université du Québec, p. 263-285.

Spector, P.E. (1992). *Summated Rating Scale Construction : An Introduction,* Newbury Park (Calif.), Sage.

Vallerand, R.J. (1989). « Vers une méthodologie de validation transculturelle de questionnaires psychologiques : implications pour la recherche en langue française », *Canadian Psychology / Psychologie canadienne, 30*(4), p. 652-660.

Waltz, C.F., Strickland, O.L. et Lenz, E. (1991). *Measurement in Nursing Research,* 2ᵉ éd., Philadelphie, F.A. Davis.

Wewers, M.E. et Lowe, N.K. (1990). « A critical review of visual analogue scales in the measurement of clinical phenomena », *Research in Nursing and Health, 13*(4), p. 227-236.

De la phase méthodologique à la phase empirique

L'application sur le terrain du plan établi s'effectue par le passage à la phase empirique. Les méthodes de collecte des données ayant été élaborées ou adaptées et le type d'échantillon choisi, on peut amorcer la collecte des données auprès des participants. Le chercheur est maintenant prêt à exécuter le plan établi. Cependant, la collecte des données sur le terrain ne s'effectue pas toujours sans embûches. L'accessibilité des sujets et le recrutement sont souvent les pierres d'achoppement étant donné qu'il faut avoir égard à la fois aux droits humains, aux multiples intermédiaires par qui le chercheur doit passer pour trouver des participants et aux difficultés liées au recrutement proprement dit.

Démarches préliminaires

La collecte des données consiste à recueillir méthodiquement l'information auprès des participants à l'aide des instruments de mesure choisis à cette fin. Avant d'entreprendre la collecte des données proprement dite, le chercheur doit faire certaines démarches préliminaires. Il lui faut obtenir l'autorisation de conduire l'étude dans l'établissement qu'il a choisi et l'approbation du comité d'éthique de la recherche, veiller à ce que le personnel ait la formation nécessaire, recruter des participants, assurer la constance dans la collecte de l'information et remédier aux problèmes qui surgissent.

L'autorisation des instances concernées

Le chercheur doit en premier lieu demander l'autorisation de conduire son étude dans l'établissement qu'il a choisi. Il doit préciser dans sa demande en quoi consiste le projet, qui sont les participants et quelles seront les ressources à mobiliser. Il faut noter que la demande d'autorisation peut varier selon que le chercheur est membre associé ou non du centre de recherche dans lequel se déroulera l'étude. Dans certaines disciplines, par exemple en sciences infirmières, le chercheur établit des contacts avec les chefs de département des centres hospitaliers et les infirmières en chef de manière à s'assurer leur collaboration tout au long de la collecte des données.

Les données peuvent aussi être collectées en dehors des centres hospitaliers, par exemple auprès de membres de la communauté, de particuliers, de membres de leur famille et de groupes défavorisés qui fréquentent des centres de santé. La recherche peut également être basée sur l'entrevue à domicile, auquel cas la résidence du participant devient le milieu de recherche. Dans les études d'enquête, l'entrevue se fait habituellement par téléphone. Quels que soient le type d'enquête et le milieu où doit se dérouler l'étude, le chercheur doit obtenir l'autorisation personnelle de chacun des participants pour mener l'enquête.

Le comité d'éthique de la recherche

Ainsi que nous l'avons vu au chapitre 9, toute recherche conduite auprès d'êtres humains doit être évaluée du point de vue éthique. Les projets soumis aux organismes subventionnaires doivent être accompagnés d'un certificat d'éthique émis par un comité dûment mandaté. Les différents corps d'enseignants des universités ont chacun leur propre comité d'éthique. Chaque centre hospitalier qui fait de la recherche doit avoir son comité d'éthique. Le chercheur doit présenter un protocole de recherche indiquant les instruments de mesure utilisés ainsi qu'un formulaire de consentement précisant les objectifs de l'étude, la nature de la participation des sujets et les dispositions prises pour protéger les droits des participants. Au cours de leur évaluation, les membres du comité d'éthique peuvent demander des informations additionnelles au chercheur. Un certificat d'éthique est émis si le projet de recherche satisfait à toutes les conditions requises.

La formation du personnel

Les interviewers chargés de la collecte des données par entrevues et les assistants de recherche doivent avoir reçu une formation suffisante. La période de préparation diffère selon que la collecte des données se fait par entrevues en face à face, par des entrevues au téléphone ou au moyen de questionnaires.

Le recrutement des participants

La collecte des données donne lieu à un certain nombre d'activités interdépendantes et simultanées. Pour le recrutement des participants, le chercheur applique un certain nombre de critères de sélection. Comme la taille de l'échantillon a été déterminée, il est important d'avoir exactement le nombre de participants qui a été fixé. Le chercheur se dote d'une stratégie de recrutement des participants; il doit déterminer si les noms des participants seront pris dans une liste d'inscription à une intervention chirurgicale quelconque ou s'il doit se baser sur leur dossier médical. Dans les études menées dans des établissements de santé, le recrutement peut être difficile à faire. Ainsi, le recrutement de participants susceptibles de bénéficier d'une intervention de soutien à l'occasion d'une chirurgie cardiaque peut prendre un temps assez long. Si l'étude vise à évaluer les effets de l'intervention sur des variables, telles l'activité physique ou la convalescence, les participants devront tous présenter les mêmes conditions de santé de manière qu'il soit possible d'établir des comparaisons entre le groupe formé par ces participants et un autre groupe qui n'a fait l'objet d'aucune intervention. Le chercheur doit prévoir que certains sujets ne répondront pas aux critères de sélection, que d'autres n'accepteront pas de participer et que d'autres encore se désisteront au cours de la collecte des données. Le fait de n'être pas parvenu à obtenir la taille de l'échantillon nécessaire peut affecter les analyses statistiques, l'interprétation et la généralisation des résultats.

La constance durant la collecte des données

La constance dans la collecte des données suppose le maintien des mêmes modes de collecte de l'information pour chaque participant et chaque événement. Les instruments de mesure doivent être toujours utilisés de la même manière d'un participant à l'autre. Il est important de suivre le plan établi. Si le plan doit être modifié pour une raison ou pour une autre, il est nécessaire de justifier le changement opéré et d'en évaluer les conséquences sur l'analyse des données et l'interprétation des résultats.

Le chercheur doit s'efforcer de neutraliser les influences extérieures qui peuvent s'exercer au cours de la collecte des données et qui n'ont pas été prévues à la phase méthodologique. Les variables étrangères décelées au cours de la collecte des données doivent être prises en compte au moment de l'analyse et de l'interprétation des résultats. Dans les études de type expérimental, le chercheur doit avoir égard aux risques de contamination entre les participants. Le fait d'observer une constance et d'exercer un contrôle continuel au cours de l'étude concourt à la validité de l'étude.

Les problèmes potentiels

La collecte des données sur le terrain est souvent semée d'embûches. Les problèmes susceptibles de survenir à cette étape peuvent être nombreux. Les plus fréquents sont l'obligation de prolonger la période de collecte des données en raison du nombre insuffisant de participants, le refus de participer à l'étude et les désistements. Il arrive qu'on soit obligé de modifier les critères de sélection à cause du nombre insuffisant de participants. La modification des critères doit toutefois se faire au début de la collecte des données.

Phase empirique : la collecte des données et l'analyse

L a phase empirique proprement dite est réservée à l'analyse descriptive et inférentielle des données recueillies auprès des participants au moyen des méthodes de collecte des données. Ces deux types d'analyse sont décrits aux chapitres 17 et 18.

CHAPITRE 17

L'analyse descriptive des données

Objectifs d'apprentissage

À la fin de ce chapitre, vous devriez être en mesure :

1) de calculer les distributions de fréquences ;

2) de calculer et de schématiser les mesures de tendance centrale ;

3) de choisir la mesure de tendance centrale convenant au niveau de mesure des données ;

4) de calculer et de schématiser les mesures de dispersion ;

5) de choisir la mesure de dispersion convenant au niveau de mesure des données ;

6) de définir la relation entre deux variables.

Vue d'ensemble

Les données ayant été collectées, c'est maintenant le temps de les traiter à l'aide de techniques d'analyse statistique. Rappelons que la recherche a pour but de répondre aux questions de recherche ou de vérifier des hypothèses. Les analyses statistiques descriptives servent à décrire les caractéristiques de l'échantillon et à trouver des réponses aux questions de recherche, alors que les analyses statistiques inférentielles permettent de vérifier des hypothèses. L'analyse des données empiriques exige dans un premier temps que l'on organise et traite les données de manière à

pouvoir décrire l'échantillon et à tirer par la suite des conclusions sur la population cible à partir de cet échantillon. Ce chapitre discute des analyses descriptives, qui consistent à résumer les données numériques à l'aide des caractéristiques des distributions de fréquences — les mesures de tendance centrale et les mesures de dispersion — et à l'aide également des statistiques descriptives d'associations. Les analyses statistiques inférentielles, dont les principaux buts sont l'estimation des paramètres et la vérification des hypothèses, seront étudiées dans le chapitre 18.

L'analyse descriptive des données est le processus par lequel le chercheur résume un ensemble de données brutes à l'aide de tests statistiques. Elle vise essentiellement à décrire les caractéristiques de l'échantillon et à répondre aux questions de recherche (phase conceptuelle). Comme toute question de recherche comporte des concepts, ceux-ci doivent être définis de façon opérationnelle en tant que variables, puis mesurés au moyen d'instruments de mesure (phase méthodologique). Les données brutes qui résultent de cette opération de mesure sont organisées selon les divers niveaux de mesure (nominal, ordinal, à intervalles, à proportions), puis soumises à un traitement statistique des données (phase empirique). Le traitement statistique réfère à l'analyse des données numériques au moyen de techniques statistiques (ou tests statistiques). Le choix des tests statistiques dépend en grande partie de la fonction que les variables remplissent dans une recherche, fonction qui peut consister à décrire (étude descriptive), à examiner des relations d'association (étude corrélationnelle) ou à vérifier des relations causales (étude expérimentale). Quel que soit le type d'étude, on utilise toujours la statistique descriptive pour décrire les caractéristiques de l'échantillon auprès duquel les données ont été recueillies.

On distingue deux grandes catégories d'analyses statistiques : la statistique descriptive, discutée dans le présent chapitre, et la statistique inférentielle, que nous étudierons au chapitre suivant. La statistique, qu'elle soit descriptive ou inférentielle, est toujours liée au niveau de mesure des variables à l'étude (nominal, ordinal, à intervalles ou à proportions).

17.1 La statistique descriptive

La partie descriptive de la statistique a pour but de mettre en valeur l'ensemble des données brutes tirées d'un échantillon de manière qu'elles soient comprises du chercheur comme du lecteur. Dans la statistique descriptive, les données numériques sont présentées sous forme de tableaux et de graphiques et on calcule le centre de l'éparpillement des valeurs attribuées aux données. Par exemple, la moyenne de la classe à un examen de mathématiques est de 82 % et les résultats varient entre 70 % et 92 %. Les données brutes (appelées aussi série statistique) sont souvent difficiles à analyser parce que les informations qu'elles véhiculent sont dispersées. Pour dégager l'information pertinente, on doit organiser et présenter les données dans une forme simple. Elles peuvent être classées selon trois modes : les distributions de fréquences, les mesures de tendance centrale et les mesures de dispersion. La statistique sert aussi à décrire des associations entre deux variables (analyses bivariées). Elle comporte les éléments suivants :

- les distributions de fréquences et les graphiques ;
- les mesures de tendance centrale ;
- les mesures de dispersion ;
- les mesures d'association :
  - les tableaux de contingence,
  - les coefficients de corrélation.

La distribution de fréquences

On peut résumer un ensemble de données numériques en les distribuant au moyen d'un tableau de fréquences. La distribution de fréquences permet d'organiser et de classer une masse de données qui, à première vue, peut apparaître dépourvue de sens. La distribution de fréquences consiste à disposer en tableau les valeurs numériques par ordre croissant et à calculer le nombre de fois que chaque valeur apparaît dans les données. Elle permet de distinguer rapidement les scores élevés et les scores plus bas. Toutes les données, qu'elles soient de niveau nominal, ordinal, à intervalles ou à proportions, peuvent être l'objet d'une distribution de fréquences.

La distribution de fréquences peut prendre deux formes selon que la variable est discrète ou continue. La variable discrète et la variable continue se rapportent à des niveaux de mesure différents, comme nous l'avons vu au chapitre 15. Les variables discrètes que constituent les variables nominales et les variables ordinales n'ont pas de valeur numérique. Les variables nominales sont représentées par des nombres arbitraires (1 = homme ; 2 = femme) et les variables ordinales correspondent à des nombres exprimant le rang dans un ensemble ordonné (degrés de scolarité : 1 = primaire ; 2 = secondaire, etc.). Les variables continues telles que les variables à intervalles et les variables à proportions ont une valeur numérique : les nombres qui leur sont attribués désignent des quantités et, par le fait même, ils peuvent être l'objet d'opérations mathématiques.

Une distribution de fréquences est donc constituée de données discrètes ou continues selon que les variables sont discrètes ou continues. Pour confectionner un tableau de fréquences, on part d'une liste de données brutes (série statistique) ou de valeurs numériques, comme celle qui est présentée au tableau 17.1. Cette liste contient un ensemble de données brutes sur le rythme cardiaque obtenues auprès

TABLEAU 17.1
Distribution de données fictives sur le rythme cardiaque de nouveau-nés prématurés

145	182	158	145	175	176	154	125	155	151
162	165	144	146	177	145	155	162	135	144
198	154	148	149	148	145	165	126	148	151
220	136	145	125	147	146	166	140	155	144
136	126	144	148	144	150	166	158	220	165
145	165	150	144	146	182	166	145	146	145
158	135	151	150	146	145	154	136	162	200
140	200	150	165	145	154	155	198	145	240
126	166	145	148	165	155	165	162	166	145
125	159	144	148	174	174	171	166	145	166

d'un échantillon formé de 100 nouveau-nés prématurés. Il est difficile de dégager une signification quelconque des données brutes et de distinguer les valeurs élevées d'avec les valeurs basses ou encore la valeur la plus fréquente à moins de les ordonner méthodiquement, comme au tableau 17.2.

La distribution de fréquences présentée au tableau 17.2 montre des valeurs du rythme cardiaque obtenues auprès de 100 nouveau-nés prématurés. Une fois que les données ont été classées de façon systématique de manière à aller des petites valeurs vers les grandes, il est facile de déceler au premier coup d'œil la valeur la moins élevée du rythme cardiaque (125), la valeur la plus élevée (240) et la valeur qui correspond au nombre maximal de battements par minute (145).

Le tableau nous renseigne également sur la fréquence (f) absolue qui correspond au nombre de nouveau-nés prématurés ayant le même nombre de battements cardiaques par minute, et sur la fréquence cumulée qui indique, dans le cas présent, que 51 bébés ou 51 % ont une fréquence cardiaque entre 125 et 140 et que 95 bébés ou 95 % d'entre eux ont une fréquence inférieure à 200. La fréquence relative se calcule en divisant la fréquence absolue par le nombre total de données (l'effectif) et en multipliant le résultat obtenu par 100. Enfin, la fréquence relative cumulée ressemble à la fréquence cumulée, à cette différence près que les nombres représentés sont des pourcentages.

Quand le chercheur fait une distribution de fréquences, il doit s'assurer que tous les scores (X) s'excluent mutuellement et que la liste en est exhaustive. De plus, la somme des fréquences doit être égale au nombre d'individus ou de cas dans l'échantillon (Polit, 1996). Dans les textes méthodologiques, on utilise fréquemment la formule suivante pour le calcul des fréquences :

$$\sum f = N$$

où $\sum$ = la somme des fréquences de la valeur des scores
f = les fréquences
N = la taille de l'échantillon (nombre total d'individus)

TABLEAU 17.2
Distribution du rythme cardiaque de nouveau-nés prématurés

Rythme cardiaque (X)	Fréquence absolue (f)	Fréquence relative (%)	Fréquence cumulée	Fréquence relative cumulée (%)
125	3	3	3	3
126	3	3	6	6
135	2	2	8	8
136	3	3	11	11
140	2	2	13	13
144	7	7	20	20
145	14	14	34	34
146	5	5	39	39
147	1	1	40	40
148	6	6	46	46
149	1	1	47	47
150	4	4	51	51
151	3	3	54	54
154	4	4	58	58
155	5	5	63	63
158	3	3	66	66
159	1	1	67	67
162	4	4	71	71
165	7	7	78	78
166	7	7	85	85
171	1	1	86	86
174	2	2	88	88
175	1	1	89	89
176	1	1	90	90
177	1	1	91	91
182	2	2	93	93
198	2	2	95	95
200	2	2	97	97
220	2	2	99	99
240	1	1	100	100

L'information fournie au tableau 17.2 est parfaitement valable, mais il serait possible d'en simplifier la présentation de façon à la rendre plus aisément compréhensible. Quand la variable continue est associée à plusieurs données ou valeurs numériques, comme c'est le cas pour la variable « rythme cardiaque », on peut distribuer par classes les données, comme le montre le tableau 17.3. Ce dernier indique que la majorité des rythmes cardiaques observés chez les nouveau-nés sont inférieurs

TABLEAU 17.3
Distribution du rythme cardiaque de nouveau-nés prématurés

Classe	Fréquence absolue (f)	Pourcentage (%)	Fréquence cumulée	Pourcentage cumulé (%)
125-140	13	13	13	13
141-156	50	50	63	63
157-172	23	23	86	86
173-188	7	7	93	93
189-204	4	4	97	97
205-220	2	2	99	99
221-236	0	0	99	99
237-252	1	1	100	100

à 188 battements par minute (93 bébés ou 93 %) et que les rythmes cardiaques supérieurs à 188 sont marginaux (7 bébés).

Dans la distribution des données par classes, il faut rechercher un juste équilibre entre la clarté et la perte d'information. Si le nombre de classes est trop élevé, on risque de diluer l'information et si, au contraire, leur nombre est trop faible, on risque de perdre des détails. Par exemple, dans le tableau 17.3, 13 résultats se situent entre 125 et 140, mais la distribution de ces derniers nous est inconnue. Ainsi, si le nombre de classes est restreint, l'information est plus facile à assimiler, mais moins riche.

Pour déterminer le nombre approprié de classes, Polit (1996) suggère de considérer l'étendue de la distribution. Si celle-ci est grande, on établit un plus grand nombre de classes. Selon cette auteure, le nombre de classes devrait se situer entre 5 et 15. La largeur de la classe ou l'intervalle de classe s'obtient en divisant l'étendue (la valeur la plus grande moins la valeur la plus petite) de la distribution par le nombre de classes. La grandeur ou l'intervalle des classes dans l'exemple présenté au tableau 17.3 est de 16.

La représentation graphique des données discrètes

La distribution de fréquences peut aussi être représentée sous la forme d'un graphique, ce qui permet de mettre en évidence la manière dont se distribuent les données et ce qui facilite leur compréhension. On utilise des graphiques différents pour représenter les données discrètes (nominales et ordinales) et les données continues (à intervalles et à proportions). Pour les données nominales ou ordinales, les représentations graphiques qui conviennent le mieux sont le diagramme à bâtons et le diagramme à secteurs.

Le diagramme à bâtons

Le diagramme à bâtons s'utilise pour les données discrètes, c'est-à-dire pour les données nominales ou ordinales. Les caractères sont généralement placés sur l'axe

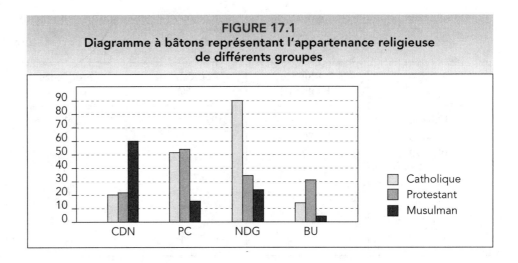

FIGURE 17.1
Diagramme à bâtons représentant l'appartenance religieuse
de différents groupes

horizontal (genre, religion, ethnie) et la fréquence, la proportion ou le pourcentage sont placés sur l'axe vertical. Les bâtonnets sont espacés les uns des autres pour bien faire ressortir chacun des caractères et ils doivent être de même largeur. Le diagramme à bâtons peut présenter une seule variable ou encore comparer certains groupes selon une même variable. Les lecteurs désireux de connaître les diverses manières de concevoir ces graphiques cartésiens auront profit à consulter l'ouvrage d'Amyotte (1996).

Le diagramme à bâtons de la figure 17.1 compare des données relatives à l'appartenance religieuse de groupes répartis entre quatre arrondissements de Montréal représentés par les lettres CDN, PC, NDG et BU. On constate que la religion catholique et la religion musulmane dominent respectivement dans NDG et dans CDN. Dans les arrondissements PC et BU, la religion protestante dépasse les autres.

Le diagramme à secteurs

Le diagramme à secteurs, appelé aussi assiette de répartition, permet lui aussi de représenter graphiquement une variable nominale ou une variable ordinale. Il consiste en un disque circulaire qui rend compte de l'échantillon total et qui est divisé en autant de secteurs que la variable présente de modalités ou de catégories. La taille de chaque secteur correspond au pourcentage ou à la fréquence relative de la modalité ou de la catégorie (Amyotte, 1996). À la différence du diagramme à bâtons, ce type de graphique ne permet pas de comparer différents groupes par rapport à la même variable.

La figure 17.2 présente le taux de mobilité des résidents d'un centre d'hébergement et de soins de longue durée (CHSLD). Il est facile de voir que le pourcentage (fréquence relative) des individus complètement indépendants est très bas (4%) par rapport à l'ensemble et que la majorité des individus ont besoin d'une assistance partielle (76%) ou complète (20%). Ce graphique contient des données ordinales, mais il pourrait aussi présenter des données nominales.

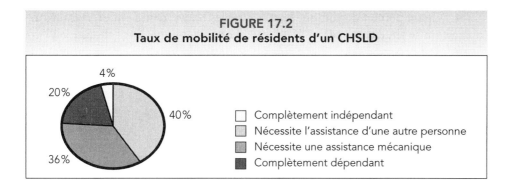

FIGURE 17.2
Taux de mobilité de résidents d'un CHSLD

- Complètement indépendant
- Nécessite l'assistance d'une autre personne
- Nécessite une assistance mécanique
- Complètement dépendant

La représentation graphique des données continues

Lorsqu'on est en présence de variables continues, c'est-à-dire de variables à inter-valles ou à proportions, les représentations graphiques qui conviennent le mieux sont l'histogramme des fréquences et le polygone de fréquences.

L'histogramme des fréquences

L'histogramme des fréquences est une représentation graphique d'effectifs groupés par classe. Il ressemble au diagramme à bâtons, à ceci près que les bâtons ou les rec-tangles ne sont pas espacés. Les rectangles sont accolés les uns aux autres sur l'axe des x pour bien montrer que les données quantitatives ont une échelle continue. Les données peuvent être présentées par classes ou non, mais toujours selon un ordre croissant. L'histogramme des fréquences est associé au tableau des fréquences. Il permet de voir la distribution de la variable. La hauteur du rectangle correspond à la fréquence absolue ou à la fréquence relative de la classe. Pour illustrer l'histo-gramme des fréquences, reprenons l'exemple de la distribution des données sur le rythme cardiaque des nouveau-nés prématurés (tableau 17.3). Comme le montre la figure 17.3, les classes sont placées sur l'axe horizontal (abscisse) par ordre croissant.

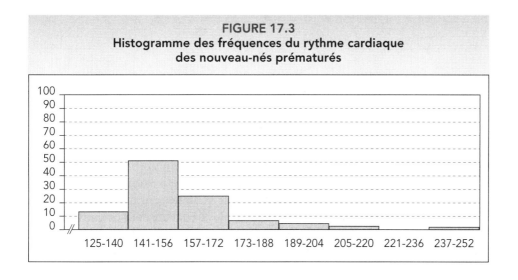

FIGURE 17.3
Histogramme des fréquences du rythme cardiaque
des nouveau-nés prématurés

La figure permet de voir que la majorité des nouveau-nés ont un rythme cardiaque qui se situe entre 141 et 156 battements par minute. Sur l'abscisse ou l'axe des *x* (axe horizontal), deux lignes obliques suivant le zéro brisent la continuité de l'axe : c'est là une convention qui a pour but de montrer l'espace existant entre le 0 et le premier nombre de la distribution.

Le polygone de fréquences

S'il y a plus d'une distribution à faire, le polygone de fréquences est préférable à l'histogramme. Le polygone de fréquences est utilisé pour des données groupées par classe ou pour des données ponctuelles, comme dans le tableau ci-dessous ; il constitue une autre façon de représenter graphiquement des données continues à intervalles ou à proportions. Il s'obtient en joignant par des droites les points milieux du sommet de chaque rectangle d'un histogramme des fréquences. Ce type de graphique est très utile lorsque l'on veut représenter plusieurs distributions ou groupes d'une même variable.

La figure 17.4 illustre les données recueillies auprès d'adolescents fréquentant trois écoles secondaires d'une même région. On voit au premier coup d'œil que le groupe de l'école 1 présente une distribution différente de celles des deux autres groupes en ce qui a trait à l'âge de la première relation sexuelle. On constate qu'une majorité relative des adolescents de cette école ont eu une première relation sexuelle à l'âge de 14 ans.

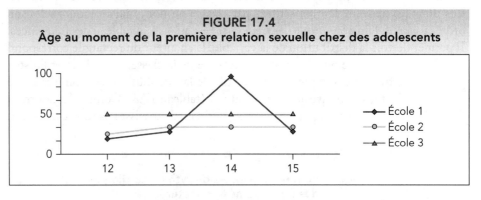

FIGURE 17.4
Âge au moment de la première relation sexuelle chez des adolescents

Nous avons décrit en détail la représentation graphique de la distribution des fréquences des données descriptives. Nous allons maintenant traiter de deux autres méthodes permettant de résumer des données numériques tirées d'un échantillon : les mesures de tendance centrale et les mesures de dispersion.

Les mesures de tendance centrale

En plus de la distribution de fréquences, l'analyse descriptive comporte des mesures de tendance centrale. Les mesures de tendance centrale sont des procédés statistiques qui décrivent la modalité ou la valeur la plus fréquente dans une série de données dont la caractéristique est de se situer au centre d'une distribution. Une mesure de tendance centrale résume une distribution de fréquences au moyen d'un seul nombre (Nieswiadomy, 2002). Les trois mesures de tendance centrale sont 1) le mode, 2) la médiane et 3) la moyenne.

Le mode

Le mode (Mo) est une mesure de tendance centrale qui correspond à la modalité ou à la valeur qui apparaît le plus souvent dans une distribution de fréquences. Quand les valeurs réfèrent à des catégories ou à des modalités plutôt qu'à des valeurs numériques, comme dans le cas des variables nominales, la catégorie présentant la plus grande fréquence est appelée la catégorie modale. Si la distribution présente deux valeurs de même fréquence, la distribution est dite bimodale et elle est multimodale s'il existe plus de deux modalités. Le mode s'utilise la plupart du temps pour des données nominales, mais il s'emploie aussi pour les autres niveaux de mesure. Dans la distribution des scores suivante, le mode correspond à 25 parce que c'est le score qui apparaît le plus souvent.

Le mode est la valeur ou la modalité qui apparaît le plus souvent dans une distribution de fréquences.

$$X = 23 \quad 24 \quad 25 \quad 25 \quad 25 \quad 25 \quad 26 \quad 27 \quad 28 \quad 29 \quad 30 \qquad Mo = 25$$

Si on reprend l'exemple présenté à la figure 17.1 (p. 338), on peut déterminer les modalités d'appartenance religieuse de quatre arrondissements d'une ville. Dans les arrondissements NDG, CDN et BU, le mode est représenté respectivement par la religion catholique, la religion musulmane et la religion protestante; dans l'arrondissement PC, le mode est représenté de peu par la religion protestante. Si les fréquences de ces deux religions étaient identiques, catholique et protestante, on aurait affaire à une distribution bimodale.

Les données peuvent aussi être réparties par classes dans un tableau de fréquences. On parlera alors de classe modale plutôt que de mode.

Un des principaux inconvénients du mode selon Polit (1996) est son instabilité comme mesure de tendance centrale. Cette instabilité réside dans le fait que le mode fluctue d'un échantillon à l'autre, même si tous les échantillons sont tirés d'une même population. Néanmoins, le mode est une mesure utile pour décrire des données nominales.

La médiane

La médiane (Md) est une mesure de tendance centrale qui divise la distribution de fréquences d'une variable en deux parties égales contenant chacune 50 % des données. Elle correspond exactement au point milieu d'une distribution des fréquences; on devrait ainsi dénombrer autant de données à gauche, soit 50 % au-dessus de la médiane, qu'à droite, soit 50 % au-dessous de la médiane. La médiane est un indice de la tendance centrale basé sur la fréquence des réponses obtenues à un test quelconque. La médiane est surtout utilisée avec des variables ordinales, mais elle peut s'employer aussi avec des variables continues.

La médiane est la valeur qui divise en deux la distribution d'une variable, c'est-à-dire la valeur sous laquelle se situe 50 % des données.

Afin de déterminer la médiane d'une distribution de fréquences, le chercheur peut classer ses données selon un ordre croissant ou les grouper par classes si la distribution de fréquences s'y prête. Si l'on reprend la distribution de fréquences de la figure 17.2 (p. 339), elle pourrait comporter 21 données ordinales dont la séquence s'établirait comme suit:

$$X = 1, 1, 2, 2, 2, 2, 2, 2, 2, 2, 3, 3, 3, 3, 3, 3, 3, 4, 4, 4, 4$$

1. Complètement indépendant
2. Nécessite l'assistance d'une autre personne
3. Nécessite une assistance mécanique
4. Complètement dépendant

Pour trouver la médiane d'une distribution comportant un nombre impair de données ou de scores, le score du milieu sera la médiane. La formule à utiliser est la suivante : $Md = (n + 1)/2$. Selon la distribution ci-dessus, $Md = (21 + 1)/2 = 11$.

La médiane correspond dans notre exemple à la 11e donnée de la distribution (nécessite une assistance mécanique). On peut affirmer que 50 % des individus ont une dépendance égale ou inférieure à la modalité « nécessite une assistance mécanique » ou encore que 50 % des individus ont une dépendance égale ou supérieure à la modalité « nécessite une assistance mécanique ».

Si le chiffre de la distribution est pair, la médiane se situe à mi-chemin entre les deux scores centraux ; la formule est : $Md = n/2$. Calculons la médiane de la distribution de fréquences des données présentées à la figure 17.2 en supposant que le nombre total de l'échantillon est égal à 100.

Niveau d'indépendance	Fréquence absolue	Fréquence cumulée
Complètement indépendant	4	4
Nécessite l'assistance d'une autre personne	40	44
Nécessite une assistance mécanique	36	80
Complètement dépendant	20	100
Total	100	100

Le nombre total d'individus de la distribution est égal à 100, et on utilise donc pour trouver la médiane la formule : $Md = n/2$, soit $100/2 = 50$.

La cinquantième valeur se situe dans la modalité « nécessite une assistance mécanique ». On peut affirmer que 50 % des individus ont un niveau d'indépendance égal ou inférieur à la modalité « nécessite une assistance mécanique ».

Pour calculer la médiane d'une distribution de fréquences qui comporte des données continues dont le nombre total est un chiffre impair (9), comme dans la distribution suivante, on calcule simplement le nombre total de données de cette distribution fictive. Ce calcul produit comme médiane la valeur située au centre de la série ordonnée, soit 27.

$$23, 24, 25, 26, 27, 28, 29, 30, 31 \qquad Md = 27$$

Si la distribution comporte un nombre pair de données, comme dans la distribution suivante (10), on obtient la valeur de la médiane en calculant la moyenne des deux valeurs situées le plus près du centre (point milieu) de la distribution : (27 + 28)/2 = 27,5.

$$X = 23, 24, 25, 26, 27, 28, 29, 30, 31, 32 \qquad Md = 27,5$$

Un grand avantage de la médiane est qu'elle n'est pas sensible aux valeurs extrêmes d'une distribution de fréquences. Si une distribution de fréquences comporte les données suivantes : 1, 125, 126, 127, 128, 780, la médiane est (126 + 127)/2 = 126,5 ; Md = 126,5. Les valeurs extrêmes 1 et 780 n'affectent pas son calcul.

La moyenne

La moyenne est la mesure de tendance centrale qui correspond à la somme des valeurs des données divisée par le nombre total de données (effectif). La moyenne est la mesure de tendance centrale la plus usuelle en statistique. On désigne la plupart du temps la moyenne arithmétique d'un ensemble de scores. Le calcul de la moyenne requiert une distribution de fréquences continue (à intervalles ou à proportions). La moyenne, symbolisée par $\bar{x}$ ou M, est utilisée pour représenter la moyenne d'un échantillon alors que le symbole μ représente la moyenne de la population d'où est tiré l'échantillon. On calcule la moyenne d'un échantillon selon la formule suivante :

$$\bar{x} = \frac{\sum_{i=1}^{n} x_i}{n}$$

$\bar{x}$ = la moyenne
Σ = la sommation
$i = 1\dots n$: toutes les données qui constituent l'échantillon
n = le nombre total de données qui constituent l'échantillon

Pour calculer la moyenne de l'échantillon des données sur le rythme cardiaque des nouveau-nés prématurés présentées au tableau 17.2 (p. 336), on utilise la formule suivante :

$$\bar{x} = \frac{\sum_{i=1}^{100} 125 + 125 + 125 + 126 + 126 + 126 + \dots 220 + 220 + 240}{100} = 153,7$$

La moyenne de l'échantillon des données du rythme cardiaque est donc de 153,7 battements par minute. La moyenne présente des particularités, comme le fait de prendre en compte toutes les données d'un échantillon et de se prêter aux transformations mathématiques, ce qui explique pourquoi elle est utilisée dans le calcul des tests statistiques (Dumas, 2000). C'est une mesure stable de tendance centrale. Une autre des propriétés importantes de la moyenne est le fait que la somme des déviations par rapport à la moyenne est toujours égale à zéro. En effet, si l'on soustrait la moyenne de toutes les données d'une distribution, la somme de ces différences égale toujours zéro. Ainsi, si on additionne toutes les déviations par rapport à la moyenne, on obtient zéro. Selon Polit (1996), cette propriété équilibre les déviations au-dessus et au-dessous de la moyenne. La moyenne représente ainsi le centre d'équilibre de la distribution (Amyotte, 1996).

> La moyenne est la mesure de tendance centrale qui correspond à la somme d'un ensemble de valeurs divisée par le nombre total de valeurs.

La moyenne est très sensible aux valeurs extrêmes d'une distribution, particulièrement quand l'échantillon est de petite taille. Les valeurs très petites ou très grandes font diminuer ou augmenter la moyenne. Par exemple, dans la distribution suivante : 1, 30, 31, 32, 33, 34, 35 ; $\bar{x} = 28$, la valeur la plus petite (1) fait diminuer la moyenne de la distribution. Dans une distribution asymétrique, la moyenne ne caractérise pas le centre de la distribution ; il est alors préférable de la remplacer par la médiane. Il faut se demander s'il est nécessaire d'utiliser la moyenne comme mesure de tendance centrale dans les cas où la distribution ne suit pas une courbe normale.

Comparaison des mesures de tendance centrale

Le choix d'une mesure pour décrire la tendance centrale des données dépend en grande partie du niveau de mesure des variables. Si les données sont nominales, seul le mode peut être utilisé. Si les données sont ordinales, le mode ou la médiane peuvent être utilisés. Cependant, si le chercheur veut traiter les données ordinales comme si elles étaient à intervalles (scores à l'échelle de Likert), la moyenne peut alors être utilisée pour décrire le centre des données. Quand les données représentent le niveau de mesure à intervalles ou à proportions, toutes les mesures de tendance centrale sont appropriées (Munro, 1986).

Du point de vue statistique, la moyenne est plus stable que la médiane ou le mode ; elle est considérée comme la mesure de tendance centrale la plus sensible du fait qu'elle est la seule mesure pour le calcul de laquelle on inclut tous les scores d'une

---

TABLEAU 17.4
Choix d'une mesure de tendance centrale

Mesure	Type de données	Particularités	Utilité
Mode (Mo)	Tous les niveaux de mesure, mais surtout nominal.	Instable. Pas d'opérations mathématiques	Décrit les valeurs des variables catégorielles.
Médiane (Md)	Niveaux ordinal, à intervalles et à proportions mais surtout ordinal.	La valeur numérique des scores individuels n'est pas prise en compte. Insensible aux valeurs extrêmes.	Décrit le point milieu d'une distribution. Décrit la valeur moyenne d'une distribution asymétrique.
Moyenne (X)	Niveaux à intervalles et à proportions.	La plus stable des mesures de tendance centrale. Considère chaque score dans un ensemble de données. Sensible aux valeurs extrêmes.	Fournit la meilleure estimation de la tendance centrale de la population.

distribution. Cependant, comme nous l'avons déjà souligné, il n'est pas avantageux de recourir à la moyenne quand la distribution présente des scores extrêmes. Il est préférable d'utiliser la médiane quand les scores sont extrêmes ou que les données ne sont pas distribuées normalement, c'est-à-dire quand la plupart des scores s'éloignent du centre pour se concentrer à l'une ou à l'autre des extrémités de la courbe. Quant au mode, il est surtout utilisé pour décrire des variables nominales. Dans les autres cas, il se présente comme une mesure instable. Le tableau 17.4 rend compte des particularités des trois mesures de tendance centrale. Nous discuterons maintenant des courbes de distribution.

Les formes de distribution

Les distributions de fréquences peuvent prendre différentes formes : elles peuvent être symétriques ou asymétriques, positives ou négatives. La distribution symétrique est une distribution qui, une fois pliée en deux, donne deux moitiés identiques, parfaitement superposables, comme dans la courbe normale de distribution. La distribution est dite asymétrique quand le sommet (« pic ») est en dehors du centre. Si la forme de la distribution a une queue plus étendue à droite, cela signifie que la plupart des données sont concentrées à l'extrémité droite. On dit alors que la distribution est étalée à droite ou positive. Si la queue est plus longue à gauche, on dit que la distribution est étalée à gauche ou négative. Le revenu personnel est un bon exemple de variable qui tend vers l'asymétrie positive, car il peut y avoir de grands écarts entre les revenus des individus (Nieswiadomy, 2002). On pourrait donner comme exemple d'une variable tendant vers l'asymétrie négative le poids des nouveau-nés à la naissance. La plupart des nouveau-nés à terme ont un poids normal alors que les prématurés sont de faible poids.

Lorsqu'on regarde la distribution normale d'une variable continue, on constate que le mode, la médiane et la moyenne ont la même valeur (figure 17.5). C'est une situation toute théorique qui ne se présente pas dans la réalité. Le sommet central

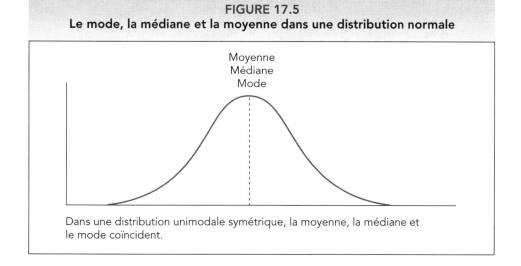

FIGURE 17.5
Le mode, la médiane et la moyenne dans une distribution normale

Moyenne
Médiane
Mode

Dans une distribution unimodale symétrique, la moyenne, la médiane et le mode coïncident.

représente le milieu de la distribution où se concentrent la majorité des valeurs. Dans une distribution normale, la courbe est en forme de cloche. La distribution normale est basée sur des données d'observation qui montrent que des mesures répétées de données continues tendent à se grouper vers le point milieu. Ainsi, on a établi que certains traits humains (attitudes, intelligence, personnalité) sont distribués normalement dans la population (Munro, 1986).

Comme la plupart des données d'un échantillon dessinent rarement une courbe normale parfaite, il arrive que le chercheur doive choisir une mesure de tendance centrale qui reflète davantage les valeurs de son échantillon. Quand l'échantillon renferme des valeurs extrêmes et que la courbe présente une asymétrie positive ou négative, les valeurs des mesures de tendance centrale se présentent comme il est montré à la figure 17.6.

Si le chercheur utilise la moyenne comme mesure de tendance centrale dans des échantillons qui présentent des asymétries positive ou négative, les résultats de la mesure peuvent cacher les tendances réelles des données. Par exemple, dans l'étude de Johnston, Stevens, Pinelli, Gibbins, Filion, Jack et autres (2003) sur les effets de la méthode kangourou sur la douleur chez les prématurés, les moyennes obtenues avec la mesure de stabilité physiologique (SNAP-II) prise sur 74 nouveau-nés étaient de 6,7. Toutefois, cette mesure ne refléterait pas les tendances de l'échantillon, car plus de 50 % des nouveau-nés présentaient un score de 0, ce qui atteste leur très grande stabilité du point de vue de cette mesure. Les auteurs ont indiqué qu'ils avaient pris la moyenne comme mesure de tendance centrale, mais ils ont insisté sur le mode qui était de 0 auprès de cet échantillon.

La moyenne demeure la mesure de tendance centrale la plus utile pour l'établissement des statistiques inférentielles. Quand le chercheur caractérise son échantillon au moyen de données descriptives, il doit rendre compte des tendances qu'il observe, et le mode ou la médiane peuvent souvent mieux refléter les données recueillies sur le terrain que la moyenne.

FIGURE 17.6
Mesures de tendance centrale dans une distribution asymétrique positive et dans une distribution asymétrique négative

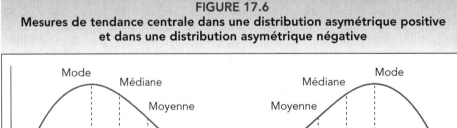

Dans une distribution asymétrique, la moyenne prend en compte les valeurs extrêmes.

Les mesures de dispersion

Les mesures de dispersion ou de variabilité permettent de rendre compte des différences individuelles entre les membres d'un échantillon. Elles fournissent des indications sur la façon dont les scores se distribuent autour de la moyenne. Lorsque les scores varient peu entre eux, on dit que l'échantillon est homogène et, lorsqu'ils varient grandement entre eux et s'éloignent de la moyenne, l'échantillon est hétérogène. Les principales mesures de dispersion sont l'étendue, la variance, l'écart type et le coefficient de variation.

L'étendue

L'étendue exprime la différence entre la valeur la plus élevée dans une distribution (maximum) et la valeur la moins élevée (minimum). C'est la mesure de dispersion la plus simple à calculer. L'expression algébrique pour le calcul de l'étendue est la suivante (Amyotte, 1996):

$$E = V_{max} - V_{min}$$

Dans l'exemple du tableau 17.2, les valeurs ordonnées du rythme cardiaque sont: 125, 126, 135, …, 220, 240. Le minimum est 125 et le maximum 240. L'étendue du rythme cardiaque est donc de 240 − 125 = 115. Donc, 115 battements séparent le moins élevé (125) des battements cardiaques du plus élevé (240).

L'étendue ne fournit pas d'information sur la façon dont la fréquence des valeurs se distribue et sur la concentration de la plupart des valeurs. Ces dernières sont-elles près du minimum, près du centre ou près du maximum? Cette information est fournie par la variance et l'écart type.

> L'étendue correspond à la différence entre la valeur la plus élevée dans une distribution et la valeur la moins élevée.

La variance

La variance représente la valeur globale de dispersion des scores par rapport à la moyenne. De façon générale, plus la variance est grande, plus les scores s'écartent de la moyenne. En un sens, ces mesures sont comparables à celles qui résultent du calcul de la moyenne, car elles prennent en compte toutes les données de l'échantillon. Comme pour l'étendue, les données doivent être continues dans le calcul de la variance. La formule usuelle est la suivante:

$$s^2 = \frac{\sum_{i=1}^{n}(x_i - \overline{x})^2}{n-1}$$

> La variance réfère à l'étalement ou à la dispersion des observations ou des scores d'une distribution par rapport à la moyenne.

où s^2 désigne le coefficient de variance

     $\sum$ = la sommation ou la somme

     $i = 1… n$: toutes les données qui constituent l'échantillon

$x_i - \overline{x}$ = chacune des données de l'échantillon soustraite de la moyenne de l'échantillon

$n - 1$ = le nombre total qui constitue l'échantillon moins 1.

L'examen de la formule révèle que la variance présente une mesure au carré. On se souviendra, dans les discussions sur la moyenne, que la somme des déviations des valeurs par rapport à la moyenne est toujours égale à zéro. Afin de contourner la difficulté que représente cette propriété de la moyenne, les statisticiens ont simplement mis au carré ces déviations par rapport à la moyenne avant d'en faire la sommation.

Par exemple, si on veut calculer la variance des valeurs de la distribution de fréquences illustrée au tableau 17.2, on utilisera la formule suivante :

$$s^2 = \frac{\sum_{i=1}^{100}(125, 125, 125, 126, \ldots, 220, 220, 240 - 153{,}7)^2}{100 - 1} = 400{,}4$$

La variance est égale à 400,4 (battements par minute)^2. Cette mesure des battements cardiaques par minute au carré ne se fait pas avec la même unité de mesure que la mesure originale des valeurs de la distribution de fréquences, c'est-à-dire le nombre de battements par minute. C'est pourquoi on utilise non pas la variance dans la statistique descriptive, mais plutôt l'écart type qui est la racine carrée de la variance.

L'écart type

L'écart type est la mesure la plus usuelle pour une variable continue. C'est une mesure de la dispersion des scores d'une distribution qui tient compte de la distance de chacun des scores par rapport à la moyenne du groupe. L'écart type, représenté par s, se calcule en extrayant la racine carrée de la variance, ce qui permet de respecter l'unité de mesure de la variable.

> L'écart type correspond à la racine carrée de la variance. Il tient compte de la distance de chacun des scores dans une distribution par rapport à la moyenne du groupe.

$$s = \sqrt{\frac{\sum_{i=1}^{n}(x_i - \overline{x})^2}{n-1}}$$

L'écart type est calculé en extrayant la racine carrée de la variance. La variance étant de 400,4 dans le tableau 17.2 (battements par minute)^2, on obtient comme écart type 20,01 battements par minute. Cela signifie que l'écart moyen des données par rapport à la moyenne de la distribution de fréquences du tableau 17.2 est de 20,01 battements par minute. L'écart type donne une idée de la dispersion des données autour de la moyenne. Plus l'écart type est élevé, plus la dispersion est grande et plus l'écart type est faible, plus les données se rapprochent de la moyenne.

La figure 17.7 montre deux distributions de fréquences différentes et deux moyennes identiques. Ces distributions diffèrent par leur écart type respectif : l'écart type est plus grand dans la première courbe (A) que dans la seconde courbe (B). On en conclut que les données de la distribution B sont moins dispersées autour de la moyenne que celles de la distribution A. En d'autres termes, les données de la distribution B sont plus homogènes que celles de la distribution A.

On peut comparer deux distributions de fréquences qui présentent des données semblables. Par exemple, en comparant deux distributions de fréquences qui présentent des données sur le poids d'individus obèses, on peut déduire, en examinant

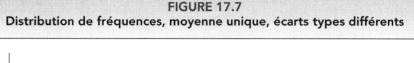

FIGURE 17.7
Distribution de fréquences, moyenne unique, écarts types différents

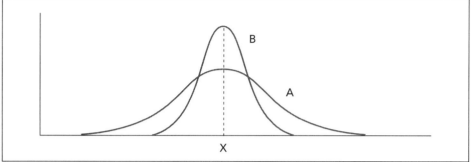

l'écart type de la figure 17.7, que les poids des individus obèses de la courbe A sont plus hétérogènes (s'éloignent plus de la moyenne) que ceux de la courbe B. Les poids des individus de la courbe B sont plus homogènes (moins éloignées de la moyenne). Toutefois, il peut être difficile de comparer deux écarts types ou même deux moyennes de deux distributions de fréquences qui ont des données similaires mais des populations différentes. Ainsi, si un chercheur veut comparer les distributions de fréquences du poids d'individus adultes obèses avec celles du poids de bébés prématurés, un écart type de 5 kg chez les individus obèses serait minime tandis qu'un écart type de 500 grammes chez des prématurés serait énorme. On peut faire appel au coefficient de variation, lequel est une autre mesure indépendante de l'écart type, pour comparer deux distributions de fréquences.

Le coefficient de variation

Le coefficient de variation est une mesure relative de dispersion qui permet de comparer l'étalement de deux variables qui ne sont pas évaluées avec la même unité de mesure. Le coefficient de variation exprime l'écart type en pourcentage de la moyenne comme dans le calcul suivant:

$$cv = \frac{s}{\overline{x}} \times 100\,\%$$

> Le coefficient de variation exprime l'écart type en pourcentage de la moyenne.

où cv désigne le coefficient de variation,

     s, l'écart type de l'échantillon,

     $\overline{x}$, la moyenne de l'échantillon,

     $\times$, le multiplicateur (le ratio est multiplié par 100 %).

Pour illustrer notre propos par un exemple, reprenons les données sur le poids des individus obèses et des nouveau-nés prématurés et établissons une comparaison entre les deux variables. Le tableau 17.5 montre que les poids des deux groupes (NN prématurés et individus obèses) sont comparables du point de vue du coefficient de variation. Seul le groupe 1 (gr. 1) des NN prématurés présente des données hétérogènes.

TABLEAU 17.5
Moyenne, écart type et coefficient de variation du poids d'un groupe de nouveau-nés prématurés et d'un groupe d'individus obèses

	Moyenne (kg)	Écart type (kg)	Coefficient de variation
NN prématurés (gr. 1)	1,5	0,5	33,33
NN prématurés (gr. 2)	1,2	0,1	8,33
Individus obèses (gr. 1)	90	5	5,56
Individus obèses (gr. 2)	110	10	9,1

Le coefficient de variation peut être utile quand on compare des séries statistiques qui renferment des unités de mesure différentes (kilogrammes/livres ou encore mètres/pieds). Si le coefficient de variation est petit, les données de la série statistique sont stables ou homogènes tandis que, s'il est grand, les données sont hétérogènes.

Comparaison des mesures de dispersion

Dans la comparaison des mesures de dispersion, il faut retenir que l'étendue représente l'écart entre la valeur la plus grande et la valeur la plus petite d'une distribution. L'étendue n'exprime que les deux valeurs extrêmes d'une distribution. L'écart type représente la dispersion des scores d'une distribution qui se définit comme la distance des différents scores par rapport à la moyenne du groupe. Il représente la racine carrée de la variance et prend en compte toutes les valeurs d'une distribution. Plus l'écart type est faible, plus les données se concentrent autour de la moyenne. C'est la mesure de dispersion la plus courante. Quant au coefficient de variation, il exprime l'écart type en pourcentage de la moyenne. Il correspond au quotient de l'écart type par la moyenne multipliée par 100%. Le coefficient de variation prend en compte toutes les valeurs d'une distribution; plus il est petit, plus les données de la distribution sont homogènes. Les mesures de dispersion se calculent à partir de variables mesurées à l'aide d'échelles quantitatives.

17.2 La statistique descriptive d'association

Jusqu'à présent, dans notre exposé sur la statistique descriptive, nous avons examiné les caractéristiques d'une distribution de fréquences pour une variable. Mais le calcul de la statistique descriptive suppose la description d'une variable à la fois. Les chercheurs veulent aussi explorer des associations entre des variables. Une telle démarche implique que l'on oppose, d'une part, les analyses descriptives univariées qui résument les données d'une variable pour décrire la médiane, la moyenne ou l'écart type et, d'autre part, les analyses descriptives bivariées qui servent à caractériser des relations entre deux variables simultanément. Le tableau de contingence et le coefficient de corrélation sont les moyens les plus souvent utilisés pour résumer des associations entre deux variables.

Le tableau de contingence

Le tableau de contingence est une distribution de fréquences à deux dimensions dans lesquelles les fréquences de deux variables sont croisées (tableau croisé). Le tableau de contingence est utilisé surtout pour décrire des relations entre deux variables nominales, appelées aussi variables catégorielles (genre et ethnie), entre une variable nominale et une variable continue (genre et poids) ou entre deux variables continues (âge et revenu).

Le tableau de contingence se présente comme suit : la première variable est placée dans une rangée, et la seconde dans une colonne. Le nombre de cellules correspond au nombre de catégories d'une variable multiplié par le nombre de catégories de la seconde variable. Le tableau 17.6 présente un tableau croisé 2×2 qui s'explique par le fait qu'il y a deux variables et que chaque variable a deux catégories. Si la variable « exercice » était divisée en trois catégories au lieu de deux (« jamais », « à l'occasion », « souvent »), on aurait un tableau croisé 3×3.

TABLEAU 17.6
Exemple de tableau de contingence

État de l'activité physique	Genre		Total
	Homme	Femme	
Exercice	32 (45,0 %)	18 (25,0 %)	50 (35,7 %)
Peu ou pas d'exercice	38 (55,0 %)	52 (75,0 %)	90 (64,3 %)
Total	70 (100 %)	70 (100 %)	140 (100 %)

Dans l'exemple du tableau 17.6, un chercheur veut savoir s'il existe une relation entre le genre et l'exercice physique. Pour le savoir, il confectionne un tableau croisé. Les données du tableau recueillies auprès de 140 participants — 70 femmes et 70 hommes — indiquent que les hommes font plus d'exercice physique que les femmes. On pourra calculer la statistique du khi deux pour déterminer s'il existe une relation entre ces deux variables nominales. Nous verrons comment le khi deux se calcule au chapitre suivant.

Le coefficient de corrélation

Un coefficient de corrélation linéaire est une valeur numérique indiquant le degré de relation entre deux variables à intervalles ou à proportions. Le coefficient de corrélation peut être calculé par la mesure de deux variables (douleur, anxiété) prise chez un même sujet ou par la mesure d'une variable prise chez des sujets appariés (Norwood, 2000 ; Nieswiadomy, 2002). Ainsi que nous l'avons vu dans notre description des études corrélationnelles, la force et la direction d'une corrélation linéaire entre deux variables sont représentées par le coefficient de corrélation. Le coefficient de corrélation peut varier entre −1,00 et +1,00. Plus la valeur du coefficient est élevée, c'est-à-dire plus la valeur se rapproche de ±1,00, plus la relation entre les variables est forte. Par exemple, un coefficient de corrélation entre ±0,70 et ±0,90 peut être considéré comme élevé, alors qu'un coefficient entre ±0,50 et ±0,70 a une valeur moyenne (Norwood, 2000).

On peut déterminer l'importance du coefficient de corrélation en élevant au carré sa valeur ; on obtient ainsi le coefficient de détermination (r^2). Le coefficient de détermination décrit la proportion de la variation partagée par deux variables, c'est-à-dire qu'il indique la portion de la variation d'une variable attribuable à la variation de l'autre variable. Par exemple, un coefficient de corrélation de 0,70 obtenu entre les deux variables — douleur et anxiété — engendre un coefficient de détermination de $r^2 = 0,49$. Ainsi, la variation de la variable douleur expliquerait 49 % de la variation observée dans la variable anxiété ; le pourcentage restant (51 %) s'explique par d'autres variables. Le coefficient de détermination r^2 montre bien la valeur pratique du coefficient de corrélation (Norwood, 2000).

Les corrélations les plus souvent utilisées pour déterminer l'existence de relations entre deux variables sont la corrélation de Pearson (r), pour les variables à intervalles et à proportions ; la corrélation du rang de Spearman (rho), pour les données ordinales et enfin le coefficient de contingence (C), pour les données nominales. Le calcul du khi deux est indispensable pour obtenir le coefficient de contingence.

* * *

Comme nous venons de le voir, la statistique descriptive permet de caractériser des relations entre deux variables simultanément. Au chapitre suivant, nous verrons la statistique inférentielle, qui permet d'examiner plus de deux variables.

17.3 L'examen critique de l'analyse descriptive des données

Le débutant a tendance à croire qu'il est exigeant d'évaluer l'utilisation qui est faite de la statistique descriptive dans les articles de recherche. Cependant, moyennant l'acquisition de notions élémentaires en statistique, il est possible de comprendre les analyses des données qui sont présentées dans les articles de recherche, et spécialement les analyses descriptives. On trouve dans la plupart des études des statistiques qui décrivent les caractéristiques de l'échantillon (âge, genre, revenu, niveau de scolarité, etc.). On peut chercher à déterminer si les mesures de tendance centrale ont été judicieusement choisies et si les niveaux de mesure s'accordent avec le type de statistique qui est utilisé. De plus, il importe de savoir si les données descriptives sont précisées dans le texte et présentées sous forme de tableaux ou de figures. Il est important pour le lecteur de mesurer la portée des résultats et d'évaluer leur utilité dans la pratique. Nous présentons dans l'encadré 17.1 une série de questions portant sur différents éléments qu'il y a lieu de considérer dans l'examen critique des analyses descriptives contenues dans les articles de recherche.

ENCADRÉ 17.1
Questions permettant de faire un examen critique de l'analyse descriptive des données

1. Est-ce que l'article indique quelle technique de statistique descriptive a été utilisée ?

2. La technique de statistique descriptive utilisée s'accorde-t-elle avec les types de variables (nominale, ordinale, à intervalles et à proportions) ?

3. Précise-t-on pour chaque question la technique de statistique descriptive qui a été employée ?

4. Les mesures de tendance centrale et de dispersion sont-elles bien décrites ?

5. Les caractéristiques de l'échantillon sont-elles présentées clairement ?

6. Les tableaux sont-ils clairs et précis ?

7. L'information présentée dans les tableaux s'accorde-t-elle avec celle qui est donnée dans le texte ?

8. Décrit-on des relations entre deux variables ? Si oui, pour quel type de données ?

Résumé

On utilise la statistique descriptive pour résumer un ensemble de données. On vise à caractériser l'échantillon et à répondre aux questions de recherche. Les données numériques peuvent être traitées au moyen des distributions de fréquences, des mesures de tendance centrale et des mesures de dispersion. La statistique descriptive sert aussi à caractériser les associations entre deux variables. La distribution de fréquences implique la disposition systématique des valeurs numériques par ordre croissant. Une distribution de fréquences peut être discrète ou continue. Les distributions de fréquences peuvent aussi être représentées de façon graphique. Le diagramme à bâtons sert à représenter graphiquement des données discrètes. Le diagramme à secteurs est représenté par un cercle qu'on divise en autant de secteurs que la variable a de modalités. En ce qui concerne les données continues, elles peuvent être représentées à l'aide de l'histogramme des fréquences et du polygone de fréquences.

En plus des distributions de fréquences, l'analyse descriptive s'intéresse aux mesures de tendance centrale et aux mesures de dispersion. Les mesures de tendance centrale servent à décrire un ensemble de valeurs. Le mode est la mesure de tendance centrale qui correspond à la valeur la plus fréquente dans une distribution de fréquences et il est utilisé la plupart du temps avec des données nominales. La médiane divise la distribution de

fréquences d'une variable en deux parties égales. La moyenne correspond à la somme totale d'un ensemble de valeurs divisée par le nombre total de valeurs. Les distributions de fréquences peuvent être symétriques ou asymétriques. Dans la distribution symétrique, les deux parties de la distribution se superposent exactement comme dans la courbe normale de distribution. Dans la distribution asymétrique, le sommet se situe en dehors du centre de la distribution et s'éloigne ainsi de la courbe normale.

Les mesures de dispersion sont l'étendue, la variance, l'écart type et le coefficient de variation. Elles permettent d'établir des différences individuelles entre les membres d'un échantillon. L'étendue exprime la différence entre la valeur la plus grande et la valeur la plus petite d'une distribution. La variance représente la valeur globale de dispersion des scores par rapport à la moyenne. L'écart type indique la variabilité de toutes les valeurs par rapport à la moyenne d'un ensemble de valeurs. C'est la mesure de dispersion la plus courante pour des variables continues. Le coefficient de variation exprime l'écart type en pourcentage de la moyenne.

Les mesures de relations ou d'associations concernent la corrélation entre deux variables. Les tableaux de contingence et les coefficients de corrélation servent à présenter les corrélations. Le tableau de contingence est une distribution de fréquences à deux dimensions dans laquelle les fréquences de deux variables nominales sont croisées. Le coefficient de corrélation est une valeur numérique qui indique le degré de corrélation entre deux variables continues. Les procédures de corrélation les plus courantes sont la corrélation r de Pearson pour les données continues, le *rho* de Spearman pour des relations entre des données ordinales et le coefficient de contingence pour des données nominales.

Mots clés

Analyse statistique bivariée
Coefficient de corrélation
Coefficient de détermination (r^2)
Coefficient de Pearson (r)
Coefficient de variation
Courbe asymétrique négative
Courbe asymétrique positive
Courbe normale
Diagramme à bâtons
Diagramme à secteurs

Distribution bimodale
Distribution de fréquences
Écart type
Étendue
Histogramme des fréquences
Médiane
Mesure de dispersion
Mesure de tendance centrale
Mode
Moyenne

Niveau de mesure
Paramètre
Polygone de fréquences
Statistique descriptive
Tableau de contingence
Tableau de fréquences
Variable continue
Variable discrète
Variance

Exercices de révision

1. Nommez les quatre niveaux de mesure qui déterminent le choix des types de statistiques descriptives à utiliser.

2. À quoi servent les tableaux de fréquences et les graphiques ?

3. On a interrogé 22 élèves inscrits à un cours d'introduction à la statistique sur leur degré de satisfaction à l'égard de l'enseignement reçu. Les catégories suivantes ont été utilisées pour représenter les données :

   0 = Très insatisfait   2 = Satisfait
   1 = Insatisfait   3 = Très satisfait

1	1	0	2	2	3	0	0	3	2	2
0	1	3	2	1	1	0	2	2	2	1

   a. Quelle est la variable étudiée ?

   b. Quel est le type de variable étudié ?

   c. Quelle échelle de mesure a-t-on utilisée ?

   d. Combien y a-t-il de catégories ?

   e. Présentez ces données dans un tableau de fréquences. Utilisez des fréquences relatives selon les pourcentages.

   f. Discutez les résultats en un court paragraphe.

4. Quelles sont les trois techniques d'analyse descriptive qui servent à décrire l'échantillon ?

5. À quoi correspond chacune des trois mesures de tendance centrale ?

6. À quoi correspond chacune des mesures de dispersion ?

7. Quelle est la mesure de tendance centrale la plus appropriée pour décrire le rythme cardiaque d'un groupe de personnes ?

8. L'écart type est une mesure de :
   a. symétrie   c. dispersion
   b. tendance centrale   d. corrélation

9. Rapportez chacun des termes suivants à sa définition :
   a. échelle nominale
   b. échelle ordinale
   c. mesure de dispersion
   d. étendue
   e. médiane
   f. tableau de contingence
   g. variance
   h. écart type
   i. variable dichotomique
   j. variable continue
   k. coefficient de corrélation
   l. moyenne
   m. variable discrète ou catégorielle
   n. mode

1. Échelle dont les nombres sont utilisés pour classer les sujets dans une catégorie.

2. Variable mesurée sur une échelle nominale ne comportant que deux possibilités.

3. Mesure qui fournit des indications sur la manière dont les scores se répartissent autour de la moyenne.

4. Différence entre la plus grande valeur et la plus petite.

5. Moyen de mesure dans lequel les catégories sont placées selon un ordre de grandeur.

6. Variable mesurée sur une échelle à intervalles ou à proportions.

7. Variable mesurée sur une échelle nominale ou ordinale.

8. Indice de tendance centrale basé sur la fréquence des réponses obtenues à un test. Divise la distribution de fréquences en deux parties égales.

9. Représentation graphique servant à décrire une relation entre deux variables nominales.

10. Somme des valeurs numériques des observations divisée par le nombre total d'observations.

11. Correspond à la valeur la plus souvent observée dans une distribution de fréquences.

12. Sert à décrire une relation entre deux variables continues.

13. Dispersion des valeurs d'une distribution qui prend en compte l'écart de chaque valeur par rapport à la moyenne du groupe.

14. Valeur globale de variabilité des scores par rapport à la moyenne.

10. Les données suivantes concernent le rythme cardiaque des nouveau-nés prématurés et des nouveau-nés à terme. Calculez la moyenne de battements cardiaques pour chaque groupe et la moyenne générale des deux groupes.

Gr. 1, NN prématurés :

| 145 | 136 | 125 | 136 | 135 | 140 |
| 144 | 158 | 150 | 149 | 159 | 126 |

Gr. 2, NN à terme :

| 159 | 165 | 154 | 240 | 162 | 145 |
| 200 | 166 | 225 | 171 | 220 | 166 |

11. Pour savoir s'il existe une relation entre les variables anxiété et douleur, on a calculé le coefficient de corrélation, qui est de 0,49. L'ampleur de la corrélation indique :

a. une relation positive forte

b. une corrélation significative

c. une corrélation négative

d. une corrélation faible

12. Lequel des énoncés suivants est vrai ?

a. La mesure de tendance centrale la plus précise est le mode.

b. L'écart type est une mesure de dispersion des scores dans une distribution.

c. L'histogramme est un graphique qui montre une relation entre deux variables.

d. L'étendue se calcule en additionnant les scores d'une distribution.

Références bibliographiques

Amyotte, L. (1996). *Méthodes quantitatives : applications à la recherche en sciences humaines,* Montréal, Éditions du Renouveau pédagogique.

Dumas, C. (2000). « L'analyse des données de base », dans R.J. Vallerand et U. Hess (dir.), *Méthodes de recherche en psychologie,* Boucherville, Gaëtan Morin Éditeur.

Johnston, C.C., Stevens, B., Pinelli, J., Gibbins, S., Filion, F., Jack, A. et autres (2003). « Kangaroo care is effective in diminishing pain response in preterm neonates », *Archives of Pediatric and Adolescent Medicine, 157,* p. 1084-1088.

Munro, B.H. (1986). « Distributions », dans B.H. Munro, M.A. Visintainer et E.P. Page (dir.), *Statistical Methods for Health Care Research,* Philadelphie, Lippincott.

Nieswiadomy, R.M. (2002). *Foundations of Nursing Research,* 4e éd., Upper Saddle River (N.J.), Prentice Hall.

Norwood, S.L. (2000). *Research Strategies for Advanced Practice Nurses,* Upper Saddle River (N.J.), Prentice Hall Health.

Polit, D.F. (1996). *Data Analysis and Statistics for Nursing Research,* Stanford (Conn.), Appleton & Lange.

Introduction à l'analyse inférentielle

Objectifs d'apprentissage

À la fin de ce chapitre, vous devriez être en mesure :

1) de comprendre l'inférence statistique ;

2) de distinguer les tests paramétriques et les tests non paramétriques ;

3) de discuter des erreurs de première espèce et de deuxième espèce ;

4) de décrire les tests statistiques utilisés pour examiner des différences entre les groupes ;

5) d'indiquer le test le plus approprié pour vérifier des relations entre des variables.

SOMMAIRE

Vue d'ensemble

Nous avons vu au chapitre précédent que la statistique descriptive sert à présenter les caractéristiques d'échantillons ou de populations et à répondre aux questions de recherche. Le présent chapitre introduit à la statistique inférentielle, dont le rôle est de traiter des données échantillonnales en vue de la prise de décisions (inférences) concernant la population. On veut déterminer dans quelle mesure l'information provenant d'un échantillon reflète bien ce qui se passe dans la population. La statistique inférentielle permet de dégager les caractéristiques d'une population en se basant sur les données d'un échantillon. Nous définirons brièvement l'inférence statistique ainsi que ses deux principales composantes : l'estimation des paramètres et la vérification des hypothèses. Nous décrirons également les tests statistiques inférentiels, paramétriques et non paramétriques.

L es analyses statistiques inférentielles vont au-delà des analyses descriptives, car elles permettent d'appliquer à la population totale les résultats provenant d'un échantillon. Pour des raisons diverses (d'ordre pratique, économique, etc.), les chercheurs travaillent en général sur un échantillon, c'est-à-dire sur un sous-ensemble de la population. Le travail sur un échantillon oblige le chercheur à s'assurer que les caractéristiques qu'il a dégagées représentent bien celles de la population cible. Il lui faut se demander si les relations observées entre des variables sont généralisables à la population dont provient l'échantillon. La statistique inférentielle sert à généraliser les résultats d'un échantillon de sujets à l'ensemble de la population. Nous expliquerons d'abord la logique dans laquelle s'inscrit l'inférence statistique, puis nous définirons les buts de cette dernière.

18.1 L'inférence statistique

Fondée sur les lois de la probabilité, l'inférence statistique s'intéresse aux résultats provenant d'un échantillon et, par inférence, prévoit le comportement ou les caractéristiques de la population totale. Pour définir l'inférence statistique, il faut faire appel à des concepts tels que ceux de courbe normale de distribution et de théorème central limite, car ils constituent des modèles théoriques permettant de comparer différentes valeurs.

L'inférence statistique repose sur le principe que l'échantillon est prélevé de façon aléatoire à l'aide de techniques échantillonnales probabilistes. Signalons, par parenthèse, que, dans la pratique, il est souvent difficile d'obtenir des échantillons probabilistes. Même si l'échantillon est prélevé de façon aléatoire, ses caractéristiques peuvent différer de celles de la population totale. Ainsi, si on prélève plusieurs échantillons de même taille auprès d'une même population, les caractéristiques qui seront dégagées ne seront pas nécessairement les mêmes d'un échantillon à l'autre. Les différences observées d'un échantillon à l'autre sont probablement dues au hasard, c'est-à-dire à l'erreur échantillonnale. L'erreur échantillonnale est une erreur qui réside dans le fait que l'échantillon ne reflète pas fidèlement la population. Elle entraîne un écart entre la valeur issue de l'échantillon et le paramètre de la population. La statistique inférentielle a précisément pour fonction d'estimer l'écart entre la valeur de la population et la valeur obtenue de l'échantillon. Précisons que la statistique porte sur une caractéristique de l'échantillon, comme la moyenne arithmétique ($\bar{x}$), la variance (s^2) et l'écart type (s), alors que le paramètre est une caractéristique de la population, comme la moyenne représentée par le symbole μ et l'écart type σ. Le concept de distribution échantillonnale est à la base du calcul de l'estimation de l'erreur échantillonnale. Il s'agit de déterminer dans quelle mesure les valeurs de l'échantillon constituent de bonnes estimations des paramètres de la population. L'inférence statistique est donc l'opération par laquelle on estime les paramètres de la population à partir des mesures statistiques de l'échantillon en vue de généraliser les résultats de celles-ci.

La courbe normale de distribution

La courbe normale de distribution, décrite brièvement au chapitre précédent, revêt une grande importance dans l'inférence statistique. Elle comporte une distribution symétrique et unimodale représentant un polygone de fréquences, dont la moyenne, le mode et la médiane coïncident (figure 18.1). Elle est aussi appelée courbe de Laplace-Gauss, du nom de deux mathématiciens qui ont défini certaines propriétés de la courbe (Amyotte, 1996).

Comme on peut le voir dans l'équation de la courbe normale présentée à la figure 18.1, la moyenne de la population est $\mu = 0$ et l'écart type de la population est $\sigma = 1$. Suivant la loi normale, ces scores sont normalisés. Quand les scores sont normalement distribués, on trouve les pourcentages de valeurs suivants : 68 % des

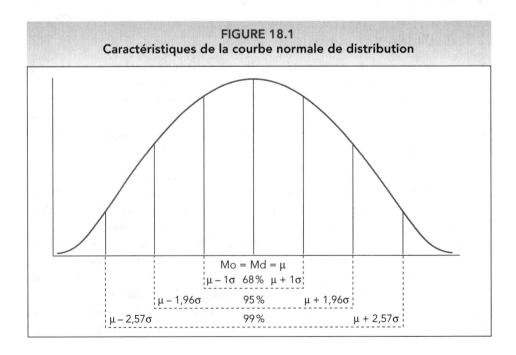

FIGURE 18.1
Caractéristiques de la courbe normale de distribution

Mo = Md = μ
$\mu - 1\sigma$ 68 % $\mu + 1\sigma$
$\mu - 1,96\sigma$ 95 % $\mu + 1,96\sigma$
$\mu - 2,57\sigma$ 99 % $\mu + 2,57\sigma$

valeurs sont étalées entre +1 écart type et −1 écart type (± 1σ) de la moyenne ; environ 95 % des valeurs moyennes de l'échantillon sont situées entre ± 1,96 écart type (± 1,96σ) de la moyenne de la population ; et environ 99 % des valeurs sont situées entre ± 2,57 écart type (± 2,57σ) de la surface de la courbe normale (Ferguson, 1976 ; Polit, 1996 ; Munro, Visintainer et Page, 1986). Étant donné qu'une distribution de moyennes échantillonnales est normalement distribuée (théorème central limite), il y a 68 % de probabilité que tout échantillon de moyennes prélevé de façon aléatoire se situe dans l'étendue des valeurs entre ± 1σ de la moyenne. Il reste à déterminer la valeur de l'écart type de la distribution échantillonnale.

Comme nous l'avons déjà vu, plusieurs phénomènes naturels suivent une courbe normale ; c'est pourquoi la courbe normale normalisée est très utile pour l'inférence statistique. Un autre concept, celui de théorème central limite, confirme l'utilité de la courbe normale lorsque les chercheurs, qui ont rarement l'occasion d'étudier la population totale, doivent inférer les résultats obtenus auprès d'un échantillon.

La distribution des moyennes échantillonnales et le théorème central limite

Le théorème central limite découle d'une autre distribution qui est à la base de l'inférence statistique, la distribution de la moyenne échantillonnale. Une distribution de moyennes échantillonnales est une distribution théorique de multiples échantillons de même taille prélevés de façon aléatoire sur la même population. Cette distribution est dite théorique parce qu'elle ne peut être réalisée en pratique, les décisions se prenant sur un seul échantillon. Supposons que l'on constitue un échantillon aléatoire de 50 nouveau-nés prématurés et que l'on ait pour but d'établir la moyenne de leur fréquence cardiaque. Si on répète la mesure à l'infini en remettant chaque fois l'échantillon dans la population, chacune des moyennes des échantillons probabilistes prises individuellement formerait un polygone de fréquences. Le type de distribution que constitue le polygone de fréquences s'appelle une distribution de moyennes échantillonnales. Dans notre exemple, nous avons ainsi affaire à la distribution des moyennes échantillonnales de la fréquence cardiaque des nouveau-nés prématurés. Il est établi que les distributions des moyennes échantillonnales suivent une courbe normale théorique ; c'est le phénomène du théorème central limite. Parce que la proportion des scores ou les valeurs entre deux points sont connues dans une distribution normale, il est possible de déterminer l'écart (unités d'écart type) entre la moyenne de l'échantillon et la moyenne de la population. En d'autres termes, il est possible d'estimer la probabilité que toute moyenne échantillonnale corresponde à la moyenne de la population (Norwood, 2000).

La courbe du polygone de fréquences de la distribution des moyennes échantillonnales est semblable à une courbe normale, quelle que soit la forme prise par la courbe de distribution de la population lorsque *n* est suffisamment grand : *n* > 30 (Colton, 1974). Le théorème central limite implique que la moyenne d'un échantillon aléatoire de 30 sujets ou plus se rapproche de la moyenne de la population pour une caractéristique donnée (Hinkle, Wiersma et Jurs, 1988). La règle échantillonnale découlant du théorème central limite veut que la valeur d'une caractéristique dans un échantillon aléatoire de 30 sujets se rapproche de celle de la population cible (Norwood, 2000).

L'écart type d'une distribution de moyennes échantillonnales porte le nom d'erreur normalisée de la moyenne (s_x). Le terme «erreur» indique que, si une distribution de moyennes échantillonnales est utilisée pour estimer une moyenne de population, un certain degré d'erreur peut se produire au cours de l'estimation de celle-ci. On l'appelle aussi «erreur normalisée», car elle est un indice théorique de l'erreur moyenne de tous les échantillons possibles de la distribution de la moyenne échantillonnale. Plus l'erreur normalisée est petite, plus il y a de chances que la moyenne échantillonnale corresponde à la moyenne de population (Polit, 1996).

Pour estimer l'erreur normalisée de la moyenne (s_x) à partir des données d'un simple échantillon, on peut utiliser les deux valeurs que sont la taille de l'échantillon et l'écart type calculé de l'échantillon. Dans l'exemple présenté au tableau 17.2 (p. 336), l'échantillon est composé de 100 nouveau-nés prématurés et l'écart type calculé est de 20,01 (20 battements cardiaques à la minute). Si on applique la formule en question, le calcul donne ce qui suit:

$$s_x = \frac{s}{\sqrt{n}} \qquad s_x = \frac{20,01}{\sqrt{100}} = 2,001$$

où: s_x = estimation de l'erreur normalisée de la moyenne
s = écart type de l'échantillon
n = nombre de sujets dans l'échantillon.

L'erreur normalisée (s_x) avec l'échantillon de 100 nouveau-nés est de 2,001. Si l'échantillon avait été de 50 nouveau-nés, l'erreur normalisée aurait été de 2,83 et, avec un échantillon de 25, elle aurait été de 4,00. Il s'ensuit que, plus la taille de l'échantillon est grande, plus l'estimation devient précise. Il en va de même pour l'écart type de l'échantillon: plus l'échantillon est homogène et plus l'écart type est faible, plus l'estimation des paramètres de la population est précise. On peut conclure de là que, plus l'échantillon est de grande taille, plus l'inférence statistique est précise et que, plus l'écart type de l'échantillon est faible, plus l'inférence statistique est précise.

Il importe de tenir compte de ces explications, car cela nous permet d'évaluer la précision des résultats de recherche rapportés dans les articles empiriques et ainsi de déterminer si les résultats d'une étude peuvent être généralisés ou utilisés dans la pratique.

Il nous faut maintenant considérer les deux buts de l'inférence statistique que sont l'estimation des paramètres et la vérification des hypothèses. La vérification d'hypothèses est sans doute un peu familière au lecteur du fait qu'il en est souvent question dans les articles de recherche. L'estimation des paramètres, dans laquelle interviennent les intervalles de confiance, n'est pas moins importante que la vérification des hypothèses.

18.2   L'estimation des paramètres de la population

Les procédés employés dans l'inférence statistique, en particulier le travail avec des échantillons plutôt qu'avec des populations, s'appliquent aussi à l'estimation des paramètres. Cette dernière implique l'attribution d'une valeur à une caractéristique de la population (moyenne) à partir des données de l'échantillon. Les deux méthodes servant à estimer les paramètres sont l'estimation ponctuelle et l'intervalle de confiance des moyennes.

L'estimation ponctuelle

L'estimation ponctuelle est une valeur numérique attribuée à un paramètre de la population (moyenne μ) à partir de la statistique ($\bar{x}$) mesurée d'un échantillon. L'estimation ponctuelle de la moyenne d'une population peut correspondre à la moyenne calculée de l'échantillon. Considérons de nouveau l'exemple présenté au tableau 17.2. Nous avons vu à la page 343 que la moyenne échantillonnale calculée pour les battements cardiaques est de 153,7 battements à la minute. Cette moyenne constitue une estimation de la moyenne des battements cardiaques de la population de tous les nouveau-nés prématurés. Toutefois, rien ne nous indique que les chiffres fournis dans l'estimation ponctuelle sont exacts. On peut se demander, par exemple, si la moyenne de 153,7 battements cardiaques à la minute dans cet échantillon représente la moyenne des battements cardiaques de la population des nouveau-nés prématurés. Comme nous le savons déjà, l'erreur échantillonnale réside dans le fait que l'échantillon ne reflète pas fidèlement la population. Le calcul de l'intervalle de confiance peut renseigner le chercheur sur l'exactitude de l'estimation des paramètres (Polit, 1996).

L'estimation par intervalles de confiance

La valeur d'une moyenne d'échantillon peut être considérée comme la valeur la plus susceptible de représenter la moyenne de la population. Mais cela ne suffit pas, il importe d'avoir une certitude à cet égard, car il n'est pas certain que tout échantillon prélevé représente la population.

L'estimation par intervalles de confiance consiste à utiliser un paramètre de la population pour estimer, avec un certain degré de confiance, un ensemble de valeurs à l'intérieur duquel se situe la valeur de la population. La valeur se situe entre les limites inférieure et supérieure des intervalles de confiance, appelées limites de confiance. Le chercheur affirme avec un certain degré de certitude que le paramètre de la population se situe dans les limites qui ont été définies (Polit, 1996; Nieswiadomy, 2002).

Le calcul des intervalles de confiance se fait à partir de la distribution théorique de la courbe normale et du théorème central limite. L'erreur normalisée de la moyenne (s_x) sert de base à l'établissement des limites de confiance. En général, les chercheurs établissent l'intervalle de confiance à 95 %. On sait que, d'après la distribution théorique de la courbe normale, 95 % de la surface de la courbe correspond à $\pm 1,96\,\sigma$ de la moyenne. Cela signifie qu'il y a 95 % de chances que la moyenne d'un échantillon donné se situe dans un écart type de 1,96 au-dessus et de 1,96 au-dessous de la moyenne de la population. Selon le théorème central limite, la moyenne échantillonnale se comporte comme une courbe normale de moyenne $\mu_x = \mu$ et d'écart type $\sigma_x = \sigma/\sqrt{n}$. On peut ainsi établir l'intervalle de confiance (IC) à l'aide de la formule suivante :

$$95\,\% = \overline{x} \pm (1,96 \times \sigma_x)$$

où : $\overline{x}$ = la valeur de la moyenne échantillonnale

σ_x = l'erreur normalisée de la distribution échantillonnale.

Appliquons cette formule à notre exemple portant sur les nouveau-nés prématurés (tableau 17.2). Comme l'échantillon comprend 100 sujets, on peut présumer que la distribution des moyennes échantillonnales du rythme cardiaque de la population des nouveau-nés prématurés décrit une courbe normale. À l'aide des paramètres de cet échantillon ($\overline{x}$ et s), nous pouvons donc construire des intervalles de confiance pour notre exemple :

$$\begin{aligned}
\text{IC de 95\,\%} &= \overline{x} \pm (1,96 \times \sigma_x) \quad \text{ou} \quad \overline{x} \pm (1,96 \times s/\sqrt{n}) \\
&= 153,7 \pm (1,96 \times 20,01/\sqrt{100}) \\
&= 153,7 \pm 3,922 \\
&= 153,7 - 3,922 = 149,8 \\
&= 153,7 + 3,922 = 157,6
\end{aligned}$$

Ces chiffres nous indiquent qu'il existe 95 % de chances que la moyenne des battements cardiaques de la population des nouveau-nés prématurés se situe entre 149,8 et 157,6. Bien que la majorité des intervalles de confiance se calculent avec 95 % de probabilité, le chercheur peut vouloir réduire au minimum le risque d'erreur en utilisant un intervalle de confiance plus grand, correspondant à 99 % de probabilité. Ce qui veut dire qu'il existe 1 chance sur 100 de commettre une erreur. La formule donnée plus haut s'applique pour le calcul, mais avec l'indice théorique de la courbe normale pour 99 %. On a donc :

$$\begin{aligned}
\text{IC de 99\,\%} &= \overline{x} \pm (2,57 \times s/\sqrt{n}) \\
&= 153,7 \pm (2,57 \times 20,01/\sqrt{100}) \\
&= 153,7 \pm 5,143 \\
&= 153,7 - 5,143 = 148,6 \\
&= 153,7 + 5,143 = 158,8
\end{aligned}$$

On peut affirmer ici qu'il existe 99 % de chances que la moyenne des battements cardiaques de la population des nouveau-nés prématurés se situe entre 148,6 et 158,8. L'intervalle de confiance entre les deux nombres est ici plus grand que dans le précédent exemple. Cependant, il arrive, lorsque la recherche comporte des critères de sélection plus rigoureux, que l'on doive augmenter la probabilité. Ainsi, si une intervention exigeant des appareils de haute technologie ne peut être faite que sur la population des nouveau-nés prématurés qui présentent un rythme cardiaque « normal », les chercheurs doivent, pour pouvoir faire l'intervention de façon sécuritaire, s'assurer d'abord que l'intervalle de confiance leur permettant de sélectionner les sujets pour cette intervention offre une très grande probabilité d'obtenir la moyenne «normale» du rythme cardiaque.

18.3   La vérification des hypothèses

Au cours de la phase conceptuelle, le chercheur a formulé des hypothèses de recherche qu'il doit ensuite mettre à l'épreuve au moyen de tests statistiques. Pour pouvoir formuler ses hypothèses, le chercheur a défini au préalable un cadre théorique prenant en compte l'état actuel des connaissances sur le sujet d'étude et postulé l'existence de relations entre des variables (études corrélationnelles) ou de différences entre les groupes (études expérimentales). Les tests statistiques permettent de déterminer si les résultats confirment ou infirment les hypothèses. La vérification d'hypothèses s'appuie sur la loi des probabilités et sur les distributions échantillonnales. C'est en se basant sur ces dernières que le chercheur doit déterminer si les résultats obtenus sont vrais ou, au contraire, dus au hasard.

Pour décrire le processus de vérification des hypothèses, nous suivons une marche comportant diverses étapes menant aux conclusions à tirer sur les résultats obtenus. Ces étapes sont les suivantes :

1) formuler les hypothèses ;

2) choisir le test statistique ;

3) déterminer le seuil de signification ;

4) choisir entre le test unilatéral et le test bilatéral ;

5) réaliser le test statistique ;

6) déterminer la valeur critique ;

7) fixer la règle de décision ;

8) rejeter ou ne pas rejeter l'hypothèse nulle.

Formuler les hypothèses

Le chercheur formule une hypothèse de recherche en précisant quels sont les résultats attendus. L'hypothèse de recherche s'accompagne toujours d'une hypothèse nulle (H_0), car c'est celle-ci qui est à la base de la vérification statistique.

La vérification de l'hypothèse nulle repose sur un processus de rejet. L'hypothèse de recherche (H_1) reflète le raisonnement du chercheur concernant les relations entre les variables ou les différences prédites entre les groupes. L'hypothèse nulle entraîne l'absence de relations entre des variables ou de différences entre des groupes, si on suppose que les échantillons proviennent de la même population. Si les analyses statistiques permettent d'établir qu'il n'y a pas de relations entre les variables ni de différences entre les groupes, l'hypothèse nulle n'est pas rejetée ; si elles conduisent à conclure qu'il y a une relation ou une différence, celle-ci est rejetée.

Dans la vérification d'hypothèses, on procède par inférence négative puisqu'on suppose que l'hypothèse nulle est vraie. Ainsi, deux hypothèses sont confrontées :

l'hypothèse nulle et la contre-hypothèse ou hypothèse de recherche. Les tests statistiques permettent au chercheur de prendre la décision de rejeter ou de ne pas rejeter l'hypothèse nulle. Examinons les hypothèses suivantes :

$1H_1$ Les patients qui ont subi une chirurgie de l'abdomen et qui suivent un programme de relaxation voient leur anxiété diminuer dans la période postopératoire immédiate, à la différence du groupe témoin qui ne bénéficie pas du programme (hypothèse de recherche).

$2H_0$ Il n'y a pas de différence en ce qui a trait à l'anxiété entre le groupe qui suit le programme de relaxation durant la période postopératoire immédiate et le groupe qui ne le suit pas (hypothèse nulle).

$3H_1$ Un foyer de contrôle interne de niveau élevé à l'échelle Multidimensional Health Locus of Control (MHLC) est associé à une plus grande utilisation des moyens de contraception chez les adolescents (hypothèse de recherche).

$4H_0$ Il n'existe pas d'association entre un foyer de contrôle interne de niveau élevé et une plus grande utilisation des moyens de contraception chez les adolescents (hypothèse nulle).

Les hypothèses de recherche $1H_1$ et $3H_1$ prédisent une diminution de l'anxiété chez le groupe qui suit le programme et une relation entre un foyer de contrôle interne élevé et une plus grande utilisation de la contraception. Ces deux hypothèses de recherche s'accompagnent chacune d'une hypothèse nulle : $2H_0$ prédit qu'il n'y a pas de différence entre les groupes et $4H_0$, qu'il n'y a pas d'association entre les deux variables.

Choisir le test statistique

Le choix du test statistique dépend principalement du but poursuivi : déterminer s'il existe des différences entre les groupes ou vérifier des relations d'association entre des variables. On tient compte également du niveau de mesure des variables, du nombre de groupes comparés et des principes liés aux tests paramétriques. Par exemple, examinons l'hypothèse $1H_1$ formulée plus haut. Elle a rapport au niveau d'anxiété de deux groupes avant et après une intervention ayant pour objet d'amener la relaxation, et cela entraîne qu'il y a deux ensembles indépendants de scores. Ces ensembles de scores sont considérés comme indépendants l'un de l'autre puisqu'ils sont enregistrés par deux groupes de sujets distincts qui sont évalués en même temps. Supposons que le niveau de mesure de la variable dépendante (anxiété) soit à intervalles selon l'échelle de Likert ; le test statistique qui est alors le plus approprié est le test t de Student pour groupes indépendants. Le tableau 18.1 présente les différents tests statistiques paramétriques.

Déterminer le seuil de signification

Au moment de la planification de sa recherche, le chercheur doit décider quel sera le seuil de signification à partir duquel les résultats seront considérés comme statistiquement significatifs. Le seuil de signification est une valeur numérique qui réfère

TABLEAU 18.1
Tests statistiques paramétriques

Test statistique	But	Niveau de mesure* VI	VD
Test *t* pour groupes indépendants (*t*)	Déterminer s'il existe une différence entre les moyennes de deux groupes indépendants.	N	I, P
Test *t* pour groupes dépendants (appariés) (*t*)	Déterminer s'il existe une différence entre les moyennes de deux ensembles de scores enregistrés par un même groupe de sujets.	N	I, P
Analyse de la variance (ratio F)	Déterminer s'il existe une différence entre les moyennes de trois groupes indépendants ou plus.	N	I, P
Analyse de la variance multivariée (*F*)	Déterminer s'il existe une différence entre les moyennes de trois groupes indépendants ou plus simultanément.	N	I, P
Corrélation *r* de Pearson	Vérifier le degré de relation entre deux variables, *X* et *Y*.	I, P	I, P

* Niveau de mesure: variable indépendante (VI), dépendante (VD): N = nominal, I = à intervalles, P = à proportions.

au niveau α ou à la valeur de *p* correspondant à la probabilité de commettre une erreur de première espèce ou à la probabilité de rejeter H_0 quand celle-ci est vraie. Dans la plupart des recherches, le seuil de signification est établi à 0,05. Cela signifie que le chercheur accepte la probabilité de se tromper ou de commettre une erreur 5 fois sur 100. Un seuil de signification fixé à 0,01 signifie qu'il y a 1 chance sur 100 que les résultats soient dus à la chance, donc que H_0 soit rejetée alors même qu'elle est vraie. Dans les articles de recherche, les résultats rapportés sont souvent jugés statistiquement significatifs à moins de 0,05 ou de 0,01. Avec l'utilisation de programmes informatiques, il est maintenant possible d'obtenir la probabilité exacte, c'est-à-dire d'établir qu'une différence est statistiquement significative à $p = 0{,}031$, ce qui signifie qu'on rejette H_0 avec un risque de se tromper 3,1 fois sur 100 (Morton et Hebel, 1983).

Choisir entre le test unilatéral et le test bilatéral

Un test de signification statistique est dit unilatéral si l'hypothèse de recherche est directionnelle, c'est-à-dire si elle implique une direction dans la relation entre des variables ou dans les différences entre les groupes. Un test est dit bilatéral si aucune direction n'est indiquée dans l'hypothèse de recherche (non directionnelle) quant à la relation ou à la différence. Cela signifie qu'on est prêt à rejeter l'hypothèse nulle si on observe une grande différence, que celle-ci soit positive ou négative.

Le type d'hypothèse de recherche choisi (directionnelle ou non directionnelle) détermine le niveau de signification nécessaire pour rejeter l'hypothèse nulle. Ainsi, si un test bilatéral est utilisé et si le seuil de signification est fixé à 0,05, ce dernier chiffre doit être divisé par deux (0,025) à chaque extrémité de la courbe normale de

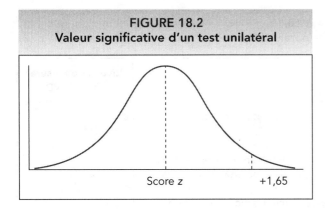

FIGURE 18.2
Valeur significative d'un test unilatéral

Score z   +1,65

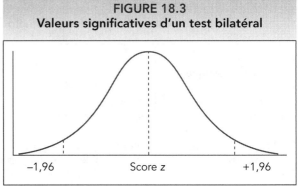

FIGURE 18.3
Valeurs significatives d'un test bilatéral

−1,96   Score z   +1,96

distribution, appelée zone de rejet. Dans un test unilatéral, la zone de rejet renvoie à une seule extrémité où se trouve en entier le seuil de signification 0,05. Les figures 18.2 et 18.3 illustrent la différence dans les valeurs critiques selon qu'on utilise un test de signification unilatéral ou un test de signification bilatéral.

Si le chercheur formule une hypothèse directionnelle, il convient d'utiliser un test de signification unilatéral. Comme le montre la figure 18.2, dans un test unilatéral un score z est significatif à +1,65, ce qui établit la zone de rejet à un seuil de signification de $p \leq 0,05$. Si le chercheur formule une hypothèse non directionnelle, il convient d'utiliser un test bilatéral. Dans un test bilatéral (figure 18.3), chaque région critique a une aire de ±1,96, ce qui permet de calculer la valeur de z, laquelle détermine une zone d'acceptation et deux zones de rejet pour un même seuil de signification de $p \leq 0,05$.

Réaliser le test statistique

Pour le calcul des tests statistiques, on utilise les divers programmes informatiques qui sont conçus à cette fin.

Déterminer la valeur critique

La valeur critique représente la valeur qui sépare les zones de rejet et de non-rejet de l'hypothèse nulle. Cette valeur est fixée par le seuil de signification qui détermine les zones de rejet et par le nombre de degrés de liberté (dl). En bref, les degrés de liberté ont rapport au nombre de scores dans un ensemble de données et impliquent que les scores sont susceptibles de varier. Quand le chercheur choisit le test statistique, il utilise des tables de valeurs critiques établies pour différents tests statistiques. Ces tables, qui mettent les valeurs critiques en relation avec le seuil de signification et les degrés de liberté, se trouvent dans la plupart des textes traitant de statistiques et de recherche (Appendice 1, distribution t).

Fixer la règle de décision

Quand il établit le seuil de signification statistique, le chercheur fixe une règle de décision concernant le rejet de l'hypothèse nulle. Ainsi, l'hypothèse nulle sera rejetée si la valeur tombe au-delà de la région critique (valeurs critiques), sur la courbe de distribution théorique. Si la valeur tombe en deçà de la région critique, l'hypothèse nulle n'est pas rejetée. Il y a donc un choix à faire entre les deux hypothèses qui s'opposent.

Rejeter ou ne pas rejeter l'hypothèse nulle

La dernière étape de la vérification des hypothèses consiste à interpréter les résultats et à conclure au rejet ou au non-rejet de l'hypothèse nulle en se fondant sur la taille de l'échantillon, le seuil de signification et la règle de décision. En rejetant l'hypothèse nulle, le chercheur accepte l'hypothèse de recherche et conclut qu'un résultat statistiquement significatif a été obtenu au seuil de signification α (Amyotte, 1996).

Reprenons l'exemple du programme de relaxation et retournons à l'étape 1 de la formulation des hypothèses. En rejetant l'hypothèse nulle $2H_0$, le chercheur est amené à conclure que ses résultats confirment que le programme de relaxation a pour effet de diminuer l'anxiété en période postopératoire immédiate chez les patients ayant subi une chirurgie abdominale. De même, en ce qui concerne le second groupe d'hypothèses, le chercheur rejette l'hypothèse nulle $4H_0$, ce qui le conduit à conclure qu'un foyer de contrôle interne de niveau élevé est associé à une plus grande utilisation des moyens de contraception chez les adolescents. Mentionnons que le rejet de l'hypothèse nulle n'implique pas que l'hypothèse de recherche soit vraie ; elle démontre tout simplement que l'hypothèse nulle est probablement incorrecte.

Le chercheur peut prendre une mauvaise décision concernant l'hypothèse nulle. Il existe toujours un risque de se tromper. Examinons les types d'erreurs qui peuvent être commis.

Les types d'erreurs

Les types d'erreurs sont définis en fonction de l'hypothèse nulle. Après avoir analysé les résultats de son étude, le chercheur prend la décision de ne pas rejeter l'hypothèse nulle en l'absence de résultats significatifs ou de rejeter l'hypothèse nulle si des relations entre les variables ou des différences significatives entre les groupes ont été décelées. Aucune étude n'étant parfaite, il existe toujours une probabilité d'erreur (Munro, Visintainer et Page, 1986). On distingue l'erreur de type I, ou de première espèce, et l'erreur de type II, ou de deuxième espèce.

TABLEAU 18.2
Erreurs de type I et de type II

	Décision	H_0 est vraie	H_0 est fausse
Le chercheur prend la décision que H_0 est ...	Vraie (ne rejette pas H_0)	Décision appropriée Probabilité = $1 - \alpha$	Erreur de type II Probabilité = β
	Fausse (rejette H_0)	Erreur de type I Probabilité = α	Décision appropriée Probabilité = $1 - \beta$

Le tableau 18.2 montre que, si on a une hypothèse nulle qui est vraie et qu'on ne la rejette pas, on a répondu correctement. La mauvaise réponse aurait été de rejeter la vraie hypothèse nulle (erreur de type I). Si l'hypothèse nulle est fausse et si on la rejette, on a répondu correctement. La mauvaise réponse aurait été de ne pas rejeter une hypothèse nulle qui est fausse (erreur de type II).

L'erreur de type I ou de première espèce se produit quand, après avoir calculé les statistiques, on rejette une hypothèse nulle qui est vraie, c'est-à-dire quand on conclut qu'il y a une différence entre les groupes alors qu'en réalité il n'y en a pas. La probabilité de commettre une erreur de type I est appelée alpha (α); pour diminuer alpha, on abaisse le seuil de signification. Par exemple, le seuil pourrait être fixé à 0,01 plutôt qu'à 0,05. Avec un seuil de signification à 0,01, le chercheur rejettera une hypothèse nulle qui est vraie 1 fois sur 100.

L'erreur de type II ou de deuxième espèce se produit quand on ne rejette pas une hypothèse nulle qui est fausse, c'est-à-dire quand on conclut qu'il n'y a pas de différence significative entre les groupes alors qu'en réalité il y en a une. Pour éviter de commettre une erreur de type II, le chercheur peut augmenter la puissance du test ou la taille de l'échantillon.

Si, par exemple, le chercheur prend la décision, à l'issue de ses analyses statistiques, de rejeter l'hypothèse nulle $2H_0$ et d'accepter l'hypothèse de recherche suivant laquelle le programme de relaxation diminue l'anxiété postopératoire immédiate et si cette hypothèse nulle est fausse même si l'échantillon provient de la population de patients moins anxieux ayant bénéficié du programme de relaxation, il ne commet pas d'erreur. Cette probabilité est égale à $1 - \beta$ (Polit, 1996 ; Jolicœur, 1997). De même, si le chercheur ne rejette pas H_0 et conclut que le programme de relaxation ne diminue pas l'anxiété postopératoire immédiate, si en réalité H_0 est vraie et si son échantillon provient de la « vraie » population anxieuse ayant suivi ou non le programme de relaxation, il ne commet pas d'erreur. On appelle cette probabilité $1 - \alpha$, probabilité établie par le chercheur pour reconnaître une hypothèse nulle qui est vraie.

Si, dans l'exemple de l'hypothèse $2H_0$ présentée à l'étape 1 de la formulation des hypothèses, le chercheur rejette l'hypothèse nulle et confirme que le programme de relaxation diminue l'anxiété en période postopératoire immédiate chez les patients qui ont subi une chirurgie abdominale et si l'hypothèse nulle est vraie, le chercheur commet une erreur de première espèce ou de type I, appelée aussi erreur alpha. L'erreur alpha correspond également au seuil de signification, c'est-à-dire à la probabilité de se tromper. Si on suppose dans notre exemple que le chercheur ait rejeté l'hypothèse nulle qui est vraie, c'est-à-dire une diminution de l'anxiété chez le groupe qui suit le programme de relaxation, les résultats seraient dus au hasard ou encore à la fluctuation normale de la « vraie » population de patients anxieux ayant suivi ou non un programme de relaxation.

Le chercheur peut également commettre une autre erreur, celle qui consiste à ne pas rejeter l'hypothèse nulle quand celle-ci est fausse. Ainsi il pourra affirmer en se basant sur les données de son échantillon que le programme de relaxation ne diminue pas l'anxiété en période postopératoire immédiate, mais que son échantillon provient réellement de la « vraie » population de patients moins anxieux grâce au programme de relaxation. Cette erreur est une erreur de deuxième espèce ou erreur bêta. Le chercheur se trouve alors face à un dilemme : plus il diminue l'erreur de première espèce en ramenant le seuil de signification α de, disons, 0,05 à 0,01, plus il risque de ne pas rejeter une hypothèse nulle qui est fausse. Il est difficile de contrôler l'erreur bêta, mais le chercheur peut la diminuer en augmentant, entre autres, la taille de l'échantillon et en choisissant un devis ou des techniques de statistique inférentielle appropriés à son type d'étude (Polit, 1996).

18.4　Les tests paramétriques et non paramétriques

On distingue deux classes de tests statistiques inférentiels : les statistiques paramétriques et les statistiques non paramétriques. On emploie les statistiques paramétriques : 1) quand les variables sont normalement distribuées dans la population ; 2) quand l'estimation d'au moins un paramètre est possible et 3) quand le niveau des variables est à intervalles ou à proportions. Les tests statistiques non paramétriques ne sont basés ni sur l'estimation des paramètres ni sur les principes de la distribution normale. Ils sont généralement utilisés avec les variables nominales et ordinales.

Les statistiques paramétriques permettent généralement de déceler des différences ou des relations mieux que ne le font les statistiques non paramétriques. Aussi s'efforce-t-on de les appliquer aux variables ordinales quand celles-ci peuvent être regardées comme des données à intervalles, comme le sont les scores sur une échelle de Likert. Dans les autres situations, par exemple quand la distribution d'une variable est très asymétrique ou que l'échantillon est de petite taille, on utilise les statistiques non paramétriques (Norwood, 2000).

Les tests de signification statistique sont utiles pour examiner des différences entre les groupes (études expérimentales) ou des relations entre des variables (études corrélationnelles).

Les tests de la différence entre les moyennes

Les études expérimentales ont pour but de déterminer si une intervention (variable indépendante) produit le résultat attendu sur une variable dépendante. On évalue l'efficacité d'une intervention en comparant la performance des groupes (comparaison des moyennes) ou en établissant des taux d'incidence (comparaison des proportions). Les tests les plus fréquemment utilisés pour comparer des moyennes sont la distribution t de Student et l'analyse de la variance. Le khi deux, qui est un test non paramétrique, sert à comparer des proportions.

La distribution t de Student

Le test t (ou distribution t) de Student est un test paramétrique qui sert à déterminer la différence entre les moyennes de deux populations μ_a et μ_b relativement à une variable aléatoire continue. Le test porte le nom du pseudonyme de son inventeur, William Gosset (Jolicœur, 1997 ; Polit, 1996). Le test t est spécialement conçu pour comparer la moyenne des groupes et il convient pour des échantillons de toute taille. Étant donné qu'il sert à comparer des moyennes, les données doivent être à intervalles ou à proportions et on présume que les variables sont normalement distribuées dans la population.

Le test t utilise une distribution t qui s'apparente à la courbe normale de distribution, à cette différence près qu'elle varie en fonction de la taille de l'échantillon. La courbe s'aplatit avec un échantillon de petite taille (< 30), mais se rapproche de la normale lorsque l'échantillon est de plus grande taille (> 30). Il existe deux variantes du test t : le test t pour des échantillons indépendants et le test t pour des échantillons dépendants, appelés aussi échantillons appariés.

Les échantillons indépendants

Le test t pour échantillons indépendants sert à comparer les manières d'évoluer d'une variable continue dans deux groupes indépendants. Autrement dit, on veut vérifier si le fait d'appartenir au groupe expérimental plutôt qu'au groupe de contrôle a une influence sur la variable continue, c'est-à-dire sur la variable dépendante (Harel, 1996).

Supposons qu'un chercheur utilise un devis expérimental après seulement (post-test) avec un groupe de contrôle en vue de démontrer que l'introduction d'une variable indépendante (X) a entraîné un changement dans les deux groupes étudiés. L'hypothèse serait la suivante : « Le programme de relaxation diminue la douleur en période postopératoire immédiate chez les personnes de plus de 65 ans ayant été opérées pour une cataracte et ayant bénéficié du programme. » Pour analyser les données, le chercheur choisira la distribution t de Student pour deux groupes indépendants et s'il a affaire à des variables à intervalles ou à proportions. Si la distribution t produit des valeurs qui se situent au-dessus du seuil d'acceptation, le chercheur pourra rejeter l'hypothèse nulle selon laquelle il n'y a pas de différence entre les groupes et conclure que les deux groupes diffèrent entre eux. En d'autres termes, le chercheur conclura que le programme de relaxation (variable indépendante) a diminué la douleur chez le groupe de personnes de plus de 65 ans ayant bénéficié du programme. Les deux groupes sont qualifiés d'indépendants parce qu'ils sont distincts.

Les échantillons dépendants (appariés)

Le test t peut aussi être utilisé pour des échantillons appariés (*paired t-test*) lorsqu'on veut étudier le comportement d'une variable continue qui a été évaluée à deux occasions avec un même groupe d'individus. Supposons qu'un chercheur utilise un devis avant-après (prétest-post-test) à groupe unique, dans lequel une variable continue est mesurée avant et après une intervention chez un groupe d'individus. Se fondant sur le fait que ce sont les mêmes individus qui ont été évalués à deux reprises (T_1 et T_2), soit avant et après l'intervention, le chercheur entend établir que la variable continue diffère au T_2. Par exemple, il vérifiera si, dans un même groupe de patients, il existe une différence entre les scores d'anxiété observés avant la chirurgie (prétest) et ceux qui ont été enregistrés après la chirurgie (post-test). Pour vérifier l'effet de l'intervention sur la variable continue au T_2, le chercheur mesure la différence entre les moyennes ; si celle-ci est significative, c'est-à-dire si elle se situe dans la zone de rejet de l'hypothèse nulle, il pourra conclure qu'« en moyenne » l'intervention a eu un effet.

La formule utilisée dans le calcul du test t pour échantillons indépendants diffère de celle qui est employée dans le calcul des échantillons dépendants. On trouve à cet effet des tables de distribution t dans la plupart des textes de méthodologie quantitative. À l'aide d'une de ces tables, on compare la valeur de t obtenue aux valeurs critiques qui sont associées à la distribution t appropriée aux données (degrés de liberté). Si la valeur de t obtenue est plus grande que la valeur critique, l'hypothèse nulle est rejetée, et la différence entre les moyennes des valeurs de chacun des deux groupes est considérée comme significative du point de vue statistique.

L'analyse de la variance

Alors que la distribution t de Student sert à comparer des différences entre les moyennes de deux populations en rapport avec une variable continue, l'analyse de la variance bivariée permet d'analyser des données provenant de plus de deux groupes. L'analyse de la variance (ANOVA) consiste à comparer la variance de chaque groupe (intragroupe) avec la variance qui existe entre les groupes (intergroupes). L'analyse de variance a été conçue par le biométricien britannique Ronald A. Fisher. Mais c'est l'Américain George W. Snedecor qui a mis au point la distribution théorique que l'on connaît et qui a créé le ratio de deux variances, appelé le ratio F en l'honneur de Fisher (Jolicœur, 1997). Les groupes doivent être indépendants et présenter des valeurs continues.

Supposons qu'un chercheur veuille vérifier l'hypothèse suivante : « Le toucher thérapeutique ou le programme d'imagerie mentale diminuent l'anxiété chez les enfants de 5 à 10 ans au cours d'un premier traitement de chimiothérapie. » Le chercheur a affaire à trois groupes : le premier bénéficie du toucher thérapeutique, le deuxième suit un programme d'imagerie mentale et le troisième, le groupe de contrôle, ne fait l'objet d'aucune intervention. Le chercheur dispose de trois mesures du niveau d'anxiété et il utilise l'ANOVA pour distinguer les groupes. Le ratio F de l'ANOVA est le rapport entre la variance qui existe entre les groupes et la variance à l'intérieur de chacun des groupes. Pour déterminer si ce ratio F est significatif, le chercheur peut comparer le résultat qu'il a obtenu avec les valeurs critiques de la distribution théorique F. Les tables de distribution utilisées à cette fin sont présentées dans la plupart des manuels traitant de statistique. Si le ratio que le chercheur a établi est égal ou inférieur à 1, cela signifie que la variance entre les groupes est égale ou plus petite que celle qui existe à l'intérieur des groupes. Le résultat n'est pas significatif, et le chercheur a raison d'affirmer qu'il n'y a pas de différences entre les groupes. Une différence entre les groupes qui est très grande, comparativement à celle qui est observée à l'intérieur des groupes, se traduit par un ratio F supérieur à 1, et le chercheur peut à bon droit conclure à une différence entre les groupes.

Dans l'exemple introduit plus haut, le chercheur pourra conclure que le toucher thérapeutique ou le programme d'imagerie mentale diminuent l'anxiété chez les enfants de 5 à 10 ans au cours d'un premier traitement de chimiothérapie. S'il veut savoir quel est le traitement le plus efficace, il pourra utiliser le test t de Student qui lui permettra de déterminer dans quelle mesure ce qui est observé dans les groupes ayant fait l'objet d'une intervention (toucher thérapeutique et programme d'imagerie mentale) diffère de ce qui est observé dans le groupe de contrôle.

Le test de comparaison des proportions (χ^2)

Le test t et l'ANOVA servent à évaluer des différences entre les moyennes de groupes avec variables continues. Il est parfois nécessaire de comparer les distributions de deux variables discrètes. Le khi deux (χ^2) est un test statistique inférentiel non paramétrique qui est utilisé pour comparer un ensemble de données représentant des fréquences, des pourcentages ou des proportions (données nominales), ou pour déterminer si deux variables sont indépendantes ou réciproquement dépendantes. Le test du khi deux sert à examiner aussi bien des relations entre des données nominales que des différences entre celles-ci.

Pour déterminer la distribution d'une variable discrète par rapport à celle d'une autre variable discrète, on utilise le tableau croisé. Le tableau croisé est une distribution à deux dimensions dans lesquelles les fréquences de deux variables sont croisées. Une variable est placée dans une rangée et l'autre, dans une colonne. Le nombre de cellules correspond au nombre de catégories de la première variable multiplié par le nombre de catégories de la seconde variable.

À l'aide du tableau croisé, qui accompagne le test du khi deux, le chercheur compare les fréquences observées dans les cellules avec les fréquences théoriques soumises au hasard, si l'hypothèse nulle est vraie, c'est-à-dire s'il n'y a pas de différences ou de relations. Si les fréquences observées diffèrent des fréquences théoriques à un seuil de signification déterminé, soit par exemple à 0,05, l'hypothèse nulle est rejetée. Pour comparer les valeurs obtenues au test avec celles figurant dans la table de distribution du test du khi deux, il faut connaître le nombre de degrés de liberté, tout comme pour la comparaison avec les valeurs de la table de distribution t et de la table de distribution F. Considérons l'exemple présenté dans le tableau 18.3.

Une étude a été conduite auprès de femmes vivant dans un contexte familial de violence en vue de vérifier l'effet d'une intervention sur leur attitude en matière de sécurité (McFarlane, Malecha, Gist, Watson, Batten, Hall et Smith, 2002). De plus, on voulait connaître la proportion des femmes dans les deux groupes qui parlait la langue courante, à savoir l'anglais. Dans le test du khi deux dont les chiffres figurent au tableau 18.3, on a additionné les fréquences observées dans chaque cellule et les fréquences attendues, et on a conclu qu'il n'y avait pas de différence entre les deux variables. Dans notre exemple, la valeur du khi deux calculée est de 0,198 et elle est comparée aux valeurs de la table de distribution théorique du khi deux. Le nombre de degrés de liberté est égal au nombre de rangées moins 1 fois le nombre de colonnes moins 1 : dl = 1 × 1 = 1. Avec un degré de liberté, la valeur espérée pour

TABLEAU 18.3
Langue parlée chez deux groupes de femmes

Langue	Expérimental	Témoin	Total
Langue anglaise	62 (82,7)	64 (85,3)	126
Autre langue	13 (17,3)	11 (14,7)	24
Total	75 (100)	75 (100)	150

$\chi^2 = 0,198$; dl = 1 ; $p = 0,656$

atteindre une signification statistique à 0,05 est 3,84 (Appendice 2, distribution du χ^2). La valeur obtenue de 0,198 est moins grande que la valeur espérée obtenue par hasard. Par conséquent, on ne peut conclure qu'il y a une plus grande proportion de femmes qui parlent l'anglais dans le groupe expérimental que dans le groupe témoin.

Outre qu'ils permettent de déceler des différences entre les groupes, certains tests statistiques paramétriques servent à examiner des relations entre des variables et à vérifier la signification du coefficient de corrélation. Le test statistique utilisé à cet effet est le coefficient de corrélation de Pearson.

Le test de corrélation *r* de Pearson

Nous avons vu au chapitre précédent qu'on utilise le coefficient de corrélation r de Pearson en statistique descriptive quand on veut décrire une relation entre deux variables à partir d'une question de recherche portant sur l'existence d'une relation. Le coefficient de corrélation r est aussi employé dans la statistique inférentielle paramétrique pour vérifier la relation linéaire entre deux variables continues. On vérifie l'hypothèse nulle selon laquelle il n'existe pas de différence entre les variables X et Y, puis on détermine le sens de la relation, qui peut être positif ou négatif, ainsi que la force de la relation (faible, moyenne, forte). Plus le coefficient se rapproche de ±1,00, plus la relation entre les deux variables est forte. La taille du coefficient de corrélation fournit certaines indications sur le degré de relation entre deux variables, alors que le test de corrélation détermine si le coefficient est le résultat du hasard (erreur échantillonnale) ou bien s'il existe une vraie relation entre les deux variables dans la population étudiée.

Supposons qu'un chercheur veuille connaître la relation entre le degré d'anxiété des patients à l'occasion d'une chirurgie cardiaque et le temps écoulé jusqu'au retour aux occupations normales. Le degré d'anxiété et la durée de la convalescence peuvent être considérés comme des variables de niveau à intervalles. Le chercheur utilisera par conséquent le test de coefficient de corrélation r de Pearson. Avec la valeur obtenue au test, le chercheur consulte la table de distribution du coefficient de Pearson afin de déterminer si la valeur obtenue est due au hasard. S'il apparaît qu'il n'existe pas de relation entre le degré d'anxiété et la durée de la convalescence à la suite de la chirurgie, le chercheur trouvera une corrélation plus près de zéro. Toutefois, si la corrélation se rapproche de +1,00, on peut conclure que les patients plus anxieux ont eu une durée de convalescence plus longue. Un coefficient de corrélation négatif signifierait que moins les patients sont anxieux, plus ils se rétablissent rapidement. Comme les relations sont rarement parfaites, on se satisfait de déterminer la force de la relation par sa proximité avec une corrélation parfaite positive ou négative (±1,00).

18.5 Les analyses multivariées

Les chercheurs qui désirent étudier plus de deux variables peuvent utiliser des tests statistiques plus avancés. Les analyses multivariées comprennent une gamme de tests statistiques qui traitent simultanément plusieurs variables. Outre qu'elles permettent d'examiner des différences et des relations entre plusieurs variables, les analyses statistiques multivariées prennent en compte l'effet des variables étrangères. Ce sont des tests très efficaces pour déceler des relations causales et prédire des résultats. Comme elles tiennent compte de la complexité des phénomènes, les analyses statistiques multivariées sont particulièrement utiles quand les résultats de recherche orientent vers l'adoption de modèles de pratique fondés sur des données probantes.

Parmi les analyses multivariées mentionnées dans les articles de recherche, on trouve entre autres l'analyse de la covariance, l'analyse de la variance multiple, la corrélation multiple et la régression, l'analyse de la fonction discriminante, la régression logistique et la corrélation canonique. Le tableau 18.4 donne un aperçu des différents tests multivariés.

L'analyse de la covariance

L'analyse de la covariance (ANCOVA) est une combinaison de l'analyse de la variance et de l'analyse de régression multiple. On l'utilise quand on veut comparer le comportement de deux groupes ou plus en rapport avec une variable dépendante après avoir contrôlé de façon statistique l'effet de variables étrangères. On cherche à équilibrer les groupes en présence d'un groupe témoin non équivalent. Supposons, par exemple, que, pour apprécier l'«attachement» pour l'enfant chez un groupe de nouveaux pères, un chercheur compare un groupe ayant suivi des cours prénataux avec un groupe n'ayant suivi aucun cours. En comparant les scores obtenus, il est amené à penser que la variable âge peut avoir une influence sur l'attachement. Dans ses analyses, il fera donc de l'âge une covariable. L'ANCOVA permet de voir que l'âge a une influence égale chez les deux groupes.

L'analyse de la variance multiple

L'analyse de la variance multiple (MANOVA) sert à déterminer la différence entre les scores moyens de deux groupes ou plus sur deux variables dépendantes ou plus examinées en même temps. Elle est une extension de l'ANOVA puisqu'il y a

	TABLEAU 18.4	
	Vue d'ensemble des analyses statistiques multivariées[1]	
Test	**But**	**Données : VI, VD, VE***
L'analyse de la covariance (ANCOVA)	Comparer le comportement de deux groupes ou plus en contrôlant l'effet d'une VE ou plus sur une VD.	VI : nominale VD : à intervalles ou à proportions VE : dichotomique, à intervalles ou à proportions
L'analyse de la variance multiple (MANOVA)	Comparer la moyenne d'une ou plusieurs VD pour deux groupes ou plus simultanément.	VI : nominale, à intervalles ou à proportions. Les VD doivent être reliées.
La corrélation multiple et la régression	Prédire la valeur d'une VD d'après les valeurs de deux VI ou plus et décrire les relations entre ces variables.	VI : dichotomique VD : à intervalles ou à proportions
L'analyse de la fonction discriminante	Prédire le groupe d'appartenance d'après les valeurs de deux VI ou plus et décrire les relations entre deux VI ou plus et une VD.	VI : dichotomique, à intervalles ou à proportions VD : nominale
La régression logistique	Prédire la probabilité d'un résultat d'après les valeurs pour deux VI ou plus et décrire les relations entre ces variables.	VI : dichotomique, à intervalles ou à proportions VD : nominale
La corrélation canonique	Décrire la relation entre deux VI ou plus et deux VD ou plus.	VI : dichotomique, à intervalles ou à proportions VD : dichotomique, à intervalles ou à proportions

* Données : VI = variable indépendante ; VD = variable dépendante ; VE = variable étrangère.

plus de deux variables dépendantes. Revenons à l'exemple présenté à la section précédente et supposons que le chercheur veuille quantifier l'attachement et la compétence parentale chez trois groupes de sujets, c'est-à-dire chez un groupe ayant suivi des cours prénataux, chez un groupe qui a suivi des cours postnataux et chez un autre qui n'a suivi aucun cours. Comme il y a deux variables dépendantes (attachement et compétence parentale), il convient d'utiliser la MANOVA.

La corrélation multiple et la régression

On utilise la corrélation multiple et la régression quand on veut déterminer l'influence d'une variable indépendante ou plus sur la variable dépendante ; en d'autres termes, quand il s'agit de prédire la valeur d'une variable dépendante à partir de deux variables indépendantes ou plus. Les données requises pour la régression multiple

---

1. Pour confectionner le tableau, nous nous sommes inspirée de Polit (1996), de Nieswiadomy (2002) et de Norwood (2000).

sont deux variables ou plus à intervalles ou à proportions, ou des variables indépendantes à intervalles ou à proportions et une variable dépendante à intervalles ou à proportions. Il conviendrait, par exemple, de faire appel à la régression multiple pour déterminer dans quelle mesure la compétence parentale et le foyer de contrôle interne influent sur l'attachement des nouveaux pères.

L'analyse de la fonction discriminante

L'analyse de la fonction discriminante sert à vérifier la relation entre deux variables indépendantes ou plus et une variable dépendante nominale. Elle permet aussi de prédire l'appartenance de sujets à un groupe d'après les données recueillies auprès de ces sujets relativement à deux variables indépendantes ou plus. Les variables indépendantes peuvent être à intervalles, à proportions ou dichotomiques. Supposons que le chercheur veuille évaluer les variables qui distinguent les nouveaux pères qui ont suivi des cours prénataux, des cours postnataux ou qui n'ont suivi aucun cours. Il conduira alors une analyse de la fonction discriminante en vue de discerner les variables qui prédisent le choix que feront les nouveaux pères par rapport aux cours éducatifs.

La régression logistique

La régression logistique résume la relation entre deux variables dichotomiques, à intervalles ou à proportions ou plus et une variable dépendante nominale. Elle permet au chercheur de mesurer la probabilité qu'un événement se produise en se basant sur les valeurs connues pour un ensemble de variables indépendantes. Le chercheur pourrait, par exemple, utiliser la régression logistique pour évaluer l'influence du genre (père ou mère) et du fait d'avoir suivi des cours prénataux sur l'attachement.

La corrélation canonique

La corrélation canonique décrit la relation entre un ensemble de deux variables indépendantes ou plus et un ensemble de deux variables dépendantes ou plus. Il s'agit d'un test de maniement complexe et difficile à interpréter, mais qui peut être utile pour décrire des phénomènes ayant de multiples causes (Norwood, 2000). Supposons qu'un chercheur désire évaluer les relations qui existent entre deux ensembles de variables ; il mesure l'attachement à l'aide des variables intensité, qualité et durée des relations entre le père et son enfant et les compare ensuite à un autre ensemble de variables constitué par la compétence parentale et l'efficacité paternelle. Le chercheur établit ensuite quelles variables des deux ensembles sont les plus fortement liées entre elles.

18.6 L'examen critique des analyses inférentielles

Les analyses inférentielles présentées dans un article de recherche peuvent intimider le lecteur plus que ne le font les analyses descriptives. Il est nécessaire de maîtriser les diverses notions de statistique pour pouvoir comprendre un test statistique discuté dans un périodique de recherche, mais il suffit d'avoir une connaissance de base des tests statistiques inférentiels pour être capable d'interpréter la plupart des résultats de l'étude. Une série de questions susceptibles d'aider le lecteur dans son examen critique des analyses inférentielles est présentée dans l'encadré ci-dessous. Il s'agit d'abord de déterminer si, dans l'article, on rapporte l'utilisation d'analyses inférentielles ; le niveau de mesure des variables, le nombre de groupes comparés et la taille de l'échantillon fournissent des indications précieuses à cet égard. Ensuite, le lecteur doit chercher à connaître quelle est la valeur du test statistique obtenu, quels sont les degrés de liberté et quel est le niveau de signification atteint pour chacune des hypothèses vérifiées.

ENCADRÉ 18.1
Questions permettant de faire un examen critique de l'analyse inférentielle des données

1. Des analyses inférentielles sont-elles présentées dans l'article de recherche ?

2. Si des analyses inférentielles sont présentées, dispose-t-on d'assez d'information pour déterminer si les tests utilisés sont appropriés ?

3. Les tests statistiques vous paraissent-ils s'accorder avec le niveau de mesure, le nombre de groupes comparés, la taille de l'échantillon, etc. ?

4. S'agit-il dans cette étude de mettre en évidence des différences entre des groupes ou des relations entre des variables ?

5. S'il s'agit de mettre en évidence des différences entre des groupes, quel test statistique inférentiel a-t-on utilisé ?

6. S'il s'agit de vérifier des relations entre des variables, quel test statistique inférentiel a-t-on utilisé ?

7. Une analyse inférentielle accompagne-t-elle chaque hypothèse formulée ?

8. Les résultats des analyses inférentielles sont-ils convenablement discutés ?

Résumé

L'inférence statistique se fonde sur les lois de la probabilité ; elle s'intéresse aux résultats obtenus auprès d'un échantillon, et par déduction prévoit le comportement de la population d'où proviennent les échantillons. Les caractéristiques de l'échantillon peuvent différer de celles de la population. Le phénomène par lequel les valeurs de l'échantillon tendent à se distribuer normalement autour de la moyenne est connu sous le nom de théorème central limite. Une distribution de fréquences basée sur un nombre infini d'échantillons est appelée une distribution échantillonnale. Tout comme la courbe normale, le théorème central limite est une distribution théorique qui sert à apprécier les caractéristiques de la population. L'écart type d'une distribution de moyennes échantillonnales porte le nom d'erreur normalisée de la moyenne (s_x).

Les deux buts de l'inférence statistique sont l'estimation des paramètres de la population et la vérification d'hypothèses.

L'estimation des paramètres implique l'attribution d'une valeur à une caractéristique de la population à partir des données d'un échantillon. Les deux tests utilisés pour estimer les paramètres sont l'estimation ponctuelle et l'estimation par intervalles de confiance. L'estimation ponctuelle est une valeur numérique attribuée à un paramètre de la population. La meilleure estimation ponctuelle est la moyenne de l'échantillon. Un intervalle de confiance est une étendue de valeurs qui, selon un degré défini de probabilité, est censé contenir la valeur de la population. Le chercheur peut établir un intervalle de confiance qui se situe entre 95 % et 99 %. Le calcul des intervalles de confiance se fait à partir de la distribution théorique. L'erreur normalisée de la moyenne (s_x) sert de base à l'établissement des limites de confiance.

La vérification des hypothèses se fonde sur les lois de la probabilité et les distributions échantillonnales et détermine dans quelle mesure les résultats sont vrais ou dus au hasard. La vérification des hypothèses comporte un certain nombre d'étapes : 1) la formulation des hypothèses ; 2) le choix du test statistique ; 3) la détermination du seuil de signification ; 4) le choix entre le test unilatéral et le test bilatéral ; 5) la réalisation du test statistique ; 6) la détermination de la valeur critique ; 7) la formulation de la règle de décision et 8) le rejet ou le non rejet de l'hypothèse nulle. La vérification de l'hypothèse nulle est basée sur un processus de rejet. L'hypothèse de recherche reflète le raisonnement du chercheur concernant les relations entre les variables ou les différences entre les groupes. L'hypothèse nulle suppose l'absence de relations entre des variables ou de différences entre des groupes et présume que les échantillons proviennent de la même population. Si l'analyse statistique permet de conclure qu'il n'y a pas de relation ou de différence, l'hypothèse nulle n'est pas rejetée. S'il y a une relation ou une différence, l'hypothèse nulle est rejetée.

Dans le choix du test statistique, il faut prendre en compte le niveau de mesure des variables, le nombre de groupes et les principes sur lesquels reposent les tests paramétriques. Le seuil de signification est une valeur numérique qui réfère au niveau alpha (α) ou à la valeur de p. Ces valeurs se définissent par la probabilité de rejeter l'hypothèse nulle quand celle-ci est vraie. Dans la plupart des recherches, le seuil de signification est établi à 0,05. Cela signifie que le chercheur accepte la probabilité de commettre une erreur 5 fois sur 100. Un seuil de signification fixé à 0,01 signifie qu'il y a 1 chance sur 100 que les résultats soient dus au hasard. Si le chercheur a formulé une hypothèse directionnelle, il convient d'utiliser un test de signification unilatéral. Si un test de signification unilatéral est utilisé, les valeurs seront situées dans une seule zone de la distribution théorique échantillonnale. Un test de signification bilatéral est utilisé pour déterminer les valeurs significatives dans les régions critiques lorsque l'hypothèse est non directionnelle. La valeur critique est la valeur qui sépare les zones de rejet et de non-rejet de l'hypothèse nulle et est déterminée par le seuil de signification et les degrés de liberté. L'interprétation du test statistique dépend des degrés de liberté (dl), lesquels ont rapport au nombre de valeurs qui sont libres de varier dans une distribution.

Quand un chercheur établit le seuil de signification statistique, il énonce une règle de décision quant au rejet de l'hypothèse nulle. Le chercheur peut prendre une mauvaise décision en rejetant ou en ne rejetant pas l'hypothèse nulle. Deux types d'erreur peuvent se produire. Si l'hypothèse nulle est vraie et est rejetée, une erreur de première espèce (type I) est commise. Si l'hypothèse nulle est fausse et n'est pas rejetée, une erreur de deuxième espèce (type II) est commise. Le seuil de signification fixé à l'avance détermine la probabilité de l'erreur de première espèce.

On distingue deux types de tests inférentiels : les tests paramétriques et les tests non paramétriques. On emploie les tests paramétriques : 1) quand les variables doivent être normalement distribuées ; 2) quand il est possible d'estimer au moins un paramètre et 3) quand les variables doivent être continues. On utilise généralement les tests non paramétriques pour l'analyse des variables nominales et ordinales ; ils ne requièrent pas une distribution normale. Un test statistique est efficace s'il permet de rejeter l'hypothèse nulle quand elle est fausse. L'efficacité du test dépend de la taille de l'échantillon et du seuil de signification qui a été fixé. Les principaux tests servant à comparer des moyennes sont la distribution t de Student et l'analyse de la variance. Le khi deux est un test non paramétrique qui sert à comparer des proportions.

La distribution t de Student est un test paramétrique qui sert à examiner la différence entre les moyennes de deux groupes. Le test t utilise la distribution t qui s'apparente à la courbe normale de distribution. On utilise un test t pour échantillons indépendants pour comparer le comportement d'une variable continue dans deux groupes indépendants. Le test t est aussi utilisé pour des échantillons dépendants quand on veut étudier comment une variable continue se comporte dans un même groupe à deux moments différents. L'analyse de la variance (ANOVA) sert à comparer la différence entre deux moyennes ou plus. L'ANOVA est un test paramétrique qui utilise la distribution F. Le khi deux est un test inférentiel non paramétrique permettant de comparer un ensemble de données représentant des fréquences ou des pourcentages. Les fréquences observées sont comparées aux fréquences théoriques. La distribution du khi deux est la distribution échantillonnale théorique utilisée pour le calcul du χ^2. Outre qu'ils servent à déceler des différences entre les moyennes de groupes, certains tests statistiques, comme la corrélation r de Pearson, sont utiles pour vérifier si une corrélation est statistiquement significative.

Le chercheur qui veut étudier plus de deux variables peut faire appel aux analyses multivariées. Les principaux types d'analyses multivariées sont l'analyse de la covariance (ANCOVA), l'analyse de la variance multiple (MANOVA), la corrélation multiple et la régression, l'analyse de la fonction discriminante, la régression logistique et la corrélation canonique.

Mots clés

Corrélation
Degré de liberté
Distribution des moyennes échantillonnales
Distribution échantillonnale
Erreur de type I
Erreur de type II
Erreur échantillonnale

Erreur normalisée
Inférence ponctuelle
Inférence statistique
Intervalle de confiance
Khi deux
Paramètre
Probabilité

Seuil de signification
Test non paramétrique
Test paramétrique
Test *t* de Student
Théorème central limite
Vérification d'une hypothèse

Exercices de révision

1. Quels sont les deux principaux buts de l'inférence statistique ?

2. Distinguez l'erreur de type I et l'erreur de type II.

3. Nommez trois tests paramétriques.

4. Rapportez chacun des tests suivants à l'énoncé qui convient.
   a. Test paramétrique
   b. Test non paramétrique
   c. Distribution *t* de Student
   d. Test d'hypothèse
   e. Coefficient de corrélation *r* de Pearson
   f. Analyse de la variance
   g. Test unilatéral
   h. Distribution *t* de Student pour groupes appariés
   i. Distribution du khi deux

   1. Implique la comparaison des scores de la même variable continue obtenus dans deux groupes indépendants.

   2. Test statistique le plus souvent utilisé à l'occasion d'analyses non paramétriques. Il permet d'étudier la relation entre deux variables discrètes.

   3. On utilise cette catégorie de test statistique : 1) quand la distribution des variables dans la population est normale ; 2) quand il y a au moins un paramètre à étudier ; 3) quand on effectue des mesures aux échelles continues (à intervalles ou à proportions).

   4. Test statistique pouvant être utilisé avec des mesures discrètes (nominales ou ordinales) et sur des échantillons de petite taille.

   5. Test de statistique inférentielle qui permet de déceler des différences entre les moyennes de deux groupes ou plus. L'élément calculé dans ce test est le ratio F.

   6. Test statistique servant à vérifier la relation linéaire entre deux variables continues (à intervalles ou à proportions).

   7. Est utilisé lorsqu'on veut étudier le comportement d'une variable continue évaluée à deux moments différents chez un même groupe de sujets.

   8. Opération qui consiste à vérifier si les résultats obtenus auprès d'un échantillon peuvent être généralisés à la population totale.

   9. Test de signification statistique servant à prédire la direction d'une relation au cours de la vérification d'une hypothèse.

5. Si les résultats d'une étude se révèlent statistiquement significatifs, cela implique :
   a. que l'hypothèse nulle doit être rejetée ;
   b. que l'hypothèse de recherche doit être rejetée ;
   c. que l'hypothèse nulle ne doit pas être rejetée ;
   d. que l'hypothèse de recherche ne doit pas être rejetée.

6. Un chercheur veut vérifier si le toucher thérapeutique et l'imagerie mentale ont un effet sur la diminution de l'anxiété chez des enfants de 5 à 10 ans subissant leur première séance de chimiothérapie. On établit la moyenne des scores sur l'échelle d'anxiété obtenus par trois groupes de 30 enfants. Le premier groupe bénéficie du toucher thérapeutique ; le deuxième groupe bénéficie de l'imagerie mentale ; le troisième

groupe ne fait l'objet d'aucune intervention. Le niveau de probabilité associé au test de *F* est 0,05. Répondez aux questions suivantes :

1. Quelle est la variable dépendante ?

2. Quel est le niveau de mesure de la variable dépendante ?

3. Combien de groupes de scores sont comparés ?

4. Les groupes sont-ils dépendants ou indépendants ?

5. Quel test statistique inférentiel effectue-t-on ?

6. Quel est le seuil de signification ?

7. Si on se base sur l'extrait qui est donné, quelle conclusion pourrait-on émettre concernant l'hypothèse nulle ?

7. Rapportez chacun des termes suivants à l'énoncé qui convient.

    a. Test paramétrique

    b. Test non paramétrique

    c. Test *t* pour groupes appariés

    d. Analyse de la variance

    e. Khi deux

1. Implique l'association d'un score avec un autre score obtenu auprès des mêmes sujets à l'occasion d'une évaluation avant-après une intervention.

2. Test paramétrique qui est parmi les plus fréquemment utilisés. On compare les fréquences observées avec les fréquences théoriques en rapport avec l'hypothèse nulle.

3. On emploie ce test : 1) quand les variables doivent être normalement distribuées ; 2) quand au moins un paramètre doit être estimé ; 3) quand le niveau des variables doit être à intervalles ou à proportions.

4. Test de statistique inférentielle qui compare les moyennes des scores de deux groupes ou plus. Ce test comporte le calcul du ratio F. On calcule la variabilité entre les groupes et à l'intérieur des groupes.

5. Cette statistique peut être utilisée avec des données nominales et ordinales et aussi quand la taille de l'échantillon est petite et que rien n'indique que les scores suivent une distribution normale.

Références bibliographiques

Amyotte, L. (1996). *Méthodes quantitatives : applications à la recherche en sciences humaines,* Saint-Laurent, Éditions du Renouveau pédagogique.

Colton, T. (1974). *Statistics in Medicine,* Boston, Little, Brown and Company.

Ferguson, G.A. (1976). *Statistical Analysis in Psychology and Education,* 4ᵉ éd., New York, McGraw-Hill.

Harel, F. (1996). « Analyse statistique des données », dans M.-F. Fortin, *Le processus de la recherche. De la conception à la réalisation,* Montréal, Décarie.

Hinkle, D., Wiersma, W. et Jurs, S. (1988). *Applied Statistics for the Behavioural Sciences,* 2ᵉ éd., Boston, Houghton Mifflin.

Jolicœur, P. (1997). *Introduction à la biométrie,* 3ᵉ éd., Montréal, Décarie.

McFarlane, J., Malecha, A., Gist, J., Watson, K., Batten, E., Hall, I. et Smith, S. (2002). « An intervention to increase safety behaviors of abused women », *Nursing Research, 51*(6), p. 347-354.

Morton, R.F. et Hebel J.R. (1983). *Épidémiologie et biostatistique : une introduction programmée,* Paris, Doin. Traduit de l'anglais par A. Rougemeont, R. Pineault et J. Lambert.

Munro, B.H., Visintainer, M.A. et Page, E.B. (1986). *Statistical Methods for Health Care Research,* Philadelphie, J.B. Lippincott.

Nieswiadomy, R.M. (2002). *Foundations of Nursing Research,* 4ᵉ éd., Upper Saddle River (N.J.), Prentice Hall.

Norwood, S.L. (2000). *Research Strategies for Advanced Practice Nurses,* Upper Saddle River (N.J.), Prentice Hall.

Polit, D.F. (1996). *Data Analysis and Statistics for Nursing Research,* Stanford (Conn.), Appleton & Lange.

PARTIE V

Phase d'interprétation et de diffusion

Les données ayant été analysées, il s'agit ensuite de présenter les résultats, d'en faire l'analyse et de les interpréter. L'interprétation des résultats exige qu'on considère tous les aspects de la recherche et qu'on établisse des comparaisons avec d'autres travaux de recherche déjà publiés. Les résultats de la recherche ne sont utiles que s'ils sont communiqués, d'où l'importance de leur diffusion et du transfert des connaissances. La lecture critique d'articles de recherche empirique vient clore le processus de recherche. Chacune des quatre étapes que comporte cette phase fait l'objet d'un chapitre. La matière à traiter se répartit comme suit :

La présentation, l'analyse et l'interprétation des résultats

Objectifs d'apprentissage

À la fin de ce chapitre, vous devriez être en mesure :

1) d'exprimer les résultats de la recherche ;

2) de les discuter ;

3) de les relier aux questions de recherche ou aux hypothèses ;

4) de dégager une conclusion de l'analyse des résultats ;

5) d'établir les implications qui découlent des résultats ;

6) de discuter des recommandations qui font suite à l'exposé des résultats.

Vue d'ensemble

Dans les chapitres 17 et 18, nous avons examiné les principales techniques statistiques couramment utilisées pour analyser les données recueillies auprès des participants à l'aide de différentes méthodes de collecte des données. Une fois les données recueillies et résumées, l'étape suivante consiste à présenter les résultats dans un texte suivi et de les illustrer au moyen de tableaux et de figures. Les résultats des analyses statistiques descriptives et inférentielles doivent être présentés de manière synthétique. Par la suite, il convient d'en faire l'analyse, c'est-à-dire de décomposer les diverses données chiffrées en vue de procéder à leur interprétation. L'interprétation consiste à intégrer les informations retenues, à les expliquer et à les confronter à celles qui sont données dans d'autres travaux de recherche. L'interprétation est suivie de la conclusion, qui exprime un résultat essentiel ainsi que les principales implications découlant de l'exposé qui précède. Le présent chapitre traite donc de la présentation, de l'analyse et de l'interprétation des résultats.

L a présentation, l'analyse et l'interprétation des résultats d'une recherche sont des étapes distinctes dans le processus de recherche. Dans la présentation des résultats, le chercheur rend compte de l'analyse statistique des données réalisée au moyen de différents tests. Il porte une attention particulière aux résultats présentés. Il est ainsi amené à comparer, à opposer les résultats entre eux et à faire référence à la théorie et aux travaux antérieurs ayant porté sur le phénomène qu'il a étudié. Dans la conclusion de son travail, il met en évidence la contribution de la recherche et formule des recommandations concernant la recherche et la pratique.

19.1   La présentation des résultats de recherche

Les résultats sont les informations numériques qui résultent de l'analyse statistique des données recueillies auprès des participants à l'aide d'instruments de mesure. Ils accompagnent des rapports de recherche, des thèses ou des publications scientifiques. Dans un article de recherche, les résultats sont présentés dans la section « résultats », et cette dernière est plus ou moins longue selon la quantité des informations. Les résultats se rapportent directement aux questions de recherche ou aux hypothèses formulées dans l'étude. Ils seront descriptifs si l'étude dans laquelle ils s'insèrent est descriptive, et inférentiels dans le cas d'une étude corrélationnelle ou expérimentale. La statistique descriptive permet de caractériser l'échantillon à l'aide de mesures de tendance centrale et de dispersion. Suivant la nature de la recherche, des fréquences ou des pourcentages pourront être calculés sur la base des réponses affirmatives formulées pour chaque modalité d'une variable dans un questionnaire, ou encore on calcule des scores moyens obtenus à des tests de performance comportant une échelle. Comme la moyenne est souvent assortie d'une mesure de dispersion, on utilise l'écart type pour connaître l'étalement des scores par rapport à la moyenne. La statistique inférentielle permet de déterminer si les hypothèses de recherche doivent être confirmées ou infirmées, et s'il est possible d'inférer l'existence de relations entre les variables étudiées.

La section traitant des résultats de recherche comprend le plus souvent des tableaux servant à rassembler des données, et des figures qui soulignent de façon visuelle certains aspects des données. Un texte narratif accompagne les tableaux et les figures.

Caractéristiques des tableaux et des figures

Les tableaux et les figures revêtent une grande importance dans la synthèse des résultats, car ils permettent au lecteur une consultation rapide et globale. Toutefois, ils ne remplacent pas l'exposé, ils sont seulement un complément. Ils sont utiles dans la mesure où ils éclairent le texte. En outre, le tableau ou la figure est précédé d'un intitulé qui en précise le contenu ; à cet égard, il convient d'éviter de répéter des éléments déjà mentionnés dans le texte. Les tableaux sont généralement simples d'aspect, tandis que les figures peuvent se présenter sous la forme de graphiques, de schémas, de photographies, etc.

Le tableau doit être compréhensible, clair et précis. Giroux et Tremblay (2002) distinguent quatre éléments essentiels dans un tableau : le titre, les chiffres, les indicateurs de synthèse et la présentation. Il faut donner au tableau un titre aussi bref et concis que possible pour permettre de discerner au premier coup d'œil les variables dont il est question ; le titre est précédé de l'indication « Tableau » et numéroté de façon à permettre la référence au tableau dans le texte. On suggère de choisir des nombres entiers, car ils sont plus faciles à retenir. Les indicateurs ou mesures de synthèse (fréquence, pourcentage, moyenne, écart type) servent à résumer les données et font ressortir les valeurs extrêmes. Enfin, la présentation doit être soignée, c'est-à-dire qu'elle doit permettre de distinguer clairement les différents groupes ou séries de données. Les figures doivent elles aussi porter un titre. Elles sont précédées de l'indication « Figure » et numérotées. Comme le soulignent Laville et Dionne (1996), la forme des figures et des graphiques doit être aussi éloquente que possible. Comme nous l'avons vu dans le chapitre consacré à l'analyse des données, il est possible de choisir pour illustrer les variables descriptives entre diverses formes de figures ou de graphiques [1], telles que les distributions de fréquences exprimées à l'aide d'un diagramme à bâtons, le diagramme à secteurs ou l'histogramme constitué de colonnes qui montrent l'évolution des variables dans le temps. En ce qui concerne les variables à intervalles et à proportions, on se sert de la courbe pour représenter les variations d'un phénomène donné. Les graphiques s'accompagnent d'une échelle dont les degrés ou les divisions sont clairement marqués.

Pour en savoir plus sur la confection des tableaux et des figures, le lecteur peut se référer à des ouvrages spécialisés tels que celui que l'American Psychological Association (2001) a consacré au sujet. Bon nombre de revues scientifiques recommandent aux auteurs de se référer à l'ouvrage en question pour la présentation de leurs manuscrits.

---

1. Les représentations graphiques ayant été examinées au chapitre 17, nous nous bornerons ici à fournir quelques précisions.

19.2 L'analyse des résultats

L'analyse des résultats a pour but de considérer en détail les résultats obtenus en vue d'en dégager l'essentiel. Elle porte sur la description des faits qui a eu lieu à l'étape de l'analyse statistique des données. De façon générale, l'analyse doit permettre de mettre en évidence les variables qui ont servi à caractériser l'échantillon et celles qui sont reliées entre elles et à déterminer si les hypothèses mises à l'épreuve au moyen de tests statistiques sont confirmées ou infirmées. L'analyse comporte deux étapes : l'analyse descriptive des résultats et l'analyse inférentielle des résultats.

L'analyse descriptive des résultats

La présentation des résultats provenant de l'analyse descriptive des données a pour but de donner un aperçu de l'ensemble des caractéristiques des participants et d'examiner la distribution des valeurs des principales variables déterminées à l'aide de tests statistiques. Ainsi, les analyses descriptives telles que le mode, la moyenne, la variance et l'écart type sont les principaux indicateurs permettant de résumer les données. Dans certains types d'études descriptives comme les études descriptives corrélationnelles, on explore des relations entre des variables, mais sans formuler d'hypothèses. Dans ces études, on considère les variables et leurs relations en fonction des questions de recherche. Habituellement, le chercheur expose succinctement les résultats obtenus pour chaque question de recherche et en fait la synthèse dans des tableaux et des figures.

Les données résultant des mesures qui ont servi à caractériser l'échantillon peuvent être de nature diverse. Pour les données relevant de l'échelle nominale, on établit les fréquences ou les pourcentages des réponses affirmatives fournies par les répondants dans un questionnaire. Les données relevant de l'échelle ordinale se classent par ordre de grandeur ou d'importance. En ce qui concerne les données correspondant aux niveaux à intervalles et à proportions, les indices de tendance centrale, comme la moyenne, donnent, une fois qu'ils sont regroupés, une idée des résultats. L'écart type en tant que mesure de dispersion indique comment les résultats individuels se situent par rapport à la moyenne. Ces différents indicateurs sont intégrés dans les tableaux et les figures.

Souvent dans l'analyse descriptive des résultats, le lecteur est renvoyé à un tableau ou à une section de l'étude qui porte sur des résultats déterminés. L'exemple 19.1 montre comment le chercheur procède normalement pour présenter les principaux résultats des analyses descriptives.

L'analyse inférentielle

Dans l'analyse inférentielle, on s'appuie sur des hypothèses de recherche formulées à partir d'un cadre théorique. L'hypothèse spécifie les relations entre des variables et permet ainsi d'expliquer et de prédire des événements ou des phénomènes. Les hypothèses sont ensuite mises à l'épreuve au moyen de tests statistiques.

L'utilisation de techniques statistiques dans le traitement des données recueillies auprès des participants permet au chercheur de déterminer si les relations

EXEMPLE 19.1
Exemple de présentation des résultats de l'analyse descriptive

Les données du tableau ci-dessous indiquent la distribution des types de prothèses utilisés selon le type de remplacement valvulaire, soit le remplacement valvulaire aortique, le remplacement valvulaire mitral et le remplacement valvulaire combiné. Les résultats de l'étude démontrent que les prothèses mécaniques ont été utilisées plus fréquemment tant pour les remplacements de valve aortique (Rva) [60,7 %] que pour les remplacements de valve mitrale (Rvm) [72,7 %] et les remplacements combinés, c'est-à-dire les remplacements des valves aortique et mitrale (Rva+Rvm). (Goulet, 1999, p. 53.)

Distribution des types de prothèses utilisés selon le remplacement valvulaire

| Type de prothèse | Type de remplacement valvulaire | | | | | | | |
| | Rva | | Rvm | | Rva+Rvm | | Total | |
	n	%	n	%	n	%	n	%
Mécanique	17	60,7	8	72,7	3	100	28	66,7
Biologique	11	39,3	3	27,3	0	0	14	33,3
Total	28	100	11	100	3	100	42	100

Source: Goulet, I. (1999). *Qualité de vie de patients dans le contexte d'un remplacement valvulaire,* mémoire de maîtrise, Montréal, Université de Montréal, p. 53.

d'association observées entre les variables sont réelles ou si elles sont le fruit du hasard. Les tests statistiques (corrélation *r,* test *t,* analyse de la variance, etc.) utilisés pour la vérification des hypothèses doivent être pris en compte dans la partie du texte qui traite des résultats. On indique ainsi la valeur numérique des résultats et le seuil de signification qui a été fixé. Par exemple, dans le cas où il s'agirait de rapporter les résultats à un test *t* effectué auprès de deux groupes dont la différence de moyennes serait de 2,85 avec 3 degrés de liberté (dl) et significatif au seuil de probabilité de 0,01, les résultats inférentiels pourraient être présentés comme suit: la différence observée entre les deux groupes est statistiquement significative puisque $t(3) = 2,85$; $p = 0,01$. Comme nous l'avons vu au chapitre 18, le test *t* est un test paramétrique qui renseigne sur la signification de la différence entre deux moyennes. C'est au cours de l'interprétation que le chercheur donnera un sens à ces résultats.

De même, la mise à l'épreuve des hypothèses causales par l'application de tests statistiques permet de déterminer si les changements observés dans les comportements des sujets (variables dépendantes) sont dus à l'intervention ou au traitement (variable indépendante) et non pas au hasard. Procède du hasard ce qui provient d'erreurs d'échantillonnage — si les sujets ne sont pas choisis de façon aléatoire —, ou d'erreurs de mesure imputables à l'instrument de mesure. Le chercheur choisit soit de ne pas rejeter l'hypothèse nulle en faveur de la contre-hypothèse (l'hypothèse de recherche), soit de rejeter l'hypothèse nulle et de conserver la contre-hypothèse. La décision de confirmer l'hypothèse ou de l'infirmer dépend des résultats des tests statistiques pour lesquels a été fixé un degré de probabilité déterminé. Le chercheur rapporte les résultats obtenus au cours des vérifications statistiques des hypothèses et indique le seuil de signification qui a été établi. Il doit apporter autant d'attention aux données qui n'appuient pas les hypothèses qu'à celles qui les appuient, car il s'agit d'en discuter objectivement au moment de l'interprétation. C'est à l'étape de l'interprétation qu'il discutera des résultats positifs ou négatifs obtenus.

L'exemple 19.2 contient un extrait de la présentation des résultats d'une analyse inférentielle.

EXEMPLE 19.2
Exemple de présentation des résultats d'une analyse inférentielle

Les données du tableau ci-dessous indiquent l'évolution de l'anxiété chez les groupes expérimental et de contrôle. En effet, les résultats des tests de comparaisons multiples révèlent que le niveau d'anxiété observé chez le groupe expérimental est plus élevé de façon significative que celui du groupe de contrôle à la première évaluation, c'est-à-dire avant l'intervention. En dépit du fait que l'évaluation initiale de l'anxiété était plus élevée chez le groupe expérimental, ce dernier a vu son score d'anxiété chuter de façon significative après la première intervention de soutien et ce score est demeuré plus bas aux trois temps d'évaluation : à 24 heures avant la chirurgie, à 5 jours après la chirurgie et à 4 semaines après la chirurgie.

Le niveau d'anxiété observé dans le groupe expérimental montre une diminution significative entre 48 et 24 heures avant la chirurgie. Le niveau d'anxiété n'a pas montré d'autres diminutions significatives entre 24 heures avant la chirurgie et 5 jours après, et entre 5 jours après la chirurgie et la quatrième semaine. En comparaison avec le groupe de contrôle, le niveau d'anxiété n'a pas changé de façon significative lors des évaluations successives durant la période d'hospitalisation. Une diminution du niveau d'anxiété chez le groupe de contrôle a été observée seulement entre 5 jours et 4 semaines après la chirurgie.

Effet de l'intervention de soutien sur l'état d'anxiété

Variable	Groupe de contrôle (n = 29) (M ± ET)		Groupe expérimental (n = 27) (M ± ET)
48 heures avant la chirurgie	ns 39,8 ± 10,6	←*→	46,6 ± 14,0*
24 heures avant la chirurgie	ns 38,8 ± 10,0	←*→	29,2 ± 8,7 ns
05 jours après la chirurgie	36,1 ± 9,0	←*→	25,2 ± 5,2 ns
04 semaines après la chirurgie	‡ 31,4 ± 8,6	←**→	25,3 ± 5,4

Note : Étendue des scores d'anxiété : 20 à 80
ns : non significatif   *$p < 0,01$ **$p < 0,05$ ‡$p < 0,10$

Source : Parent, N. et Fortin, F. (2000). «A randomized, controlled trial of vicarious experience through peer support for male first-time cardiac surgery patients : Impact on anxiety, self-efficacy expectation, and self-reported activity», *Heart and Lung, 29*(6), p. 395. (Voir aussi le mémoire de maîtrise de N. Parent, 1995.)

19.3 L'interprétation des résultats

L'interprétation des résultats constitue souvent l'étape la plus difficile du rapport de recherche parce qu'elle exige une réflexion intense et un examen approfondi de l'ensemble du processus de recherche. Les résultats de la recherche enrichissent les connaissances sur le sujet étudié, et il est nécessaire de les situer par rapport à ceux qui ont déjà été communiqués dans les revues scientifiques. Dans cette dernière partie du rapport de recherche, le chercheur dégage la signification des résultats, tire des conclusions, évalue les implications et formule des recommandations concernant la pratique et les recherches à venir. Dans l'interprétation des résultats, nous discutons les aspects suivants : 1) l'exactitude des résultats ; 2) la signification des résultats selon le type d'étude ; 3) la généralisation des résultats ; 4) les conclusions et 5) les implications.

L'exactitude des résultats

La première démarche à entreprendre dans l'interprétation des résultats consiste à examiner l'exactitude des résultats dans leur ensemble. Cela nécessite une analyse approfondie des limites conceptuelles et méthodologiques de la recherche. Il faut réexaminer avec soin chacune des opérations qu'a entraînées la recherche. Parce qu'elles influent sur la signification des résultats, les forces et les faiblesses de la recherche doivent être décelées.

Pour pouvoir évaluer l'exactitude des résultats, le chercheur doit être capable de faire preuve de sens critique et d'objectivité. Il examine les rapports logiques entre le problème, le cadre théorique ou conceptuel, les questions de recherche ou les hypothèses, les instruments de mesure et les techniques statistiques. Il doit vérifier que les résultats obtenus s'accordent avec les questions de recherche ou les hypothèses formulées.

Le chercheur s'assure en premier lieu que les résultats constituent une réponse valable aux questions de recherche ou à la vérification des hypothèses. Il établit des comparaisons avec d'autres études traitant du même phénomène et confronte les résultats obtenus avec ceux d'autres études. Si les résultats diffèrent sur certains points, le chercheur s'efforce d'expliquer pourquoi. Par ailleurs, il doit considérer soigneusement la qualité des données recueillies en ce qui a trait à la fidélité et à la validité des instruments de mesure. Par exemple, si l'instrument de mesure n'a pas les qualités métrologiques nécessaires, il sera difficile d'attribuer une signification précise aux résultats, puisqu'il sera impossible de savoir si l'instrument utilisé mesure bien les variables qu'il est censé mesurer et s'il donne constamment la même indication quand la mesure est répétée.

Au cours du processus de la collecte des données, plusieurs facteurs ont pu influer sur les résultats. Ces facteurs doivent être décelés et pris en considération au moment de l'interprétation des résultats. Font partie de ces facteurs le recrutement des participants, la baisse substantielle de leur nombre, les biais d'échantillonnage, le manque de consistance dans la prise de mesures et l'absence de certaines données. De même, des erreurs ont pu être commises dans l'organisation et le traitement des données. Le chercheur doit en toute honnêteté relever les faiblesses de son étude et tenter de déterminer en quoi elles ont pu affecter les résultats.

La signification des résultats selon le type d'étude

Au moment d'interpréter les résultats, le chercheur considère le type de recherche qui a été mené. Dans les études ayant pour objet de vérifier des hypothèses, les résultats se présentent sous la forme de valeurs statistiques descriptives et inférentielles et de degrés de probabilité. Se référant à un degré de signification déterminé d'avance, le chercheur admet ou rejette l'hypothèse nulle. Il discute des résultats de la vérification des hypothèses, que celles-ci soient confirmées ou non. En ce qui concerne la description des phénomènes, le chercheur se rapporte plutôt à la définition des concepts et au cadre conceptuel.

Les études descriptives

Les études descriptives ont pour but non pas de vérifier une théorie, mais plutôt de savoir comment se répartit une population donnée selon des concepts ou des variables établis ou de mesurer la fréquence des différentes valeurs d'une caractéristique dans une population. Le chercheur interprète les résultats en se référant au cadre conceptuel et aux informations obtenues au moyen des questions de recherche. Il discute des caractéristiques qui se dégagent du contexte de l'étude, établit des comparaisons et cherche des associations possibles entre les variables. Comme l'étude descriptive a pour but de tracer le portrait d'une population donnée, les caractéristiques de la population totale doivent se retrouver chez les participants (Markovits, 2000). Il est également important de considérer les instruments de mesure utilisés, car leur degré de précision peut avoir une influence sur les résultats. Les recherches descriptives préparent la voie à des études plus avancées.

Les études descriptives corrélationnelles

Les études descriptives corrélationnelles ont pour but d'explorer des relations entre des variables. Dans leur interprétation, on se réfère au cadre conceptuel ou théorique. Le chercheur rend compte des relations qui ont été explorées entre les variables et explique la manière dont ces relations se rattachent au cadre conceptuel. Il s'agit, dans ce type d'étude, non pas de vérifier des hypothèses, mais bien d'examiner des relations pour trouver des réponses aux questions de recherche et d'interpréter les résultats en fonction du contexte de l'étude et des travaux de recherche déjà publiés. Dans l'interprétation des résultats, le chercheur doit seulement décrire les relations entre les variables et ne pas s'occuper de faire des prédictions ni d'établir des rapports de causalité.

Les études corrélationnelles et expérimentales

Les études corrélationnelles ont pour but de vérifier des hypothèses d'association. Le chercheur doit établir la nature des relations entre les variables et envisager que d'autres variables puissent expliquer ces relations. La présence d'une signification statistique implique que l'hypothèse nulle a été rejetée et que les corrélations observées entre les variables ne sont pas dues au hasard. L'étude corrélationnelle s'inscrivant dans un cadre théorique, il est important d'expliquer les résultats en fonction de ce dernier.

Dans les recherches de type expérimental, l'interprétation des résultats a rapport à la confirmation ou à l'infirmation des hypothèses sur la base de la signification statistique et suppose l'examen de la validité interne et de la validité externe du devis.

Examinons maintenant les types de résultats susceptibles d'être obtenus au cours de la vérification des hypothèses.

Les types de résultats

Dans la vérification des hypothèses, on peut aboutir à différentes conclusions : 1) les résultats prédits sont significatifs ; 2) les résultats prédits ne sont pas significatifs ; 3) les résultats sont mixtes ou contradictoires ; 4) les résultats diffèrent de ceux qui ont été prédits.

Les résultats prédits sont significatifs

Si les résultats prédits se révèlent significatifs, cela veut dire que les prédictions du chercheur se réalisent et qu'elles sont confirmées par les analyses statistiques. Ce type de résultat est le plus facile à interpréter, car il confirme les prévisions du chercheur fondées sur le cadre théorique. Il implique que l'hypothèse nulle a été rejetée en faveur de la contre-hypothèse (hypothèse de recherche). Il faut se rappeler que la vérification des hypothèses repose sur des probabilités et qu'il est toujours possible que les résultats soient dus au hasard ou faussés à cause d'une erreur méthodologique. Il peut paraître évident à première vue que l'hypothèse nulle est fausse, mais le chercheur doit se garder d'émettre hâtivement une conclusion, car il existe toujours une possibilité de commettre une erreur de première espèce (type I), laquelle consiste à rejeter comme fausse une hypothèse nulle qui est vraie. L'interprétation des résultats significatifs doit être accompagnée de l'examen d'autres hypothèses possibles.

Il importe d'examiner si d'autres facteurs que ceux qui ont été retenus peuvent expliquer les résultats. Le chercheur doit s'assurer que les résultats enregistrés sont dus à la variable indépendante et non pas à des facteurs non contrôlés. Il est alors amené à considérer la validité interne ainsi que les divers éléments qui peuvent l'affecter. Les limites à la généralisation des résultats sont également à prendre en compte. Par ailleurs, le chercheur doit s'appliquer à comparer son étude avec d'autres études effectuées dans le même domaine et auprès du même type de population.

Le fait d'obtenir des résultats significatifs ne prouve pas que ceux-ci soient valables. Aussi convient-il d'être prudent dans l'interprétation des résultats.

Les résultats prédits sont non significatifs

Les résultats prédits ne sont pas significatifs, c'est-à-dire qu'ils ne sont pas conformes aux prédictions du chercheur. Ce type de résultat est le plus difficile à expliquer.

Les propositions théoriques ou le raisonnement sont alors faux, ou bien les aspects théoriques de l'étude n'ont pas été suffisamment examinés. Si le chercheur n'a pas soigneusement choisi et défini les variables clés de son étude au cours de la phase conceptuelle, le manque de précision peut expliquer ce résultat. Autrement, un résultat négatif pourrait venir enrichir le champ du savoir, pour autant qu'il se justifie. Un résultat non significatif peut aussi être dû au caractère inapproprié de la méthode ou à la maigreur de l'échantillon. La taille de l'échantillon doit être suffisamment grande pour qu'il soit possible de déceler une différence ténue entre deux groupes ou un rapport subtil entre des variables. Il faut aussi, évidemment, que les tests statistiques soient assez puissants pour détecter les différences.

D'autres facteurs peuvent expliquer le défaut de validité interne, comme des instruments de mesure mal adaptés et des biais d'échantillonnage. Les résultats peuvent conduire à une erreur de deuxième espèce (type II), ce qui signifie que, à cause de l'inefficacité de la méthode, on n'a pu dégager la signification des données. Il est possible d'aller au-delà des hypothèses et de voir s'il existe des tendances dans les résultats pouvant suggérer d'autres pistes. Des résultats négatifs ne signifient pas nécessairement qu'il y a absence de relations entre les variables; ils indiquent plutôt que l'étude n'est pas parvenue à les déceler.

Les résultats sont mixtes ou contradictoires

Les résultats mixtes proviennent du fait que certaines hypothèses sont confirmées par des tests statistiques alors que d'autres sont infirmées. Dans les études où sont examinées plusieurs hypothèses, il peut arriver que des hypothèses soient acceptées à la suite de la mesure d'une variable dépendante et qu'elles soient rejetées ensuite après l'utilisation d'une mesure différente (Polit et Beck, 2004). Ce type de résultat est fréquent. Dans l'interprétation, on doit tenir compte de la possibilité que des résultats qui confirment une hypothèse soient dus au hasard ou à des erreurs de mesure et qu'ils ne soient « […] d'aucune façon un indice de la validité des hypothèses » (Markovits, 2000, p. 449). De plus, le manque de fidélité et de validité des instruments de mesure peut être à l'origine des résultats mixtes. Le chercheur doit examiner de nouveau les bases théoriques ou méthodologiques pour expliquer ces résultats.

Les résultats sont différents de ceux qui ont été prédits

Les résultats sont significatifs mais non prédits. Ce type de résultat peut être embarrassant à rapporter puisque les hypothèses renseignent sur la capacité du chercheur à mener un raisonnement logique. Si les résultats sont exacts, ils peuvent contribuer au développement des connaissances. Le chercheur doit rechercher si d'autres facteurs peuvent expliquer ces résultats.

Une autre possibilité est d'obtenir des résultats inattendus. Les résultats inattendus proviennent habituellement des relations qui se vérifient entre des variables ou des différences qui sont observées entre les groupes alors que le chercheur n'a pas formulé d'hypothèses précises ou prédit de relations à partir du cadre théorique. Il faut souligner que certains chercheurs se font un devoir d'examiner toutes les données possibles, outre celles qui servent dans les hypothèses ou les questions de recherche (Burns et Grove, 2001). Il leur faut alors s'attendre à obtenir des résultats significatifs mais non prévus.

La signification statistique et clinique

Une fois qu'on a établi que les résultats sont valables du fait qu'on s'est assuré de la rigueur de la méthodologie, on doit considérer aussi leur signification clinique ou pratique. Il importe de distinguer entre la signification statistique et la signification clinique. La signification statistique implique le rejet de l'hypothèse nulle ; elle suppose que les relations observées entre les variables ou les différences entre les groupes ne sont probablement pas dues au hasard, qu'il est possible qu'elles soient réelles. Au-delà de la signification statistique, ces relations ou ces différences peuvent n'avoir aucune importance clinique (LeFort, 1993). La signification clinique implique qu'un résultat peut être utile dans la pratique professionnelle. On peut se demander si les résultats obtenus sont assez importants pour être considérés comme applicables. Par exemple, une intervention de soutien sur l'anxiété et les perceptions individuelles d'auto-efficacité chez des personnes ayant subi une chirurgie cardiaque a-t-elle un effet appréciable sur la manière dont celles-ci vivent leur convalescence ? Le fait que des résultats significatifs sont obtenus ne signifie pas nécessairement qu'ils sont d'un grand intérêt pour la pratique clinique ou pour les participants eux-mêmes. Ainsi, un coefficient de corrélation de 0,15 entre deux variables peut être significatif du point de vue statistique si le seuil de signification est de 0,05, mais n'être d'aucune utilité dans la pratique.

Des résultats non significatifs ne sont pas nécessairement inintéressants d'un point de vue clinique. Ils peuvent être sans signification statistique et avoir une signification clinique. Si l'échantillon est de grande taille, une faible différence peut être significative d'un point de vue statistique. C'est pourquoi il est important d'avoir égard à l'ampleur de la différence observée ainsi qu'aux résultats des tests statistiques. Il faut se rappeler que la vérification des hypothèses est basée sur des probabilités. Une différence peut être significative d'un point de vue statistique et n'être pas réelle. Des résultats non significatifs peuvent contribuer à divers degrés au progrès des connaissances et de la pratique. Par ailleurs, des résultats significatifs qui ont une validité externe peuvent être généralisés à d'autres populations ou à d'autres contextes.

La généralisation des résultats

L'étape suivante consiste à examiner la possibilité de généraliser les résultats à d'autres populations. Les résultats obtenus ne présentent de véritable intérêt que s'ils peuvent être étendus à d'autres groupes que ceux qui ont été étudiés. S'il apparaît qu'une intervention a réellement amélioré la condition d'un groupe d'individus, elle pourrait sans aucun doute aider d'autres groupes du même genre. Les résultats qui ne peuvent être généralisés contribuent peu à l'avancement de la science. La généralisation des résultats dépend de la validité externe de l'étude, discutée au chapitre 12, et d'autres facteurs comme la sélection aléatoire des participants et la représentativité. En général, les résultats d'études provenant d'échantillons non probabilistes se prêtent peu à la généralisation. Mais jusqu'à quel point est-il possible de généraliser les résultats ? Le fait que la population faisant l'objet de l'étude est restreinte ne diminue en rien la portée des résultats. Le chercheur doit clairement spécifier la population à qui les résultats peuvent être étendus de façon sûre. La connaissance des caractéristiques des participants empêche le chercheur d'appliquer les résultats à des populations pour lesquelles l'étude n'a pas été conçue. Le chercheur doit, dans l'examen des résultats de son étude, tenir compte des caractéristiques de la population cible avant d'envisager une généralisation.

Les conclusions

Les conclusions d'une étude exigent de la part du chercheur qu'il fasse la synthèse de l'ensemble des résultats discutés et qu'il mette en évidence les éléments nouveaux que l'étude a permis de découvrir. Le chercheur réexamine le problème de recherche à la lumière des résultats obtenus, détermine si le but qu'il s'est assigné est atteint et explique en quoi les résultats confirment ou infirment les hypothèses et appuient le cadre théorique. Sont aussi examinées dans la conclusion les méthodes utilisées pour obtenir les résultats.

Les conclusions d'une étude font plus que rapporter les résultats. Les résultats sont concrets et liés directement aux données de l'étude tandis que les conclusions sont plus abstraites et exprimées en des termes plus généraux (Nieswiadomy, 2002). Un résultat de recherche peut, par exemple, s'énoncer comme suit : « Du point de vue statistique, il y a une diminution significative du niveau d'anxiété chez les individus recevant l'intervention de soutien par rapport aux individus recevant les soins usuels. » S'appuyant sur ce résultat, la conclusion pourrait être la suivante : « L'intervention de soutien paraît efficace pour diminuer l'anxiété chez les individus avant et après la chirurgie. »

Si on compare les deux énoncés, on s'aperçoit que le premier fait état des différences observées dans le niveau d'anxiété entre deux groupes d'individus. La conclusion autorise à étendre les résultats à d'autres individus appelés à subir une chirurgie. Un des buts visés par le chercheur est de généraliser les résultats obtenus à la population totale et à d'autres contextes.

Au cours de la rédaction de la conclusion, on doit faire ressortir les points forts et les points faibles de l'étude. La conclusion contient des réflexions sur l'ensemble des résultats et sur leurs liens avec les aspects conceptuels et méthodologiques de l'étude. Le tableau 19.1 résume les éléments de présentation et d'interprétation des résultats.

Les implications

Les implications découlent de la conclusion et ont rapport aux connaissances acquises, à la théorie et à la pratique professionnelle. Le chercheur a tiré des conclusions touchant l'exactitude des résultats, leur signification statistique et clinique, ainsi que les possibilités de généralisation, et il doit maintenant évaluer les conséquences des résultats de sa recherche.

TABLEAU 19.1
Éléments à considérer dans la présentation et l'interprétation des résultats

Éléments à considérer dans la présentation des résultats	Éléments à considérer dans l'interprétation des résultats
■ Définir clairement les caractéristiques de l'échantillon et les relations entre les variables ou dégager des similarités entre les groupes;	■ Examiner de façon approfondie les résultats de l'étude en tenant compte des diverses opérations accomplies au cours des phases conceptuelle, méthodologique et empirique;
■ démontrer que les analyses statistiques s'accordent avec l'étude qui est conduite et avec les instruments de mesure utilisés;	■ interpréter les résultats en ayant égard à la question de recherche ou à l'hypothèse qui a été émise;
■ relier les questions de recherche ou les hypothèses aux tests statistiques utilisés, au degré de probabilité et aux critères qui ont été fixés pour la vérification des hypothèses;	■ comparer les caractéristiques de l'échantillon avec celles de la population cible;
■ illustrer son propos par des tableaux et des figures.	■ apprécier les hypothèses et leur signification en s'appuyant sur les résultats obtenus, qu'ils soient significatifs ou non;
	■ discuter de la signification statistique et clinique et des possibilités de généralisation;
	■ formuler la conclusion et évaluer les conséquences des résultats sur les plans théorique et pratique.

En général, le chercheur recommande de mener d'autres études sur le sujet ou suggère des voies à suivre pour faire des découvertes. Il peut aussi conseiller de répéter l'étude dans d'autres contextes. Dans la formulation des conséquences, on détermine dans quelle mesure les résultats appuient ou contredisent les bases théoriques sur lesquelles repose l'étude. Sont considérées aussi les possibilités d'appliquer dans la pratique les résultats de la recherche. Le chercheur tente de prédire les effets de la mise en application des résultats sur l'individu, la famille, la communauté et les milieux de pratique.

Considérons un exemple d'étude à l'issue de laquelle les auteurs ont fait des recommandations précises. Johnston, Filion, Snider, Majnemer, Limperopoulos, Walker et autres (2002) ont mené une recherche sur l'utilisation répétée du saccharose dans les soins fournis à des nouveau-nés prématurés de moins de 31 semaines. Les résultats obtenus contredisaient la théorie et les hypothèses et ils ont conduit les chercheurs à ne pas recommander l'usage répété du saccharose chez les nouveau-nés prématurés de moins de 31 semaines. Par contre, les chercheurs ont recommandé l'usage répété de cet analgésique dans les procédés thérapeutiques douloureux chez les nouveau-nés de plus de 32 semaines.

19.4 L'examen critique de la présentation et de l'interprétation des résultats

Le chercheur doit faire preuve d'objectivité dans la présentation des résultats. Dans l'interprétation des résultats, le chercheur peut apporter des explications. Dans la section portant sur les résultats, la présentation comme l'interprétation concernent les questions de recherche ou les hypothèses, le cadre théorique et les méthodes de collecte et d'analyse des données utilisées. Des tableaux et des figures accompagnent le texte dans la partie consacrée à la présentation. Dans l'interprétation, l'auteur cherche à dégager la signification des résultats et à prévoir leurs conséquences. L'encadré 19.1 contient un certain nombre de questions qui peuvent guider l'examen critique de la présentation et de l'interprétation des résultats.

ENCADRÉ 19.1
**Questions permettant de faire un examen critique
de la présentation et de l'interprétation des résultats**

1. Les résultats sont-ils présentés de façon objective ?

2. Les résultats sont-ils mis en relation avec les questions de recherche ou les hypothèses ?

3. L'exposé des résultats s'accompagne-t-il de tableaux ou de figures ?

4. Dans l'interprétation des résultats, prend-on en compte les hypothèses et le cadre théorique ?

5. Fournit-on des explications concernant les résultats significatifs et non significatifs ?

6. Si les résultats démentent les hypothèses, le chercheur fournit-il des explications eu égard au cadre théorique ?

7. A-t-on discuté de la signification statistique et clinique ?

8. Si on a égard au contexte de l'étude, les conclusions paraissent-elles plausibles ?

9. Dans les généralisations, tient-on compte des contraintes méthodologiques ?

10. A-t-on envisagé les conséquences de la recherche pour la théorie et la pratique ?

Résumé

L'exposé des résultats de recherche est accompagné de tableaux et de figures destinés à illustrer les divers résultats obtenus au moyen de tests statistiques. Habituellement, on communique les résultats ayant directement rapport avec les questions de recherche ou les hypothèses. Selon le type d'étude, les résultats concernent soit la description des variables et de leurs relations, soit la confirmation ou l'infirmation des hypothèses qui ont été éprouvées à l'aide d'analyses statistiques. Dans l'analyse descriptive des données, le chercheur indique les caractéristiques communes des sujets constituant l'échantillon. Dans l'analyse inférentielle, le chercheur vérifie des hypothèses d'association ou de causalité à l'aide de tests statistiques afin de déterminer la nature des relations entre des variables ou la signification des différences observées entre les groupes dans des situations contrôlées.

L'analyse des résultats consiste à examiner de près l'ensemble des résultats et à en dégager l'essentiel de façon à ouvrir la voie à l'interprétation. Dans l'analyse descriptive, on considère les données permettant de caractériser l'échantillon et évaluées à l'aide de mesures de tendance centrale et de dispersion. En ce qui concerne les analyses inférentielles, qui portent exclusivement sur la vérification d'hypothèses, on considère les différents tests statistiques (corrélation r, test t de Student, analyse de la variance, etc.) utilisés pour la vérification et les résultats qui en découlent.

L'interprétation des résultats est souvent perçue comme une étape difficile du fait qu'elle exige un grand effort de réflexion et qu'elle suppose un examen critique de l'ensemble du processus de recherche. Le chercheur analyse et interprète les résultats en les situant dans le contexte de l'étude et en les confrontant avec ceux d'autres travaux déjà publiés. Il fait ressortir les liens entre les résultats obtenus et les questions de recherche ou les hypothèses formulées. La signification des résultats varie en fonction du type d'étude, selon qu'on décrit des phénomènes, examine des relations entre les variables ou vérifie des relations d'association ou de causalité. Les résultats se présentent sous la forme de valeurs statistiques descriptives et inférentielles dans l'analyse des questions de recherche ou de la vérification d'hypothèses. Dans les études visant à décrire des phénomènes, on se réfère au cadre conceptuel et à la définition des concepts.

Dans les analyses inférentielles, il y a quatre types de résultats possibles : des résultats prédits significatifs, des résultats prédits non significatifs, des résultats mixtes ou contradictoires et des résultats différents de ceux qui ont été prédits ou inattendus.

Outre une signification statistique, les résultats peuvent avoir une signification clinique. Celle-ci peut avoir une grande importance pour le développement d'une discipline donnée et peut aussi impliquer des possibilités d'application pratique. La généralisation des résultats est un autre aspect que le chercheur doit considérer dans l'interprétation. Ce dernier doit établir si les résultats de l'étude peuvent être généralisés. Il lui faut déceler les facteurs externes qui ont eu pour effet de limiter la portée des résultats de son étude. Enfin, il formule des conclusions basées sur les résultats et évalue les conséquences que ces derniers peuvent avoir pour la recherche, la théorie et la pratique.

Mots clés

Analyse descriptive des données
Analyse inférentielle
Conclusion
Exactitude des résultats

Généralisation
Implication
Interprétation
Résultat non significatif

Résultat significatif
Signification clinique
Signification statistique

Exercices de révision

1. Dites si les énoncés suivants sont vrais (V) ou faux (F).

   a. Les résultats obtenus à l'aide d'analyses descriptives sont présentés en premier dans la section du rapport de recherche.

   b. Le texte où se trouvent exposés les résultats doit être accompagné de tableaux et de figures.

   c. Si les résultats de son étude sont négatifs, le chercheur doit interrompre son travail de recherche.

   d. Des résultats non significatifs du point de vue statistique doivent être considérés comme peu importants.

   e. Le succès d'une étude dépend de la confirmation des hypothèses.

   f. La généralisation dépend de la validité externe de l'étude.

   g. Généraliser les résultats d'une étude, c'est étendre les résultats à une population restreinte.

   h. Quand les résultats sont significatifs du point de vue statistique, cela signifie que l'hypothèse nulle n'a pas été rejetée.

   i. Les conclusions d'une étude sont basées sur les résultats de la recherche.

2. Sachant que les résultats portent sur la confirmation ou non des hypothèses qui ont été mises à l'épreuve au moyen de tests statistiques, à quels types d'études a-t-on affaire ?

3. Quelle est la façon habituelle de présenter les résultats de recherche ?

4. En quoi l'interprétation des résultats consiste-t-elle ?

5. Sur quoi porte principalement l'interprétation des résultats dans les études ayant pour but de vérifier des hypothèses ?

6. Que signifie l'expression « signification statistique » ?

7. Quels sont les principaux types de résultats que le chercheur peut avoir à interpréter ?

8. Quels sont les résultats les plus faciles à interpréter ? Justifiez votre réponse.

9. Quels sont les résultats les plus difficiles à interpréter ? Justifiez votre réponse.

10. Qu'entend-on par généralisation des résultats ?

11. De quoi doit-on traiter dans la conclusion d'une étude ?

12. Que faut-il considérer lorsqu'on évalue les implications d'une étude ?

Références bibliographiques

American Psychological Association (2001). *Publication Manual of the American Psychological Association,* 5ᵉ éd., Washington (D.C.), American Psychological Association.

Burns, N. et Grove, S.K. (2001). *The Practice of Nursing Research : Conduct, Critique, and Utilization,* 4ᵉ éd., Philadelphie, W.B. Saunders.

Giroux, S. et Tremblay, G. (2002). *Méthodologie des sciences humaines. La recherche en action,* 2ᵉ éd., Montréal, Éditions du Renouveau pédagogique.

Goulet, I. (1999). *Qualité de vie de patients dans le contexte d'un remplacement valvulaire,* mémoire de maîtrise, Montréal, Université de Montréal.

Johnston, C.C., Filion, F., Snider, L., Majnemer, A., Limperopoulos, C., Walker, C.-D., Veilleux, A., Pelausa, E., Heather, C., Stone, S., Sherrard, A. et Boyer, K. (2002). « Routine sucrose analgesia during the first week of life in neonates younger than 31 weeks' postconceptional age », *Pediatrics, 110*(3), p. 523-528.

Laville, C. et Dionne, J. (1996). *La construction des savoirs,* Montréal, Chenelière/McGraw-Hill.

LeFort, S.M. (1993). « The statistical versus clinical significance debate », *Image : The Journal of Nursing Scholarship, 25*(1), p. 57-62.

Markovits, H. (2000). « L'interprétation et la généralisation des résultats », dans R.J. Vallerand et U. Hess (dir.), *Méthodes de recherche en psychologie,* Boucherville, Gaëtan Morin Éditeur, p. 435-456.

Nieswiadomy, R.M. (2002). *Foundations of Nursing Research,* 4ᵉ éd., Upper Saddle River (N.J.), Prentice Hall.

Parent, N. et Fortin, F. (2000). « A randomized, controlled trial of vicarious experience through peer support for male first-time cardiac surgery patients : Impact on anxiety, self-efficacy expectation, and self-reported activity », *Heart and Lung, 29*(6), p. 389-400.

Polit, D.F. et Beck, C.T. (2004). *Nursing Research : Principles and Methods,* 7ᵉ éd., Philadelphie, Lippincott, Williams & Wilkins.

CHAPITRE 20

La diffusion des résultats

Objectifs d'apprentissage

À la fin de ce chapitre, vous devriez être en mesure :

1) de discuter des moyens de diffuser les résultats de recherche ;

2) d'analyser les différentes parties d'un rapport de recherche ;

3) de discuter d'une présentation orale ou sur affiche.

Vue d'ensemble

La diffusion des résultats constitue la dernière étape du processus de recherche. Cette étape est l'aboutissement logique des efforts du chercheur. À moins d'être communiqués, les résultats de recherche sont de peu d'utilité et ils ne trouvent pas d'écho dans la communauté scientifique et la société en général. Ce chapitre discute des différents moyens de communiquer les résultats de recherche tels que le rapport de recherche, les articles de périodiques, les présentations orales et sur affiche.

Le processus de recherche trouve son aboutissement dans la diffusion des résultats. Les résultats de la recherche n'ont de sens que s'ils sont communiqués à d'autres personnes. Pour les diffuser, le chercheur élabore un rapport de recherche qui prend la forme d'une publication, d'une présentation orale ou sur affiche, conçues à l'intention de divers publics : scientifiques, cliniciens, gestionnaires, consommateurs, etc. Il informe ainsi d'autres personnes des résultats de sa recherche et montre en quoi ceux-ci font progresser les connaissances. Nous décrivons dans ce chapitre les divers moyens dont les chercheurs disposent pour diffuser les résultats de leurs travaux.

Il existe plusieurs moyens de diffuser les résultats de recherche : le rapport de recherche rend compte en détail de tous les aspects de la recherche ; les articles publiés dans les revues scientifiques résument la recherche en un nombre limité de pages ; enfin, les communications orales et sur affiche s'adressent à un public composé de personnes exerçant la même profession et réunies à l'occasion de congrès ou de conférences scientifiques ou professionnelles.

20.1 Le rapport de recherche

Le rapport de recherche est un compte rendu écrit de travaux scientifiques. Il comporte habituellement quatre parties : 1) l'introduction ; 2) la description des méthodes ; 3) les résultats et 4) l'interprétation ou la discussion. Le rapport de recherche s'adresse à différents publics et sert à diverses fins. Il peut, par exemple, constituer un compte rendu destiné à un organisme subventionnaire. Le mémoire de maîtrise et la thèse de doctorat sont aussi des rapports de recherche, mais ils sont rédigés en vue d'obtenir un grade universitaire. Ils ont pour but non seulement de communiquer des résultats, mais aussi de démontrer que les diverses notions qui ont été étudiées sont parfaitement assimilées. Voyons maintenant en quoi consistent les différentes parties du rapport de recherche.

L'introduction

L'introduction a pour but d'informer le lecteur sur la nature du problème de recherche, sur l'importance de le soumettre à un examen, sur la signification qu'il revêt dans un domaine particulier et sur le contexte dans lequel il s'inscrit.

L'introduction renseigne sur l'état actuel des connaissances relatives au problème considéré, résume brièvement les écrits déjà publiés sur le sujet, donne une courte description du cadre conceptuel ou théorique dans lequel s'insère l'étude, énonce le problème proprement dit et formule des questions ou des hypothèses.

La recension des écrits donne un aperçu de l'état actuel des connaissances sur le sujet à l'étude. Elle est exhaustive dans le mémoire de maîtrise et la thèse de doctorat, mais courte dans les articles de périodiques et les présentations orales. Elle permet de mieux asseoir les fondements théoriques et empiriques du problème de recherche.

Il est essentiel de préciser dans l'introduction le cadre conceptuel ou théorique dans lequel s'inscrit le problème de recherche. Le chercheur définit les concepts utilisés dans l'étude, décrit, s'il y a lieu, les relations entre les variables et énonce les propositions théoriques. Le lecteur doit avoir une idée claire de la signification des concepts et des rapports logiques qui les lient entre eux. Enfin, dans certaines études, l'introduction se termine par la formulation des principales questions de recherche ou des hypothèses.

La description des méthodes

La partie du rapport de recherche réservée à la description des méthodes employées précise la manière dont les données ont été collectées et traitées. La description des méthodes doit être suffisamment précise pour qu'il soit possible de voir les liens logiques existant entre les divers éléments de l'étude. Des éléments tels que le devis, l'échantillon, les méthodes de collecte des données et la conduite de l'étude sont examinés dans cette partie du rapport.

Le devis de recherche

Le chercheur précise d'abord le type de devis de recherche qui sera utilisé. L'explication du devis est plus élaborée dans les recherches expérimentales ; on y décrit la nature de l'intervention ou du traitement et on indique comment les participants ont été choisis et répartis dans les groupes expérimental et témoin. Enfin, le chercheur fixe le degré de signification statistique et prédit les effets de ses interventions.

L'échantillon

Le chercheur indique quels sont les participants et décrit la population d'où est tiré l'échantillon. Le milieu où s'est déroulée l'étude est généralement précisé. Suivent des précisions sur la technique d'échantillonnage et sur l'échantillon, en particulier sur la méthode suivie pour en déterminer la taille appropriée.

La méthode de collecte des données

Les variables étudiées sont définies de façon opérationnelle et les instruments de mesure servant à évaluer chacune des variables clés sont précisés. Le chercheur doit indiquer si les échelles de mesure employées sont normalisées et traduites d'une autre langue et si le questionnaire a été conçu spécialement pour répondre aux besoins de l'étude. Dans ce dernier cas, il doit décrire la marche qu'il a suivie dans l'élaboration et la vérification du questionnaire ainsi que la technique utilisée pour assurer la validité du contenu. En outre, s'il a dû traduire les instruments de mesure, le chercheur doit indiquer comment la traduction a été faite et quels sont les tests de fidélité et de validité dont il s'est servi pour s'assurer de la qualité de celle-ci.

La conduite de l'étude

Il importe de rendre compte des étapes qui ont été suivies dans le processus de recherche, de préciser les procédés employés ainsi que le type de mesure et la fréquence. Dans l'étude expérimentale, le chercheur indique le laps de temps qui s'est écoulé entre le début de l'intervention et la mesure des variables dépendantes. Si l'étude comporte des entrevues, le chercheur indique le lieu et la durée moyenne de l'entrevue. Si des questionnaires ont été utilisés, le chercheur précise la méthode employée pour les faire remplir, s'il y a eu relance et quel a été le taux de réponse. Les aspects relatifs à l'éthique sont brièvement discutés.

Les résultats

On donne d'abord une description de l'échantillon : nombre de participants et caractéristiques sociodémographiques (âge, sexe, état civil, groupe ethnique, profession, niveau de scolarité). Cette description est généralement présentée sous forme de tableau. Les résultats des études descriptives sont suivis des résultats des analyses inférentielles qui rendent compte des relations entre les variables et de la vérification d'hypothèses. On précise le type d'analyse statistique qui a été utilisé pour répondre aux questions de recherche ou pour vérifier les hypothèses.

Il convient de présenter les résultats de l'analyse des données dans des tableaux et des figures, car ces derniers donnent une information claire et concise. Les tableaux permettent notamment de résumer les informations. Divers résultats d'analyses descriptives et inférentielles peuvent être présentés sous forme de tableau, comme les mesures de tendance centrale (mode, médiane, moyenne), les mesures de dispersion (écart type, étendue), les valeurs de F (le ratio F), les valeurs de t, les coefficients de corrélation r, la valeur du khi deux (χ^2), etc. Les figures (graphiques et diagrammes) donnent une représentation matérielle d'un ensemble de résultats. Tableaux et figures sont habituellement numérotés pour faciliter le renvoi dans le texte.

L'interprétation (discussion)

La simple présentation des résultats ne suffit pas, il faut encore les apprécier, les interpréter. Le chercheur tient compte du contexte de l'étude et des travaux déjà publiés dans son interprétation des résultats. Il y a lieu également de préciser les limites de l'étude, d'évaluer les conséquences des résultats sur le plan théorique et pratique et, éventuellement, de formuler des recommandations. Le chercheur examine les principaux résultats de la recherche en les reliant au problème, aux questions ou aux hypothèses. Il confronte les résultats obtenus avec ceux d'autres travaux de recherche. Le chercheur doit justifier son interprétation des résultats ainsi que les conclusions auxquelles l'ont amené les comparaisons établies avec d'autres études scientifiques. Il doit aussi déterminer s'il est important de généraliser les résultats à d'autres contextes et dans quelle mesure il est possible de le faire (Polit et Beck, 2004). Dans la discussion sur les résultats, le chercheur s'efforce de préciser les limites de sa recherche. Le chercheur indique les erreurs d'échantillonnage, les contraintes éprouvées dans l'application du devis ou les difficultés rencontrées dans la manipulation de la variable indépendante ou dans la prise de mesures. Il arrive d'ailleurs qu'on réalise des analyses statistiques complémentaires pour expliquer certains résultats obtenus à la suite d'une intervention. Rendant compte dans un article des résultats d'une étude qu'ils avaient menée, Johnston, Filion, Snider, Majnemer, Limperopoulos, Walker et autres (2002) ont expliqué les contraintes auxquelles ils ont dû faire face dans la mise en application d'une intervention auprès de nouveau-nés prématurés et indiqué comment ils ont surmonté le problème.

Les implications découlant de l'étude sont souvent énoncées comme des suppositions étant donné que la recherche ne fournit pas de résultats définitifs. Comme les conséquences se fondent sur les résultats obtenus, elles équivalent en quelque sorte à des hypothèses non encore vérifiées. Le rapport de recherche se termine par des recommandations sur la conduite de nouvelles études dans le domaine en question ou sur la reprise de la même étude dans d'autres contextes ou avec d'autres populations. Les recommandations peuvent également porter sur l'application des résultats en clinique. Enfin, un résumé (*abstract*) est inséré au début du rapport. Le résumé est une brève description du problème, des méthodes et des résultats qui permet au lecteur d'avoir un aperçu général du rapport.

20.2 Le mémoire de maîtrise et la thèse de doctorat

Le mémoire de maîtrise et la thèse sont des exposés écrits imposés aux étudiants des deuxième et troisième cycles universitaires. Ils sont une condition pour l'obtention d'un grade universitaire. Le mémoire et la thèse décrivent les étapes qui ont été franchies dans la conduite du projet. Ils se divisent tous les deux en chapitres, selon un modèle analogue à celui qui est présenté au tableau 20.1.

Les pages liminaires comprennent la page de titre, le résumé, la table des matières, la liste des tableaux et des figures. La page de titre porte le titre de l'étude, le nom de l'auteur, sa fonction, le nom de l'université qui dirige l'étude et les signatures des membres du comité d'évaluation. La page des remerciements est réservée aux témoignages de reconnaissance à l'égard des personnes qui ont aidé à la réalisation du projet. La table des matières consiste en une énumération des questions traitées dans le rapport avec leur pagination. La liste des tableaux et des figures indique la page où ces derniers s'insèrent.

20.3 L'article de recherche

Les articles de recherche sont des écrits destinés à la publication dans des revues scientifiques. Ces revues publient des articles empiriques qui présentent des résultats de

TABLEAU 20.1
Plan d'un mémoire ou d'une thèse

Pages liminaires Page de titre Résumé Table des matières Liste des tableaux Liste des figures	**Chapitre 4 : Les résultats** Présentation des résultats des analyses descriptives et inférentielles.
	Chapitre 5 : Discussion Interprétation des principaux résultats, indication des limites, évaluation des conséquences et recommandations.
Chapitre 1 : Le problème de recherche Formulation du problème, énoncé du but et des questions de recherche.	**Références bibliographiques**
Chapitre 2 : Recension des écrits et description du contexte conceptuel ou théorique Revue des écrits empiriques, définition du cadre de référence, formulation des hypothèses.	**Appendices**
Chapitre 3 : La description des méthodes Indication du devis, description de la population et de l'échantillon, définition des variables, description des méthodes de collecte des données, explication du plan de recherche et du plan d'analyse.	

recherche et des articles qui exposent des théories ou des modèles théoriques ou qui les confrontent avec d'autres théories ou d'autres modèles. Elles peuvent contenir aussi des articles qui recensent des écrits traitant de sujets précis ainsi que des articles d'opinions. Cependant, la plupart des articles scientifiques sont de nature empirique ; ils portent surtout sur les méthodes, les résultats et l'interprétation. De fait, l'article empirique s'apparente au mémoire ou à la thèse, bien qu'il soit plus court, n'excédant pas en général 15 pages.

Un certain nombre d'étapes précèdent la publication d'un manuscrit. Il faut d'abord choisir le périodique convenant au contenu du manuscrit, rédiger le manuscrit selon les normes et le soumettre à la direction du périodique qui le fera évaluer par des pairs. Le chercheur choisit le périodique en fonction du domaine d'étude et de la nature du contenu. Avant de rédiger son texte, l'auteur doit consulter des numéros récents du périodique en vue de connaître l'orientation de celui-ci ainsi que ses exigences en matière de présentation et de style. On accompagne le manuscrit d'une lettre de présentation et on envoie le nombre de copies fixé par le périodique. En général, un accusé de réception est transmis au chercheur. Il peut s'écouler plusieurs semaines avant qu'on sache si le manuscrit est accepté ou refusé. Un manuscrit ne doit être soumis qu'à un seul périodique à la fois. Le périodique détient un droit d'auteur sur l'écrit qui est publié.

L'auteur peut décider de présenter son texte uniquement à des périodiques pourvus d'un comité de lecture. Les périodiques pourvus d'un comité de lecture ou dotés de procédés d'arbitrage font appel à des réviseurs pour déterminer la valeur scientifique et l'intérêt du manuscrit. Lorsqu'il n'y a pas de comité de lecture, la décision d'accepter ou de rejeter le manuscrit est prise, la plupart du temps, par l'éditeur, après une forme quelconque de consultation. Les périodiques qui font appel à un comité de lecture confient en général le manuscrit à deux ou trois arbitres anonymes ou à une équipe de réviseurs familiarisés avec la méthode de recherche employée dans le manuscrit. Les critiques, anonymes dans tous les cas, sont transmises à l'auteur. Les revues scientifiques mettent des guides de présentation à la disposition des chercheurs. Le guide de présentation indique les règles d'écriture qui sont suivies dans la revue. Le lecteur désireux de se familiariser avec les règles communément admises peut se référer, entre autres, aux ouvrages suivants : *Publication Manual of the American Psychological Association* (2001), *The Essentials of College and University Writing* de R.B. Truscott (1995), *The Chicago Manual of Style*, 14ᵉ édition (1993).

Le style de l'article scientifique

Un article scientifique a pour but de présenter des résultats de recherche, de les interpréter et d'évaluer les conséquences qui en découlent. Il importe donc d'en faciliter la compréhension par l'adoption d'un style caractérisé par la concision et par la précision et la propriété des termes. Les phrases sont courtes et les idées qu'elles contiennent sont ordonnées clairement les unes aux autres. L'expression est conforme aux règles de l'orthographe, de la syntaxe et de la grammaire. Selon Giroux et Forgette-Giroux (1989), « [l]es erreurs lexicales et syntaxiques, parce qu'elles sont sources de confusion, ne doivent pas figurer dans un texte dont l'objet est de transmettre de l'information et d'inviter à la réflexion » (p. 60). La compréhension d'un texte est fonction de la maîtrise de la pensée et de l'expression.

Dans un texte de recherche, il est d'usage d'utiliser un ton impersonnel. Ainsi, on évitera autant que possible l'emploi des pronoms personnels (« je », « tu », « nous », « vous »). Pour ce faire, on aura recours à des tournures « impersonnelles » telles que : « Dans cet article, il sera question de… », « L'objet de cette étude était de… », « Il ressort des écrits que… ».

20.4 La communication

La communication est l'action consistant à transmettre les résultats de recherche dans le cadre d'un congrès ou de rencontres scientifiques (Doré et Goulet, 2000). Les congrès scientifiques permettent aux chercheurs de partager leurs connaissances et de délibérer sur un sujet commun. Les autres types de rencontres donnant lieu à des communications orales sont le colloque, la conférence, le symposium et l'atelier. La communication orale ou sur affiche précède habituellement la publication de l'article de recherche.

La communication orale

Les congrès scientifiques font généralement suite à une invitation transmise aux chercheurs dans laquelle on leur demande de présenter un résumé de leurs travaux de recherche. Une fois son résumé accepté, le chercheur rédige un texte de présentation à l'intention des auditeurs qu'il rencontrera. La communication orale est généralement suivie d'une période de questions.

Du point de vue du contenu, la communication orale ressemble à l'article de périodique à cette différence près que le texte en est plus court en raison du temps limité dont on dispose pour l'exposé oral (entre 15 et 30 minutes). Le chercheur expose brièvement le problème étudié, explique ses bases théoriques et empiriques, les méthodes utilisées, les résultats obtenus et la signification des résultats. On utilise souvent des techniques multimédias pour illustrer certains points de l'exposé.

La communication sur affiche

La communication sur affiche réunit plusieurs chercheurs qui présentent simultanément leurs recherches sur un sujet commun. Les participants au colloque circulent dans la salle et lisent les affiches. Ils répondent aussi aux questions concernant le contenu de leurs propres affiches. Les affiches sont généralement disposées sur un panneau aux dimensions établies d'avance. Le format de l'affiche est habituellement indiqué au moment de l'invitation à présenter la communication.

On doit apporter une attention particulière à l'apparence de l'affiche. Le chercheur peut confectionner lui-même sa propre affiche ou faire appel à un graphiste. L'important est de capter le regard des participants et de communiquer un message clair et lisible. Le contenu est traité de la même manière que dans les autres communications ; les participants ont par conséquent une idée générale de la recherche. Outre le titre, l'affiche comprend une introduction où est exposé le problème de recherche, des questions de recherche ou des hypothèses, une description de la méthode et de l'échantillon, des précisions sur les mesures utilisées, un exposé

ENCADRÉ 20.1
Contenu d'une affiche

- Le titre se place dans la partie supérieure de l'affiche et est accompagné du nom de l'auteur et de celui de l'établissement auquel ce dernier est attaché.

- Dans l'introduction, on fait le point sur le problème de recherche et on formule des questions ou des hypothèses.

- Dans la section portant sur la méthode, on décrit l'échantillon, on indique quels sont les instruments de mesure et on explique la manière dont l'étude est conduite.

- Les résultats sont présentés dans des tableaux et des figures.

- La discussion met les principaux résultats en rapport avec les questions de recherche ou les hypothèses. La discussion englobe les implications et les conclusions.

des résultats et les principales conclusions. Une communication sur affiche atteint son but si elle est claire et concrète (Doré et Goulet, 2000).

Les écrits traitant de la confection des affiches sont nombreux. Citons : Ryan (1989) ; Lippman et Ponton (1989) ; Fowles (1992) ; McDaniel, Bach et Poole (1993) ; Gregg et Pierce (1994). Parmi les sites Internet, mentionnons : *Writing@CSU* de la Colorado State University [http://writing.colostate.edu/references/speaking/poster/index.cfm] et *How to Present a Poster Session* de l'Université Queen's [http://edu.queensu.ca/~ar/poster.htm] (pages consultées le 12 janvier 2005).

Pour trouver des applications concrètes à la recherche, il faut, à la suite de la diffusion, avoir recours au transfert des connaissances. La notion de transfert, celles de courtage des connaissances et d'utilisation de la recherche ainsi que les décisions fondées sur des données probantes sont examinées dans le chapitre suivant.

Résumé

La diffusion des résultats constitue la dernière étape du processus de recherche. Les résultats de recherche qui ne sont pas communiqués à la communauté scientifique ont peu de retombées. Pour les communiquer, le chercheur dispose du rapport de recherche, des articles scientifiques, des présentations orales et sur affiche.

Le rapport de recherche rend compte de la nature du problème de recherche et des principaux résultats obtenus. Il comprend quatre parties : 1) l'introduction, qui décrit le problème et fait le point sur l'état actuel des connaissances théoriques et empiriques, des questions de recherche ou des hypothèses ; 2) la description des méthodes, qui met en évidence les éléments de base servant à la recherche (type de devis, population cible, taille de l'échantillon, instruments de mesure des variables de l'étude, analyses statistiques) ; 3) les résultats, résumés dans des tableaux et des figures ; 4) la discussion, qui consiste à interpréter les résultats obtenus en relation avec le problème, les questions de recherche ou les hypothèses, et à confronter les résultats avec ceux d'autres travaux traitant du même phénomène. Le mémoire de maîtrise et la thèse de doctorat sont des rapports de recherche écrits dans le cadre d'études universitaires.

Les articles de recherche sont des textes publiés dans des revues scientifiques. Les travaux présentés sont généralement confiés par la direction de la revue à un comité de lecture formé de pairs et chargé de l'évaluation des manuscrits. Avant de rédiger son texte, l'auteur doit s'informer des règles rédactionnelles suivies par le périodique auquel il a l'intention de soumettre son manuscrit. La rédaction du manuscrit doit être soignée : il importe d'observer la propriété des mots, d'être net et concis dans l'expression.

Les communications orales et sur affiche constituent d'autres moyens de diffusion des résultats. Les communications orales ont lieu dans le cadre des congrès scientifiques. Du point de vue du contenu, la communication orale ressemble à l'article de périodique à cette différence près que le texte en est plus court. Dans la communication sur affiche, le chercheur expose de façon succincte les principaux résultats de sa recherche. Les participants au colloque ou à la conférence circulent dans la salle où sont réunies les affiches, les lisent attentivement et en discutent avec les auteurs.

Mots clés

Appel d'offres

Arbitrage

Article scientifique

Comité de lecture

Conférence scientifique

Diffusion des résultats

Évaluation par les pairs

Présentation orale

Présentation sur affiche

Exercices de révision

1. Quel est le type de communication susceptible de joindre le plus de lecteurs ?
   a. le mémoire de maîtrise ou la thèse de doctorat
   b. l'article de périodique
   c. la présentation orale
   d. la présentation sur affiche

2. Quel est le type de communication le plus indiqué pour le chercheur débutant qui veut communiquer ses résultats de recherche ?
   a. l'article de recherche
   b. la présentation orale
   c. la présentation sur affiche
   d. le mémoire de maîtrise ou la thèse de doctorat

3. Nommez les quatre types de communications qui peuvent être groupés sous la dénomination de rapport de recherche.

4. Rapportez chacune des parties du rapport de recherche à l'énoncé qui convient.
   a. l'introduction
   b. la description des méthodes
   c. les résultats
   d. l'interprétation

   1. L'échantillon était composé de 50 hommes âgés de 65 à 75 ans, choisis au hasard dans un établissement de santé.
   2. Les résultats montrent que les femmes acceptent moins les stéréotypes sur les rôles liés au sexe.

3. Les 100 participants de l'étude ont été répartis de façon aléatoire dans les groupes expérimental et de contrôle à l'aide d'une table de nombres aléatoires.

4. Le diabète, une des maladies les plus répandues en Amérique du Nord, affecte plus de 12 millions d'individus.

5. Les femmes qui allaitent leur enfant considèrent plus favorablement leur rôle de mère que celles qui n'allaitent pas ($t = 3,22$; dl 98 ; $p \leq 0,01$).

6. Le faible degré de fidélité des instruments de mesure est un défaut souvent présent dans les études.

7. Les résultats concordent avec ceux qu'ont obtenus Côté (2000) et Filion (1998), qui ont toutes deux choisi comme participants des individus ayant le même pronostic.

8. La découverte d'une maladie chronique chez un enfant entraîne un des pires stress qu'une famille puisse subir.

9. Les résultats révèlent que certains facteurs prédisposent à l'exercice d'une activité physique. Le programme a aidé au maintien d'une activité physique régulière.

10. Le profil sexuel des deux groupes d'adolescents présenté au tableau 5 indique que 41,3 % des garçons et 38,2 % des filles sont actifs sexuellement.

Références bibliographiques

American Psychological Association (2001). *Publication Manual of the American Psychological Association*, 5ᵉ éd., Washington (D.C.), American Psychological Association.

Colorado State University. *Writing@CSU* (en ligne). Sur Internet : [http:// writing.colostate.edu/references/speaking/poster/index.cfm]. (Consulté le 25 juillet 2004.)

Doré, F.Y. et Goulet, S. (2000). « La rédaction et la diffusion des résultats de recherche », dans R.J. Vallerand et U. Hess (dir.), *Méthodes de recherche en psychologie*, Boucherville, Gaëtan Morin Éditeur.

Fowles, E.R. (1992). « Poster presentation as a strategy for evaluating nursing students in a research course », *Journal of Nursing Education, 31*, p. 287.

Giroux, A. et Forgette-Giroux, R. (1989). *Penser, lire, écrire. Introduction au travail intellectuel*, Ottawa, Presses de l'Université d'Ottawa.

Gregg, M. et Pierce, L. (1994). «Developing a poster presentation», *Rehabilitation Nursing, 19*(2), p. 107-109.

Johnston, C.C., Filion, F., Snider, L., Majnemer, A., Limperopoulos, C., Walker, C.-D., Veilleux, A., Pelausa, E., Heather, C., Stone, S., Sherrard, A. et Boyer, K. (2002). «Routine sucrose analgesia during the first week of life in neonates younger than 31 weeks' postconceptional age», *Pediatrics, 110*(3), p. 523-528.

Lippman, D.T. et Ponton, K.S. (1989). «Designing a research poster with impact», *Western Journal of Nursing Research, 11,* p. 477-485.

McDaniel, R.W., Bach, C.A. et Poole, M.J. (1993). «Poster update: Getting their attention», *Nursing Research, 42,* p. 302-304.

Polit, D.F. et Beck, C.T. (2004). *Nursing Research: Principles and Methods,* 7e éd., Philadelphie, Lippincott, Williams & Wilkins.

Queen's University. *How to Present a Poster Session* (en ligne). Sur Internet: [http://edu.queensu.ca/~ar/poster.htm]. (Consulté le 25 juillet 2004.)

Ryan, N.M. (1989). «Developing and presenting a research poster», *Applied Nursing Research, 2,* p. 52-55.

The Chicago Manual of Style (1993), 14e éd., University of Chicago Press, p. 137-147.

Truscott, R.B. (1995). *The Essentials of College and University Writing,* Piscataway (N.J.), Research and Education Association.

CHAPITRE 21

Le transfert des connaissances

Objectifs d'apprentissage

À la fin de ce chapitre, vous devriez
être en mesure :

1) de définir le transfert des
   connaissances ;

2) d'expliquer la raison d'être du
   transfert des connaissances ;

3) de montrer l'intérêt de l'utilisation
   de la recherche ;

4) de discuter de la décision fondée
   sur des données probantes.

Vue d'ensemble

Bien qu'extérieur au processus de la recherche, le transfert des connaissances prolonge la diffusion des résultats. Il englobe un ensemble d'activités visant à favoriser l'échange entre les chercheurs et les décideurs de manière à fournir à la recherche des applications concrètes (Lavis, Robertson, Woodside, McLeod et Abelson, 2003). Il ne servirait à rien de mener une recherche si les connaissances qu'elle engendrerait n'étaient pas mises à profit. Ce chapitre définit certains concepts liés au transfert des connaissances, en particulier ceux de courtage des connaissances et d'utilisation de la recherche, et examine la question des décisions fondées sur des données probantes.

La diffusion des résultats de la recherche et le transfert des connaissances sont solidaires l'un de l'autre. Le transfert des connaissances fait suite à la diffusion et il diffère de celle-ci en ce qu'il s'adresse à un auditoire déterminé, à savoir à des personnes qui utiliseront les connaissances acquises pour revoir leurs lignes d'action ou pour améliorer une situation donnée. Le transfert des connaissances est en quelque sorte un trait d'union entre le monde de la recherche et celui de la pratique. Le transfert et le courtage des connaissances ont aussi rapport à l'utilisation optimale de la recherche et à la prise de décision éclairée dans la pratique.

21.1 Le transfert des connaissances

Nous avons montré au chapitre précédent la nécessité de diffuser les résultats de la recherche. Le but de la diffusion des résultats est de partager avec d'autres les connaissances acquises au terme d'une recherche. Le transfert des connaissances va plus loin que la diffusion en ce qu'il vise à aider à la prise de décision relative à une politique sociale, sanitaire, économique, administrative, etc. (Réseau canadien de transfert de la recherche, 2002). Il implique l'établissement d'une collaboration ou d'un partenariat entre les chercheurs et les décideurs ou les utilisateurs en vue de l'échange de messages d'appoint. Il concerne l'ensemble des connaissances actuelles dans un domaine déterminé propres à aider à des prises de décisions fondées sur des données probantes (*evidence-based practice*). Il s'établit dès le début de la recherche.

Le chercheur a en vue non seulement de diffuser les résultats de sa recherche, mais aussi d'amener les gestionnaires de soins à trouver des applications concrètes à l'ensemble des connaissances acquises. Ainsi, des soins infirmiers fondés sur des données probantes peuvent aider les infirmières à trouver des réponses aux questions qu'elles se posent dans leur pratique. De nombreuses études déplorent que beaucoup de connaissances scientifiquement établies ne soient pas appliquées dans la pratique quotidienne. À cet égard, plusieurs spécialistes des sciences infirmières mettent en évidence les barrières empêchant l'utilisation de la recherche dans les milieux cliniques (Funk, Champagne, Tornquist et Wiese, 1995 ; Retsas, 2000 ; Polit, Beck et Hungler, 2001 ; Nieswiadomy, 2002 ; Burns et Grove, 2003).

Clarification du concept

La notion de transfert des connaissances n'est pas nouvelle. Dans un contexte d'apprentissage, on est normalement conduit à s'interroger sur la possibilité d'utiliser des connaissances et un savoir-faire dans un contexte défini. Le transfert des connaissances, dans le domaine de la recherche, suppose l'établissement d'une entente entre les chercheurs et les décideurs en vue de trouver des applications aux résultats de la recherche dans les milieux de pratique. Le transfert des connaissances peut se définir comme le mécanisme par lequel des savoirs acquis par divers moyens (colloque, atelier, symposium, etc.) sont appliqués dans une situation nouvelle ou un contexte différent. Il suppose, d'une part, des chercheurs ou des équipes de chercheurs qui possèdent des connaissances, et, d'autre part, un public cible qui a besoin de nouvelles connaissances dans un domaine en particulier. Évoluant dans un milieu propice aux échanges, les équipes de chercheurs et les décideurs collaborent ensemble à la recherche (définition des besoins, élaboration du devis, conduite de la recherche proprement dite et diffusion des résultats). Comme le soulignent Lavis, Robertson, Woodside, McLeod et Abelson (2003), «[…] les connaissances acquises doivent faire l'objet d'un transfert du monde scientifique vers les différents milieux sociaux susceptibles de les utiliser».

Selon le Réseau canadien de transfert de la recherche (2002) mis sur pied en 2001, le concept de transfert de la recherche se justifie d'autant que de plus en plus d'administrateurs et de gestionnaires connaissent les avantages attachés à une décision fondée sur des données probantes. La prise de décision fondée sur des données probantes fait partie du vocabulaire du domaine de la santé depuis le début des années 1990 (Fondation canadienne de la recherche sur les services de santé, 2003). Actuellement, au Canada, quatre universités fournissent une formation dans le transfert des connaissances. Entre autres, l'Université Laval à Québec s'est dotée d'une chaire sur le transfert des connaissances et l'innovation et l'Université de Sherbrooke a créé un laboratoire sur le transfert des connaissances. Cela témoigne de l'importance qu'accordent les établissements d'enseignement supérieur au transfert des connaissances.

Un modèle de transfert

Pour transférer les connaissances du milieu de recherche à celui de la clinique, on établit, par exemple, des centres de recherche, des lieux d'échanges entre les chercheurs — professionnels et étudiants —, on organise des journées scientifiques, des rencontres d'information, etc. Différentes stratégies peuvent être mises en œuvre pour assurer une communication efficace entre les chercheurs et les utilisateurs. Lavis et autres (2003) proposent un modèle de transfert des connaissances dont l'établissement repose sur les cinq questions suivantes : 1) que transférer ? 2) à qui transférer ? 3) qui transfère ? 4) comment transférer ? et 5) quels effets le transfert doit-il avoir ? Voyons brièvement ce qu'impliquent ces questions.

Que transférer ?

Il est essentiel de connaître d'abord les besoins ou les exigences des utilisateurs (décideurs) et de déterminer les contenus appropriés. De plus, il faut s'assurer que ce qui est transféré s'accorde avec les besoins et les croyances des décideurs ou des utilisateurs.

À qui transférer?

Il s'agit de préciser, en tenant compte du but du transfert, qui bénéficiera de ce dernier (intervenants, administrateurs, chercheurs, etc.).

Qui transfère?

Habituellement, ce sont les chercheurs, travaillant isolément ou en groupe, qui transfèrent les connaissances; ils agissent comme messagers. Les chercheurs sont, en général, considérés comme crédibles, comme ayant les connaissances et l'expérience nécessaires pour transférer. Le transfert des connaissances peut aussi être confié à un courtier de connaissances ou à un autre intermédiaire. Un climat de confiance doit s'établir entre celui qui transfère (le messager) et celui qui reçoit (le récepteur).

Comment transférer?

L'échange est à la base du transfert entre les chercheurs et les décideurs ou les utilisateurs. L'échange peut avoir lieu au cours du processus de recherche ou au moment de la prise de décision en contexte clinique. Il s'agit d'un échange réciproque dans lequel les chercheurs apprennent autant que les décideurs. Les échanges peuvent prendre diverses formes: rencontre, atelier, symposium, forum, etc. Il importe de créer un terrain d'entente entre chercheurs et utilisateurs.

Quels effets le transfert doit-il avoir?

Les effets à rechercher sont fonction des utilisateurs et des buts à atteindre. Il s'agit de déterminer en quoi le transfert des connaissances (données probantes) aura un effet sur les prises de décision. Il faut donc imaginer différentes stratégies de transfert des connaissances.

Il y a lieu de considérer des concepts connexes à celui de transfert des connaissances, tels que ceux de courtage des connaissances, d'utilisation des résultats de recherche et de décision fondée sur des données probantes.

21.2   Le courtage des connaissances

La Fondation canadienne de la recherche sur les services de santé (Fondation canadienne de la recherche sur les services de santé, 2003) a mis au point le concept de *courtage des connaissances,* qui ressortit au transfert des connaissances. Elle a mis deux ans à développer ce concept et à en déterminer l'efficacité dans le transfert des connaissances. Le courtage des connaissances réfère à l'établissement de liens entre les chercheurs et les décideurs, à la mise en commun de leurs besoins et de leurs acquis respectifs en vue d'accroître l'efficacité du transfert des connaissances. Selon la Fondation canadienne de la recherche sur les services de santé (2003), le courtage des connaissances « […] vise à cibler des personnes concernées par un même sujet et à les réunir de façon à ce qu'elles collaborent à trouver des solutions fondées sur des données probantes » (p. ii).

Le courtage des connaissances suppose l'emploi de spécialistes appelés courtiers ou intermédiaires, dont la principale tâche consiste à réunir des personnes pour leur faire partager des connaissances. Le courtier s'attache à créer un climat propice aux échanges entre des personnes ayant un intérêt commun et formant souvent un réseau, et il agit comme négociateur entre les membres d'un même réseau, favorisant les communications, l'accès à l'information et le partage des connaissances (Fondation canadienne de la recherche sur les services de santé, 2003). Le rapport de la Fondation souligne de plus que « [l]es courtiers vont régulariser le transfert de connaissances, depuis la création de liens avec les milieux de recherche jusqu'à la confirmation que les connaissances sont bien mises à profit en passant par la consignation de pratiques modèles » (p. 6).

Différences entre transfert et courtage des connaissances

Pour définir en quoi le transfert des connaissances diffère du courtage des connaissances, nous utiliserons l'exemple suivant : une chercheuse dans le domaine des soins infirmiers en périnatalité demande à rencontrer la directrice des soins infirmiers d'un hôpital pour enfants en vue de lui communiquer les résultats d'une étude établissant le rôle positif qu'a la méthode kangourou sur l'attachement mère-enfant. Cette chercheuse veut donc transférer des connaissances. Les découvertes qu'elle a faites sont le fruit de ses recherches et de son expérience, mais elles s'expliquent aussi par les connaissances déjà acquises. Si cette chercheuse organise des rencontres réunissant des collègues, des planificateurs, des gestionnaires, des responsables d'associations professionnelles ou des fonctionnaires du ministère de la Santé, elle remplit le rôle d'intermédiaire ou de courtière de connaissances. Elle met en place un réseau de contacts entre les chercheurs et les décideurs ou planificateurs en vue de l'échange de connaissances fondées sur des données probantes et devant aboutir à des applications concrètes ou à des innovations.

La Fondation canadienne de la recherche sur les services de santé reconnaît que le courtage qui se fait actuellement est peu reconnu et peu développé. Comme elle est nouvelle, la fonction de courtier des connaissances est peu connue et peu répandue. La Fondation s'occupe de faire connaître l'utilité du courtage pour le transfert des connaissances et d'obtenir la reconnaissance officielle de la profession de courtier.

21.3 Brève discussion des concepts d'utilisation de la recherche et de prise de décision fondée sur des données probantes

Le concept d'utilisation de la recherche est lié aux concepts de transfert et de courtage des connaissances. Comme nous l'avons mentionné, le transfert des connaissances comporte un ensemble d'actions ayant pour but de développer la collaboration entre chercheurs et décideurs. Pour sa part, le courtage vient accroître l'efficacité du transfert du fait qu'il crée des réseaux de contacts et d'échanges réguliers visant l'application des connaissances. Le transfert et le courtage des connaissances ont tous les deux pour but la mise à profit des résultats de la recherche et des connaissances amassées en vue de la prise de décisions éclairées dans un domaine pratique. En ce qui concerne le concept d'utilisation de la recherche, il peut se définir, du point de vue des soins infirmiers tout au moins, comme l'exploitation des résultats de recherches qui ont démontré qu'elles amélioraient les soins fournis aux patients.

Parmi les diverses théories d'utilisation de la recherche qui ont été édifiées, mentionnons celle de la diffusion de l'innovation, conçue par Rogers (1995). Cette théorie distingue quatre éléments de diffusion : l'innovation, le canal de communication, le temps et le système social. Il existe également des modèles d'utilisation de la recherche en soins infirmiers, tel le modèle modifié de Stetler (1994). Ce modèle d'utilisation mis au point par Stetler en 1994 fournit un cadre global permettant le transfert de résultats de recherche dans la pratique. Le modèle définit six étapes : 1) la préparation ; 2) la validation ; 3) l'évaluation comparative ; 4) la prise de décision ; 5) l'adaptation/application et 6) l'évaluation proprement dite. Ce modèle a servi à examiner l'application des résultats d'une recherche qui avait pour but d'évaluer un programme de parrainage à l'intention de patients cardiaques (Parent et Fortin, 1999). Le modèle de Stetler peut aussi nous aider à définir ce qu'est la pratique fondée sur des données probantes.

Bon nombre de recherches relevant des sciences infirmières font maintenant une large place non seulement au concept d'utilisation de la recherche, mais aussi à celui de pratique fondée sur des données probantes. Ces deux termes sont souvent considérés à tort comme synonymes. Pour Titler, Kleiber, Rakel, Budreau, Everett, Steelman et autres (2001), l'utilisation de la recherche est un sous-ensemble de la pratique fondée sur des données probantes. C'est aussi l'opinion d'Omery et Williams (1999) et d'Estabrooks (1999). Selon ces derniers, le concept de la pratique fondée sur des données probantes est un concept plus large que celui d'utilisation de la recherche, car il englobe non seulement les résultats probants, mais aussi d'autres sources d'informations crédibles, comme les études, l'opinion des experts. Le terme d'utilisation de la recherche ne s'applique, selon plusieurs auteurs, qu'aux résultats de la recherche. Cependant, on observe que le concept de la prise de décision fondée sur des données probantes est de plus en plus employé, ce qui s'expliquerait par le fait qu'il s'harmonise mieux que ne le fait le concept d'utilisation de la recherche avec les concepts de transfert et de courtage des connaissances, du moins si on envisage ceux-ci dans leur globalité. Par ailleurs, il ressort des articles publiés sur le sujet que les rapports entre l'utilisation de la recherche et la pratique fondée sur des données probantes sont encore mal définis (Estabrooks, 1999).

La prise de décision fondée sur des données probantes [1]

La pratique infirmière fondée sur des données probantes émerge des travaux en médecine fondés sur des données probantes. La prise de décision fondée sur des

---

1. Le lecteur désireux de se familiariser davantage avec la prise de décision fondée sur des données probantes pourra consulter le site Internet suivant : [http://www.cebm.utoronto.ca/syllabi/nur/intro.htm].

données probantes signifie, dans le domaine de la médecine, l'utilisation rigoureuse des données les plus récentes en vue de la prise de décisions concernant les soins à donner aux patients ainsi que la combinaison de l'expertise clinique individuelle et des données cliniques probantes provenant de la recherche (Sackett, Rosenberg, Gray et Haynes, 1996). Si nous transposons cela dans la pratique infirmière, il apparaît bien que la prise de décision fondée sur des données probantes a un sens plus large que celui d'utilisation de la recherche.

Bon nombre d'auteurs distinguent six étapes dans la prise de décision fondée sur des données probantes :

1) formuler une question concernant un problème de santé que présente un patient (Flemming, 1998 ; Titler et autres, 2001) ;

2) rechercher de façon systématique les données probantes à utiliser pour répondre à la question (McKibbon et Mark, 1998a et 1998b) ;

3) évaluer l'utilité, la validité et l'applicabilité des données de recherche ;

4) associer les données probantes avec d'autres formes d'information susceptibles d'orienter le traitement du problème de santé (expertise clinique, préférence du patient pour telle forme de soins, ressources disponibles) (DiCenso, Cullum et Ciliska, 1998) ;

5) appliquer la décision fondée sur les données probantes ;

6) évaluer les résultats de la décision.

Quel que soit le concept utilisé, le but visé est le transfert, l'application et l'intégration des résultats de recherche ou des résultats probants en vue de l'amélioration ou de l'innovation dans un domaine pratique déterminé. Pour que les connaissances acquises puissent être utilisées, il faut d'abord que les personnes concernées y aient accès. On trouvera dans Internet plusieurs articles traitant de la prise de décision fondée sur des données probantes. Le site suivant fournit un condensé d'articles de référence : [http://www.herts.ac.uk/lis/subjects/health].

Pour une introduction à la prise de décision fondée sur des données probantes, on se référera au site de l'Université de Toronto : [http://www.cebm.utoronto.ca/syllabi/nur/intro.htm].

Pour des références et des définitions relatives au domaine de la santé au Canada et ailleurs, on consultera le site suivant : [http://www.shef.ac.uk/scharr/ir/def.html].

Un certain nombre de sites Internet sont dédiés à la prise de décision fondée sur des données probantes dans le domaine des soins infirmiers. Mentionnons The Western Australian Centre for Evidence Based Nursing and Midwifery à l'adresse suivante : [http://www.curtin.edu.au/curtin/dept/planstats/wacebnm] ; The University of Minnesota : [http://evidence.ahc.umn.edu/ebn.htm].

Résumé

Le transfert des connaissances s'insère dans une démarche plus large que la diffusion des résultats. Celui-ci comporte un ensemble d'actions visant à amener les chercheurs et les décideurs à travailler ensemble à la mise en œuvre d'applications pratiques. Il se définit comme le mécanisme par lequel des savoirs acquis sont mis à la disposition d'un public cible (gestionnaires, planificateurs) à l'aide de divers moyens (colloques, ateliers, symposiums, etc.) en vue d'être appliqués dans une situation nouvelle ou un contexte différent. L'un des modèles de transfert des connaissances les plus notables repose sur la réponse aux questions suivantes : Que transférer ? à qui transférer ? qui transfère ? comment transférer ? quels effets le transfert doit-il avoir ?

L'analyse du transfert des connaissances nous conduit à examiner les concepts connexes mais distincts que sont ceux de courtage des connaissances, d'utilisation de la recherche et de décision fondée sur des données probantes. Le courtage des connaissances réfère à la création de réseaux propres à accroître l'efficacité du transfert des connaissances. Le courtage des connaissances est une pratique nouvelle. La tâche principale du courtier de connaissances consiste à réunir des personnes cibles en vue de les amener à partager des connaissances. Quant à l'utilisation de la recherche, elle réfère à l'application d'une pratique fondée principalement sur des résultats de recherche, laquelle semble évoluer vers une pratique fondée sur des données probantes. Le concept de prise de décision fondée sur des données probantes provient des travaux de recherche menés en médecine. Dans le domaine des sciences infirmières, la prise de décision fondée sur des données probantes comporte un certain nombre d'étapes, allant de la formulation d'une question relative à un état de santé à l'application de la décision et à son évaluation. Elle suppose l'utilisation de la recherche. Un certain nombre de modèles d'utilisation de la recherche visant à guider l'application des résultats dans des situations cliniques ont été élaborés ; ils peuvent aussi servir dans la pratique clinique fondée sur des données probantes.

Mots clés

Courtage des connaissances   Donnée probante   Transfert des connaissances

Courtier de connaissances   Partenariat   Utilisation de la recherche

Décideur

Références bibliographiques

Burns, N. et Grove, S.K. (2003). *Understanding Nursing Research*, 3ᵉ éd., Philadelphie, W.B. Saunders.

DiCenso, A., Cullum, N. et Ciliska, D. (1998). « Implementing evidence-based nursing : Some misconceptions », *Evidence-Based Nursing, 1*, p. 38-40.

Estabrooks, C.A. (1999). « The conceptual structure of research utilization », *Research in Nursing and Health, 22*, p. 203-216.

Flemming, K. (1998). « Asking answerable questions », *Evidence-Based Nursing, 1*, p. 36, 37.

Fondation canadienne de la recherche sur les services de santé (2003). *Programme de courtage de connaissances* (en ligne).

Sur Internet : [http://www.chsrf.ca/brokering/index_f.php]. (Consulté le 12 janvier 2005.)

Fondation canadienne de la recherche sur les services de santé (2000). *La recherche sur les services de santé et ... La prise de décision fondée sur des données probantes* (en ligne). Sur Internet : [http://www.chsrf.ca]. (Consulté le 12 janvier 2005.)

Funk, S.G., Champagne, M.T., Tornquist, E.M. et Wiese, R.A. (1995). « Administrators' views on barriers to research utilization », *Applied Nursing Research, 8*(1), p. 44-49.

Lavis, J.N., Robertson, D., Woodside, J.M., McLeod, C.B. et Abelson, J. (2003). « How can research organizations more effectively transfer research knowledge to decision makers ? », *The Milbank Quarterly, 81*(2), p. 221-248.

McKibbon, K.A. et Mark, S. (1998a). « Searching for the best evidence. Part 1 : Where to look », *Evidence-Based Nursing, 1,* p. 68-70.

McKibbon, K.A. et Mark, S. (1998b). « Searching for the best evidence. Part 2 : Searching CINAHL and Medline », *Evidence-Based Nursing, 1,* p. 105-197.

Nieswiadomy, R.M. (2002). *Foundations of Nursing Research,* 4ᵉ éd., Upper Saddle River (N.J.), Prentice Hall.

Omery, A. et Williams, R.P. (1999). « An appraisal of research utilization across the United States », *Journal of Nursing Administration, 29*(12), p. 50-56.

Parent, N. et Fortin, M.-F. (1999). « Utilisation de la recherche dans la pratique clinique : programme de parrainage à l'intention de patients cardiaques », *Recherches en soins infirmiers, 57,* p. 50-56.

Polit, D.F., Beck, C.T. et Hungler, B.P. (2001). *Essentials of Nursing Research : Methods, Appraisal, and Utilization,* 5ᵉ éd., Philadelphie, Lippincott.

Réseau canadien de transfert de la recherche (2002). *Le transfert des connaissances en santé,* rapport sur la deuxième conférence annuelle organisée par le Réseau canadien de transfert de la recherche, Calgary, Health Research Transfer Network of Alberta.

Retsas, A. (2000). « Barriers to using research evidence in nursing practice », *Journal of Advanced Nursing, 31*(3), p. 599-606.

Rogers, E.M. (1995). *Diffusion of Innovation,* 4ᵉ éd., New York, Free Press.

Sackett, D.L., Rosenberg, W., Gray, J.A.M. et Haynes, R.B. (1996). « Evidence based medicine : What it is and what it isn't », *British Medical Journal, 312,* p. 71-72.

Stetler, C.B. (1994). « Refinement of the Stetler-Marram model for application of research findings to practice », *Nursing Outlook, 42,* p. 15-25.

Titler, M.G., Kleiber, C., Rakel, B., Budreau, G., Everett, L.Q., Steelman, V., Buckwalter, K.C., Tripp-Reimer, T. et Goode, C. (2001). « The Iowa model of evidence-based practice to promote quality care », *Critical Care Nursing Clinics of North America, 13*(4), p. 497-509.

Sites Internet à consulter

« Definitions of evidence based practice ».
[http://www.shef.ac.uk/scharr/ir/def.html] (consulté le 12 janvier 2005).

Learning and Information Services (s.d.). Articles de référence.
[http://www.herts.ac.uk/lis/subjects/health] (consulté le 12 janvier 2005).

Western Australian Centre for Evidence Based Nursing and Midwifery (s.d.).
[http://www.curtin.edu.au/curtin/dept/planstats/wacebnm] (consulté le 12 janvier 2005).

CHAPITRE 22

La lecture critique d'articles empiriques

Objectifs d'apprentissage

À la fin de ce chapitre, vous devriez être en mesure :

1) de reconnaître les principales divisions d'un article de recherche ;

2) de discerner le sujet de l'article et la question étudiée ;

3) de faire une critique des étapes de la phase conceptuelle ;

4) de faire une critique des principaux aspects de la méthode ;

5) de faire une critique de l'analyse et de l'interprétation des résultats ;

6) de reconnaître les applications cliniques d'une recherche.

Vue d'ensemble

Une fois terminée la phase conceptuelle, au cours de laquelle la lecture d'articles de recherche est apparue comme une condition essentielle pour situer le problème de recherche par rapport à l'état actuel des connaissances, il y a lieu maintenant d'améliorer la qualité de la lecture en se livrant à un examen critique de la recherche. La lecture critique d'articles scientifiques s'impose de plus en plus dans les programmes de formation.

Comme nous le verrons plus loin, les compétences requises pour faire la critique des publications empiriques varient selon qu'il s'agit d'une lecture critique ou d'une analyse critique. Dans le présent chapitre, nous discuterons des divers niveaux de critique en illustrant notre exposé par des exemples d'applications susceptibles de nous guider dans l'élaboration d'une critique.

C omme toute recherche implique un dépouillement de la documentation se rapportant au problème de recherche, le chercheur, comme le débutant, est amené à consulter des monographies, des articles théoriques et, surtout, des articles empiriques. L'article empirique constitue la source première d'information, car il décrit les différentes étapes du processus d'une recherche et il permet à la communauté scientifique de prendre connaissance des résultats de la recherche. Notre lecture des articles empiriques a concerné jusqu'à présent l'aspect descriptif plutôt que l'aspect critique proprement dit. L'intérêt du problème et la pertinence du contexte conceptuel ou théorique, des questions de recherche ou des hypothèses à vérifier, du type de variables, du devis utilisé et des résultats obtenus ainsi que la manière dont ceux-ci s'apparentent à d'autres résultats de recherche ont été peu discutés d'un point de vue critique. La lecture critique vise à comprendre l'ensemble de la recherche. Le lecteur s'interroge sur l'intérêt du problème de recherche et la valeur de ses bases théoriques et empiriques, sur les liens avec la méthodologie utilisée, sur la validité des résultats et la justesse des conclusions. Mais avant de discuter plus à fond de la lecture critique de la recherche, revoyons brièvement l'organisation de l'article empirique.

22.1   L'organisation de l'article empirique

L'article empirique est organisé de telle manière que l'auteur donne une description de sa recherche et une interprétation des résultats obtenus. Du fait de l'organisation de l'article, les sections sont aisément discernables. Si l'on veut savoir, par exemple, comment l'étude a été conduite, on se reporte à la section de la méthode. La plupart des périodiques placent des titres et des sous-titres au début des différentes sections d'un article. On trouve généralement dans un article empirique les éléments suivants :

■ titre ;

■ résumé (*abstract*) ;

- introduction;
- méthode;
- résultats;
- interprétation;
- références.

Le titre

Le titre indique le sujet de la recherche. Le titre est un élément important de l'article, car il est nécessairement lu. Il devrait compter une quinzaine de mots tout au plus. Voici deux exemples de titres qui répondent à ce critère : « Déterminants psychosociaux de la pratique de l'activité physique chez les personnes atteintes d'une maladie coronarienne » et « Factors associated with schoolchildren's general subjective well being ».

Le résumé

Le résumé comprend entre 100 et 200 mots et est contenu dans un paragraphe placé immédiatement à la suite du titre et du nom de l'auteur. Le résumé donne un aperçu global de la recherche et indique les points saillants des quatre principales sections. En général, le résumé permet au lecteur de juger de l'intérêt de l'article relativement à la question de recherche. Le résumé expose le problème, réfère aux écrits théoriques et empiriques qui ont été pris en compte, décrit les principales caractéristiques des participants ainsi que la manière dont a été conduite l'étude, présente les principaux résultats obtenus, formule des conclusions et évalue les conséquences.

L'introduction

L'introduction a pour rôle d'attirer l'attention du lecteur sur le contenu de l'article. Elle contient d'habitude un énoncé général du problème de recherche et met en perspective le sujet à l'étude. À la suite, on trouve un résumé des travaux antérieurs qui portent, en totalité ou en partie, sur le problème étudié ainsi que les discussions les plus récentes les concernant. La majorité des introductions comprennent une recension des recherches antérieures relatives au sujet ainsi qu'une brève discussion des résultats. La quantité d'informations varie selon les périodiques et l'état des connaissances sur le sujet. Le cadre conceptuel ou théorique, qu'il soit explicite ou implicite, est généralement discuté dans l'introduction en relation avec les variables étudiées, ainsi que les questions de recherche ou les hypothèses à vérifier. Il s'agit pour l'auteur de mettre en relation le problème à l'étude, les publications existantes et les résultats escomptés.

La méthode

La section de la méthode informe le lecteur sur la manière dont l'étude a été planifiée et conduite. Elle peut être subdivisée en sous-sections qui traitent, entre autres, des participants et du milieu, des instruments de mesure et de la conduite de l'étude.

La section peut commencer par l'énoncé du type de devis: «Cette étude longitudinale a été menée…» Parfois, le type de devis n'est pas précisé. Habituellement, on indique dans une sous-section les caractéristiques des participants, leur nombre, la façon dont l'échantillon a été constitué et le milieu dans lequel l'étude a été menée.

Dans une autre sous-section, les variables étudiées sont définies en relation avec les instruments de mesure utilisés. On précise si ces derniers sont des échelles, des questionnaires, etc., et comment les mesures ont été effectuées sur les participants. On devrait trouver dans cette sous-section des indications sur la fidélité et la validité des instruments de mesure. Si l'étude comporte une intervention, il faut donner une description de celle-ci et expliquer en quoi elle a consisté.

Dans la sous-section consacrée à la conduite de la recherche, on décrit les différentes activités qui se sont succédé: la collecte des données sur le terrain, le recrutement des participants, la manière dont les entrevues ont été menées et l'application de l'intervention, s'il y a lieu. Les techniques d'analyse statistique sont discutées également dans cette sous-section. S'il s'agit d'une étude qualitative, il faut indiquer quelle a été la technique d'analyse utilisée pour dégager des tendances, des thèmes et des significations. En conclusion, dans la section de la méthode, l'auteur informe le lecteur sur la manière dont il a conduit la recherche.

Les résultats

La présentation des résultats obtenus diffère selon que l'étude a pour but de répondre à une question de recherche ou de vérifier une hypothèse. On résume les données recueillies et le traitement statistique auquel elles ont été soumises. Les résultats des statistiques descriptives sont présentés en premier et on les fait suivre des résultats des statistiques inférentielles. Habituellement, on précise le test d'analyse descriptive qui a été utilisé (moyenne, écart type). On donne ensuite de l'information sur le test statistique inférentiel, celui-ci pouvant être désigné par son symbole (t, r, χ^2 ou ratio F), ainsi que sur les degrés de liberté et la valeur obtenue aux tests. Un test statistique inférentiel peut être décrit de la façon suivante: «Un test t a été effectué en vue de déterminer l'effet de l'intervention de soutien sur…» Les résultats doivent être présentés avec suffisamment de détails pour que le lecteur puisse comprendre la logique de l'analyse, en particulier pour ce qui a trait à la confirmation ou non des hypothèses vérifiées. Des tableaux et des figures résumant les données accompagnent généralement le texte. On fait le moins d'interprétation possible, celle-ci étant réservée à la section suivante. La section se termine par une brève conclusion concernant les résultats obtenus aux différents tests statistiques. Enfin, le chercheur doit indiquer comment il s'y est pris pour analyser les données brutes se rattachant à une recherche qualitative.

L'interprétation (discussion)

Dans la section portant sur l'interprétation, l'auteur explique les principaux résultats obtenus en relation avec le problème, le cadre conceptuel ou théorique et les aspects de la méthode qu'il a présentés au début de l'article. La première partie de l'interprétation doit se rapporter aux questions de recherche ou aux hypothèses et elle peut comporter aussi des prédictions sur les conséquences des résultats obtenus (Brown, 1999). L'auteur évalue les ressemblances et les différences entre les résultats de son étude et les résultats d'autres travaux antérieurs et met ses propres résultats en relation avec ses prédictions. Si les résultats contredisent les hypothèses, il faut en expliquer la raison. Par la suite, l'auteur dégage la signification des résultats obtenus et évalue en quoi son étude fait avancer les connaissances (Doré, 1988). La section se termine par l'exploration des conséquences par rapport aux recherches futures ; l'auteur met en évidence des aspects du sujet qui sont encore inexplorés et suggère de nouvelles voies de recherche.

Les références

La section des références consiste en une liste exhaustive des sources citées dans l'article. On indique, pour chaque référence, le nom de l'auteur, l'année de publication, le titre, le titre du périodique, le volume, le numéro et le nombre de pages. Les références sont habituellement présentées dans l'ordre alphabétique, mais elles peuvent aussi correspondre à des chiffres insérés dans le texte, dépendamment de la méthode utilisée.

22.2   La critique en recherche

La critique dans le domaine de la recherche contribue à développer non seulement les connaissances dans une discipline donnée, mais aussi la capacité à juger de la valeur scientifique des études et des possibilités d'applications des résultats dans la pratique professionnelle. Comme on accorde de plus en plus d'importance à la pratique fondée sur des données probantes, il est nécessaire que les professionnels de la santé puissent faire une lecture critique et apprécier la valeur d'un article. La critique d'articles de recherche joue un rôle essentiel, car elle permet d'apprécier l'intérêt scientifique d'une étude et la possibilité de mettre en application les résultats. La critique peut se définir comme une activité intellectuelle qui consiste à examiner la valeur d'une étude à l'aide d'un ensemble de critères définis. Il faut donc, pour être en mesure de porter un jugement éclairé, posséder certaines compétences. Enfin, il y a lieu de se demander si critiquer un écrit scientifique, c'est faire un résumé critique, une lecture critique ou une analyse critique.

Lecture critique ou analyse critique ?

La critique en recherche comporte différents niveaux de réflexion et de raisonnement, selon qu'il s'agit de faire une lecture critique, une analyse critique ou simplement une critique sommaire. Schmitt et Viala (1982) donnent au concept de lecture critique une grande extension : « Une lecture critique ne peut être que *plurielle*, c'est-à-dire qu'elle consiste à considérer un texte depuis plusieurs "points de vue", à l'envisager selon diverses *perspectives* » (p. 144). On peut retenir des différentes définitions qui en ont été fournies que la critique comporte un certain nombre d'opérations intellectuelles. Burns et Grove (2003) distinguent à cet égard quatre types d'opérations accomplies successivement : 1) la compréhension ; 2) la comparaison ; 3) l'analyse et 4) l'évaluation. Pour ces auteurs, la compréhension et la comparaison sont souvent les seules opérations susceptibles d'être enseignées au baccalauréat, l'analyse et l'évaluation étant réservées aux cycles supérieurs.

Pour Gillis et Jackson (2002), le niveau de compréhension varie selon qu'il s'agit d'examiner les phases conceptuelle, méthodologique et empirique de la recherche ou de résumer l'examen de l'ensemble de l'étude et de relever les forces et les faiblesses de celle-ci. Les capacités requises ne sont pas les mêmes dans les deux cas. Pour Drew, Hardman et Hart (1996), la critique peut être descriptive, interprétative ou évaluative. L'aspect descriptif correspond à la compréhension et concerne la caractérisation des qualités ou des défauts de l'étude. L'aspect interprétatif correspond à l'analyse et rend compte des événements et de leurs conséquences. Quant à l'aspect évaluatif, il requiert des capacités plus étendues pour juger de la valeur globale d'une étude.

> La lecture critique exige une capacité de pensée critique et de raisonnement ainsi qu'une connaissance suffisante du processus de recherche. Elle est associée à la compréhension.

Dans la plupart des écrits sur le sujet, on ne fait pas toujours la distinction entre les différents sens du mot « critique ». Par contre, Fillastre et Colin (2001) distinguent entre « analyse critique d'articles » et « lecture critique d'articles » en tant que modes d'appréciation des travaux des étudiants en médecine. Ils précisent que l'analyse critique d'articles relève d'experts qui, par exemple, sont chargés d'évaluer des articles soumis à des revues scientifiques. Selon eux, « [l']analyse critique est un travail qui exige une grande connaissance du sujet, de solides bases méthodologiques, une expérience clinique de longue date, une grande rigueur de raisonnement et un souci constant d'avoir un niveau de preuve suffisant » (p. 197). Les auteurs affirment qu'en raison de ces exigences l'analyse critique paraît peu convenir à des étudiants de premier cycle. Ils préconisent plutôt la lecture critique, qui peut être incluse très tôt dans un programme de formation. Sans définir de façon précise en quoi consiste la lecture critique, Audet et Leclère (2001) proposent un cadre de référence qui précise les conditions dans lesquelles se fait la lecture critique des recherches en médecine. Le cadre de référence contient des précisions concernant le choix de l'article à critiquer en fonction du but poursuivi, l'intérêt scientifique et clinique de l'article et enfin la possibilité de modifier la pratique professionnelle à la suite de l'examen des résultats de l'étude.

> L'analyse critique exige une grande connaissance du sujet, de solides bases méthodologiques, une expérience clinique, une grande rigueur de raisonnement et un souci constant du niveau de preuve.

De façon générale, il ressort des écrits consultés que la lecture critique comme l'analyse critique font appel à la capacité de trouver des réponses aux questions que l'on se pose en examinant une publication scientifique. C'est la nature de l'interrogation qui détermine en quelque sorte le niveau de complexité de la critique et, par conséquent, le niveau de capacité du lecteur en matière de critique.

Quelques distinctions relatives à la critique

La lecture critique, que nous associons en grande partie à l'étape de la compréhension d'un texte et à certains éléments d'analyse, requiert de la part du lecteur une capacité de pensée critique et de raisonnement ainsi qu'une connaissance suffisante du processus de recherche. Pour comprendre un texte, il faut être capable de saisir l'intention de l'auteur et bien connaître le sujet qui est étudié. Selon Kurland (2000), le lecteur qui fait une lecture critique doit examiner si, ainsi qu'il le doit, l'auteur traite son sujet selon une perspective déterminée. La lecture critique suppose donc l'examen de la manière dont l'étude a été conçue et réalisée et de l'interprétation qui a été donnée des résultats.

Quant à l'analyse critique, elle consiste à décomposer un texte en ses éléments essentiels afin d'en saisir les liens logiques et de porter un jugement sur la valeur globale de l'étude à l'aide de critères explicites. L'analyse critique est plus exigeante que la lecture compréhensive en ce qu'elle suppose un examen des liens logiques entre les éléments contenus à l'intérieur des grandes divisions du texte. On relève les forces et les faiblesses présentes dans chacune des étapes du processus de recherche. L'analyse critique suppose donc un examen approfondi de l'étude dont il faut rendre compte et une bonne connaissance du domaine de recherche qui est concerné (Tremblay et Perrier, 2000).

Nous désignerons ici sous le terme de « lecture critique » le fait de comprendre en exerçant son sens critique les articles de recherche. En plus des éléments de compréhension, on trouve dans la lecture critique des éléments d'analyse. Comme l'étudiant doit faire montre de certaines capacités dans la critique qu'il fait, nous formulerons un certain nombre de suggestions qui sont fondées sur notre expérience en matière de recherche et qui s'inspirent des travaux de Doré (1988), de Ryan-Wenger (1992), de Brown (1999), de Polit, Beck et Hungler (2001), de Nieswiadomy (2002) et de Burns et Grove (2003) et de textes fournis dans Internet : Kurland (2000), [http://www.criticalreading.com]; Bibliothèques des sciences de la santé de l'Université de Montréal (2004), [http://www.bib.umontreal.ca/SA/caps30b.htm]; Knott (2004), [http://www.utoronto.ca/writing/critrdg.html]; Addison Wesley Longman (2000-2001), [http://occawlonline.pearsoned.com/bookbind/pubbooks/lardner_awl/chapter1/custom5/deluxe-content.html]; Groupe de recherche et d'action pour la santé (2004), [http://www.ulb.ac.be/esp/gras/canevas.html]; CSU (2004), [http://www.csuohio.edu/writingcenter/critread.html]. (Ces pages ont été consultées le 14 janvier 2005.)

Les critères à appliquer dans la lecture critique

Nous définirons maintenant l'objet sur lequel portera la critique d'un article à chacune des phases de la recherche (conceptuelle, méthodologique, empirique et d'interprétation).

Une fois qu'il a lu soigneusement l'article, le lecteur peut se référer aux critères énumérés dans les encadrés 22.1 à 22.3 pour rédiger sa critique. Nous conseillons de répondre par écrit aux questions qui se rapportent aux différentes sections de l'article de recherche. Un exemple d'application des critères est donné pour chaque question. Les différentes sections de l'article reproduit *in extenso* en annexe (p. 439) seront critiquées à tour de rôle. Évidemment, il est impossible de répondre à toutes les questions si l'article ne contient pas tous les éléments qui sont mentionnés ici. À la section 22.5, nous exposons quelques notions relatives à la critique de la recherche qualitative et énumérons des critères généraux proposés par d'autres auteurs.

22.3 Les composantes de la critique

Les diverses composantes de la critique présentées au tableau 22.1 se rapportent aux phases conceptuelle, méthodologique, empirique et d'interprétation de la recherche, lesquelles correspondent aux principales divisions de l'article de recherche, décrites à la section 22.1.

Au début de l'article se placent le titre, qui indique le sujet, le nom de l'auteur et le résumé.

L'introduction (phase conceptuelle)

L'introduction doit capter l'attention du lecteur et donner un aperçu de la recherche. La critique porte sur le problème de recherche, la recension des écrits, le cadre de référence et la formulation du but, des questions ou des hypothèses. En général, le sujet d'étude ou le résumé du problème est présenté en une phrase ou deux. Parfois, le problème de recherche est inséré dans la recension des écrits. Celle-ci peut être considérée séparément ou en même temps que le cadre conceptuel ou théorique.

TABLEAU 22.1
Les composantes de la critique

Titre	La clarté et la concision du titre sont des éléments à considérer dans la critique d'un article ou d'un rapport de recherche. Le sujet de l'étude doit être indiqué dans le titre.
	▪ Le titre se rapporte-t-il directement au sujet ou prête-t-il à confusion?
	▪ Le titre est-il clair et met-il bien en valeur le contenu de l'étude?
Auteur	On s'enquiert de la compétence professionnelle de l'auteur.
	▪ L'auteur est-il membre d'un ordre professionnel ou attaché à un établissement de recherche ou d'enseignement?
	▪ A-t-il une parfaite connaissance du sujet traité?
Résumé	Le résumé doit passer en revue les éléments essentiels de l'article.
	▪ Le résumé définit-il les grandes lignes des principales étapes de la recherche: problématique, but, devis, échantillon, résultats et conclusions?
I. Introduction:	*Phase conceptuelle* Énoncé du problème et recension des écrits, définition du cadre théorique ou conceptuel, formulation du but, des questions de recherche ou des hypothèses.
II. Méthode:	*Phase méthodologique* Devis, échantillon, instruments de mesure, conduite de la recherche, traitement des données.
III. Résultats:	*Phase empirique* Analyses descriptives et inférentielles, seuil de signification.
IV. Interprétation:	*Phase d'interprétation* Description des résultats, conclusions et implications.

L'introduction se termine généralement par la formulation du but ou l'énoncé des questions de recherche ou des hypothèses.

Dans la critique que l'on fait, on doit apprécier l'intérêt que représente l'étude pour la discipline, la qualité de la conceptualisation et la convenance du cadre conceptuel ou théorique. En ce qui concerne la recension des écrits, on doit démontrer dans quelle mesure les écrits auxquels on se reporte contribuent à expliquer le problème et représentent l'état actuel des connaissances sur le sujet. Il convient d'évaluer si le cadre de référence qui définit le contexte de l'étude est approprié. Il ne doit y avoir aucun doute dans l'esprit du lecteur quant au but de l'étude. Les études qui examinent des relations entre des variables contiennent des hypothèses. Les hypothèses doivent se baser sur des théories ou des résultats de recherche. Elles doivent être clairement formulées et on doit y mentionner la population cible et les variables. Les études descriptives contiennent des questions de recherche.

ENCADRÉ 22.1
Les critères à appliquer dans la critique de la phase conceptuelle

Introduction

1. Le problème de recherche
   - Quel est le problème à l'étude ? (Que s'agit-il d'étudier[1] ?)
   - Le problème repose-t-il sur des travaux théoriques et empiriques ?
   - Le problème a-t-il rapport à la discipline ?
   - (Le problème est-il bien circonscrit ?)

2. La recension des écrits
   - Les travaux de recherche antérieurs sont-ils décrits et critiqués ? Se rapportent-ils directement au problème de recherche ?
   - Les bases théoriques du problème sont-elles reconnues et décrites ?
   - L'information fournie par l'auteur est-elle suffisante pour comprendre l'étude ?
   - Les références indiquées sont-elles récentes ?
   - À la suite de la recension des écrits, indique-t-on quel est l'état actuel des connaissances et précise-t-on ce qu'il reste à connaître sur le sujet ?
   - (La recension des écrits montre-t-elle l'évolution des connaissances ?)

3. Le cadre de référence
   - Le cadre théorique ou conceptuel est-il explicite ou incorporé dans les écrits ?

   - Le cadre théorique ou conceptuel décrit-il les concepts et, selon le cas, établit-il des relations entre les concepts ?
   - Les concepts clés sont-ils clairement définis ?
   - Les concepts sont-ils reliés aux variables à mesurer ?
   - (Le cadre de référence vous semble-t-il convenir ? Est-ce qu'un autre cadre de référence aurait mieux convenu ?)

4. Le but de l'étude et les questions de recherche ou les hypothèses
   - Quel est le but de l'étude ?
   - Précise-t-on en quoi l'étude va contribuer à augmenter les connaissances ? L'étude a-t-elle pour but de décrire un phénomène, d'expliquer une relation entre des variables ou de prédire les effets d'une intervention ?
   - Les questions de recherche sont-elles énoncées clairement et s'accordent-elles avec le but de l'étude ?
   - Les hypothèses sont-elles énoncées clairement ? Découlent-elles logiquement du cadre théorique ?
   - (Le but est-il lié au problème et donne-t-il des indications sur les concepts, la population et le milieu ?)

---

1. Dans les encadrés 22.1, 22.2 et 22.3, les énoncés entre parenthèses contiennent des éléments d'analyse critique.

La méthode (phase méthodologique)

Les composantes critiques de la méthode renvoient aux étapes au cours desquelles le chercheur met en œuvre divers moyens pour obtenir des réponses aux questions de recherche ou confirmer des hypothèses. La section traitant de la méthode doit contenir une description claire du devis utilisé. Dans les études expérimentales, l'auteur doit décrire l'intervention et indiquer comment les participants ont été répartis entre les groupes. On doit déceler les obstacles aux validités interne et externe. Dans les études non expérimentales, il faut discuter du procédé utilisé pour le choix des participants. Le milieu où s'est déroulé l'étude doit être décrit de même que la population cible et la méthode d'échantillonnage. On décrit les caractéristiques de

---

ENCADRÉ 22.2
Les critères à appliquer dans la critique de la phase méthodologique

Méthode

5. Type d'étude et plan général
   - Le devis de recherche est-il précisé (comment le chercheur s'y prend-il pour répondre aux questions de recherche ou pour confirmer les hypothèses)?
   - L'étude comporte-t-elle une intervention? Si oui, l'intervention (variable indépendante) est-elle clairement décrite et appliquée de façon constante?
   - Quelles sont les variables dépendantes?
   - Les variables sont-elles définies de façon opérationnelle?
   - Les variables étrangères sont-elles reconnues et contrôlées?
   - (Le devis permet-il d'atteindre le but de l'étude et d'examiner toutes les questions de recherche ou les hypothèses? Quels sont les obstacles à la validité?)

6. La population et les éléments de l'échantillon
   - La population visée et l'échantillon sont-ils décrits de façon précise?
   - Quels sont les critères utilisés pour l'échantillonnage?
   - Quelle est la taille de l'échantillon et comment celle-ci a-t-elle été déterminée?
   - Quelle méthode d'échantillonnage applique-t-on? Est-elle la plus appropriée?
   - Rapporte-t-on le désistement de participants?

   - A-t-on obtenu le consentement des participants?
   - (Comment a-t-on défini la population cible à laquelle les résultats seront généralisés?)

7. Les instruments de mesure
   - Les instruments de mesure sont-ils clairement décrits et indique-t-on s'ils ont été créés pour les besoins de l'étude, comment on les a utilisés et quelles étaient leurs qualités métrologiques?
   - A-t-on utilisé des instruments de mesure déjà existants?
   - Si l'instrument de mesure a été traduit et adapté d'une autre langue, explique-t-on les divers procédés employés pour le traduire et l'adapter?
   - Quels sont les niveaux de mesure utilisés pour mesurer les variables?
   - La fidélité et la validité des instruments de mesure sont-elles évaluées et rapportées?
   - (Y a-t-il lieu d'améliorer la fidélité et la validité des échelles de mesure?)

8. La collecte des données et la mise en œuvre des techniques d'analyse
   - Le milieu où s'est déroulée l'étude est-il clairement indiqué?
   - Précise-t-on quelles sont les techniques d'analyse?
   - De quelle technique d'analyse se sert-on pour décrire l'échantillon?
   - Les types d'analyse utilisés sont-ils précisés pour chaque question ou hypothèse?

l'échantillon et on en indique la taille. Il est nécessaire de préciser dans cette section la façon dont on a procédé pour obtenir le consentement des participants. En ce qui a trait à l'évaluation des méthodes de collecte des données, il y a lieu de déterminer comment celles-ci ont été recueillies. Les instruments de mesure doivent être fidèles et valides ; il faut donc pouvoir apprécier la qualité métrologique des instruments de mesure. Même si ses connaissances en matière de statistique sont limitées, le lecteur peut parvenir à préciser quel type d'analyse statistique a été utilisé et s'il est approprié. Les questions qui se rapportent à la méthode ont pour but de déterminer dans quelle mesure la conduite de l'étude répond aux exigences méthodologiques.

Les résultats et l'interprétation (phase empirique)

Il y a lieu d'abord de déterminer si les analyses statistiques utilisées conviennent au but de l'étude selon qu'il s'agit de décrire des phénomènes, d'examiner des relations entre des variables ou d'évaluer l'effet d'une intervention. En général, on décrit d'abord les caractéristiques de l'échantillon, puis on présente les résultats obtenus à l'aide des divers instruments de mesure. Si l'étude a pour but de vérifier des hypothèses, les analyses inférentielles doivent confirmer ou infirmer celles-ci. Les résultats de ces analyses doivent être décrits de façon exhaustive dans le texte et présentés dans des tableaux.

La dernière section de l'article de recherche concerne principalement l'interprétation des résultats. L'auteur dégage la signification des résultats obtenus. Dans

---

ENCADRÉ 22.3
Les critères à appliquer dans la critique de la phase empirique

Résultats et interprétation

9. Principaux résultats
   - Quels sont les principaux résultats obtenus ?
   - Lorsqu'il est utile de le faire, présente-t-on les résultats négatifs aussi bien que les résultats positifs ?
   - Indique-t-on le seuil de signification de chaque test statistique ?
   - Les tableaux et les figures sont-ils clairs et précis et sont-ils expliqués dans le texte ?

10. Interprétation, conclusions, implications, recommandations
    - Les résultats sont-ils interprétés en relation avec le cadre de référence ? Si oui, les résultats s'harmonisent-ils avec le cadre de référence ?
    - Explique-t-on aussi bien les résultats non significatifs que les résultats significatifs ?

- Les résultats concordent-ils avec ceux d'autres études menées sur le même sujet ?
- (Considère-t-on la signification clinique des résultats statistiquement significatifs ?)

11. Quelles sont les limites de l'étude indiquées par l'auteur ?

12. L'auteur discute-t-il de la généralisation des résultats à d'autres populations ou contextes ?

13. Quelles sont les conséquences des résultats de l'étude pour la discipline ou la pratique ?

14. Quelles recommandations fait-on pour des recherches futures ?

15. (En quoi cette étude fait-elle avancer les connaissances sur le sujet ?)

cette section, il établit également les limites de l'étude, dégage des conclusions, évalue les implications et formule des recommandations. L'auteur confronte les résultats de son étude avec ceux d'autres études publiées. Les résultats doivent être interprétés en relation avec le cadre conceptuel ou théorique. La signification statistique et clinique doit être discutée. Les limites de l'étude sont généralement établies, et on précise si elles ont pu influer sur les résultats. Pour les conclusions, l'auteur devrait aller au-delà des données et dégager la signification de l'étude et les possibilités de généralisation. Les conséquences sur la discipline doivent être clairement évaluées et les recommandations pour les recherches futures doivent être judicieuses.

22.4   Lecture critique d'un article de recherche paru dans *Pediatrics*

Nous reproduisons en annexe (p. 439), avec la permission des auteurs, l'article qui servira d'exemple pour la lecture critique (étape de la compréhension). L'article est tiré de la revue *Pediatrics* et s'intitule « Routine sucrose analgesia during the first week of life in neonates younger than 31 weeks' postconceptional age ».

Compte rendu de la lecture critique de l'article

Il s'agit, dans un premier temps, de comprendre la démarche suivie par les auteurs dans la description des étapes de leur recherche. Dans un deuxième temps, l'apport d'éléments d'analyse permettra de faire une critique plus approfondie de l'article et, surtout, de discerner les forces et les faiblesses de la recherche ainsi que les rapports logiques entre les étapes (Burns et Grove, 2003). L'étudiant pourra ensuite confronter les deux niveaux d'examen (compréhension et analyse). Le tableau 22.2 (p. 436) donne des indications sur la manière d'examiner les deux niveaux.

Lecture critique de l'article de Johnston, Filion, Snider, Majnemer, Limperopoulos, Walker et autres (2002)

Phase conceptuelle

1. Le problème.   On cherche à trouver une solution au problème des nouveau-nés prématurés qui sont soumis durant la première semaine de vie à un traitement sans analgésie ; la douleur persistante, si elle n'est pas traitée, peut avoir des conséquences graves à long terme sur le comportement des nouveau-nés.

2. La recension des écrits.   Plusieurs études rapportent que le saccharose a un effet analgésique chez les nouveau-nés, et que des doses précises auraient un effet analgésique tant chez les nouveau-nés prématurés que chez les nouveau-nés à terme. Les données à l'appui de l'utilisation du saccharose pour réduire la douleur chez les nouveau-nés sont sans doute suffisamment probantes puisque la substance est recommandée par des spécialistes. Les études publiées tendent à démontrer l'efficacité du saccharose pour soulager la douleur des nouveau-nés, mais les auteurs de l'article font valoir que les effets de l'usage régulier du saccharose comme analgésique chez les nouveau-nés prématurés n'ont pas été évalués.

3. Le cadre de référence.   Le cadre de référence n'est pas précisé, il est contenu implicitement dans la recension des écrits. Il fait intervenir un mécanisme physiologique pour expliquer la cause de l'effet analgésique : ce dernier s'expliquerait par la libération des opiacés endogènes déclenchés par le goût du sucre, encore qu'il faille aussi tenir compte du fait que celui-ci a un effet sédatif immédiat. Des études réalisées avec d'autres saccharides confirment l'hypothèse du goût du sucre.

4. Le but.   Déterminer l'efficacité du saccharose dans tous les procédés thérapeutiques douloureux durant la première semaine de vie de nouveau-nés dont l'âge gestationnel est de moins de 31 semaines.

5. Les hypothèses.   Les auteurs avancent l'hypothèse que l'emploi judicieux des analgésiques pour soulager les nouveau-nés prématurés durant la première semaine de vie aurait des effets positifs sur le développement à long terme de ces derniers.

Phase méthodologique

6. Le type d'étude et le devis général.   Il s'agit d'une étude expérimentale, plus précisément d'un essai clinique randomisé à double insu dans lequel les nouveau-nés prématurés ont été répartis de façon aléatoire dans les groupes expérimental et témoin. On a administré au groupe expérimental une solution de saccharose par la bouche à l'aide d'une seringue chaque fois qu'on appliquait un procédé invasif ou douloureux, tandis que le groupe témoin recevait une solution d'eau suivant la même méthode. Les solutions étaient données deux minutes avant l'application du procédé et deux minutes après le début de celle-ci.

Le milieu.   L'étude a été menée dans trois centres hospitaliers universitaires du Canada.

7. Les variables.   La *variable indépendante,* qui est l'intervention, est l'utilisation du saccharose pour soulager la douleur des nouveau-nés au cours des procédés thérapeutiques douloureux mis en œuvre durant leur première semaine de vie. Les *variables dépendantes* sont, d'une part, le développement neurocomportemental opérationnalisé par des échelles mesurant la vigilance, l'orientation, le développement moteur et la vigueur et, d'autre part, la gravité de la maladie durant l'intervention et au moment du congé, opérationnalisée par deux échelles de mesure, le SNAP et le NBRS.

8. La description de l'échantillon.   Les *critères d'échantillonnage* pour les nouveau-nés sont : un âge gestationnel au moment de la naissance se situant entre 25 et 31 semaines complètes ; un potentiel de survie selon le spécialiste en néonatalogie ; un poids au-dessus du 5e percentile ; des saignements intra-ventriculaires inférieurs à 3 ; une absence de leucomalacie périventriculaire ; une absence d'anomalie congénitale ou une anomalie congénitale ne nécessitant pas de chirurgie.

La *taille de l'échantillon* a été estimée à 35 par groupe pour une puissance de 0,8 et un seuil de signification statistique à 0,05. Les *caractéristiques de l'échantillon* sont présentées au tableau 1 selon le nombre total de participants (103), le nombre de sites (trois unités de soins intensifs de niveau III en néonatalogie) et le nombre dans le groupe expérimental (51) et témoin (52), ainsi que l'âge gestationnel des participants (entre 25 et 31 semaines), le poids à la naissance et l'indice de risque clinique.

9. L'éthique.   Les auteurs mentionnent que le projet a été soumis au comité d'éthique de la recherche de chaque site.

10. Les instruments de mesure.   Deux groupes de variables ont été mesurés. Le développement neurocomportemental a été mesuré à l'aide de sous-échelles portant sur l'orientation et la vigilance, le développement moteur et la vigueur contenues dans le Neurobehavioral Assessment of the Preterm Infant (NAPI). Le NAPI évalue la maturité relative du fonctionnement des nouveau-nés prématurés avec des scores qui reflètent divers degrés de maturité. La plupart des évaluations ont été faites au moyen de l'observation des comportements des nouveau-nés et leurs réactions aux stimuli ont été mesurées avec l'instrument de mesure. Les mesures ont été faites à 32, 36 et 40 semaines. Dans un des hôpitaux, on a utilisé la vidéo au cours de la première semaine de l'étude pour enregistrer les expressions faciales du nouveau-né durant le procédé douloureux et vérifier si la solution de saccharose avait un effet immédiat.

L'autre groupe de variables concerne la gravité de la maladie durant l'intervention et au moment du congé des soins intensifs. La gravité de la maladie a été mesurée par le Score for Neonatal Acute Physiology (SNAP) et le Neuro-Biological Risk Score (NBRS). Les informations de base (poids, Apgar, glucose sérique, etc.) ont été prises dans des dossiers médicaux au moyen du Clinical Risk Index for Infants (CRIB).

La fidélité et la validité.   La fidélité de stabilité (test-retest) du NAPI se situait entre 0,59 et 0,90. La fidélité entre les observateurs se situait entre 0,64 et 0,93 et la fidélité entre les codeurs de l'enregistrement était supérieure à 0,90. La validité clinique et la sensibilité de l'instrument ont été établies à l'aide d'un index de classification des complications.

Phase empirique

11. Les résultats des analyses statistiques.   Les auteurs ont utilisé des analyses descriptives pour caractériser l'échantillon, comme le montre le tableau 1 (p. 443). Des analyses inférentielles multivariées de la covariance ont été réalisées en vue d'établir s'il existe une différence entre les groupes relativement au développement et à la gravité de la maladie. On n'a pas trouvé de différences significatives entre le groupe à qui on a administré la solution de saccharose et celui qui a reçu de l'eau, comme l'indique le tableau 2 (p. 445). Des analyses secondaires de régression multiple ont servi à déterminer si des facteurs désignés (âge gestationnel à la naissance, CRIB, médications, nombre de procédures invasives ou nombre de doses de saccharose) ont eu un effet sur les scores de la mesure NAPI. On n'a pas trouvé de facteurs prédictifs significatifs pouvant influer sur la mesure NAPI. Des prédicteurs significatifs ont été trouvés seulement pour le groupe recevant la solution de saccharose (tableau 2).

En ce qui concerne la mesure SNAP, il n'y avait pas de différences ou de facteurs associés à cette mesure pour chaque jour. Les analyses de covariance n'ont pas donné de résultats significatifs avec l'âge gestationnel à la naissance et le nombre de procédés invasifs comme covariables sur les scores du NBRS à deux semaines de vie. Une analyse de régression a permis de déceler des facteurs cliniques antérieurs pouvant prédire des scores de maladies physiologiques plus élevés (tableau 3, p. 446).

12. L'interprétation des résultats.   Les auteurs de l'article rapportent qu'il n'y a pas de différences significatives entre les deux groupes en ce qui concerne les variables dépendantes, à savoir le développement à long terme et la gravité de la maladie. Ces résultats sont en partie mis sur le compte d'une faible assiduité dans l'administration des solutions. Les résultats des analyses secondaires portant sur le nombre de solutions de saccharose contredisent l'hypothèse formulée pour deux des âges vérifiés pour le développement neurocomportemental et les résultats des tests de gravité de la maladie menés avant le congé des soins intensifs. Ces résultats peuvent s'expliquer entre autres par la tolérance au saccharose, la petite taille de l'échantillon et l'effet de l'arrêt brusque de l'administration du saccharose sur les comportements d'auto-modulation, cet arrêt ayant entraîné des conséquences sur les plans neurocomportemental et physiologique dans les semaines ultérieures. Les auteurs font référence à leurs propres études et à celles d'autres auteurs pour expliquer ces résultats.

13. Les limites de l'étude.   Certaines limites ont été cernées au moment de l'interprétation des résultats, les principales étant la taille restreinte de l'échantillon et, surtout, le faible contrôle de la variable indépendante.

14. La généralisation des résultats.   Étant donné les résultats obtenus, les auteurs ne suggèrent pas de généraliser l'utilisation du saccharose aux nouveau-nés dont l'âge gestationnel est de moins de 32 semaines.

15. Les implications pour la discipline.   Le saccharose n'est pas recommandé pour les nouveau-nés dont l'âge gestationnel est de moins de 32 semaines, mais il a des effets bénéfiques chez ceux ayant complété plus de 32 semaines de grossesse.

16. Les recommandations.   Les auteurs recommandent fortement de répéter cette étude avec un échantillon plus large ou plus homogène de sujets âgés d'au moins 32 semaines d'âge gestationnel en s'assurant de la constante assiduité des intervenants et en incluant des données physiologiques sur tous les nouveau-nés participants.

Analyse critique de l'article

Dans notre analyse critique, nous mettons en évidence les forces et les faiblesses des étapes de la recherche et de leurs rapports logiques. L'analyse porte sur le titre, le résumé, le problème, le but, la recension des écrits, le cadre de référence, les méthodes, les résultats et l'interprétation.

Le titre et le résumé.   Le titre indique clairement le sujet de l'étude, et notamment la variable principale et la population. Le résumé précise le but de l'étude, mais ne formule pas le problème. La section des méthodes renseigne sur la taille de l'échantillon, ses caractéristiques, les instruments de mesure des variables, les principaux résultats, l'interprétation et les conclusions.

Le problème et le but.   L'article commence non pas par l'énoncé du problème, mais par celui de la solution : on conclut aux bienfaits du saccharose comme analgésique auprès des nouveau-nés. Le problème et ses conséquences sont décrits dans les dernières phrases de l'introduction : les nouveau-nés prématurés doivent faire l'objet de nombreux procédés thérapeutiques sans analgésie et la douleur provoquée par ceux-ci peut avoir des répercussions négatives sur le comportement ultérieur des nouveau-nés prématurés.

Le but est énoncé dans le résumé de façon plus précise qu'à la fin de l'introduction et les variables dépendantes ne sont pas indiquées dans celle-ci. Dans le résumé, l'énoncé du but précise la variable indépendante (l'effet analgésique du saccharose) et les conditions dans lesquelles elle s'applique (dans les procédés thérapeutiques douloureux). Les variables dépendantes se rapportent à des résultats cliniques. On les précise plus loin dans le texte : ce sont le développement neurocomportemental et la gravité de la maladie au cours du séjour à l'unité de soins intensifs et au départ.

La recension des écrits.   La recension des écrits est centrée sur les études qui mettent en évidence les bienfaits de l'utilisation du saccharose comme analgésique au cours de procédés thérapeutiques douloureux chez les nouveau-nés prématurés et les nouveau-nés à terme. Après avoir fait rapidement le point sur les connaissances relatives au sujet, les auteurs précisent que l'usage répété du saccharose comme analgésique chez des nouveau-nés prématurés n'a jamais été étudié et que leur étude a pour but de combler cette lacune.

Le cadre de référence.   L'étude n'indique pas clairement quel est le cadre de référence. Des éléments de celui-ci sont incorporés au début de la recension des écrits ; on précise que l'effet analgésique s'expliquerait par la libération des opiacés endogènes provoquée par le sucre, ce qui laisse supposer que l'étude s'appuie sur un modèle fondé sur des données physiologiques. Bien que ces données physiologiques semblent utiles pour l'étude, une description plus complète du modèle physiologique aurait permis de mieux saisir les concepts en jeu et leurs relations.

Les méthodes.   Celles-ci sont bien décrites et conviennent au type d'étude qui est mené. Celui-ci est clairement défini, mais les obstacles aux validités interne et externe ne sont pas examinés. L'étude décrit avec précision les conditions dans lesquelles l'intervention (variable indépendante) a eu lieu ainsi que les variables dépendantes qui ont été mesurées. On ne précise pas toujours comment les données ont été recueillies auprès des nouveau-nés prématurés. Le lecteur peut se demander pourquoi on n'a fait des enregistrements vidéo que dans un seul hôpital ; il en résulte une grande variabilité entre les hôpitaux.

La taille de l'échantillon (107) paraît convenable, ayant été estimée à 35 participants par groupe avec une puissance de 0,8 et un seuil de signification établi à 0,05. Cependant, en dépit d'un échantillon une fois et demie plus grand, les auteurs ne sont pas parvenus à démontrer des résultats significatifs relativement à l'hypothèse principale. Selon les auteurs, l'estimation initiale de l'échantillon a été calculée sur la base d'analyses univariées pour chaque variable, et il y a un manque d'homogénéité de ce point de vue. La méthode d'échantillonnage, les critères de sélection et les caractéristiques de l'échantillon sont clairement indiqués. Les droits des participants ont été respectés puisque le projet a obtenu l'approbation du comité d'éthique de la recherche de chaque site.

Les méthodes de collecte des données (Neurobehavioral Assessment of the Preterm Infant [NAPI]) semblent appropriées pour mesurer les groupes de variables (orientation, développement moteur, vigilance, vigueur) liés au développement neurocomportemental et les variables relatives à la gravité de la maladie (Score for Neonatal Acute Physiology [SNAP], Neuro-Biological Risk Score [NBRS] et Clinical Risk Index for Infants [CRIB]). Les instruments de mesure sont décrits en détail, mais les méthodes de collecte des données utilisées dans chaque hôpital ne sont pas bien précisées. Par exemple, dans un hôpital on a enregistré sur vidéo un certain nombre de participants, alors que, dans d'autres, on a fait de l'observation directe sur le terrain. Certaines informations de base relatives à la gravité de la maladie auraient été prises dans des dossiers médicaux alors qu'on n'indique pas la provenance des données obtenues au moyen des instruments SNAP, NBRS et CRIB. Les résultats des analyses de fidélité et de validité effectuées sur l'instrument NAPI sont bien décrits et les coefficients de fidélité sont acceptables. Les instruments de mesure SNAP, NBRS et CRIB ont déjà été utilisés, mais on ne précise pas quelles sont leurs qualités métrologiques.

Les résultats.   Les résultats sont présentés clairement et ils sont en rapport avec les hypothèses implicites. Les techniques statistiques utilisées pour analyser les données relatives aux variables dépendantes sont décrites assez clairement et paraissent appropriées au niveau de mesure des variables. Par ailleurs, il était approprié de réaliser des analyses secondaires de régression multiple afin de déterminer, en l'absence de résultats significatifs entre les deux groupes, la variable pouvant prédire le développement à long terme ou la gravité de la maladie. Les résultats multiples sont exposés dans la vérification des variables dépendantes et résumés dans deux tableaux qui facilitent la compréhension.

L'interprétation.   Les auteurs expliquent de façon plausible le fait que les résultats ne sont pas significatifs, qu'ils sont contraires à ce qu'ils avaient prévu. Les résultats obtenus s'expliquent entre autres, selon eux, par les doses de saccharose administrées. Leur raisonnement à cet égard se révèle concluant. Les résultats de cette étude ne peuvent être confrontés avec ceux d'autres études étant donné que l'effet répété du saccharose sur les nouveau-nés prématurés n'avait jamais été étudié auparavant. Le texte s'appuie par ailleurs sur des références solides. Étant donné les résultats obtenus, les auteurs ont été bien avisés de recommander de répéter cette étude en tenant compte des faiblesses décelées et de déconseiller l'administration régulière du saccharose à des nouveau-nés de moins de 32 semaines.

22.5   La critique en recherche qualitative

Considérant que la recherche quantitative et la recherche qualitative s'appuient sur des philosophies différentes, qu'elles ont chacune leurs buts propres et que leurs méthodes d'investigation diffèrent, il est logique que des critères différents de ceux que nous venons de décrire guident la critique des études qualitatives. Tout comme pour les recherches quantitatives, un certain nombre d'auteurs ont proposé des critères pour la lecture critique des recherches qualitatives (Leninger, 1990 ; Lincoln, 1995 ; Burns et Grove, 2003 ; LoBiondo-Wood, Haber, Cameron et Singh, 2005). La diversité des approches qualitatives nous amène à considérer des critères assez généraux pour être applicables à l'évaluation des recherches qualitatives en général. Nous présentons, à l'encadré 22.4, les grandes lignes des grilles de lecture critique tirées de LoBiondo-Wood et autres (2005) et de Côté et Turgeon (2002). On peut trouver une grille de lecture critique d'une recherche qualitative portant sur un problème de santé dans Côté et Turgeon (2002). Cet article fournit en outre des explications pour chacun des critères.

ENCADRÉ 22.4
Les critères de lecture critique d'un article de recherche qualitative

1. Description du phénomène à étudier
   - Quel est le phénomène à considérer ? Est-il clairement décrit ?
   - L'auteur explique-t-il les raisons qui l'ont conduit à mener une recherche qualitative et, en particulier, la recherche qu'il a réalisée ?

2. But
   - Le but est-il clairement formulé ?

3. Méthode
   - La méthode utilisée pour recueillir les données découle-t-elle du but de l'étude ? Est-elle appropriée pour étudier le phénomène ?

4. Échantillon
   - Explique-t-on comment on a choisi les participants ? À quel genre d'échantillon a-t-on affaire ?

5. Collecte des données
   - La méthode de collecte des données est-elle appropriée au but de l'étude ? Consiste-t-elle en observations, en entrevues, en prises de notes ?
   - Examine-t-on les aspects éthiques de la recherche ?

6. Analyse des données
   - Les procédés utilisés pour analyser les données sont-ils décrits ? Sont-ils crédibles ?

7. Résultats
   - Les résultats sont-ils présentés de façon claire ? Sont-ils mis en rapport avec ce qu'on sait déjà du phénomène ?
   - Les citations aident-elles à comprendre les résultats ?

8. Interprétation
   - Les interprétations sont-elles correctes et utiles ?

9. Conclusions
   - Les conclusions s'accordent-elles avec les résultats de l'étude ?

10. Recommandations et implications
    - Suggère-t-on des pistes de recherche ?
    - Quel intérêt l'étude présente-t-elle pour la discipline ou la pratique professionnelle ?

Résumé

La critique en recherche est une activité qui consiste à juger de la valeur d'une étude. La critique concerne les différentes étapes du processus de recherche. La critique est aussi un moyen de comprendre le processus de recherche parce qu'elle permet entre autres d'estimer l'importance du problème de recherche, d'examiner les bases théoriques et empiriques de la recherche, les relations du problème considéré avec la méthodologie utilisée, l'exactitude des résultats et la validité des conclusions. Elle peut prendre diverses significations selon son degré d'approfondissement. Certains types de critique peuvent à cet égard exiger du lecteur une formation et des compétences particulières. La compréhension d'un texte, que nous associons à la lecture critique, représente le premier niveau de la critique ; elle permet de suivre la démarche de l'auteur dans la conceptualisation et la réalisation de son étude ainsi que dans l'interprétation qu'il donne des résultats. L'analyse critique va plus loin, car elle fait ressortir les forces et les faiblesses d'une étude et examine les rapports logiques entre les diverses parties de celle-ci. Les divisions de l'analyse critique correspondent à celles du texte (introduction, méthode, résultats et interprétation). Dans la lecture critique, chacune des phases de la recherche donne lieu à l'application de critères particuliers. Un article de Johnston et autres (2002) a fourni l'occasion à l'étudiant d'utiliser les différents critères servant à la compréhension et à l'analyse d'une étude. Le chapitre se termine par un exposé de quelques notions relatives à la recherche qualitative et la définition de critères généraux susceptibles d'être appliqués dans la lecture critique d'articles de recherche qualitative.

Mots clés

Activité intellectuelle	Critère d'analyse critique	Organisation d'un article
Analyse critique	Critère de lecture critique	Recommandation
Article empirique	Interprétation	Résultat
Composante critique	Introduction	Résumé
Compréhension	Lecture critique	Titre
Conclusion	Méthode	

Exercices de révision

Nous présentons en complément, au tableau 22.2, une liste de questions pouvant servir de guide dans la lecture ou l'analyse critique d'un article de recherche. Le lecteur peut se référer à la grille pour faire, à titre d'exercice, la critique d'un article de recherche de son choix. Nous lui suggérons de faire la lecture critique (étape de la compréhension) avant l'analyse critique.

TABLEAU 22.2
Grille de lecture et d'analyse critique d'un article de recherche

Éléments de compréhension	Éléments d'analyse
Phase conceptuelle	**Phase conceptuelle**
■ Quel est le problème à résoudre ?	1. Le problème est-il bien circonscrit et formulé ? L'énoncé du problème fait-il clairement référence au but de l'étude, aux concepts clés et à la population ?
■ Quelles sont les principales études sur lesquelles s'appuie l'examen du problème ?	2. La recension des écrits met-elle en évidence l'évolution des connaissances ?
■ Le cadre de référence est-il précisé ou faut-il l'inférer de la recension des écrits ?	3. Le cadre de référence est-il approprié à l'étude ? S'il ne l'est pas, par quel autre cadre pourrait-on le remplacer ?

Compréhension	Éléments d'analyse
Phase conceptuelle (*suite*)	**Phase conceptuelle (*suite*)**
▄ Quel est le but poursuivi ?	4. Le but est-il en rapport avec le problème et le cadre de référence ?
▄ Quelles sont les questions ou les hypothèses de recherche ?	5. Les questions de recherche ou les hypothèses sont-elles clairement formulées et découlent-elles logiquement du cadre conceptuel ou théorique ?
Phase méthodologique	**Phase méthodologique**
▄ À quels types d'étude et de devis ou de plan général a-t-on affaire ?	6. Le devis est-il en rapport avec le but de l'étude et convient-il pour examiner les questions ou les hypothèses ?
▄ Quelles sont les variables à l'étude ? Sont-elles définies de façon opérationnelle ?	7. Les variables correspondent-elles aux concepts définis dans le cadre de référence ?
▄ Les critères de sélection des participants sont-ils clairement formulés ? Quelles sont les caractéristiques et la taille de l'échantillon ?	8. La méthode d'échantillonnage est-elle appropriée ? La taille de l'échantillon est-elle judicieuse ?
▄ L'auteur tient-il compte des aspects éthiques de la recherche, et en particulier du consentement ?	9. Les droits des participants sont-ils protégés ?
▄ Quels sont les instruments de mesure utilisés, comment ont-ils été conçus et par qui ?	10. Les instruments de mesure conviennent-ils pour mesurer les variables ? Sont-ils fidèles et valides ?
Phase empirique	**Phase empirique**
▄ Quels types d'analyses statistiques a-t-on utilisés ?	11. Les analyses statistiques sont-elles appropriées et clairement décrites ?
▄ Quels sont les éléments d'interprétation ? Sont-ils en rapport avec le cadre de référence ?	12. Les résultats sont-ils interprétés en relation avec les questions de recherche ou les hypothèses ? Explique-t-on les résultats significatifs et non significatifs ?
▄ Quelles sont les recommandations de l'auteur en ce qui a trait à la recherche et à la clinique ?	13. Les recommandations cadrent-elles avec le type d'étude et les résultats rapportés ?
▄ Quelles sont les conclusions de l'étude ?	14. Les conclusions sont-elles fondées sur des résultats statistiquement significatifs et cliniques ?
▄ L'auteur suggère-t-il de généraliser les résultats à d'autres populations ou contextes ?	15. Sur le plan clinique, les résultats peuvent-ils logiquement être étendus à d'autres groupes de personnes ou à d'autres contextes ?
▄ Quelles pourraient être les conséquences de l'étude sur la pratique des sciences infirmières ?	16. Les conséquences évaluées par l'auteur sont-elles suffisamment importantes pour que je modifie ma pratique ?

Source : Adapté de S. Cossette, J. Côté et A. Duquette (2002), *Grille de lecture et d'analyse critique d'un article de recherche*, FSI, Université de Montréal.

Références bibliographiques

Addison Wesley Longman (2000-2001). *Critical Reading Techniques* (en ligne). Sur Internet: [http://occawlonline.pearsoned.com/bookbind/pubbooks/lardner_awl/chapter1/custom5/deluxe-content.html] (consulté le 15 janvier 2005).

Audet, N. et Leclère, H. (2001). « Les habiletés requises pour la lecture critique en médecine: un cadre de référence issu d'une recension des écrits », *Pédagogie médicale, 2*(4), p. 206-212.

Bibliothèques des sciences de la santé (2004). *Lecture critique d'articles scientifiques,* Montréal, Université de Montréal, Direction des bibliothèques (en ligne). Sur Internet: [http://www.bib.umontreal.ca/SA/caps30b.htm] (consulté le 15 janvier 2005).

Brown, S.J. (1999). *Knowledge for Health Care Practice: A Guide to Using Research Evidence,* Philadelphie, W.B. Saunders.

Burns, N. et Grove, S.K. (2003). *Understanding Nursing Research,* 3e éd., Philadelphie, W.B. Saunders.

Cleveland State University Writing Center (CSU) (2004). « Critical Reading: What Is Critical Reading, and Why Do I Need to Do It? » (en ligne). Sur Internet: [http://www.csuohio.edu/writingcenter/critread.html] (consulté le 9 août 2004).

Côté, L. et Turgeon, J. (2002). « Comment lire de façon critique les articles de recherche qualitative en médecine », *Pédagogie médicale, 3,* p. 81-90 (en ligne). Sur Internet: [http://w3.fmed.ulaval.ca/mfa/fileadmin/template/main/site_fac/mfa/secteurs/recherche/Recherche_qualitative/grille_cote-turgeon.pdf] (consulté le 15 janvier 2005).

Doré, F.Y. (1988). « Diffusion des connaissances scientifiques », dans M. Robert (dir.), *Fondements et étapes de la recherche scientifique en psychologie,* 3e éd., Saint-Hyacinthe, Edisem.

Drew, C.J., Hardman, M.L. et Hart, A.W. (1996). *Designing and Conducting Research: Inquiry in Education and Social Science,* 2e éd., Boston, Allyn and Bacon.

Fillastre, J.P. et Colin, R. (2001). « Analyse critique ou lecture critique des articles médicaux: quelle cible choisir pour l'enseignement et l'évaluation? », *Pédagogie médicale, 2*(4), p. 197, 198.

Gillis, A. et Jackson, W. (2002). *Research for Nurses: Methods and Interpretation,* Philadelphie, F.A. Davis.

Groupe de recherche et d'action pour la santé (2004). *Méthode de lecture critique proposée,* Bruxelles, Université libre de Bruxelles (en ligne). Sur Internet: [http://www.ulb.ac.be/esp/gras/canevas.html] (consulté le 9 août 2004).

Johnston, C.C., Filion, F., Snider, L., Majnemer, A., Limperopoulos, C., Walker, C.-D., Veilleux, A., Pelausa, E., Cake, H., Stone, S., Sherrard, A. et Boyer, C. (2002). « Routine sucrose analgesia during the first week of life in neonates younger than 31 weeks' postconceptional age », *Pediatrics, 110*(3), p. 523-528.

Knott, D. (2004). *Critical Reading Towards Critical Writing,* Toronto, University of Toronto (en ligne). Sur Internet: [http://www.utoronto.ca/writing/critrdg.html] (consulté le 15 janvier 2005).

Kurland, D.J. (2000). *How the Language Really Works: The Fundamentals of Critical Reading and Effective Writing* (en ligne). Sur Internet: [http://www.criticalreading.com] (consulté le 15 janvier 2005).

Leninger, M. (1990). « Ethnomethods: The philosophic and epistemic bases to explicate transcultural nursing knowledge », *Journal of Transcultural Nursing, 1,* p. 40-51.

Lincoln, Y.S. (1995). « Emerging criteria for quality in qualitative and interpretative research », *Qualitative Inquiry, 1,* p. 275-289.

LoBiondo-Wood, G., Haber, J., Cameron, C. et Singh, M.D. (2005). *Nursing Research in Canada: Methods, Critical Appraisal, and Utilization,* Toronto, Elsevier Mosby.

Nieswiadomy, R.M. (2002). *Foundations of Nursing Research,* 4e éd., Upper Saddle River (N.J.), Prentice Hall.

Polit, D.F., Beck, C.T. et Hungler, B.P. (2001). *Essentials of Nursing Research: Methods, Appraisal, and Utilization,* 5e éd., Philadelphie, Lippincott.

Ryan-Wenger, N.M. (1992). « Guidelines for critique of a research report », *Heart and Lung: Journal of Critical Care, 21*(4), p. 394-401.

Schmitt, M.P. et Viala, A. (1982). *Savoir-lire. Précis de lecture critique,* 4e éd., Paris, Éditions Didier.

Tremblay, R.R. et Perrier, Y. (2000). *Savoir plus. Outils et méthodes de travail intellectuel,* Montréal, Chenelière/McGraw-Hill.

Annexe

« Routine sucrose analgesia during the first week of life in neonates younger than 31 weeks' postconceptional age »*

*C. Celeste Johnston, DEd, RN***, Françoise Filion, MS, RN***,
Laurie Snider, PhD, OT***, Annette Majnemer, PhD, OT***,
Catherine Limperopoulos, MSc, OT***, Claire-Dominique Walker, PhD***,
Annie Veilleux, MD****, Ermelinda Pelausa, MD†, Heather Cake, MA†,
Sharon Stone, RN†, Adam Sherrard, BSc*** and Kristina Boyer, MSc(A), RN****

Objective. To determine the efficacy of sucrose analgesia for procedural pain during the first week of life in preterm neonates in neonatal intensive care units on enhancing later clinical outcomes.

Methods. A total of 107 preterm neonates who were born at <31 weeks' postconceptional age (PCA) entered this double-blind, randomized, controlled trial within 48 hours of birth at 3 level III university-affiliated neonatal intensive care units in Canada, and 103 completed the study. Sucrose (0.1 mL of 24%) or sterile water was administered orally up to 3 times, 2 minutes apart, for every invasive procedure during a 7-day period. Motor development and vigor, and alertness and orientation components of the Neurobehavioral Assessment of the Preterm Infant were measured at 32, 36, and 40 weeks' PCA; Score for Neonatal Acute Physiology was measured on the last day of intervention; and Neuro-Biological Risk Score (NBRS) was measured at 2 weeks of age and at discharge. Primary analyses of covariance were applied for each outcome to compare group differences followed by secondary analyses using standard linear regression within each group to determine predictors of outcomes.

Results. Although there were no differences between the groups on any outcomes, there were significant dose-related effects within each group. In the sucrose group only, higher number of doses of sucrose predicted lower scores on motor development and vigor, and alertness and orientation at 36 weeks', lower motor development and

---

* Reprint requests to (C.C.J.) McGill University School of Nursing, 3506 University St., Montréal, Qc. Canada, H3A 2A7.
E-Mail: celeste.Johnston@mcgill.ca
PEDIATRICS (ISSN 0031 4005), Copyright © 2002 by the American Academy of Pediatrics.

** From McGill University, Montréal, Canada.

*** From Hospital St. Justine, Montréal, Canada.

† From IWK-Grace Health Sciences Centre, Halifax, Canada.

vigor at 40 weeks', and higher NBRS at 2 weeks' postnatal age. Higher number of invasive procedures was predictive of higher NBRS both times in the water group.

Conclusions. Repeated use of sucrose analgesia in infants <31 weeks' PCA may put infants at risk for poorer neurobehavioral development and physiologic outcomes. Additional study is needed to determine the most appropriate age and duration of sucrose analgesia in preterm infants.

Abbreviations: NICU, neonatal intensive care unit • PCA, postconceptional age • NAPI, Neurobehavioral Assessment of the Preterm Infant • AO, alertness and orientation • MDV, motor development and vigor • SNAP, Score for Neonatal Acute Physiology • NBRS, Neuro-Biological Risk Score • CRIB, Clinical Risk Index for Infants.

Introduction

Sucrose has been reported to have analgesic properties in newborns, both animal and human.[1-4] In a systematic review of sucrose analgesia, doses from 0.05 to 2 mL of 12% to 50% sucrose were reported to have analgesic effects in preterm or full-term neonates.[5] The mechanism for the analgesic effect is thought to be via the release of endogenous opiates triggered by sweet taste,[1,2,6] although the salience of a taste is immediately calming and distracting.[7] Studies in which other saccharides were tested for analgesic properties provide support for the sweet taste hypothesis.[8-10] Lactose and human milk seem not to have analgesic properties, but they are relatively less sweet than the other sugars studied.[11-12] The data supporting the use of sucrose as an analgesic for «minor» painful procedures are sufficiently strong that the American and Canadian Pediatric Societies have recommended the use of sucrose for such procedures as heel lances, injections, and intravenous line insertions.[13] This is particularly important for preterm or ill infants in the neonatal intensive care units (NICU) environment, where they undergo multiple invasive, tissue-damaging, and presumably painful procedures daily.[14-16] Typically, more of these procedures occur during the first week of life with stabilization and diagnosis of the newborn. There is mounting evidence that untreated procedural pain in newborn preterm infants can alter subsequent behavior, specifically leading to less robust behavioral responses.[17, 18]

Although the data on the effect of sucrose for a single painful procedure are strongly supportive of the use of sucrose for management of minor procedural pain, the effects of routine use of sucrose analgesia in preterm infants have not been evaluated. Given emerging data on negative behavioral sequelae to untreated procedural pain in preterm neonates, it would be reasonable to hypothesize that if procedural pain were adequately managed in the first week of life in preterm neonates, then there might be positive long-term developmental effects. Therefore, the purpose of this study was to investigate the efficacy of routine sucrose analgesia for procedural pain in the first week of life in preterm infants born at <31 weeks' postconceptional age (PCA).

Methods

Sample

Three level III university-affiliated NICUs in Canada were the sites for the study, and each site provided ethics approval by a constituted review board. The sites were similar in level of acuity of the infants and teaching programs. There were differences in level of developmental care: 1 site had completely implemented it, and the other 2 had some components (eg, unit darkened except for morning rounds). One unit treated with indomethacin more than the other units. Infants who were born between 25 and 31 completed weeks' PCA, were expected to live according to the opinion of the attending neonatologist, were above the fifth percentile weight for gestational age, had intraventricular hemorrhage less than grade 3 and no periventricular leukomalacia, were free of major congenital anomalies, and did not require surgery and whose parents consented within 48 hours of birth were included in the study. Sample size estimates based on the primary outcomes of Neurobehavioral Assessment of the Preterm Infant (NAPI[19]) were 35 per group for a power of 0.8 with statistical significance set at .05.

Intervention

Enrolled infants were randomly assigned to the sucrose or water group from a computer-generated schedule for each site. Only the project nurses in each site knew the group assignment; treating clinicians were blind to group assignment. Solutions of 0.1 mL of 24% sucrose or water were drawn up into sterile syringes and placed in the unit medicine refrigerator. Every time the infant was to undergo an invasive (eg, heel lance, intravenous cannulation, arterial puncture, injection) or noninvasive but presumably uncomfortable procedure (eg, endotracheal tube suctioning, tape/lead removal, gavage insertion for feeding), the solution in the syringe was administered into the infant's mouth, at the beginning of the procedure, 2 minutes into the procedure, and another 2 minutes into the procedure. If the procedure was to last >15 minutes, up to another 3 0.1 doses were to be given 2 minutes apart.

In 1 site, there was videotaping of 1 infant at any point in time for the duration of the study week. A small wide-angle lens camera rested on top of the isolette and was connected to a mat on the floor next to the isolette such that stepping on the mat triggered 5-minute recording. The person who approached the infant was to identify his or her role (eg, nurse, mother) and the purpose of his or her approach (eg, suctioning, visiting). In this way, facial actions could be recorded during painful procedures to verify whether there was an immediate analgesic effect of the sucrose. Coding of faces was conducted in the laboratory according to the upper facial components of the Neonatal Facial Coding System.[20] Only the upper facial components were coded because many of the infants were intubated and these components have been shown to be specific to pain response in preterm infants.[21]

Outcomes

The primary outcome was neurobehavioral development assessed by the subscales of alertness and orientation (AO) and motor development and vigor (MDV) of the

NAPI developed by Korner and colleagues.[19,22-24] The NAPI is appropriate for infants between 32 weeks' PCA and term. It assesses the relative maturity of functioning of preterm infants, with higher scores reflecting higher maturity, and can differentiate 2 weeks' PCA. Much of the examination consists of observational items, and the remainder rates the infant's response to stimuli. This assessment takes approximately 30 minutes to administer and includes 7 clusters of single-item neurobehavioral dimensions: MDV, scarf sign, popliteal angle, AO, irritability, vigor of crying, and percentage asleep ratings. Test-retest reliability over 2 consecutive days ranged from 0.59 to 0.90. Original interobserver reliability ranged from 0.64 to 0.93.[23] The observers in this study were either occupational therapists (L.S., C.L.) or a psychologist (H.C.) with doctoral training and experience with this population. After the viewing of a detailed training tape provided with the NAPI kit, the interrater reliability using the intraclass correlation coefficient was >0.9. The clinical validity and sensitivity of the NAPI were established using an index of medical complications based on a 1 to 5 classification range of degrees of complications.[25] Functions that required strength and vigor were significantly related to medical complications, whereas items that assessed AO were not.[25-26] Assessments were conducted at 32, 36, and 40 weeks' PCA if respirations were unassisted and the infant was available for assessment.

The secondary outcomes were measures of severity of illness during the course of the intervention and at discharge. These were assessed during the week of study by the Score for Neonatal Acute Physiology (SNAP)[27,28] for each 24-hour period and by the Neuro-Biological Risk Score (NBRS)[29] at 2 weeks' postnatal age and at discharge. Background information, including PCA at birth (determined by ultrasound), birth weight, and Apgar, was obtained from the medical record, and the Clinical Risk Index for Infants (CRIB),[30-32] an index of severity of illness at birth, was calculated from information in the medical record. Serum glucose levels during the study time were obtained from the medical record when ordered clinically (not for purposes of the study).

Results

Sample

Over the course of 27 months, 281 infants were admitted within the age category. Eighty-one (29.2%) were not evaluated for eligibility for the following reasons: mother too ill to consent within 48 hours, compassionate reasons (twin or triplet sibling had died), or unit difficulties when recruitment was temporarily stopped (Y2K problems, understaffing during holidays or ice storm). Thirty-two (16.3%) did not meet the selection criteria (died within 48 hours, deemed too ill by staff). Of the 168 remaining infants, 107 (63.7%) parents gave consent for the infant to participate. The reasons for the 63 refusals were as follows: the parents thought that the infant was too ill (5), were too stressed to consider study (4), did not want their infant to be in any research (10) or to receive sugar (4), or gave no reason (38). There were no significant differences between excluded infants, infants whose parents refused, and participating infants in the distribution of PCA or weight.

TABLE 1
Demographic Characteristics of Final Sample

	N	Age (Weeks)	Birth Weight (Grams)	CRIB
Participants versus non participants				
Participants	107	28.15 (1.72)	1134.14 (277.26)	
Non participants	63	27.94 (1.62)	1101.43 (299.68)	
Site				
1	20	28.7 (2.33)	1160.75 (342.61)	1.85 (2.32)
2	69	27.9 (1.83)	1084.14 (279.79)	2.54 (2.77)
3	14	28.34 (1.35)	1263.93 (238.18)	1.36 (1.55)
Total	103	28.11 (1.89)	1123.46 (292.08)	2.24 (2.58)
Condition				
Sucrose	51	28.18 (1.72)	1130.78 (287.71)	2.00 (2.33)
Water (control)	52	28.05 (2.06)	1116.27 (298.93)	2.48 (2.80)
Total	103	28.11 (1.89)	1123.46 (292.08)	2.24 (2.58)

Two infants were withdrawn from the study during the week of intervention. Two other infants died: 1 of grade 4 intraventricular hemorrhage and periventricular leukomalacia on the first day of the study after receiving 1 dose of water and the other infant of cardiac failure associated with patent ductus arteriosus at age 29 days. One infant was withdrawn on study day 4 for hyperglycemia after receiving 10, 6, and 12 doses of sucrose and serum glucose levels of 3.5, 16, and 12 on the respective study days. The infant became septic 48 hours after withdrawal from the study, which may be an alternative explanation for the glucose instability. The second infant was withdrawn from the study for suspected necrotizing enterocolitis. The infant did not develop necrotizing enterocolitis but did have *Escherichia coli* sepsis. At baseline, there were no group differences in birth PCA, birth weight, or CRIB score and there were no differences between sites on age, CRIB score, or birth weight. There were differences in amount of indomethacin given to infants at 1 site.

Solutions

The total number of study doses given per infant during the week ranged from 24 to 125 with a mean of 58 in the water group and 63 in the sucrose group. An estimate of compliance in administering solutions was determined by dividing the number of procedures by the number of doses, which was an underestimate because an infant could potentially receive up to 3 doses per intervention. Overall, this estimate was only 69%, ranging widely between 27% and 185%, and was the same for both groups. One site accounted for the lack of compliance that became evident after the first 6 months of study, and this noncompliance persisted despite holding sessions with the nursing staff on the importance of adhering to the protocol. Serum glucose levels ranged from 1.8 to 13.5, but there were no group differences and there was no relationship between the number of solutions and the serum glucose level in either group.

The number of infants whose videotapes were able to be coded throughout the week was small (14) but indicated that the sucrose was effective as an analgesic during the immediate 60 seconds of initiation of the painful procedure, even on day 7.

NAPI

The NAPI was administered to infants who no longer required ventilatory assistance and were not discharged back to distant referring centers. At 32 weeks, 75 infants could be tested, 87 at 36 weeks, and 67 at 40 weeks, with only 53 infants having data at all 3 times. There were, however, at least 35 infants/group at each time, thus meeting the original sample size estimates. Multivariate analysis of covariance was therefore conducted at each age, to maintain the sample size estimates that would not have been met with repeated measures analyses, with covariates of PCA and number of invasive procedures on the 2 components of the NAPI that were tested, MDV and AO. No significant differences were found between the sucrose and water groups (MDV: sucrose at 32, 36, 40 weeks = 20.4, 48.6, 66.1; water at 32, 36, 40 weeks = 21.7, 49.7, 63.9; $F(1,52) = 0.223$, $P = .64$; AO: sucrose at 32, 36, 40 weeks = 16.0, 40.7, 54.3; water at weeks 32, 36, 40 = 19.5, 42.2, 55.5; $F(1,52) = 2.016$, $P = .162$).

Because compliance with administering solutions was generally low and there was a wide range of compliance, we were interested in determining whether number of doses of sucrose was related to outcomes while accounting for other factors that might be correlated with number of doses. Secondary analyses using standard multiple regressions were conducted by group on each of the NAPI components at each age to determine whether there were background factors, specifically age at birth, CRIB, or other factors related to the NICU experience, such as days on certain medications (sedatives, analgesics, caffeine, indomethacin), number of invasive procedures, or number of doses of sucrose that might have had an effect on the NAPI scores. So few infants received sedatives (4) or analgesics (3) that these medications were not able to be included in the analysis. After analyses of Pearson correlation coefficients, which fell below 0.5, thus satisfying lack of multicollinearity, the predictor variables for the 2 sets of standard regression analyses (ie, a set for sucrose group and a set for water group) on each NAPI outcome, were 1) age at birth, 2) CRIB, 3) days on caffeine, 4) days on indomethacin, 5) number of painful procedures, and 6) number of doses of sucrose or water. At 32 weeks, there were no significant predictive factors on the NAPI. Significant predictors were identified for only the sucrose group, with no factors reaching significance in the water group. At 36 weeks, more developed MDV and more developed AO were predicted for the sucrose group by fewer days on indomethacin and fewer doses of sucrose. At 40 weeks, fewer doses of sucrose predicted more developed MDV and fewer days on indomethacin predicted more AO. The only site differences were accounted for by days on indomethacin.

TABLE 2
Significant Results of Standardized Multiple Regression
by Group on Primary Neurobehavioral Development Outcomes

	Variable	β	CI	P
MDV at 36 wk*				
Water				
Sucrose	Days on indomethacin	−6.098	−10.444, −1.752	.007
	Doses of sucrose	−2.158	−4.244, −0.072	
AO at 36 wk*				
Water				
Sucrose	Days on indomethacin	−8.724	−15.114, −2.334	.009
	Doses of sucrose	−3.819	−6.804, −0.834	.014
MDV at 40 wk**				
Water				
Sucrose	Doses of sucrose	−2.737	−5.203, −0.272	.031
AO at 40 wk***				
Water				
Sucrose	Days on indomethacin	−6.801	−12.768, −0.834	.027

CI indicates confidence interval

 * Nonsignificant variables entered in the equation included age at birth, CRIB, days on caffeine, and number of invasive procedures.

 ** Nonsignificant variables entered in the equation included age at birth, CRIB, days on caffeine, days on indomethacin, and number of invasive procedures.

*** Nonsignificant variables entered in the equation included age at birth, CRIB, days on caffeine, doses of sucrose, and number of invasive procedures.

SNAP and NBRS

There were no group differences or factors associated with SNAP over each day, with day 7 being of interest because it was calculated on the final 24 hours of the intervention and would be most reflective of cumulative physiologic effects of the intervention (sucrose = 3.72 [3.33], water = 4.10 [3.18]; $F(1,101) = 0.093$, $P = .761$). On the basis of analysis of covariance with PCA at birth and number of invasive procedures as covariates, there were no group differences on any of the secondary outcomes of NBRS scores at 2 weeks' postnatal age (sucrose = 1.42 [1.32], water = 1.68 [1.58]; $F(1,101) = 0.640$, $P = .426$) or at discharge (sucrose = 2.29 [2.68], water = 2.31 [2.47]; $F(1,100) = 0.002$, $P = .965$).

In the regression analysis to determine background and clinical factors that might have predicted higher (worse) physiologically based illness scores, multiple factors were identified. Younger age was predictive of higher SNAP scores on study day 7 for the water group only. At 2 weeks' postnatal age, younger PCA, fewer days on caffeine, and greater number of invasive procedures were predictive of higher NBRS for the water group, and fewer days on caffeine and greater number of doses of sucrose were predictive of higher NBRS for the sucrose group. For the NBRS at discharge, younger age, fewer days on caffeine, and greater number of invasive procedures were predictive of higher NBRS for the water group. However, fewer days on caffeine was predictive of higher NBRS at discharge for the sucrose group.

TABLE 3
Significant Results of Standardized Multiple Regression by Group on Secondary Physiologically Based Illness Outcomes

	Variable	β	CI	P
SNAP at day 7*				
Water	Age	−0.674	−1.151, −0.196	.007
Sucrose				
NBRSI**				
Water	Age	−0.432	− 0.664, −0.200	.000
	Invasive procedures	0.072	− 0.021, −124	.006
	Days on caffeine	−0.147	−0.256, −0.038	.009
	Doses of sucrose	0.212	0.034, 0.390	.021
	Days on caffeine	−0.215	− 0.241, −0.008	.037
NBRS2***				
Water	Age	−0.691	−1.001, −0.380	.000
	Invasive procedures	0.084	0.015, 0.153	.018
	Days on caffeine	−0.144	−0.029, −0.002	.05
	Days on caffeine	−0.240	−0.465, −0.015	.037

 * Nonsignificant variables entered into the equation included CRIB, days on caffeine, days on indomethacin, doses of sucrose, and number of invasive procedures.

 ** NBRS at 2 weeks' postnatal age, 1 week after intervention. Nonsignificant variables entered into the equation included CRIB and days on indomethacin.

*** NBRS at discharge. Nonsignificant variables entered into the equation included CRIB, days on indomethacin, and doses of sucrose.

Discussion

There were no differences on either neurobehavioral developmental outcomes or severity of illness outcomes between infants who received sucrose for painful procedures in the first week of life and those who received water. Because compliance was often low, number of doses of study solution that the infants received was examined for influencing outcomes.

Surprisingly, the effect of number of doses of sucrose was related in the opposite direction than predicted on the neurobehavioral outcomes at 2 of the 3 test ages and on 1 severity of illness outcome before discharge. The number of doses was significant only in the sucrose group. Because the number of study solution doses was not different between the sucrose and water groups, the effect of the procedure to administer a solution in the infant's mouth in association with a painful procedure can be dismissed.

Tolerance to the sucrose was considered as a possible explanation for the relationship between total doses of sucrose and the outcomes. In this study, the few infants for whom facial expressions of pain could be coded showed a decrease in facial actions for those in the sucrose group compared with those in the water group late in the intervention (days 6–7), as well as in the initial period of the intervention, so sucrose seemed to be analgesic even after several days of receiving it. Thus, sucrose seemed to remain effective in decreasing pain during the study period and there were no signs of tolerance to its analgesic effect. A methodological explanation is that the sample size was inadequate. Sample size was calculated on univariate analyses for each outcome. Thus, when some factors appear as significant for some outcomes but not for others, this could be a result of a sample size that was inadequate in terms of the relative colinearity of the variables of interest. There may be other factors that did not seem to be significant because the sample size was inadequate to detect them.

Nevertheless, the results of this study should not be ignored. The number of doses of sucrose, as opposed to water, was related to several outcome variables in a way that suggests that for infants <32 weeks' PCA, receiving more doses of sucrose during the first week of life may have questionable long-term effects, despite immediate beneficial effects. The underlying mechanism for sucrose analgesia is understood to be attributable to the release of endogenous opiates as a result of sweet taste.[1,2,33] By giving the sucrose analgesia for 1 week only and then withdrawing it, we may have increased the sensitivity to subsequent pain. This is based on an animal study in which it was found that exposure to morphine at birth resulted in increased morphine threshold in adulthood.[34] Related to this possibility is that the infants may have failed to adopt appropriate self-modulating behaviors, relying instead on external mediators (sucrose). When this external mediating resource was removed, they were slower in developing self-modulating behaviors, which resulted in neurobehavioral and physiologic consequences in the subsequent few weeks. The outcome measures, with the exception of the SNAP on day 7, were at least 1 week beyond the cessation of the intervention, so they may have had heightened pain experience in the intervening time.

Although there is not a clear age delineation, there are indications from animal models that the endogenous opiate system does not become functional until the third trimester or 32 weeks' PCA.[35] The infants in this study were born at <31 weeks'

PCA and received sucrose analgesia (or water) at <32 weeks 2 days. Although we and others have shown an analgesic effect of sucrose in infants <32 weeks for a single painful event,[36-39] other studies on preterm infants were with infants 32 weeks or older.[40,41] Perhaps in infants <32 weeks' PCA, the repeated stimulation of an immature endogenous opiate system by routine use of sucrose « stresses » the system or interferes with the normal developmental functioning and maturation of this system. For example, a possible explanation for the negative neurobehavioral outcomes could be cross-sensitization between dopamine and endogenous opiates. It is possible that chronic opioid release (as activated by routine sucrose administration) would repeatedly stimulate dopaminergic neurons that are implicated in locomotor activity and arousal.[42-45] The projecting areas of these neurons may not be mature enough to demonstrate motor sensitization and in fact could even be inhibitory at this age. This may then explain the higher alertness scores as well as higher motor development scores being predicted by fewer sucrose doses.

The first week of life was selected for this study because that is typically the time of the highest number of invasive procedures[14,15] and, as well, the younger the infant, the greater the number of interventions because the infant requires more external support for stabilization.[46] Replication of this study is strongly urged but with a larger sample or a less varied sample, with assurance of greater compliance, and inclusion of ongoing physiologic data for all infants. We did have physiologic data on some infants, but there were no group differences and there were too few infants with complete physiologic monitoring to conduct the same regression analyses as in this report.

Other significant results have not been reported. Although Grunau et al[17] reported that dexamethasone exposure may have detrimental long-term outcomes despite its immediate benefit, this was not found for indomethacin. The administration of caffeine seems to be associated with long-term beneficial effects in this study. This has not been reported previously, although a Cochrane review on caffeine for the treatment of apnea of prematurity suggested that it is the preferred treatment for apnea of prematurity and recommended additional study on later effects.[47] Although it could be argued that the clinical magnitude of our findings were not worrisome, we cannot recommend that sucrose analgesia be used routinely for every painful event in infants <32 weeks' PCA despite much evidence of its immediate beneficial effect. It could be that older infants, >32 weeks, would benefit from the routine use of sucrose analgesia or that it should be continued beyond 1 week. Because of the recent recommendation of the use of sucrose routinely[13] and the increasing numbers of NICUs that are recommending its use routinely, it is particularly important that selection criteria for the appropriate population be established.

Acknowledgments

Funding for this study came from the Fonds de la Recherche en Santé du Québec (961297-104), the IWK Foundation, and Health Canada (career award to C.C.J.; 6605-4286-48).

We thank the families who participated in the study, as well as the staffs in the participating NICUs.

References

1. Barr RG, Young SN. A two phase model of soothing taste response: implications for a taste probe of temperament and emotion regulation. In: Lewis M, Ramsay DS, eds. *Soothing and Stress*. Hillsdale, NJ: Lawrence Erlbaum Associates; 1999:109–137

2. Blass EM, Ciaramitaro V. A new look at some old mechanisms in human newborns: taste and tactile determinants of state, affect, and action. *Monogr Soc Res Child Dev*. 1994; 59:1–80

3. Blass EM, Shah A. Pain reducing properties of sucrose in human newborns [abstract]. *Chem Senses*. 1995; 20:29–35

4. Blass EM, Watt LB. Suckling- and sucrose-induced analgesia in human newborns. *Pain*. 1999; 83:611–623

5. Stevens BJ, Ohlsson A. The efficacy of sucrose to reduce procedural pain (from heel lance, venepuncture or immunization) in neonates as assessed by physiologic and/or behavioral outcomes. In: Sinclair JC, ed. *Neonatal Modules of the Cochrane Data Base of Systematic Reviews*. Oxford: The Cochrane Collaboration; 1999

6. Ramenghi LA, Evans DJ, Levene MI. « Sucrose analgesia »: absorptive mechanism or taste perception? *Arch Dis Child Fetal Neonatal Ed*. 1999; 80:F146–F147 http://pediatrics. aappublications.org/cgi/ijlink?linkType=ABST&journalCode=fetalneonatal&resid=80/2/F146

7. Graillon A, Barr RG, Young SN, Wright JH, Hendricks LA. Differential response to intraoral sucrose, quinine and corn oil in crying human newborns. *Physiol Behav*. 1997; 62:317–325

8. Blass EM, Shide DJ. Some comparisons among the calming and pain relieving effects of sucrose, glucose, fructose, and lactose in infant rats. *Chem Senses*. 1994; 19:239–249

9. Carbajal R, Chauvet X, Couderc S, Olivier-Martin M. Randomised trial of analgesic effects of sucrose, glucose, and pacifiers in term neonates. *BMJ*. 1999; 319:1393–1397

10. Eriksson M, Gradin M, Schollin J. Oral glucose and venepuncture reduce blood sampling pain in newborns. *Early Hum Dev*. 1999; 55:211–218

11. Blass EM. Milk-induced hypoalgesia in human newborns. *Pediatrics*. 1997; 99:825–829

12. Ors R, Ozek E, Baysoy G, et al. Comparison of sucrose and human milk on pain response in newborns. *Eur J Pediatr*. 1999; 158:63–66

13. American Academy of Pediatrics. Committee on Fetus and Newborn. Committee on Drugs. Section on Anesthesiology. Section on Surgery. Canadian Paediatric Society. Fetus and Newborn Committee. Prevention and management of pain and stress in the neonate. *Pediatrics*. 2000; 105:454–461 14.

14. Anand KJ, Selankio JD. SOPAIN Study Group. Routine analgesia practices in 109 neonatal intensive care units (NICU's) [abstract]. *Pediatr Res*. 1996; 39:192A 15.

15. Johnston CC, Collinge JM, Henderson S, Anand KJS. A cross sectional survey of pain and analgesia in Canadian neonatal intensive care units. *Clin J Pain*. 1997; 13:1–5

16. Barker DP, Rutter N. Exposure to invasive procedures in neonatal intensive care unit admissions. *Arch Dis Child Fetal Neonatal Ed*. 1995; 72:F47–F48

17. Grunau RE, Oberlander TF, Whitfield MF, Fitzgerald C, Lee SK. Demographic and therapeutic determinants of pain reactivity in very low birth weight neonates at 32 weeks' post-conceptional age. *Pediatrics*. 2001; 107:105–112

18. Johnston CC, Stevens BJ. Experience in a neonatal intensive care unit affects pain response. *Pediatrics*. 1996; 98:925–930

19. Korner AF, Thom VA. *Neurobehavioral Assessment of the Preterm Infant: Manual.* San Diego, CA: The Psychological Corporation. Harcourt, Brace, Jovanovich, Inc; 1990:1–83

20. Grunau RVE, Craig KD. Facial activity as a measure of neonatal pain expression. In: Tyler DC, Krane EJ, eds. *Advances in Pain Therapy and Research. Vol 15: Pediatric Pain.* New York: Raven Press; 1990:147–156

21. Johnston C, Stevens BJ, Yang F, Horton L. Differential response to pain by very premature neonates. *Pain.* 1995; 61:471–479

22. Korner AF, Kraemer HC, Reade EP, Forrest T, Dimiceli S, Thom VA. A methodological approach to developing an assessment procedure for testing the neurobehavioral maturity of preterm infants. *Child Dev.* 1987; 58:1478–1487

23. Korner AF, Constantinou J, Dimiceli S, Brown BW, Thom VA. Establishing the reliability and developmental validity of a neurobehavioral assessment for preterm infants: a methodological process. *Child Dev.* 1991; 62:1200–1208

24. Korner AF, Brown BW Jr, Dimiceli S, et al. Stable individual differences in developmentally changing preterm infants: a replicated study. *Child Dev.* 1989; 60:502–513

25. Korner AF, Stevenson DK, Kraemer HC, et al. Prediction of the development of low birth weight preterm infants by a new neonatal medical index. *Dev Behav Pediatr.* 1993; 14:106–111

26. Korner AF, Stevenson DK, Forrest T, Constantinou JC, Dimiceli S, Brown BW. Preterm medical complications differentially affect neurobehavioral functions: results from a new neonatal medical index. *Infant Behav Dev.* 1994; 17:37–43

27. Richardson DK, Escobar GJ. Simplified and revalidated score for neonatal acute physiology (SNAP-II) maintains excellent predictive performance. *Pediatr Res.* 1998; 43:227A

28. Richardson DK, Gray JE, McCormick MC, Workman K, Goldmann DA. Score for neonatal acute physiology: a physiologic severity index for neonatal intensive care. *Pediatrics.* 1993; 91:617–623 [http://pediatrics.aappublications.org/cgi/ijlink?linkType=ABST&journalCode=pediatrics&resid=91/3/617]

29. Brazy JE, Eckerman CO, Oehler JM, Goldstein RF, O'Rand AM. Nursery neurobiologic risk score: important factors in predicting outcome in very low birth weight infants. *J Pediatr.* 1991; 118:783–792

30. The International Neonatal Network. The CRIB (clinical risk index for babies) score: a tool for assessing initial neonatal risk and comparing performance of neonatal intensive care units. *Lancet.* 1993; 342:193–198

31. Hope P. CRIB, son of Apgar, brother to APACHE. *Arch Dis Child.* 1995; 72:F81–F83

32. Bard H. Assessing neonatal risk: CRIB vs SNAP. *Lancet.* 1993; 342:449–450

33. Ribbins S, Stevens B. Mechanisms of sucrose and non-nutritive sucking in procedural pain management in infants. *Pain Res Manag.* 2001; 6:21–28

34. Rahman W, Fitzgerald M, Aynsley-Green A, Dickenson AH. The effects of neonatal exposure to inflammation and/or morphine on neuronal responses and morphine analgesia in adult rats. In: Jensen TS, Turner JA, Wiesenfeld-Hallin Z, eds. *Proceedings of the 8th World Congress on Pain.* Seattle, WA: IASP Press; 1997:783–794

35. Fitzgerald M. Development of the peripheral and spinal pain system. In: Anand KJS, Stevens BJ, McGrath PJ, eds. *Pain in Neonates.* Amsterdam, the Netherlands: Elsevier; 2000:9–21

36. Bucher HU, Moser T, Von Siebenthal K, Keel M, Wolf M, Duc G. Sucrose reduces pain reaction to heel lancing in preterm infants: a placebo controlled randomized and masked study. *Pediatr Res.* 1995; 38:332–335

37. Stevens BJ, Johnston C, Franck L, Petryshen P, Jack A, Foster R. The efficacy of developmentally sensitive interventions and sucrose for relieving procedural pain in very low birth weight neonates. *Nurs Res.* 1999; 98:35–43

38. Johnston CC, Stremler RL, Stevens BJ, Horton LJ. Effectiveness of oral sucrose and simulated rocking on pain response in preterm neonates. *Pain.* 1997; 72:193–199

39. Johnston CC, Stremler RL, Horton L, Freidman A. Repeated doses of oral sucrose for decreasing pain from heelstick in preterm neonates. *Biol Neonate.* 1999; 75:160–166

40. Abad F, Diaz NM, Domenech E, Robayna M, Rico J. Oral sweet solution reduces pain-related behaviour in preterm infants. *Acta Paediatr.* 1996; 85:854–858

41. Ramenghi LA, Wood CM, Griffith GC, Levene MI. Reduction of pain response in premature infants using intraoral sucrose. *Arch Dis Child Fetal Neonatal Ed.* 1996; 74:F126–F128 [http://pediatrics.aappublications.org/cgi/ijlink?linkType=ABST&journalCode=fetalneonatal&resid=74/2/F126]

42. Altier N, Stewart J. The role of dopamine in the nucleus accumbens in analgesia [review]. *Life Sci.* 1999; 65:2269–2287

43. Altier N, Stewart J. Intra-VTA infusions of the substance P analogue, DiMe-C7, and intra-accumbens infusions of amphetamine induce analgesia in the formalin test for tonic pain. *Brain Res.* 1993; 628:279–285

44. Altier N, Stewart J. Dopamine receptor antagonists in the nucleus accumbens attenuate analgesia induced by ventral tegmental area substance P or morphine and by nucleus accumbens amphetamine. *J Pharmacol Exp Ther.* 1998; 285:208–215

45. Altier N, Stewart J. Opioid receptors in the ventral tegmental area contribute to stress-induced analgesia in the formalin test for tonic pain. *Brain Res.* 1996; 718:203–206

46. Gray JE, Richardson DK, McCormick MC, Workman-Daniels K, Goldmann DA. Neonatal therapeutic intervention scoring system: a therapy based severity of illness index. *Pediatrics.* 1992; 90:561–567

47. Steer PA, Henderson-Smart DJ. Caffeine versus theophylline for apnea in preterm infants. *Cochrane Database Syst Rev.* 2000; CD000273

Source: Johnston et autres (2002). Reproduit avec la permission des auteurs.

Appendice 1
Distribution *t* de Student

	Niveau de signification pour test unilatéral					
	0,10	0,05	0,025	0,01	0,005	0,0005
	Niveau de signification pour test bilatéral					
DL	0,20	0,10	0,05	0,02	0,01	0,001
1	3,078	6,314	12,706	31,821	63,657	636,619
2	1,886	2,920	4,303	6,965	9,925	31,598
3	1,638	2,353	3,182	4,541	5,841	12,941
4	1,533	2,132	2,776	3,747	4,604	8,610
5	1,476	2,015	2,571	3,376	4,032	6,859
6	1,440	1,935	2,447	3,143	3,707	5,959
7	1,415	1,895	2,365	2,998	3,499	5,405
8	1,397	1,860	2,306	2,896	3,355	5,041
9	1,383	1,833	2,262	2,821	3,250	4,781
10	1,372	1,812	2,228	2,765	3,169	4,587
11	1,363	1,796	2,201	2,718	3,106	4,437
12	1,356	1,782	2,179	2,681	3,055	4,318
13	1,350	1,771	2,160	2,650	3,012	4,221
14	1,345	1,761	2,145	2,624	2,977	4,140
15	1,341	1,753	2,131	2,602	2,947	4,073
16	1,337	1,746	2,120	2,583	2,921	4,015
17	1,333	1,740	2,110	2,567	2,898	3,965
18	1,330	1,734	2,101	2,552	2,878	3,922
19	1,328	1,729	2,093	2,539	2,861	3,883
20	1,325	1,725	2,086	2,528	2,845	3,850
21	1,323	1,721	2,080	2,518	2,831	3,819
22	1,321	1,717	2,074	2,508	2,819	3,792
23	1,319	1,714	2,069	2,500	2,807	3,767
24	1,318	1,711	2,064	2,492	2,797	3,745
25	1,316	1,708	2,060	2,485	2,787	3,725
26	1,315	1,706	2,056	2,479	2,779	3,707
27	1,314	1,703	2,052	2,473	2,771	3,690
28	1,313	1,701	2,048	2,467	2,763	3,674
29	1,311	1,699	2,045	2,462	2,756	3,659
30	1,310	1,697	2,042	2,457	2,750	3,646
40	1,303	1,684	2,021	2,423	2,704	3,551
60	1,296	1,671	2,000	2,390	2,660	3,460
120	1,289	1,658	1,980	2,358	2,617	3,373
	1,282	1,645	1,960	2,326	2,576	3,291

Appendice 2
Distribution du χ^2

DL	Niveau de signification				
	0,10	0,05	0,02	0,01	0,001
1	2,71	3,84	5,41	6,63	10,83
2	4,61	5,99	7,82	9,21	13,82
3	6,25	7,82	9,84	11,34	16,27
4	7,78	9,49	11,67	13,28	18,46
5	9,24	11,07	13,39	15,09	20,52
6	10,64	12,59	15,03	16,81	22,46
7	12,02	14,07	16,62	18,48	24,32
8	13,36	·15,51	18,17	20,09	26,12
9	14,68	16,92	19,68	21,67	27,88
10	15,99	18,31	21,16	23,21	29,59
11	17,28	19,68	22,62	24,72	31,26
12	18,55	21,03	24,05	26,22	32,91
13	19,81	22,36	25,47	27,69	34,53
14	21,06	23,68	26,87	29,14	36,12
15	22,31	25,00	28,26	30,58	37,70
16	23,54	26,30	29,63	32,00	39,25
17	24,77	27,59	31,00	33,41	40,79
18	25,99	28,87	32,35	34,81	42,31
19	27,20	30,14	33,69	36,19	43,82
20	28,41	31,41	35,02	37,57	45,32
21	29,62	32,67	36,34	38,93	46,80
22	30,81	33,92	37,66	40,29	48,27
23	32,01	35,17	38,97	41,64	49,73
24	33,20	36,42	40,27	42,98	51,18
25	34,38	37,65	41,57	44,31	52,62
26	35,56	38,89	42,86	45,64	54,05
27	36,74	40,11	44,14	46,96	55,48
28	37,92	41,34	45,42	48,28	56,89
29	39,09	42,56	46,69	49,59	58,30
30	40,26	43,77	47,96	50,89	59,70

Corrigé

CHAPITRE 1
Introduction et fondements de la recherche

1. La recherche scientifique est la méthode la plus rigoureuse et la plus acceptable parce qu'elle est une démarche rationnelle. Ce qui la distingue des autres méthodes, c'est qu'il est possible de modifier son orientation en cours de route.

2. a. 3 b. 4 c. 2 d. 1
   e. 5 f. 8 g. 6 h. 7

3. *La pratique.* L'épuisement professionnel touche un grand nombre de personnes dans le domaine des services sociaux et de la santé.

   La théorie. L'établissement de relations entre la manière dont le milieu de travail est perçu et l'épuisement professionnel chez des intervenants.

   La recherche. Étude descriptive corrélationnelle qui se justifie du fait de la présence de plusieurs facteurs qu'il est possible de mettre en relation afin d'explorer l'épuisement professionnel.

4. La philosophie traite de questions d'ordre métaphysique : Qu'est-ce que la connaissance ?

   La science s'occupe d'établir des liens de causalité et traite de questions empiriques : Les phénomènes X et Y sont-ils liés entre eux ?

5. Le courant positiviste et le courant naturaliste.

6. À la méthode d'investigation quantitative et à la méthode d'investigation qualitative.

7. 1. p 2. n 3. n 4. n
   5. p 6. n 7. p

8. a. La description consiste à déterminer la nature et les caractéristiques des phénomènes et parfois à reconnaître certains types de relations entre eux.

   b. L'explication consiste à rendre compte des relations entre des phénomènes et à déterminer pourquoi tel ou tel fait se produit.

   c. La prédiction et le contrôle consistent à évaluer la probabilité qu'un résultat déterminé se produise dans une situation contrôlée.

CHAPITRE 2
Les approches quantitative et qualitative

1. La recherche quantitative consiste à expliquer et à prédire des phénomènes par la mesure et l'analyse de données numériques.

   La recherche qualitative vise à obtenir une compréhension élargie des phénomènes.

2. 1. a 2. b 3. a 4. b 5. a
   6. a 7. b 8. a 9. b 10. b

3. *L'approche phénoménologique.* Vise à comprendre l'expérience vécue par les personnes.

4. *L'approche ethnographique.* S'appuie entre autres sur le concept de culture.

5. *L'approche de la théorisation ancrée.* Cherche des similitudes et des différences.

6. *Le paradigme positiviste.* La vérité est absolue et consiste en une seule réalité. Les faits existent indépendamment des contextes. L'étude des parties est plus importante que celle du tout. Ce paradigme est orienté vers les résultats et leur généralisation.

   Le paradigme naturaliste. Les faits et les principes s'inscrivent dans des contextes historiques et culturels ; il existe plusieurs réalités. Le processus est à la base de la démarche. La découverte est un des buts essentiels de la démarche.

CHAPITRE 3
Un aperçu des étapes du processus de recherche

1. On trouvera dans le glossaire les définitions des termes en question.

2. La phase conceptuelle comprend cinq étapes : choix du sujet d'étude ; recension des écrits ; choix du cadre de référence ; formulation du problème et énoncé du but, des questions de recherche et des hypothèses. Cette phase sert à documenter, à formuler le problème de recherche et à préciser le but, les questions de recherche ou les hypothèses.

3. La phase méthodologique correspond aux étapes 6 à 9 : choix du devis, définition de la population, de la mesure et choix des méthodes de collecte des données. On détermine les méthodes et les moyens qui seront employés dans la recherche.

4. La phase empirique correspond aux étapes 10 et 11 : collecte des données et analyse des données. Au cours de cette phase, on applique le plan qui a été élaboré à la phase méthodologique.

5. 1 et 2. Sujet (problème de recherche) (1re étape)

   3. Recension des écrits (2e étape)

   4. Cadre de référence (3e étape)

   5. Variables (5e étape)

   6. But de l'étude (5e étape)

   7. Définition de la population et de l'échantillon (7e étape)

   8. Collecte des données et réalisation de l'étude (10e étape)

   9 et 10. Analyse des données (11e étape)

   11. Interprétation des résultats (12e étape)

CHAPITRE 4
Le choix du sujet d'étude et la question préliminaire

1. Sources de sujets d'étude : l'expérience professionnelle, l'observation, les écrits sur la recherche, les enjeux sociaux, les théories existantes, les priorités des organismes de recherche ou des organismes professionnels.

2. Énoncé clair et non équivoque qui précise les concepts clés, spécifie la population cible et suggère une investigation empirique.

3. 1. e ; 2. b ; 3. c ; 4. d ; 5. e ; 6. e ; 7. c ; 8. a

4. a. Les facteurs qui influent sur la consommation excessive de boissons alcooliques par les adolescents, car ils sont encore mal connus.

   b. Le niveau de stress scolaire influe-t-il sur la consommation d'alcool chez les adolescents ?

   c. Niveau explicatif : étude corrélationnelle. Les variables choisies sont spécifiques et on cherche à expliquer le comportement des adolescents qui font une consommation abusive d'alcool.

5. Le choix du sujet d'étude.

CHAPITRE 5
La recension des écrits

1. 1. d ; 2. f ; 3. c ; 4. e ; 5. a ; 6. g ; 7. b ; 8. h

2. Elles se caractérisent par leur contenu original.

3. Le catalogue d'une bibliothèque contient la liste ordonnée de la collection des documents ainsi qu'une cote permettant de s'y repérer.

4. L'*Index Medicus*, le *Cumulative Index to Nursing and Allied Health Literature* (*CINAHL*), *ERIC*, le *Hospital Literature Index*.

5. Parce que la recension des écrits a pour but d'établir ce qui a déjà été écrit sur un sujet donné et qu'elle permet ainsi d'apprécier le degré d'avancement des connaissances.

6. 1. b ; 2. e ; 3. a ; 4. c ; 5. d

7. b

8. a

CHAPITRE 6
L'élaboration du cadre de référence

1. Le cadre de référence est une structure formée d'une ou plusieurs théories complémentaires ou de concepts solidaires qui sont groupés ensemble en raison de leurs rapports avec le problème de recherche.

2. c

3. a. L'état de choc psychologique.

   b. « Tu vois, quand j'en parle, je tremble encore. Je me retourne dans la rue pour voir si on me suit. Il me semble que tous les bénéficiaires que je reçois vont m'attaquer. »

4. c

5. Guider la recherche et ordonner les connaissances.

6. Le cadre conceptuel est une brève explication d'un phénomène à l'aide de concepts tirés d'études déjà publiées ou de modèles conceptuels. Il sert à agencer les concepts et à situer le problème à l'intérieur d'un contexte qui lui donne une signification particulière.

7. Le cadre théorique est une brève explication des relations entre les concepts à l'aide d'une théorie spécifique ou de portions de théories. Il sert de référence dans les observations, les définitions des variables, le devis de recherche, l'interprétation des résultats et leur généralisation.

8. a. Le modèle d'adaptation de Roy; la théorie du stress et du *coping* de Lazarus.

   b. Le modèle d'autosoins d'Orem.

   c. Le modèle de la promotion de la santé de Pender.

   d. La théorie de l'auto-efficacité de Bandura.

CHAPITRE 7
La formulation du problème de recherche

1. 1. L'exposé du sujet d'étude

   2. La description des données de la situation

   3. La justification du point de vue empirique

   4. La justification du point de vue théorique

   5. La solution de recherche proposée et la prévision des résultats

2. Si on applique les critères d'analyse critique présentés à l'encadré 7.1, le texte pourrait ressembler à celui-ci :

   Le sujet d'étude a rapport à la promotion de la santé. L'auteure se propose d'étudier, à l'aide d'une analyse secondaire, les facteurs qui favorisent la pratique régulière d'une activité physique par les hommes et les femmes. Les données utilisées proviennent d'une étude longitudinale antérieure menée auprès de sujets sédentaires dans le cadre d'un programme de promotion de la santé *Healthstyles*. On se préoccupe de la sédentarité, qui est considérée comme préjudiciable à la santé. L'auteure fait ressortir l'importance de l'activité physique pour la santé des individus. C'est une priorité des gouvernements et des planificateurs de la santé. Il est fait mention de plusieurs types de conduite favorisant la santé et la longévité.

   D'après l'exposé du problème, il s'agit d'examiner des relations entre des variables et de prédire des comportements sains. Plusieurs groupes de variables (facteurs) sont utilisés dans la prédiction des comportements : en plus des caractéristiques sociodémographiques, on retrouve la motivation, la personnalité, les perceptions, les croyances ainsi que le style de vie. L'étude originale a été menée auprès de sujets sédentaires ayant une dépense énergétique de 1,99 kcal/kg/jour et moins. L'auteure s'appuie sur plusieurs autres études pour affirmer que l'activité physique régulière peut non seulement diminuer l'incidence des maladies chroniques, mais aussi contribuer à améliorer la qualité de vie et la santé. De plus, il semble, d'après plusieurs études, que le comportement individuel joue un rôle important dans l'apparition de certaines maladies. L'auteure insiste sur le fait que la détermination des facteurs susceptibles de favoriser l'activité physique régulière pourrait aider à mieux comprendre le phénomène, car elle permettrait de désigner des populations cibles et de développer les programmes de promotion de la santé.

   Le cadre théorique utilisé pour prédire les comportements n'est pas précisé. Il semble que l'auteure ait fait appel, pour étudier les facteurs favorisant la pratique de l'activité physique, à des modèles explicatifs relevant de théories du comportement : le modèle d'apprentissage PRECEDE (Green et autres), la théorie de l'action raisonnée (Ajzen et Fishbein), la théorie de l'apprentissage social (Bandura). L'étude s'attache donc à décrire les caractéristiques des sujets sédentaires qui sont parvenus à faire régulièrement de l'activité physique. Le but est clair et découle logiquement du problème. Il aurait été judicieux d'inclure dans la problématique le cadre théorique dans lequel s'inscrit l'étude et d'utiliser les termes qui s'y rattachent tout au long de la recherche. Ainsi, au lieu de parler des caractéristiques des sujets, il aurait été préférable de déterminer les facteurs prédisposants et facilitant l'activité physique, tels qu'ils découlent du cadre théorique. Deux hypothèses générales sont formulées au sujet de ces facteurs.

3. a. Rédigez votre question de recherche.

   b. Exposez votre sujet d'étude en un ou deux paragraphes.

CHAPITRE 8
L'énoncé du but, des questions et des hypothèses

1. La question de recherche est un énoncé qui précise les variables et la population étudiée. L'hypothèse est un énoncé portant sur des relations prévues entre deux variables ou plus.

2. Décrire les habitudes alimentaires des adolescentes boulimiques.

3. 1. a ; 2. d ; 3. f ; 4. c ; 5. e ; 6. b ; 7. g

4. 1. h ; 2. g ; 3. b ; 4. e ; 5. c ; 6. a ; 7. d ; 8. f

5. 1. aegh ; 2. acdg ; 3. bdfh ; 4. adgh ; 5. aegh ; 6. adgh ; 7. begh ; 8. bcdg ; 9. adgh ; 10. i

6. 1. a ; 2. c ; 3. b ; 4. c ; 5. b ; 6. b ; 7. a ; 8. a ; 9. c ; 10. b

CHAPITRE 9
Perspectives en éthique de la recherche

1. 1. f ; 2. a ; 3. g ; 4. h ; 5. d ; 6. i ; 7. b ; 8. c ; 9. e ; 10. j

2. 9.14 (1) *Le respect de la personne et du choix éclairé*: a été un sujet de recherche à son insu. (2) *Le respect de la justice et de l'équité*: n'a pas été informée de la nature de l'étude.

   9.15 (1) *Le respect du consentement libre et éclairé*: les étudiants ont été des sujets de recherche à leur insu; il y a donc tromperie. (2) *Le respect de la justice et de l'équité*: préjudice moral. (3) *Le respect de la vie privée et de la confidentialité des renseignements personnels*.

   9.16 (1) *Le respect de la justice et de l'équité*: préjudice corporel. (2) *La réduction des inconvénients*: principe de non-malfaisance.

3. Explication des modalités de participation; description des risques potentiels; description des avantages; garantie concernant la protection de l'anonymat et de la confidentialité des renseignements personnels; liberté de participation et possibilité d'abandonner le projet.

4. Les mineurs, les personnes souffrant d'un déficit psychique momentané ou permanent et les personnes vivant en institution.

5. Le comité d'éthique de la recherche.

CHAPITRE 10
Introduction au devis de recherche

1. Les comparaisons; la présence ou l'absence d'une intervention; le milieu de l'étude; le contrôle des variables étrangères; la communication avec les participants; les instruments de collecte des données; les moments de collecte et d'analyse des données.

2. Pour empêcher que les variables étrangères influent sur les résultats de la recherche.

3. Les études descriptives servent à fournir une description des données sous la forme de mots, de nombres ou d'énoncés.

4. Les études descriptives corrélationnelles servent à explorer des relations entre des variables.

5. Les études corrélationnelles servent à vérifier la nature (direction et force) des relations entre des variables et à expliquer ou à prédire ces relations.

6. Les études expérimentales servent à vérifier des hypothèses causales entre la variable indépendante et la ou les variables dépendantes.

7. 1. h; 2. a; 3. e; 4. f; 5. c; 6. g; 7. d; 8. b

CHAPITRE 11
Les devis de recherche non expérimentaux

1. L'étude descriptive simple décrit un phénomène ou un concept relatif à une population en vue de dégager les caractéristiques de cette population.

   L'étude descriptive comparative décrit les différences observées en milieu naturel dans les concepts entre deux ou plusieurs groupes intacts de participants.

   L'enquête est une activité de recherche qui consiste à recueillir des données auprès d'une population ou d'une portion de celle-ci en vue d'examiner ses attitudes, ses opinions, ses croyances et ses comportements.

   L'étude de cas est une recherche approfondie portant sur un individu, une famille, un groupe ou une organisation.

   L'étude descriptive corrélationnelle consiste à explorer et à décrire des relations entre des variables.

   L'étude prédictive corrélationnelle vérifie la nature (force et direction) de la relation qui existe entre au moins deux variables.

2. a. Accroître la connaissance qu'on a d'un individu.

   b. Étudier l'effet d'un changement chez un individu en particulier ou un groupe.

3. a. Enquête de type corrélationnel

   b. Étude de cas

4. a. Enquête prospective. Le chercheur suit une cohorte dans le temps.

   b. Enquête transversale. Le chercheur examine une cohorte à un moment donné au cours de l'enquête.

   c. Étude cas-témoins

5. b. Explorer et décrire des relations entre des variables.

6. 1. b; 2. a; 3. b; 4. c; 5. b; 6. c

CHAPITRE 12
Les devis de recherche expérimentaux

1. La manipulation, le contrôle, la randomisation (ou répartition aléatoire)

2. Les devis expérimentaux visent à vérifier des relations de cause à effet entre une variable indépendante et des variables dépendantes.

3. On fait référence aux concepts de validité interne et de validité externe.

4. La validité interne réfère à l'effet déterminé de la variable indépendante sur la variable dépendante. La

validité externe a rapport à la possibilité de généraliser les résultats d'une étude à d'autres populations.

5. a. La variable dépendante

6. a. Devis avec mesures avant-après avec groupe témoin non équivalent

7. b. Les participants ne sont pas répartis de façon aléatoire dans les groupes expérimental et témoin.

8. a. Étude expérimentale véritable

   b. L'intervention de soutien

   c. L'anxiété, la perception d'auto-efficacité et la reprise des activités physiques

CHAPITRE 13
Introduction à la méthodologie qualitative

1. a. Faux ; b. Faux ; c. Vrai ; d. Faux ; e. Vrai ; f. Vrai

2. 1. b ; 2. a ; 3. c ; 4. c ; 5. a ; 6. c ; 7. b

3. La phénoménologie

4. d

5. c

6. a

CHAPITRE 14
L'échantillonnage

1. a. La population cible est constituée d'éléments qui satisfont à des critères de sélection préalablement définis et pour lesquels le chercheur désire faire des généralisations.

   b. La population accessible est la fraction de la population cible qui est accessible au chercheur.

   c. L'échantillon est l'ensemble des individus tirés d'une population cible qui ont des caractéristiques communes.

   d. La représentativité est la qualité d'un échantillon qui est constitué de façon à correspondre à la population.

2. La représentativité est la principale qualité recherchée.

3. La principale caractéristique des échantillons probabilistes est que tous les éléments de la population ont une chance égale de faire partie de l'échantillon.

4. Elles sont préférables aux méthodes non probabilistes parce qu'elles assurent une plus grande représentativité de la population et permettent de généraliser les résultats.

5. 1. h ; 2. c ; 3. a ; 4. h ; 5. g ; 6. b ; 7. e ; 8. c ; 9. d ; 10. f

6. a. L'intervalle : 1 500 / 250 = 6

   b. Les nombres : 20, 26, 32

   c. Dans la méthode d'échantillonnage aléatoire systématique

7. *Encadré 1*

   a. Population cible : femmes de race blanche âgées de 45 à 75 ans.

   b. Population accessible : les femmes qui se présentent dans un des trois CLSC et qui satisfont aux critères d'inclusion.

   c. Taille de l'échantillon : 60 femmes

   d. Échantillonnage accidentel

   Encadré 2

   a. Population cible : les supermarchés

   b. Population accessible : les supermarchés Metro de la région de Québec

   c. Taille de l'échantillon : neuf supermarchés

   d. Échantillonnage aléatoire stratifié

8. a. Vrai ; b. Faux ; c. Vrai ; d. Vrai

CHAPITRE 15
Les principes de mesure

1. a. Le concept est une abstraction formée par la généralisation de situations particulières, d'énoncés, d'observations ou de comportements.

   b. La mesure est un processus consistant à assigner suivant des règles définies des nombres à des objets ou à des événements.

   c. L'erreur de mesure est la différence entre la mesure réelle et ce qui est mesuré par l'instrument.

   d. La fidélité réfère à la précision et à la constance dans les résultats obtenus d'une fois à l'autre avec un même instrument de mesure.

   e. L'échelle de mesure est un ensemble de niveaux se suivant progressivement et établissant une hiérarchie.

   f. La validité est le caractère d'un instrument de mesure qui mesure ce qu'il est censé mesurer.

   g. La définition conceptuelle provient de travaux théoriques et empiriques et sert de base à la mesure des concepts ou construits.

   h. L'indicateur empirique est un phénomène observable qui correspond à la mesure spécifique d'un concept (série d'énoncés sur une échelle de mesure).

2. Définition opérationnelle

3. Les nombres assignés aux objets, aux événements ou aux personnes peuvent avoir une *valeur numérique* ou une *valeur catégorielle*.

4. On se base sur une règle de mesure.

5. Les étapes menant à l'opérationnalisation des concepts sont :

   1) la mise au point de la définition théorique du concept ;

   2) la détermination des dimensions du concept ;

   3) le choix des indicateurs empiriques ;

   4) le choix ou l'élaboration de l'instrument de mesure.

6. La mesure discrète est un processus de classification qui consiste à assigner des nombres sans valeur numérique à des catégories pour rendre compte des variations du concept.

   La mesure continue est le processus consistant à attribuer une valeur numérique à des objets ou à des événements en vue d'apprécier quantitativement une caractéristique.

7. Le score observé, le score vrai et l'erreur de mesure

8. 1. c ; 2. a ; 3. b ; 4. d ; 5. a ; 6. d ; 7. c ; 8. d ; 9. b ; 10. a

9. a. L'échelle de mesure à proportions. Il y a un zéro absolu. Une famille peut avoir un revenu deux fois plus élevé qu'une autre.

   b. L'échelle de mesure nominale. Les catégories s'excluent mutuellement ; ce sont des variables discrètes qui ne peuvent s'inscrire dans un ordre de grandeur.

10. 1. b ; 2. b ; 3. d ; 4. a

11. 1. b ; 2. e ; 3. d ; 4. f ; 5. a ; 6. c ; 7. g ; 8. h

12. La consistance interne réfère au degré d'homogénéité des énoncés d'une échelle de mesure estimée à l'aide de l'indice alpha de Cronbach. Celui-ci définit la corrélation moyenne de tous les énoncés de l'échelle pris deux à deux en considérant le nombre total d'énoncés. Si un ensemble d'énoncés présente une corrélation moyenne élevée, c'est-à-dire une bonne consistance interne, on peut conclure que le concept d'estime de soi mesuré à l'aide de l'échelle d'estime de soi comporte des énoncés homogènes et que l'erreur de mesure est faible.

13. a. La fidélité test-retest (la stabilité)

    b. La validité prédictive

14. Pour être acceptable, le coefficient de corrélation devrait être d'environ 0,70 pour de nouvelles échelles et de 0,80 pour des échelles bien rodées.

CHAPITRE 16
Les méthodes de collecte des données

1. Les mesures physiologiques

2. Le thermomètre, le sphygmomanomètre, la mesure du débit cardiaque. Certains phénomènes plus subjectifs comme la douleur, la fatigue et la nausée peuvent être mesurés à l'aide d'échelles visuelles analogues.

3. On utilise le questionnaire ou l'entrevue.

4. La méthode d'observation

5. L'échelle de mesure

6. La méthode d'entrevue

7. L'échelle de Likert

8. Le questionnaire

9. 1. e ; 2. f ; 3. d ; 4. j ; 5. b ; 6. i ; 7. h ; 8. g ; 9. a ; 10. c

10. 1. a ; 2. b ; 3. c ; 4. d

11. L'étude d'observation est utilisée dans les situations où le comportement ne peut être facilement décrit.

12. L'entrevue est une rencontre qui a pour but de recueillir des données relatives aux questions de recherche.

    Le questionnaire est constitué d'une série de questions auxquelles les répondants doivent répondre par écrit.

    L'étude d'observation est une méthode qui consiste à examiner des comportements humains ou des événements au moyen de l'observation directe menée sur une période et selon une fréquence déterminées.

    L'échelle de Likert est une forme d'autoévaluation qui a pour but de mesurer un concept ou une caractéristique des individus.

13. Le choix entre l'entrevue et le questionnaire dépend du but de l'étude, des variables et de l'état actuel des connaissances sur le phénomène étudié. D'autres éléments sont pris en compte, tels le coût et le temps d'administration. Le questionnaire peut être envoyé par la poste ou passé au téléphone ; l'entrevue coûte cher et demande beaucoup de temps. L'âge, la

capacité de lire et d'écrire sont d'autres éléments à considérer dans le choix de la méthode.

14. Les questionnaires peuvent être remplis en présence d'un assistant de recherche, remplis à la maison et retournés par la poste, remis en main propre ou remplis et retournés par Internet.

15. Quand un chercheur décide d'utiliser un instrument de mesure conçu dans une autre langue, il doit non seulement le traduire, mais aussi l'adapter à son propre contexte socio-culturel et faire vérifier la version traduite. Il applique la méthode inversée ou retraduction. Il préteste la traduction corrigée de l'échelle auprès d'un échantillon de la population afin de s'assurer qu'elle est parfaitement compréhensible.

Il soumet l'instrument à des analyses de fidélité pour vérifier l'homogénéité des items et la stabilité de la mesure dans le temps. Il procède ensuite à une validation conceptuelle pour s'assurer que l'échelle mesure bien le concept qu'elle est censée mesurer et, enfin, il fixe des normes relativement aux populations admises à prendre part à la recherche.

CHAPITRE 17
L'analyse descriptive des données

1. Ce sont les échelles de mesure nominale, ordinale, à intervalles et à proportions.

2. Les tableaux et les graphiques servent à organiser un ensemble de données, à les traiter et à les présenter de manière à en faire ressortir les principales caractéristiques.

3. a. Le degré de satisfaction à l'égard de l'enseignement reçu

   b. La variable ordinale

   c. L'échelle de mesure ordinale

   d. Quatre catégories

   e. Répartition des élèves selon leur degré de satisfaction :

Catégorie	Pourcentage des élèves
0 Très insatisfait	(5) 22,7
1 Insatisfait	(6) 27,3
2 Satisfait	(8) 36,3
3 Très satisfait	(3) 13,7
Total	(22) 100,0

f. Le tableau des fréquences montre que les élèves sont partagés relativement à l'enseignement reçu : 50 % des élèves (22,7 % + 27,3 %) se disent très insatisfaits ou insatisfaits alors que 50 % d'entre eux (36,3 % + 13,7 %) se disent satisfaits ou très satisfaits. Il serait intéressant de poursuivre l'analyse pour connaître les facteurs d'insatisfaction et de satisfaction.

4. Les distributions des fréquences, les mesures de tendance centrale et les mesures de dispersion.

5. Le mode détermine la valeur la plus fréquente dans une distribution.

   La médiane divise une distribution des fréquences en deux parties égales.

   La moyenne correspond à la somme d'un ensemble de valeurs divisée par le nombre total de valeurs.

6. L'étendue exprime la différence entre la valeur la plus élevée et la valeur la moins élevée d'une distribution.

   La variance représente la valeur globale de dispersion des scores par rapport à la moyenne.

   L'écart type correspond à la racine carrée de la variance. Dans une distribution, il tient compte de la distance de chacun des scores par rapport à la moyenne du groupe.

   Le coefficient de variation exprime l'écart type en pourcentage de la moyenne.

7. La moyenne (les données sont continues).

8. c

9. 1. a ; 2. i ; 3. c ; 4. d ; 5. b ; 6. j ; 7. m ; 8. e ; 9. f ; 10. l ; 11. n ; 12. k ; 13. h ; 14. g

10. a. groupe 1 : x = 141,9 ; groupe 2 : x = 181,08

    b. groupe 1 + groupe 2 : x = 161,5

11. d

12. b

CHAPITRE 18
Introduction à l'analyse inférentielle

1. L'estimation des paramètres et la vérification des hypothèses.

2. L'erreur de type I consiste à rejeter l'hypothèse nulle comme fausse alors qu'elle devrait être conservée. L'erreur de type II consiste à conserver l'hypothèse nulle alors qu'elle devrait être rejetée.

3. L'analyse de variance, le test *t* de Student et le khi deux.

4. 1. c; 2. i; 3. a; 4. b; 5. f; 6. e; 7. h; 8. d; 9. g

5. a

6. 1. L'anxiété

   2. La variable à intervalles

   3. Trois groupes

   4. Les groupes sont indépendants.

   5. L'analyse de la variance

   6. Le seuil de signification est de 0,05.

   7. Aucune conclusion ne peut être émise concernant l'existence d'une différence significative entre les scores des trois groupes d'enfants, car l'information dont on dispose est insuffisante.

7. 1. c; 2. e; 3. a; 4. d; 5. b

CHAPITRE 19
La présentation, l'analyse et l'interprétation des résultats

1. a. Vrai; b. Vrai; c. Faux; d. Faux; e. Faux; f. Vrai; g. Faux; h. Faux; i. Vrai

2. Les recherches corrélationnelles et expérimentales

3. On énonce d'abord la question de recherche ou l'hypothèse et on expose les résultats en indiquant les analyses qui y ont conduit.

4. Le chercheur analyse l'ensemble des résultats et les interprète en ayant égard au type d'étude et au cadre de référence. Il cherche la signification des résultats en se référant au but de l'étude : description d'un phénomène, examen des relations ou vérification d'une hypothèse.

5. L'interprétation porte sur la confirmation ou l'infirmation des hypothèses sur la base de la signification statistique et suppose l'examen de la validité interne et de la validité externe.

6. La signification statistique implique que les résultats ne sont pas dus seulement au hasard.

7. a. Les résultats prédits sont significatifs.

   b. Les résultats prédits sont non significatifs.

   c. Les résultats sont mixtes ou contradictoires.

   d. Les résultats sont différents de ceux qui ont été prédits ou sont inattendus.

8. Les résultats significatifs prédits sont les plus faciles à interpréter parce qu'ils confirment des prévisions fondées sur le cadre théorique.

9. Les résultats non significatifs sont les plus difficiles à expliquer. Plusieurs explications sont à envisager : la théorie sur laquelle reposent les hypothèses est erronée ; les aspects théoriques de l'étude n'ont pas été bien conceptualisés ; la taille réduite de l'échantillon rend impossible la détection de différences ; les instruments de mesure ne convenaient pas ; les biais d'échantillonnage n'ont pas été contrôlés.

10. La généralisation des résultats dépend de la validité externe de l'étude. La généralisation suppose la possibilité d'étendre les résultats à d'autres populations ou à d'autres contextes.

11. On doit apprécier objectivement les résultats positifs ou négatifs obtenus et indiquer s'il convient de mettre ces connaissances en application dans les milieux de pratique.

12. Les implications découlent des conclusions. Le chercheur évalue les conséquences des résultats pour les recherches à venir, la théorie et la pratique.

CHAPITRE 20
La diffusion des résultats

1. b

2. c

3. Les mémoires et les thèses ; les revues scientifiques ; les rapports de recherche ; les communications orales et sur affiche

4. 1. b; 2. d; 3. b; 4. a; 5. c; 6. d; 7. d; 8. a; 9. d; 10. c

Glossaire

Accoutumance au test : facteur de validité interne qui fausse une étude et qui consiste dans le fait qu'un premier test de mesure produit un effet dans un second test.

Alpha : *voir Seuil de signification.*

Analyse de contenu : procédé d'analyse qualitative requérant la catégorisation de l'information.

Analyse de la covariance (ANCOVA) : test de statistique inférentielle consistant à comparer le rendement de deux groupes ou plus après avoir supprimé les effets des variables étrangères sur la variable dépendante au moyen d'un contrôle statistique.

Analyse de la fonction discriminante : test de statistique inférentielle qui permet de prédire l'appartenance de sujets à un groupe donné en se basant sur les données relatives à deux variables indépendantes ou plus.

Analyse de la variance (ANOVA) : test de statistique inférentielle permettant d'établir des différences entre au moins deux moyennes de groupes en comparant la variabilité intergroupes avec la variabilité intragroupes.

Analyse des données : ensemble des méthodes statistiques qui ont pour but de classer, de décrire, d'expliquer et d'interpréter les données recueillies auprès d'un groupe d'individus.

Analyse factorielle : méthode statistique permettant de déterminer les facteurs qui sont communs à un ensemble de variables.

Analyse multivariée : test statistique servant à analyser des données complexes. Parmi les analyses multivariées figurent notamment la régression multiple, l'analyse de la variance, l'analyse factorielle, la fonction discriminante, la corrélation canonique.

Analyse statistique descriptive : test statistique qui a pour but de décrire les caractéristiques de l'échantillon et de répondre aux questions de recherche.

Article empirique : écrit faisant partie d'une publication et rapportant les résultats d'une recherche.

Article théorique : écrit inséré dans une publication qui traite de théories existantes ou qui en propose une nouvelle.

Autorité : moyen d'acquisition de connaissances qui fait appel à des personnes ayant une compétence reconnue dans un domaine particulier.

Banque de données : ensemble d'informations directement exploitables, généralement structurées en base de données et recouvrant un domaine particulier de connaissances[1].

Biais : en recherche, altération des conditions d'une expérience qui est susceptible de modifier les résultats d'une recherche et de fausser le processus de généralisation des résultats.

Bibliographie : liste de tous les documents consultés en vue de la rédaction d'un rapport portant sur un sujet donné.

Cadre conceptuel : brève explication d'un phénomène à l'aide de concepts provenant d'écrits ou de modèles conceptuels.

Cadre théorique : brève explication des relations entre les concepts à l'aide d'une théorie ou d'une portion de théorie.

Catalogue de bibliothèque : répertoire des auteurs ou des sujets présenté sous forme de fiches, de microfiches ou de banque de données informatisées.

Catégorie : classe dans laquelle on range des objets présentant des caractères distinctifs communs.

Catégorie exhaustive : classe comprenant tous les objets susceptibles d'y être rangés.

Catégories s'excluant mutuellement : classes d'objets qui s'excluent comme incompatibles entre elles.

Causalité : relation qui unit la cause à l'effet.

Classification Q (échelle de) : méthode de collecte des données qui consiste à demander à des sujets de classer en catégories des énoncés en fonction de leur opinion sur ces derniers.

Code de Nuremberg : code d'éthique constitué de 10 articles et définissant les règles et les principes à observer dans la conduite de la recherche.

---

1. P. Morvan, *Dictionnaire de l'informatique*, 6ᵉ éd., Paris, Larousse, 1986.

Codification : attribution de valeurs numériques à des données en vue de leur classement par catégories et du traitement statistique.

Coefficient alpha de Cronbach : coefficient de corrélation indiquant le degré d'homogénéité entre les éléments obtenus avec un instrument de mesure donné. Plus le coefficient est proche de 1, plus l'instrument est regardé comme fidèle.

Coefficient de contingence : indice du degré de liaison entre deux variables mesurées selon une échelle nominale.

Coefficient de corrélation : indice du degré de liaison entre deux variables mesurées à l'aide d'une échelle quantitative. Le coefficient peut varier entre des valeurs de +1,0 (corrélation positive parfaite) et de -1,0 (corrélation négative parfaite) ; un coefficient de 0 signifie une absence de relation entre les deux variables.

Coefficient de corrélation de Spearman : indice du degré de liaison entre deux variables mesurées selon une échelle ordinale.

Coefficient de détermination : coefficient de corrélation élevé au carré. Il indique le pourcentage de la variation d'une variable qui peut s'expliquer par une autre variable.

Coefficient de stabilité : valeur numérique qui définit la fidélité d'un instrument de mesure et qui est calculée à partir de la constance des résultats obtenus à la suite d'utilisations répétées de ce dernier avec un même groupe de sujets.

Coefficient de variation : mesure relative de dispersion qui exprime l'écart type en pourcentage de la moyenne.

Cohorte : groupe d'individus ayant en commun une ou plusieurs caractéristiques et observés sur une même période de temps.

Collecte des données : processus d'observation, de mesure et d'enregistrement des données recueillies relatives à certaines variables.

Concept : le concept résume et catégorise les observations empiriques. Les concepts sont à la base de la recherche, car, unis entre eux par des liens logiques, ils forment des propositions.

Conceptualisation : façon ordonnée de formuler des idées, de les documenter sur un sujet précis pour arriver à une conception claire.

Conclusion : conséquence logique résultant de l'analyse des données. En un autre sens, partie d'un rapport de recherche qui fait état des principaux résultats de la recherche, de ses conséquences et de ses limites.

Confidentialité : en recherche, celle-ci a rapport au droit des participants d'autoriser ou de refuser que les résultats d'une recherche soient divulgués.

Consentement libre et éclairé : acquiescement donné par une personne qui a été sollicitée pour participer à une recherche et qui est pleinement renseignée sur les avantages et les inconvénients liés à sa participation.

Construit : plus abstrait que la notion de concept, à laquelle il s'apparente, il nécessite d'être matérialisé dans une réalité tangible.

Contrôle : dans la méthode expérimentale, procédure (ou ensemble de procédures) consistant à limiter l'influence de variables étrangères.

Corrélation canonique : test qui est utilisé en statistique inférentielle et qui sert à mesurer le degré de liaison entre deux variables indépendantes ou plus et deux variables dépendantes ou plus.

Corrélation multiple / régression : test qui est utilisé en statistique inférentielle et qui permet de prédire la valeur d'une variable dépendante d'après celle de deux variables indépendantes ou plus.

Courbe normale : distribution de la fréquence théorique des valeurs d'une variable susceptibles d'être obtenues dans une population. Cette courbe a la forme d'une cloche ; elle peut être symétrique ou asymétrique, positive ou négative.

Courtage des connaissances : moyens mis à la disposition des chercheurs et des utilisateurs en vue d'aider au transfert des connaissances vers une population cible.

Critique : appréciation de la valeur globale d'un texte reposant sur des critères précis. Elle comporte divers niveaux de compréhension et d'analyse.

Définition conceptuelle : définition d'un concept qui est tirée d'un énoncé théorique.

Définition opérationnelle : définition d'une variable par des termes concrets et mesurables ; elle spécifie les opérations à accomplir pour manipuler, classer par catégories et mesurer une variable.

Degré de liberté (dl) : expression employée en statistique inférentielle qui est relative à la mesure des valeurs dans un test.

Description : fonction de la recherche scientifique qui consiste à déterminer la nature et les caractères d'un concept ou d'une population.

Devis à séries temporelles interrompues : devis qui se caractérise par la prise de mesures répétées avant et après l'introduction d'un traitement, habituellement auprès d'un seul groupe, à un moment précis.

Devis après seulement avec groupe de contrôle : devis dans lequel des observations sont faites auprès d'un groupe expérimental et d'un groupe de contrôle après le traitement expérimental seulement.

Devis avant-après à groupe unique : devis comprenant un seul groupe de sujets évalué avant et après l'intervention.

Devis avant-après avec groupe de contrôle (prétest-post-test) : devis de recherche avec contrôle rigoureux dans lequel des observations sont faites auprès d'un groupe expérimental et d'un groupe de contrôle avant et après le traitement expérimental.

Devis avant-après avec groupe témoin non équivalent : devis de recherche dans lequel des observations sont faites auprès d'un groupe expérimental et d'un groupe témoin non équivalent avant et après le traitement expérimental.

Devis avant-après avec retrait du traitement : devis comportant un seul groupe avec des mesures avant et après ; il y a ajout d'une troisième mesure, après quoi le traitement prend fin. Chaque participant assure lui-même son contrôle.

Devis de recherche : plan d'ensemble indiquant les décisions à prendre pour définir une structure devant servir à mettre à l'épreuve les questions de recherche ou les hypothèses.

Devis des quatre groupes de Solomon : devis de recherche avec contrôle rigoureux dans lequel des observations sont faites auprès d'un groupe expérimental et d'un groupe de contrôle avant et après le traitement expérimental, et auprès d'un autre groupe expérimental et d'un autre groupe de contrôle après le traitement expérimental seulement.

Devis équilibré : devis de recherche dans lequel des observations sont faites auprès de groupes qui font tous l'objet de traitements expérimentaux ; les sujets sont randomisés à des séquences déterminées de traitement.

Devis factoriel : devis expérimental dans lequel deux variables indépendantes ou plus appelées facteurs sont manipulées simultanément. Ce devis permet à la fois d'analyser séparément les effets des variables indépendantes et les effets de l'interaction de ces variables.

Devis préexpérimental : devis de recherche qui ne comporte pas de moyen de contrôle pour parer à l'absence de répartition aléatoire ou de groupe de contrôle.

Devis quasi expérimental : devis qui ne satisfait pas à toutes les exigences du devis expérimental. Comme ce dernier, il comporte la manipulation d'une variable indépendante, mais il en diffère en ce que soit le groupe de contrôle, soit la randomisation manque.

Diagramme à secteurs : représentation graphique utilisée pour des données groupées par modalités. Le graphique est constitué d'un cercle qu'on a divisé en autant de secteurs que la variable comporte de modalités.

Diagramme en bâtonnets : représentation graphique d'une distribution d'effectifs pour des données nominales.

Diffusion des résultats : communication des résultats d'une recherche à divers publics sous forme de publication, de présentation orale ou d'affiche.

Discussion : partie d'un rapport de recherche qui présente une appréciation des résultats de la recherche.

Distribution asymétrique : distribution irrégulière des scores, observée surtout dans les petits groupes de sujets, mesurés sur une variable.

Distribution de fréquences : classement systématique de données, de la plus petite valeur à la plus grande, indiquant la fréquence obtenue pour chaque classe. Une distribution peut être discrète ou continue.

Distribution _t_ de Student : test de statistique paramétrique servant à mesurer la différence entre deux moyennes.

Donnée : chacun des éléments d'information qui sont obtenus auprès des sujets au cours d'une recherche et qui sont par la suite analysés.

Écart type : mesure de dispersion des scores d'une distribution qui tient compte de la distance de chacun des scores par rapport à la moyenne du groupe.

Échantillon : groupe ou ensemble de sujets tirés d'une population.

Échantillonnage : ensemble d'opérations qui consistent à choisir un groupe de sujets ou tout autre élément représentatif de la population considérée.

Échantillonnage accidentel : technique d'échantillonnage non probabiliste qui consiste à inclure dans une étude des sujets au fur et à mesure qu'ils se présentent jusqu'à ce que l'échantillon ait atteint la taille voulue.

Échantillonnage aléatoire simple : technique d'échantillonnage probabiliste qui donne à chaque élément de la population une probabilité égale d'être inclus dans l'échantillon.

Échantillonnage aléatoire stratifié : technique d'échantillonnage probabiliste consistant à diviser la population en strates homogènes selon des caractéristiques déterminées d'avance.

Échantillonnage aléatoire systématique : technique d'échantillonnage probabiliste qui consiste à déterminer de façon aléatoire le premier élément d'une liste et, partant de là, à choisir chaque nom sur la liste d'après un intervalle fixe.

Échantillonnage en grappes : technique d'échantillonnage probabiliste dans laquelle on prend comme unités des sous-groupes (grappes) plutôt que des individus.

Échantillonnage non probabiliste : technique d'échantillonnage dans laquelle tous les éléments de la population n'ont pas une chance égale d'être choisis pour faire partie de l'échantillon.

Échantillonnage par choix raisonné : technique d'échantillonnage non probabiliste consistant à inclure dans l'échantillon certains éléments de la population en fonction de leur caractère typique.

Échantillonnage par quotas : technique d'échantillonnage non probabiliste qui consiste à définir un échantillon qui est proportionnel à la population en se fondant sur des caractéristiques déterminées.

Échantillonnage par réseaux : technique d'échantillonnage non probabiliste qui consiste à demander aux participants de proposer d'autres personnes susceptibles de répondre aux critères de choix. Cette technique est utile pour constituer un échantillon de personnes ayant des caractéristiques très précises. Appelée aussi « échantillonnage en boule de neige ».

Échantillonnage probabiliste : technique d'échantillonnage dans laquelle tous les éléments de la population ont une chance égale et différente de zéro d'être choisis pour faire partie de l'échantillon.

Échelle à intervalles : échelle de mesure dont les valeurs numériques sont à intervalles égaux. Le zéro est arbitraire. Seules les opérations d'addition et de soustraction sont possibles.

Échelle à proportions (de ratio) : échelle de mesure quantitative représentée par un zéro absolu. Elle permet toutes les opérations mathématiques.

Échelle avec différenciation sémantique : échelle de mesure dans laquelle un nombre est assigné à un point précis sur un continuum bipolaire, du plus élevé au moins élevé.

Échelle de classification Q : *voir Classification Q (échelle de).*

Échelle de Likert : échelle de mesure permettant à un sujet d'exprimer son degré d'accord ou de désaccord avec chacun des énoncés proposés ; le score final donne des indications sur l'attitude ou l'opinion globale du sujet.

Échelle de mesure : instrument de mesure qui permet de recueillir de l'information sur les opinions, le rendement, les attitudes, etc., des sujets.

Échelle nominale : échelle de mesure qualitative utilisée pour organiser des données selon des catégories exhaustives et s'excluant mutuellement, sans égard au classement par ordre de ces dernières.

Échelle ordinale : échelle de mesure qualitative utilisée pour assigner des nombres sans valeurs numériques à des personnes ou à des objets que l'on classe en catégories selon un ordre de grandeur.

Échelle visuelle analogue : échelle dans laquelle une ligne d'une longueur de 100 mm est tracée, et, à chaque extrémité de la ligne, des mots d'ancrage servent à décrire le degré d'intensité d'un stimulus ; le sujet répond en inscrivant une marque sur la ligne.

Effet de réactivité : facteur d'invalidité externe qui résulte des réactions des participants au fait d'être étudiés. Souvent appelé effet Hawthorne.

Effet de sélection : facteur d'invalidité interne qui résulte de l'absence de répartition aléatoire des sujets de sorte que des différences préexistantes rendent les groupes non équivalents.

Énoncé : élément d'un instrument de mesure. Synonyme de item.

Énoncé de politique des trois Conseils : ensemble de règles et de principes éthiques qui constituent la norme dans la recherche auprès des sujets humains au Canada. Il formule sept obligations éthiques fondées sur le principe du respect de la dignité humaine.

Enquête : procédé de recherche qui permet de découvrir la distribution de variables psychosociales et de santé et leurs relations réciproques à partir d'un échantillon représentatif de la population.

Entrevue : méthode de collecte des données par laquelle un interviewer recueille de l'information auprès des sujets, soit en face à face, soit par téléphone.

Équivalence : aspect de la fidélité relatif à l'accord observé entre des observateurs utilisant le même instrument de mesure ou à l'accord entre des formes équivalentes de l'instrument. *Voir aussi Technique des formes équivalentes.*

Erreur de mesure : différence entre la mesure réelle d'une chose et ce qui est mesuré par un instrument de mesure.

Erreur de type 1 ou de première espèce : erreur commise lorsqu'on rejette l'hypothèse nulle alors qu'elle est vraie. Le risque de commettre cette erreur est désigné par α.

Erreur de type 2 ou de deuxième espèce : erreur commise lorsqu'on ne rejette pas l'hypothèse nulle alors qu'elle est fausse. Le risque de commettre cette erreur est désigné par β.

Erreur échantillonnale : différence observée entre les résultats obtenus auprès d'un échantillon et les résultats auxquels on serait arrivé si toute la population dont provient l'échantillon avait été étudiée.

Essai clinique randomisé : application d'un devis expérimental à un problème de recherche clinique.

Estimation par intervalles de confiance : valeur numérique estimée en regard d'un paramètre de la population au moyen d'une étendue de valeurs (intervalle) à l'intérieur desquelles se situe la valeur de la population.

Estimation ponctuelle : valeur numérique estimée en regard d'un paramètre de la population (moyenne µ) à partir de la statistique correspondante ($\bar{x}$) mesurée dans un échantillon.

Étendue : mesure de dispersion qui correspond à la différence entre la valeur la plus élevée et la valeur la moins élevée d'une distribution d'effectifs.

Étude cas témoins : étude épidémiologique qui a pour but de déterminer si un phénomène actuel est lié à un phénomène passé.

Étude de cas : examen détaillé d'une seule unité d'étude, d'un cas (par exemple : personne, famille, groupe, communauté, culture).

Étude de cohorte : étude qui porte sur des caractéristiques communes à un groupe de personnes (cohorte) et qui consiste à rendre compte des phénomènes qui les touchent au cours d'une période de temps déterminée.

Étude longitudinale : étude dont les données sont recueillies à diverses occasions auprès des sujets et qui s'étend sur une certaine période de temps.

Étude méthodologique : étude qui sert à vérifier la fidélité et la validité de nouveaux instruments de mesure ou d'instruments traduits d'une autre langue.

Étude pilote : étude menée à une échelle réduite afin de déterminer la faisabilité d'une recherche, de cerner les problèmes susceptibles de se poser et de préparer la recherche projetée.

Étude transversale : étude servant à mesurer la prévalence d'un événement ou d'un problème à un moment donné.

Explication : opération effectuée dans une recherche scientifique, qui a pour but d'établir des relations entre des concepts, des phénomènes et d'en déterminer les causes ou les raisons.

Facteur d'invalidité : facteur qui risque de fausser les résultats d'une étude expérimentale.

Facteur historique : facteur d'invalidité interne consistant dans le fait que des événements ou des faits survenant au cours de la recherche faussent les résultats.

Fidélité : qualité d'un instrument de mesure en vertu de laquelle la prise répétée d'une même mesure dans les mêmes conditions donne toujours les mêmes résultats.

Fidélité interjuges : concordance dans les observations faites par deux observateurs ou plus examinant le même phénomène. Elle s'exprime souvent en pourcentage d'accord (coefficient de concordance).

Fidélité moitié-moitié : technique qui est utilisée pour déterminer la constance des résultats obtenus avec un instrument de mesure et qui consiste à comparer les scores d'une moitié de l'instrument avec les scores de l'autre moitié.

Fluctuation de l'instrument de mesure : utilisation inconstante d'un instrument de mesure pouvant constituer un facteur d'invalidité interne.

Formule de Spearman-Brown : formule mathématique qui permet de mesurer ce que serait le coefficient de fidélité d'un test si on ajoutait à celui-ci un certain nombre d'items.

Fréquence : effectif d'un score divisé par l'effectif total de tous les scores.

Généralisation : opération par laquelle on étend les résultats d'un échantillon à la population d'où il provient ou à d'autres situations.

Groupe de contrôle : groupe de sujets qui fait l'objet d'une recherche scientifique et qui ne subit aucune influence ni aucune manipulation expérimentale.

Groupe expérimental : groupe de sujets qui, dans une recherche scientifique, fait l'objet d'un traitement expérimental.

Histogramme des fréquences : représentation graphique d'une distribution d'effectifs constituée par des rectangles adjacents sur l'axe des X. La hauteur du rectangle correspond à la fréquence absolue ou à la fréquence relative de la classe.

Homogénéité : similaire aux conditions décrites pour la consistance interne.

Hypothèse : conjecture sur la relation entre deux variables qui est vérifiable empiriquement.

Hypothèse d'association : énoncé formel sur l'existence d'une relation entre deux variables ou plus.

Hypothèse de causalité : énoncé formel sur l'existence d'une relation de cause à effet entre des variables indépendantes et dépendantes.

Hypothèse de recherche (contre-hypothèse) : contraire de l'hypothèse nulle énonçant qu'il existe une relation entre deux variables ou plus. C'est l'hypothèse que l'on veut démontrer.

Hypothèse directionnelle : énoncé formel qui spécifie la nature de la relation entre deux variables ou plus.

Hypothèse non directionnelle : énoncé stipulant l'existence d'une relation entre deux variables ou plus mais ne prédisant pas la nature exacte de cette relation.

Hypothèse nulle (statistique) : énoncé formel selon lequel il n'existe aucune relation entre les variables ni aucune différence entre les groupes étudiés. On utilise cette hypothèse à des fins de vérification statistique et d'interprétation des résultats.

Indicateur empirique : expression quantifiable et mesurable d'un concept abstrait, souvent multidimensionnel. L'indicateur peut être une variable ou un énoncé sur une échelle de mesure.

Induction : forme de raisonnement consistant à établir une proposition générale sur la base d'observations d'une série de faits particuliers.

Inférence statistique : opération basée sur la théorie des probabilités et permettant d'appliquer les résultats qui proviennent d'un échantillon à la population représentée par celui-ci.

Interprétation : étape de la recherche qui consiste à expliquer les données recueillies, à leur attribuer une signification.

Intervalle de confiance : ensemble des nombres à l'intérieur desquels se situe, selon toute probabilité, la valeur du paramètre de la population. Les intervalles de confiance comportent une borne inférieure et une borne supérieure.

Item : élément d'un instrument de mesure. *Voir Énoncé.*

Khi deux (χ^2) : test non paramétrique servant à vérifier l'existence d'une relation entre deux variables de niveau nominal.

Kuder-Richardson : méthode qui sert à calculer le coefficient d'homogénéité d'un instrument de mesure comportant deux variables dichotomiques.

Manipulation : dans une étude expérimentale, le fait d'appliquer une variable indépendante à un groupe de participants et non à d'autres groupes.

Maturation : passage du temps chez un groupe de sujets qui constitue un facteur d'invalidité interne.

Médiane : valeur de la variable qui sépare en deux parties d'égale fréquence les éléments d'une distribution. C'est une mesure de tendance centrale.

Mesure : opération qui consiste à attribuer des valeurs numériques à des variables (objets, événements, traits psychologiques) selon certaines règles en vue de déterminer les caractéristiques de ces variables.

Mesure d'observation : méthode de collecte des données reposant sur des observations structurées ou non structurées en vue de la mesure des variables.

Mesure de dispersion : indice du degré d'étalement des données qui rend compte de la variation des données, le plus souvent par rapport à la moyenne (par exemple : l'étendue, l'écart type, la variance).

Mesure de tendance centrale : indice de regroupement des observations autour d'une valeur centrale (par exemple : la moyenne, la médiane, le mode).

Mode : mesure de tendance centrale qui correspond à la valeur la plus fréquente dans une distribution d'effectifs.

Modèle : 1) ensemble organisé d'idées ou de concepts relatifs à un phénomène particulier. 2) Représentation schématisée servant à guider le raisonnement dans la description ou l'explication d'un phénomène.

Modèle conceptuel : ensemble de concepts et de propositions générales proposant des relations destinées à décrire des phénomènes.

Mortalité échantillonnale : désistement non aléatoire des participants au cours de l'expérimentation pouvant constituer un facteur d'invalidité interne.

Moyenne : nombre calculé en divisant la somme des valeurs attribuées aux données par le nombre total de données. Elle est symbolisée par $\overline{x}$ ou μ selon qu'il s'agit de représenter la moyenne de l'échantillon ou la moyenne d'une population.

Niveau de confiance : probabilité qu'un intervalle de confiance contienne la valeur réelle d'un paramètre d'une population. Le niveau de confiance est fixé à 95 % ou à 99 %.

Niveau de signification p : probabilité de se tromper en rejetant l'hypothèse nulle. Il est déterminé à partir des résultats obtenus.

Opérateurs booléens : termes (et, ou, sauf) qui servent à unir des mots clés dans un repérage documentaire informatique.

Opérationnalisation : processus qui consiste à adapter des concepts abstraits aux diverses opérations liées à la mesure et à l'observation des phénomènes.

Paradigme : ensemble de croyances, de valeurs qui sont partagées par les membres d'une collectivité scientifique et qui entraîne une manière définie d'envisager la réalité.

Paramètre : valeur numérique qui permet de présenter de façon plus ou moins abrégée une caractéristique essentielle d'une population.

Participant : individu auprès duquel des données sont recueillies au cours d'une recherche.

Phénomène : 1) ce qui est perçu par les sens, ce qui se manifeste à la conscience. 2) Fait ou événement remarquable.

Polygone de fréquences : diagramme obtenu en joignant par une droite les points dont les abscisses sont les milieux de chaque intervalle de classe et dont les ordonnées sont proportionnelles aux fréquences [2].

Population : tous les éléments (individus, objets) définis en fonction de critères précis en vue d'être inclus dans une étude. Peut référer à la population cible.

Post-test : mesure d'une variable effectuée auprès de participants après le traitement expérimental.

Postulat : énoncé que l'on admet comme vrai bien qu'il ne soit pas démontré scientifiquement.

Prédiction : en recherche, action d'annoncer à l'avance un résultat par raisonnement ou par induction.

Prétest : mesure d'une variable effectuée auprès des sujets avant le traitement expérimental.

Principe de bienfaisance : principe moral selon lequel il importe de faire du bien aux autres.

Principe de non-malfaisance : principe moral qui veut que l'on évite, prévienne ou limite ce qui est susceptible de nuire aux participants à une étude.

Probabilité : chance qu'un événement a de se produire dans une situation donnée.

Problème de recherche : problème résultant de la nécessité de combler l'écart existant entre une situation jugée insatisfaisante et une situation désirable.

Processus de recherche : série d'étapes menant à la réalisation d'une recherche.

Projet de recherche : étape préliminaire de la recherche qui consiste à préciser la manière dont sera parcourue chacune des étapes du processus de recherche.

Proposition : énoncé qui met en relation des concepts. Les propositions découlent des théories ou sont des généralisations faites à partir d'énoncés formulés dans des écrits.

Questionnaire : instrument de collecte des données contenant une série d'énoncés ou de questions ayant pour but d'évaluer les attitudes, les aptitudes et le rendement des participants à une recherche ou de recueillir de l'information auprès de ces derniers.

Raisonnement déductif : opération mentale consistant à appliquer une proposition de portée générale à des situations particulières.

Raisonnement inductif : opération mentale consistant à tirer de faits particuliers des propositions générales concernant la probabilité que les associations observées se répètent en d'autres occasions.

Randomisation : dans une étude expérimentale, le fait de répartir de façon aléatoire les sujets dans les groupes.

Rapport de recherche : exposé écrit rendant compte de la recherche qui a été réalisée. Il comprend habituellement les sections suivantes : introduction, cadre théorique, méthodologie, résultats, discussion, conclusion et références bibliographiques.

Recension des écrits : examen approfondi, systématique et critique des publications ayant rapport à l'objet de l'étude.

Recherche appliquée : recherche ayant pour but principal de chercher une application pratique à des connaissances nouvellement acquises.

Recherche corrélationnelle : méthode de recherche ayant pour but d'examiner les relations entre deux variables ou plus sans que le chercheur intervienne pour influencer ces dernières.

Recherche descriptive : méthode de recherche qui fournit de l'information sur les caractéristiques de personnes, de situations, de groupes ou d'événements.

Recherche ethnographique : étude qualitative qui consiste à observer, à décrire, à documenter et à analyser le mode de vie d'une culture donnée.

Recherche expérimentale : méthode de recherche qui a pour but de prédire et de contrôler des phénomènes. Le chercheur manipule la variable indépendante et observe l'effet de cette manipulation sur la variable dépendante.

Recherche fondamentale : investigation scientifique qui s'intéresse à la découverte et à l'avancement des connaissances sans chercher à découvrir des applications immédiates.

Recherche phénoménologique : recherche qualitative qui examine les expériences humaines vécues à travers les descriptions fournies par les participants.

Recherche qualitative : recherche dont le but est de comprendre un phénomène en se plaçant du point de vue des personnes ; les observations prennent la forme d'un récit.

Recherche quantitative : processus formel, objectif et systématique consistant à décrire ou à vérifier des relations, des différences et des liens de cause à effet entre des variables.

Recherche quasi expérimentale : étude dans laquelle les sujets n'ont pas été répartis de façon aléatoire dans les différents groupes et dont les variables étrangères sont soumises à un contrôle limité.

---

2. H. Piéron, *Vocabulaire de la psychologie*, Paris, Presses universitaires de France, 1973.

Recherche scientifique : ensemble d'activités visant à décrire, à expliquer, à prédire ou à vérifier des phénomènes.

Référence normative : comparaison entre le rendement d'un sujet et celui d'autres sujets d'une même population pour une variable donnée.

Régression logistique : test de statistique inférentielle utilisé pour prédire le comportement (score) d'un sujet pour une variable à partir des scores qu'il a obtenus pour une ou plusieurs autres variables indépendantes.

Régression statistique : facteur d'invalidité interne qui résulte du fait que le chercheur choisit des groupes de sujets sur la base de scores extrêmes ; ces scores ont tendance à se rapprocher de la moyenne lors d'une seconde mesure.

Relation linéaire : relation entre deux variables qui est la mieux représentée sur un graphique par une ligne droite.

Repérage informatisé : consultation de fichiers informatiques de références bibliographiques.

Résultats : 1) informations fournies par l'analyse des données. 2) Partie d'un rapport de recherche qui rend compte de l'analyse des données de façon objective.

Score : valeur numérique qui exprime le rendement d'un sujet à un test portant sur une variable.

Score observé : score qui représente la valeur obtenue par le chercheur en utilisant un instrument de mesure auprès des participants.

Score vrai : score que l'on obtiendrait en l'absence de l'erreur présente dans le score observé.

Sélection de participants : Processus consistant à choisir des participants à une recherche. La sélection est un facteur d'invalidité interne lorsque les participants ne peuvent être répartis aléatoirement dans les groupes.

Seuil de signification : valeur numérique associée au risque de se tromper en rejetant une hypothèse nulle qui, en réalité, est vraie. Par exemple, à un seuil situé à 0,05, on accepte le risque de se tromper 5 fois sur 100 si l'hypothèse nulle est rejetée.

Source primaire : document de recherche qui émane directement de l'auteur.

Source secondaire : document de recherche qui consiste en une recension de documents déjà publiés. Le document classe, organise ou interprète les sources primaires.

Statistique descriptive : valeur numérique qui résume un ensemble de données en donnant le centre de l'étalement (moyenne, écart type, étendue).

Statistique inférentielle : valeur numérique et opération permettant la généralisation de résultats obtenus avec un échantillon à la population de laquelle provient l'échantillon (valeurs résultant du test *t*, de l'analyse de la variance, du khi deux).

Statistique non paramétrique : type de statistique inférentielle utilisé lorsque les postulats nécessaires à la statistique paramétrique (tels que la normalité de la distribution de scores) font défaut.

Statistique paramétrique : type de statistique inférentielle qui admet les postulats suivants : les variables sont normalement distribuées dans la population, l'estimation d'au moins un paramètre est possible, les variables sont continues.

Sujet : *voir Participant.*

Sujet de recherche : élément qui appartient à un domaine précis du savoir et qui est l'objet d'une investigation.

Table de nombres aléatoires : tableau de nombres distribués au hasard en rangées et en colonnes ; on l'utilise pour choisir au hasard les éléments d'un échantillon.

Tableau de contingence : distribution de fréquences à deux dimensions dans lesquelles les fréquences de deux variables sont croisées.

Tableau de fréquences : tableau groupant des données brutes selon leur fréquence d'apparition dans une série statistique.

Taille de l'échantillon : nombre total des éléments de la population inclus dans l'échantillon.

Technique Delphi : en recherche, technique qui permet de recueillir de l'information auprès de différents experts partout dans le monde.

Technique des formes équivalentes : technique qui consiste à demander à des participants de se soumettre à deux instruments de mesure différents, mais qui mesurent le même construit.

Technique projective : méthode permettant d'évaluer un état psychologique. L'individu projette ses propres idées et affects sur un objet donné.

Test bilatéral : test d'hypothèse qui présente deux zones de rejet de l'hypothèse nulle.

Test normalisé (standardisé) : test dont le mode d'administration et de notation ainsi que l'interprétation sont uniformisés.

Test unilatéral : test d'hypothèse qui ne présente qu'une seule zone de rejet de l'hypothèse nulle.

Théorème central limite : tendance des valeurs échantillonnales à se distribuer normalement autour de la moyenne de la population.

Théorie : ensemble ordonné de propositions qui visent à expliquer ou à prédire des phénomènes.

Théorisation ancrée : méthode de recherche qualitative qui vise à élaborer une théorie sur un phénomène donné au moyen d'un classement par catégories.

Thésaurus : répertoire alphabétique de termes et de descripteurs normalisés qui catégorise le contenu de documents pour faciliter la recherche d'éléments d'information.

Traitement expérimental : manipulation accomplie dans une étude expérimentale et qui doit normalement amener un changement de la variable dépendante.

Transfert des connaissances : mise des connaissances issues de la recherche à la disposition d'un public cible de manière à permettre à celui-ci de mettre à profit les connaissances nouvellement acquises.

Triangulation : méthode de vérification des données utilisant plusieurs sources d'information et plusieurs méthodes de collecte des données.

Unité d'analyse : élément pris comme référence dans l'analyse des données résultant de la mesure d'une variable.

Valeur critique : dans un test d'hypothèse, valeur qui sépare les zones de rejet et de non-rejet de l'hypothèse nulle. La valeur critique se trouve dans une table statistique.

Validation transculturelle : opération par laquelle on cherche à obtenir des degrés de fidélité et de validité équivalents en utilisant une échelle de mesure conçue dans une autre langue que la langue de validation originale.

Validité : qualité d'un instrument de mesure qui est apte à mesurer réellement ce qu'il est censé mesurer et à prédire un événement futur.

Validité conceptuelle : degré selon lequel un instrument mesure un construit théorique qu'il est censé mesurer.

Validité concomitante : degré de corrélation entre deux mesures du même construit appliquées au même moment à des sujets.

Validité convergente : stratégie visant à évaluer la validité conceptuelle par laquelle deux instruments ou plus mesurant théoriquement le même construit sont appliqués à des sujets. Si les mesures sont corrélées positivement, la validité convergente s'applique.

Validité de contenu : qualité d'un instrument de mesure dont le contenu correspond étroitement au contenu d'un domaine d'intérêt que l'on cherche à évaluer.

Validité divergente : stratégie visant à évaluer la validité conceptuelle qui consiste à appliquer à des sujets deux mesures ou plus qui mesurent théoriquement le construit opposé. Si les mesures sont corrélées négativement, la validité divergente s'applique.

Validité externe : qualité d'une recherche qui présente un degré de précision suffisant pour que les résultats obtenus dans une recherche puissent être généralisés à la population dont provient l'échantillon, à d'autres milieux ou à d'autres situations.

Validité interne : qualité d'une recherche qui fournit une évidence suffisante pour affirmer que le traitement expérimental (variable indépendante) est ce qui a produit la différence observée entre les groupes (relativement à la variable dépendante).

Validité liée au critère : qualité d'un instrument de mesure qui est apte à évaluer dans le présent (validité concomitante) ou à prédire (validité prédictive) le rendement de sujets avec une autre variable déterminée d'avance.

Validité manifeste (apparente) : qualité d'un instrument de mesure dont les énoncés paraissent mesurer le contenu du domaine d'intérêt.

Validité prédictive : degré de corrélation entre la mesure d'un construit et une mesure future prédéterminée.

Variable : qualité ou caractéristique de personnes, d'objets ou de situations étudiées dans une recherche et auxquelles on attribue une valeur.

Variable attribut : caractéristique propre aux participants à une recherche (caractéristiques démographiques, par exemple).

Variable catégorielle : variable utilisée pour classer par catégories prédéterminées des sujets, des objets ou des situations. Elle ne prend pas de valeurs numériques.

Variable continue : variable qui peut être mesurée numériquement et qui peut prendre un nombre infini de valeurs dans un intervalle de temps donné.

Variable dépendante : variable qui subit l'effet de la variable indépendante.

Variable dichotomique : variable discrète qui présente seulement deux catégories possibles pour classer les sujets.

Variable discrète : *voir Variable catégorielle.*

Variable étrangère : variable qui est introduite dans une recherche et qui peut influer sur les résultats de la recherche.

Variable indépendante (expérimentale) : variable que l'on manipule en vue d'étudier ses effets sur la variable dépendante.

Variance : moyenne pondérée des carrés des écarts qui caractérise la dispersion des individus d'une population.

Index